Auf dem Weg zum perfekten Unternehmen

James P. Womack ist Autor und Berater amerikanischer Unternehmen, die in einem Verschlankungsprozeß sind. Er ist Forschungsbeauftragter im Japan-Programm des Massachusetts Institute of Technology und lebt in Brookline, Massachusetts.

Daniel T. Jones ist Direktor des Lean Enterprise Research Centre an der Cardiff Business School an der Universität Cardiff, Wales, und Berater europäischer Unternehmen, die im Verschlankungsprozeß sind. Er lebt in Little Birch, Herefordshire, England.

James P. Womack
Daniel T. Jones

Auf dem Weg zum perfekten Unternehmen

(Lean Thinking)

Aus dem Englischen von Hans-Peter Meyer
Herausgegeben von Eberhard C. Stotko

Campus Verlag
Frankfurt/New York

Die Originalausgabe »Lean Thinking« erschien 1996 beim Verlag Simon & Schuster, New York.

Die Deutsche Bibliothek – CIP-Einheitsaufnahme

Womack, James P.:
Auf dem Weg zum perfekten Unternehmen : (Lean thinking) / James P. Womack; Daniel T. Jones.
Aus dem Engl. von Hans-Peter Meyer.
Hrsg. von Eberhard C. Stotko. –
Frankfurt/Main ; New York: Campus Verlag, 1997
Einheitssacht.: Lean Thinking <dt.>
ISBN 3-593-35674-0
NE: Jones, Daniel T.:

Umschlaggestaltung: Atelier Warminski, Büdingen
Satz: Fotosatz L. Huhn, Maintal-Bischofsheim
Druck und Bindung: Fuldaer Verlagsanstalt, Fulda
Gedruckt auf säurefreiem und chlorfrei gebleichtem Papier
Printed in Germany

Inhalt

Vorwort: Von Lean Production zum Lean Enterprise 7

Teil I
Schlanke Prinzipien

Einleitung: Schlanker Ansatz versus *muda* 15

1. Wert 35
2. Der Wertschöpfungsstrom 45
3. Flow 61
4. Pull 83
5. Perfektion 112

Teil II
Von der Theorie zur Praxis:
Der schlanke Sprung

6. Der einfache Fall 127
7. Ein schwierigerer Fall 155
8. Die Probe aufs Exempel 189
9. Schlanker Ansatz versus deutsche Technik 238
10. Toyota als Goliath und Showa als David 276
11. Ein Aktionsplan 312

Teil III
Lean Enterprise

12. Ein Kanal für den Strom; ein Tal für den Kanal 349
13. Träume von Perfektion 364

Nachwort: Das schlanke Netzwerk 37
Anhang: Einzelpersonen und Organisationen, die uns geholfen haben 382
Glossar 388
Anmerkungen 397
Literatur 419
Register 421

Vorwort

Von Lean Production zum Lean Enterprise

Im Frühjahr 1990 unternahmen wir eine Reise um die Welt, um unser vorheriges Buch, *Die zweite Revolution in der Autoindustrie*, vorzustellen. Wir wollten die Unternehmen, Manager, Mitarbeiter und Investoren in der veralteten Welt der Massenproduktion wachrütteln. Das Buch enthielt eine Fülle von Daten über Benchmarking, die zeigen sollten, daß es einen besseren Weg für die Organisation und das Management der Kundenbeziehungen, der Zulieferkette, Produktentwicklung und Herstellung gibt, nämlich einen Ansatz, bei dem Toyota nach dem Zweiten Weltkrieg Pionierarbeit geleistet hat. Wir nannten diesen Ansatz *schlanke Produktion*, weil immer mehr mit immer weniger produziert wird.

Als wir unsere Reise durch Nordamerika, dann durch Japan (wo es immer noch viele Massenproduzenten gibt), Korea und Europa antraten, hatten wir große Sorge, daß uns niemand zuhören würde. Vielleicht war die Massenproduktion ja zu tief am Schlafen, um sie aufzuwecken? Tatsächlich aber gab es eine überwältigende Reaktion auf das Buch. Mehr als 400 000 Exemplare in elf verschiedenen Sprachen wurden bisher verkauft (ohne die chinesische Raubübersetzung). Unsere Ergebnisse stießen auf großes Interesse, und unsere Empfehlungen fanden starken Anklang. Aber viele Zuhörer während unserer Antrittsreise und viele Leser auf den nachfolgenden Foren teilten uns mit, daß sie Angst vor einer Einführung der schlanken Produktion hätten. Ihre Frage war einfach: Wie geht es?

Ihre Fragen zielten nicht auf spezifische Techniken – wie organisiere ich Teams, wie setze ich Quality Function Deployment in der Produktentwicklung oder *poka-yoke* (Fehlerkontrolle) in der Herstellung ein? Es gibt heute eine Fülle sehr guter Bücher zu jedem dieser Themen. Ihre Fragen waren eher: Was sind die Schlüsselprinzipien zur Anleitung unseres Handelns? Wie können wir als Manager, Mitarbeiter, Investoren, Zulieferer und Kunden die im Schlamm festsitzenden Organisationen der Massenproduktion schlank machen? Einige aufmerksamere Teilnehmer stellten die sogar noch schwierigere Frage: Was kommt als nächstes? Worin besteht der nächste Sprung, wenn man selbst ein Toyota geworden ist?

Tatsache war: Wir hatten keine Antwort. Wir hatten intensiv über fünfzehn Jahre die industriellen Leistungen auf der ganzen Welt einem Vergleich unterzogen, aber unser Buch konzentrierte sich auf aggregierte Prozesse – Produktentwicklung, Verkauf, Produktion – statt auf die breiter angelegten Prinzipien. Und wir hatten niemals selbst versucht, eine Massenproduktion in eine schlanke zu verwandeln. Außerdem waren wir so damit beschäftigt, über den ursprünglichen Sprung von der Massen- zur schlanken Produktion nachzudenken, daß wir keine Zeit hatten, uns über die nächsten Schritte für Unternehmen wie Toyota Gedanken zu machen.

Die Idee zu dem vorliegenden Buch entstand direkt aus den Fragen dieser Leser. Erstens erkannten wir, daß wir eine kurze und prägnante Zusammenfassung der Prinzipien des »schlanken Denkens« brauchten, um eine Art Nordpolarstern zu haben, einen verläßlichen Führer für das Handeln von Managern, die das alltägliche Chaos der Massenproduktion zu überwinden versuchen. Eine Zusammenfassung für die meisten Leser zu erstellen war schwierig, weil die japanischen Erfinder schlanker Techniken praktisch arbeiteten. Sie diskutierten und reflektierten meistens in Ingenieurbüros, Einkaufs- und Verkaufsabteilungen sowie Fabriken über spezifische Methoden in bezug auf spezifische Aktivitäten: dezidierte Produktentwicklungsteams, Gewinnzielkalkulation, aggressiven Verkauf, einheitliche Dispositionsstufe (Level Scheduling), zellulare Fertigung. Obwohl sie ganze Bücher mit Beschreibungen spezifischer Techniken und sogar einige hochkarätige philosophische Abhandlungen schrieben (wie etwa die Memoiren von Taiichi Ohno)[1], war die Integration aller Methoden in einem vollständigen System weitgehend implizit geblieben. Infolgedessen ertranken viele Manager, denen wir begegneten, förmlich in den Techniken, als sie versuchten, einzelne Elemente eines schlanken Systems umzusetzen, ohne das Ganze zu verstehen.

Nach vielen Begegnungen mit vielen Lesern und sehr viel Nachdenken gelangten wir schließlich zu den fünf Schlüsselprinzipien des schlanken Denkens – genaue Spezifikationen des *Wertes* durch das spezifische Produkt, Identifikation des *Wertschöpfungsstroms* für jedes Produkt, *Flow* des Wertes ohne Unterbrechungen, *Pull* des Wertes durch den Kunden beim Produzenten und Streben nach *Perfektion.* Wenn die Manager diese Prinzipien klar verstanden haben und sie alle zusammenführen, dann können sie die schlanken Techniken voll einsetzen und einen stetigen Kurs aufrechterhalten. Diese Prinzipien und ihre Anwendung sind das Thema von Teil I dieses Buches.

Hinsichtlich der Transformation kannten wir ein heroisches Beispiel – den ursprünglichen schlanken Sprung von Toyota direkt nach dem Zweiten Weltkrieg. Aber wir kannten nur die schemenhaften Umrisse. Darüber hinaus waren unsere erstaunlichsten Beispiele aus dem Benchmarking in unserem Buch *Die zweite Revolution in der Autoindustrie* »Greenfield«-Fabriken der japanischen Autoindustrie im Westen in den 1980er Jahren, die bei Null anfingen. Es waren bahnbrechende Leistungen, weil sie alle damals vorherrschenden Behauptungen hinwegfegten, daß nämlich das Funktionieren der schlanken Produktion irgendwie mit den kulturellen Institutionen Japans zusammenhinge. Die Neugründungen (»Greenfields«) – mit neuen Gebäuden, neuen Mitarbeitern und neuen Werkzeugen – hatten kaum Ähnlichkeit mit den lange etablierten »Brownfields«, die die meisten Manager in den Griff zu bekommen versuchten. Unsere Leser wollten einen detaillierten Marschplan, der ihrer Realität angepaßt und in jeder Branche anwendbar wäre.

Wir entschlossen uns daher, Unternehmen aus einem breiten Spektrum von Branchen in den führenden Industrienationen ausfindig zu machen, die eine schlanke Organisation aus der Massenproduktion in den »Brownfields« aufgebaut hatten oder mittendrin steckten. Mit einer Analyse ihrer Vorgehensweise hofften wir, die allgemeinen Methoden einer Schlankheitskur zu entdecken. Mit dieser Untersuchung wollten wir nicht die durchschnittliche Praxis unter die Lupe nehmen. Wir wollten uns eher auf die herausragenden Beispiele konzentrieren – diejenigen Organisationen, die sich unlängst weit über die Konvention hinaus verändert haben, um einen wahren schlanken Sprung zu machen.

Aber wo sollten wir sie finden? In der Autoindustrie kannten wir uns sehr gut aus. Wir wollten jedoch Beispiele aus der ganzen Bandbreite von Branchen, einschließlich Dienstleistungsunternehmen. Wir wollten auch kleine Firmen dabeihaben, als Ergänzung zu den Riesen mit den bekannten Namen, Hersteller kleiner Volumen im Kontrast zu den Massenproduzenten in der Autoindustrie sowie »High-Tech«-Unternehmen im Vergleich zu überreifen Technologien.

Am Ende, nach langer, aufwendiger Suche und einer guten Portion Glück, stießen wir auf Netzwerke von Managern in Nordamerika, Europa und Japan, die einen schlanken Ansatz verfolgten. Wir machten mit privaten Investitionen in einen kleinen Herstellerbetrieb auch praktische Erfahrungen. In einem Zeitraum von drei Jahren hatten wir Kontakt zu mehr als fünfzig Unternehmen aus einer großen Bandbreite von Branchen und gewannen ein tiefes Verständnis der menschlichen Kraftakte, die notwendig sind, um eine Massenproduktion in eine schlanke Produktion umzuwandeln. Wir stellen unsere Ergebnisse in Teil II des Buches vor und geben dort auch einen praktischen Handlungsplan vor.

Zu unserer Freude entwickelte sich dieses Buch, als wir auf unsere prägnanten Beispiele stießen, zu einer intensiven Gemeinschaftsarbeit einer Gruppe gleichgesinnter Menschen auf der ganzen Welt. Sie waren leidenschaftlich von einer Reihe von Ideen überzeugt, hatten bei ihrer Umsetzung große Sprünge erzielt und wünschten sich, daß der schlanke Ansatz universell angewandt wird. Im Nachwort am Ende dieses Buches finden Sie eine Liste der Unternehmen und Manager, mit denen wir zusammengearbeitet haben, und Hinweise, wie Sie mit ihnen Kontakt aufnehmen können. An dieser Stelle möchten wir einfach nur unsere tiefste Dankbarkeit für die Stunden, Tage und sogar Wochen zum Ausdruck bringen, die viele von ihnen mit uns verbracht haben.

Weil wir das gesamte Unternehmen, ja den gesamten *Wertstrom* für spezifische Produkte, und zwar vom Rohmaterial bis zum Endprodukt, von der Bestellung bis zur Auslieferung, vom Konzept bis zur Einführung, in den Blick nehmen müssen, und weil wir vieles untersuchen mußten, was korrekterweise als Privatsache anzusehen ist, schlugen wir bei unserer Zusammenarbeit einen unkonventionellen Weg ein. Als Gegenleistung für den Zugang zu allen Aspekten der Firma, einschließlich Interviews mit den Zulieferern, Kunden und den Gewerkschaften, boten wir an, unsere Entwürfe unseren Gesprächspartnern offenzulegen und sie nach Kritik und Änderungen zu fragen. Wir sicherten von Anfang an zu, daß das gesamte Material, dessen Veröffentlichung unsere Beispielunternehmen nicht zustimmen konnten, vernichtet wird, daß wir das entsprechende Unternehmen aber nicht im Buch erwähnen werden, wenn der Schutz der privaten Interessen (oder der Selbstachtung) die

Vernichtung solcher Details erforderlich machte, die die Geschichte »wahr« machten. Letztlich machten alle mit.

Unsere Methode, als externe Interne zu arbeiten, die vielleicht vor fünfzig Jahren von Peter Drucker für seine bahnbrechende Studie über General Motors, *The Concept of the Corporation*[2], eingesetzt wurde, stellt an die Autoren besondere Anforderungen der »Transparenz«. Es gibt heute eine tiefe und sehr berechtigte Skepsis gegenüber »Business«-Büchern, einerseits, weil sie sofortige Heilmittel versprechen, und andererseits, weil ihre Autoren – vor allem Berater, aber manchmal auch Wissenschaftler – finanziell an die Unternehmen gebunden sind, über die sie schreiben.[3] Wir versichern deshalb, daß wir keine finanziellen oder beraterischen Beziehungen irgendeiner Art zu irgend jemandem oder irgendeinem Unternehmen haben, über das wir auf den folgenden Seiten berichten. Wir versichern auch weiter, daß wir alle präsentierten Informationen über die Leistungen genau überprüft haben. Wir haben dies in den meisten Fällen mit unseren eigenen Augen getan, wenn wir durch die Fertigungshallen gingen und uns lange in den Funktionsbereichen für Engineering, Marketing, Verkauf, Kunden-Support und Einkauf aufhielten oder bei den Produktentwicklungsteams.

Um bei unseren Untersuchungen schlanker Unternehmen vollkommen unabhängig zu bleiben, finanzierten wir unsere Arbeit über vier Jahre mit einem Vorschuß von Simon & Schuster und mit privaten Ersparnissen.

Als wir anfingen mit dem Aufschreiben unserer Ergebnisse, wie man in den traditionellen Organisationen der Massenproduktion einen schlanken Sprung macht, erkannten wir, daß es sowohl möglich als auch notwendig ist, sogar über das hinauszugehen, was irgendein Unternehmen bis heute getan hat. Man muß die Rolle von Unternehmen, Funktionen und Karrieren auf eine völlig neue Art denken, um den Wertstrom vom Konzept zur Einführung kanalisieren und einen weiteren »Sprung« machen zu können. Ein neues Konzept – das *Lean Enterprise* – kann den »Wertstrom« für Produkte ganz entschieden perfektionieren. Wir stellen dieses Konzept kurz in Teil I vor und gehen dann in Teil III und am Ende des Buches genauer auf die Herausforderung des Lean Enterprise ein. Dort träumen wir auch ein bißchen über den nächsten »Sprung«. Bisher hat ihn noch keiner gemacht. Vielleicht ist ja irgendein Leser der erste.

Nach vier Jahren intensiver Forschung in Unternehmen auf der ganzen Welt, die praktisch ein schlankes System einführen, wissen wir jetzt, wie man dabei Erfolg hat. Die Beispiele werden zeigen, daß wir wissen, wie schlankes Denken, schlanke Techniken und schlanke Organisation auf praktisch jede Aktivität anzuwenden sind, sei es die Herstellung von Gütern oder seien es Dienstleistungen. Wir haben jetzt sogar eine Ahnung davon, wie jenseits der besten heutigen Praxis der nächste Sprung aussehen kann. Auf den kommenden Seiten werden wir im Detail erklären, was zu tun ist und warum. Ihre Aufgabe ist deshalb schlicht: Machen Sie's einfach!

TEIL I
Schlanke Prinzipien

EINLEITUNG

Schlanker Ansatz versus *muda*

Muda. Es ist das einzige japanische Wort, daß Sie wirklich kennen müssen. Es klingt furchtbar, wenn es sich über die Zunge rollt, und das soll es auch, weil *muda* »Verschwendung« bedeutet, vor allem jede menschliche Aktivität, die Ressourcen verbraucht, aber keinen *Wert* erzeugt: Fehler, die korrigiert werden müssen, Produktion von Dingen, die niemand will, so daß die Lagerbestände in die Höhe schnellen und die Restposten sich stapeln; Prozeßschritte, die wirklich unnötig sind; Versetzung von Personal und Transport von Gütern von einem Ort zum anderen ohne irgendeinen Zweck; Menschen in nachgelagerten Aktivitäten, die herumstehen, weil vorgelagerte Arbeiten nicht rechtzeitig durchgeführt wurden, und Güter sowie Dienstleistungen, die nicht den Wünschen der Kunden entsprechen.

Taiichi Ohno (1912-1990), Führungskraft bei Toyota, war der heftigste Feind der Verschwendung, den die Menschheit hervorgebracht hat. Er identifizierte die ersten sieben Arten von *muda*, die oben beschrieben wurden, und wir haben die letzte hinzugefügt.[1] Vielleicht gibt es sogar noch mehr. Wie viele verschiedene Formen es auch immer geben mag, man kann kaum bestreiten, daß es überall *muda* gibt – schon bei der flüchtigen Beobachtung der Arbeit an einem durchschnittlichen Tag in einem durchschnittlichen Unternehmen. Außerdem werden Sie, wenn Sie auf den folgenden Seiten lernen, *muda* zu erkennen, entdecken, daß es sogar mehr davon um Sie herum gibt, als Sie je geahnt hätten.

Glücklicherweise gibt es ein starkes Mittel gegen *muda*: schlankes Denken. Es liefert eine Möglichkeit zur Spezifizierung des Wertes, zur Organisation der wertschöpfenden Tätigkeiten in der besten Abfolge, zum reibungslosen Ablauf dieser Aktivitäten, wann immer jemand sie nachfragt, sowie zu ihrer immer effektiveren Ausführung. Kurz, schlankes Denken ist schlank, weil es einen Weg aufzeigt, immer mehr mit immer weniger zu erreichen – weniger menschliche Arbeit, weniger Equipment, weniger Zeit und weniger Raum –, während man immer besser den Kunden das bereitstellt, was sie wirklich wollen.

Schlankes Denken bietet auch eine Möglichkeit zu mehr Arbeitzufriedenheit, weil die Bemühungen zur Umwandlung von *muda* in Wert ein direktes Feedback enthalten. In starkem Kontrast zu der jüngsten Begeisterung für Process Reengineering liefert es auch einen Weg zur Schaffung neuer Arbeitsplätze, statt sie einfach nur im Namen von Effizienz abzubauen.

Spezifikation des Wertes

Der entscheidende Ausgangspunkt des schlanken Ansatzes ist der *Wert*. Die Wertschöpfung kann nur vom Endverbraucher her definiert werden. Und es ist mehr als sinnvoll, wenn sie über ein spezifisches Produkt definiert wird (Produkt oder Dienstleistung, und oft beides zugleich), welches den Bedarf des Kunden zu einem bestimmten Preis befriedigt.

Der Wert wird vom Hersteller erzeugt. Vom Standpunkt des Kunden aus betrachtet, gibt es deswegen den Hersteller. Aus einer Reihe von Gründen macht den Produzenten die Definition des Wertes jedoch große Schwierigkeiten. Die an der Business School ausgebildeten Manager amerikanischer Unternehmen nicken uns immer zu, wenn wir mit einer netten Präsentation über ihre Organisation, ihre Technologie, ihre Kernkompetenzen und ihre strategischen Absichten aufwarten. Beim Mittagessen erzählen sie uns dann von ihren kurzfristigen Wettbewerbsproblemen (speziell von der Notwendigkeit, im nächsten Quartal angemessene Gewinne einzufahren) und von den daraus resultierenden Kosteneinsparungsmaßnahmen. Damit gehen oft geschickte Wege zum Abbau von Arbeitsplätzen einher. Man versucht auch, Gewinne von den nachgelagerten Kunden und vorgelagerten Zulieferern abzuzwacken. (Weil wir mit dem Konzept der schlanken Produktion in Verbindung gebracht werden, geben die Manager normalerweise diesen Programmen begeistert das Etikett »schlank«, obwohl sie oft einfach nur heimtückisch sind.) Beim Dessert erzählen sie uns vielleicht sogar von ihren ganz persönlichen Karriereproblemen im gegenwärtigen Zeitalter des »Downsizing«.

Auf Nachbohren kommen die spezifischen Produkte in den Vordergrund, von denen die Unternehmen erwarten, daß spezielle Kunden sie zu einem spezifischen Preis kaufen, und mit denen sie hoffentlich im Geschäft bleiben. Es geht dann darum, wie die Leistung und gelieferte Qualität dieser Produkte verbessert und die Grundkosten gleichzeitig ständig gesenkt werden können. Wenn man über dieses Problem diskutiert, dann ist es oft aufschlußreich, diesen Managern einfache Fragen zu stellen: Können Sie sich in die Lage eines Entwurfes versetzen, der vom Konzept zur Produktion fortschreitet? In einen Bestellvorgang als Informationsfluß von der ursprünglichen Anfrage bis zum gelieferten Produkt? Und in ein physisches Produkt, wie es vom Rohmaterial zum Kunden fortschreitet? Und dann beschreiben, was mit Ihnen bei jedem Schritt auf diesem Weg geschieht? Normalerweise herrscht dann eine peinliche Stille, und diese Fragen sind schnell vom Tisch, wenn wir nicht darauf insistieren. Man geht dann schnell zu allgemeinen Finanzüberlegungen über. Kurz, die direkten Bedürfnisse der Aktionäre und des Finanzdenkens der Manager haben die Vorherrschaft über die täglichen Realitäten der Spezifikation und Schaffung einer Wertschöpfung für den Kunden übernommen.

Bis noch vor kurzem stießen wir in Deutschland auf eine gegenläufige Verzerrung der Spezifikation von Wert. In einem Großteil der Nachkriegsära konnten die Manager in privaten oder von Banken kontrollierten Unternehmen die Sorge um kurzfristige finanzielle Erfolge ignorieren. Sie berichteten uns begeistert von ihren Produkten und Verfahrenstechniken. Sogar die Topmanager kannten sich ganz genau mit den Produktmerkmalen und Verfahrenstechniken aus, deren Perfektionierung Jahre in Anspruch nahm.

Aber wer spezifizierte deren Wert? Die Ingenieure, die das Unternehmen leiten! Komplexere Konstruktionen, die mit immer komplizierteren Maschinen gefertigt werden, hielt man für das, was der Kunde wünscht und der Produktionsprozeß braucht. Aber wo waren die Beweise?

Wenn man an diesem Punkt nachhakte, wurde oft klar, daß die starken technischen Funktionen und die hochspezialisierten technischen Experten, die den deutschen Unternehmen vorstehen, ihre eigene Wertschätzung – ihre Überzeugung, daß sie einen erstklassigen Job machen –

daraus ableiten, daß sie die Verfeinerungen und Komplexitäten steigern, an denen außer ihnen selbst kaum jemand Interesse hatte. Unsere Zweifel gegenüber Produktvorschlägen wurden oft mit der Behauptung gekontert, daß »der Kunde sie schon haben will, wenn wir sie ihm erst erklärt haben«. Fehleinschätzungen bei Produkten in der jüngsten Vergangenheit wurden oft als Beispiele dafür abgetan, daß »die Kunden noch nicht reif genug« seien, »um die Vorzüge des Produktes zu verstehen«.

Ein zentrales Merkmal der Krise der deutschen Industrie seit dem Ende des kalten Krieges ist die aufkeimende Erkenntnis, daß die komplexen Sonderkonstruktionen und raffinierten Bearbeitungstechniken, die die deutschen Ingenieure favorisierten, zu teuer für die Kunden waren und oft für den eigentlichen Bedarf nicht notwendig.

In Japan begegneten wir ebenfalls bis vor kurzer Zeit noch einer dritten Einstellung. Für japanische Unternehmen war bei ihrer Definition der Wertschöpfung wirklich wichtig, *wo* der Wert erzeugt wird. Die meisten Manager, sogar in Unternehmen wie Toyota, das Pionierarbeit beim schlanken Denken geleistet hat, hatten an den Anfang des Definitionsprozesses der Wertschöpfung die Frage gestellt, wie sie ihr Produkt im Heimatland konstruieren und herstellen können – um die gesellschaftlichen Erwartungen bezüglich langfristiger Beschäftigungsverhältnisse und stabiler Zulieferbeziehungen zu befriedigen. Aber die meisten Kunden auf der ganzen Welt bevorzugen Produkte, die unter Berücksichtigung des lokalen Bedarfs entwickelt werden, was aus der entfernten nationalen Verwaltung schwer möglich ist. Und sie bevorzugen Produkte, die auf ihre genaue Bestellung hin gefertigt und direkt geliefert werden, was ein Verschiffen über den Ozean von einer japanischen Produktionsstätte aus unmöglich macht. Für sie beruht der Wert eines Produkts sicherlich nicht primär darauf, wo es konstruiert oder gefertigt wurde.

Außerdem hat die besondere Mentalität (»bleib zu Hause, koste es, was es wolle«) der japanischen Manager selbst noch zu Zeiten des steigenden Yen die finanziellen Mittel dieser Unternehmen erheblich schrumpfen lassen, die für zukünftige Entwicklungen zur Verfügung standen. Die unmittelbaren Bedürfnisse der Beschäftigten und der Zulieferer erhielten Vorrang vor denen der Kunden, die sich jedes Unternehmen langfristig erhalten muß.

Als wir uns über diese nationalen Einstellungen in den drei wichtigsten Industrienationen der Welt hinausbewegten (und jedes Land hat wahrscheinlich seine eigenen)[2], waren wir immer wieder davon überrascht, wie die Definition der Wertschöpfung überall durch die Macht existierender Organisationen, Technologien und noch nicht abgeschriebener Anlagen, gepaart mit einem veralteten Denken in Economies of Scale (Mengenvorteilen), verzerrt wurde. Die Manager auf der ganzen Welt neigen zu folgender Aussage: »Wir wissen, wie wir dieses Produkt mit den Anlagen herzustellen haben, die wir bereits gekauft haben. Wenn die Kunden nicht anbeißen, dann passen wir den Preis an oder fügen ein paar Mätzchen dazu.« Statt dessen sollten sie die Wertschöpfung aus der Perspektive des Kunden neu überdenken.

Eine der besten (und ärgerlichsten) Illustrationen dieses rückständigen Denkens sind die heutigen Fluggesellschaften. Als häufige Benutzer dieser Dienstleistung haben wir seit langem unsere Erfahrungen festgehalten und unsere eigenen Wertvorstellungen denjenigen der meisten Fluglinien gegenübergestellt. Unsere Wert-Gleichung ist ganz einfach: Sicher, mit dem geringsten Ärger, zu einem vernünftigen Preis von unserem Standort zum Zielort kommen. Demgegenüber scheint das Ziel der Fluggesellschaften zu sein, ihre vorhandenen Einrichtungen auf die »effizienteste« Weise auszunutzen, sogar wenn wir erst nach Timbuktu müssen, um irgendwohin zu kommen. Sie bieten dann zusätzliche Attraktionen an – wie VIP-Lounges in ihren Großflughäfen und aufwendige Unterhaltungssysteme in jedem Sitz –, in der Hoffnung, daß dann diese Unannehmlichkeiten toleriert werden.

Gerade heute, während wir dies schreiben, flog einer von uns die 350 Meilen von seinem Sommerhaus in Jamestown im Westen des Staates New York über den Eriesee nach Holland in Michigan, um vor Industrievertretern einen Vortrag über den schlanken Ansatz zu halten. Er brauchte eine Möglichkeit, um direkt von Jamestown nach Holland zu fliegen (die beide kleine Flughäfen haben), und zwar zu einem erschwinglichen Preis. Zu haben war entweder ein irrsinnig teurer Charterflug für einen Passagier von Jamestown nach Holland (Reisezeit ungefähr zwei Stunden) oder eine Achtzig-Meilen-Fahrt zum Flughafen in Buffalo, New York, ein Flug mit einem Großraumflugzeug zur Abfertigungshalle von Northwest Airlines in Detroit (wo sich die menschliche Fracht selbst ihren Weg durch einen riesigen Terminal von einer Maschine zur anderen sucht), ein weiterer Flug mit einer großen Maschine nach Grand Rapids in Michigan sowie eine Vierzig-Meilen-Fahrt zum Endziel. (Die preiswertere Möglichkeit erforderte eine Gesamtreisezeit von sieben Stunden.)

Warum arbeiten Fluggesellschaften wie Northwest (und ihr globaler Partner KLM) und Flugzeughersteller wie Boeing und Airbus nicht an einem preiswerten Direktflugservice, bei dem kleinere Jets eingesetzt werden, statt immer größere Maschinen zu entwickeln? Und warum entwickeln sie keine schnellen Abfertigungssysteme für kleine Jets auf kleinen Flughäfen, statt riesige Terminals auf den absurden Großflughäfen (»Hubs«) zu bauen, die in Amerika nach der Freigabe der Tarife entstanden – was es in Europa und Ostasien aus politischen Gründen schon lange gibt, wo die staatlich kontrollierten Fluggesellschaften die nationalen Hauptstädte anfliegen? (Eine von den sieben Stunden für die gerade erwähnte Reise kostete das Rollen auf dem Flughafen von Detroit, eine zweite, um sich im Terminal zurechtzufinden.)

Wenige Firmen fördern hartnäckig diese Wertvorstellungen, weil die Fluggesellschaften und Flugzeughersteller ihr Denken bei außergewöhnlich teuren Aktivposten ansetzen: in Form großer Flugzeuge; von technischem Wissen, Werkzeugen und Produktionseinrichtungen zum Bau größerer Flugzeuge; und riesiger Flughafenkomplexe. Ein veraltetes »Effizienzdenken« legt es nahe, daß die Aktivposten und Technologien am besten genutzt werden, wenn man größere Mengen von Menschen in größere Flugzeuge packt und immer mehr Passagiere durch teure Abfertigungshallen schleust. Diese Art von Effizienzrechnung, bezogen auf das Flugzeug und den Großflughafen – nur zwei der vielen Elemente auf der gesamten Reise –, verliert den Blick für das Ganze. Vom Standpunkt der Wertschöpfung für den Passagier aus wird dadurch das Wesentliche verfehlt.

Das Endresultat eines fünfzehn Jahre langen Denkens dieser Art in Amerika ist, daß die Passagiere frustriert sind (das verstehen sie nicht unter Wertschöpfung!), die Flugzeughersteller kaum Geld verdienen (weil sich die Fluggesellschaften keine neuen Maschinen leisten können) und die Airlines (mit Ausnahme von Southwest und einigen wenigen anderen Neugründungen, die die sensiblere Strategie des Direktflugs verfolgen, obwohl sie noch große Maschinen einsetzen) eine Warteschleife in der Nähe des Bankrotts fliegen. Europa und Ostasien folgen nicht weit dahinter.

Schlankes Denken muß deshalb mit einem bewußten Versuch einer exakten Definition der Wertschöpfung hinsichtlich spezifischer Produkte mit spezifischen Leistungen beginnen, die zu bestimmten Preisen über einen Dialog mit spezifischen Kunden angeboten werden. Dazu muß man die bestehenden Aktiva und Technologien ignorieren und die Unternehmen auf der Basis einer Produktlinie mit starken, dezidierten Produktteams neu überdenken. Das macht auch eine Neudefinition der Rolle der technischen Experten eines Unternehmens erforderlich (etwa bei den nach innen gekehrten deutschen Ingenieuren, die wir gerade erwähnt haben). Man muß sich überlegen, wo genau in der Welt diese Wertschöpfung zu erbringen ist. Realistischerweise kann kein Manager alle diese Veränderungen sofort umsetzen, aber man muß einen klaren Blick dafür entwickeln, was wirklich notwendig ist. Andernfalls kommt es ziemlich sicher zu Verzerrungen der Definition der Wertschöpfung.

Zusammenfassend kann man sagen, daß die genaue Definition von Werten der entscheidende erste Schritt beim schlanken Denken ist. Die Bereitstellung der falschen Güter und Dienstleistungen auf die richtige Weise ist *muda*.

Identifikation des Wertschöpfungsstromes

Der *Wertschöpfungsstrom* besteht aus allen erforderlichen spezifischen Tätigkeiten, um ein bestimmtes Produkt (ein Produkt, eine Dienstleistung oder zunehmend eine Kombination der beiden) durch die drei entscheidenden Managementaufgaben in jedem Unternehmen zu führen: die *Produktentwicklung*, die vom Konzept über die Konstruktion und die Produktionsvorbereitung bis zum Produktionsanlauf reicht, das *Informationsmanagement*, das von der Bestellung über die genaue Terminierung bis zur Auslieferung reicht, sowie die *physikalische Transformation* vom Rohmaterial bis zu einem fertigen Produkt in den Händen des Kunden.[3] Die Identifizierung des *gesamten* Wertschöpfungsstroms für jedes Produkt (oder in manchen Fällen für jede Produktfamilie) ist der nächste Schritt im schlanken Denken, ein Schritt, den die Unternehmen nur selten versucht haben, der aber fast immer enorme, in der Tat schwindelerregende Mengen von *muda* ans Tageslicht bringt.

Die Analyse des Wertschöpfungsstroms wird vor allem fast immer zeigen, daß drei Tätigkeitstypen vorkommen: (1) Eindeutige Wertschöpfung im Sinne von Nutzleistung, wie etwa: das Zusammenschweißen der Rohre eines Fahrradrahmens oder die Beförderung eines Passagiers von Dayton nach Des Moines per Flugzeug. (2) Bei vielen anderen Schritten wird man sehen, daß sie keinen Wert erzeugen, aber unter gegenwärtigen Technologien und Fertigungseinrichtungen unvermeidbar sind: Überprüfungen der Schweißnähte, um die Qualität zu sichern, und die Zwischenlandung, der Zusatzschritt beim Flug mit Großraumflugzeugen über den Großflughafen Detroit auf dem Weg von Dayton nach Des Moines (wir nennen dies *muda* Typ I oder Scheinleistung). Und (3) wird man bei vielen zusätzlichen Schritten sehen, daß sie keinen Wert erzeugen und direkt vermeidbar sind (*muda* Typ II oder Blindleistung).

Als beispielsweise Pratt & Whitney, der weltgrößte Hersteller von Flugzeugtriebwerken, vor kurzem damit anfing, die Wertschöpfung für seine drei Gruppen von Triebwerken aufzuzeichnen, entdeckte man bald, daß die von den Lieferanten des Rohmaterials durchgeführten Maßnahmen zur Herstellung ultrareinen Metalls von den nächsten nachgelagerten Unternehmen unter hohen Kosten wiederholt wurden: den Schmiedewerken, die aus den Metallblöcken endzustandsnahe Formen herstellten, die dann maschinell fertigverarbeitet werden konnten. Gleichzeitig war der ursprüngliche Metallblock – beispielsweise Titan oder Nickel – zehnmal schwerer als die maschinell gefertigten Endteile. Neunzig Prozent des sehr teuren Metalls waren Ausschuß, weil der ursprüngliche Block in eine große Form gegossen wurde – das Stahlwerk war sich sicher, daß dies effizient war. Die Form der fertigen Teile wurde nicht weiter berücksichtigt. Das Stahlwerk bereitete – mit hohen Kosten – verschiedene Blöcke vor, um den genauen technischen Anforderungen für jedes Triebwerk bei Pratt zu entsprechen, die sich nur marginal von anderen Triebwerksgruppen und der Konkurrenz unterschieden. Viele dieser Aktivitäten könnten mit dramatischen Kosteneinsparungen fast sofort eingespart werden.

Wie konnte eine derartige Verschwendung über Jahrzehnte in der angeblich so hochentwickelten Luftfahrtindustrie unbeachtet bleiben? Sehr einfach: Keines der vier Unternehmen, die an diesem Wertschöpfungsfluß für ein Triebwerk beteiligt waren – das Schmelzwerk, der Schmiedebetrieb, der Fertigbearbeiter und das Endmontagewerk –, hatte jemals seine Aktivitäten den anderen drei Parteien vollständig transparent gemacht. Zum Teil war dies eine Frage des Vertrauens – jedes Unternehmen hatte Angst, daß die vor- und nachgelagerten Firmen jede geeignete Information für härtere Verhandlungen benutzen würden. Und teilweise war es auch ein Problem, daß man sich dessen gar nicht bewußt war. Die vier Unternehmen kümmerten sich sehr intensiv um ihre eigenen Belange, nahmen sich aber einfach nie die Zeit dazu, auf die gesamte Wertschöpfung zu achten, einschließlich der Folgen ihrer internen Aktivitäten für die anderen Unternehmen. Als sie letztes Jahr damit anfingen, entdeckten sie Unmengen von Verschwendung.

Deshalb muß schlankes Denken über das einzelne Unternehmen, die Standardbezugseinheit im Geschäftsleben auf der ganzen Welt, hinausgehen und das Ganze betrachten: die gesamte Reihe von Aktivitäten, die in der Entwicklung und Herstellung eines spezifischen Produkts enthalten ist, vom Konzept über die detaillierte Konstruktion zur tatsächlichen Verfügbarkeit, vom ersten Verkauf über den Auftragseingang und die Produktionsplanung zur Auslieferung, und von der weit entfernten und außerhalb des Horizonts liegenden Produktion des Rohmaterials direkt in die Hände des Kunden. Den organisatorischen Rahmen dafür nennen wir *Lean Enterprise*, ein ständig kommunizierendes Netz aller beteiligten Partnerfirmen, um einen Kanal für den gesamten Wertschöpfungsstrom zu schaffen und die ganze *muda* herauszubaggern.

Immer wenn wir diese Idee zum ersten Mal vorstellten, neigten die Zuhörer zu der Annahme, daß eine neue Rechtsform erforderlich wäre, irgendein formaler Nachfolger des »virtuellen Unternehmens«, das in Wirklichkeit eine neue Form der vertikalen Integration wird. Praktisch ist aber genau das Gegenteil notwendig. In einer Zeit, in der einzelne Firmen immer mehr Arbeit auslagern und selbst immer weniger tun, besteht Bedarf an einer freiwilligen Allianz aller interessierten Parteien, um die desintegrierte Wertschöpfung überblicken zu können, eine Allianz, die jeden werterzeugenden Schritt untersucht und so lange existiert wie das Produkt. Für Produkte wie Autos einer speziellen Größenklasse, für die es Nachfolgemodelle gibt, können das Jahrzehnte sein; für kurzlebige Produkte wie die Software für eine spezielle Anwendung kann es unter Umständen weniger als ein Jahr sein.

Beim Aufbau schlanker Unternehmen *müssen* die Beziehungen zwischen Unternehmen neu durchdacht, einige einfache Prinzipien für das Verhalten untereinander und *Transparenz* hinsichtlich aller Schritte entlang der Wertschöpfung festgelegt werden, so daß jeder Teilnehmer überprüfen kann, ob die anderen Unternehmen sich in Übereinstimmung mit den verabredeten Regeln verhalten. Diese Themen sind Gegenstand von Teil III dieses Buches.

Flow

Wenn die Wertschöpfung einmal genau spezifiziert wurde, der Wertschöpfungsstrom für ein bestimmtes Produkt durch das schlanke Unternehmen vollständig aufgezeichnet wurde und die offensichtlich unnötigen Schritte beseitigt wurden, dann ist es Zeit für den nächsten Schritt – einen wirklich atemberaubenden Schritt! Lassen Sie die verbleibenden werterzeugenden Schritte *fließen*. Denken Sie aber bitte daran, daß dieser Schritt ein vollkommen neues Denken erfordert.

Wir werden alle in einer Welt von »Funktionen« und »Abteilungen« geboren. Es ist eine weitverbreitete Überzeugung, daß die Aktivitäten nach Typen geordnet werden müssen, damit sie effizienter durchgeführt werden können und einfacher zu managen sind. Neben der Annahme, daß Aufgaben nur in Abteilungen effizient erledigt werden können, scheint es auch zum Common sense zu gehören, daß vergleichbare Aktivitäten stapelweise bearbeitet werden müssen: »In der Schadensabteilung werden zunächst alle Schadensfälle mit A, dann mit B und dann mit C bearbeitet. In der Lackiererei werden zunächst die grünen Teile lackiert, dann die roten und dann alle violetten.« Stapeln bedeutet, wie sich zeigt, immer auch lange Wartezeiten, während das Produkt geduldig darauf wartet, daß die notwendigen Umrüstarbeiten durchgeführt werden, die für das Produkt erforderlich sind. Aber dieses Vorgehen hält die Mitarbeiter der Abteilung beschäftigt, die Anlagen laufen auf vollen Touren und rechtfertigen schnelle Sondermaschinen. Also muß es »effizient« sein, richtig? In Wirklichkeit ist es absolut falsch. Aber die meisten von uns begreifen das nie oder nur schwer.

Unlängst machte einer von uns ein einfaches Experiment mit seinen Töchtern, die sechs und neun Jahre alt sind: Sie wurden nach der besten Methode gefragt, das monatliche Rundschreiben ihrer Mutter zu falten, zu adressieren, zuzukleben, zu frankieren und zu verschicken. Nach kurzem Nachdenken kam die überzeugte Antwort: »Daddy, zunächst solltest du alle Rundschreiben falten, dann die Adreßetiketten aufkleben, sie verschließen (damit sie sicher verschickt werden können), und dann kleb die Briefmarke darauf.« – »Aber warum kann man nicht ein Rundschreiben falten, es dann verschließen und anschließend die Adreßaufkleber und dann die Briefmarke aufkleben? Würde das nicht die verschwendete Mühe vermeiden, jedes Rundschreiben viermal in die Hand zu nehmen? Warum betrachten wir das Problem nicht aus der Perspektive des Rundschreibens, das auf schnellstem Wege mit dem geringsten Aufwand verschickt werden will?« Ihre eindringliche Antwort dazu: »Weil das nicht effizient wäre!«

Überraschend war ihre feste Überzeugung, daß eine stoßweise Erledigung der Aufgabe am besten ist – nämlich die Rundschreiben auf dem Küchentisch von »Abteilung« zu »Abteilung« weiterzureichen. Sie machten den Fehler, nicht in Erwägung zu ziehen, daß ein Neukonzipieren der Aufgabe ein kontinuierliches Fließen und eine effizientere Arbeit möglich machen würde. Unter dieser Perspektive betrachtet, ist es genauso überraschend, daß der größte Teil der Welt seine Angelegenheiten im Denkstil von Sechs- und Neunjährigen durchführt!

Taiichi Ohno gibt den ersten Bauern der Zivilisation die Schuld an diesem stapelförmigen Denken, das zu langen Warteschlangen führt. Sie haben nach seiner Meinung die Weisheit der Jäger, nämlich eines nach dem anderen zu tun, verloren, als sie sich von der Idee von Stapeln (die einmalige Jahresernte) und von Lagerbeständen (die Kornkammer) faszinieren ließen.[4] Oder vielleicht werden wir ganz einfach mit einem stapelförmigen Denken geboren, zusammen mit vielen anderen »Commonsense«-Illusionen – beispielsweise, daß die Zeit konstant ist und nicht relativ oder daß der Raum gerade und nicht gekrümmt ist. Aber wir alle müssen das Schubladendenken bekämpfen, weil die Aufgaben fast immer effizienter und genauer durchgeführt werden können, wenn das Produkt kontinuierlich vom Rohmaterial bis zum fertigen Gut bearbeitet wird. Kurz, die Dinge laufen besser, wenn Sie sich auf das Produkt und seine Bedürfnisse konzentrieren statt auf die Organisation oder das Equipment, so daß alle erforderlichen Aktivitäten für die Konstruktion, Auftragsabwicklung und Bereitstellung eines Produktes in einem kontinuierlichen Fluß ablaufen.

Henry Ford und seine Mitarbeiter erkannten als erste vollkommen das Potential eines fließenden Ablaufes. Ford reduzierte den Arbeitsaufwand für die Montage eines Modells T im Laufe des Frühjahrs 1913 um 90 Prozent, indem er zu einem kontinuierlichen Ablauf in der Endmontage überging. Anschließend brachte er alle Maschinen, die zur Fertigung der Teile für das Modell T gebraucht wurden, in die richtige Reihenfolge und versuchte, vom Rohmaterial bis zum Versand des fertigen Autos einen kontinuierlichen Fluß zu erreichen, womit er einen ähnlichen Produktivitätssprung erreichte. Aber er erfand nur den Spezialfall. Seine Methode funktionierte nur, wenn das Produktionsvolumen groß genug war, um schnelle Montagebänder zu rechtfertigen, und wenn jedes Produkt aus genau denselben Teilen bestand und dasselbe Modell über mehrere Jahre gefertigt wurde (neunzehn im Fall des Modells T). Anfang der 1920er Jahre, als Ford über der industriellen Welt thronte, wurden in seinem Unternehmen in Dutzenden von Montagefabriken auf der ganzen Welt mehr als zwei Millionen Exemplare des Modells T montiert, die alle identisch waren.

Nach dem Zweiten Weltkrieg kamen Taiichi Ohno und seine technischen Mitarbeiter, einschließlich Shigeo Shingo[5], zu dem Ergebnis, daß die wirkliche Herausforderung darin bestand, bei der Produktion kleiner Losgrößen für einen kontinuierlichen Fluß zu sorgen, wenn nämlich nur Dutzende oder Hunderte von Exemplaren eines Produkts und nicht Millionen davon gebraucht wurden. Das ist der *allgemeine Fall*, weil diese bescheidenen Flüsse und nicht die wenigen riesigen Ströme den größten Teil der menschlichen Bedürfnisse abdecken. Ohno und seine Mitarbeiter erreichten in den meisten Fällen einen kontinuierlichen Ablauf bei der Produktion kleiner Volumen ohne Montagebänder, weil sie die Werkzeuge von einem Produkt auf das nächste schnell umrüsten konnten und weil sie die Maschinenkapazitäten aufeinander abstimmten („right-sizing"), so daß die verschiedenen Fertigungsschritte (beispielsweise Formpressen, Lackieren und Montage) unmittelbar nebeneinander durchgeführt werden konnten und der Fertigungsgegenstand in ständigem Fluß gehalten wurde.

Die Vorzüge dieses Vorgehens sind einfach zu demonstrieren. Wir haben uns vor kurzem in Fabriken in Nordamerika und Europa vor Ort angesehen, wie schlanke Denker *kaikaku* praktizieren (was man vielleicht als »radikale Verbesserung«, im Gegensatz zu *kaizen* oder »kontinuierliche inkrementale Verbesserung«, übersetzen kann). Die Fertigungsschritte für ein bestimmtes Produkt wurden in einem Tag von Abteilungen und Losen auf kontinuierlichen Ablauf umgestellt, was zu einer Verdoppelung der Produktivität und einem dramatischen Rückgang von Fehlern und Ausschuß führte. Wir werden später in diesem Buch über die revolutionäre Umstellung der Produktentwicklung und der Auftragsplanung für dieselben Produkte berichten, mit denselben Auswirkungen in einem nur etwas längeren Anpassungszeitraum. Aber die große Masse von Tätigkeiten wird auf der ganzen Welt immer noch in Abteilungen aufgeteilt und im Stil einer Losfertigung mit Warteschlangen durchgeführt, und das fünfzig Jahre, nachdem ein vollkommen überlegener Weg entdeckt worden war. Warum?

Das grundlegendste Problem ist, daß ein Denken in Begriffen des Fließens der Intuition entgegenläuft. Es scheint für die meisten Menschen plausibel zu sein, daß die Arbeit nach Abteilungen und stapelweise organisiert wird. Wenn einmal Abteilungen und spezielles Equipment zur schnellen stapelförmigen Herstellung vorhanden sind, dann blockieren die karriereorientierten Mitarbeiter in den Abteilungen und die Kalkulationen der Experten im Rechnungswesen (die sich um die volle Auslastung der teuren Anlagen bemühen) die Umstellung auf ein Fließprinzip.

Die Reengineering-Bewegung hat erkannt, daß ein Abteilungsdenken suboptimal ist, und hat versucht, den Fokus von den organisatorischen Kategorien (Abteilungen) auf die wertschöpfenden »Prozesse« zu verlegen – Kreditprüfung oder Schadensregulierung, oder der Ablauf in der Debitorenbuchhaltung.[6] Das Problem ist, daß die Experten für Reengineering konzeptionell nicht weit genug gegangen sind – sie konzentrieren sich noch immer auf die unverbundenen und aggregierten *Prozesse* (beispielsweise auf die Auftragsabwicklung für eine ganze Produktreihe) statt auf den gesamten *Fluß der wertschöpfenden Aktivitäten für spezifische Produkte.* Außerdem machen sie oft an den Grenzen des Unternehmens halt, das ihre Honorare bezahlt. Dabei kommen doch die großen Durchbrüche daher, daß man den gesamten Wertschöpfungsstrom ins Auge faßt. Außerdem betrachten sie die Abteilungen und Mitarbeiter als Feinde und setzen externe SWAT-Teams (Strength Weakness Analysis Teams) ein, um beide zum Teufel zu jagen. Das führt meistens zu einem Zusammenbruch der Moral bei denjenigen, die das Reengineering überlebt haben, und zu einem Rückschritt der Organisation in negativer Richtung, sobald die Experten für Reengineering aus dem Haus sind.

Die schlanke Alternative besteht darin, die Arbeit der Funktionen, Abteilungen und Unternehmen derart neu zu definieren, daß sie einen positiven Beitrag zur Wertschöpfung leisten können, und dabei die realen Bedürfnisse der Mitarbeiter an jedem Punkt entlang des Stroms berücksichtigen, *so daß es wirklich in deren Interesse liegt, daß die Wertschöpfung kontinuierlich fließt.* Das erfordert nicht nur den Aufbau eines *schlanken Unternehmens* für jedes Produkt, sondern auch ein Überdenken konventioneller Unternehmen, Funktionen und Karrieren sowie die Entwicklung einer schlanken Strategie, wie es in Teil III erklärt wird.

Pull

Die erste sichtbare Auswirkung der Umwandlung von Abteilungen und stapelförmigen Abläufen in Produktteams und einen fließenden Ablauf ist, daß die benötigte Zeit vom Konzept bis zur Einführung, vom Verkauf bis zur Auslieferung und vom Rohmaterial bis zum Kunden dramatisch zurückgeht. Produkte, deren Konstruktion früher Jahre dauerte, werden jetzt in Monaten entwickelt; Aufträge, die tagelang in Bearbeitung waren, werden jetzt in Stunden erledigt; und die wochen- oder monatelangen Durchlaufzeiten für die konventionelle Produktion werden auf Minuten oder Tage reduziert. Wenn Sie die Durchlaufzeiten bei der Produktentwicklung nicht sofort um die Hälfte, bei der Auftragsbearbeitung um 75 Prozent und bei der Produktion um 90 Prozent senken können, dann machen Sie etwas falsch. Schlanke Systeme können zudem jedes Produkt, das sich gegenwärtig in der Herstellung befindet, in jeder Kombination fertigen, so daß Anpassungen an Nachfrageänderungen direkt vorgenommen werden können.

Na und? Das führt zu einem einmaligen warmen Regen an Cash aus dem Abbau von Lagerbeständen und beschleunigt den Return on Investment. Ist das aber die wirklich revolutionäre Leistung? In Wirklichkeit kommt sie durch die Fähigkeit, genau das zu konstruieren, zu planen und zu fertigen, was der Kunde will, und wann er es will. Es bedeutet, daß Sie die Umsatzprognosen vergessen können und einfach nur das produzieren, was der Kunde nachfragt. Das heißt, Sie können den Kunden das Produkt bei sich abrufen (*Pull*) lassen, statt daß Sie ihm anbieten, was er oft gar nicht will (*Push*). Außerdem wird, wie wir in Kapitel 4 erklären werden, das Nachfrageverhalten der Kunden viel stabiler, wenn sie wissen, daß sie sofort bekommen können, was sie wünschen, und wenn die Hersteller aufhören, durch periodische Preisnachlaßaktionen bereits gefertigte Produkte, die eigentlich niemand will, unter die Leute zu bringen.

Nehmen wir ein praktisches Beispiel: das Buch, das Sie gerade in der Hand halten. Tatsächlich hat Ihr Exemplar Glück. Die Hälfte der jedes Jahr in den Vereinigten Staaten gedruckten Bücher kommt in den Reißwolf, ohne jemals einen Leser gefunden zu haben! Wie ist das möglich? Weil die Verlage, die Druckereien und Vertriebsfirmen, die es entlang des Wertschöpfungsstroms gibt, niemals etwas von einem Fließprinzip gehört haben, so daß der Kunde das Produkt nicht abrufen kann

(*Pull*). Die Bestellung eines Buches dauert mehrere Wochen, wenn der Buchhändler oder das Warenhaus keines mehr auf Lager hat. Aber die meisten Bücher stehen nur kurze Zeit im Regal. Die Verleger müssen entweder das Buch dann verkaufen, wenn das Interesse der Leser auf seinem Höhepunkt ist, oder auf Umsatz verzichten. Weil die Verlage die Nachfrage nicht genau vorhersagen können, ist die einzige Lösung die Herstellung von Tausenden von Exemplaren, um den Markt damit zu überschütten, wenn das Buch auf den Markt kommt, obwohl im Durchschnitt nur einige tausend Exemplare eines Buches verkauft werden. Der Rest geht dann an den Verlag zurück und kommt in den Reißwolf, wenn die Verkaufssaison vorbei ist.

Die Lösung dieses Problems wird sich wahrscheinlich in Phasen entwickeln. In den nächsten Jahren können die Verlage lernen, kleine Lose von Büchern schnell zu drucken, und die Grossisten können lernen, die Regale in den Buchläden häufiger aufzufüllen (mit Methoden, die in Kapitel 4 beschrieben sind). Schließlich machen es vielleicht neue dezentrale Buchdrucktechnologien möglich, daß einfach die Bücher, die der Kunde will, dann ausgedruckt werden, wenn der Kunde sie verlangt, entweder in einem Buchladen oder, noch besser, im Büro des Kunden oder bei sich zu Hause. Und manche Kunden wollen vielleicht überhaupt kein Exemplar ihres »Buches«. Statt dessen wollen sie die elektronische Übertragung des Textes vom »Verlag« auf ihren eigenen Computer und drucken sich eine altmodische Papierversion nur dann aus, wenn sie sie brauchen. Die angemessene Lösung wird dann gefunden sein, wenn die Teilnehmer am Wertschöpfungsstrom für Veröffentlichungen das vierte Prinzip des schlanken Denkens übernommen haben: *Pull*.

Perfektion

Indem Organisationen anfangen, den Begriff *Wert* genau zu spezifizieren, den gesamten *Wertschöpfungsstrom* zu identifizieren, die wertschöpfenden Schritte für spezifische Produkte in einen kontinuierlichen Fluß (*Flow*) zu bringen, und den Kunden die Möglichkeit bieten, diese Werte beim Unternehmen abzurufen (*Pull*), geschieht etwas Seltsames. Es dämmert den Beteiligten, daß diese Prozesse der Reduktion von Arbeit, Zeit, Raum, Kosten und Fehlern beim Anbieten von Produkten endlos sind. Das Produkt entspricht immer mehr dem, was der Kunde tatsächlich wünscht. Plötzlich scheint *Perfektion*, das fünfte und letzte Prinzip schlanken Denkens, keine verrückte Idee mehr zu sein.

Warum sollte das so sein? Weil sich die vier ursprünglichen Prinzipien in einem virtuosen Zirkel gegenseitig stimulieren. Das Bemühen um schnelleren Wertschöpfungsfluß läßt einen immer versteckte *muda* erkennen. Je stärker man zieht, desto mehr Hindernisse im Ablauf werden sichtbar, so daß sie beseitigt werden können. Dezidierte Produktteams in direktem Kontakt mit den Kunden finden immer Wege, die Wertschöpfung genauer zu spezifizieren, und finden oft Wege, Flow und Pull zu verbessern.

Obwohl die Beseitigung von *muda* manchmal neue Verfahrenstechnologien und neue Produktkonzepte erfordert, sind diese normalerweise überraschend einfach und können rasch implementiert werden. Beispielsweise konnten wir unlängst bei Pratt & Whitney beobachten, wie ein vollautomatisches System von Schleifmaschinen für Turbinenschaufeln durch eine U-förmige Zelle ausgetauscht wurde, die von den eigenen Ingenieuren in kurzer Zeit und mit einem Viertel der Kosten des ausgetauschten automatischen Systems konstruiert und installiert wurde. Das neue System veringerte die Produktionskosten um die Hälfte, verkürzte die Durchlaufzeiten um 99 Prozent und reduzierte die Umrüstzeiten von Stunden auf Sekunden, so daß Pratt jetzt nach Auftragseingang genau das fertigen kann, was der Kunde bestellt hat. Die Umstellung auf schlankes Denken macht sich innerhalb eines Jahres bezahlt, sogar wenn Pratt nur noch den Schrottwert für das ausrangierte automatische System bekommt.

Die vielleicht wichtigste Triebfeder der Perfektion ist *Transparenz*, der Zustand, daß in einem schlanken System jeder – Subunternehmer, Zulieferer der ersten Stufe, Systemintegrator (oft Montagewerk genannt), Vertriebsunternehmen, Kunden und Mitarbeiter – alles sehen kann. So entdeckt man einfacher bessere Wege der Wertschöpfung. Darüber hinaus erhalten die Mitarbeiter, die Verbesserungen gemacht haben, ein fast direktes und hochgradig positives Feedback. Dies ist ein zentrales Merkmal schlanker Arbeit und ein starker Ansporn für kontinuierliche Verbesserungsbemühungen, wie in Kapitel 3 erklärt wird.

Leser, die mit der »Open-Book-Management«-Bewegung in den Vereinigten Staaten[7] vertraut sind, werden sich daran erinnern, daß eine Transparenz der Finanzen und direktes Feedback auf die Resultate in

Form von finanziellen Boni für die Mitarbeiter ihre zentralen Elemente sind. Deshalb gibt es eine große Übereinstimmung zwischen diesem und unserem Ansatz. Eine zentrale Frage stellt sich jedoch diesen Managern, wenn die Finanzsituation transparent gemacht wird und die Mitarbeiter nach Leistung bezahlt werden: Wie kann die Leistung verbessert werden? Schweiß und mehr Arbeitsstunden sind keine Antwort, werden aber verlangt, wenn niemand weiß, wie man klüger arbeiten soll. Die Techniken von Flow und Pull, die wir auf den kommenden Seiten beschreiben werden, bieten die Antwort. Wenn die Mitarbeiter ein direktes Feedback erhalten, das daraus resultiert, daß Produktentwicklung, Auftragsabwicklung und Produktion in einem kontinuierlichen Fluß ablaufen, und sie die Zufriedenheit der Kunden erleben können, werden Zuckerbrot und Peitsche des finanziellen Entlohnungssystems beim »Open-Book-Management« größtenteils überflüssig.

Der jetzt schon erreichbare Gewinn

Von Perfektion zu träumen macht Spaß. Es ist aber auch nützlich, weil es zeigt, was möglich ist und uns hilft, mehr zu erreichen, als wir sonst erreicht hätten. Auch wenn der schlanke Ansatz langfristig Perfektion zu einer scheinbar plausiblen Sache macht, so spielt sich doch das Leben und Arbeiten der meisten von uns in kürzeren Zeithorizonten ab. Welche Vorteile können wir dann durch den schlanken Ansatz direkt gewinnen?

Auf der Grundlage von jahrelangem Benchmarking und Beobachtungen in Firmen auf der ganzen Welt haben wir die folgenden drei einfachen Faustregeln entwickelt: Die Umwandlung einer klassischen, auf Losgrößen ausgerichteten Produktion in einen kontinuierlichen Fluß mit effektivem Sog (*Pull*) durch den Kunden wird die Arbeitsproduktivität im gesamten System verdoppeln (für Werker, Manager und Fachkräfte, vom Rohmaterial bis zum ausgelieferten Produkt), während die Durchlaufzeiten in der Produktion um 90 Prozent gekürzt und die Lagerbestände im System ebenfalls um 90 Prozent reduziert werden. Fehler, die zum Kunden gelangen, und Ausschuß im Fertigungsprozeß gehen wie auch die Arbeitsunfälle typischerweise um die Hälfte zurück. Die Zeit bis zur Einführung neuer Produkte halbiert sich, und eine größere Produktvielfalt innerhalb der Produktfamilien kann zu sehr bescheidenen

Mehrkosten angeboten werden. Außerdem werden die erforderlichen Kapitalinvestitionen sehr niedrig sein, sogar negativ, wenn Fabrikflächen und Equipment freigesetzt und verkauft werden können.

Und das ist nur der Anfang. Das ist der Bonus von *kaikaku*, der durch die erste radikale Neuausrichtung der Wertschöpfung freigesetzt wird. Es folgen kontinuierliche Verbesserungen auf dem Weg zur Perfektion mit den Mitteln von *kaizen*. Unternehmen, die die radikale Umorientierung beendet haben, werden typischerweise die Produktivität innerhalb von zwei bis drei Jahren erneut durch inkrementale Verbesserungen verdoppeln und die Lagerbestände, die Fehlerquoten und Durchlaufzeiten während dieses Zeitraums noch einmal halbieren. Und die Kombination aus *kaikaku* und *kaizen* kann zu endlosen Verbesserungen führen.

Leistungssprünge dieser Größenordnung sind sicherlich ziemlich schwer zu glauben, vor allem, wenn sie mit der Behauptung verbunden sind, daß dafür keine drastisch neuen Technologien notwendig sind. Wir haben deshalb über mehrere Jahre an der sorgfältigen Dokumentation spezieller Beispiele von schlanken Transformationen bei einer Vielzahl von Unternehmen in führenden Industrienationen gearbeitet. In den folgenden Kapiteln liefern wir eine Reihe von »Bewertungstabellen« von dem, was genau erreicht werden kann, und beschreiben die speziellen Anwendungsmethoden.

Das Mittel gegen Stagnation

Schlankes Denken ist nicht nur in einem abstrakten Sinne das Gegenmittel gegen *muda*. Der eben beschriebene Leistungssprung ist gleichfalls die Antwort auf die lang anhaltende wirtschaftliche Stagnation in Europa, Japan und Nordamerika. Die konventionellen Überlegungen über wirtschaftliches Wachstum konzentrieren sich auf neue Technologien und zusätzliche Aus- und Weiterbildung als Schlüsselfaktoren. Deshalb betont die heute populäre Wirtschaftspresse so außerordentlich stark die sinkenden Rechnerkosten und weist darauf hin, wie einfach heute Informationen über den Planeten geschickt werden können, wie das World Wide Web veranschaulicht. Die Verbindung von niedrigen Kosten und einfach zugänglichen Informationen mit interaktiver Ausbildungssoftware für Wissensarbeiter wird sicherlich zu einem großen Produktivitätssprung und einigem Wohlstand führen. Richtig?

Die Fakten sind nicht vielversprechend. Innerhalb der letzten zwanzig Jahre haben wir die Roboter-Revolution erlebt, die Werkstoffrevolution (man erinnere sich daran, wann es Autos mit Motoren aus Keramik und Flugzeuge ganz aus Plastik geben sollte?), Mikroprozessoren und die PC-Revolution und die der Biotechnologie. Aber die Wertschöpfung pro Person in allen entwickelten Ländern hat stagniert.

Das Problem liegt nicht bei den neuen Technologien an sich, sondern bei der Tatsache, daß sie anfangs nur auf einen kleinen Teil der Wirtschaft Auswirkungen haben. Einige wenige Unternehmen wie Microsoft sind über Nacht zu Riesen geworden, aber der größte Teil der Wirtschaftsaktivitäten – die Bauindustrie und der Wohnungsbau, das Transportwesen, die Lebensmittelbranche, die Fertigungsindustrie und die Dienstleistungsbranche werden nur langfristig beeinflußt. Außerdem werden diese Branchen nur dann tangiert, wenn neue Wege der Zusammenarbeit der Beteiligten gefunden werden, durch die die neuen Technologien einen Mehrwert erzeugen. Und diese traditionellen Branchen machen 95 Prozent oder mehr der täglichen Produktion und Konsumtion aus.

Anders gesagt, der größte Teil der Weltwirtschaft besteht immer aus herkömmlichen Aktivitäten, die auf traditionelle Weise durchgeführt werden. Neue Technologien und verbessertes Humankapital führen vielleicht langfristig zu Wachstum, aber nur schlankes Denken hat erwiesenermaßen die Kraft, Wachstumssprößlinge innerhalb weniger Jahre quer durch diese Palette von Branchen zu produzieren. (Und, wie wir sehen werden, macht schlankes Denken unter Umständen einige neue Technologien überflüssig.)

Die anhaltende Stagnation in den entwickelten Ländern hat in letzter Zeit in der Politik zu häßlichen Auseinandersetzungen geführt, als man Sündenböcke suchte, weil sich Teile der Bevölkerung in jedem Land darum schlugen, wie der Wirtschaftskuchen neu zu verteilen sei. Die Stagnation hat auch zu verzweifelten Versuchen der Kosteneinsparung in der Wirtschaft geführt (angeführt vom Reengineering), die die Anreize für die Mitarbeiter abschafften, irgendeinen positiven Beitrag für ihre Unternehmen zu leisten. Und die Zahl der Arbeitslosen ist gestiegen. Schlankes Denken und das Lean Enterprise sind die direkt greifbare Lösung, die Ergebnisse der erforderlichen Größenordnung liefern können. Dieses Buch erklärt, wie das geht.

Anfangen

Weil der schlanke Ansatz der Intuition widerspricht und schon etwas schwer zu verstehen ist, wenn man zum ersten Mal damit konfrontiert wird (aber dann ganz offensichtlich ist, wenn einem einmal »das Licht aufgeht«), ist es sehr nützlich, die tatsächliche Anwendung der fünf schlanken Prinzipien in realen Organisationen zu untersuchen. Das Material am Ende von Teil I liefert deshalb reale Beispiele schlanker Prinzipien zur Beseitigung von *muda*. Der Anfang ist wie immer der *Wert* aus der Sicht des Kunden.

Kapitel 1

Wert

Ein Eigenheim oder eine Erfahrung ohne Ärger?

Doyle Wilson aus Austin in Texas baute bereits fünfzehn Jahre lang Häuser, bevor er sich ernsthafte Gedanken über die Qualität machte. »Im Januar 1991 hatte ich endlich die Nase voll. Ein derart großer Teil meines Geschäfts bestand aus Verschwendung und Nacharbeiten, mit teuren Garantieleistungen und Konflikten mit den Kunden, daß mir klar war, daß es einen besseren Weg geben mußte. Dann stolperte ich über die Qualitätsbewegung.«

Er las das Buch *Customer for Life* von Carl Sewell[1] über den Autohandel und wollte danach die Erfolge von Sewell einem Test unterziehen. Er kaufte sich einen Wagen in dessen Niederlassung in Dallas. (»Ich dachte, wenn sogar ein Autohändler einen Kunden voll zufriedenstellen kann, dann sollte es für einen Bauunternehmer einfach sein.«) Sein Kauf war eine derart positive Erfahrung, daß er Sewell um Rat über Qualitätsprobleme beim Hausbau fragte. Sewell empfahl ihm daraufhin die Lektüre der Arbeiten von W. Edwards Deming.

Doyle Wilson, der Prototyp eines Texaners, machte nie halbe Sachen. Im Februar 1991 führte er ein Total Quality Management bei Doyle Wilson Homebuilder ein. Er schulte über die nächsten drei Jahre persönlich seine Mitarbeiter in den Prinzipien des TQM. Er sammelte und analysierte immense Datenmengen über jeden Aspekt seines Geschäftes. Er strich die individuellen Verkaufsprovisionen (»die das Qualitätsbewußtsein zerstören«), schaffte den traditionellen »Bonus« für seine Bauleiter ab (die sich für einen Bonus bei »termingerechter Fertigstellung« qualifizierten, indem sie Nebenabsprachen mit den Kunden darüber trafen, welche Dinge erst später ausgeführt werden). Er reduzierte die Zahl seiner Subunternehmer um zwei Drittel und verlangte von den restlichen, daß sie an seinen monatlichen Qualitätsseminaren teilnehmen (und dafür bezahlen).

Befragungen von Kunden zeigten einen Anstieg der Zufriedenheit beim Eigenheimbau. Der Absatz ging ständig in die Höhe, sogar in einem umsatzschwachen Markt, als Wilson Marktanteile von seinen Mitbewerbern übernahm. 1995 gewann Doyle Wilson Homebuilder den National Housing Quality Award (oft Baldrige Award der Bauindustrie genannt). Wilson setzte sich zum Ziel, 1998 auch den Baldrige Award zu gewinnen. Aber er war noch nicht zufrieden.

»Ich wußte, daß ich im Wettbewerb mit anderen Bauunternehmen aus dem Neubaugeschäft Fortschritte machte, aber ein einfacher Gedanke, der sich einmal in meinem Kopf festgesetzt hatte, ließ mich nicht mehr in Ruhe: 78 Prozent der in Zentraltexas jedes Jahr gekauften Häuser sind ›gebrauchte‹ oder alte Häuser. Ich steigerte meinen Anteil an den 22 Prozent Käufern, die ein neues Haus wollten. Aber was war mit den 78 Prozent, die alte Häuser kauften? Offensichtlich lag in dieser Käuferschicht die wirkliche Marktchance.«

Statt also diejenigen zu befragen, die neue Häuser kauften, fing Wilson an, sich mit denen zu unterhalten, die alte kauften. Seine Entdeckung war im nachhinein evident, machte aber ein vollkommenes Umdenken seines Geschäftes erforderlich. Er fand vor allem heraus, daß viele Käufer alter Häuser den »Faktor Ärger« haßten: das Verhandeln über den Bauplan, die langen Vorlaufzeiten, bis das Haus fertiggestellt war und man einziehen konnte, die unvermeidbare »Nacharbeits«-Liste nach dem Einzug und die »falsche Auswahl«, die man von der Baufirma geliefert bekam, die ein individuelles Haus versprach, dann aber viele Dinge von geringem Interesse dem Käufer als »Standardausrüstung« auflastete, usw.

Wilson stellte bald fest, daß er genau das seinen Kunden zugemutet hatte. Im Gegensatz dazu konnten die Käufer von Altbauten genau sehen, was sie bekamen, nur kaufen, was sie wollten, und oft sofort einziehen. »Kein Wunder, daß ich 78 Prozent meiner potentiellen Kunden verlor!«

Um die Erfahrungen mit dem Hauskauf zu einer problemlosen Angelegenheit (beide zusammen bildeten das »Produkt« von Wilson) zu machen, mußte jeder Schritt des Prozesses neu überdacht werden. Er hat kürzlich ein Verkaufszentrum eröffnet, wo der Kunde jede für ein Haus verfügbare Option sehen und sich dann entscheiden kann (beispielsweise die vierzig verschiedenen Arten von Steinen, die dreitausend Tapetensorten, die vier Stiltypen von Büros). Den Grundriß kann der Kunde mit Hilfe eines Auto-CAD-Programms individuell verändern und Sonderausstattungen wählen (beispielsweise besonders dicke Teppichböden, zusätzliche Außenbeleuchtungen und stärkere Leitungen). Der genaue Preis wird festgelegt, die Hypothek ausgerechnet, und Versicherungs- sowie Eigentumsfragen für die Grundstücke werden geklärt. Für eilige Kunden kann das alles während eines Rundganges durch das Verkaufszentrum geregelt werden.

Um die Vorlaufzeit von der Vertragsunterzeichnung bis zum Einzug von sechs Monaten auf ein Ziel von dreißig Tagen zu senken, hat er die Auftragsvergabe reorganisiert und entwickelt ein System der Sog-Steuerung der Subunternehmer, denen die neue Arbeit dann zugewiesen wird, wenn die vorangehenden Arbeiten abgeschlossen sind. Er führt auch standardisierte Arbeitsbeschreibungen, Materiallisten und Werkzeugausrüstungen für jede Arbeit ein. Dadurch entfällt die »Nacharbeits«-Liste ebenfalls weitgehend, da in dem neuen System mit der nächsten Aufgabe nicht angefangen werden kann, bevor nicht die vorausgehende zufriedenstellend ausgeführt und abgenommen wurde.[2]

Schließlich hat Wilson noch eine Reihe von Grundtypen mit Minimalbaustandard entworfen und bittet die Kunden, alle darüber hinaus gehenden Material- und Systemwünsche an dem ausgewählten Grundmodell (über ein computergestütztes Konstruktionsprogramm) zu spezifizieren, so daß sie nur genau das bezahlen, was sie wirklich wollen.

Das ist alles nicht einfach zu realisieren, wie wir in Kapitel 3 über Flow sehen werden, wenn wir auf dieses Beispiel zurückkommen. Aber Doyle Wilson hat bereits den entscheidenden Sprung getan. Statt sich auf den klassischen Markt zu konzentrieren und darauf, was er und seine Subunternehmer auf herkömmliche Weise zu tun gewohnt waren, hat er sich auf den *Wert* konzentriert, wie ihn seine Kunden definieren, und damit einen neuen Weg eingeschlagen.

Herausforderung der traditionellen Definition von »Wert«

Warum ist es so schwer, an der richtigen Stelle anzusetzen, um den Wert korrekt zu definieren? Zum Teil, weil die meisten Produzenten herstellen wollen, was sie schon immer hergestellt haben, und teils weil viele Kunden Varianten von dem wünschen, was sie schon immer bekommen haben. Sie setzen einfach an der falschen Stelle an und gelangen an das falsche Ziel. Wenn die Anbieter oder Kunden sich entscheiden, den Wert zu überdenken, dann greifen sie oft auf einfache Formeln zurück – niedrige Kosten, steigende Produktvielfalt durch Anpassung an die Wünsche der Kunden, direkte Auslieferung. Statt dessen sollten sie besser gemeinsam den Wert analysieren und alte Definitionen in Frage stellen, um festzustellen, was wirklich gebraucht wird.

Steve Maynard, Vice President für Engineering und Produktentwicklung bei der Wiremold Company in West Hartford, Connecticut, versuchte diese Probleme zu lösen, als er 1992 das Produktentwicklungssystem bei Wiremold reorganisierte. Über viele Jahre hatte Wiremold neue Produkte – Kabeltunnel für Büros und Industrieanlagen und Spannungsregler für PCs und andere elektronische Geräte – über eine konventionelle Abteilungsstruktur entwickelt. Der Prozeß begann damit, daß das Marketing die Produkte von Wiremold mit den Angeboten der Mitbewerber vergleichen ließ. Wenn eine »Chance« erkannt wurde, normalerweise eine Marktlücke oder die Kenntnis einer Schwäche im Angebot der Konkurrenz, dann wurde von der Konstruktion ein Produkt entwickelt und dann von einer Prototyp-Abteilung getestet. Wenn es wie geplant funktionierte, ging die Konstruktion an die Ingenieure, die die Maschinen zur Fertigung der Produkte entwarfen, und schließlich in die Produktion.

Dieses System fertigte Konstruktionen, denen es an Phantasie mangelte und die die Kunden oft ignorierten. (Die Konstruktionen nahmen auch zuviel Entwicklungszeit und -arbeit in Anspruch und waren zu teuer in der Herstellung. Aber das sind andere Probleme, mit denen wir uns in Kapitel 3 über Flow beschäftigen werden.) Diesen Prozeß einfach durch Simultaneous Engineering zu beschleunigen und dann die Produktvielfalt zu vergrößern hätte nur schneller schlechtere Konstruktionen auf den Markt gebracht. Reine *muda*.

Steve Maynards Lösung war die Bildung eines Teams für jedes Produkt, das für die gesamte Produktionsdauer für dieses Produkt zuständig ist. Dieses Team – bestehend aus einem Verkäufer, einem Produktingenieur und einem Werkzeug-/Fertigungsingenieur – nahm einen *Dialog* mit den führenden Kunden (Großabnehmern) auf, in dem alle alten Produkte und Lösungen ignoriert wurden. Kunde und Hersteller (Wiremold) konzentrierten sich statt dessen auf den Wert, den der Kunde wirklich brauchte.

Beispielsweise wurden die alten Kabeltunnel (die die Kabel durch Problemzonen in einer Fabrik führen und komplexe Anschlüsse in Bereichen mit hohem Bedarf, wie in Labors oder Krankenhäusern, bündeln) fast vollständig hinsichtlich ihrer Beständigkeit, Sicherheit und Kosten pro an die Baustelle geliefertem Meter konstruiert. Dieses Vorgehen paßte gut zur Mentalität der Produktingenieure bei Wiremold, die die Produktentwicklung dominierten und die eine Fokussierung auf eine enge »Spezifikation« beruhigend fanden.

In diesem neuen Dialog stellte sich schnell heraus, daß die Kunden auch ein Produkt wünschten, das »optisch ansprechend« war und auf der Baustelle sehr schnell installiert werden konnte. (Wiremold hatte niemals einen Designer beschäftigt und wußte relativ wenig über Trends im Baugewerbe.) Die Kunden waren bereit zu beträchtlichen Preiszugeständnissen am Meterpreis für optisch ansprechendere (was höhere Angebotspreise für die Bauarbeiten ermöglichte) und schneller installierbare Produkte (was die Gesamtkosten senkte).

Innerhalb von zwei Jahren, nachdem alle Produktfamilien von Wiremold an Teams übergeben worden waren, stieg der Absatz dieser ganz konventionellen Produkte um mehr als vierzig Prozent, und die Bruttogewinnspanne ging sprunghaft in die Höhe. Ein erneuter Dialog über den Wert zwischen Kunden und Hersteller machte sich für Wiremold bezahlt, ganz abgesehen von Einsparungen bei der Produktentwicklung und Fertigung.

Während Wiremold und Doyle Wilson Homebuilder sowie jedes andere Unternehmen nach grundsätzlich neuen Möglichkeiten suchen müssen, die ihnen eine Wertschöpfung in unvorstellbaren Dimensionen erlauben, können die meisten Unternehmen heute schon ihren Absatz ganz wesentlich ankurbeln, wenn sie einen Mechanismus finden, wie sie den Wert ihrer Kernprodukte für ihre Kunden neu gestalten können.

Wertdefinition in bezug auf das Gesamtprodukt

Ein anderer Grund, warum es Unternehmen schwerfällt, den Wert richtig zu fassen, ist, daß an der Wertschöpfung oft viele Unternehmen beteiligt sind und jedes dazu neigt, den Wert anders zu definieren, um den eigenen Bedürfnissen gerecht zu werden. Wenn diese unterschiedlichen Definitionen addiert werden, ergibt das oft keinen Sinn. Wählen wir ein anderes (aber vollkommen typisches) alptraumartiges Beispiel: das Reisen.

Einer von uns (Jones) reiste kürzlich mit seiner Familie von seinem Wohnsitz in Herefordshire in England nach Kreta in Osterurlaub. Gebraucht wurde ein problemloses Komplettpaket für die Beförderung zum Flughafen, einen Flug nach Kreta, die Beförderung in das Ferienhaus und das Ferienhaus selbst. Erhältlich war statt dessen ein vom Kunden selbst zusammengeflicktes Produkt, an dem neunzehn verschiedene Organisationen beteiligt waren:

Die *Reisegesellschaft* (um die Flüge und das Ferienhaus zu buchen), das *Taxiunternehmen* (das nicht mit der Reisegesellschaft zusammenarbeitet), das die lange Fahrt von Hereford zum Flughafen Gatwick in London übernahm – keine Fluglinie fliegt zu Ostern nonstop von Birmingham (dem nächstgelegenen Flughafen) nach Kreta, das *Bodenpersonal* auf beiden Flughäfen (selbständige Vertragspartner der Fluglinie), das *Sicherheitspersonal* auf beiden Flughäfen (noch unabhängigere Vertragspartner), das *Zollpersonal* auf beiden Seiten (zur Kontrolle der Papiere, damit sie etwas zu tun haben), die beiden *Flughafenverwaltungen* (die lange Aufenthalte lieben, weil die Passagiere dann mehr Geld ausgeben), die *Fluggesellschaft* (die die meisten unterstützenden Aktivitäten für ihren Betrieb abgegeben hatte), die *Luftfahrtbehörden* in fünf Ländern entlang der Flugroute (die dem Standardmuster für Regierungen folgen, nämlich unterkapitalisiert, aber optimiert für Verspätungen), die *Bank* zum Eintausch der Währung am Flughafen Gatwick, das *Busunternehmen*, um die Familie zum Ferienhaus in Kreta zu bringen, und das *Ferienhaus*.

Die Reise war insgesamt Routine. Aber sehen wir uns an, was die Familie von Jones tun mußte, um sich selbst durch das System »durchzuarbeiten«:

1. Anruf beim Reisebüro, um zu buchen.

2. Erhalt der Flugtickets per Post.
3. Anruf beim Taxiunternehmen, um ein Taxi zu bestellen.
4. Warten auf das Taxi.
5. Einladen des Gepäcks (8 Uhr morgens westeuropäischer Zeit).
6. Fahrt zum Flughafen (dreieinviertel Stunden); Ankunft zwei Stunden vor planmäßigem Abflug, wie es die Fluglinie verlangt.
7. Entladen des Gepäcks.
8. Anstehen in der Schlange am wechselschalter (um Englische Pfund in Griechische Drachmen zu wechseln).
9. Warten in der Schlange beim Einchecken.
10. Warten in der Schlange bei der Sicherheitskontrolle.
11. Warten in der Schlange beim Zoll.
12. Warten in der Abflughalle.
13. Anstehen beim Einsteigen.
14. Warten im Flugzeug (zweistündige Verzögerung).
15. Rollen zur Startbahn.
16. Flug nach Kreta (drei Stunden).
17. Warten im Flugzeug (Rollen und Aussteigen).
18. Warten am Gepäckband.
19. Warten in der Schlange für Einreisende.
20. Warten in der Schlange beim Zoll.
21. Einladen des Gepäcks in den Bus.
22. Warten im Bus.
23. Fahrt mit dem Bus zum Ferienhaus (fast fünfundvierzig Minuten).
24. Ausladen des Gepäcks und Tragen ins Ferienhaus.
25. Anstehen in der Schlange, um in das Ferienhaus einzuchecken (21 Uhr westeuropäischer Zeit).

Tabellarische Ergebnisse:

Gesamtreisezeit: 13 Stunden
Tatsächliche Reisezeit: 7 Stunden (54 Prozent der Gesamtzeit)[3]
Zeit für Anstehen und Warten: 6 Stunden
Anzahl der Schlangen: 10
Häufigkeit, mit der das Gepäck bewegt wurde: 7
Anzahl der Kontrollen (immer mit denselben Fragen): 8
Gesamtzahl der Schritte: 25

Das Problem dabei ist nicht, daß in diesem Fall zu viele Unternehmen beteiligt sind. Jedes war für seine jeweilige Aufgabe angemessen spezialisiert. Das Problem ist vielmehr, daß jedes ein Teilprodukt bereitstellt und nur an der eigenen operativen »Effizienz« interessiert ist und keines mit den Augen des Kunden auf das Gesamtprodukt blickt. In dem Moment, wo der Fokus auf das Ganze verlegt wird, nämlich so, wie der Kunde es erlebt, entstehen offenkundige Fragen:

Könnte eine einzige Person beim Check-in die Sicherheitsaufgaben, den Zoll und das Check-in ausführen? (Man könnte dann direkt in den Boarding-Bereich oder sogar direkt ins Flugzeug gehen.) Wäre es nicht sogar noch besser, das Ticket, das Ihre Reiseagentur Ihnen zustellt, enthielte gleich Ihre Gepäckanhänger, Bordkarten, Taxigutscheine, Busfahrkarten und Ferienhausregistrierung, die man dann nur abgeben müßte, wenn man die jeweiligen Punkte passiert? (Oder der Reisende könnte einfach seine Kreditkarte an den entsprechenden Stationen in einen Kreditkartenautomaten stecken, was den ganzen Papierkram überflüssig machen würde.) Könnten die Zollbeamten in Kreta nicht während der Zeit, die Sie unterwegs sind, anhand Ihres in London eingescannten Reisepasses prüfen, ob Sie überhaupt einreisen dürfen? (Dann könnten Sie, außer es gibt Probleme, einfach aus dem Flugzeug aussteigen, ohne die Einreise- und Zollkontrolle zu passieren.) Und warum (weiß es *irgend jemand*?) muß man zwei Stunden vor Abflug am Flughafen sein? Kurz, die angemessene Definition des Produktes wandelt sich, sobald man mit den Augen des Kunden auf das Ganze zu blicken anfängt.

Der Zwang für schlanke Unternehmen, Wert neu zu definieren

Wenn Sie sich einige Minuten Zeit nehmen und an irgendein beliebiges »Produkt« denken – ein Gut oder eine Dienstleistung oder wahrscheinlich eher eine Kombination von beiden –, dann werden Sie dasselbe Problem einer angemessenen Definition haben. Dazu müßten generell die Hersteller auf neuen Wegen das Gespräch mit dem Kunden suchen, und viele Unternehmen entlang des Wertstroms müßten anders miteinander umgehen. (Wir werden noch sehr vielen Beispielen auf den nachfolgenden Seiten begegnen – etwa daß Autofirmen aufhören, ein Produkt, und

Autohändler, eine Dienstleistung zu verkaufen, sondern beide zusammen ein neues Produkt (persönliche Mobilität) anbieten.)

Es ist unbedingt notwendig, daß sich die Hersteller dieser Herausforderung einer Neudefinition stellen, denn hierin liegt oft der Schlüssel dafür, mehr Kunden zu gewinnen, und die Fähigkeit, sehr schnell mehr Kunden zu gewinnen und den Umsatz zu steigern, ist für den Erfolg des schlanken Ansatzes entscheidend. Und zwar deshalb, weil schlanke Unternehmen, wie wir gleich zeigen werden, immer sehr viele Ressourcen freimachen. Wenn sie durch Beschreiten des neuen Weges ihre Unternehmensressourcen besser nutzen als zuvor, müssen sie, um die Arbeitsplätze ihrer Mitarbeiter zu erhalten, sofort für mehr Umsatz sorgen. Eine bessere Definition der Wertvorstellungen kann dies oft bewirken.

Wenn man dann erstmals die Neudefinition des Wertes unternommen hat (was *kaikaku* oder Quantensprung für den Wertbegriff genannt werden kann), müssen schlanke Unternehmen mit ihren Produktteams ständig prüfen, ob sie wirklich die beste Lösung haben. Das entspricht der Verfeinerung der Wertdefinition analog zu *kaizen*, das eine kontinuierliche Verbesserung der Produktentwicklung, der Auftragsabwicklung und der Produktion vorsieht. Es führt zu regelmäßigen Fortschritten auf dem Weg zur Perfektion.

Das letzte Element in der Wertdefinition: die Zielkosten

Die wichtigste Aufgabe bei der Bestimmung des Wertes nach abgeschlossener Produktdefinition ist die Festlegung der *Zielkosten* auf der Basis von benötigten Mitteln und Aufwand, um dieses Produkt herzustellen, *wenn* die ganze momentan sichtbare *muda* aus dem Prozeß eliminiert worden ist. Hier liegt der Schlüssel, um Verschwendung auszumerzen.

Die herkömmliche Praxis ist es, einen Verkaufspreis festzulegen, auf der Basis dessen, was der Markt hergibt. Man arbeitet sich dann zurück, um die akzeptablen Kosten zu errechnen, die noch eine angemessene Gewinnmarge zulassen. Man muß das jedesmal machen, wenn man ein neues Produkt entwickeln will. Was ist jetzt aber anders? Schlanke Unternehmen schauen sich das heutige Bündel an Preisen und Produktmerkmalen an, die den Kunden von den konventionellen Unternehmen angeboten werden, und stellen sich dann die Frage, welche Kosten sie bei voller Anwendung schlanker Methoden einsparen können. Sie stellen sich konkret folgende Frage: Was sind die Kosten für dieses Produkt, wenn alle *muda* beseitigt ist und die Wertschöpfung zum Fließen gebracht wird? Daraus errechnen sich die Zielkosten für die Produktentwicklung, die Auftragsabwicklung und Produktion, die für dieses Produkt erforderlich sind.[4]

Weil das Ziel bestimmt weit unterhalb der Kosten der Konkurrenz liegt, hat das schlanke Unternehmen Wahlmöglichkeiten: Preissenkung (ein anderer Weg zur Absatzsteigerung und Verwendung freigesetzter Ressourcen); zusätzliche Merkmale oder Fähigkeiten des Produkts (was ebenfalls umsatzfördernd sein sollte); Hinzufügen zusätzlicher Dienstleistungen zu dem Produkt, um eine zusätzliche Wertschöpfung zu erzeugen (und zusätzliche Jobs); Ausdehnung des Distributions- und Servicenetzes (was wiederum den Umsatz fördert, obwohl mit zeitlicher Verzögerung); oder Finanzierung neuer Produkte mit den Gewinnen (was langfristig den Umsatz steigern wird).

Stehen einmal die Zielkosten für ein Produkt fest, werden sie zur Lupe, mit der alle Schritte in dem Wertstrom für die Produktentwicklung, Auftragsabwicklung und Produktion (letztere wird im Falle einer Dienstleistung wie Versicherung oder Transport Ablauf genannt) geprüft werden. Wir werden im nächsten Kapitel sehen, daß das unerbittliche Hinterfragen jeder Aktivität entlang des Wertschöpfungsstromes – auf wirklichen Wertgewinn für den Kunden – zum Schlüssel des Erreichens der aggressiven Zielkosten wird.

KAPITEL 2

Der Wertschöpfungsstrom*

Die Perspektive aus den Regalgängen

Ein hervorragender Standort zur Beobachtung des Wertstroms sind die Gänge in einem Supermarkt, weil sich hier Tausende von Flüssen in die Arme der Kunden ergießen. Hier laufen nicht nur die Produkte zusammen, die die Entscheidungen der Käufer nachfragen, sondern auch der Prozeß der Produktentwicklung, wenn neue Produkte eingeführt werden. Genau diese Perspektive aus den Gängen im Supermarkt stimulierte Taiichi Ohno und inspirierte ihn zur Erfindung des neuen Systems der Ablauforganisation, das wir heute Just-in-Time (JIT) nennen.[1]

In den vergangenen zwei Jahren haben wir selbst diese Perspektive während unserer Zusammenarbeit mit der britischen Lebensmittelkette Tesco[2] sowie einer Reihe ihrer Lieferanten gewählt, um die Wertschöpfung spezifischer Produkte neu zu überdenken: auf der Suche nach *muda*. Dazu haben wir jeden Schritt aufgezeichnet – jede einzelne Tätigkeit –, der zur Herstellung und Bestellung für spezifische Produkte gehört. Seit kurzem beziehen wir auch die Produktentwicklung mit ein.

Unser Vorgehen basiert auf einer einfachen Prämisse: Genauso wie Aktivitäten, die nicht gemessen werden können, auch nicht richtig zu managen sind, können auch diejenigen Tätigkeiten, die zur Erzeugung, Bestellung und Herstellung eines spezifischen Produkts notwendig sind, aber

---

* Dieses Kapitel basiert auf einer von Nick Rich vom Lean Enterprise Research Centre, Cardiff Business School, entwickelten Fallstudie. Wir danken ihm für diese Unterstützung.

nicht genau identifiziert, analysiert und in Beziehung zueinander gesetzt werden können, nicht hinterfragt, verbessert (oder insgesamt abgeschafft) und schließlich perfektioniert werden. Der größte Teil der Aufmerksamkeit des Managements hat sich historisch betrachtet auf das Management von Aggregaten, also Anhäufungen von Elementen konzentriert – Prozesse, Abteilungen, Unternehmen. Dabei wurden viele Produkte auf einmal betrachtet. Aber konkret kommt es auf das Management der gesamten Wertschöpfungsströme für einzelne Produkte und Dienstleistungen an.

Unser erstes Ziel bei der Erstellung einer »Karte« des Wertschöpfungsstromes zur Identifizierung jeder Tätigkeit, die zur Konstruktion, Bestellung und Fertigung eines speziellen Produktes erforderlich ist, war, diese einer von drei Kategorien zuzuordnen: (1) diejenigen, die aus Sicht des Kunden tatsächlich einen Wert erzeugen; (2) diejenigen, die zwar keinen Wert erzeugen, die aber gegenwärtig für die Produktentwicklung, Auftragserfüllung und das Produktionssystem erforderlich sind (*muda* Typ I) und insofern nicht sofort eliminiert werden können; und (3) diejenigen Handlungen, die aus der Sicht des Kunden keinen Wert erzeugen (*muda* Typ II) und deshalb sofort beseitigt werden können. Wenn diese letzte Gruppe von Tätigkeiten beseitigt ist, ist der Weg frei, die verbleibenden Schritte, die nicht zur Wertschöpfung beitragen, mit den Techniken von Flow, Pull und Perfektion, die in den kommenden Kapiteln beschrieben werden, zu bearbeiten.

Der Wertschöpfungsstrom für einen Karton[3] Cola

Der einzige Weg zur Verdeutlichung dieser Methode ist die Darstellung einer typischen Wert-Analyse.[4] Wir benutzen dazu ein mehr oder weniger zufällig aus den Getränkeregalen bei Tesco ausgewähltes Produkt, nämlich einen Karton mit acht Dosen Cola. Wir sollten Ihnen schon am Anfang sagen, daß wir auf eine ziemlich fürchterliche Geschichte stoßen werden – eine lange Reihe von Tätigkeiten, die sich über dreihundert Tage ausdehnen, Ressourcen verbrauchen, aber keine Wertschöpfung erzeugen, und deshalb *muda* sind. Sie sollten verstehen, daß die Auswahl irgendeines der dreißigtausend anderen Artikel in einem typischen Markt von Tesco ziemlich dasselbe Ergebnis erbringen würde. Das Cola-Beispiel ist weder besser noch schlechter als die Regel.

Sie sollten im Kopf behalten, daß alle Unternehmen entlang der Wertschöpfung für Cola kompetente Massenproduzenten sind. Das Problem ist nicht die Kompetenz der Manager, die das System entsprechend einer einhelligen Logik führen. Das Problem ist die Logik selbst.

Die Herstellung von Cola

Auch der größte Strom hat kleine Quellflüsse. Im Falle von Cola ist einer davon sprichwörtlich Wasser, das in England von den Wasserwerken bereitgestellt wird. Andere Grundzutaten sind: die »Essenz« (also der Geschmack), die in kleinen Mengen zugesetzt und als Konzentrat von der Muttergesellschaft[5] geliefert wird, Rüben für raffinierten Zucker, Korn für die Karamelfarbe (um die typische Farbe von »Cola« und zusätzliches Aroma zu erhalten), Holz für die Pappe zur Herstellung der Kartons und Bauxit beziehungsweise dem Recycling zugeführte Dosen zur Aluminiumgewinnung für die Dose.[6]

Weil eher die Dose, und weniger das eigentliche Getränk, der komplizierteste Teil in einem Karton mit Cola[7] ist – und die längste Produktionsvorlaufzeit hat –, werden wir unsere Analyse zunächst auf den Fluß des Aluminiums für die Dose konzentrieren, und den Zucker, das Karamel, die Essenzen und Kartons als Nebenflüsse behandeln, die erst nachgelagert in den Hauptstrom einmünden.

Wie die Karte des Wertschöpfungsstromes in Abbildung 2.1 zeigt, ist der erste Schritt der Abbau von Bauxit in Australien. Obwohl das Erz in kleinen Mengen abgebaut und in wenigen Minuten nach Erhalt eines Auftrags zum nächsten Schritt befördert werden könnte, werden beim Abbau wirklich riesige Maschinen eingesetzt, die Millionen Tonnen von Bauxit auf einmal entsprechend einer langfristigen Planung fördern. Das Erz wird dann mit Großlastwagen in eine chemische Aufbereitungsanlage gebracht, wo Bauxit zu pulverförmiger Tonerde verarbeitet wird.

Dieser Verarbeitungsschritt, in dem vier Tonnen Bauxit zu zwei Tonnen Aluminiumoxid verarbeitet werden, dauert ungefähr dreißig Minuten. Wenn genug Aluminiumoxid hergestellt wurde, um einen Superfrachter für Erz zu füllen (innerhalb von ungefähr zwei Wochen; ungefähr 500 000 Tonnen, die für 10 Millionen Dosen reichen), wird es nach Norwegen oder Schweden verschifft – was vier Wochen dauert –,

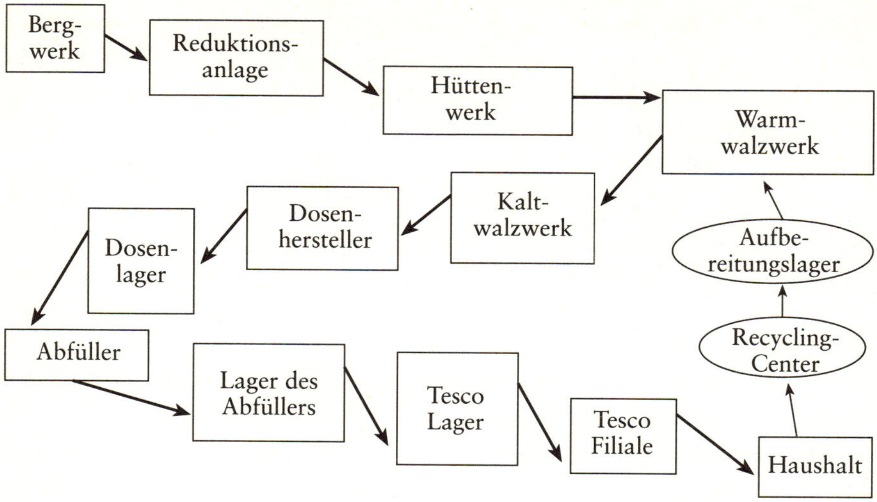

Abbildung 2.1: Wertschöpfung für Cola-Dosen

weil die hydroelektrische Energie für die Verhüttung in diesen Ländern preiswert ist.

Nach ungefähr zweimonatiger Lagerung in der Hütte werden unter Verwendung ungeheurer Energiemengen (zwanzigmal mehr, als für das Einschmelzen und Recycling alter Dosen erforderlich ist) zwei Tonnen Aluminiumoxid in ungefähr zwei Stunden zu einer Tonne Aluminium verarbeitet. Auch hier müssen aufgrund der Größe der Hüttenanlage jeweils große Lose von Aluminium hergestellt werden. Das flüssige Aluminium wird in Dutzende von Formen gegossen, die 1 Meter mal 1 Meter mal 10 Meter messen. Diese werden dann vorsichtig abgekühlt und ungefähr zwei Wochen lang gelagert, bevor sie per LKW, Schiff und wieder LKW in Warmwalzwerke in Deutschland oder Schweden transportiert werden.

Nach ungefähr zwei Wochen Lagerung werden sie auf fünfhundert Grad Celsius erhitzt und von einer Reihe von Großwalzanlagen dreimal bearbeitet, um sie von einer Dicke von einem Meter auf drei Millimeter zu walzen. Der Walzvorgang dauert ungefähr eine Minute, aber die Maschinen sind sehr komplex und schwer von einer Produktspezifikation auf eine andere umzurüsten. Deswegen hat es das Management für die beste Lösung gehalten, Bestellungen für eine große Materialmenge einer bestimmten Spezifikation zu sammeln und diese

Aufträge auf einmal zu erledigen. Im Falle der für Cola-Dosen erforderlichen Spezifikation wird das Aluminiumblech aus der Walze auf eine Zehntonnenrolle gerollt und auf einem Lagerplatz ungefähr vier Wochen lang gelagert.

Wenn das Blech für den nächsten Schritt benötigt wird, wird die Rolle vom Lager per LKW in ein Kaltwalzwerk in Deutschland oder Schweden transportiert, wo es ungefähr weitere zwei Wochen lagert. Mit Kaltwalzen (ungefähr siebenhundert Meter Aluminiumblech pro Minute, ungefähr vierzig Kilometer in einer Stunde) werden die Aluminiumbleche von drei Millimetern auf 0,3 Millimeter gebracht, die Dicke, die der Dosenhersteller benötigt. Weil auch die Kaltwalzanlage sehr teuer und für das nächste Produkt schwierig umzurüsten ist, hält es das Management auch hier für am wirtschaftlichsten, Aufträge für Produkte einer bestimmten Spezifikation zu sammeln und sie dann auf einmal zu erledigen. Das dünne Blech aus den Kaltwalzen wird dann in schmale Bahnen geschnitten, auf Rollen mit einem Gewicht von zehn Tonnen gerollt und dann durchschnittlich einen Monat lang gelagert.

Wenn sie zur Herstellung von Dosen gebraucht werden, werden die Alu-Rollen wieder per LKW, über die See und weiter per LKW zum Dosenhersteller nach England transportiert, wo die Rollen entladen und gelagert werden, wieder ungefähr zwei Wochen lang. Bei Bedarf werden die Rollen vom Lager zu den Maschinen zur Fertigung von Dosen gebracht, die viertausend runde Scheiben pro Minute aus dem Blech schneiden. Mit diesen Scheiben werden dann automatisch Maschinen bestückt, die in drei Fertigungsschritten eine Dose ohne Deckel fertigen, dreihundert Dosen pro Minute und Maschine. (Dreizehn dieser Pressen sind jeder Blechschneidemaschine nachgelagert.)

Von den Pressen gelangen die Dosen mittels einer Fördervorrichtung über eine Wasch- und eine Trockenanlage in eine Lackierkammer, wo eine Grundierung und dann eine Endschicht mit dem Farbmuster für Cola sowie Verbraucherinformationen in verschiedenen Sprachen und mit variierenden Werbungen aufgetragen werden. Die Dosen werden dann lackiert und mit einem Ansatzflansch versehen, so daß nach dem Abfüllen die Deckel angebracht werden können, und anschließend innen- und außenbehandelt (um Verfärbungen und einem Aluminiumgeschmack bei der Cola vorzubeugen), wonach sie zur Endkontrolle gelangen.

Die gerade beschriebene Fertigungsanlage von Dosen (wirklich eine große, zusammenhängende Anlage) ist ein technisches Wunderwerk, das ein Aluminiumblech in eine fertige, lackierte Dose – ohne menschliches Zutun – in weniger als zehn Sekunden tatsächlicher Fertigungszeit verwandelt. Aufgrund der extrem hohen Umrüstkosten von einem Dosentyp auf den nächsten und von einem Farbmuster auf das andere versucht das Management, große Lose eines jeden Typs zu fertigen. Aus der Perspektive des Herstellers von Dosen ist dies sicherlich das wirtschaftlichste Vorgehen, und es harmonisiert auch mit der Praxis in der Hütte, im Warm- und Kaltwalzwerk bei der Fertigung spezieller Aluminiumarten in großen Losen.

Nach der Kontrolle werden die leeren Dosen automatisch auf Paletten gepackt, achttausend auf jede Palette, und in riesige Lager gebracht, wo sie gewöhnlich vier Wochen lagern. Dort werden sie nach Dosentypen gelagert, weil der Abfüller von Cola-Dosen eine Vielzahl von Dosen mit verschiedenen Aufdrucken für andere Getränke als normale Cola braucht (beispielsweise Diät-Cola, koffeinfreie Cola und Cherry-Cola). Und sogar für normale Cola muß der Abfüller viele verschiedene Verpackungsformen und Dosen für spezielle Werbeaktionen bereithalten. Jede Verpackung und viele Marketingaktionen verlangen verschiedene Informationen auf den Dosen.[8]

Vom Lager des Dosenherstellers werden die Dosen per LKW in das Lager des Abfüllers gebracht, obwohl sie dieses Mal dort nur ungefähr zwei Tage lagern. Sie werden dann von den Paletten entnommen, und große Abfüllanlagen werden damit bestückt, die Dosen gereinigt und abgefüllt. An diesem Punkt konvergieren die größeren Nebenflüsse in einem Großtank neben der Abfüllmaschine.

Bei diesem Fertigungsschritt werden Wasser, Karamelfarbe, Zucker und Essenzen sorgfältig gemischt und Kohlendioxid zugesetzt (der Bitzel), um Cola herzustellen. (Abbildung 2.2 zeigt das Zusammenfließen der Nebenflüsse.) Die Wertschöpfungsflüsse für diese Artikel machen für Tesco, den Abfüller und ihre Zulieferer eine detaillierte Analyse notwendig, aber die Methode der Wertanalyse wird am deutlichsten, wenn man am längsten Fluß ansetzt.

Nachdem Cola in die Dosen abgefüllt ist (mit einer Rate von fünfzehnhundert Dosen pro Minute), werden diese mit einem Aluminiumdeckel mit dem bekannten »Pop Top« verschlossen, den der Dosenhersteller in einem getrennten, aber sehr ähnlichen Fertigungsprozeß wie bei der Dose liefert. Dann wird das Datum auf die Dosen gedruckt, und sie werden in Kartons mit variierender Anzahl verpackt, in diesem Falle acht. Jeder Kartontyp hat seinen eigenen Aufdruck und seine eigenen Werbeinformationen.

Der Misch- und Abfüllvorgang, der die Nebenflüsse der Wertschöpfung zusammenbringt, dauert vom Reinigen bis zur Verpackung nur eine Minute, die Umrüstarbeiten sind aber teuer und zeitaufwendig. Außerdem machen das Abfüllen von Cola in ein paar Dosen und das anschließende Abfüllen von Soda eine Vollreinigung der gesamten Abfüllanlage notwendig. Deswegen hält es der Abfüller für am wirtschaftlichsten, immer große Lose jedes Getränketyps mit seinen komplexen Anlagen herzustellen.[9]

Am Ende des Förderbandes für Abfüllung und Verpackung kommen die Kartons auf Paletten, werden streckverpackt (mit einem Verfahren, das wir im sechsten Kapitel etwas genauer kennenlernen werden) und in das Zentrallager des Abfüllers gebracht, das alle Kunden in England versorgt. Die Lagerzeit für diese Paletten mit Cola beträgt ungefähr fünf Wochen.

Im Lager werden die Paletten sortiert und je nach Typ in spezielle Bereiche gebracht. (Ein Vorgang, der »Lagerhaltung« genannt wird.) Je nach Bedarf werden sie dann »entnommen« und auf LKWs des Abfüllers für den Transport in eines der regionalen Distributionslager in England geladen.

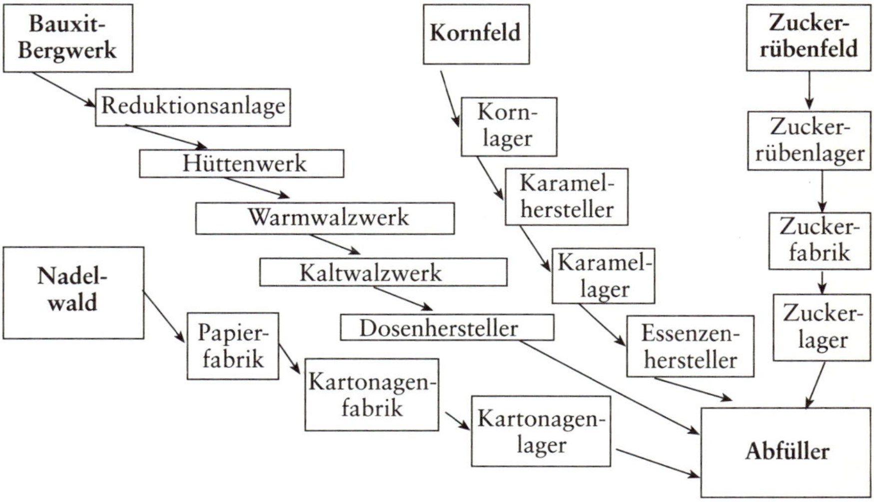

Abbildung 2.2: Zusammenfluß der Wertströme für Cola

Im Lager von Tesco geht dann alles viel schneller. Die Paletten werden ungefähr drei Tage zwischengelagert, bevor Teile von der Palette entnommen und auf Rollwagen gepackt und nachts in die einzelnen Läden transportiert werden. In der Filiale werden die Rollwagen von der Warenannahme in einen Lagerbereich in der Nähe oder direkt bei den Regalen gebracht und die Cola in circa zwei Tagen verkauft.

Nach dem Kauf wird die Cola normalerweise noch mal zu Hause gelagert, wenigstens ein paar Tage lang, vielleicht im Keller, wenn der Käufer mehrere Kartons gekauft hat, um von einem Sonderangebot zu profitieren. Dann wird sie gekühlt und schließlich getrunken. Der letzte Schritt dauert wahrscheinlich circa fünf Minuten, nach einer fast einjährigen Wertschöpfung.

Ein letzter wichtiger Schritt, der auch in Abbildung 2.1 dargestellt ist, ist das Recycling der Dose, um sie dem Produktionsprozeß auf der Stufe der Verhüttung wieder zuzuführen. Gegenwärtig werden nur 16 Prozent der Aluminiumdosen in England dem Recycling zugeführt (und wieder nach Norwegen transportiert), aber der Prozentsatz ist steigend. Wenn er in die Nähe von 100 Prozent käme, entständen interessante Möglichkeiten für die gesamte Wertschöpfung. Kleine Hüttenwerke mit integrierten kleinen Walzanlagen könnten in der Nähe des Dosenherstellers in England angesiedelt werden und würden auf einen Schlag einen Großteil der Zeit, Lagerung und Entfernungen, die heute vor der Herstellung von Dosen notwendig sind, beseitigen. (Diese Aktivitäten würden plötzlich zu einer Umwandlung von Typ II in unserer Typologie – *muda*, aber unvermeidbar – zu Typ III – *muda*, die sofort vollständig beseitigt werden kann – führen.) Daß die Akzeptanz von Recycling nur langsam vonstatten geht, verdankt sich zum Teil der Tatsache, daß die Kostenanalyse des Recyclings nur isoliert betrachtet wird und nicht im Zusammenhang des ganzen Systems.

So betrachtet, nämlich Handlung nach Handlung, kann man jeden Schritt für ein spezifisches Produkt überblicken. Die Wertschöpfung bei der Herstellung macht uns doch sehr nachdenklich. Erstens ist, wie die Tabelle 2.1 zeigt, der Zeitaufwand der tatsächlichen Wertschöpfung (3 Stunden) unendlich klein im Verhältnis zur gesamten Zeit (319 Tage), die vom Bauxit bis zum Recycling-Behälter vergeht. Mehr als 99 Prozent der Zeit fließt die Wertschöpfung überhaupt nicht: *muda* des Wartens. Zweitens werden die Dosen und das Aluminium dreißigmal transportiert und gelagert. Aus der Perspektive des Kunden fügt nichts davon ir-

Tabelle 2.1: Der Wertschöpfungsstrom für einen Karton mit Cola

	Wareneingangslager*	Verarbeitungszeit	Fertiglager	Fertigungsrate	Gesamttage	Gesamtausschuß**
Bergwerk	0	20 Min.	2 Wochen	1 000 t/Std.	319	0
Reduktionsanlage	2 Wochen	30 Min.	2 Wochen		305	0
Hüttenwerk	3 Monate	2 Std.	2 Wochen		277	2
Warmwalzwerk	2 Wochen	1 Min.	4 Wochen	3,3 m/Min.	173	4
Kaltwalzwerk	2 Wochen	< 1 Min.	4 Wochen	700 m/Min.	131	6
Dosenhersteller	2 Wochen	1 Min.	4 Wochen	2 000/min	89	20
Abfüller	4 Tage	1 Min.	5 Wochen	1 500/min	47	24
Tesco RDC	0	0	3 Tage	–	8	24
Tesco Filiale	0	0	2 Tage	–	5	24
Haushalt	3 Tage	5 Min.	–	–	3	[90]
Gesamt	5 Monate	3 Std.	6 Monate		319	24

* Einschließlich Transportzeit vom vorherigen Schritt.

** Kumulativer Ausschuß ist der Prozentsatz an Ausschuß vom ursprünglichen Aluminium. Der Anstieg des Ausschusses beim Dosenhersteller existiert aufgrund eines fast 14prozentigen Materialverlustes bei der Presse. Der Verlust beim Abfüller geht auf Kosten beschädigter Dosen, mit denen die Abfüllanlage nicht bestückt werden kann. Da die Dosen leer gelagert werden, sind sie leicht zu beschädigen.
Der Anstieg an Ausschuß im Haushalt des Kunden, der in Klammern steht, ist die Folge davon, daß nur 16 Prozent der 76 Prozent des ursprünglichen Aluminums, das den Kunden erreicht, dem Recycling zugeführt werden.

gendeinen Wert hinzu: *muda* des Transports. Ebenso werden das Aluminium und die Dosen durch vierzehn Lagerstätten bewegt, von denen viele überflüssig sind, und die Dosen werden viermal auf Paletten gepackt und wieder ausgepackt: *muda* der Lagerbestände und exzessiven Fertigung. Schließlich hat der Kunde von 24 Prozent des teuren Aluminiums, das unter hohem Energieverbrauch im Hüttenwerk hergestellt wird, nichts: *muda* der Fehler (die Ausschuß verursachen).

Die Hauptursache von *muda*

Man stellt sich diese Situation am besten folgendermaßen vor: Eine Dose Cola ist sehr klein und wird vom einzelnen Kunden in kleinen Mengen konsumiert, aber der ganze Apparat zur Herstellung von Cola und zur Vermarktung an den Kunden ist sehr groß, sehr schwer umzustellen und dazu konzipiert, sehr schnell und effizient zu funktionieren. Die Schiffe, Lagerhallen und Produktionsmaschinen, die wir beschrieben haben, sind wirklich riesig, und wir können sehen, daß das primäre Ziel der Technologen in der Getränkeindustrie darin bestand, diese Anlagen zu vergrößern und schneller zu machen, indem sie über eine klassische Anwendung der Ideen der Massenproduktion die direkte Arbeit beseitigten.[10]

Was jedoch die einzelnen Unternehmen entlang der Wertschöpfung als effizient ansehen – beispielsweise die Anschaffung einer der schnellsten Abfüllanlagen für Dosen, mit einem Durchsatz von fünfzehnhundert Dosen pro Minute, um die weltweit niedrigsten Abfüllkosten pro Dose zu erzielen –, ist vielleicht weit von Effizienz entfernt, wenn die indirekte Arbeit (für technischen Support), vor- und nachgelagerte Bestände, Transporte und Lagerhaltungskosten berücksichtigt werden. Diese Maschine ist vielleicht viel teurer als eine kleinere, einfachere, langsamere, die genau das fertigen kann, was die nächste nachgelagerte Firma benötigt (in diesem Falle Tesco), und direkt nach Auftragseingang die Herstellung beginnen kann, statt von einem großen Lager aus zu liefern.

Wir wollen noch einmal den entscheidenden Sprung zum Verständnis des Denkens in Wertschöpfungsströmen herausstellen: Hören Sie auf damit, aggregierte Aktivitäten und isolierte Maschinen in den Vordergrund zu rücken – das Hüttenwerk, das Walzwerk, das Lager und die Abfüllmaschine für Dosen. Fangen Sie an, alle spezifischen Handlungen ins Auge zu fassen, die zur Herstellung spezieller Produkte erforderlich sind, um herauszufinden, wie sie miteinander zusammenhängen. Dann stellen Sie diese Tätigkeiten in Frage, die einzeln und in Kombination tatsächlich für den Kunden keinen Wert erzeugen oder ihn nicht optimieren.

Die Bestellung von Cola

Wenn es 319 Tage dauert, um eine Cola-Dose aus Bauxit bis zu Tesco zu bringen (und einen vergleichbaren Zeitraum, um die meisten anderen Artikel in den Regalen von Tesco zu produzieren), dann gibt es ein deutliches Beschaffungsproblem. Entweder muß jede Bestellung immer vollkommen identisch sein, damit die Hersteller entlang der Wertschöpfung eine stabile Planung mit kleinen Lagerbeständen fahren können, oder die vorgelagerten Hersteller müssen auf jeder Stufe große Bestände vorhalten, um auf Nachfrageänderungen reagieren zu können, oder die Kunden von Tesco müssen einfach lernen, mit Lieferengpässen zu leben. Nichts davon ist wünschenswert, weil alles *muda* erzeugt.

Wir haben tatsächlich deshalb Tesco gewählt, weil dieses Unternehmen in den vergangenen Jahren bemerkenswerte Fortschritte dabei gemacht hat, sein Beschaffungswesen zu straffen, um solche Eventualitäten zu vermeiden. Tesco hat seine »Fehlbestände« (eine Situation, nicht über das vom Kunden gewünschte Produkt zu verfügen) dramatisch reduziert und seine Bestände in den Filialen und im Lager um mehr als die Hälfte gekürzt. Weil Tesco bereits eine der effizientesten Lebensmittelketten der Welt war, als es mit diesem Prozeß begann, sind die gegenwärtigen Lagerbestände nur die Hälfte des Durchschnitts in England, ein Viertel des europäischen Durchschnitts und ein Achtel des nordamerikanischen.

Bei Tesco hat man jedoch unlängst erkannt, daß, um noch weiter voranzuschreiten beim Abbau der Bestände, Fehlbestände und Kosten auf der Grundlage des Gesamtsystems (wobei mehr als 85 Prozent der Kosten eines typischen Produkts wie Cola außerhalb der unternehmerischen Kontrolle von Tesco liegen), eine Verbesserung der Reaktionsfähigkeit und der Bestellgenauigkeit auf dem ganzen Weg entlang der Wertschöpfung notwendig ist, was in diesem besonderen Fall sieben Unternehmen einschließt.[11]

Um verstehen zu können, warum Tesco zu diesem Schluß kam, wollen wir uns das gegenwärtige Auftragssystem näher ansehen, das wahrscheinlich das modernste seiner Art in der Welt ist. Tesco hat Mitte der 1980er Jahre in allen Filialen ein Point-of-Sale-System (POS) mit einem Barcode-Scanner an jeder Kasse installiert. Dadurch kannte jede Filiale die exakten »Bestandsbewegungen« aller geführten Artikel und konnte genauere Bestellungen an die Zulieferer richten. Das war deshalb möglich, weil jedesmal, wenn ein Kunde einen Karton mit Cola aus dem Regal nahm und durch die Kasse ging, das System dies registrierte, zusammen mit dem Tagesverkauf und der Zahl der restlichen Kartons. Nachbestellungen konnten automatisch aufgegeben werden.

Wenige Jahre später verlagerte Tesco die Entscheidung darüber, was die Filialen bestellen und wann, vom Filialleiter, der bisher direkt beim Zulieferer bestellt hatte, in ein zentrales System. Tesco faßte alle Bestellungen aus allen Filialen zusammen und leitete sie an die Zulieferer weiter. Gleichzeitig wurden ein Dutzend regionaler Distributions-Center (RDC) in England eröffnet, so daß die Zulieferer für mehr als 95 Prozent des Gesamtumsatzes (Ausnahmen sind Milch, Zucker und Brot) nun die RDCs und nicht die Filialen belieferten. Statt einen Kleintransporter, der nur teilweise beladen ist, in jede Filiale zu schicken, konnte jeder Zulieferer einen großen LKW in jedes RDC und Tesco einen anderen LKW jede Nacht in die Filialen schicken.

Im Jahr 1989 unternahm Tesco einen für den Lebensmittelhandel revolutionären Schritt und führte Tagesbestellungen (statt Wochen- oder Monatsbestellungen) für alle Frischprodukte und für viele Artikel, die ein langes Regalleben haben, ein. Heute, wenn in jeder Filiale am Ende des Tages der Bestand festgestellt wird, errechnet das Bestellsystem von Tesco die erforderliche Menge, um auf den Normalbestand nachzufüllen, plus irgendwelcher Sondernachfragen, die wahrscheinlich aufgrund des Wochentages, der Jahreszeit, des Wetters oder Sonderangeboten entstehen. Nach einer schnellen Überprüfung durch den Filialleiter, um eventuelle Pannen auf der Bestelliste festzustellen, werden diese Informationen an den Zentralcomputer bei Tesco übertragen. Dort werden die Bestellungen von den Filialen aus jeder Region gesammelt und gehen nachts elektronisch an die jeweiligen Zulieferer.[12] Diesen werden die genaue Uhrzeit (mit einem Spielraum von fünfzehn Minuten) und der genaue Liefertag[13] genannt, um die genaue Warenmenge an einer speziellen Warenannahmerampe in jedem RDC geliefert zu bekommen.

Wenn die Waren dort ankommen, werden sie in einem den einzelnen Filialen zugeordneten Bereich in der Halle gebracht und als Lieferung zusammengestellt, um nachts von hier aus in die Filialen transportiert zu werden, wo sie frühmorgens ankommen. Deshalb führen Bestellungen, die jede Tesco-Filiale am Montagabend aufgibt, zur Nachlieferung der Ware in die Filialen vor dem Eröffnen mittwochs morgens[14], was effektiv eine Vierundzwanzig-Stunden-Nachlieferung bedeutet. (Das System ist in Abbildung 2.3 dargestellt.)

Aufgrund dieser täglichen Nachlieferungen hat Tesco seinen »Service-Level« für seine Filialen (den Prozentsatz der Lieferungen, die rechtzeitig und in gutem Zustand in der genau richtigen Menge ankommen) von 92 auf 98,5 Prozent gesteigert. Gleichzeitig ging der Lagerbestand für durchschnittliche Artikel (in den Filialen wie auch in den RDCs) von 21 auf 12,8 Tage zurück. Für »Schnelläufer« wie Cola, die mehr als die Hälfte des Gesamtumsatzes von Tesco ausmachen, sind die Bestände in den RDCs und den Filialen zusammen jetzt nur noch drei bis fünf Tage.

Tesco lernte dabei jedoch die Grenzen dessen erkennen, was ein Un-

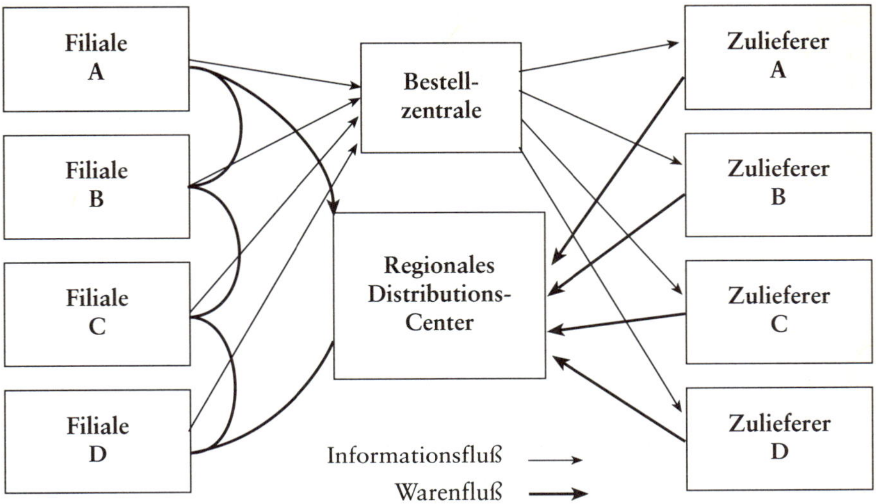

Abbildung 2.3: Das neue Bestellsystem bei Tesco

ternehmen allein realisieren kann. Speziell die Zulieferer der ersten Stufe wie die Abfüller erfüllten die Bestellungen von Tesco über Nacht, just in time, aber aus großen Beständen fertiger Güter. Ihre Produktionsmethoden – sehr schnelle Maschinen, lange Umrüstzeiten und große Lose – ließen ihnen keine andere Wahl.[15] Unterdessen haben die Firmen am Wertschöpfungsstrom abwärts vom Abfüller, die ebenfalls große, schnelle Maschinen mit langen Umrüstzeiten zur Produktion großer Lose einsetzen, noch nicht einmal den Schritt zur Just-in-Time-Anlieferung aus ihren Beständen fertiggestellter Güter getan. Weil der Abfüller keine direkte Reaktion von seinen vorgelagerten Zulieferern auf Nachfrageänderungen erhalten kann, bestellt er weiterhin die Güter in großen Losen in wöchentlichen, monatlichen oder sogar vierteljährlichen Intervallen (im Falle mancher Rohmaterialien).

Wenn Tesco die Kosten senken und die Zuverlässigkeit der 85 Prozent der Wertschöpfung verbessern will, die es nicht direkt kontrolliert, dann ist ganz offensichtlich, daß die vorgelagerten Unternehmen kollektiv ihre Fertigungsmethoden überdenken müssen, und daran arbeiten Tesco und das Lean Enterprise Research Center gemeinsam. Obwohl die Zusammenarbeit noch in den Anfängen steckt, sollte der gemeinsam durchgeführte Analyseprozeß, der gerade beschrieben wurde, allmählich Tesco, den Abfüller, den Dosenhersteller, das Kalt- und Warmwalzwerk, das Hüttenwerk und die Bauxitmine von sieben isolierten Konkurrenten in ein kooperatives Team verwandeln, in der Tat ein *Lean Enterprise*.

Die Herstellung von Cola

Das letzte Element in der Cola-Story ist die Wertschöpfung bei der Produktentwicklung. Historisch gesehen waren im Lebensmittelhandel Zulieferer der ersten Stufe, wie der Getränkeabfüller oder der Lieferant von Markenartikeln, verantwortlich für den größten Teil der Produktinnovationen und -einführungen. Schon bei einer einfachen Auflistung der Aktivitäten der Wertschöpfung, die in der Einführung eines neuen Produktes kulminieren, entstehen viele Fragen.

Normalerweise hält ein Unternehmen wie der Getränkeabfüller ständig Ausschau nach neuen Produkten, um seinen derzeitigen Marktanteil zu verteidigen, seine Angebotspalette zu vergrößern (um mehr Regalfläche bei Tesco rechtfertigen zu können) und eingeführte Produkte wie Cola gegen Produkte mit einer höheren Gewinnspanne einzutauschen. In der Branche beträgt der typische Produktentwicklungszyklus ungefähr ein Jahr und besteht aus einer Reihe von Produkt-«clinics«, gefolgt von Produktversuchen, die in die Entscheidung für die Produkteinführung münden.

Obwohl die tatsächlich eingeschlossenen Schritte sehr einfach sind und normalerweise kaum richtige »Forschung und Entwicklung« enthalten, werden sie sequentiell durchgeführt, so daß, wenn man sich aus der Vogelperspektive ein Produktkonzept ansieht, schnell auffällt, daß das Konzept einen Großteil des Entwicklungszeitraums ruht, auf Rückmeldungen von der Gruppe wartet, die die »clinics« für alle Produkte des Unternehmens durchführt, oder Zeit auf der Warteliste der Abteilung verbringt, die kleinere Marktforschungen für alle Produkte durchführt. Die Entscheidung zur Produkteinführung führt zu weiterem Warten, wenn das Fertigungssystem an das neue Produkt angepaßt wird. Es werden neue Verpackungsmaterialien entwickelt und die Marketingkampagnen geplant.

Endresultat dieses Systems ist, daß die Einführung neuer Produkte – die oft »neu« nur im dem Sinn sind, daß sie andere Bestandteile haben (beispielsweise koffeinfreie oder Cherry Cola) – durchschnittlich 15 Millionen Dollar kostet (die Hälfte davon für Werbung) und ... normalerweise auf dem Markt scheitert.[16]

Die Folge davon für Tesco ist, daß die Regale mit »neuen« Produkten vollgepackt sind, die sich nicht verkaufen und zur gleichen Zeit auch in den Läden der direkten Konkurrenz eingeführt werden. Die offensichtliche Frage ist: Wie kann es ein Jahr Entwicklungszeit und 15 Millionen Dollar kosten, ein »neues« Produkt einzuführen, das nicht neu ist und das keiner will?

Einfach die Entwicklungszeit und die Kosten zu reduzieren, obwohl das wünschenswert wäre, reicht aber nicht aus, um sich positiv auf die Wertschöpfung auszuwirken. Deshalb ist Tesco dabei, den Produktentwicklungsprozeß grundsätzlich unter Aspekten der Wertschöpfung unter die Lupe zu nehmen. Vielleicht sind die Käufer gar nicht an einzelnen Artikeln interessiert, so wie die einzelnen Schritte der Wertschöpfung isoliert betrachtet unverständlich sind. Wäre es unter Umständen für Tesco und seinen Getränkeabfüller vorteilhafter, wenn sie das gesamte erforderliche Sortiment an Getränken, um die Kundschaft von Tesco zufriedenzustellen, gemeinsam entwickeln würden? Und wenn Tesco langfristige Beziehungen zu seinen Kunden aufbauen würde, so daß diese keine Fremden mehr wären? Für diesen Zweck hat Tesco gerade ein Programm für »Stammkunden« eingeführt, das Informationen über das Kaufverhalten sammelt und eine kohärentere Wertschöpfung in der Produktentwicklung ermöglichen soll.

Konsequenzen aus der Wertstromanalyse

Nachdem wir uns die speziellen Schritte bei der Wertschöpfung für ein spezifisches Produkt angesehen haben, können wir unsere Erkenntnisse viel breiter anwenden. Bei dem Cola-Beispiel sehen wir, anders als bei dem in der Einleitung erwähnten Beispiel von Pratt & Whitney, überhaupt keine Schritte aus der dritten Kategorie, die direkt beseitigt werden können, weil sie einfach redundant sind. Statt dessen sehen wir viele Schritte der zweiten Kategorie. Sie fügen natürlich keinen Wert hinzu – sie sind *muda*. Und deshalb sind sie Gegenstand der Eliminierung durch die Anwendung schlanker Techniken.

Die Durchführung dieser Analyse ist kein »Benchmarking« über einen Vergleich der Wertschöpfung für Cola bei Tesco mit der seiner Konkurrenten. Obwohl wir mit unserem letzten Buch *Die zweite Revolution in der Autoindustrie*, das eine Beschreibung des umfassendsten Benchmarkings ist, das jemals in einer gigantischen globalen Industrie durchgeführt wurde, der Benchmarking-Branche zu einem ungeheuren Auftrieb verholfen haben, sind wir inzwischen der Meinung, daß Benchmarking eine Zeitverschwendung für die Manager ist, wenn sie schlankes Denken verstehen wollen.[17]

Schlanke Benchmarker, die erkennen, daß sie leistungsfähiger als ihre Konkurrenten sind, haben die natürliche Neigung, sich dann auszuruhen (das Risiko, das Tesco eingehen würde, wenn es seine internen Abläufe heute einem Benchmarking unterziehen würde). Demgegenüber haben Massenproduzenten, die entdecken, daß sie schwache Leistungen erbringen, oft Schwierigkeiten damit, das Warum zu verstehen (beispielsweise General Motors und Volkswagen in den 1980er Jahren). Sie werden schnell abgelenkt von den leicht meßbaren oder unvergleichbaren Unterschieden bei Kosten, Größe oder »Kultur«, obwohl die eigentlich wichtigen Unterschiede in der schwer zu erkennenden Art und Weise liegen, wie die Wertschöpfungsaktivitäten organisiert sind.

Unser ernsthafter Rat an schlanke Unternehmen heute ist einfach: Zum Teufel mit Ihren Wettbewerbern, konkurrieren Sie gegen die *Perfektion* als Maß der Dinge, indem Sie alle Aktivitäten identifizieren, die *muda* erzeugen, und schaffen Sie sie ab. Das ist der absolute und nicht der relative Standard, der die Orientierung für jede Organisation liefern kann. (In seiner spektakulärsten Anwendung hat er Toyota vierzig Jahre lang an die Spitze gesetzt.) Damit diese Warnung jedoch funktioniert, müssen Sie die Kerntechniken zur Beseitigung von *muda* beherrschen. Alles beginnt mit Flow.

Kapitel 3

Flow

Die Welt von Stapeln und Warteschlangen

Was passiert, wenn Sie zu Ihrem Arzt gehen? Normalerweise machen Sie einige Tage vorher einen Termin aus, dann erscheinen Sie pünktlich zu dem Termin und sitzen im Wartezimmer. Wenn der Arzt Sie dann normalerweise mit Verspätung untersucht, stellt er eine Verdachtsdiagnose über das wahrscheinliche Problem. Sie werden dann an einen entsprechenden Spezialisten überwiesen, wahrscheinlich für einen anderen Tag, aber bestimmt müssen Sie in einem anderen Wartezimmer erneut warten. Ihr Spezialist wird Tests anordnen müssen und große Labors einschalten, was weiteres Warten bedeutet, bis die Ergebnisse vorliegen. Ist dann die Ursache des Problems bekannt, ist es Zeit für die entsprechende Behandlung, was unter Umständen den Gang zur Apotheke einschließt (noch eine Warteschlange). Vielleicht müssen Sie noch einmal wegen einer Spezialbehandlung zu dem Facharzt (wieder Warten). Wenn Sie Pech haben und ins Krankenhaus müssen, dann betreten Sie eine ganz neue Welt von Spezialabteilungen, unzusammenhängenden Abläufen und Warten.

Wenn Sie einen Augenblick lang über Ihre eigenen Erfahrungen nachdenken, dann werden Sie sehen, daß die faktisch für Ihre Behandlung aufgewendete Zeit nur einen Bruchteil der Zeit ausmacht, die Sie zum Durchlaufen dieses Prozesses brauchten. Am häufigsten saßen Sie und warteten (»Patient« = geduldig ist genau der passende Ausdruck), oder Sie bewegten sich zum nächsten Schritt bei der Diagnose und Behandlung. Sie lassen sich das gefallen, weil man Ihnen gesagt hat, daß das ganze Warten und schleppende Vorgehen, und daß Sie Fremden ausgeliefert sind, der Preis für die »Effizienz« bei einer Behandlung von höchster Qualität sei.

Wir haben uns bereits eine andere Dienstleistung angeschaut, nämlich die Reise mit einer Fluggesellschaft. Und meistens ist die Erfahrung hier noch schmerzhafter als die der Familie Jones bei ihrer Kreta-Reise, die statt eines Direktfluges riesige Abfertigungshallen passieren mußte. Letztendlich ist die aufgebrachte Zeit für den direkten Weg kaum mehr als die Hälfte der erforderlichen Gesamtzeit, um von Tür zu Tür zu gelangen. Aber die meisten Reisenden lassen sich dieses System gefallen, ohne sich etwas Besseres vorzustellen. Im großen und ganzen ist es extrem sicher, und den Reisenden wird erzählt, daß es höchst effizient funktioniert, weil teure Flugzeuge und Flughäfen voll ausgelastet werden.

Medizinische Versorgung und Reisen nennt man normalerweise »persönliche Dienstleistungen«, im Gegensatz zur Produktion von Videorecordern, Waschmaschinen, Kabelkanälen bei Wiremolds und Getränken bei Tesco. Der größte Unterschied liegt tatsächlich darin, daß im Falle der medizinischen Versorgung und des Reisens Sie, der Kunde, behandelt werden – Sie sind notwendiger Bestandteil des Produktionsprozesses. Im Unterschied dazu wartet man bei Gütern am Ende des Prozesses, scheinbar außerhalb der Reichweite. Es gibt jedoch kein Entrinnen vor der Art, wie diese Arbeit verrichtet wird, sogar wenn man nicht selbst beteiligt ist.

Nehmen wir einfach ein Beispiel für ein gängiges Produkt, das Einfamilienhaus. Henry Ford hatte den Traum von der Massenproduktion von Häusern unter Verwendung von modular aufgebauten Standardkonstruktionen. Die Module sollten in Fabriken gefertigt werden, um die Konstruktions- und Produktionskosten zu senken, aber dennoch Variationen anbieten zu können. Eine Reihe von Unternehmern entwickelte tatsächlich modulare Konstruktionen und baute direkt nach dem Zweiten Weltkrieg in den Vereinigten Staaten Module in Fließbandproduktion für vorgefertigte Häuser.[1] Und Toyota hatte seit den 1960er Jahren in Japan bescheidenen Erfolg mit Angeboten von einer Vielzahl von Grundrissen und Fassaden unter Verwendung weniger Grundmodule, die am Fließband gefertigt und fast direkt danach auf der Baustelle montiert wurden.

Aber fast alle neuen Einfamilienhäuser entstehen weiterhin größtenteils auf der Baustelle, auf der eine Unmenge an Materialien zurechtgeschnitten und angebracht werden, um einen Rohbau zu fertigen, in den dann Tausende von Einzelteilen eingebaut werden, von den Wasserleitungen über die Kücheneinrichtungen bis zur Steckdose.

Wenn Sie Ihren Bauunternehmer aufsuchen und dann auf die Baustelle gehen und dort den Arbeiten zusehen, dann werden Sie vor allem Untätigkeit beobachten. Als beispielsweise Doyle Wilson im Rahmen seines Total Quality Management zu überprüfen anfing, was sich in seiner Verwaltung und auf den Baustellen abspielte, stellte er fest, daß fünf Sechstel der normalen Terminplanung für den Bau eines Einfamilienhauses aus zwei Aktivitäten bestanden: *Warten* auf die nächste Gruppe von Spezialisten (Architekten, Kalkulatoren, Materiallieferanten, Landschaftsarchitekten, Dachdecker, Fliesenleger, Klempner, Elektriker und Gärtner), die eine spezielle Arbeit in ihre komplexe Planung einbauen mußten, und *Nacharbeiten*, um Dinge herauszureißen und Arbeiten zu korrigieren, die bereits beendet, aber aus technischer Sicht falsch waren oder mit den Bedürfnissen und Erwartungen des Eigentümers nicht übereinstimmten.

Als Käufer am Ende des Prozesses bezahlten Sie das Warten und Nacharbeiten – mit Murren natürlich. Aber es handelt sich doch um ein Produkt nach Ihren Vorstellungen, und Sie haben von Ihren Freunden viele Geschichten über deren verheerende Probleme beim Hausbau gehört. Deshalb neigen Sie dazu, das vorherrschende System und seine Probleme als unvermeidbar und zur Natur dieser Aktivitäten gehörend zu akzeptieren.

In Wirklichkeit können alle diese Aktivitäten – die Entwicklung, Bestellung und Bereitstellung aller Güter und Dienstleistungen – in einen fließenden Ablauf gebracht werden. Wenn wir einmal darüber nachdenken, wie wir die wesentlichen Schritte bei der Durchführung einer Arbeit in einem kontinuierlichen Ablauf organisieren können, und zwar ohne überflüssige Bewegungen, ohne Unterbrechung, ohne Stapel und Warteschlangen, dann wird alles verändert: die Art der Zusammenarbeit, die Art von Werkzeugen, die wir als Hilfsmittel entwerfen, die Organisationen, die wir zur Vereinfachung des Ablaufs aufbauen, die Karrieremuster, die wir verfolgen, das Wesen von Wirtschaftsunternehmen (einschließlich der Non-Profit-Organisationen) sowie ihre Beziehungen zueinander und zur Gesellschaft.

Die Anwendung des Flußprinzips auf alle Ebenen menschlicher Aktivitäten wird nicht einfach sein oder sich automatisch einstellen. Zunächst einmal wird es den Managern schwerfallen, den Fluß der Wertschöpfung überhaupt zu erkennen und dadurch die Wertschöpfung des Flusses zu verstehen. Wenn sie aber dies einmal zu begreifen anfangen, dann müssen viele praktische Probleme überwunden werden, um einen fließenden Ablauf vollständig einzuführen und aufrechtzuerhalten. Wir bestehen jedoch darauf, daß diese Prinzipien des Flow auf jede Aktivität anwendbar und die Konsequenzen immer dramatisch sind. In der Tat kann das Ausmaß an menschlicher Arbeit, an Zeit, Raum, Werkzeugen und Lagerbeständen, die zur Konstruktion und Bereitstellung einer bestimmten Dienstleistung oder eines bestimmten Gutes erforderlich sind, normalerweise sehr schnell *um die Hälfte* reduziert werden. Von diesem Punkt an können stetige Fortschritte erzielt und die Inputs in nur wenigen Jahren wieder um die Hälfte gekürzt werden.

Die Techniken von Flow

Aber wie kann man die Wertschöpfung zum Fließen bringen? Der erste Schritt, nachdem die Wertschöpfung definiert und der gesamte Wertschöpfungsstrom identifiziert wurde, liegt in der Konzentration auf das tatsächliche Objekt – die spezielle Konstruktion, den speziellen Auftrag und das Produkt selbst (eine »Heilung«, eine Reise, ein Haus, ein Fahrrad). Und verlieren Sie dies vom Anfang bis zum Ende nicht aus den Augen. Der zweite Schritt, der den ersten ermöglicht, besteht darin, die traditionellen Grenzen von Jobs, Karrieren, Funktionen (die oft in Abteilungen organisiert sind) und Unternehmen zu ignorieren, um ein schlankes Unternehmen zu formen, in dem alle Hindernisse für einen kontinuierlichen Flow des speziellen Produkts oder der Produktfamilie beseitigt werden. Der dritte Schritt besteht im Überdenken spezieller Arbeitspraktiken und Werkzeuge, um Rückfluß, Ausschuß und Stillstand aller Art abzuschaffen, damit die Konstruktion, Bestellung und Produktion des speziellen Produkts kontinuierlich voranschreiten.

Diese drei Schritte müssen gemeinsam realisiert werden. Die meisten Manager haben die Vorstellung, daß die Anforderungen an Effizienz es erfordern, daß Konstruktionen, Bestellungen und Produkte »das System durchlaufen«, und daß ein erfolgreiches Management darin besteht, Leistungsschwankungen des komplexen Systems zu vermeiden, das eine große Produktvielfalt abwickelt. In Wirklichkeit gilt es aber, das System abzuschaffen und auf einer anderen Basis neu zu beginnen. Um diesen Ansatz klar und deutlich zu machen, wollen wir als ein konkretes Beispiel die Konstruktion, Bestellung und Produktion eines Fahrrades nehmen.

Von Losgrößen zu Flow bei der Herstellung von Fahrrädern

Wir haben dieses Beispiel teilweise deshalb ausgewählt, weil das Fahrrad an sich einfach und alltäglich ist. Man wird nicht von neuen Produktdesigns oder exotischen Technologien irritiert. Wir haben es auch deswegen ausgewählt, weil wir zufälligerweise etwas von der Fahrradindustrie verstehen. Einer von uns hatte sich entschlossen, die in diesem Buch beschriebenen Methoden zu testen, und war Eigentümer einer richtigen Fahrradfabrik geworden. Wir haben die Herstellung von Fahrrädern schließlich auch deshalb ausgesucht, weil es sich um eine stark auf Zulieferung angewiesene Industrie handelt, in der die meisten Endmontagefirmen nur die Rahmen fertigen und alle Komponenten zukaufen – Räder, Bremsen, Gangschaltungen, Sattel, Lenker sowie die Rohmaterialien in Form von Rohren für die Rahmen. Dabei ist eine lange Liste von Zulieferern beteiligt, von denen viele größer als die Endmontagefirmen selbst sind. Die Probleme der Integration der Wertschöpfung sind im Überfluß gegenwärtig.

Konstruktion

Die Produktkonstruktion in der Fahrradindustrie war historisch eine klassische Angelegenheit der Losfertigung, mit entsprechenden Warteschlangen. Die Marketingabteilung bestimmte einen »Bedarf«, die Produktingenieure konstruierten ein Produkt für diesen Bedarf, die Prototyp-Abteilung baute einen Prototyp, die Arbeitsvorbereitung entwarf die Werkzeuge für eine Massenfertigung des genehmigten Prototyps, und die Fertigungsingenieure in der Produktion überlegten, wie die Werkzeuge zur Rahmenfertigung eingesetzt und die Einzelteile zu einem fertigen Fahrrad montiert werden. Gleichzeitig hat der Einkauf die Beschaffung der notwendigen Teile für die Anlieferung in die Montagehalle organisiert, nachdem die Konstruktionsarbeiten abgeschlossen waren.

Eine Konstruktion für ein neues Produkt, normalerweise nur eines von vielen, das zu einer bestimmten Zeit entwickelt wurde, durchlief eine Abteilung nach der anderen und unterlag dort jeweils bestimmten Wartezeiten. Häufig wurde sie zur Überarbeitung nochmals an eine vorhergehende Abteilung zurückgereicht oder auf einer späteren Stufe heimlich technisch verändert, um die Unvereinbarkeit der Perspektiven von beispielsweise Werkzeugkonstrukteuren und den Produktkonstrukteuren, die die Konstruktion auf der vorangegangenen Stufe bearbeitet haben, aufzulösen. Es gab keinen fließenden Ablauf.

In den späten 1980er und frühen 1990er Jahren schwenkten viele Unternehmen auf ein »autoritäres« Programmanagement mit einem starken Teamleiter und einigen wenigen engagierten Teammitgliedern um, änderten das restliche System aber nicht. Das Produkt-«Team« war in Wirklichkeit nur ein Komitee, mit Mitarbeitern, die den größten Teil der tatsächlichen Entwicklungsarbeit an die Abteilungen zurückgaben, in denen die Arbeit zunächst einmal in der Ablage landete und liegenblieb. Darüber hinaus gab es keine effektive Methode dafür, die Konstruktionen ohne unzählige Überarbeitungen und Rückgaben durch das System zu schleusen. Es war sogar noch schlimmer. Keiner war wirklich für das Endergebnis der Entwicklungsarbeiten verantwortlich, weil das Rechnungswesen und die Entlohnungssysteme niemals ein erfolgreiches Produkt während seiner Lebensdauer mit den ursprünglichen Arbeiten des Konstruktionsteams in Beziehung setzten. Deshalb gab es eine Tendenz zu einfallsreichen Konstruktionen mit wünschenswerten technischen Merkmalen, die die Kunden schätzten, die aber aufgrund hoher Kosten und verspäteter Einführung keinen Gewinn einfuhren.

Der schlanke Ansatz besteht darin, wirklich zuständige Produktteams zu schaffen, die über alle Fähigkeiten verfügen, die zur Durchführung der Wertspezifikation, der generellen Konstruktion, der einzelnen Ingenieursarbeit, Beschaffung, Maschinenbau und Produktionsplanung in einem Raum in kurzer Zeit erforderlich sind, und zwar unter Verwendung einer erfolgreichen Methode der Teamentscheidung, die allgemein Quality Function Deployment (QFD)[2] genannt wird. Diese Methode erlaubt den Entwicklungsteams eine *Arbeitsstandardisierung*, so daß ein Team immer denselben Ansatz verfolgt. Weil sich jedes Team in einem Unternehmen ebenfalls nach diesem Ansatz richtet, kann die Durchsatzzeit exakt bestimmt und die Konstruktionsmethode an sich kann kontinuierlich verbessert werden.

Bei einem wirklich zuständigen Team, das konsequent das QFD einsetzt, um die Wertschöpfung genau zu bestimmen, und dann Nacharbeiten und Iterationen beseitigt, gerät die Konstruktion auf dem Weg bis zur Produktionsaufnahme niemals ins Stocken. Dadurch wird, wie wir in den Beispielen in Teil II zeigen werden, die Entwicklungszeit um mehr als die Hälfte verkürzt und der erforderliche Arbeitsaufwand ebenso. Man erzielt auch eine viel höhere »Trefferquote« mit den Produkten, die tatsächlich die Bedürfnisse der Kunden ansprechen.

Nach unserer Erfahrung müssen diese Produktteams noch nicht einmal annähernd so groß sein, wie es konventionelle Manager fordern würden. Und je kleiner sie gehalten werden können, desto besser. Man braucht keine Schar von hochspezialisierten Experten, weil die meisten Experten für Marketing, Technik, Einkauf und Produktion in Wirklichkeit über viel breiter gefächerte Fähigkeiten verfügen, als sie (1) jemals realisiert haben, (2) ihnen jemals zugestanden wurde oder sie (3) jemals anwenden durften. Wenn ein kleines Team den Auftrag erhält, es »einfach anzupacken«, dann erleben wir immer, daß die Experten plötzlich die Erfahrung machen, daß jeder einen viel größeren Aufgabenbereich erfolgreich abdecken kann, als ihm jemals vorher eingeräumt wurde. Sie machen einen guten Job und haben Freude dabei.

Die Umgruppierung der meisten Mitarbeiter, die früher im Marketing, im Engineering und in der Produktion waren, in zuständige Teams für spezielle Produkte bringt Probleme für die funktionellen Anforderungen jedes Unternehmens entlang der Wertschöpfung mit sich, ein Punkt, den wir in Teil III behandeln werden. In ähnlicher Weise wirft die notwendige Einbeziehung der Mitarbeiter von Hauptzulieferern von Komponenten und Material als Mitglieder der Produktteams schwierige Fragen darüber auf, wo ein Unternehmen endet und das nächste beginnt – das zweite größere Thema von Teil III.

Auftragsabwicklung

In der Vergangenheit war in der Fahrradindustrie die Verkaufsabteilung für Aufträge von den Einzelhändlern zuständig. In den Vereinigten Staaten reichte dies von den gigantischen Anbietern wie Wal-Mart an einem Ende bis zu Tausenden kleiner, selbständiger Fahrradläden am anderen Ende. Wenn die Aufträge vollständig bearbeitet sind – um die interne Konsistenz und die Kreditwürdigkeit des Käufers sicherzustellen –, werden sie an die Planungsabteilung der Fertigung weitergereicht, die sie in den komplexen Produktionsalgorithmus für die vielen Produkte des Unternehmens einspeist. Dann wird ein Versanddatum zur Weitergabe an den Verkauf und den Kunden festgesetzt.

Bei Nachfragen über den Auftragsstand, vor allem im Falle von Lieferverzögerungen, wendet sich der Kunde an den Verkauf und der an die Planung. Wenn es wirklich zu Lieferproblemen kommt und wichtige Kunden damit drohen, den Auftrag zu stornieren, versuchen Verkauf und Planung, den Termin irgendwie einzuhalten. Sie wenden sich direkt an die Produktion sowie an die Zulieferer, um die schleppende Auftragsbearbeitung zu forcieren, und legen die Aufträge einfach oben auf den Auftragsstapel in der Fertigung.

Unter dem Einfluß der Reengineering-Bewegung in den frühen 1990er Jahren haben eine Reihe von Unternehmen Verkauf und Produktionsplanung zu einer einzigen Abteilung zusammengefaßt, so daß die Aufträge viel schneller bearbeitet werden konnten – oft von einem Mitarbeiter, der mittels eines elektronischen Informationssystems des Unternehmens die Aufträge bearbeitete, so daß sie niemals aus der Hand gegeben werden mußten, liegenblieben oder gar vergessen wurden. (Sie fließen jetzt.) Dadurch kann ein Auftrag in wenigen Minuten für die Produktion geplant werden, statt wie vorher in Tagen oder sogar Wochen. Gleichzeitig kann die Auftragsinformation elektronisch an die Zulieferer übertragen werden. Auf vergleichbare Weise wird die Terminüberwachung verstärkt, um die häufigen Abstimmungsprobleme zwischen Verkauf und Planung zu beseitigen.

Diese Innovationen sind sicherlich hilfreich, aber ein vollständig implementierter schlanker Ansatz kann noch viel weiter gehen. In einem schlanken Unternehmen gehören die Mitarbeiter aus Verkauf und Produktionsplanung zu den Kernmitgliedern des Produktteams. Sie planen die Verkaufskampagnen dann, wenn die Produktkonstruktion fertig ist, und organisieren den Verkauf mit klarem Blick auf die Kapazitäten des Produktionssystems, so daß sich sowohl die Aufträge als auch das Produkt vom Verkauf bis zur Auslieferung in einem gleichmäßigen Fluß bewegen. Da es keine Unterbrechungen im Produktionssystem gibt und die Produkte nach Auftrag gefertigt werden, mit lediglich ein paar Stunden zwischen der ersten Bearbeitung des Rohmaterials und dem Versand des fertigen Artikels, können die Aufträge mit klarer und genauer Kenntnis der Systemkapazitäten ausgewählt und angenommen werden. *Es gibt keine Terminüberwachung.*

Eine Schlüsseltechnik bei der Implementierung dieses Ansatzes ist das Konzept der *Takt*zeit[3], welches die Produktionsquote und die Verkaufsquote genau synchronisiert. Nehmen wir einmal an, daß für ein Fahrrad mit hochwertigem Titanrahmen Kundenaufträge für eine Tagesproduktion von achtundvierzig Fahrrädern vorliegen. Nehmen wir weiter an, daß die Fahrradfabrik eine Acht-Stunden-Schicht fährt. Die Zahl der Fahrräder geteilt durch die verfügbaren Produktionsstunden ergibt die Produktionszeit pro Fahrrad, die *Takt*zeit, die zehn Minuten beträgt. (Sechzig Minuten geteilt durch sechs Fahrräder pro Stunde.) Natürlich kann das Auftragsvolumen mit der Zeit steigen oder fallen, und die *Takt*zeit muß daran angepaßt werden, so daß die Produktion immer genau mit der Nachfrage übereinstimmt. Entscheidend ist immer, die *Takt*zeit in Relation zur Nachfrage zu definieren und die gesamte Produktionsabfolge genau nach der *Takt*zeit zu organisieren.

In einem schlanken Unternehmen werden die durch die Berechnung der *Takt*zeit erzeugten Produktionszeiten – vielleicht zehn pro Stunde für hochwertige Fahrräder (mit einer *Takt*zeit von sechs Minuten) – sichtbar angezeigt. Das kann eine einfache Anzeigetafel im Bereich des Produktteams im Endmontagewerk sein. Wahrscheinlich wird es auch elektronische Anzeigetafeln im Montagewerk (die oft *andon* boards genannt werden) sowie elektronische Übertragungsmedien zu den Einrichtungen der Zulieferer und Kunden geben. Vollständige Anzeigen, so daß jeder zu jedem Zeitpunkt den Produktionsstand ablesen kann, sind ein ausgezeichnetes Beispiel einer anderen entscheidenden schlanken Technik, nämlich *Transparenz* oder *visuelle Kontrolle*.[4] Die Transparenz vereinfacht die konsistente Produktion nach *Takt*zeit und alarmiert sofort das gesamte Team entweder über den Bedarf nach neuen Aufträgen oder darüber, daß Wege gefunden werden müssen, um Überflüssiges zu beseitigen, wenn aufgrund gestiegener Aufträge die *Takt*zeit gekürzt werden muß.[5]

Das höhere Bewußtsein über den engen Zusammenhang von Absatz und Produktion bewahrt auch vor einem der größten Übel der traditionellen Verkaufs- und Auftragssysteme, nämlich dem Rückgriff auf Bonussysteme zur Motivation des Verkaufspersonals, das ohne konkrete Kenntnisse über die Produktionsmöglichkeiten arbeitet beziehungsweise sich keine Gedanken darüber macht. Diese Methoden führen zu periodischen Schüben bei den Bestellungen am Ende jeder Bonus-Periode (auch wenn sich die zugrundeliegende Nachfrage nicht geändert hat). Ein bonushungriges Personal treibt vielleicht einen vereinzelten »Jahrhundertauftrag« auf, der aber unter Umständen das Produktionssystem überfordert. Beide Konsequenzen führen zu Lieferverzögerungen und Unzufriedenheit beim Kunden. Mit anderen Worten, sie erzeugen künstlich *muda*.

Produktion

Die frühere Praxis in der Fahrradindustrie bestand darin, die Produktion nach Kategorien zu unterscheiden und für jede Tätigkeitskategorie eine Abteilung einzurichten: Rohrzuschnitt, Rohre biegen, auf Gehrung schneiden, schweißen, reinigen und lackieren für Rahmen und Lenker sowie Endmontage des kompletten Fahrrads. Im Laufe der Zeit wurden schnellere Maschinen mit einem höheren Automationsgrad für das Schneiden, Biegen, Schweißen und Lackieren entwickelt. Es wurden auch Montagebänder eingeführt, um einen Mix aus Modellen in hohen Stückzahlen in speziellen Montagehallen zu fertigen.

Alle Fahrradhersteller fertigten eine breite Modellpalette und verwendeten die gleichen Produktionseinrichtungen, und die Werkzeuge zur Teilefertigung waren normalerweise schneller (ausgedrückt in der Stückzahl pro Minute) als die Endmontagebänder. Weil die Umrüstung der Werkzeuge für die Teilefertigung auf neue Teile normalerweise ziemlich zeitaufwendig war, war es sinnvoll, größere Lose von jedem Teil zu fertigen. Das typische Endmontagewerk und der Materialfluß sahen wie in Abbildung 3.1 aus.

Mit der Produktion großer Lose von Teilen entstand ein offensichtliches Problem: Wie kann man den Lagerbestand kontrollieren und sicherstellen, daß die richtigen Teile zum richtigen Zeitpunkt zur richtigen Fertigungsstufe gelangen? In den frühen Tagen der Fahrradindustrie –

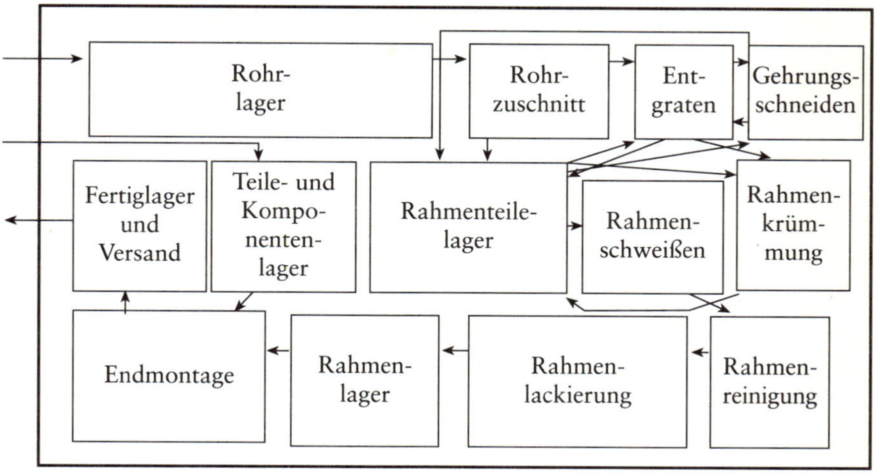

Abbildung 3.1: Aufteilung und Produktionsfluß in einer Fahrradfabrik

die bis in die 1880er Jahre zurückreichen und ein wichtiger Vorläufer der Autoindustrie waren – wurde die Planung über einen Masterplan und tägliche handschriftliche Aufträge an jede Abteilung, die für die Endmontage benötigten Teile zu fertigen, abgewickelt.

Nach fast einhundert Jahren wurden diese manuellen Planungsmethoden in den 1970er Jahren durch computergestützte Systeme der Materialbeschaffungsplanung (MRP) ersetzt. Ein gutes MRP-System machte eine fast 99prozentige Kontrolle des Lagerbestandes, der Materialbestellungen und der Produktionsanweisungen möglich und informierte jede Abteilung über den Herstellungsbedarf. Diese Systeme waren insgesamt eine deutliche Verbesserung gegenüber den alten manuellen Systemen einer Produktion von Losen in getrennten Schritten und wurden mit der Zeit zunehmend komplexer. Schließlich wurden Methoden der Kapazitätsplanung zur Kontrolle der Maschinenkapazitäten auf jeder Stufe des Produktionsprozesses und zur Vermeidung von Engpässen und Kapazitätsgrenzen hinzugefügt.

Das MRP hat jedoch eine Reihe von Problemen. Wenn auch nur ein Teil nicht genau im System erfaßt ist, während es von einer Produktionsstufe zur nächsten wandert, dann akkumulieren sich die Fehler, die die »Schalter« für den Nachschub durcheinanderbringen, welche einer Abteilung mitteilen, wann sie auf den nächsten Teiletyp umrüsten soll. Das führt dazu, daß die nachgelagerten Fertigungsabläufe oft über zu viele

Teile verfügen (*muda* der Überproduktion) oder über zu wenige zur Erfüllung des Produktionsplanes (was zu *muda* des Wartens führt).

Ein schwerwiegendes Problem war, daß die gesamten Vorlaufzeiten in einer auf getrennter Fertigung großer Lose basierenden Herstellung normalerweise ziemlich lang waren – typischerweise einige Wochen oder Monate zwischen dem Zeitpunkt, an dem das erste Teil hergestellt wurde, und dem Moment, wenn ein Fahrrad mit diesem Teil zum Händler geliefert wurde. Bei gleichmäßiger Auftragslage wäre das auch in Ordnung gewesen. In Wirklichkeit änderten sich die Aufträge bei dem Fahrradhersteller ständig, zum Teil aufgrund eines an einem Bonussystem orientierten Verkaufs, teilweise aufgrund beträchtlicher Lagerbestände in der Einzelhandelskette und teilweise aufgrund jahreszeitbedingter Nachfrageschwankungen, besonders für preiswerte Fahrräder. Darüber hinaus gab es oft technische Änderungen beim Design, sogar bei den ausgereiften Produkten, so daß eine beachtliche Anzahl von Teilen, die sich neben dem Wertschöpfungsstrom aufstauten, plötzlich entweder unbrauchbar wurden oder nachgearbeitet werden mußten.[6]

Die vom Konzept her sehr einfachen MRP-Systeme wurden deshalb in der Praxis zunehmend komplexer. In der Fahrradindustrie wurde jedes MRP-System durch ein Backup-System zur Terminüberwachung des gesamten Produktionssystems ergänzt, um auf nachgelagerten Fertigungsstufen dringend benötigten Teilen in jeder Abteilung und bei jeder Maschine Priorität zu geben. Sie verursachten oft, obwohl sie zur Vermeidung von Stornierungen oder größeren Vertragsstrafen wegen überfälliger Lieferung, die die interne Logik des MRP-Systems durcheinanderbrachten, notwendig waren, absurde Bestellungen – und bei der Lagerbestandsverwaltung ebenso. Letztlich waren die meisten MRP-Anwendungen schon besser als die manuellen Systeme, aber sie operierten täglich auf einer Leistungsebene, die weit unter den theoretischen Möglichkeiten und den hohen Erwartungen lag, die an das MRP bei seiner Einführung gestellt wurden.

Just-in-Time, eine von Toyota in den 1950er Jahren eingeführte Innovation, die erstmals in den 1980er Jahren von westlichen Unternehmen aufgegriffen wurde, sollte viele dieser Probleme lösen. Diese Technik hatte sich Taiichi Ohno als Methode zur Erleichterung glatter Flüsse ausgedacht. Aber JIT funktioniert nur effektiv, wenn der Umrüstaufwand für die Maschinen drastisch verringert wird, so daß auf den vorgelagerten Fertigungsstufen eine kleine Menge von jedem Teil hergestellt wird und dann eine weitere, sobald die produzierten Teile von der nachgelagerten Stufe geordert werden. JIT ist ebenfalls machtlos, solange die nachgelagerte Fertigung nicht eine einheitliche Dispositionsstufe (Level Scheduling oder *heijunka* in der Toyota-Sprache) praktiziert, um die Unterbrechungen im täglichen Bestellfluß zu beseitigen, die in keinem Zusammenhang mit der tatsächlichen Kundennachfrage stehen. Andernfalls entstehen in nachgelagerten Stufen schnell Engpässe, und es werden vorbeugend überall Puffer (»Sicherheitsbestände«) eingebaut.

Die konkrete Einführung von JIT in der Fahrradindustrie ignorierte weitgehend die notwendige Reduktion der Einrichtzeiten und die erforderliche Glättung der Produktionsplanung. Statt dessen konzentrierte sie sich auf die Zulieferer und stellte sicher, daß diese nur Teile zur Endmontage just in time lieferten, um der sprunghaften Produktionsplanung gerecht zu werden. In der Praxis sah das so aus, daß die Zulieferer täglich kleine Mengen aus riesigen Fertigbeständen anlieferten, die sie neben ihren Laderampen lagerten. Manche Montagewerke spezifizierten sogar diese Sicherheitsbestände und beauftragten regelmäßig ihr für die Beschaffung zuständiges Personal mit Inspektionen. Letztlich war »Just-in-Time« kaum mehr als die vollständige Verlagerung riesiger Mengen unfertiger Arbeiten vom Endmontagewerk auf den Zulieferer der ersten Stufe, beziehungsweise umgekehrt von diesem auf die weiter vorgelagerten Firmen.

Zur Fließfertigung übernimmt das schlanke Unternehmen die entscheidenden Konzepte von Just-in-Time und geglätteten Dispositionsmengen und verfolgt sie konsequent bis zu ihrem logischen Schluß, indem die Produkte, wann immer möglich, in einen kontinuierlichen Fluß gebracht werden. Beispielsweise verlangt das Denken in Kategorien des Fließens im Fall der in Abbildung 3.1 dargestellten Fahrradfabrik die Organisation von Fertigungsbereichen nach Produktfamilien, die jeden Fertigungs- und Montageschritt einschließt. (Man kann Produktfamilien auf unterschiedliche Weise definieren, in diesem Industriezweig wurden sie logischerweise aber über das Grundmaterial für den Rahmen definiert, also Titan, Aluminium, Stahl und Kohlefaser. Diese Unterteilung ist sinnvoll, weil die Fertigungsschritte und Verfahrenstechniken immer unterschiedlich sind.)

Besser ist jedoch – vorausgesetzt, daß das Lärmproblem gelöst werden kann –, wenn das schlanke Unternehmen den Produktmanager, den Teileeinkäufer, den Fertigungsingenieur und den Produktionsplaner zusammen im Teambereich in unmittelbarer Nähe zu den tatsächlichen Produktionsanlagen und in engem Kontakt mit den Produkt- und Fertigungsingenieuren in dem nahe gelegenen Konstruktionsbereich, die für diese Produktfamilie zuständig sind, unterbringen kann. Die altmodische und destruktive Unterteilung von Büro (wo mit dem Kopf gearbeitet wird) und Fabrik (wo man mit der Hand arbeitet) wird beseitigt.

(Uns wird oft vermittelt, daß in der alten Welt der Massenproduktion die Fabrikarbeiter nie miteinander kommunizieren mußten. Sie sollten ihre Köpfe gesenkt halten und ihre Arbeit verrichten. Die Fachkräfte tauchten nur selten am Ort des Geschehens auf. Die isolierten Arbeiter setzten einfach ihre Ohrenschützer auf und vergaßen die Welt. In der schlanken Fabrik müssen die Arbeiter allerdings ständig miteinander kommunizieren, um Probleme bei der Fertigung zu lösen und den Prozeß zu verbessern. Außerdem brauchen sie die sachkundige Hilfe der Experten direkt in ihrer Nähe, und jeder muß den Stand des ganzen Fertigungsprozesses überblicken können. Viele Maschinenbauer sind sich noch nicht klar darüber, daß eine Maschine in einem schlanken Unternehmen eine leise Maschine sein muß.)

In einer ganz auf Fließfertigung ausgerichteten Produktion sind die einzelnen Produktionsschritte sequentiell angeordnet, normalerweise in einer einzelnen Zelle, und das Produkt wandert von einer Stufe zur nächsten, jeweils ein Fahrrad, *ohne* Puffer unfertiger Teile dazwischen, unter Verwendung einer Technik, die allgemein »Einzelstückfertigung« genannt wird. Um sie in der normalen Situation einzuführen, in der jede Produktfamilie aus vielen Produktvarianten besteht – in diesem Fall Touringräder und Mountainbikes in vielen Größen –, ist es notwendig, daß jede Maschine fast direkt von einer Produktspezifikation auf die nächste umgerüstet werden kann. Es ist ebenso notwendig, daß viele üblicherweise große Anlagen – Lackieranlagen sind bei Fahrrädern besonders wichtig – »miniaturisiert« (»right-sized«) werden müssen, damit sie direkt in den Produktionsablauf passen. Das bedeutet oft, daß einfachere, weniger automatisierte und langsamere Maschinen eingesetzt werden (die aber vielleicht genauer arbeiten und mit größerer »Wiederholgenauigkeit«). Wir werden in Kapitel 8 die Firma Pratt & Whitney mit ihren vereinfachten Schleifmaschinen für die Herstellung von Turbinenschaufeln analysieren, die wir in der Einleitung erwähnt hatten.

Für konventionelle Manager scheint dies ein Rückschritt zu sein, weil man ihnen ihr Leben lang erzählt hat, daß Wettbewerbsvorteile in der

Produktion gewonnen werden durch Automatisierung, Verkettung und Beschleunigung von Großmaschinen zur Erhöhung des Ausstoßes und zum Abbau von Personal. Es scheint auch dem gesunden Menschenverstand zu entsprechen, daß ein erfolgreiches Produktionsmanagement jeden Arbeiter ständig beschäftigt und jede Maschine voll auslastet, um Investitionen in teure Anlagen zu rechtfertigen. Die Manager alter Schule begreifen nicht, welche Kosten mit Wartung und Koordination eines komplizierten Netzwerks aus sehr schnellen Maschinen, die große Lose fertigen, verbunden sind. Das ist die *muda* der Komplexität.

Weil das konventionelle Rechnungswesen mit »Standardkosten« rechnet und die Auslastung von Maschinen und Arbeitskräften zu seinem zentralen Leistungsmaßstab macht, während es den Bestand an unfertigen Teilen als Aktivposten behandelt – sogar, wenn niemand ihn je will –, ist es nicht verwunderlich, daß die Manager nicht begreifen, daß Maschinen, die 100 Prozent ihrer Zeit mit der schnellen Fertigung nicht nachgefragter Teile verbringen, und Arbeiter, die während jeder verfügbaren Minute nur unnötige Arbeiten ernsthaft erledigen, beide nur *muda* erzeugen.

Damit eine kontinuierliche Fließfertigung über mehr als ein oder zwei Minuten jeweils möglich ist, muß jede Maschine und jeder Fabrikarbeiter vollkommen »funktionstüchtig« sein. Das heißt, sie müssen immer in einem guten Zustand sein, damit sie bei Bedarf gut funktionieren, und jedes gefertigte Teil muß genau richtig sein. Vom Design her haben Fließfertigungssysteme eine »Alles-oder-nichts-funktioniert«-Qualität, die berücksichtigt und vorhergesehen werden muß. Das heißt, daß das Produktionsteam arbeitsübergreifende Fähigkeiten besitzen muß (falls jemand fehlt oder für eine andere Aufgabe gebraucht wird) und die Maschinen durch eine Reihe von Techniken, die Total Productive Maintenance (TPM) genannt werden, zu 100 Prozent betriebsbereit und funktionstüchtig gehalten werden. Das heißt auch, daß die Arbeit radikal *standardisiert* werden muß (von dem Arbeitsteam, und nicht von irgendeinem entfernten Stab für Industrial Engineering) und daß die Mitarbeiter und Maschinen ihre eigene Arbeit selbst kontrollieren können, und zwar mit einer Reihe von Techniken, die im allgemeinen *poka-yoke* genannt werden oder Fehlerkontrolle, die verhindern, daß irgendein fehlerhaftes Teil zur nächsten Stufe gelangt.[7]

Ein einfaches Beispiel von *poka-yoke* ist der Einbau von Fotozellen über den Teilebehältern an einem Arbeitsplatz. Kommt ein Produkt einer bestimmten Beschreibung in den Bereich, muß der Fabrikarbeiter die Teile den Boxen entnehmen und unterbricht dabei den Lichtstrahl in jeder Box. Wenn der Arbeiter versucht, das Produkt an die nächste Station weiterzureichen, ohne die richtigen Teile entnommen zu haben, leuchtet eine Lampe auf, die anzeigt, daß ein Teil vergessen wurde.

Diese Techniken müssen, wie erwähnt, mit *visuellen Kontrollen* verbunden werden, die von den 5 S[8] (wo der Ausschuß und alle unnötigen Dinge beseitigt werden und jedes Werkzeug einen genau bezeichneten Platz hat und vom Arbeitsbereich aus gesehen werden kann) bis zu Statusindikatoren (oft in der Form von elektronischen Anzeigetafeln, sogenannten *andon* boards) und von deutlich sichtbaren aktuellen Grafiken über die Standardarbeiten zur Darstellung der zentralen Meßwerte und finanziellen Informationen über die Fertigungskosten reichen. Die genauen Techniken werden mit der Anwendung variieren, aber nicht das Kernprinzip: Jeder Beteiligte muß immer jeden Aspekt der Produktion und ihren Status sehen und verstehen können.

Wenn man sich einmal für eine Umstellung auf Fließfertigung entschieden hat, können mit der ersten *kaikaku*-Maßnahme sehr schnell große Fortschritte erzielt werden. Manche Werkzeuge (beispielsweise große Lackierräume mit umfangreichen Emissionsschutzanlagen) werden sich als ungeeignet für eine kontinuierliche Fließfertigung erweisen und nicht einfach schnell zu ändern sein. Man wird hier noch über einen längeren Zeitraum eine Produktion von Losen fahren müssen, mit Puffern für Teile zwischen den einzelnen Fertigungsstufen. Die Kerntechnik liegt hier darin, an Änderungen der Werkzeuge zu arbeiten, um die Umrüstzeiten zu reduzieren, und die Losgrößen auf ein absolutes Minimum herunterzufahren, das die verfügbaren Maschinen zulassen.[9] Das gelingt normalerweise sehr schnell und macht fast nie größere Kapitalinvestitionen notwendig. Wenn Sie glauben, daß Sie große Summen in die Umstellung der Anlagen von der Produktion großer Lose auf kleine oder gar Einzelstücke investieren müssen, dann haben Sie den schlanken Ansatz noch nicht verstanden.

Die ursprünglichen Techniken der Fertigung kleiner Lose mit schnellen Umrüstungen der Maschinen, die Toyota in den 1960er Jahren einführte, sind eine faszinierende Leistung. Aber wir warnen die Leser davor, einfach nur schnell umrüstbare Maschinen für eine weitere Herstellung von Losen anzuschaffen, wie klein auch immer sie sein mögen. Bei jeder Umrüstung geht Produktionszeit verloren, und jede Maschine, die nicht in den restlichen Produktionsablauf integriert ist, kann weiterhin *muda* erzeugen. Das Endziel der Fließfertigung ist die totale Beseitigung aller Unterbrechungen im gesamten Produktionsprozeß und kann nicht auf den Bereich der Werkzeugkonstruktion beschränkt bleiben, bis dieses Ziel erreicht ist.

Wir wollen alle diese Techniken verknüpfen und zeigen, wie die schlanke Fahrradproduktion aussieht (siehe Abbildung 3.2). Erstens wird dieselbe Anzahl von Fahrrädern hergestellt, aber die Fabrikfläche steht zur Hälfte leer, weil alle Bestände an unfertigen Teilen verschwunden sind. Auch wenn es grafisch nicht darstellbar ist, wurde die zur Herstellung eines Fahrrads erforderliche Arbeit um die Hälfte reduziert. Die Durchlaufzeit wurde von vier Wochen auf vier Stunden gesenkt. (Wir werden in Teil II darüber sprechen, wie die von den traditionellen Arbeiten freigesetzten Mitarbeiter eingesetzt werden können, wenn die *muda* beseitigt wurde. Ihre Arbeitsplätze durch die Schaffung anderer produktiver Aufgaben zu sichern ist ein zentraler Bestandteil jeder erfolgreichen schlanken Umwandlung.)

Die Grafik zeigt, daß einzelne große Maschinenanlagen in viele kleine Einheiten aufgeteilt wurden, vor allem im Bereich der Reinigung und der Lackiererei, so daß die Fertigung von Fahrrädern kontinuierlich verlief,

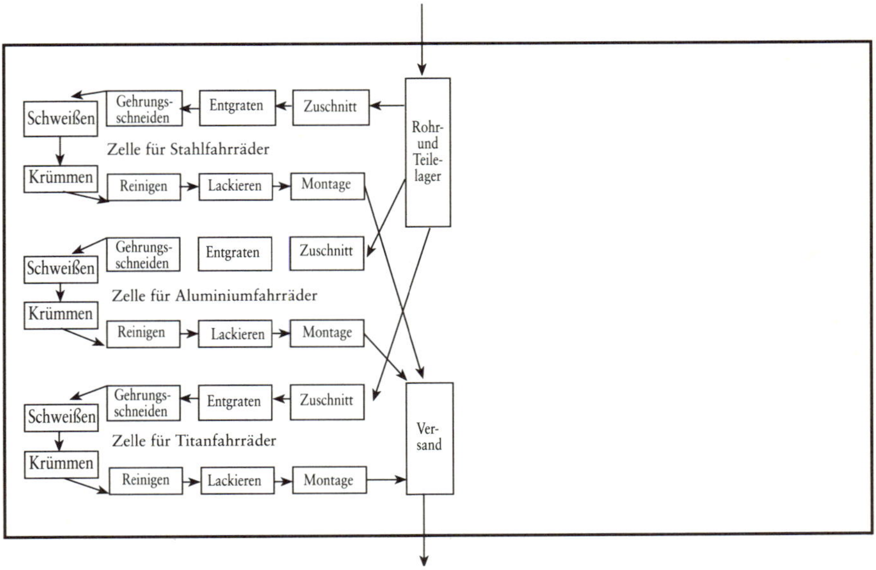

Abbildung 3.2: Aufteilung und Produktionsablauf in einer schlanken Fahrradfabrik

jeweils immer eins, und zwar vom Rohrzuschnitt über das Gehrungsschneiden, das Biegen der Rohre, Schweiß- und Reinigungsarbeiten sowie das Lackieren ohne Unterbrechung bis zur Endmontage. Mit dieser Anordnung kann der Teilebestand zwischen den Arbeitsstationen gleich Null sein, und die Größe der Arbeitsteams kann an das Produktionsvolumen der Zelle angepaßt werden, wobei eine Zelle mit einer hohen Stückzahl mehr Arbeiter als eine mit niedriger Stückzahl hat. Schließlich muß noch erwähnt werden, daß die Bandmontage abgeschafft worden ist. Die Produktion nach Produktfamilien kann oft dazu führen, daß keine Gruppe das für eine Bandmontage notwendige Volumen ergibt. Erstaunlicherweise ist die manuelle Weitergabe des Produkts bei der Montage oft kostengünstiger.

Weil der Arbeitsablauf so drastisch vereinfacht wurde, werden das MRP-System und die damit verbundene Terminüberwachung nicht mehr länger gebraucht, um die Teile von der einen Stufe auf die nächste zu befördern. (Das MRP wird noch bei der langfristigen Kapazitätsplanung eines Montagewerks und seiner Zulieferer verwendet.) Wenn die Abfolge vom Ende der Endmontage aus initiiert wird, dann verläuft die Arbeit von einer Station zur nächsten entsprechend der *Takt*zeit und mit derselben Rate wie die Endmontage.

Das gesamte Produktteam einschließlich Teamleiter, Fertigungsingenieur, Produktionsplaner/Einkäufer, des Fachmanns für TPM/Wartung und der Werker (zusammen das Herz des schlanken Unternehmens) kann direkt neben den Maschinen für jede Produktzelle angesiedelt werden. Weil die gegenwärtig in der Fahrradindustrie für diese Produktion erhältlichen Maschinen entweder von Natur aus leise sind – beispielsweise die Maschinen zum Lackieren – oder so abgeschirmt werden können, daß nur wenig Lärm im Teambereich entsteht – das Gehrungsschneiden –, können die Aktivitäten so angeordnet werden, daß jeder die gesamte Produktion überblicken und ihren Status direkt erfassen kann.

Ein letztes Wort noch zu den Zellen, die in einer Grafik nur schwer darzustellen sind. Die Arbeiten auf jeder Stufe werden sehr sorgfältig mit denen jeder anderen Stufe abgestimmt, so daß jeder Arbeitszyklus der *Takt*zeit entspricht. Wenn die Produktion hoch- oder runtergefahren werden muß, kann die Teamgröße dem angepaßt werden (Einschränkungen oder Ausdehnung des Arbeitsbereichs), aber das Tempo der eigentlichen Arbeit wird nie verändert. Ändern sich die Spezifikationen des Produkts, dann können die kleinen Maschinen dazugestellt oder entfernt, angepaßt oder neu eingerichtet werden, so daß ein kontinuierlicher Fluß immer gewährleistet ist.

Der richtige Standort

Nur noch eine weitere Fließtechnik muß erwähnt werden, nämlich daß Konstruktion und Produktion an einem geeigneten Ort angesiedelt werden sollen, um den Kunden gut zu bedienen. Ebenso, wie sich viele Hersteller auf die Anschaffung großer und schneller Maschinen konzentriert haben, um Personal zu reduzieren, so haben sie auch den Weg zu großen zentralisierten Fabriken für einzelne Produktgruppen (die manchmal »fokussierte Fabriken« genannt werden) beschritten und gleichzeitig mehr und mehr der tatsächlichen Teilefertigung an andere zentralisierte Fabriken ausgelagert, die viele Endmontagewerke beliefern. Zu allem Übel liegen diese dann noch im falschen Teil der Welt, und zwar sowohl für ihr Engineering wie für ihre Kunden (Taiwan im Falle der Fahrräder), um Lohnkosten einzusparen.

Der Fertigungsprozeß in diesen entlegenen Großfabriken hat vielleicht sogar eine gewisse Fließqualität, aber die Einführung von Produkten und die Verbesserung der Fertigungsmaschinen sind hier viel schwerer (weil das zentrale technische Know-how auf der anderen Seite der Welt liegt), und der Fluß des Produkts hört am Ende der Fabrik auf. Bei Fahrrädern heißt dies, daß fertige Produkte so lange herumstehen, bis ein ganzer Schiffscontainer für ein bestimmtes Endmontagewerk in Nordamerika voll ist, der dann zum Hafen gebracht wird, wo er wieder lagert, während er auf ein großes Containerschiff wartet. Nach einigen Wochen auf dem Ozean werden die Container per LKW zu einem der Regionallager der Fahrradfabrik transportiert, wo die Fahrräder warten, bis eine spezifische Kundenbestellung erledigt werden muß, was oft den Transport zum Lager des Kunden und weiteres Warten bedeutet. Mit anderen Worten, es gibt kein Fließen, außer auf einem kleinen Stück der gesamten Wertschöpfung innerhalb einer isolierten Fabrik.

Die Folge sind hohe Logistikkosten und große Lagerbestände an fertigen Einheiten in den Zwischenlagern und bei den Händlern. Eine andere Konsequenz sind veraltete Produkte, die schließlich mit hohen Nachlässen verkauft werden, weil Aufträge plaziert werden müssen, die auf Nachfrageprognosen basieren, die monatealt sind. Bei sorgfältiger Analyse sind die Kosten und Umsatzverluste oft höher als die Einsparungen bei den Produktionskosten aufgrund niedriger Löhne; Einsparungen, die in jedem Fall durch die Ansiedlung kleiner Fließfertigungen für große Teile der gesamten Produktionsschritte in der Nähe der Kunden erzielt werden können. (Wir kommen darauf in Kapitel 10 am Beispiel Japan zurück, weil falsche Standorte, und weniger hohe Lohnkosten, das Hauptproblem im derzeitigen Wettbewerbsdilemma Japans bilden.)

Die Anwendung des Flow-Denkens auf jede Aktivität

Flow-Denken kann man am besten an der diskreten Einzelfertigung eines spezifischen Produkts erkennen, wo auch Pionierarbeiten bei den Fließtechniken geleistet wurden. Wenn jedoch Manager erst einmal deren Wesen verstehen, dann können sie Fluß bei jeder Aufgabe einführen, und die Prinzipien dabei sind immer dieselben: Konzentration auf die Wertschöpfung für spezifische Dienstleistungen oder Güter, Beseitigung der organisatorischen Barrieren durch die Schaffung eines schlanken Unternehmens, Umstellung und »Miniaturisierung« der Werkzeuge sowie Anwendung der vollen Stärke der schlanken Techniken, so daß die Wertschöpfung sich in einem kontinuierlichen Fluß befindet. Am Ende dieses Buches, in Kapitel 13, werden wir den schlanken Ansatz, neben der traditionellen Fertigung, auch auf eine Vielzahl anderer Aktivitäten anwenden.

Flow in der Arbeit; Arbeit als Flow-Erlebnis

Bislang haben wir uns über den Fluß der Wertschöpfung so unterhalten, als ob die Bedürfnisse der Kunden und Investoren die einzigen wären, die zählen. Wir wissen jedoch alle aus unserem Alltag, daß unsere Erfahrungen als Produzenten (das heißt als Angestellte und Arbeiter) oft weit wichtiger sind als unsere Betätigung als Konsumenten oder Investoren. Was bedeutet nun der Übergang zu Flow für die Erfahrungen bei der Arbeit?

Wir wollen mit einem kurzen Blick auf die jüngsten Forschungsergebnisse des als Sohn ungarischer Eltern in Italien geborenen Psychologen Mihaly Csikzentmihalyi beginnen, der jetzt an der Universität von Chicago lehrt. Er hat in den vergangenen zwanzig Jahren die normale Perspektive der Psychologie umgekehrt. Statt zu fragen, warum sich Menschen unwohl fühlen (und wie man das ändern kann), ist er der Frage nachgegangen, wann sie sich wohl fühlen, so daß positive Erfahrungsmerkmale in das Alltagsleben integriert werden können.

Er teilte an seine Versuchspersonen Piepser aus, die in zufälligen Intervallen ertönten. Beim Ertönen eines Pieptons sollten die Versuchspersonen ihre momentanen Tätigkeiten und Gefühle notieren. Nach der Analyse der über Jahrzehnte gesammelten Daten von Tausenden Versuchspersonen aus der ganzen Welt kam er zu sehr einfachen Schlußfolgerungen.

Diejenigen Tätigkeiten, die Menschen aus der ganzen Welt einstimmig als lohnenswert nannten – das heißt, bei denen sie sich am wohlsten fühlten –, hatten folgende Merkmale: ein klares Ziel, die Notwendigkeit, sich so intensiv zu konzentrieren, daß die ganze Aufmerksamkeit absorbiert wurde, die Abwesenheit von Unterbrechungen und Ablenkungen, ein eindeutiges und unmittelbares Feedback über die Fortschritte bei der Zielerreichung sowie ein Gefühl der Herausforderung – die Wahrnehmung, daß das eigene Können adäquat, und zwar gerade noch adäquat, zur Bewältigung der anstehenden Aufgabe ist.

Wenn die Menschen diese Bedingungen vorfinden, dann verlieren sie ihre Befangenheit und das Gefühl für die Zeit. Sie berichten dann, daß die Aufgabe selbst zum Ziel wird und nicht nur Mittel für etwas Befriedigenderes wie Geld oder Prestige ist. In der Tat, und das paßt sehr gut zu unseren Überlegungen, berichtet Csikzentmihalyi, daß sich die Menschen unter diesen Bedingungen in einem sehr befriedigenden psychologischen Zustand des *Flow* befinden.[10]

Das klassische Beispiel für ein Flow-Erlebnis bei Csikzentmihalyi ist das Bergsteigen, wo man sich offensichtlich konzentrieren muß und die Aufgabe selbst das Ziel ist und nicht das Mittel. Gruppenleistungen, die weniger gefährlich als Bergsteigen sind, wie interaktive Spiele und konzentrierte intellektuelle Arbeit (wie das Schreiben von Büchern!), werden von den Versuchspersonen Csikzentmihalyis oft als Flow-Erlebnis genannt. Klassische Erfahrungen bei der Arbeit werden jedoch nur selten genannt, trotz der Tatsache, daß Arbeit als die wichtigste Aktivität im Leben eingestuft wird. Und das aus gutem Grund. Die typischen Arbeitsbedingungen einer Produktion von Stapeln mit Warteschlangen führen kaum zu einem psychologischen Flow-Erlebnis. Die Arbeiter können nur einen kleinen Teil der Arbeit überblicken, es gibt oft überhaupt kein Feedback (geschweige denn sofortiges Feedback), die Arbeit verlangt nur ein geringes Maß an eigener Konzentration und eigenem Können, und es gibt ständig Unterbrechungen, weil man andere Aufgaben im eigenen Verantwortungsbereich übernehmen muß.

Im Gegensatz dazu schafft die Arbeit in einer Organisation, in der die Wertschöpfung in einen kontinuierlichen Fluß gebracht wurde, auch die Bedingungen für psychologischen Flow. Jeder Mitarbeiter verfügt über das unmittelbare Wissen zur Beurteilung, ob die Arbeit richtig gemacht wurde, und kann den Status des Gesamtsystems überblicken. Es ist eine ständige und sehr große Herausforderung, das System ohne Unterbrechungen am Laufen zu halten. Aber das Produktteam verfügt über die Kompetenzen und eine Denkhaltung, die der Herausforderung entsprechen. Und aufgrund der Ausrichtung auf Perfektion wird, wie wir in Kapitel 5 näher erklären werden, das Gesamtsystem in einem permanenten kreativen Spannungszustand gehalten, der Konzentration verlangt.

Flow ist nicht genug

Wir haben nun überzeugende Beispiele dafür gesehen, was passiert, wenn sich die Wertschöpfung in einem gleichmäßigen Fluß befindet. Und darüber hinaus: daran ist überhaupt nichts Magisches. Jede Organisation kann bei jeder Aktivität Flow einführen. Wenn sie jedoch schlanke Techniken nur dafür einsetzt, unerwünschte Güter in einen schnelleren Fluß zu bringen, dann resultiert daraus nur *muda*. Woher weiß man mit Sicherheit, daß man Dienstleistungen und Güter bereitstellt, die von den Menschen wirklich nachgefragt werden, und sie dann bereitstellt, wenn sie nachgefragt werden? Und wie kann man alle Teile einer Wertschöpfung miteinander verknüpfen, wenn sie nicht in einer Fließfertigungszelle in einem Raum durchgeführt werden können? Als nächstes müssen Sie das Konzept von *Pull* lernen.

Kapitel 4
Pull

Ganz einfach ausgedrückt bedeutet *Pull* (Sog), daß niemand auf einer vorgelagerten Stufe eine Ware herstellen oder eine Dienstleistung erbringen sollte, bevor der nachgelagerte Kunde sie nicht nachfragt. Die praktische Einhaltung dieser Regel ist aber schon etwas komplizierter. Man versteht die Logik von Pull und die damit verbundene Herausforderung dann am besten, wenn man mit einem konkreten Kunden anfängt, der ein konkretes Produkt nachfragt, und alle erforderlichen Schritte zurückverfolgt, über die das gewünschte Produkt zum Kunden gelangt. Bob Scotts Stoßstange für sein ausgelaufenes Toyota-Pickup-Modell von 1990 bietet ein banales, aber ganz typisches Beispiel.

Im August 1995 beschädigte Bob Scott in der Nähe von Glenside in Pennsylvania seine hintere Stoßstange so, daß sie nicht mehr gerichtet werden konnte. Er wollte unbedingt, daß sein Pick-up »stark« aussieht. Er hatte ihn ursprünglich gegen Aufpreis mit einer Chromstoßstange »de luxe« bestellt. Aufgrund des Schadens war auch die Anhängerkupplung unbrauchbar geworden. Er brauchte eine neue Stoßstange.

Als Bob Scott seinen Pickup zu Sloane Toyota in Glenside brachte, um eine neue Stoßstange montieren zu lassen, löste er gerade zu dem Zeitpunkt eine Nachfragesequenz aus, als Toyota einen wesentlichen Schritt tat in seinen jahrzehntelangen Bemühungen, die Arbeit seiner Händler, des Ersatzteilvertriebs und der Lieferanten so zu synchronisieren, daß die Kunden die gesamte Wertschöpfung innerhalb eines hochkomplexen Produktions- und Servicesystems abrufen können.

Die Bad Old Days der Produktion

Hätte sich Bob Scott seine Stoßstange ein oder zwei Jahre früher ruiniert, wäre zunächst einmal gar nichts passiert. Auf seine Nachfrage hin hätte Sloane Toyota nicht die richtige Stoßstange für sein Auto auf Lager gehabt. Das traditionelle Lagersystem macht es schlichtweg für einen Autohändler unmöglich, eine große Anzahl von Ersatzteilen für ältere Modelle vorzuhalten. Bei ungefähr zehntausend Teilen pro Auto wären die Lagerhaltungskosten schwindelerregend hoch gewesen.

Sloane Toyota hätte einige Tage gebraucht, um eine Stoßstange per Lieferwagen aus einem Toyota-Ersatzteillager kommen zu lassen, oder hätte auf eine teure Expreßfracht zurückgreifen müssen, um sie am nächsten Tag zu haben. Bob Scott hätte für einen gewissen Zeitraum sein Auto nicht benutzen können oder die zusätzlichen Kosten übernehmen müssen. In beiden Fällen wäre er ein unglücklicher Kunde gewesen.

Während er gewartet hätte, gab es Stapel von der benötigten Stoßstange, ja Berge davon, in den Ersatzteillagern von Toyota und bei dem Stoßstangenhersteller, weil kein vernünftiges Nachfragesystem verfügbar war, keine Methode für Pull. Um zu verstehen, warum das so war, und zu sehen, was unternommen werden mußte, um ein echtes Abrufsystem entlang der Wertschöpfung einzuführen, gehen wir in der Zeit zurück und begeben uns ganz in die Nähe der Quelle der Wertschöpfung, nämlich in die Stoßstangenfabrik Bumper Works in Danville in Illinois, wo die Stoßstange hergestellt wird, die sich Bob Scott ruinierte.

Shahid Khan, der President der Muttergesellschaft von Bumper Works, Flex-N-Gate Corporation, ist praktisch ein Klischee des amerikanischen Traums. Er kam im Alter von sechzehn aus Pakistan in die Vereinigten Staaten, um eine Ingenieurschule an der Universität von Illinois in Urbana zu besuchen. Um die Schule zu finanzieren, arbeitete er an einer Großpresse in der Fertigung der heruntergekommenen Fabrik von Bumper Works in der Nähe von Danville. Nach seinem Examen wurde er Engineering-Direktor bei Bumper Works, und dann, im Alter von achtundzwanzig, hatte er die Mittel zusammen, um das Unternehmen zu kaufen.

Als Khan 1970 bei Bumper Works anfing, betrat er auch die Welt der Stapel und Warteschlangen. Bumper Works stellte verchromte und lackierte Stahlstoßstangen in vielen Modellvarianten für die Nachrüstung von Pickups beim Autohändler her. Von jedem Stoßstangentyp wurden große Lose gefertigt – normalerweise ein Monatsbedarf. Dann wurde die Produktion auf das nächste Modell umgerüstet. Die Stoßstangen wurden an Neuwagenhändler und Autoreparaturwerkstätten über ein kompliziertes Großhandels-Distributionssystem verkauft.

Weil in dieser Welt die Herstellung großer Lose als normal angesehen wird, war es nicht wichtig, daß es sechzehn Stunden dauerte, um die Pressen bei Bumper Works umzurüsten. Große Rohmaterialmengen galten als unvermeidbar, und deshalb gab es bei Bumper Works eine Lagerhalle am Ende der Fabrik, damit die benötigten Stahlbleche gleich tonnenweise vom Stahlhändler bezogen werden konnten. Und weil die Firma, die das Verchromen durchführte, den zentralen Schritt in der Mitte des Produktionsprozesses, ebenfalls große Lose fertigte, lagerte Bumper Works große Mengen teilgefertigter Stoßstangen in seinem Zwischenlager, bis der Stapel eine enorme Größe erreicht hatte und als Ganzes zum Verchromen transportiert wurde.

Wenn die Stoßstangen von dort in großer Stückzahl zurückkamen, durchliefen sie die Endmontage (um rückseitige Verstärkungsstäbe, Halterungen und Verzierungen anzubringen). Dann wurden sie erneut in einem Fertigteilelager deponiert und zu einem bereits feststehenden Termin als Los zum Kunden geliefert.

Als Shahid Khan in den 1980er Jahren sein Unternehmen ausbaute, übernahm er erfolgreich auch die Belieferung der Ersatzteillager der „Großen Drei" der amerikanischen Autohersteller mit Stoßstangen. Sein Denken in Losgrößen und das ihre paßten gut zusammen. Khan hatte jedoch seine Standards immer sehr hoch angelegt, und so verhandelte er 1984 mit Toyota über die Lieferung von Stoßstangen für die Pickups, die aus Japan importiert wurden. Dadurch hätte er auch Zugang zum Geschäft mit Ersatzteilen bekommen.

1985 bekam Bumper Works einen Vertrag als Zulieferer für ein kleines Segment von Toyota, und 1987 wurde das Unternehmen Alleinlieferant für die Stoßstangen des neuen Modells des kleinen Pickups von Toyota (das Modell, das Bob Scott gekauft hatte). 1989 war Bumper Works Alleinlieferant für Stoßstangen für Toyota im nordamerikanischen Markt.

Es gab nur ein Problem: Das Fertigungssystem von Bumper Works war noch die klassische Herstellung von Losen. Toyota lud Shahid Khan und seine Manager 1989 zu ihrer ersten Reise nach Japan ein und führte ihnen Beispiele schlanker Zulieferer vor. Aber Khan erinnert sich an folgendes: »Ich verstand überhaupt nichts. Ich konnte mir einfach nicht vorstellen, wie sie mit diesen seltsamen Praktiken Erfolg haben konnten.« Im Mai 1990 teilte Toyota Khan mit, daß man einen schlanken *sensei*[1] schicken werde, einen Meister des Toyota-Systems, als Khans persönlichen Tutor.

In der Tat schickte Toyota mehrere *sensei* aus seiner Operations Management Consulting Division, der 1969 von Taiichi Ohno gegründeten Gruppe zur Ausbreitung des schlanken Ansatzes bei Toyota und den Unternehmen in seiner Zuliefergruppe.[2] Sie blieben jeweils ein paar Monate, und Ende 1992 hatten sie Bumper Works total umgekrempelt – einen gewerkschaftlich organisierten, schmutzigen Betrieb, der alte Werkzeuge in einer alten Fabrik einsetzte. Das Unternehmen wurde ein Musterbeispiel schlanker Produktion in Nordamerika.

Schlanke Produktion auf Nachfrage

Als erstes fielen den *sensei* von Toyota bei Bumper Works die großen Lagerbestände und die großen Lose auf. Es gab keinen Fluß. Eine unmittelbare Miniaturisierung der großen Presswerkzeuge, um einen Einzelfertigungsfluß herzustellen, war unmöglich. Man konnte einzig die Umrüstzeiten verkürzen und die Lagerbestände abbauen. Die Umrüstzeiten waren bereits Mitte der 1980er Jahre von sechzehn auf ungefähr zwei Stunden reduziert worden, was aber noch nicht annähernd ausreichte.

Die *sensei* wendeten ihre Standardformel an, daß die Maschinen ungefähr zu 90 Prozent ausgelastet sein und die Umrüstarbeiten nur 10 Prozent der Zeit in Anspruch nehmen sollten. Dann analysierten sie die Reihe von Produkten, die täglich gefertigt werden müssen. Sie kamen zu dem Ergebnis, daß die großen Pressen in zweiundzwanzig Minuten oder weniger umgerüstet werden müßten und die kleinen in zehn Minuten oder weniger. (In der Tat hatte man bald sechzehn beziehungsweise fünf Minuten erreicht.)

Als nächstes wurde die Fabrik räumlich reorganisiert, so daß die Bleche direkt von der Warenannahme zu einer Stanzmaschine gelangten, die aus dem Blech rechteckige Platinen fertigte, etwas größer als eine Stoßstange. Die Schnittbleche kamen von dort direkt in die benachbarte Zelle mit drei Pressen, wo sie in ihre Form gepreßt wurden. Danach wurden die Teile in häufigen Intervallen zum Verchromen außerhalb der Fabrik transportiert und gelangten dann in die Schweißwerkstatt neben der Presse. Dort wurden die Innen- und Außenteile der Stoßstange sowie Halterungen angeschweißt. Anschließend kamen die Stoßstangen direkt just in time für die termingemäße Lieferung auf die Versandrampe. *Aber es gab nur dann eine Fließfertigung, wenn die Teile von der jeweils nächsten Stufe nachgefragt wurden.* Das heißt, die Stanzmaschinen arbeiteten nicht, bis sie ein Signal von der Presse erhielten, und diese wartete auf ein Signal aus der Schweißwerkstatt. Jede Aktivität zog die nächste nach sich. Der Liefertermin und die *Takt*zeit wurden zum Schrittmacher der gesamten Fertigung.

Weil die meisten Kunden von Bumper Works bis 1992 noch große Lose bestellten – Monatslieferungen, die am letzten Tag des Monats ausgeliefert wurden –, wollte sich Bumper Works dadurch auf die Zukunft vorbereiten, daß ein eigener Tagesplan unter Verwendung der Technik eingeführt wurde, die Toyota ausgeglichene Dispositionsstufen (*Level Scheduling*) nennt. Die Produktionsmanagerin von Shahid Khan nahm die Bestellungen für den nächsten Monat entgegen, sagen wir 8 000 Stoßstangen des Typs A, 6 000 von Typ B, 4 000 von Typ C und 2 000 von Typ D. Sie addierte sie (also 20 000) und teilte sie durch die Zahl der Arbeitstage (sagen wir 20). Sie würde dann erfahren, daß jeden Tag 400 Stoßstangen von Typ A, 300 von Typ B, 200 von Typ C und 100 von Typ D (mit einer *Takt*zeit von 0,96 Minuten) hergestellt werden müßten. Das würde vier Umrüstungen der Stanzmaschinen und Pressen erfordern, insgesamt also 88 Minuten (9 Prozent der 960 Minuten der Arbeitszeit in zwei Schichten), mit der maximal zulässigen Umrüstzeit von 22 Minuten.

Die Schweißwerkstatt bekam den Tagesterminplan, um mit der Fertigung zu beginnen. Wenn dort keine Innen- und Außenteile sowie Halterungen für Typ A mehr vorhanden waren, schoben die Schweißarbeiter die leeren Teilebehälter und das entsprechende *kanban*, die Signalkarte, das kurze Stück bis zu den Pressen. Das war das einzig notwendige Signal zur Fertigung weiterer Preßteile für Typ A. Wenn die Pressen keine Bleche mehr für Typ A hatten, dann wurde der leere Teilebehälter zur Stanze geschoben: das einzige Signal, daß mehr Bleche für Typ A zugeschnitten werden müssen.

Das fabrikinterne MRP-System, das Bestellungen an jede Maschine geleitet hatte, war überflüssig – es hatte nie ganz richtig funktioniert, so daß eine Terminüberwachung immer notwendig war, um die Fertigung in Gang zu halten. Das neue, einfache Bedarfsmeldesystem und die visuelle Kontrolle funktionierten immer, nachdem einmal die unvermeidbaren Anfangsschwierigkeiten überwunden waren. Die neue Doktrin bei Bumper Works könnte man einfach wie folgt zusammenfassen: »Fertige nichts, bis es angefordert wird, aber dann sehr schnell.«

Aber genau im Herzen des neuen Systems gab es ein Problem. Die Stahlstoßstangen mußten nach dem Schweißen verchromt werden, bevor die Endmontage vorgenommen werden konnte. Das war ein kompliziertes Verfahren, das von Spezialfirmen übernommen wurde, die auf Lose eingestellt waren. Chrome Craft in Highland Park in Michigan (in der Nähe von Detroit) führte das Verchromen für Shahid Khan durch. Das Unternehmen war der beste Zulieferer, den Bumper Works gefunden hatte, funktionierte aber nicht im Gleichschritt mit dem neuen Konzept. Die Stoßstangen verschwanden bei Chrome Craft und tauchten wochenlang nicht mehr auf. Außerdem waren schnelle Fertigungen aufgrund von Eilbestellungen unmöglich.

Khan und die *sensei* machten sich bald auf den Weg zu Chrome Craft, wo der President und Eigentümer Richard Barnett mit einiger Verwunderung beobachtete, wie schnell die Poliermaschinen für die Stoßstangen bei Barnett umgerüstet wurden, so daß kleine Lose von den Laderampen aus angefordert werden konnten, die einem notwendigen Polierverfahren unterzogen werden mußten und dann eine lange Reihe von Chrombecken durchliefen. (Chrome Craft fertigte auch Stoßstangen für andere Hersteller und hatte deshalb Dutzende von Stoßstangenmodellen.)

Über ein schnelles Ent- und Beladen des LKWs von Bumper Works wurde es möglich, eine Ladung Stoßstangen morgens um 7 Uhr anzuliefern, die gerade fertigen mitzunehmen und um 15 Uhr wieder zurück zu sein, um die neu verchromten Stoßstangen aufzuladen, die morgens um 7 Uhr gebracht worden waren. 1995 war die durchschnittliche Verweildauer einer Stoßstange in der Fabrik von Chrome Craft von fünfzehn auf weniger als einen Tag gefallen. Außerdem wurde am Ende einer jeden Schicht die gesamte Tagesproduktion von Toyota-Stoßstangen aus der Fabrik abtransportiert, so daß keine unfertigen Teile auf Lager blieben. Die Zahl der Lagerbestands-»Umschläge« von Toyota-Stoßstangen bei Chrome Craft stieg von ungefähr zwanzig auf ungefähr fünfhundert pro Jahr.

Und sogar diese Leistung ist keineswegs das Limit. Mitte 1995 unterstützte Chrome Craft eine neue Fabrik von Flex-N-Gate in Indiana, die Stoßstangen für die „Großen Drei“ herstellt, bei der Einführung eines miniaturisierten Verchromungsverfahrens. Dadurch wurde die Fertigungszeit von vierundzwanzig Stunden (bestehend aus zwei achtstündigen LKW-Fahrten von Bumper Works zu Chrome Craft und zurück sowie acht Stunden bei Chrome Craft) auf ungefähr acht Stunden reduziert.

Als Bumper Works mehr Erfahrungen mit diesem Anforderungssystem bei der Wertschöpfung machte, konnte die Firma praktisch direkt auf Bestellungen der Kunden reagieren. Aufgrund kurzer Umrüstzeiten konnte man mit den Schweißarbeiten für einen bestimmten Stoßstangentyp ungefähr zwanzig Minuten nach Eingang des Auftrags beginnen. Ebenso konnte man die gesamte Produktion einer veränderten Nachfrage einfacher anpassen. Dazu mußte nur eine neue Reihe von Auftragskarten bei der Schweißwerkstatt vorbeigebracht werden. Die Zeit zwischen der Ankunft einer Lieferung von Stahlblechen an den Laderampen von Bumper Works und dem Transport fertiger Stoßstangen zum Kunden ging von durchschnittlich vier Wochen auf achtundvierzig Stunden zurück. Auch die Qualität wurde besser, wie es immer der Fall ist, wenn Flow- und Pull-Ansatz gemeinsam realisiert werden. Bis Mitte 1995 hat Bumper Works innerhalb von fünf Jahren keine einzige fehlerhafte Stoßstange an Toyota geliefert.

Mit dem neuen System konnten Bumper Works und Chrome Craft kurzfristig kleine Lose von Stoßstangen herstellen – beispielsweise einige Ersatzstoßstangen vom Typ, wie sie Bob Scott brauchte. Aber die Kunden hatten keine Ahnung, wie sie diese neuen Fähigkeiten nutzen sollten. Bis vor kurzem bestellte sogar Toyota noch größere Lose, änderte dann aber sprunghaft seine Bestellungen, wenn es zu Engpässen im Distributionssystem kam. Ein weiterer Schritt war nötig, um ein gleichmäßiges Nachfragesystem bei der Wertschöpfung einzuführen.

Die Bad Old Days des Vertriebs

Als Toyota 1965 seinen Corona in Amerika auf den Markt brachte, verkaufte er sich sofort sehr gut. Toyota brauchte Ersatzteile, angefangen bei den neuen Stoßstangen, um einen Unfallschaden zu reparieren (wie bei Bob Scott), bis zu Ölfiltern und Zündkerzen für die regelmäßigen Inspektionen. Aufgrund der langen Transporte aus Japan mußte Toyota große Ersatzteillager in Nordamerika errichten und baute bald ein Lagernetz auf – die Parts Distribution Center oder PDCs –, das von Los Angeles bis Boston reichte.

1965 war gerade das Toyota Production System (TPS) bei den Zulieferbetrieben von Toyota in Toyota City eingeführt worden. Niemand hatte daran gedacht, die Prinzipien des TPS auf die japanischen Ersatzteillager von Toyota anzuwenden, und erst recht nicht auf die Lager im weit entfernten Amerika. Die Folge davon war, daß alle elf PDCs, die Toyota in den Vereinigten Staaten aufbaute, wie jedes andere Lager in Amerika aussahen. In jedem gab es Tausende und Abertausende riesiger Regale, die bis unter die Decke reichten, und zwar eins für jeden Teiletyp. Die Regale waren in langen Reihen aufgestellt, und dadurch entstanden endlose Gänge in einem riesigen Gebäude.

Die Teile wurden aus Japan in verplombten Containern zu den PDCs geliefert, normalerweise in großen Losen, die in wöchentlichen Abständen aus riesigen Containerschiffen ausgeladen wurden. Wenn die Container in den PDCs ankamen, wurden sie bei der Warenannahme geöffnet, und die Teile wurden von Lagerarbeitern (»Stockers«), die die Gänge rauf und runter liefen, mit den entsprechenden Karten in die vorgesehenen Fächer eingeräumt. Da es in Japan fünfzehn Tage dauerte, um eine Bestellung zusammenzustellen, weitere achtunddreißig Tage für den Schiffstransport über den Ozean erforderlich waren und das Einlagern der Teile in den PDCs fünf Tage in Anspruch nahm, brauchte das PDC mindestens achtundfünfzig Tage, um Teile zu ordern und eine reibungslose Lieferung an die Toyota-Händler sicherzustellen.

Die Toyota-Händler wie Sloane Toyota gaben einmal pro Woche Teilebestellungen auf. Sie schätzten dabei die wahrscheinliche Zu- oder Abnahme der Nachfrage bis zur nächsten Wochenbestellung. Weil diese Prognosen oft falsch waren, entstand das, was Toyota »gemachte Nachfrage« nennt: dramatische Auftragsschwankungen bei der vorgelagerten Wertschöpfung, die in keinem Bezug zur tatsächlichen Nachfrage stehen, wie sie von realen Kunden wie Bob Scott zum Ausdruck gebracht wird. Wenn die Wochenbestellungen in den PDCs ankamen, wurde ein Lagerarbeiter (»Picker«) damit beauftragt, die richtigen Teile aus den richtigen Fächern in den richtigen Gängen zu entnehmen und zum Versand zu bringen. Die Teile wurden dann am nächsten Tag von einem Spediteur zum Händler geliefert.

Weil Toyota die Vorstellung akzeptierte, daß große Lose, ausgedrückt als »wirtschaftliche Bestellgrößen«, aufgrund von Einsparungen bei den Transportkosten effizient seien, und die Nachtlieferung von Teilen sehr teuer war, unterstützte es seine Händler dabei, immer große Stückzahlen von jedem Teil nachzubestellen. Damit das auch attraktiv war, übernahm Toyota die Frachtkosten für die großen Wochenbestellungen, und die Händler konnten bis zu fünf Prozent des Wertes einer Wochenbestellung gegen Gutschrift zurückschicken, wenn sie zu viele Teile eines bestimmten Typs bestellt hatten – beispielsweise für ein spezielles Serviceangebot, das keine Resonanz fand.

Hatte der Händler ein Teil nicht vorrätig – beispielsweise die Stoßstange für den Pickup von Bob Scott –, dann konnte ein VOR- oder »Vehicle-off-Road«-System das benötigte Teil lokalisieren und vor dem nächsten Abend an den Händler ausliefern. Dieses System suchte elektronisch die Lagerbestände des nächsten PDCs, dann aller PDCs und am Ende das Zentrallager von Toyota in Torrance in Kalifornien nach dem Teil ab, druckte einen Versandauftrag, übermittelte die Bestellung an den Lagerarbeiter in dem betreffenden Lager und veranlaßte den Versand. Zur Deckung der Kosten für diese Sonderleistung stellte Toyota den Händlern oder Kunden die Kosten für die Expreßfracht in Rechnung. Auf diese Weise konnten die Händler einen Großteil der häufig benötigten Teile vorhalten und spezielle Nachfragen über Nacht erledigen.

Die PDCs hatten für jedes Teil große Fächer, und die Frachtcontainer waren noch größer. Die Containerschiffe waren erst recht riesig. Die Luftfracht für Teile im Falle von Engpässen war sehr teuer, so daß es nur vernünftig erschien, große Mengen eines bestimmten Teils zu ordern, wenn die Bestände in den PDCs zurückgingen. Die Betriebsrechner von Toyota, die an die Fabriken in Japan angeschlossen waren, waren darauf programmiert, bestimmte Ereignisse im voraus zu berücksichtigen – den Wintereinbruch, wenn mehr Stoßstangen beschädigt werden, oder Werbekampagnen, bei denen eine Vielzahl von Ölfiltern und Zündkerzen kurzfristig benötigt wurden, wenn etwa die Händler zu den normalen Inspektionen ein »Sonderangebot« machten. Es gab Zusatzbestellungen, um die richtigen Lieferungen für diesen vorhersagbaren Bedarfszuwachs zu garantieren.

Als in den frühen 1970er Jahren das Vetriebsnetz von Toyota vollständig ausgebaut war, hatte das normale PDC für ein typisches Teil einen Bestand von sechs Monaten. Darüber hinaus wurden in einem Extrabereich im Zentrallager in Torrance kleine Mengen selten bestellter Teile vorgehalten, meistens für ältere Toyota-Modelle. Der monatliche Lieferbedarf in diesem Lager war nur sehr schwer zu berechnen, weil manche Teile vielleicht nie bestellt wurden. Es kam dennoch aus scheinbar mysteriösen Gründen zu Engpässen, so daß sogar manchmal Luftfracht über den Pazifik notwendig war. Aber im allgemeinen funktionierte das System ziemlich gut und erlaubte es Toyota, den höchsten »Servicegrad« (oder Prozentzahl an Teilen, die bei den PDCs auf Bestellung erhältlich waren) in der nordamerikanischen Autoindustrie mit 98 Prozent zu erreichen. Fünfzehn Jahre lang war dies »gut genug«.

Schlanker Vertrieb auf Nachfrage

Toyota nahm 1984 in Fremont in Kalifornien im Rahmen eines Joint Ventures mit General Motors (NUMMI) in den Vereinigten Staaten die Produktion von Autos auf und baute ein Netzwerk von Zulieferern für sperrige Teile und »Massenartikel« auf – für Reifen, Batterien und Sitze. Als Toyota dann in Georgetown in Kentucky 1988 seine Mammut-Fabrik eröffnete, war ein umfassendes Zulieferernetz für viele Teile gefragt.

Dieselben Teile wurden für die Inspektionen und Reparaturarbeiten bei den Toyota-Händlern benötigt. Deshalb hatte Toyota 1986 in Toledo in Ohio ein Lager für in Amerika hergestellte Ersatzteile eröffnet. In dieses Parts Redistribution Center, oder PRC, lieferte Shahid Khan seine Stoßstangen, als er die Produktion für Toyota aufnahm.

Eine Hauptaufgabe für diese Einrichtung bestand in der Reduktion der Transportkosten pro Teil. Aus den nicht voll beladenen LKWs der Zulieferer wurden volle LKW-Ladungen für den Transport in jedes PDC zusammengestellt. Diese Konzentration auf niedrige Frachtkosten pro Teil führte jedoch zu einer klassischen Vorgehensweise mit Stapeln und entsprechenden Warteschlangen, bei der sich eine Monatsproduktion von Teilen bei jedem Zulieferer aufstaute, bevor sie in das PRC transportiert wurde. Im PRC wurden die Teile nach Eingang einer Qualitätsprüfung unterzogen und erneut gelagert, bis eine volle LKW-Ladung für den Transport in jedes PDC zusammen war.

Als Ende 1980 der Yen stieg und amerikanische Konkurrenten anfingen, einige Aspekte des Toyota Production System zu implementieren, fragten sich die Manager von Toyota, wie sie ihren Wettbewerbsvorteil bewahren könnten. Darüber hinaus machten der Vier-Jahres-Rhythmus der Modellerneuerung bei Toyota, sein ständig wachsendes Modellangebot in den Vereinigten Staaten[3] sowie die Neigung der Amerikaner, ihre Autos immer länger zu fahren[4], einen rapiden Anstieg der »aktiven« Zahl von Teilen, die Toyota als Ersatzteile für seine Kunden vorhalten mußte, notwendig. Dies schien zu immer größeren Lagerbeständen von Teilen und ständig steigenden Vertriebskosten zu führen.

Als die Manager von Toyota über diese Situation nachdachten, fiel ihnen auf, daß sie nie irgendein schlankes Prinzip auf ihr nordamerikanisches Lager- und Distributionssystem angewandt hatten. Als sie weiter darüber nachdachten, wurde ihnen schnell klar, daß sie durch eine solche Anwendung erstaunliche Vorteile erzielen könnten.

Die damaligen Lager von Toyota wurden in dem bekannten Modus geführt, den wir in der Einleitung und dann in Kapitel 3 beschrieben haben. Die Vorarbeiter beauftragten die Arbeiter damit, mit großen, schweren Transportwagen oder Gabelstaplern die Ladungen mit eingegangenen Teilen von der Warennanahme endlose Gänge entlangzutransportieren und dann einzuordnen. Die Vorarbeiter versuchten sicherzustellen, daß die Lagerarbeiter hart arbeiteten, wenn sie außer Sichtweite waren, indem sie den Arbeitern dieselbe Anzahl von »Reihen« bei einer Schicht zuteilten. Eine »Reihe« war eine bestimmte Teilenummer – beispielsweise hatte die Chromstoßstange »de luxe« von Bob Scott die Teilenummer 00228-35911-13 – mit unterschiedlichen Stückzahlen des entsprechenden Teils, manchmal nur eins, aber manchmal Hunderte.

Jede »Reihe« konnte deshalb einen sehr unterschiedlichen Arbeitsaufwand erforderlich machen. Einhundert Zündkerzen in ein unteres Fach einzuräumen war natürlich viel einfacher und konnte viel schneller erledigt werden, als eine schwere Stoßstange in ein oberes zu hieven. Beides zählte jedoch zu einer Reihe. Da jeder Vorarbeiter jedem Lagerarbeiter dieselbe Zahl von Reihen in einer Schicht zuteilte, kam es zu endlosen Klagen über Begünstigungen oder Strafandrohungen. »Ich muß alle schweren Stoßstangen einräumen, weil ich keine Nachtschicht machen wollte, als du zu wenig Leute hattest« etc. Außerdem konnten die Vorarbeiter praktisch nie die Ursache dafür klären, wenn die Lagerarbeiter ihre Arbeiten nicht in der vorgegebenen Zeit erfüllten. Lag es daran, daß die Fächer bereits zu voll waren und kein Platz mehr für weitere Teile vorhanden war oder daß ein Gabelstabler kaputt war, oder ruhten sich einfach die unbeaufsichtigten Arbeiter auf der Arbeit aus? Ohne genaue Kenntnis der Ursachen waren auch Gegenmaßnahmen und eine Verbesserung der Praxis kaum möglich.

Dieselbe Organisation und Logik beherrschte die Entnahme (das »Picking«) der Teile für die Wochenlieferung an die Händler. Außerdem gab es ein Terminüberwachungssystem für die »Hot List« der Teilebestellungen des VOR, die am nächsten Tag beim Händler sein mußten. Bedauerlicherweise verursachten die VOR-Bestellungen oft ein Chaos unter den Lagerarbeitern und verlangsamten die Routineentnahmen für die Wochenaufträge der Händler. Und man kann leicht sehen, warum. Ein Lagerarbeiter wurde in letzter Minute damit beauftragt, quer durch das Lager zu laufen, um ein einziges Teil zu holen, damit es noch rechtzeitig per Luftfracht versandt werden konnte. Wenn man diese Situation vorausgesehen hätte, dann hätte die Entnahme des Teiles Bestandteil eines vollständigen Durchgangs im Lager für viele Teile sein können und wäre viel effizienter gewesen.

Aber die vielleicht schlimmsten Kennzeichen des Lagersystems in den späten 1980er Jahren waren die Größe der Fächer, die ineffiziente Auslastung der Lagerfläche und die Höhe der nachbestellten Stückzahlen. Gefache und Nachbestellungen waren einfach riesig und bestanden aus Hunderten oder Tausenden bestimmter Teiletypen und bestimmter Teilenummern. Damit gingen zwangsläufig Monatsbestände an verfügbaren Ersatzteilen und große Lagereinrichtungen einher, wodurch wiederum die Lagerarbeiter in diesen großen Lagern weite, zeitraubende Wege zurücklegen mußten.

Als die Manager von Toyota diese Situation analysierten, wurde eine Hälfte der Lösung des Lagerproblems ganz offensichtlich: Toyota mußte die Fächer und die Losgröße der Nachbestellungen drastisch verkleinern. Warum nicht statt wöchentlicher oder monatlicher Bestellungen bei den Zulieferern *tägliche* Aufträge, und *nur in der Menge, die die Händler an diesem Tag brauchen*? Das war viel praktischer bei inländischen Teilelieferanten wie Bumper Works, wo die schlanke Fertigung erfolgreich eingeführt worden war und man auf die Bestellung kleiner Lose reagieren konnte. Glücklicherweise verlegte Toyota die eigene Teileproduktion von Japan nach Nordamerika, und viele Zulieferer machten sich auf den Weg, bei dem Bumper Works Pionierarbeit geleistet hatte.

Die andere Hälfte des Problems, die Entnahme der Teile (das »Picking«), konnte auf vergleichbare Weise über eine vollkommene Neukonzipierung der Beziehungen zu den Händlern gelöst werden. Warum konnte man, statt die Händler zu bitten, große Mengen wöchentlich zu bestellen und die Sonderbestellungen für fehlende Teile nachts durchzugeben, sie nicht veranlassen, ihre Bestellungen *täglich* vorzunehmen und *nur über die Menge, die an dem jeweiligen Tag an die Kunden verkauft wurde*?

Toyota war sich klar darüber, daß sich seine Händler beschweren würden, es sei denn, Toyota würde die Frachtkosten für die täglichen Transporte übernehmen. Eine genauere Analyse ergab jedoch, daß die zusätzlichen Kosten für die LKWs für die nächtlichen Transporte aus den elf PDCs zu den Händlern in den elf Verkaufsregionen durch die Vereinfachung der Lagerarbeiten, Einsparungen bei den Lagerhaltungskosten und die Abschaffung der Kosten für die Expreßfracht aufgefangen werden könnten. Außerdem würde die tägliche Konsistenz bei den Bestellungen, ohne plötzliche Schwankungen, bestimmte LKW-Routen konsolidieren.

Nur noch ein Problem war zu lösen, nämlich die Krise beim Händler, wenn ein Kunde wie Bob Scott ein Teil nachfragt, das normalerweise im Ersatzteillager des Händlers nicht vorrätig ist. Natürlich könnte das Teil mit dem neuen System über Nacht geliefert werden, so wie es immer war, aber der Kunde wäre nicht zufrieden. Die Kunden wollen, daß ihr Auto *auf der Stelle* repariert wird!

Toyota erkannte, daß die Lagerbestände an Teilen beim Händler dramatisch abgebaut werden könnten, wenn alle Teile *täglich* bestellt würden, um die genaue Zahl der an diesem Tag verkauften Teile zu ersetzen. Wenn die Händler den durchschnittlich vorgehaltenen Bestand jeder Teilenummer reduzierten, dann könnten sie es sich leisten, die Zahl der vorrätigen Teilenummern zu erhöhen. Statt Hunderte von den am häufigsten benötigten Teilen vorrätig zu haben, aber keines von denen, die seltener gefragt werden, könnten die Händler eine kleine Zahl von vielen Teilen vorhalten. Mit dieser Praxis gäbe es eine höhere Wahrscheinlichkeit, daß auch ein seltener Artikel wie die Stoßstange für ein älteres Modell auf Lager ist, wenn ein Kunde wie Bob Scott danach fragt.

Von der Theorie zur Praxis

Die gerade beschriebene Logik zur Einführung eines Abrufsystems (Pull-System) in der Lagerhaltung, das exakt auf die tatsächliche Kundennachfrage reagiert, war von den Managern bei Toyota in Nordamerika Ende der 1980er Jahre begriffen worden. Die volle Realisierung dauerte jedoch Jahre, sogar in einer unvergleichbar schlanken Organisation wie Toyota. Und die letzten erforderlichen Schritte werden gerade heute vollzogen. Die Übertragung schlanker Konzepte auf die Lagerhaltung war sehr gewöhnungsbedürftig, und zwar für die Manager wie für die Arbeiter, und Toyota mußte seine Arbeiter davon überzeugen, daß der neue Ansatz nicht dazu führen würde, daß irgend jemand seinen Job verliert.

Der erste Schritt dazu war die Verkleinerung der Fächer und die Plazierung der Teile nach Größe und Nachfragehäufigkeit im Jahr 1989. Auf einem Lagergang, auf dem ein Kotflügel für einen Transporter und eine Zündkerze eingelagert beziehungsweise entnommen wurden, gingen oft Teile verloren. Es war auch ein viel zu großes Equipment erforderlich. Deswegen mußten die Teile in kleine, mittlere und große Kategorien in eigens dafür vorgesehenen Lagerbereichen eingeteilt werden. Danach

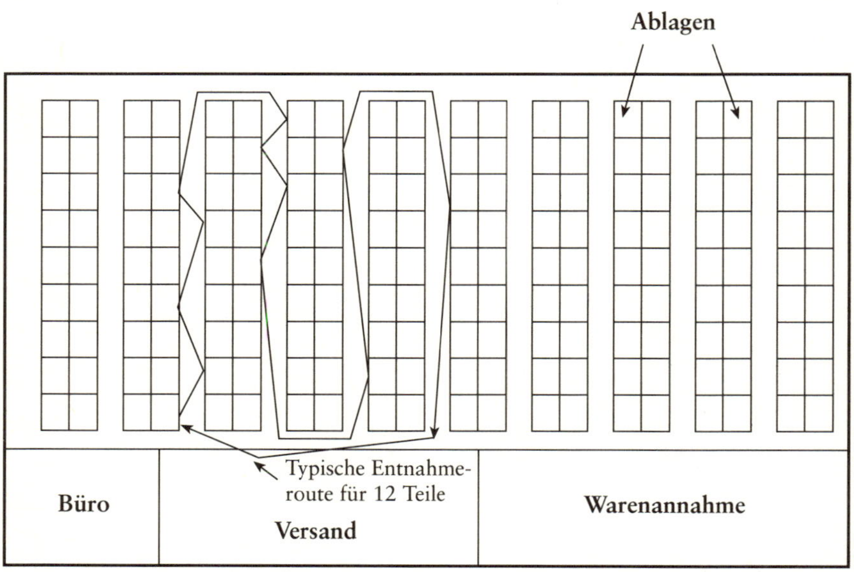

Abbildung 4.1: Das PDC von Toyota vor dem schlanken Ansatz

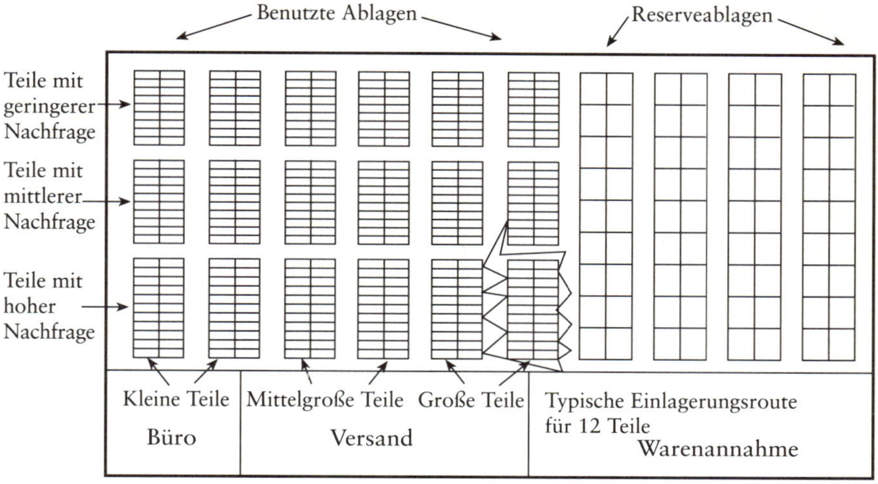

Abbildung 4.2: Das PDC von Toyota nach dem Downsizing

wurden die häufig benötigten Teile an den Anfang der Lagergänge verlegt und die Länge der Gänge deutlich verkleinert. Der Grundriß für ein typisches PDC vor bzw. nach Durchführung dieser Maßnahmen ist in den Abbildungen 4.1 und 4.2 dargestellt. Man sieht in diesen Abbildungen, daß der normale Weg für die Entnahme von Teilen nach Verkleinerung und Reorganisation der Anordnung der Fächer viel kürzer ist. Man muß auch bedenken, daß die Gesamtmenge eines bestimmten vorgehaltenen Teils dieselbe geblieben ist, weil die Menge der Nachbestellungen nicht geändert wurde. Die Zusatzbestände werden in dem »Reservebereich« gelagert und bei Bedarf in die »aktiven« Fächer verlagert.

Der nächste Schritt, mit dem Ende 1990 begonnen wurde, bestand in der Einführung des Konzepts der Standardarbeit und der visuellen Kontrolle durch die Aufteilung des Arbeitstages in Zwölf-Minuten-Einheiten. Ein Intervall dieser Länge hielt man für den besten Kompromiß zwischen der Entfernung und Transportwagengröße bei einem Lagergang zu den Fächern, um einen Wagen zu be- beziehungsweise zu entladen. Während eines jeden Zyklus war jeder »Kollege« (»associate«) für eine unterschiedliche Zahl von Gängen zuständig, in Abhängigkeit von der Größe der Teile. Beispielsweise war ein Kollege in einem Zwölf-Minuten-Zyklus für die Entnahme in dreißig Gängen mit kleinen Teilen oder zwanzig mit mittelgroßen Teilen oder zwölf mit Großteilen zuständig.

Es gab zwischen der Rampe an der Warenannahme und der Versandrampe eine Kontrolltafel, auf der die Zahl der noch ausstehenden Zyklen und die verfügbare Zeit zu sehen waren. Jeder Kollege hatte kleine farbige Magnetschildchen und mußte nach Beendigung eines Zyklus in das entsprechende Feld auf der Kontrolltafel ein entsprechendes Schildchen anbringen. Dadurch konnte jeder aus dem Team genau den Fortgang der Arbeit verfolgen, ein überzeugendes Beispiel visueller Kontrolle im Lagerbereich, wo jeder einzeln arbeitet. Die Kontrollanzeige machte die »Teamleiter«, wie die Vorarbeiter jetzt genannt werden, zur »Kontrolle« ihrer Teams überflüssig. Statt dessen kann jetzt jeder auf die Tafel blicken und feststellen, ob ein Arbeiter mit seiner Arbeit hinterherhinkt, und ihn unterstützen, wenn die anderen Aufgaben erledigt sind.

Durch die visuelle Kontrolle und exakte Arbeitszyklen konnten auch die Ursachen für Störungen im Arbeitsablauf identifiziert werden. Die rechte Seite der Kontrolltafel hatte rechts neben jedem Zyklus ein leeres Feld, in das die Kollegen die Gründe eintragen konnten, warum ein Zyklus nicht in der vorgegebenen Zeit beendet werden konnte. Die Auswertung dieser Gründe wurde zum Ausgangspunkt für die *kaizen*-Maßnahmen des Arbeitsteams, als sie 1992 eingeführt wurden.

Eine der ersten *kaizen*-Maßnahmen war für die Teams die Konstruktion neuer Transportwagen unter Verwendung von Ausschußmaterial und Teilen aus den nahe gelegenen Baumärkten, damit die Wagen für jeden Typ von Lagerarbeit, die Entnahme wie die Einlagerung, die richtige Größe hatten. Sie wurden auch so konstruiert, daß sie genau die richtige Teilezahl faßten – beispielsweise dreißig Teile für Lagerrouten für kleine Teile –, eine andere Form visueller Kontrolle.

Gleichzeitig wurden genaue Entnahmezyklen eingeführt. Der Zentralrechner von Toyota in Torrance wurde neu programmiert, um die Bestellungen der Händler nach dem Standort der Fächer in jedem PDC zu gruppieren, damit eine Reihe von Entnahmeformularen in genauer Fächeranordnung zu Beginn jeder Schicht in jedem PDC ausgedruckt werden konnte. Diese schriftlichen Entnahmeformulare wurden in Zwölf-Minuten-Zyklen aufgeteilt – basierend auf der Größe der Teile und den Kenntnissen der Teamleiter über die gegenwärtigen Bedingungen in den PDCs – und in die Schubfächer einer Versandbox gelegt. Die für die Entnahme zuständigen Lagerarbeiter bekamen ihren Auftrag von genau zwölf Minuten Dauer von der Versandbox. Sie entnahmen die Formulare immer aus dem nächsten verfügbaren Fach, wodurch niemand bei der Arbeit bevorzugt werden konnte. Auf diese Weise bekam jeder Kollege fünf Aufträge pro Stunde, und die Arbeit konnte von den Regalen bis zur Versandrampe gleichmäßig ablaufen. Die Angabe der Startzeit und die visuelle Kontrolle der Beendigung beseitigten auch ein anderes traditionelles Lagerhaltungsproblem, nämlich Vorausarbeit, um »das System zu schlagen«. Diese Praxis führte immer unvermeidbar zu Qualitätsproblemen, wenn die Kollegen in ihrer Hektik das falsche Teil entnahmen oder im falschen Fach einlagerten.

Nach sechs Jahren konnte Toyota im August 1995 von wöchentlichen zu täglichen Bestellungen seiner Händler übergehen, und dies ohne zusätzlichen Personalbedarf in den PDCs. Tatsächlich fertigten Ende 1995 die 22 Lagerarbeiter (»Pickers«) in dem PDC in der Nähe von Boston 5 300 Regalgänge täglich ab, während die 100 im Teilelager von Chrysler auf der anderen Straßenseite mit den traditionellen Methoden täglich 9 500 Regalgänge schafften, eine Produktivitätsdifferenz von 2,5 zu 1.

Wenn das neue Toyota Daily Ordering System (TDOS) mit der Neuanordnung des PRC für japanische Teile von Japan nach Ontario in Kalifornien im Oktober 1996 kombiniert wird und die Nachlieferungszeit von den PRCs zu den PDCs von vierzig auf sieben Tage reduziert ist, können die Lagerbestände in den PDCs durch die Abschaffung der Reservebestände dramatisch abgebaut werden, wie es in Abbildung 4.3 dargestellt ist. Die schnelle Nachlieferung von Teilen von der nächsten Ebene des Systems, die deshalb eine Nachbestellung in kleinen Mengen erlaubt, ist immer das Geheimnis der Reduktion des Gesamtlagerbestandes in einem komplexen Produktions- und Zulieferfluß.

Technologie für die schlanke Distribution

Man muß darauf hinweisen, daß die PDCs von Toyota die Produktivität dramatisch angekurbelt und den Raumbedarf reduziert haben, und zwar ohne große Investitionen in neue Technologien. In der Tat hat das Unternehmen kürzlich seinen eigenen Test für die angemessenste Technologie für einen schlanken Vertrieb durch die Automatisierung des PDCs in Chicago durchgeführt, während die anderen zehn PDCs gemäß den gerade beschriebenen Methoden umstrukturiert wurden.

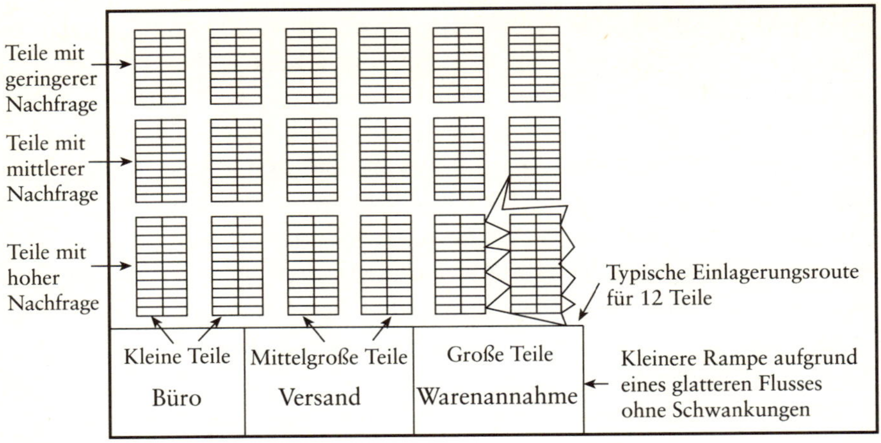

Abbildung 4.3: Das PDC von Toyota nach Downsizing, TDOS und schneller Nachlieferung aus den PRCs

Das Experiment von Chicago wurde Ende der 1980er Jahre durchgeführt, als Toyota in Japan wegen eines Arbeitskräftemangels während der Hochkonjunktur bei der Vollautomatisierung der Fertigung in seiner neuen Tahara-Fabrik in der Nähe von Toyota City vorpreschte. Es schien dabei nur sinnvoll zu sein, auch die Lagerhaltung stärker zu automatisieren, und die Vollautomatisierung von Lagerung und Entnahme von Teilen hatte man sich in Chicago zum Ziel gesetzt.

1994 war mit viel Mühe und enormen Kosten das PDC in Chicago vollständig automatisiert, aber die Produktivität pro Arbeiter hinkte hinter den anderen PDCs her, in denen es eine standardisierte Arbeit, visuelle Kontrolle und eine effiziente Fächergröße und Anordnung gab. Einiges an direkter Arbeit konnte in Chicago eingespart werden, aber das Ausmaß an technischem Support zur Wartung des komplexen Systems verschluckte wieder die Gewinne aus der Einsparung an direkter Arbeit, und die Kapitalkosten machten den ganzen Ansatz unwirtschaftlich. Wir werden in Kapitel 10 mehr über eine »angemessene« Technologie für ein schlankes System ausführen, und wie sie auszuwählen ist.

Eine gleichmäßige Produktion (*Level Scheduling*) braucht einen gleichmäßigen Verkauf (*Level Selling*)

Als Toyota intensiver über die Einführung eines Nachfragesystems (Pull-System) für die Produktion von Serviceteilen und die Distribution nachdachte, kam ein weiterer Vorteil zum Vorschein. Wenn die Lagerbestände und die Kosten für den Transport der Service- und Ersatzteile dadurch dramatisch gesenkt werden könnten, daß bei den nordamerikanischen Zulieferern und in den Lagern schlanke Techniken eingeführt werden, und wenn ein größerer Teil der Teileproduktion von Japan (mit einem teuren Yen) nach Nordamerika verlagert werden könnte, dann sollten höchste Qualität und niedrigste Kosten bei den Service- und Ersatzteilen für die Händler von Toyota möglich sein. Wenn das möglich wäre, könnten Sonderangebote zu zeitweilig niedrigen Preisen und Preissteigerungen – der Ruin eines jeden Produktions- und Distributionssystems in jeder Branche – abgeschafft werden. Die Toyota-Händler hätten immer das beste Angebot für ihre Kunden.

1994 gaben Toyota und seine Händler zusammen 32 Millionen Dollar in den Vereinigten Staaten für Direkt-Mailings, Zeitungs-, Rundfunk- und Fernsehwerbung für »Sonderangebote« für Fahrer eines Toyotas aus: vom Ölwechsel bis zu kompletten Inspektionen, zu einem günstigeren als dem »Normal«-Preis. Es gab diese Angebote, weil der Preis für »Originalteile« von Toyota bestenfalls genauso hoch war – aber meistens höher – wie die beste Alternative des Kunden, nämlich die unabhängige Werkstatt oder der Handel. Die Werbeaktionen wurden deshalb durchgeführt, um mehr Kunden über einen begrenzten Zeitraum in den Service zu locken, zum Teil, um sich den Kunden wieder ins Gedächtnis zu rufen, zum Teil auch in der Hoffnung, daß sich die Autobesitzer dazu verführen ließen, sich einen neuen Toyota anzuschauen, während der Händler ihr gegenwärtiges Modell wartete.

Das Problem bei diesen Werbeaktionen war sehr einfach. Es mußten dazu große Mengen an Teilen im voraus gefertigt werden, aber genaue Prognosen des tatsächlichen Bedarfs waren unmöglich. Wenn nicht alle Teile gebraucht wurden, schickten die Händler sie an die PDCs zurück, und dort wurde die Nachlieferung von den Zulieferern zeitweilig gestoppt, bis die Bestände aufgebraucht waren. Hier sehen wir einen der Mechanismen des bekannten Phänomens von »Sprüngen« bei »chaotischen« Bestellungen, die die Produktionseinrichtungen erreichen, wenn der Endmarkt tatsächlich ziemlich stabil ist. Mit dieser Tendenz beschäftigen wir uns gleich noch weiter.

Das Nettoergebnis war ein zeitweiliger Anstieg der Bestellungen von Toyota bei den Zulieferern, und zwar auf einer Ebene weit oberhalb der langfristigen Durchschnittsnachfrage (um über Lagerbestände für die Werbeaktionen zu verfügen), gefolgt von einem dramatischen Auftragsrückgang weit unterhalb der durchschnittlichen Nachfrage. Das war in beide Richtungen kostenaufwendig, machte Überstunden in den Teilefabriken während des Aufschwungs notwendig und verursachte freie Kapazitäten während des Abschwungs. Es führte auch zu Kosten im Vertriebskanal aufgrund des Rücktransports der beim Händler übriggebliebenen Teile sowie zu zusätzlichen Lagerhaltungskosten, weil dieselben Teile zweimal die Lagerhaltung durchliefen. Die Lösung lag in der Konzentration auf das gleichmäßige Verkaufen (Level Selling), wobei die Preise stabil blieben und die Ersatzteile in der Menge hergestellt wurden, wie sie verkauft wurden.[5]

Je mehr die Manager von Toyota über die Anwendung eines Abrufsystems (Pull-System) auf den gesamten Wertschöpfungsstrom nachdachten, und zwar vom Ersatzteillager des Händlers zurück bis zu der Firma, die das Verchromen der Stoßstangen durchführte, und ähnlichen Zulieferern der zweiten Stufe, desto mehr Vorteile kamen zutage. Aber ihnen war auch klar, daß die Händler nur schwer davon zu überzeugen wären mitzuziehen. Sie gehörten noch zu einer Generation traditioneller Denker.

Die Bad Old Days des Autoservice

Immer wenn wir bei einem Autohändler vorbeifahren, denken wir das gleiche: »Sieh dir diese *muda* an, diese Unmenge an Neuwagen, die keiner kauft.« Ebenso fragen wir uns, wenn wir die großen Transparente vor der Tür sehen, die »Preisnachlässe« auf den Listenpreis und »Sonderangebote« für Inspektionen und Teile anbieten: »Warum bestellt der Händler Autos und Serviceteile, die nicht gebraucht werden, und warum produziert die Fabrik Autos und Teile, bevor der Kunde sie nachfragt?«

Die Antwort liegt zum Teil in der Massenproduktion von Autos. Chrysler versucht gegenwärtig in den Vereinigten Staaten, die Wartezeit für ein Auto mit einer bestimmten Ausstattung von achtundsechzig Tagen auf sechzehn Tage zu senken. Aber schon eine Generation vorher konnte das schlanke Produktionssystem von Toyota ein in Japan bestelltes Auto in einer Woche bauen und liefern. Aus Angst vor dem Verlust von »Spontankäufen« haben die Massenproduzenten ein riesiges Meer von Autos auf dem Gelände der Händler verursacht, praktisch eines von jedem Typ, so daß kein Käufer unzufrieden wieder gehen muß. (Die Umwandlung aller Fabriken in Fließfertigung kann dieses Problem lösen, wie wir bereits gezeigt haben.)

Die Antwort liegt aber auch in der Mentalität der Händler und Kunden auf der ganzen Welt. Der Händler »verhandelt« gerne, und viele Menschen schätzen den »Sonderverkauf«. (Einer von uns unternahm vor einigen Jahren eine Reise nach Frankreich und mußte feststellen, daß der einzige Ausspruch in Schulfranzösisch, an den sich seine Frau erinnern konnte, »A Vendre« lautete, also »Zu verkaufen«!) Die Denkweise bei den Händlern und Kunden darüber, wie die Bestellung von Gütern und Geschäftsabschlüsse durchzuführen seien, ist vielleicht schwierig zu ändern, aber wir werden sehen, daß es notwendig ist, um alles besser zu machen.

Nachfrage aus der Service-Abteilung

Die meisten Leser waren hoffentlich noch nicht in einem Ersatzteillager beim Autohändler. Es ist ein furchtbarer Anblick. Als wir 1994 zum ersten Mal das Ersatzteillager bei dem Toyota-Händler Bob Sloane betraten, fanden wir ein Labyrinth aus wackligen Regalen, gewundenen Gängen und schummriger Beleuchtung in zwei getrennten Gebäuden vor. Natürlich war der Fluß der Teile hier ein Stiefkind gegenüber den gewinnbringenden Service-Abteilungen zur Autoreparatur und den Ausstellungsräumen, wo die Autos verkauft wurden.

Damals hatte Sloane Toyota ungefähr einen dreimonatigen Lieferbestand bei den durchschnittlichen Teilen, was einem Lagerbestand von ungefähr 580 000 Dollar für Ersatz- und Serviceteile entsprach. Wenn ein Auto bei Sloane zur Reparatur gebracht wurde, kam es in eine Serviceabteilung, wo der Mechaniker den Schaden inspizierte und feststellte, welche Teile gebraucht wurden. Er ging daraufhin zum Schalter des

Ersatzteillagers, verlangte die benötigten Teile und wartete, bis der Mitarbeiter am Ersatzteilschalter sie irgendwo in dem Labyrinth aus Gängen und Regalen hervorgeholt hatte.

Weil Sloane die meisten Teile wöchentlich geliefert bekam, war die Arbeitsbelastung der Lagerarbeiter, die die Teile von der Warenannahme in die entsprechenden Fächer einräumten, sehr sprunghaft. In der Regel dauerte es drei Tage, bis alle Teile von der Warenannahme in die vorgesehenen Fächer eingeordnet waren, was zur Folge hatte, daß der Mitarbeiter am Ersatzteilschalter oft vor leeren Fächern stand, obwohl der Computer einen Bestand meldete. Und die Teile waren ja auch da, aber nur »nicht greifbar«, sondern irgendwo zwischen Warenannahme und dem richtigen Fach. Deshalb gab es richtige »Schatzsuchen«, das Äquivalent in der Distribution zu den ständigen Terminkontrollen bei der Losfertigung. Gute Mitarbeiter am Ersatzteilschalter finden im allgemeinen ihre Teile, aber die ganze Angelegenheit war an sich verschwenderisch. (Die gut ausgebildeten Mechaniker standen die ganze Zeit über an dem Schalter, während der Mitarbeiter den Schatz suchte.)

Als sich Sloane Toyota 1995 der Kampagne zur Einführung eines Nachfragesystems im gesamten Teilevertrieb und in der Herstellung von Toyota anschloß, wurde das Ersatzteillager genau in der Weise reorganisiert wie in den PDCs bei Toyota. Durch die drastische Verkleinerung der Fächer, im allgemeinen um drei Viertel, und die Reorganisation der gesamten Teilelagerung in einem Gebäude konnte Sloane die vorrätigen Teilenummern um 25 Prozent erhöhen (einschließlich der Stoßstange für Bob Scott), während gleichzeitig der Lagerbereich um die Hälfte und der Teilebestand von 580 000 Dollar auf 290 000 Dollar reduziert wurden. Mit den freigewordenen 290 000 Dollar Bargeld konnte Sloane vier neue Service-Abteilungen praktisch ohne Kapitalinvestitionen in dem leeren Teilelager zusätzlich einrichten.

Man war bei Sloane Toyota auch der Meinung, daß die Zahl der Fahrzeuge, deren Service noch »am selben Tag« möglich war, wesentlich angehoben werden könnte (wodurch weniger »Leihwagen« bis zum nächsten Tag notwendig waren). Ebenso wie die Lagerbestände zu Bargeld führten, wurde auch die Zahl der Teile, die der durchschnittliche Lagerarbeiter in einem bestimmten Zeitraum aus dem Lager entnehmen konnte, mehr als verdoppelt. Am wichtigsten war jedoch, daß die Kunden zufriedener waren, weil ihr Auto eher sofort repariert werden konnte und die Gesamtkosten für den Service dramatisch gesunken waren.

Bob Scott konnte die Stoßstange für seinen Pickup wirklich noch am selben Tag reparieren lassen.

Abruf von der Service-Abteilung zum Rohmaterial

Wir erkennen die volle Tragweite der Möglichkeiten, wenn wir alle Elemente der Service-Wertschöpfung zusammen betrachten. Ende 1996, wenn Toyota das neue Nachfragesystem in ganz Nordamerika etabliert haben wird, wird der Auftrag eines Kunden an die Service-Abteilung eines Toyota-Händlers zum Auslöser einer Nachfrage von Teilen über vier Nachlieferungsschleifen, die zurück bis zu den Stahlblechen reichen (siehe Abbildung 4.4).

Die Toyota-Händler und die Zulieferer von Teilen werden immer noch von dem computergestützten System für langfristige Prognosen zur Kapazitätsplanung abhängig sein, die der Beantwortung von Fragen der Größe der Fertigungsfabriken und der Zahl der in der Zukunft benötigten Lager dienen. Die tägliche Teilenachlieferung sieht jetzt ganz anders aus: Jedesmal, wenn ein Kunde in einer Service-Abteilung ein Teil bestellt, wird eine Reihe von Nachlieferungsschleifen schließlich dazu

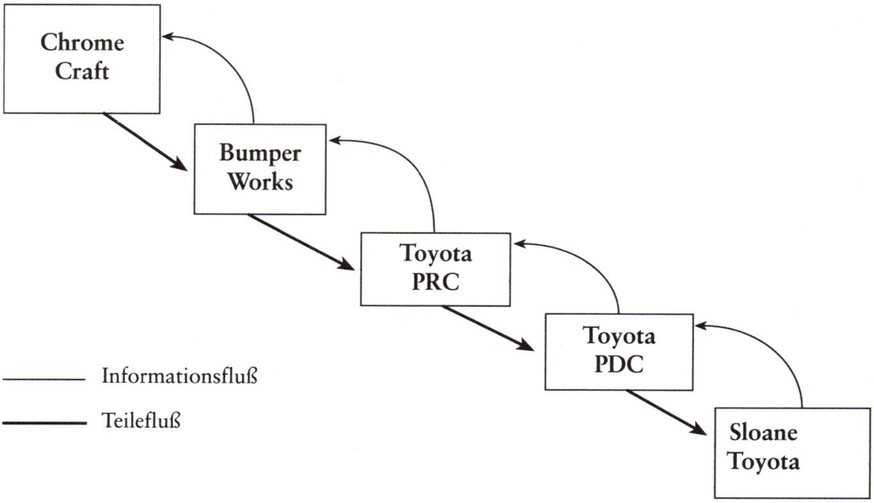

Abbildung 4.4: Nachfrage über vier Schleifen

führen, daß die Zulieferer mehr Teile fertigen, eine Situation, die man vielleicht so umschreiben könnte: »Erst verkaufe eins, dann kaufe eins« oder »Liefere eins, dann stelle eins her«.

Um zu sehen, was das bedeutet, wollen wir dem Stoßstangen-Beispiel entlang dem ganzen Wertschöpfungsstrom folgen. Bevor die schlanken Techniken auf irgendeinen Aspekt des System angewandt wurden – das heißt vor 1989 –, vergingen von der Ankunft der Stahlbleche bei Bumper Works bis zur Montage der Stoßstange aus diesen Blechen an einem Transporter annähernd elf Monate. Vier Wochen bei Bumper Works, zwei Wochen bei Chrome Craft, einige Tage im PRC in Toledo, sechs Monate im PDC und drei im Lager bei Sloane Toyota. (Vorlaufzeiten dieser Größenordnung waren in der gesamten Autoindustrie in Nordamerika die Regel, nicht die Ausnahme.)

Ende 1995 war die Zeit auf vier Monate zurückgegangen: achtundvierzig Stunden bei Bumper Works und Chrome Craft, einige Tage im Lager in Toledo, zwei Monate im PDC und eineinhalb Monate im Lager bei Bob Sloane. Und Ende 1996 wird die Zeit noch kürzer sein, wenn sowohl das PDC wie auch Bob Sloane ihre Lagerbestände aufgrund kürzerer Lieferzeiten abgebaut haben werden. Gleichzeitig wird die Zahl der an einem Tag reparierten Autos wesentlich ansteigen, und die Kosten – für Lagerbestände, Lagerfläche und direkte Arbeit – werden drastisch zurückgehen.

Man muß darauf hinweisen, daß praktisch kein größeres Equipment erforderlich war. Die Modifikationen der Werkzeuge, um schnellere Umrüstungen möglich zu machen, und die speziellen Lagerfahrzeuge in den Fabriken und Lagern wurden von den Produktionsarbeitern als Teil der *kaizen*-Maßnahmen gebaut. Das ausgefeilte MRP-System, das früher die Aktivitäten bei Bumper Works und Chrome Craft organisierte, wurde nicht länger gebraucht.

Alles nur der Anfang

Die gerade beschriebenen Einsparungen sind nur der Anfang. Bumper Works und Chrome Craft arbeiten heute an der Wertschöpfung für Service- und Ersatzteile als schlanke Unternehmen unter der Anleitung von Toyota und sind dem Konzept der *Perfektion* stark verpflichtet, welches wir im nächsten Kapitel diskutieren werden. Alle erwarten, daß die benötigte Zeit und die Kosten ständig gesenkt werden können. (Spitzenqualität wird vorausgesetzt, und die Qualität wird noch steigen, und zwar als natürliches Komplement zur Fließfertigung und zum Abrufsystem.) Ein Vorgehen wird darin bestehen, den gleichmäßigen Fluß der Wertschöpfung bis zu den Rohmaterialien auszudehnen und die Stahlwerke dabei zu unterstützen, ihre gegenwärtige Produktion von Losen und Lagerhaltung zu überwinden. Am anderen Ende des Wertschöpfungsstroms können vielleicht die Kunden mit Unterstützung der Händler ihren Service für ihre Autos im voraus anmelden, so daß der Teilebedarf genau vorhergesagt werden kann.

Die Konzernmutter Toyota hat kurz nach der Fusion von Toyota Motor Sales und Toyota Motor Company, aus der die heutige Toyota Motor Corporation hervorging, dieses Vorgehen im Jahr 1982 eingeführt. Zwischen 1982 und 1990 reorganisierte Toyota sein Service- und Ersatzteilgeschäft in einer Weise, die mit dem nordamerikanischen Muster identisch ist, außer daß zwei zusätzliche Schritte unternommen wurden. In jedem großstädtischen Gebiet wurden Local Distribution Centers (LDCs) aufgebaut (an denen auch die Händler Anteile halten). Dadurch wurde praktisch der gesamte Lagerbestand von den Händlern wegverlagert, und die japanischen Händler halten jetzt nur noch einen Drei-Tages-Bedarf der vierzig Massenartikel wie Scheibenwischerblätter vor. Die Händler wurden dann dazu angeleitet, enge Kontakte zu den Kunden zu pflegen, damit die Inspektionen und die dazu benötigten Teile im voraus geplant werden konnten.

Weil die Local Distribution Centers nicht weit von den Händlern entfernt sind, kann ein Lieferwagen alle zwei Stunden auf eine »Tour« vom LDC zum Händler geschickt werden, ziemlich genau der Weg, den die Teile vom Zulieferer in die schlanke Fabrik nehmen. Da die LDCs Platz genug für die Lagerung einiger aktiver Teile haben, kann jedes Auto praktisch noch am selben Tag repariert werden, ohne daß Expreßfracht aus den Parts Distribution Centers auf der nächsthöheren Ebene des Systems erforderlich ist.[6]

Wenn der Kunde sich zum ersten Mal zum Service für einen bestimmten Tag anmeldet, wird ein vorbereiteter Auftrag für die benötigten Teile geschrieben. Einen Tag vor dem Termin ruft der Händler beim Kunden an, um sich den Termin für den nächsten Tag bestätigen zu lassen. Erst danach wird dem LDC ein fester Auftrag für die Lieferung mit der nächsten Tour erteilt. Am Morgen des Service-Termins inspizieren die Mechaniker das Auto, um festzustellen, ob noch irgendein Teil gebraucht wird. Wenn ja, wird ein Auftrag für die zusätzlichen Teile geschrieben, die zwei bis vier Stunden später vom LDC geliefert werden.

Während viele Merkmale dieses Systems vielleicht nur in dichtbesiedelten Regionen funktionieren – beispielsweise in Japan und vielen Bereichen Westeuropas –, ist der zusätzliche Gewinn an Effizienz im Ersatzteilsystem und beim Service für den Kunden überzeugend, wie aus der Tabelle 4.1 ersichtlich ist.

Die Lager für Serviceteile sind natürlich *muda* vom Typ I. Sie sind zwar notwendig, um das derzeitige Funktionieren des Servicesystems aufrechtzuerhalten, tragen aber faktisch nichts zu einer Wertschöpfung bei. Wenn jedoch die Lagerbestände abgebaut werden und die Nachbestellungen kleiner und häufiger werden, dann werden die PDCs immer weniger den Charakter von Lagern haben, sondern eher wie große Verteilzentren aussehen. Viele Teile auf ihrem Weg zum Händler werden einfach aus den ankommenden Containern auf Rollwagen mit der Händlerbestellung geladen, ohne jemals einsortiert zu werden. Statt einer Reihe von tiefen Seen mit wenig Fluß werden die PDCs nach und nach große Plätze in dem Vertriebskanal, in denen die Nebenflüsse zusammenfließen und die Teile schneller an ihren Bestimmungsort gelangen.

Vielleicht wird es in einer weitgehend schlanken fernen Zukunft möglich sein, Stereolithographie und andere neue Technologien einzusetzen, mit denen tatsächlich die einzelnen Teile vor Ort beim Händler je nach

Tabelle 4.1: Effizienz des Teilevertriebs und Servicegrad, Toyota USA und Japan

	USA 1994 Teile/Tage		USA 1996 Teile/Tage		Japan 1990 Teile/Tage	
Teile-Vertriebscenter (PDC)	50 000	120	65 000	30	60 000	18
Lokales Vertriebscenter (DC)	–	–	–	–	15 000	9
Händler	4 000	90	6 000	21	40	3
Lagerbestandsindex		100		33		19
Servicegrad	98 % in 7 Tagen		98 % in 1 Tag		98 % in 2 Stunden	

Anmerkung: Toyota hat in den USA elf regionale PDCs für 1 400 Händler. In Japan unterhält Toyota dreiunddreißig regionale Vertriebscenter (PDCs), die 273 Vertriebscenter (DCs) beliefern, die ihrerseits für 4 700 Händler zuständig sind. (In den USA sind die Toyota-Händler lokale Großhändler.) Jedes hält durchschnittlich den oberen Tagesbedarf dieser Anzahl von Teilen vor. Der Lagerbestandsindex ist die Gesamtsumme der Tage mal Anzahl der Teile, mit USA 1994 = 100.

Bedarf hergestellt werden. Die von Toyota in Japan und den Vereinigten Staaten in den letzten Jahren eingeführten Verbesserungen sind auf jedes Dienstleistungsgeschäft in jeder Industrie sofort anwendbar und bedeuten einen bemerkenswerten Sprung im Vergleich zu den meisten heutigen Praktiken.

Gibt es wirklich Chaos?

Die Einführung von *Pull* in die Wertschöpfung im Servicebereich von Toyota wirft weit über diese besondere Wertschöpfung hinausreichende ernsthafte Fragen auf, sogar bei dem bis heute erreichten Ausmaß. Eine zentrale Frage ist, was mit dem »Chaos« passiert, das Beobachter in vielen Produktmärkten entdeckt haben, wenn nämlich die Kunden die Wertschöpfung praktisch direkt vom Rohmaterial nachfragen können. Und welche Auswirkungen hat dies für die Volkswirtschaft, wenn die Vorlaufzeiten und Lagerbestände weitgehend verschwinden?

Seit James Gleick 1987 sein faszinierendes Buch mit dem Titel *Chaos*[7] veröffentlicht hat, ist es für Wirtschaftsautoren modern geworden, über chaotische Märkte und den Bedarf an reaktionsfähigen Organisationen zu schreiben. Vieles in den Texten über rekonfigurierbare »virtuelle« Unternehmen (was immer das heißt) und Chaos-Management stammt aus dieser neuen Realitätswahrnehmung. Um die ursprüngliche Metapher für ein chaotisches System des Meteorologen Edward Lorenz vom MIT – die Großwetterlage, bei der die nicht-lineare Natur der Kräfte es potentiell möglich macht, daß ein Schmetterling in Beijing das Wetter einige Tage später in New York beeinflußt – auf die Wirtschaft anzuwenden, scheinen die Manager heute in Angst vor Schmetterlingen zu leben.

Nach unserer Meinung ist dieser neue Weg des Denkens für rein physikalische Phänomene geeignet, mißversteht aber die Kunden-Hersteller-Beziehung. Ein Blick auf den Großteil der Weltwirtschaft zeigt in der Tat als wesentliches Merkmal dieses Jahrzehnts die relative Stagnation und Vorhersagbarkeit der meisten Produktmärkte. Bei den Aktivitäten in der Fahrzeugindustrie über den Bau von Flugzeugen und Industrieanlagen bis zu Personalcomputern und der Bauindustrie ist der Verlauf der Produkttechnologie ziemlich vorhersagbar. Außerdem ist die Nachfrage der Endverbraucher inhärent ziemlich stabil. Wir glauben, daß die Unbeständigkeit – die Wahrnehmung von Chaos in den Märkten – bei diesen industriellen Aktivitäten in der Tat hausgemacht ist, die unvermeidbare Folge langer Vorlaufzeiten und großer Lagerbestände in der traditionellen Welt der Produktion von großen Losen mit entsprechenden Warteschlangen, mit relativ geringer Nachfrage und Werbeaktionen – wie Sonderangebote beim Auto-Service –, die die Hersteller als Reaktion einsetzen.[8]

Eine Lösung – die Peter Senge[9] kürzlich vorgeschlagen hat – ist der Aufbau lernender Organisationen, die diese Phänomene berücksichtigen und dadurch reaktionsfähig werden. Man stellt sich unter einer lernenden Organisation vielleicht eine Art intellektuelles MRP vor, um die Knicke in der Produktion und Konsumtion zu begradigen.

Wir machen einen radikal anderen Vorschlag: Beseitigen Sie die Vorlaufzeiten und Lagerbestände, so daß eine Nachfrage direkt zu einer neuen Lieferung führt statt zu der heutigen Situation falsch beurteilter Zulieferung, mit der ständigen Suche nach Nachfrage und mit Chaos in den Abläufen. Wir sind zuversichtlich, daß das Nachfragemuster plötzlich als das erkannt wird, was es ist: bemerkenswert stabil, außer für wenige neue Produkte – wie Multimedia –, deren Wert und Endform in Echtzeit bestimmt werden.

Muß es wirklich einen Wirtschaftszyklus geben?

Wenn wir die Vorlaufzeiten und Lagerbestände abschaffen, um den Menschen das zu geben, was sie wünschen, und zwar dann, wann sie es wünschen, dann glauben wir, daß sich die Nachfrage aus einem anderen Grund stabilisieren wird: dem dämpfenden Effekt auf den traditionellen Wirtschaftszyklus.

Die konventionelle Lehre der Wirtschaftsexperten besagt, daß ungefähr die Hälfte des Abschwungs der wirtschaftlichen Aktivität in Wirtschaftszyklen dadurch entsteht, daß die Konsumenten und Hersteller die Lagerbestände abbauen, die sie bis zur Spitze des Zyklus aufgebaut hatten. Auf vergleichbare Weise besteht ungefähr die Hälfte des Aufschwungs aus dem Aufbau neuer Lagerbestände in Erwartung höherer nachgelagerter Preise (»Kaufe das Rohmaterial jetzt zu günstigen Preisen, bevor die Preise steigen«) und in Erwartung größerer nachgelagerter

Umsätze, was die Lieferung einer Vielzahl von Produkten in den Vertriebskanal erforderlich macht, welche aber so gut wie nie erfüllt werden.[10] Und kaum eine Intervention von seiten der Regierung und gegenzyklische Maßnahmen konnten die Amplitude oder Häufigkeit des Zyklus während der letzten fünfzig Jahre seit dem letzten Weltkrieg dämpfen.[11]

Leider kann unsere Hypothese, daß eine weitgehende Beseitigung der Lagerbestände den Zyklus stark dämpfen wird, dennoch nicht überprüft werden, obwohl es seit einigen Jahrzehnten in Japan den schlanken Ansatz und seit einem Jahrzehnt ein Bewußtsein über JIT in den Vereinigten Staaten und Europa gibt. Wenn man sich die Zahlen über Lagerbestände anschaut, dann hat sich die mit einer bestimmten wirtschaftlichen Aktivität (die sich für den Wirtschaftszyklus normalisierte) zusammenhängende Höhe der Bestände in den Vereinigten Staaten, Europa oder Japan nicht verändert. Der Grund liegt unserer Meinung nach darin, daß die meisten Anwendungen von JIT, sogar in Japan, eine Just-in-Time-*Zulieferung* und keine Just-in-Time-*Produktion* einbezogen und die Losgrößen kaum reduziert wurden. Es hat sich deshalb nichts geändert, außer daß die Lagerbestände in derselben Höhe eine Stufe zurück in der Wertschöpfung in Richtung Rohmaterial verschoben wurden, und einer der großen Vorteile eines schlanken Sprungs wartet noch auf seine Realisierung.

Nachfrage der Wertschöpfung beim Streben nach Perfektion

Wir hoffen, daß Sie jetzt die Notwendigkeit erkennen können, die Wertschöpfung genau zu spezifizieren und jeden Schritt im Rahmen des Wertschöpfungsstroms für spezifische Produkte zu identifizieren, dann Flow einzuführen und als nächstes den Endkunden die Wertschöpfung von ihrer Quelle aus nachfragen zu lassen. Ein großes Potential des schlanken Ansatzes geht jedoch verloren, wenn man sich nicht das letzte Prinzip zu Herzen nimmt. Wir beenden den ersten Teil dieses Buches mit einigen Gedanken über *Perfektion*.

KAPITEL 5

Perfektion

Der inkrementale Weg

Als Joe Day, der President von Freudenberg-NOK General Partnership (FNGP) in Plymouth, Michigan, 1992 mit der Einführung des schlanken Ansatzes in der nordamerikanischen Allianz der weltgrößten Hersteller von Dichtungsmaterialien[1] begann, stellte er etwas sehr Merkwürdiges fest. Jedesmal, wenn seine Mitarbeiter eine bestimmte Arbeitsverrichtung verbesserten, um sie schlanker zu machen, fanden sie mehr Wege zur Beseitigung von *muda* durch eine Eliminierung von Arbeit, Zeit, Raum und Fehlern. Außerdem wurde die Arbeit hinsichtlich der Kundenanforderungen zunehmend flexibler und reaktionsfähiger.

Als sich beispielsweise Freudenberg-NOK an die Reorganisation der Herstellung von Schwingungsdämpfern in seinem Werk in Ligonier, Indiana, machte, erreichte eine erste *kaizen*-Maßnahme eine 56prozentige Steigerung der Arbeitsproduktivität und eine 13prozentige Reduktion der benötigten Fabrikfläche. Als man diese Aktivität im Laufe der nächsten drei Jahre in fünf weiteren dreitägigen *kaizen*-Maßnahmen wiederholte, war es mit der Zeit möglich, die Produktivität um 991 Prozent zu steigern, während die benötigte Fläche um 48 Prozent reduziert wurde, wie man der Tabelle 5.1 entnehmen kann. Aber darüber hinaus sind zusätzliche Verbesserungen möglich und für die Zukunft geplant.

Dies schien aller Logik zu widersprechen. Es *gibt* natürlich Rückschläge bei jeder Art von Bemühungen, nicht wahr? Die *kaizen*-Maßnahmen sind davon nicht ausgeschlossen, und Perfektion – verstanden als vollständige Beseitigung von *muda* – ist natürlich unmöglich. Sollten

Tabelle 5.1: Wiederholte *kaizens* für dieselbe Teilenummer in der FNGP-Fabrik in Ligonier, Indiana, 1992-94

	Februar 1992*	April 1992	Mai 1992	November 1992	Januar 1993	Januar 1994	August 1995
Anzahl der Kollegen	21	18	15	12	6	3	3
Anzahl der gefertigten Teile pro Kollege	55	86	112	140	225	450	600
Benutzte Fabrikfläche (qm)	214	186	172	154	126	111	111

* Leistung vor dem Start schlanker Maßnahmen bei dieser Produktion in drei Schichten, mit sieben Kollegen pro Schicht.

Anmerkung: Während dieses Zeitraumes sind die schwereren Unfälle und die Kosten für Entschädigungen für einen Betriebsunfall um mehr als 92 Prozent zurückgegangen. Die gesamten Kapitalausgaben im Laufe dieses Zeitraums betrugen weniger als 1 000 Dollar: für eine miniaturisierte Lackiereinrichtung, die die Einzelfertigung möglich machte.

deshalb die Manager nicht einfach ihre Bemühungen zur Verbesserung des Prozesses einstellen und ihn in einem stabilen Zustand halten, indem sie Abweichungen von der »Normal«-Leistung vermeiden?

Als wir vergleichbare Daten wie die aus Tabelle 5.1 mit den Managern vieler Unternehmen aus der ganzen Welt diskutierten, stießen wir auf zwei vorherrschende Meinungen. Eine war die Annahme, daß das Management eines stabilen Zustandes – das Management von Varianzen – wirklich das kosteneffektivste Vorgehen sei, wenn eine Aktivität einmal »fixiert« ist. Die andere faßte ein Manager einer englischen Firma, die nichts zur Stabilisierung ihrer Produktentwicklung, Planung und ihres Produktionssystems unternommen hatte, aber etwas zu unternehmen *plante*, folgendermaßen zusammen: »Warum hat die FNGP nicht von Anfang an ihren Job gemacht!? Warum hat man keine gründliche Planung zur Identifikation des perfekten Prozesses schon zu Beginn durchgeführt, so daß keine drei Jahre verschwendet worden wären, bevor man es endlich ›hingekriegt‹ hatte?«

Beide Reaktionsweisen zeigen das Scheitern des traditionellen Managements, das Konzept der *Perfektion* über endlos viele Schritte zu verstehen, was aber ein fundamentales Prinzip des schlanken Ansatzes ist. Weil FNGP einer der unerbittlichsten Verfechter von Perfektion ist, denen wir begegnet sind, liefert ihr Vorgehen eine ausgezeichnete Illustration dessen, was Perfektion praktisch bedeutet und wie man nach ihr streben kann.

Der radikale Weg

Es gibt einen alternativen, radikalen Weg zur Perfektion, nämlich ein *kaikaku* der gesamten Wertschöpfung, an dem alle Firmen vom Anfang bis zum Ende beteiligt sind. Die Glasherstellung für die Autoindustrie bietet ein interessantes Beispiel. Heute ist die Herstellung von Autoscheiben für PKWs und LKWs (mit Ausnahme der Scheiben in den Türen, die sich auf und ab bewegen) in Nordamerika, Japan und Europa ziemlich ähnlich, unabhängig davon, welche Firma sie fertigt. (Siehe Abbildung 5.1.)

Der erste Schritt ist das Floatglas, wobei in einer großen Anlage Silika zunächst geschmolzen und dann das Flüssigglas über ein Becken mit Flüssigzinn geführt wird. Das Glas wird in rechteckige Formen geschnitten und dann langsam abgekühlt. Aufgrund der Größe der normalen Becken und des Problems einer Los für Los gleichmäßigen Konsistenz werden große Lose hergestellt und über einen längeren Zeitraum bis zum Transport zur Glasfabrik gelagert.

Beim Glashersteller werden die Scheiben in Reinform geschnitten (mit ungefähr 25 Prozent Abfall). Diese werden dann bis kurz unterhalb des Schmelzpunktes erhitzt und mit einem speziellen Formverfahren (ohne Preßdruck) oder mit einer Spezialpresse in ihre Endform gebracht, da-

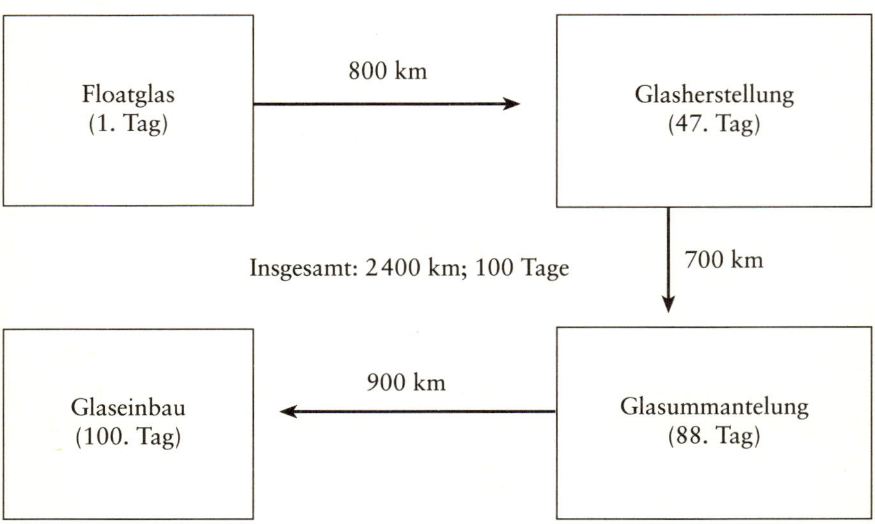

Abbildung 5.1: Die heutige Herstellung von Autoglas

mit sie genau in den Rahmen des Autos passen. Auch hier führen die Komplexität der Umrüstung der Formen sowie das Problem der Fertigung konsistenter Mengen zur Herstellung großer Lose einer bestimmten Teilenummer und ihrer Lagerung, bevor sie zu der Firma transportiert werden, wo die Scheiben ummantelt werden.

Dort werden die Scheiben vom Wareneingangslager zu einer Spezialmaschine gebracht, die mit den einzelnen Scheiben bestückt wird und Gummi- oder Plastikdichtungen (meistens aus Polyvinylchlorid) an der Scheibe anbringt, damit sie wasserdicht in der Karosserie sitzt und einen Dehnungsspielraum hat.

Nach weiterer Lagerung werden die Scheiben in das Automontagewerk transportiert und in das Auto eingebaut.

Natürlich würden inkrementale Verbesserungen aller Prozeßschritte zu wesentlichen Vorteilen führen. Beispielsweise könnten ähnliche Abrufsysteme, wie wir sie im letzten Kapitel beschrieben haben, für jede Nachlieferungsschleife eingeführt und das Umrüsten der Werkzeuge beschleunigt werden, besonders beim Pressen des Glases, um kleinere Lose herzustellen. Es gäbe dann immer noch eine Unmenge an *muda*, nämlich aufgrund der Entfernungen zwischen den vier beteiligten Firmen, und sehr viele zeitaufwendige und teure Transporte. Außerdem wären die Qualitätsprobleme, die große Mengen an Ausschuß verursachen, immer noch aufgrund der großen Zeitabstände zwischen den Preß-, Ummantelungs- und Einbauschritten schwer zu verorten. Probleme mit der vorausgehenden Stufe können wahrscheinlich einfach aufgedeckt werden.

Ein radikaler Sprung in Richtung Perfektion in diesem Prozeß bestünde in der Miniaturisierung der Floatglas-Anlage zur Herstellung genau der von einem bestimmten Kunden benötigten Menge und in einer drastischen Reduktion der Losgröße bei der Preßverformung des Glases, die am Ende des Floats vorgenommen wird, um die für das erneute Erhitzen des Glases erforderliche Energie einzusparen. Die Ummantelung würde in einem kontinuierlichem Fluß bei der nächsten Arbeitsstation nach dem Pressen durchgeführt, und schließlich würde die ganze Fertigung in direkter Nähe der Automontagefabrik angesiedelt, so daß auf die Anforderung der Fabrik direkt reagiert werden könnte (siehe Abbildung 5.2).

Kein einziger hat diesen Ansatz bisher verfolgt, weil dies – wie bei den meisten radikalen Neuerungen – voraussetzt, daß sich eine Reihe von Firmen (vier in diesem Fall) zu einem »Lean Enterprise«-Verband zusammenschließen und ihre Vorgehensweisen bezüglich ihres Produktes (das

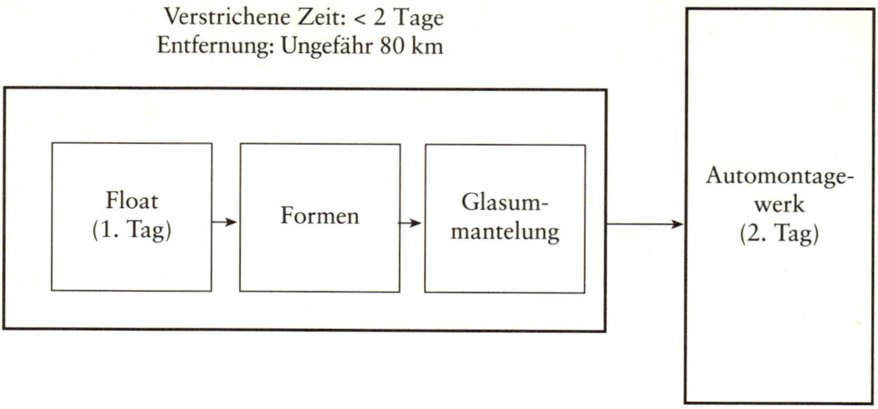

Abbildung 5.2: Die Herstellung von Autoglas nach einer radikalen Neugestaltung

in diesem Fall am besten als sämtliche in einem speziellen Montagewerk verwendeten fest einzubauenden Gläser bezeichnet werden kann) ändern und aufeinander abstimmen. Wenn jedoch ein schlankes Unternehmen aufgebaut würde, um die gesamte Wertschöpfung zu überdenken, dann würden zweifellos weitere radikale Rekonfigurationen folgen, wenn sich das Unternehmen folgende Frage stellt: Was ist der wirkliche Wert für den Kunden, und wie erzeugen wir ihn? Es wäre zumindest notwendig, den richtigen Ort für den Produktentwurf (die Autofabrik, die Firma für die Preßverformung des Glases und die Firma für die Ummantelung der Scheiben, oder eine Allianz der drei?) und den Fluß der Service- und Ersatzteile neu zu überdenken.

Kontinuierliche radikale *und* inkrementale Verbesserungen

Jedes Unternehmen braucht in Wirklichkeit beim Streben nach Perfektion beide Ansätze. Jeder Schritt in einem Wertstrom kann für sich allein verbessert werden. Es ist aber selten sinnvoll, sich Gedanken über Verbesserungen einer Aktivität zu machen, die bald insgesamt ersetzt wird. Um die Lektion aus Kapitel 3 zu wiederholen: Wenn Sie größere Kapitalmengen in die Verbesserung einzelner Aktivitäten stecken, streben Sie normalerweise auf die falsche Weise nach Perfektion. Darüber hinaus können die meisten Wertströme als eine Ganzheit radikal verbessert werden, wenn man den Dingen auf die richtige Weise auf den Grund geht.

Um jedoch sowohl eine radikale als auch eine inkrementale Verbesserung effektiv zu verfolgen, sind zwei letzte schlanke Techniken notwendig. Erstens: die Manager der Wertschöpfung müssen die vier schlanken Prinzipien der Wertspezifikation, der Wertstromidentifikation, von Flow (Fluß) und Pull (Sog) anwenden, um sich ein Bild davon machen zu können, was Perfektion sein könnte. (Denken Sie daran, Sie wollen sich an der Perfektion messen, nicht einfach an Ihren derzeitigen Konkurrenten, deshalb müssen Sie die Differenz zwischen Realität und Perfektion messen können.) Dann müssen die Manager mittels des *Policy Deployment* (in Japan, wo diese Ideen herkommen, *hoshin kanri* genannt) entscheiden, welche Formen von *muda* sie zuerst angreifen.

Das Bild von der Perfektion

Wir haben bei jedem Schritt darauf hingewiesen, daß die Manager sehen lernen müssen: den Wertschöpfungsstrom, den Fluß des Wertes und wie der Wert durch den Kunden nachgefragt wird. Die letzte Form des Sehens ist das Verdeutlichen von Perfektion, so daß das Ziel der Verbesserung für das gesamte Unternehmen sichtbar und real ist.

Wir haben gerade ein Beispiel für die Scheibenherstellung angeführt: ein radikales Neudenken der gesamten Wertschöpfung, so daß alle werterzeugenden Schritte direkt in der Nähe des Kunden durchgeführt werden, und genau dann, wenn sie gebraucht werden. Toyota hatte sicherlich ein Bild von Perfektion vor Augen – aufgrund seiner Beherrschung schlanker Prinzipien – , als es 1982 sein japanisches Serviceteilegeschäft überdachte und dann 1989 anfing, dieselben Konzepte in Nordamerika anzuwenden. Und Tesco braucht eine Vision der Perfektion für den Wert und den Wertstrom seiner Getränkelinie, wie es in Kapitel 2 beschrieben wurde.

Paradoxerweise kann ein Bild der Perfektion nicht perfekt sein. Wenn der Wertstrom für Autoglas rekonfiguriert werden könnte, wie wir vorschlagen, wäre es Zeit (höchste Zeit!), sich eine neue Perfektion vorzustellen, die noch weiter geht. Perfektion ist wie Unendlichkeit. Man kann sie sich in Wirklichkeit nicht vorstellen oder erreichen, *aber das Streben danach gibt Inspiration und Richtung, die für Fortschritte auf dem Weg wesentlich sind.* Wir kommen auf dieses Thema in Teil III zurück.

Besonders wichtig sind die Produktentwürfe und die Arbeitsweisen, die für den nächsten Schritt auf dem Weg zur Perfektion notwendig sind. Wir haben wiederholt in den vorangegangenen Kapiteln aufgezeigt, daß Unangemessenheit von Fertigungstechnologien – und auch viele Produktentwürfe – eines der größten Hindernisse für schnelle Fortschritte bei den Anforderungen eines schlanken Unternehmens sind. Ein klares Gefühl für die Richtung – das Wissen, daß Produkte flexibler und in kleineren Volumen in kontinuierlichem Ablauf hergestellt werden müssen – liefert die entscheidende Anleitung für die technischen Experten in den Funktionen, die die generellen Entwürfe und Werkzeuge entwickeln.

Zur Entwicklung eines Bildes von Perfektion mit den geeigneten Technologien müssen die Manager außerdem einen genauen Zeitplan aufstellen. Wie wir in den Beispielen in Teil II sehen werden, unterscheiden sich diejenigen Organisationen, die viel unternommen haben, und die, die wenig erreicht haben, ganz wesentlich dadurch, daß die sehr Erfolgreichen genaue Zeitpläne aufstellten, um scheinbar unmögliche Aufgaben zu erfüllen, und sie dann routinemäßig erreichten oder sogar schneller waren. Die weniger Erfolgreichen fragten im Gegensatz dazu danach, was für ihre heutige Organisation vernünftig wäre. Sie trennten die Wertströme und frustrierten sich im allgemeinen selbst, bevor sie überhaupt angefangen hatten.

Fokussierung der Energie auf die Beseitigung von *muda*

Unternehmen, die sich niemals auf den Weg machen, weil sie keine Vision haben, scheitern offenkundig. Traurigerweise haben wir andere Unternehmen gesehen, die voller Visionen, Energie und größter Hoffnung waren, aber nur sehr geringe Fortschritte erzielten, weil sie wie verrückt in tausend Richtungen der Perfektion hinterherrannten und nie die Ressourcen hatten, um auf diesem Weg weit zu kommen. Man braucht statt dessen eine Vision, die Auswahl der zwei oder drei wichtigsten Schritte, um sie zu erreichen, und kann den Rest auf später verschieben. Das heißt nicht, daß die restlichen Schritte nie in Angriff genommen werden, sondern daß man dem allgemeinen Prinzip folgt, nur eine Sache zur Zeit zu tun und sie bis zur Zielerreichung durchzuführen, was für Verbesserungsmaßnahmen genauso gilt wie für Konstruktion, Auftragsabwicklung und Produktion.

Die letzte schlanke Technik, das *Policy Deployment*, ist von entscheidender Bedeutung. Das Topmanagement stimmt einigen wenigen einfachen Zielen für den Übergang von der Massenproduktion zum schlanken Unternehmen zu, wählt einige Projekte zum Erreichen dieser Ziele aus, bestimmt die Mitarbeiter und Ressourcen zur Durchführung dieser Projekte und legt schließlich quantitative Verbesserungsziele fest, die zu einem bestimmten Zeitpunkt erreicht sein müssen.

Beispielsweise könnte sich eine Firma das Ziel der Umwandlung der gesamten Organisation auf kontinuierlichen Ablauf einschließlich der gesamten internen Auftragsbearbeitung über ein Sogsystem vornehmen. Die erforderlichen Projekte dafür könnten folgendermaßen aussehen: (1) Reorganisation nach Produktfamilien, mit Produktteams, die viele Aufgaben der traditionellen Abteilungen übernehmen; (2) die Schaffung einer »schlanken Funktion«, um das Fachwissen zu bündeln, das den Produktteams bei der Umwandlung hilft; und (3) eine systematische Reihe von Verbesserungsmaßnahmen zur Umwandlung von Losfertigung und Nacharbeit in einen kontinuierlichen Ablauf. Die Ziele würden zahlenmäßige Verbesserungen und Zeitrahmen für die Projekte enthalten – zum Beispiel: Umwandlung in zuständige Produktteams innerhalb von sechs Monaten, monatliche Durchführung von Verbesserungsmaßnahmen bei sechs wichtigen Aktivitäten und mindestens einmal bei jeder Aktivität innerhalb des ersten Jahres, Reduktion des Gesamtlagerbestandes um 25 Prozent im ersten Jahr, Reduktion der Zahl der Fehler, die sich bis zum Kunden durchschleichen, um 50 Prozent im ersten Jahr und Reduktion der erforderlichen Arbeit zur Herstellung einer bestimmten Menge von jedem Produkt um 20 Prozent im ersten Jahr.

Die meisten Organisationen, die dies versucht haben, halten eine jährliche Policy Deployment Matrix für am besten, wie sie in Abbildung 5.3 gezeigt wird. Es ist die Zusammenfassung der Ziele und Projekte für das Jahr und Vorgaben, so daß jeder im Unternehmen sie sehen kann. Die verfügbaren Ressourcen müssen in Relation zu den Zielen offen diskutiert werden, so daß jeder zustimmt, wenn der Prozeß beginnt, und es auch tatsächlich machbar ist.

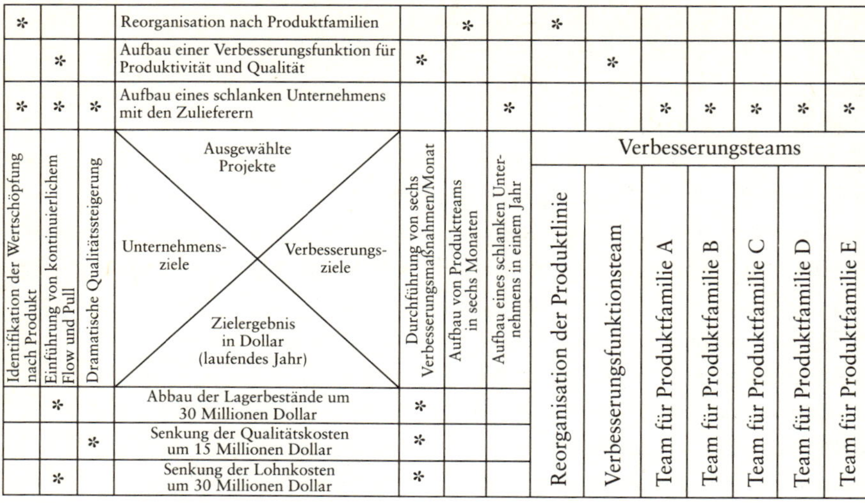

Abbildung 5.3: Matrix für ein schlankes Policy Deployment

Es muß auch darauf hingewiesen werden, daß der Prozeß bei der ersten Zielsetzung top-down verläuft, aber dann top-down/bottom-up. Wurde beispielsweise den spezifischen Projekten zugestimmt, dann ist es wesentlich, mit den Projektteams über die Höhe der Ressourcen und die verfügbare Zeit zu beraten, um sicherzustellen, daß die Projekte auch realistisch sind. Die Teams sind kollektiv verantwortlich für die Arbeit und müssen von Anfang an sowohl über die Autorität als auch die Ressourcen verfügen. Wenn das Konzept einer drastischen Transformation zu greifen anfängt, beobachten wir oft, daß jeder daran beteiligt sein möchte, und sich die Zahl der Projekte zu multiplizieren scheint. Das ist aufregend, aber ist tatsächlich ein Warnsignal dafür, daß zu viel unternommen wurde. Die erfolgreichsten Firmen, denen wir begegnet sind, haben es gelernt, Projekte »auszuklammern«[2], trotz des Enthusiasmus in Teilen der Organisation, um die Zahl der Projekte in Einklang mit den verfügbaren Ressourcen zu bringen. Dies ist der entscheidende letzte Schritt, bevor der schlanke Kreuzzug angetreten werden kann.

Beseitigung von Trägheit

Wir haben jetzt die grundlegenden schlanken Prinzipien betrachtet, die fünf mächtigen Ideen im schlanken Werkzeugkasten, die für die Umwandlung von Unternehmen und Wertströmen von einem tiefen Morast von *muda* in einen schnell fließenden Wert notwendig sind, der vom Kunden definiert und dann von ihm nachgefragt wird. Es gibt jedoch ein letztes und sehr ernst zu nehmendes Paradoxon bei der Einführung des Perfektionsdenkens in reale Organisationen.

Die Techniken selbst und die Philosophie sind von Natur aus egalitär und offen. Ständige Transparenz ist ein Kernprinzip. Policy Deployment verläuft als offener Prozeß, um Mitarbeiter und Ressourcen mit den Verbesserungsaufgaben abzustimmen. Große und kontinuierliche Problemlösungen werden von Teams von Mitarbeitern durchgeführt, die früher nicht einmal miteinander gesprochen, geschweige denn sich als gleich behandelt haben.

Die katalytische Kraft, die Unternehmen und Wertströme aus der Welt der nach innen gerichteten Praxis herausführt, kommt im allgemeinen von einem Außenstehenden, der alle traditionellen Regeln bricht, oft während einer tiefen Krise. Wir nennen diese Person *Change Agent.*

Es gibt wirklich keinen Weg zur Beseitigung dieses Paradoxons, keine Quadratur des Kreises. Der Change Agent hat normalerweise etwas von einem Tyrannen – was eine unserer einfallsreichsten Versuchspersonen einen »Conan der Barbar« nannte –, wild entschlossen, ein zutiefst egalitäres System einer zutiefst unegalitären Organisation aufzuzwingen.

Es gibt aber verschiedene Arten von Tyrannen. Diejenigen, die langfristig erfolgreich schlanke Systeme errichten, werden von den Beteiligten im Unternehmen und entlang dem Wertschöpfungsstrom deutlich als diejenigen erkannt, die für eine Reihe von Ideen eintreten, die ein enormes Nutzenpotential für alle haben. Diejenigen, die scheitern (wie viele der erfolglosen Anführer von Reengineering-Maßnahmen), werden entweder als beschränkte Technokraten identifiziert, die kein Interesse an den sehr realen menschlichen Problemen bei der Unternehmensumwandlung haben, oder sie werden wegen ihres Egoismus entlassen, weil sie einfach nur ihre eigene Position im Auge haben und auf der Welle des nächsten »Programms« reiten. Diese beiden fallen schnell der organisatorischen Trägheit zum Opfer, wenn nicht sogar aktiver Sabotage.

Weil schlanke Systeme nur florieren können, wenn jeder entlang dem

Wertstrom davon überzeugt ist, daß das neugeschaffene System jeden fair behandelt und sich auch um die menschlichen Sorgen kümmert, können nur gütige Despoten Erfolg haben. Wir hoffen, daß viele Leser dieses Buches die Rolle des Change Agent annehmen. Und wir hoffen genauso, daß die Egoisten und kaltblütigen Technokraten sich anderswo umschauen.

Lesern mit der richtigen Einstellung und einer Bereitschaft, fünf Jahre zu investieren, um den vollen Nutzen zu gewinnen, zeigen die Beispiele in Teil II, wie man erfolgreich ist.

Teil II

Von der Theorie zur Praxis: Der schlanke Sprung

Selbst nachdem Sie anfangen, die Bedeutung der fünf schlanken Prinzipien zu verstehen, können Sie sich oft nur schwer vorstellen, wie diese Prinzipien ohne konkretes Beispiel einer erfolgreichen Praxis, ohne Schablone für die Praxis, an die man sich halten kann, im eigenen Unternehmen eingeführt werden können. Das Beispiel muß sehr spezifisch sein und die realen praktischen Grundlagen enthalten, aber gleichzeitig breit genug angelegt sein, um eine Gesamtperspektive zu ermöglichen. Es muß genügend Merkmale Ihrer Situation enthalten, damit Extrapolationen mit Vertrauen in die Ergebnisse möglich sind.

Wir haben deshalb eine Reihe von Beispielen vorbereitet, die nach zwei Dimensionen ausgewählt wurden – Größe und Komplexität sowie Nationalität. Wir werden mit drei amerikanischen Beispielen beginnen. Sie reichen von einem kleinen Familienbetrieb mit einer einfachen Produktreihe, der nur eine kurze Vergangenheit überwinden mußte, bis zu einer riesigen Aktiengesellschaft mit sehr komplexen Produkt- und Fertigungstechnologien, einer komplexen Zuliefer- und Vertriebskette, einer interkulturell zusammengesetzten und gewerkschaftlich organisierten Belegschaft und einer langen Geschichte konfliktreicher Beziehungen mit ihren Mitarbeitern, Kunden und Zulieferern.

Dann verlagern wir unsere Perspektive auf die drei großen Industrienationen und vergleichen die Einführung schlanker Prinzipien in einem führenden deutschen Unternehmen mit zwei japanischen, die sich in ihrer Komplexität sehr unterscheiden.

Ihre eigene Organisation wird sich wahrscheinlich in entscheidenden Aspekten davon unterscheiden, und es werden einige Anpassungen notwendig sein. Die Beispiele sind jedoch breit genug angelegt und die Resultate so erstaunlich, daß kein Manager mehr behaupten kann, daß die schlanken Prinzipien auf die Situation seines Unternehmens nicht angewandt werden können.

KAPITEL 6

Der einfache Fall

Pat Lancaster aus Louisville in Kentucky ist ein amerikanischer Held, der selbständige industrielle Erfinder, auf den man so oft in den Überlieferungen des Kapitalismus trifft. Er bastelte schon früh in der Werkstatt zu Hause herum und war von jungen Jahren an davon überzeugt, daß er Erfinder würde. Nach dem College arbeitete er in dem Unternehmen der Familie, das Verpackungsmaterial an Industriefirmen lieferte. Danach arbeitete er in der Abteilung für Produktentwicklung eines großen Chemieunternehmens. »Aber es war einfach nicht befriedigend. Ich wollte mein Leben lang unabhängiger Erfinder, Hersteller und Unternehmer werden.« Im Alter von neunundzwanzig Jahren (im Jahre 1972) kam ihm seine große Idee: ein neues Verpackungsverfahren für Herstellerbetriebe, die ihre Produkte transportfertig machen mußten. Er und sein Bruder investierten 300 Dollar in Werkzeuge und Material für den Bau ihrer ersten Maschine, mieteten ein kleines Lagerhaus und nahmen unter dem Namen Lantech, zusammengesetzt aus Lancaster und Technologie, die Arbeit auf.

Lancasters große Idee war eine Vorrichtung zur »Streckverpackung« von Warenpaletten (beispielsweise dem Karton Cola, den wir in Kapitel 2 untersucht haben) mit einer Plastikfolie, so daß sie einfach von Fabrik zu Fabrik innerhalb einer Herstellungskette und dann als Endprodukte zu den Groß- und Einzelhändlern zu transportieren waren. Die traditionelle »Schrumpfverpackung« war damals bei den Herstellern und im Vertrieb weit verbreitet. Bei diesem Verfahren werden große Warenpaletten in Plastikfolie gehüllt und dann in einem Spezialofen so erwärmt, daß das Plastik schrumpft und die Palette fest zusammenhält.

Im Gegensatz dazu wird bei der »Streckverpackung« die Plastikfolie fest um die Palettenladung gespannt, während sie auf einem speziellen Drehtisch rotiert. Die Folie wird zunächst stark gestrafft und zieht sich darauf zusammen, so daß sie fest an der Palette anliegt. Durch dieses Verfahren wurden gleichzeitig Energie, Equipment, Arbeit und Zeit eingespart, die für eine Wärmebehandlung erforderlich waren. Der Verbrauch an Plastikfolie zur Transportsicherung einer Palettenladung wurde bei dem Streckverfahren praktisch um die Hälfte reduziert.

Lancasters nächste Erfindung war das zentrale Gegenstück zu seiner fundamentalen Erkenntnis, daß die Folie gestreckt statt geschrumpft werden mußte. Er entdeckte, daß mit Hilfe einer komplizierten Reihe von Präzisionswalzen (zusammen Tragwalze genannt) die Folie vor der Verpackung der Palette immens gedehnt werden konnte. Schließlich fand er noch Wege, um die benötigte Menge an Folie um einen Faktor 7,5 im Vergleich zu der Schrumpfverpackung zu reduzieren.

Die Patente, die Lancaster Anfang der 1970er Jahre für seine Verfahren bekam, waren so allgemein und breit gehalten, daß er sich die Konkurrenz auf Jahre vom Leib halten konnte. Er brauchte nur einen Markt. Den lieferte die Weltenergiekrise im Jahre 1973, die sich genau zu dem Zeitpunkt ausbreitete, als er seine erste, handgefertigte Streck-Verpackungsmaschine fertiggestellt hatte. Als die Energiepreise stiegen, führte der niedrigere Energie- und Plastikverbrauch seiner neuen Technologie (zur Herstellung von Plastik ist Erdgas notwendig) zu einem überwältigenden Vorteil für die Streckverpackung im Wettbewerb mit der traditionellen Schrumpfverpackung.

Plötzlich hatte er ein richtiges Unternehmen und mußte darüber nachdenken, wie er sein Produkt in Serie herstellen konnte. Er hatte seine erste Konstruktion und Maschine in einem kontinuierlichen Ablauf von Aktivitäten erstellt. Lantech wurde wie die meisten Unternehmensneugründungen schlank geboren. Es schien jedoch nicht plausibel zu sein, ein etabliertes Geschäft auf diese Weise zu führen. Im nachhinein beschreibt Lancaster den Übergang von einem jungen Unternehmen in eine etablierte Firma folgendermaßen: »Ich hatte keine Herstellungserfahrungen – ich war Erfinder. Deshalb entschied ich mich dazu, einen erfahrenen Produktionsleiter einzustellen. Außerdem war mir klar, daß ich einen Ingenieur für die vielen Konfigurationen meines Basiskonzepts für verschiedene Verpackungsvorgänge brauchen würde. Deshalb stellte ich einen Engineering-Manager ein. Da mein kompliziertes Produkt ja den

Kunden erklärt werden mußte, stellte ich auch einen Verkaufsleiter ein. Mir waren instinktiv die notwendige Arbeitsteilung und Größenvorteile klar, insofern schien es nur natürlich, daß meine Produktions- und Verkaufsleiter sowie mein Engineering-Manager mein schnell wachsendes Unternehmen als eine Reihe von Abteilungen organisieren sollten, jede mit einer spezialisierten Aufgabe und jede stapelförmig arbeitend.«

Der Produktionsleiter baute eine Reihe von Abteilungen in der Fabrik auf, eine Abteilung für jede Fertigungsstufe einer Streckverpackungsmaschine von Lantech. In der einen Abteilung wurden die Rahmenteile aus Stahlträgern hergestellt. In der Abteilung für die Spanbearbeitung wurden für die Halterungen der Komponenten Löcher in die Stahlteile gebohrt und gefräst. Die Schweißabteilung schweißte den fertigen Rahmen für die Maschine zusammen. Die Lackiererei brachte auf dem fertigen Rahmen einen Korrosionsschutz und eine Endlackierung an. Die Baugruppen – vor allem Tragwalze, Drehtisch und Steuerungsmodul – wurden in der Teilmontage zusammen mit den Teilen montiert, die von Zulieferern bezogen wurden. Die Endmontage setzte die einzelnen Baugruppen und den Rahmen schließlich zusammen.

Die Endmontage war nicht der Endpunkt der Produkte, die von Abteilung zu Abteilung und von Lager zu Lager wanderten. Weil man es für effizient hielt, baute Lantech die vier Basismodelle seiner Maschine »auf Halde«. Zehn oder fünfzehn Maschinen eines Typs wurden auf einmal gefertigt und montiert. Normalerweise kaufte der einzelne Kunde nur eine Maschine. Deswegen wurden viele Maschinen für eine gewisse Zeit gelagert, bevor sie dann nach Kundenbedarf zusammengebaut werden konnten.

Für den Transport mußten dann oft Schmutz entfernt und Kratzer nachlackiert werden, weil die Maschinen zwischen den Abteilungen hin und her bewegt wurden. Die Maschine kam also in eine Abteilung für Nachbesserungsarbeiten. Oft mußte sie auch wieder in die Endmontage, um sie mit anderen Merkmalen zu versehen, weil der Kunde einen anderen Mix der optionalen Komponenten wünschte. Am Ende wurde die Maschine dann in einer eigenen Abteilung mit einem Verschlag für den Transport fertiggemacht.

Die Herstellung einer »Streckverpackungsanlage« bei Lantech ist in Abbildung 6.1 dargestellt. Unternehmen, die schlankes Denken gelernt haben, nennen diesen Herstellungsablauf oft »Spaghetti-Chart«.

Nicht nur die Herstellung der Maschine mußte organisiert werden.

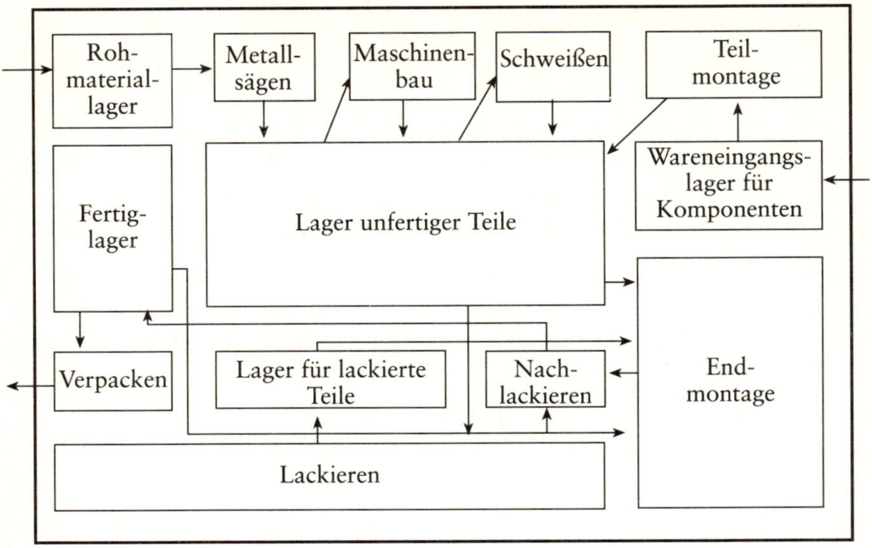

Abbildung 6.1: Herstellung bei Lantech

Die wirkliche Komplexität der Serienfertigung zeigte sich erst, als Lantech versuchte, die über die Vertreter (eine Gruppe von ungefähr 50 unabhängigen Firmen, die den Vertrieb von Industrieanlagen abwickelte) eingehenden Aufträge durch die Verwaltung in die Fabrik zu schleusen.

Da es sich bei den Maschinen oft um Spezialanfertigungen handelte, die zwischen 10 000 und 50 000 Dollar kosteten, hielt man eine Standardpreisliste für sinnlos. Statt dessen handelte ein Vertreter mit Lantech den Preis für eine Maschine mit speziellen Merkmalen aus. Das Angebot wurde zur Kalkulation an die Anwendungskonstruktions-Abteilung geleitet. Nach der Kalkulation wurde der »angemessene Preis« den Vertretern mitgeteilt. Wurde der Auftrag angenommen (und hatte der Vertreter mit dem Kunden einen Endpreis ausgehandelt, der auch seinen Gewinn enthielt), ging der Auftrag zurück an die Produktionsplanung bei Lantech.

Dort wanderte der Auftrag von der Auftragsannahme in die Kreditprüfung und in die Engineering-Applications-Abteilung (hier zum zweiten Mal). Hier wurde dann eine Materialrechnung, eine Stückliste erstellt. Das war die genaue Liste aller Teile zur Herstellung einer speziellen Maschine. Weil es in jeder Abteilung eine Auftragswarteliste gab, kam es normalerweise zu Verzögerungen. Üblicherweise brauchte ein

Auftrag zwölf bis vierzehn Arbeitstage von der Auftragsannahme bis zur Produktionsplanung, während die tatsächliche Bearbeitungszeit – was wir »kontinuierliche Ablaufzeit« nennen werden – weniger als zwei Tage betrug.

Der Auftrag mit der Stückliste wurde dann an die Produktionsplanung innerhalb der Produktion gegeben, die den Auftrag in den Masterplan einarbeitete. Da es ganz offensichtlich zu starken Schwankungen im Produktionsablauf in der Fabrik kommen würde, wurde eine eigene Auftragsabteilung im Verkauf für die Koordination zwischen den unabhängigen Vertretungen und der Fabrik aufgebaut. Sie sollte immer über den Stand der Produktion informiert sein und für eine Beschleunigung sorgen (mit Hilfe einer Technik, die wir gleich erklären werden), wenn der Kunde nervös wurde. Der Informationsverlauf sah wie in Abbildung 6.2 aus.

Der Masterplan selbst war Aufgabe der Planungsabteilung innerhalb der Produktion und bestand aus einem computergestützen System der Materialbedarfsplanung (Material Requirements Planning, MRP). Das MRP brachte eine langfristige Auftragsprognose mit den konkreten Aufträgen in Einklang, legte einen Tagesproduktionsplan fest und verteilte die Aufgaben über alle Abteilungen in der Fabrik. Jeden Morgen bekamen die Arbeiter in jeder Abteilung – Metallzuschnitt, maschinelle Bearbeitung, Lackiererei, Teil- und Endmontage, Nachbesserung und Verpacken – einen schriftlichen Tagesauftrag. Am Ende eines jeden Tages

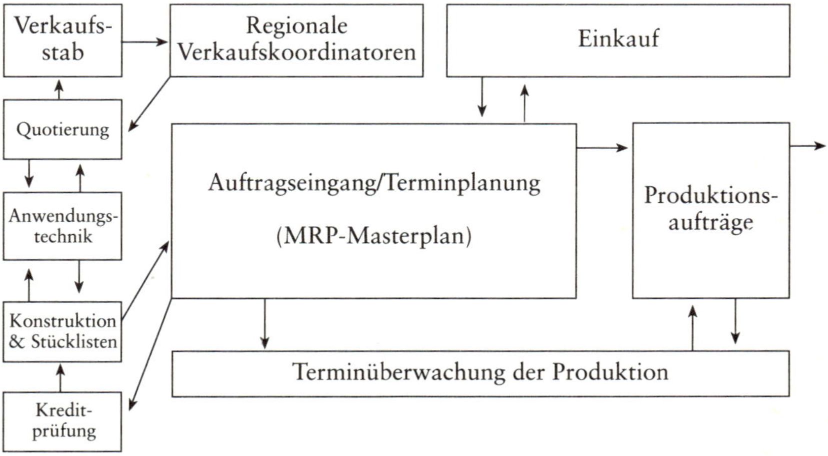

Abbildung 6.2: Auftragsabwicklung bei Lantech

meldete jede Abteilung ihre Fortschritte an die computergestützte Planungsabteilung.

Vom Plan her war das System gut, führte aber aufgrund des Konflikts zwischen den sich ändernden Kundenwünschen und der Logik im Produktionssystem in der Praxis immer zu einem heillosen Durcheinander. Um Größenvorteile zu gewinnen, entschieden sich Pat Lancaster und sein Produktionsleiter von Anfang an dafür, daß jede Abteilung immer bestimmte Lose herstellen sollte: 10 Rahmen für das E-Modell schweißen, dann 20 für das T-Modell, dann 25 für das V-Modell. Das minimierte die Zeit, in der die Maschinen von Lantech während der Umrüstung auf ein neues Teil stillstanden. Außerdem dachte man, daß die Fertigung großer Lose die Qualität aufgrund einer Minimierung möglicher Fehleinstellungen an den Maschinen verbessern würde und sich das Maschinenpersonal mehr auf den Ablauf als auf die Umrüstung konzentrieren könnte.

Separate Abteilungen für jede Produktionsstufe, die Bewegung großer Stapel von Teilen durch die Abteilungen und Lagerzeiten vor jeder Abteilung führten unweigerlich zu langen Vorlaufzeiten. Normalerweise dauerte es 16 Wochen, um aus dem ankommenden Stahl für den Rahmen eine fertige Maschine auf der Laderampe herzustellen. Die meiste Zeit bestand aus Warten. Stapel von Teilen wurden in jeder Abteilung gefertigt und dann gelagert, um auf den nächsten Fertigungsschritt in der nächsten Abteilung zu warten. Die tatsächlich benötigte Zeit für eine vollständige physikalische Umwandlung von Rohmaterial in eine Streckverpackungsanlage – die »kontinuierliche Ablaufzeit« – betrug nur 3 Tage.

Lange Vorlaufzeiten bedeuteten umgekehrt, daß die Vertreter für den Vertrieb der Maschinen von Lantech an den Endverbraucher herauszufinden versuchten, wie das System zu schlagen sei. Eine beliebte Praxis war, Maschinen auf Verdacht zu bestellen. War dann ein konkreter Kunde gefunden, wurden die bestellten Optionen (oder sogar das Grundmodell) erst auf einer späten Herstellungsstufe geändert. Diese Taktik führte dazu, daß entweder an der ursprünglich bestellten Maschine Nacharbeiten durchgeführt werden mußten oder der Auslieferungstermin verschoben wurde, um eine vollkommen neue Maschine zu bauen.

Die Fabrik war bald durch zwei konfligierende Planungssysteme in zwei unterschiedliche Richtungen unterteilt: es gab den Masterplan, wie er von der Planungsabteilung ausgearbeitet worden war, der größtenteils auf Absatzprognosen basierte, und die Vertreter mit ihren ständigen Änderungen, die den tatsächlichen Kunden zufriedenstellen wollten.

Die zuletzt genannten Nachfragen wurden von einem Team von Disponenten, die mit einer »Dringlichkeitsliste« durch die Fabrik rannten, forciert. Es handelte sich entweder um lange überfällige Lieferungen, oder der Auftrag konnte verlorengehen, wenn das Produkt nicht auf die neue Spezifikation umgearbeitet würde. Die Disponenten besuchten nacheinander die Abteilungen und beauftragten die Belegschaft, gerade nur einen Artikel eines Loses herzustellen – ein »Teil« –, so daß sie dieses Teil direkt mit in die nächste Abteilung nehmen konnten, wo sie es oben auf den Stapel legten. In einer extremen Situation und mit der Zustimmung zu einer schnelleren Auftragsbearbeitung von Pat Lancaster konnte eine Maschine in weniger als vier Wochen gebaut werden. Das führte allerdings dazu, daß die Planung für jede andere Maschine in der Fabrik in Verzug kam, was stärkere Beschleunigung notwendig machte.

Dieses System der Auftragsannahme und Produktion klingt chaotisch – und war es auch. Aber es war und ist die übliche Produktionsmethode im größten Teil der industriellen Welt, wenn es eine große Produktvielfalt, lange Vorlaufzeiten und einen komplexen Produktionsprozeß gibt. Zu allem Übel hatte die stapelförmige Produktions- und Absatztechnik schon bald ein genaues Analogon in der Produktentwicklung in Form eines nach Abteilungen organisierten Engineering bei Lantech.

Bei einer neuen Konstruktion mußten das Marketing, die Ingenieure mit verschiedenen Spezialkompetenzen, der Verkaufsstab und die Produktionsplaner zusammenarbeiten. Das Marketing bestimmte, was der Kunde wollte (»eine Maschine, die vierzig 2 000-kg-Paletten pro Stunde in einem 5 x 5 Meter großen Arbeitsbereich zum Preis von 50 Cents pro Palette verpacken kann«). Der Chefingenieur übersetzte diesen Wunsch in technische Spezifikationen (»Ein Drehtisch für eine 2 000-kg-Palettenladung, ein Drehtischmotor mit x PS für eine y Rotationsgeschwindigkeit, ein Steuerungssystem für den automatischen Verpackungsvorgang etc.«). Als nächstes konstruierte ein Maschinenbauingenieur die beweglichen mechanischen Teile, besonders die Tragwalze und den Drehtisch. Ein weiterer Maschinenbauingenieur konstruierte den Rahmen und ein Elektroingenieur das Steuerungssystem entsprechend der technischen Spezifikation. Der Industrial Engineer konstruierte die Fertigungswerkzeuge. Waren Produktkonstruktion und Werkzeuge fertig, rechnete ein Industrial Engineer aus der Produktionsabteilung aus, wie das Produkt stufenweise in der Fabrik herzustellen war.

Die Engineering-Abteilung war anfangs mit nur einem halben Dutzend Ingenieuren ziemlich klein, aber sogar da gab es große Kommunikationsbarrieren zwischen den Ein-Mann-«Abteilungen«, wenn die Konstruktion vom Marketing zum Chefingenieur und von dort zum Maschinenbauingenieur, zum Elektroingenieur und zum Industrial Engineer weitergereicht wurde. Es gab sehr viel Nacharbeit und viele Rückgaben, um von einem ursprünglichen Konzept zu einer vollständigen, produktionsreifen Konstruktion zu kommen. (Primäre Ursache für diese Rückgaben war, daß die Konstruktion nicht die Bedürfnisse des nächsten Spezialisten berücksichtigte – »Ich habe nicht genügend Platz für meine Steuerungstafel« etc. Die Konstruktion ging für die entsprechenden Änderungen wieder an die vorherige Stelle zurück. Die häufig benutzte Alternative bestand in einer heimlichen Neukonstruktion.) Als Lantech größer wurde und mehr Ingenieure dazukamen, verschlimmerten sich diese Kommunikationsprobleme.

Außerdem hatte jeder Ingenieur typischerweise einen ganzen Stoß von Projekten auf seinem Tisch, so daß die Disponenten schon bald im Engineering und in der Fabrik auftauchten, um die Projekte durch das System zu jagen. In der Praxis dauerte es normalerweise ein Jahr, um eine geringfügige Verbesserung in einer Maschinengruppe einzuführen, und drei oder vier Jahre, um eine neue Gruppe für neue Aufgaben einzuführen, wie etwa das Verpacken kleiner Paletten. Die »kontinuierliche Ablaufzeit« betrug bei geringfügigen Verbesserungen im Gegensatz dazu

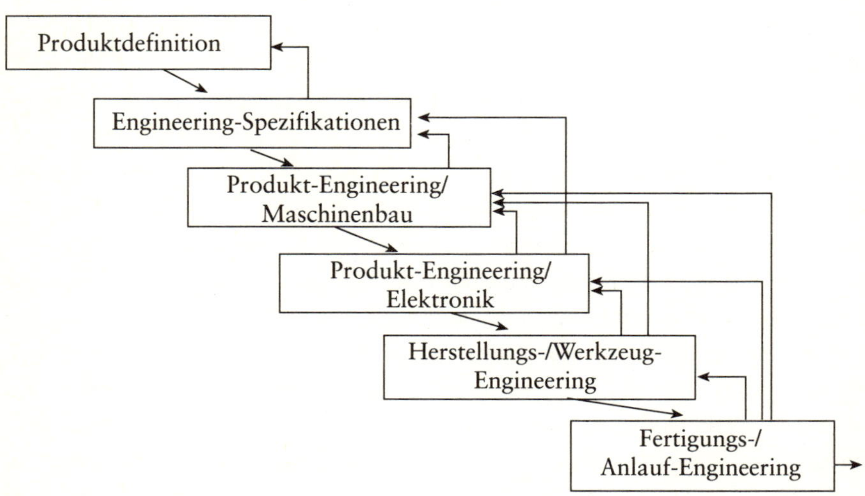

Abbildung 6.3: Das Produktentwicklungssystem bei Lantech

nur wenige Wochen und sechs Monate für eine neuen Typ von Maschinen. Der Weg eines Entwurfs durch das Konstruktions- und Engineeringsystem ist in Abbildung 6.3 dargestellt.

Die drei größeren Aktivitäten, die in dem neuen Unternehmen von Pat Lancaster durchgeführt wurden – Neukonstruktionsentwicklung, Informationsmanagement der Projekte und die Herstellung der Maschinen –, liefen in der klassischen stapelförmigen Manier ab. »Nach 1973 verkauften wir teure Produkte, die aufgrund meiner Patentlage hohe Leistungsvorteile gegenüber den Konkurrenzprodukten hatten. Im Laufe der nächsten 15 Jahre wuchs Lantech auf 266 Beschäftigte und machte 43 Millionen Dollar Umsatz. Wir konnten uns aufgrund konfligierender Anforderungen an Effizienz versus Schnelligkeit im Produktionsprozeß verspätete Lieferungen erlauben – und taten es auch. Unsere Qualität in puncto Herstellungsmängel bei den Maschinen, die an die Kunden gingen, war einigermaßen gut. Wir brauchten mehr als ein Jahr für die Entwicklung ›neuer‹ Maschinen, die sich nur sehr geringfügig von den vorherigen Modellen unterschieden. Aber wir waren der Konkurrenz voraus und verdienten viel Geld. Fünfzehn Jahre lang war mein Traum Wirklichkeit.«

Dann, am 26. Juni 1989, verlor Lantech eine Patentklage gegen einen Konkurrenten, der billige geklonte Lantech-Maschinen anbot. (Die Klage bezog sich auf eine neue Generation von Patenten, die Lantech Mitte der 1980er Jahre als Erweiterungen seiner Originalpatente in den frühen 1970er Jahren erhalten hatte.) Dieses Gerichtsurteil öffnete jedem Hersteller von Verpackungsmaschinen den Markt. »Ende 1989 tauchten geklonte Versionen mit grob vergleichbarer Leistung überall auf und entzogen meiner Preispolitik den Boden. Ich machte noch einen kleinen Gewinn, wußte aber auch, daß es schlimmer kommen würde, sobald es zu einem Wirtschaftsabschwung käme. In meinem Herzen wußte ich, daß es mit Lantech zu Ende gehen würde.«

Pat Lancaster ist von Natur aus ein sehr dynamischer Mensch. Er hatte unzählige Ideen dafür, was unternommen werden mußte. In der Tat versuchte er eine Reihe der damals bei den amerikanischen Unternehmen populären Heilmittel. Sein erster Versuch war, die Firma in Profitcenter für »Standardprodukte« und aufwendige »Sonderanfertigungen« aufzuteilen. Die Verantwortlichkeit mußte gesteigert und die Spezialanfertigungen mußten von der einfachen »Massenproduktion« von Maschinen getrennt werden. Als der Umsatz zurückging, zog er Entlassungen und die Verkleinerung von Lantech in Erwägung – was wir heute »Downsizing« nennen. Lancaster war jedoch davon überzeugt, daß keine Firma jemals durch Kosteneinsparungen und Personalabbau allein gerettet worden war.

Er brauchte einen neuen Weg für sein Geschäft. Den sah er in der Total-Quality-Bewegung (TQM). Nachdem er Milliken, den Textilriesen in South Carolina, besichtigt hatte, kam er mit Plänen nach Louisville zurück, den Kunden ganz in den Vordergrund zu rücken. Die alte Haltung des »gut genug«, wenn fehlerhafte Maschinen geliefert wurden, und der Kundendienst wurden schnell durch das Gespräch über Perfektion ersetzt.

Im Laufe der nächsten Jahre wurde dieses Vorgehen durch einen »wertorientierten Kulturwandel« ergänzt, der zu mehr Selbständigkeit und dem Aufbau von Vertrauen sowie dem Abbau von Abteilungsbarrieren führen sollte. Das ursprüngliche Managementteam, das aus hierarchisch eingestellten Persönlichkeiten zusammengesetzt war, das an einen top-down-befehlsorientierten Stil gewöhnt war, wurde durch eine neue Gruppe von Managern ersetzt, die zur Teamarbeit bereit waren. (Lancaster ist der einzige Manager, der seit den 1970er Jahren noch im Unternehmen ist.) Darüber hinaus wurden intensive Trainings in Teamarbeit, Teamführung und Interaktion durchgeführt.

Diese Programme waren ein wesentlicher Anfang. Ihnen fehlte aber ein direkter Bezug zu den Kernaktivitäten von Lantech. Bob Underwood, ein langjähriger Produktionsarbeiter, formuliert das im nachhinein folgendermaßen: »Wir lernten, einander zu respektieren, und wir wollten in Teams arbeiten. Aber wir wurden alle auf Hochtouren gebracht, ohne daß es ein Ziel gab.« Die Fabrik war noch in einem schlimmen Zustand, die Produktentwicklung noch zu langsam. Die Vertreter versuchten immer noch, die Vorlaufzeiten zu schlagen.

Die dritte Reaktion auf die Krise war eine neue Produktionsmethode namens »Max-Flex«. Die Vorstellung dabei war, die Vorlaufzeiten durch den Aufbau von Beständen an größeren Komponenten – Maschinenrahmen, Tragwalzen, Drehtischen, Steuerungsmodulen – zu reduzieren. Die Komponenten wurden dann in verschiedener Kombination zusammengesetzt, um fertige Maschinen gemäß Kundenspezifikationen nach der Auftragsbestätigung sehr schnell bauen zu können. Man wollte die Preisnachteile von Lantech durch Zusagen schnellerer Lieferungen von speziell gefertigten Maschinen kompensieren.

Auf der einen Seite war die Leistung des neuen Max-Flex-Konzeptes beeindruckend – die Vorlaufzeiten gingen von sechzehn auf vier Wochen zurück. Aber die Kosten waren enorm. Technische Änderungsaufträge waren jetzt bei Lantech die Regel, seit das Unternehmen härter dem Wettbewerb ausgesetzt war. Diese Änderungen sollten sowohl zusätzliche Produktmerkmale hinzufügen, um mit der Konkurrenz mitzuziehen, als auch im Kundendienst entdeckte Fehler korrigieren. Deswegen mußte oft nach hinten gearbeitet und mußten »nachträgliche« Veränderungen an einem riesigen Berg von im voraus gefertigten Teilen vorgenommen werden. Ganz offensichtlich waren die Transportkosten für diesen Berg von »gerade eingebauten« Teilen enorm. Lantech sah sich nach einem neuen Lagerhaus für die Teile um, als der Platz in seiner Fabrik knapp wurde. Am ärgerlichsten war, daß es trotz aller Bemühungen bei der Produktionsplanung schnell dazu kam, daß ein für die Fertigstellung einer Maschine wichtiges Teil fehlte. (Taiichi Ohno stellte vor langem schon fest: Je größer der Lagerbestand, desto unwahrscheinlicher ist es, daß man über das eine Teil verfügt, das gerade gebraucht wird.) Die Lösung war ein neues Team von Disponenten, um die fehlenden Teile durch das Produktionssystem zu schleusen.

Eine vierte Reaktion auf diese Krise war eine noch bessere Technologie. Ein neues Planungssystem, basierend auf der nächsten Generation des MRP, wurde 1990 installiert. Jeder Arbeiter hatte direkten Zugang zum Status jeder Maschine in der Produktion und konnte seine eigenen Daten eingeben, wenn er ein Teil oder eine fertiggestellte Maschine nach vorne bewegte. Dadurch konnte man jedem Arbeiter Aufträge über das Terminal an seinem Arbeitsplatz übermitteln und theoretisch das Gefühl haben, seine Arbeit zu »kontrollieren«. (Wie Pat Lancaster bemerkte: »Es schien eine wundervolle Heirat zwischen Technologie und Demokratie zu sein. Jeder konnte im Computer sehen, was in der Fabrik ablief, und bekam direkt seine Arbeitsaufträge. Unser Slogan war: ›Die Information zu den Menschen bringen.‹«)

Man brauchte jetzt einen neuen Computer sowie eine neue Abteilung für das Management-Informations-System mit vier Mitarbeitern für die Tages- und drei für die Nachtschicht, die die Informationen auf neuestem Stand hielten und die neuen Arbeitsaufträge für die Fabrikarbeiter eingaben. Jose Zabaneh, der Produktionsleiter von Lantech, bemerkte: »Die Arbeiter waren schon bald voll unter ›Kontrolle‹. Aber das System funktionierte nur ungenau, weil viele Teile einfach nie eingegeben wurden und es keine Mittel zur Fehlerbeseitigung gab. Das alte MRP-System war zwar langsam, aber zu 99 Prozent genau. Unser neues ›demokratisches‹ MRP war eine vollkommene Katastrophe; statt Information haben wir den Leuten *muda* geliefert.« Um das Maß vollzumachen: Die Anzahl der Inputs und Änderungen machte den Rechner ungeheuer langsam. Die Berater für Informationstechnologie empfahlen als beste Lösung die Anschaffung eines größeren und teureren Computers.

Ende 1991 gingen zum ersten Mal trotz Preissenkungen die Aufträge bei Lantech zurück, und die Fabrik war kaum noch dazu in der Lage, auf die ständigen Nachfrageänderungen zu reagieren. Pat Lancaster faßte später die Situation folgendermaßen zusammen: »Wir verloren zum ersten Mal Geld. Unsere Grundüberzeugungen, wie dieses Geschäft zu führen sei, schmolzen dahin.« Dann entdeckte er den schlanken Ansatz.

Die schlanke Revolution

Ron Hicks sieht nicht wie ein Revolutionär aus, eher schon wie ein trockener Buchhalter (obwohl er eine Ausbildung zum Industrial Engineer hat). Aber er führte eine Revolution durch, als er im März 1992 bei Lantech Vice President of Operations wurde. Er hatte das Revolutionäre gelernt, als er bei der Danaher Corporation arbeitete, einer Ansammlung von fünfzehn Produktionsbetrieben, die Steve und Mitchell Rales in den 1980er Jahren zusammen geführt hatten. Es ist kaum zu glauben, aber diese beiden Jungunternehmer aus Washington, D.C., waren mit den schlanken Konzepten, die Taiichi Ohno eingeführt hatte, vertraut und hatten einige von Ohnos japanischen Schülern davon überzeugt, sich 1987 in den Vereinigten Staaten zu etablieren, um Danaher bei seinen Veränderungen zur Seite zu stehen. Sie wußten sehr wohl, daß der schlanke Ansatz zu revolutionären Veränderungen in ihren Firmen führt, die sie ursprünglich einmal erworben hatten, weil sie einen interessanten Preis hatten und weil sie ihr Kerngeschäft, nämlich Immobilien, erweitern wollten. Eine dieser Firmen war Hennessey Industries in Nashville, Tennessee, ein Hersteller von Autoreparaturwerkzeugen und Hebebühnen. Ron Hicks arbeitete dort als Vice President of Operations.

Ron Hicks erinnert sich an den Tag im Jahr 1989, als ihm »ein Licht aufging«. »Ich besuchte die Jacobs Brake Company in Bloomfield,

Connecticut, ein anderes Danaher-Unternehmen, und stellte fest, daß man den Rat von Ohno befolgt und die traditionellen Produktionsabteilungen vollständig abgeschafft hatte. Alle Maschinen waren in den neu eingerichteten Zellen in ihrer tatsächlichen Fertigungsabfolge angeordnet, um spezielle Produktfamilien von Motorteilen für LKWs herzustellen. Die Teile wurden in einer Fließfertigung hergestellt, und zwar absolut ohne Lagerpuffer zwischen den Fertigungsschritten. Ihr Konzept wurde ›Einzelstück-Fließfertigung‹ genannt.

Ich war wirklich erstaunt darüber, daß man am Tag meines Besuches eine Verbesserungsmaßnahme durchführte. Man war zu der Entscheidung gekommen, daß der Fertigungsablauf für ein bestimmtes Teil glatter verläuft, wenn eine große Maschine an einer anderen Stelle aufgestellt wird. Die Entscheidung war frühmorgens gefallen. Das Team für diese Aufgabe war schnell zusammengestellt, die Maschine kam an ihren neuen Standort, und nach nur wenigen Stunden konnte die Produktion weiterlaufen.

In den 14 Jahren, die ich vorher als Produktionsleiter bei der General Electric Company gearbeitet hatte, wäre es ein Staatsakt gewesen, eine derart große Maschine zu bewegen. Aber diese Jungs machten es einfach, und es funktionierte. Ich erkannte plötzlich, daß ich in einer anderen Welt lebte.«

Als Hicks im März 1992 einen Anruf von Pat Lancaster bekam, war aus einem »Quadratkopf« ein schlanker Denker geworden. Er war zu einer neuen Herausforderung bereit. Lancaster hatte Hunderte von Bewerbern bei seiner Suche nach einem neuen Vice President of Operations geprüft. Er war sich sicher, daß Ron Hicks die Fähigkeit hatte, die Produktion umzuwandeln. Die Frage war nur, wie und wie schnell.

Ron wurde in das geistig erneuerte Unternehmen Lantech nach Louisville zu einem Gespräch mit denen eingeladen, deren Chef er einmal sein würde. Sein einfacher Vorschlag war wie eine Offenbarung: Lantech würde sofort Teams bilden, um die Wertschöpfung und den Wertfluß jedes Produkts in der Fabrik zu überdenken und anschließend jeden Schritt in der Auftragannahme und Produktentwicklung. Lantech würde die für die Konstruktion, Auftragsbearbeitung und Herstellung einer Streckverpackungsmaschine erforderlichen Schritte aneinanderreihen und sequentiell durchführen: jeweils eine Maschine, eine Konstruktion und ein Auftrag zur Zeit. Stapel, Warteschlangen, Rückstaus und Verschwendung – alle Arten von *muda* – würden beseitigt. Die *Wertschöp-*

fung – das nicht reduzierbare Minimum an Tätigkeiten, die für Konstruktion, Auftragsbearbeitung und Herstellung einer Streckverpakkungsanlage notwendig sind – würde glatt, kontinuierlich und schnell fließen.

Ron Hicks wurde eingestellt. Er machte sich direkt mit einem einfachen Plan an die Arbeit: Trennung der vier Basismodelle von Maschinen, die in einem nach Abteilungen gegliederten, stapelförmigen Produktionssystem von Lantech hergestellt werden; Abschaffung aller Produktionsabteilungen; Aufbau von Fertigungszellen – vier insgesamt für jeden Maschinentyp; dann Organisation aller erforderlichen Arbeiten zur Herstellung einer jeden Maschine in einer Zelle mit kontinuierlichem Ablauf. Das war die *kaikaku*-Phase in der Fabrik von Lantech, eine Zeit, in der die Dinge vollständig zerlegt und dann in einer vollkommen anderen Weise neu zusammengesetzt werden.

Das T/V-Modell, das bald durch das neue Q-Modell ersetzt wurde, war die Feuerprobe. Ein Team mit den besten Arbeitern von Lantech wurde ausgewählt, um den Ablauf neu zu planen. In nur einer Woche erarbeitete es einen Plan und setzte ihn in die Produktion um, wie er in Abbildung 6.4 dargestellt ist.

Der Metallzuschnitt wurde direkt neben die maschinelle Bearbeitung gelegt, die nur wenige Schritte von den Schweißarbeiten entfernt lag. Obwohl alle vier Modelle noch in einem großen, zentralen Raum

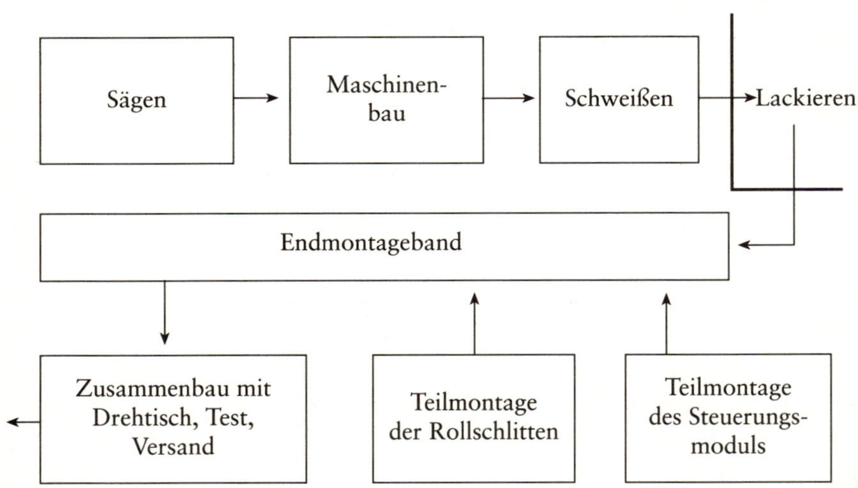

Abbildung 6.4: Der Ablauf der Q-Linie

lackiert wurden, wurde der kontinuierliche Ablauf mit Teil- und Endmontage schneller. Das Testen und Verpacken wurde an das Ende der Linie verlegt und vom Arbeitsteam durchgeführt. Obwohl nur acht Maschinen täglich hergestellt wurden, eine pro Stunde, wurde ein kaum sichtbares Förderband in der Endmontage als eine Art Beschleuniger installiert.

Jeden Morgen fing nun der Arbeiter an der Metallsäge zur vollen Stunde mit der Produktion an. Ein Behälter mit allen für die Maschine benötigten Rahmenteilen war am Ende der Stunde fertig und wurde ungefähr einen Meter weiter in die Station für die maschinelle Bearbeitung gerollt. Von dort waren es ungefähr zwei Meter bis zum Schweißen. Vierzehn Stunden später – ungefähr die Hälfte davon aufgrund der Trockenzeit nach dem Lackieren – war eine komplette Maschine transportfertig.

Damit dieses einfache System auch funktionierte, mußte Lantech eine Generation industriellen Denkens über Arbeitsabläufe und Zusammenarbeit aufgeben. Da alle Arbeiten direkt miteinander verbunden waren, und zwar ohne Puffer, mußte jeder über die *Standardisierung der Arbeit* nachdenken, also über den besten Weg zur direkten und immer richtigen Ausführung der Arbeit in der verfügbaren Zeit. (Aufgrund der Konstruktion funktioniert entweder die ganze Zelle oder nichts.) Jeder Arbeitsschritt wurde bald von dem Arbeitsteam grafisch dargestellt und für alle sichtbar ausgehängt.

Weil in diesem System Maschinen nur gefertigt werden, wenn ein Auftrag vorliegt, war es notwendig, eine Taktzeit einzuführen – man erinnere sich, daß die Produktionsvorlaufzeit von sechzehn Wochen auf vierzehn Stunden gefallen war, so daß keine Maschinen im voraus auf Verdacht gebaut werden mußten, um sie schneller ausliefern zu können. Sie berechnet sich aus der Anzahl der Maschinen, die täglich hergestellt werden müssen, um die vorliegenden Aufträge zu erfüllen, geteilt durch die Arbeitsstunden pro Tag. (Bei der Produktion von acht Maschinen an einem Acht-Stunden-Tag beträgt die Taktzeit eine Stunde.) Der wichtige Punkt bei der Taktzeit war, daß sie ausgedehnt werden konnte, wenn die Aufträge nicht die volle Auslastung des Equipments und der Arbeiter erforderlich machten. Die Produktion wurde heruntergefahren, und jeder der mehrfach qualifizierten Arbeiter in der Q-Zelle kümmerte sich um verschiedene Dinge in der Zelle, während die restlichen Arbeiter mit anderen Aufgaben bei Lantech beauftragt wurden. Das kehrte die althergebrachte Tendenz um. Es wurde nicht mehr im voraus produziert, und keine Lagerbestände wurden aufgebaut, wenn keine konkreten Aufträge vorlagen.

Zwei andere Konzepte waren noch nötig. Lantech mußte viele seiner Werkzeuge miniaturisieren sowie einige Werkzeuge neu entwickeln, so daß kleinere Metallsägen und Maschinenbauwerkzeuge in die Arbeitszellen paßten. (Am Ende stellte sich heraus, daß die durch die Reorganisation des Produktionsablaufs freigesetzten Arbeiter die benötigten Werkzeuge selbst herstellen konnten.) Schließlich mußte noch ein schnelles Umrüsten aller Werkzeuge erreicht werden, so daß alle Teile für eine Maschine und eine Vielzahl von Produktoptionen für aufeinanderfolgende Maschinen mit sehr geringer Ausfallzeit hergestellt werden konnten.

Als das neue Konzept vorgeschlagen wurde, standen viele der Produktionsarbeiter wie vor einem Rätsel und waren beunruhigt. Wie Bob Underwood, einer der fähigsten Arbeiter in der Fabrik, bemerkte: »Wir arbeiteten in einem System, in dem jeder eine Reihe hart erarbeiteter Fähigkeiten hatte – Schweißen, Maschinenbearbeitung und, wie in meinem Fall, die Fähigkeit, Teile so zu richten, daß sie paßten. Wir konnten so arbeiten, wie es unserer Meinung nach zu unserem Abteilungstempo paßte. Solange wir unsere Tagesproduktion erfüllten, ließ man uns in Ruhe. Darüber hinaus bestand der eigentliche Kick der Arbeit im ›Feuerlöschen‹. Die ›Freiwillige Feuerwehr‹ bei Lantech war ein Krisenstab, der einen dringenden Auftrag durch das System schleuste oder einen plötzlichen Produktionsengpaß beseitigte. Ich war der beste Feuerwehrmann bei Lantech, und es machte mir Spaß.«

Ron Hicks schlug ein neues System der Standardarbeit und Taktzeit vor, das für den Industrial Engineer nach Kontrolle klang, die jeder fähige Geschäftsmann haßt. (Der Unterschied war natürlich, daß das Arbeitsteam selbst seine eigene Arbeit standardisieren würde.) Außerdem schlug er vor, immer nur eine Maschine zu bauen. Er behauptete, daß durch die Standardisierung durch das Arbeitsteam und eine Umstellung der Maschinen auf Einzelstückfertigungsfluß sowie die Einhaltung der Taktzeit ohne Vorausarbeit keine Feuer mehr gelöscht werden müßten. Wie Underwood sich erinnert: »Es hörte sich nicht sehr spaßig an, und ich glaubte nicht, daß es funktionieren würde.«

Als der einwöchige Umbau beendet und die neue Zelle fertig war ... funktionierte es nicht. Alle Probleme, die lange in großen Lagern und in den engen Arbeitspraktiken bei Lantech verborgen gewesen waren, tauchten plötzlich auf. Einige Arbeitsschritte waren in der Beschreibung der Standardarbeit nicht enthalten: Einfache Werkzeugwartungen – die in dem alten System einfach toleriert wurden – stoppten wiederholt die ganze Zelle. Die Versorgung der Zelle mit Komponenten war nicht integriert. Das weitverbreitete Gefühl war, daß Ron Hicks auf ein neues Konzept setzte, das bei Lantech niemals funktionieren würde.

An diesem Punkt spielte Jose Zabaneh, der Produktionsmanager, die Hauptrolle: »Mir hingen unsere Fehler wirklich zum Halse heraus, und ich hatte mich dem neuen System mit Haut und Haaren verschrieben. Ich rief die Belegschaft zusammen und verkündete, daß ich jede Nacht und jedes Wochenende an der Lösung der Probleme, mit denen wir es in der neuen Zelle zu tun hatten, konkret mitarbeiten würde, daß ich aber keine Sekunde über die Möglichkeit zu diskutieren bereit sei, das alte System wiedereinzuführen.«

Pat Lancaster unterstützte das neue System unbeirrbar. Ron Hicks (gemeinsam mit seinem Berater Anand Sharma, der ihm früher bei der Umwandlung von Hennessey beratend zur Seite gestanden hatte) hatte die technischen Kompetenzen, die Fehler herauszufinden, und Jose Zabaneh war »unsere Zündkerze«. Allmählich kam alles zusammen.

(Wir werden sehen, daß diese drei Merkmale – langfristige Perspektive, technische Virtuosität und ein leidenschaftlicher Erfolgswille – für jede Organisation wesentlich sind, die eine schlanke Umwandlung durchmacht. Manchmal vereint einer diese Merkmale in sich, manchmal, wie bei Lantech, sind sie auf eine Führungsgruppe verteilt. Wie auch immer sie zunächst verteilt sind, alle sind notwendig und müssen schließlich von der ganzen Organisation geteilt werden.)

Im Frühjahr 1992 war das gesamte Produktionssystem von Lantech auf Einzelstückfluß umgestellt, einschließlich der Zelle für die größte Maschine von Lantech – das 50 000 Dollar teure H-Modell –, von der nur eine pro Woche gebaut wurde. Die Fabrik sah jetzt wie in Abbildung 6.5 dargestellt aus.

Die Konsequenzen bei der Leistung waren wirklich schwindelerregend. Obwohl das Personal bei Lantech konstant bei dreihundert Mitarbeitern blieb, verdoppelte sich die Zahl der ausgelieferten Maschinen im Zeitraum von 1991 bis 1995. (Das Umsatzwachstum hing mit einer generellen Erholung des Marktes, einer aggressiven Preispolitik für neue Marktanteile und einer Menge neuer Produkte zusammen, worauf wir

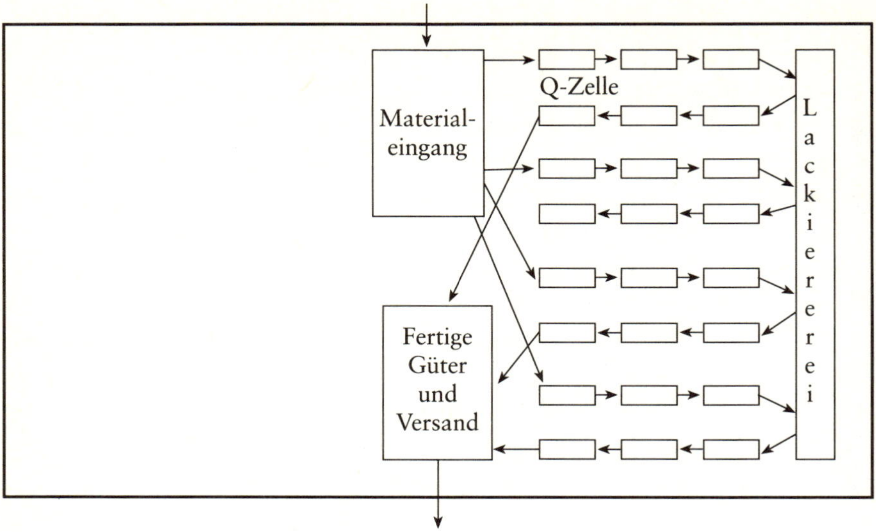

Abbildung 6.5: Neuer Produktionsablauf bei Lantech

gleich zurückkommen werden.) Die Fabrik, die aufgrund der Lagerbestände aus den Nähten geplatzt war, hatte jetzt 30 Prozent zusätzliche freie Fläche, trotz der Verdoppelung des Outputs. Die Zahl der von den Kunden reklamierten Mängel ging von acht pro Maschine im Jahr 1991 auf 0,8 pro Maschine im Jahr 1995 zurück. Die Durchsatzzeit in der Produktion ging, wie bereits erwähnt, von sechzehn Wochen auf vierzehn Stunden zurück. Die Prozentzahl der zu dem mit dem Kunden abgesprochenen Termin ausgelieferten Maschinen stieg von 20 Prozent auf 90 Prozent.

Um diese bemerkenswerte Transformation zu beschleunigen, machte Pat Lancaster seiner Belegschaft zwei Versprechen. Diese schienen 1992 angesichts der finanziellen Lage der Firma geradezu weltfremd zu sein, stellten sich aber als entscheidend für den Erfolg heraus. Erstens versprach er, daß niemand wegen der schlanken Umwandlung entlassen würde. Statt dessen wurde ein *kaizen*-Team gebildet aus den freigesetzten Arbeitern, um Verbesserungen anderer Arbeiten zu planen. Bob Underwood, der ursprünglich skeptische »Hauptfeuerwehrmann«, wurde zum Leiter des Teams ernannt. Nach jeder Verbesserung wurden die besten Arbeiter (nicht die schlechtesten) aus dem erneuerten Prozeß in das *kaizen*-Team transferiert, was klarstellte, daß das eine Beförderung und keine Bestrafung ist. Der ständige Anstieg des Outputs im neuen wettbewerbsfähigen Lantech bedeutete, daß innerhalb einer kurzen Zeit diese Arbeiter wieder in der Produktion gebraucht würden.

Gleichzeitig prüfte Lancaster die Lohnpolitik bei Lantech und hob den Grundlohn von ungefähr 7 Dollar auf ungefähr 8,50 Dollar an. Wie Ron Hicks bemerkte: »Wir hatten wie McDonald's ungelernte Arbeiter beschäftigt, mit einer deutlichen Prämie für unseren kleinen Kern ausgebildeter Arbeiter. Es wurde schnell klar, daß alle Arbeiter jetzt gelernte Arbeiter waren, aber mit einer etwas anderen Art von Fähigkeiten. Deshalb mußten wir alle besser bezahlen. Folge davon war, daß es sehr schnell kaum noch Fluktuationen gab.« (Man bedenke, daß man sich eine 25prozentige Lohnsteigerung leisten kann, weil jede Maschine jetzt mit der Hälfte der früher benötigten Stunden menschlicher Arbeit hergestellt wird.)

Als die schlanke Revolution in der Fabrik in Schwung kam, war es Zeit, sich der Verwaltung zuzuwenden, hier vor allem der Auftragsbearbeitung. Wie Pat Lancaster es beschrieb: »Wir wollten mit der Fruchtbarkeit der Fabrik die Unfruchtbarkeit aus der Verwaltung saugen. Wenn wir eine Maschine in vierzehn Stunden bauen konnten, wie konnten wir dann eine dreiwöchige Auftragsbearbeitung tolerieren?« In einem bemerkenswerten Fall fertigte und lieferte Lantech eine Maschine in vier Tagen – lange bevor die Kreditprüfung abgeschlossen sein konnte –, nur um festzustellen, daß der Käufer insolvent war.

Die eingesetzte Technik zur Umwandlung der Verwaltung war die bekannte. Lantech setzte ein *kaizen*-Team ein, das gemeinsam den Prozeß überdenken sollte. Es gehörten alle Arbeiter eines spezifischen Prozesses dazu, die Engineering-Experten der Firma – einschließlich der Produktionsarbeiter aus dem *kaizen*-Team der Fabrik – sowie ein externer Berater (Sharma). Die Gruppe zeichnete die gesamte Wertschöpfung auf und untersuchte sie nach verschwendeter Zeit und Arbeit. Wenn jeder Prozeß neu konzipiert und in einen kontinuierlichen Ablauf gebracht war, wurde der Beste der Belegschaft dem *kaizen*-Team zugewiesen, um die Grundsteine für die nächste Prozeßprüfung zu legen. Niemand wurde entlassen. Die Entsendung in das *kaizen*-Team war natürlich eine Anerkennung der ausgezeichneten Leistung.

Als diese Techniken auf das gesamte Auftragsabwicklungs- und Fabrikplanungssystem angewandt wurden, war das Ergebnis wirklich verblüffend. Weil Lantech seine Kosten jetzt besser im Griff hatte, konnten Festpreise für alle, dazu noch genau nach Kundenwünschen gefertigte

Maschinen aufgestellt werden, und das Gefeilsche zwischen Lantech und dem Vertreter hatte ein Ende. Der Auftrag an sich, wenn er einmal bei Lantech eingegangen war, konnte in nur zwei Tagen in die Produktionsplanung eingebaut werden.

Am bemerkenswertesten ist vielleicht, daß der Großteil des computergestützten Planungssystems nicht mehr länger gebraucht wurde. Das MRP II ist für die langfristige Materialbeschaffung von den Zulieferern beibehalten worden, aber der Tagesplanungsablauf wird jetzt an einer großen Tafel im Büro des Verkaufs angezeigt. Der Produktionstag ist über die Taktzeiten in einzelne Einheiten (Slots) aufgeteilt. Die Aufträge werden auf der Tafel ausgehängt, wenn sie abgesegnet sind. Als wir Lantech besuchten, waren alle Slots auf der Tafel für die nächsten drei Tage bis zwei Wochen ausgefüllt. Es wird keine Maschine gebaut ohne einen bestätigten Auftrag.

Eine für alle sichtbare große Tafel in der Firma hat sich als bemerkenswerter Ansporn für das Verkaufspersonal erwiesen, vor allem wenn die ausgefüllten Felder kleiner und die leeren größer werden. Das ist ein ausgezeichnetes Beispiel einer anderen schlanken Technik, nämlich der visuellen Kontrolle, mit der der Status einer Aktivität angezeigt wird, so daß jeder Mitarbeiter ihn sehen und entsprechend handeln kann.

Der letzte Schritt in diesem Prozeß ist, jeden Abend den Produktionsplan für die Maschinen zu kopieren, die am nächsten Tag gefertigt werden müssen. Diese Liste erhalten die vier Produktionszellen. Für jede Maschine wird der Zelle der Name des konkreten Kunden und das versprochene Lieferdatum mitgeteilt, für Maschinen mit hoher Stückzahl normalerweise zwei Tage nach Aufnahme der Fertigungssequenz und zehn Tage für große Maschinen mit kleiner Stückzahl. Die frühere Abteilung für das Management-Informations-System mit sieben Vollzeitbeschäftigten sind aufgelöst worden, weil die Teile automatisch von der jeweils nächsten Arbeitsstation angefordert werden. Automatisierte Informationsabläufe sind vollständig abgeschafft worden, weil Produkt und Information integriert worden sind. Das komplette Ergebnis ist in Abbildung 6.6 dargestellt und kann mit der labyrinthartigen Auftragsabwicklung aus Abbildung 6.2 verglichen werden.

Das Hauptproblem bei der Umwandlung war, daß die Vertreter und Käufer von Industriegütern keine schnellen und planmäßigen Lieferungen gewohnt waren. Die Aufträge wurden oft unter der Annahme »grob geplant«, daß mehrere Wochen für die exakte Spezifikation und zur In-

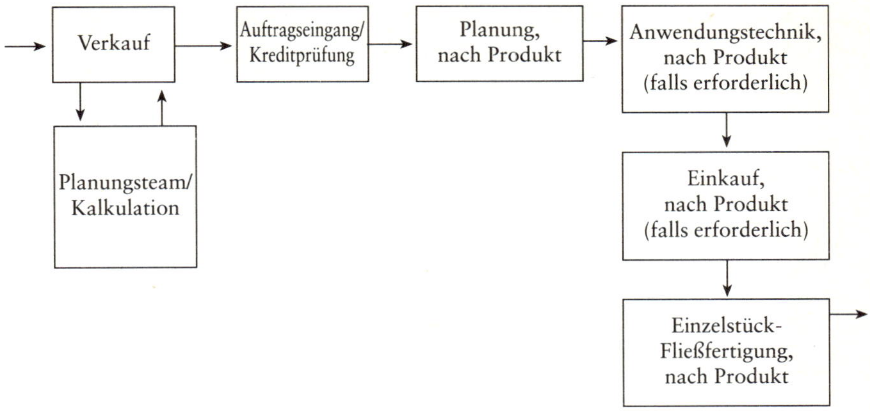

Abbildung 6.6: Neue Auftragsabwicklung bei Lantech

formation des Herstellers über notwendige Änderungen sowie zur Planung der Installierung der Maschinen verfügbar wären. In einem bemerkenswerten Fall baute und lieferte Lantech eine Maschine in nur einer Woche nach Auftragseingang, genau wie versprochen. Aber der Kunde war ziemlich verwirrt: »Sie haben uns unsere Maschine geliefert, bevor wir uns überlegt haben, wie wir sie einsetzen. Wir dachten, daß wir eine Bestellung aufgeben, einfach damit wir sicher sind, daß wir einen Platz auf der Produktionsliste haben und Zeit haben, die Optionen zu modifizieren, und daß Sie wie immer mit Verzögerung liefern. Jetzt sind Sie schon fertig damit!«

Der letzte Schritt bestand darin, den Produktentwicklungsprozeß neu zu konzipieren. Pat Lancaster wußte aus den ersten Erfahrungen mit den Veränderungen in der Fabrik, daß sein Geschäft dramatisch wachsen mußte, um jeden halten zu können, wie er es versprochen hatte, während die Produktivität gleichzeitig sprunghaft anstieg. Das hieß, er mußte sein strategisches Denken ändern: »Ich hatte keine Zeit, in einen neuen Geschäftsbereich einzusteigen. Mir fehlte auch das Geld, irgendeinen meiner größeren Konkurrenten aufzukaufen. Ich mußte statt dessen meine Produktreihe erneuern und ausbauen, damit ich mehr in einem bestehenden, mir vertrauten Markt verkaufen konnte. Gleichzeitig wußte ich, daß eine vollständige Neukonstruktion meiner Produkte, mit Fokus auf Herstellbarkeit, meine Kosten weiter kürzen und Qualität und Flexibilität für den Kunden dramatisch verbessern würde.«

Er wußte auch, daß die weiterhin stapelförmig arbeitende Produktentwicklung seines Unternehmens Jahre brauchen würde, um mit markterweiternden Produkten aufzuwarten, wenn sie nicht der gleichen Behandlung wie Fabrik und Verwaltung unterzogen würde. Er wollte die neuen Produktkonstruktionen in eine Einzelstückfertigung bringen, genauso wie die Aufträge und die Maschinen. »Wir mußten die Konstruktion kontinuierlich vom ursprünglichen Konzept bis zur Produktionseinführung bewegen. Das hieß: keine Unterbrechungen aufgrund bürokratischer Erfordernisse unserer Organisation, keine Rückflüsse zur Korrektur von Fehlern und keine Haken, wenn die Produktion anläuft.«

Lantech hatte in den späten 1980er und frühen 1990er Jahren mit Entwicklungsteams experimentiert, aber ohne großen Erfolg. Wenige »bet the company«-Projekte wurden von einem designierten »Diktator« durchgesetzt, der in Wirklichkeit eine neue Art von Disponent war (der alle anderen Projekte verlangsamte, um sein Projekt durchzukriegen). Anders gesagt, schwache »Teamleiter« versuchten die Arbeiten einer Vielzahl von technischen Experten zu koordinieren, die zur Entwicklung eines fertigen Produkts gebraucht wurden, und jeder hatte seine eigene Prioritätenliste. In keinem Fall war der Teamleiter – Diktator oder schlechter Koordinator – verantwortlich für das Endresultat des Projektes: Gefällt das Produkt dem Kunden, und bringt es während seines Produktlebens Lantech Geld ein? Niemand war wirklich verantwortlich, und es hatte sich trotz der neuen »Team«-Terminologie kaum etwas geändert.

1993 führte Lantech ein neues System verantwortlicher Teams ein, die von einem Direktverantwortlichen, Directly Responsible Inidividual (DRI), geführt wurden, der für den Erfolg des Produkts während dessen Lebenszeit ganz klar verantwortlich ist. Der jährliche Planungsprozeß des Unternehmens identifizierte die großen Projekte, die in dem Jahr entwickelt werden sollten, und stufte sie ein. Ein Team verantwortlicher Spezialisten wurde für die beiden primären Projekte ernannt. Das Team bestand aus Vertretern des Marketings, der Maschinenbautechnik, Elektrotechnik, Fertigungstechnik, von Einkauf und Produktion (einschließlich der stundenweise Arbeitenden aus dem *kaizen*-Team der Fabrik, die die Maschine tatsächlich bauen würden, wenn es dazu kommen sollte). Die Teams wurden nebeneinander quartiert und beauftragt, ohne Unterbrechung an dem zugewiesenen Projekt zu arbeiten und nichts anderes zu tun, bis es abgeschlossen ist. Das Meer von kleineren Projekten, die vorher die technische Abteilung vollgestopft hatten, wurde einfach fallengelassen (oder, in der Sprache von Lantech, »deselektioniert«). Wie der Engineering-Direktor bemerkte: »Wir hätten sie sowieso nie zu Ende geführt!«

Ein *kaizen* des Prototypenbaus bei Lantech zeigte, daß ein funktionierender Prototyp für ein erstrangiges Projekt in einer Woche zusammengebaut werden konnte, wenn alle erforderlichen Qualifikationen verfügbar waren, eine Arbeit, die früher drei Monate in Anspruch genommen hätte. Und die Beteiligung des tatsächlichen Produktionspersonals in dem Team identifizierte schnell die Herstellungprobleme, an die die Maschinenbau- und Elektroingenieure niemals gedacht hätten.

Die hauptsächlichen Einwände gegen dedizierte Teams – daß es keinen glatten Arbeitsablauf gäbe, so daß einige Teammitglieder manchmal unterbeschäftigt wären, und daß die Teams in Konkurrenz um knappe Qualifikationsressourcen, die für spezielle Aspekte in der Entwicklung benötigt würden, geraten würden – wurden auf zweierlei Weise überwunden. Erstens ergab es sich, daß die Teammitglieder tatsächlich über viel breitere Qualifikationen verfügten, als ihnen je abverlangt worden waren. (Schließlich hatten sie über Jahre heimlich die Konstruktion untereinander verbessert!) Sie konnten schnell zusätzliche, ganz spezielle Fähigkeiten aufgrund spezifischer Probleme entwickeln. Die Maschinenbauingenieure konnten tatsächlich den Fertigungsingenieuren bei ihrer Arbeit helfen und umgekehrt! Das hieß, daß das Problem des ungleichmäßigen Arbeitsablaufes weitgehend innerhalb des Teams korrigiert werden konnte.

Zweitens stellte sich heraus, daß bereits mit etwas sorgfältiger Planung Konflikte mit dem Bedarf an qualifiziertem Personal weit im voraus identifiziert werden konnten. Der flexible und an den Bedarf angepaßte Einsatz einiger weniger Spezialisten in den Teams konnte das Problem lösen.

Unter dem neuen System der Produktentwicklung sah die Abfolge der Konstruktionsschritte wie in Abbildung 6.7 aus, im Gegensatz zu dem Labyrinth in Abbildung 6.3.

Das erste Produkt aus diesem neuen System zeigte sein dramatisches Potential. Die neue S-Serie, Mitte 1994 eingeführt, war in einem Jahr entwickelt worden (im Vergleich zu vier Jahren für ihren Vorgänger), mit ungefähr der Hälfte der Arbeit, die man vorher für notwendig hielt. (Wie Sie wissen: Es gab keine Verspätungen wegen Personalmangel oder Wartezeiten, keine Rückgaben und keine heimliche Nacharbeit.) Auch die

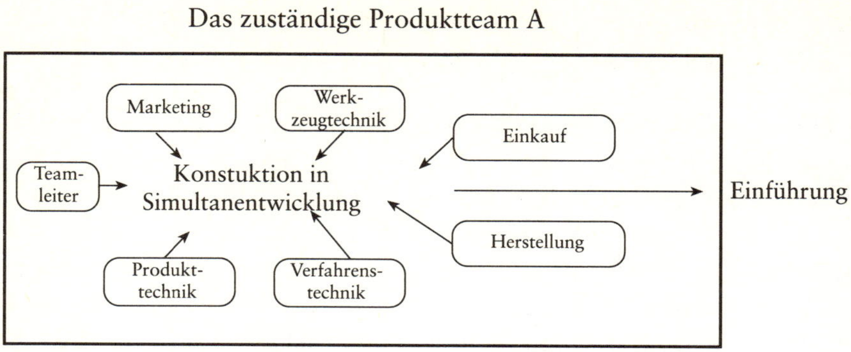

Abbildung 6.7: Der neue Konstruktionsfluß bei Lantech

Produkteinführung verlief viel reibungsloser als in der Vergangenheit, und die Zahl der Reklamationen von den Kunden war nur noch ein Bruchteil dessen, was man bei früheren neuen Produkten erlebt hatte.

Das Ergebnis

Die Umwandlung von Lantech von einem klassischen Massenproduzenten zu einem schlanken Hersteller hat zu einer drastischen Leistungsverbesserung geführt (siehe Tabelle 6.1).

Das Ergebnis, an dem jedes Geschäft in einer Marktwirtschaft jedoch gemessen werden muß, ist die Fähigkeit, genug Gewinn zu machen, um sich selbst zu erneuern. Wenn die Umwandlungen bei Lantech ein Vermögen an Neuinvestitionen gekostet hätten oder die Fähigkeit der Firma gestört hätten, die Kunden zufriedenzustellen, wäre es ein interessanter technischer Versuch gewesen, aber keine Revolution in der Geschäftspraxis.

In Wirklichkeit waren die erforderliche Investitionen gleich Null. Die Werkzeuge wurden zum größten Teil von Arbeitern umgestellt und rekonfiguriert, die von ineffizienten Produktionsaufgaben abgezogen werden konnten. Die Neuordnung der Verwaltung und des Entwicklungsprozesses wurde weitgehend auf dieselbe Weise durchgeführt. Auf jeder Stufe wurden weniger Computer, weniger Raum und weniger teure Werkzeuge gebraucht. Und die Wirkung auf den Kunden war dramatisch: Der Marktanteil für Streckverpackungsanlagen von Lantech stieg

Tabelle 6.1: Schlanke Transformation bei Lantech

	Losfertigung und Warteschlangen/1991	Fließfertigung/ 1995
Entwicklungszeit für eine neue Produktfamilie	3-4 Jahre	1 Jahr
Arbeiterstunden pro Maschine	160	80
Herstellungsfläche pro Maschine	9,3 qm	5,1 qm
Ausgelieferte Fehler pro Maschine	8	0,8
Wert des Lagerbestandes an unfertigen und fertigen Waren in Dollar*	2,6 Mio. Dollar	1,9 Mio. Dollar
Produktionsdurch-satzzeit	16 Wochen	14 Std. – 5 Tage
Vorlaufzeit der Produkt-auslieferung**	4-20 Wochen	1-4 Wochen

* Der Absatz verdoppelte sich während dieses Zeitraumes. Wenn Lantech das traditionelle Verhältnis von Umsatz zu Lagerbestand konstant gehalten hätte, wären 5,2 Millionen Dollar Lagerbestand für das Umsatzvolumen von 1995 notwendig gewesen.

** Die Vorlaufzeit der Produktauslieferung ist der Zeitraum, den der Kunde warten muß, bis sein Produkt ausgeliefert werden kann. 1991 war der Großteil dieser Zeit Fertigungszeit im Produktionssystem. 1995 war es die Wartezeit auf freie Produktionskapazität, als der Umsatz von Lantech stieg.

von 38% im Jahre 1991 auf 50% im Jahre 1994. Die großen Betriebsverluste von 1991 wurden in solide Gewinne im Jahr 1993 sowie in eine branchenführende Finanzleistung im Jahre 1994 umgewandelt.

Arbeit als »Flow«

Wir haben in Kapitel 3 erwähnt, daß das erneute Überdenken der Arbeit in Übereinstimmung mit schlanken Prinzipien das Potential für sehr ausgedehnte psychologische »Flow«-Erlebnisse produziert. Die Arbeiter in den Fertigungszellen bei Lantech können jetzt den gesamten Arbeitsablauf vom Rohmaterial bis zur fertigen Maschine überblicken. Taktzeit, Standardarbeit und visuelle Kontrolle (einschließlich der ausgehängten Arbeits-Charts für alle Aufgaben) vermitteln ein direktes Gefühl dafür, wie die Arbeit voranschreitet. Mehrfachqualifizierung und Jobrotation machen vollen Gebrauch von den Qualifikationen der Arbeiter. Die häufige Wiederholung von *kaizen*-Maßnahmen (wie wir sie in Kapitel 5 für Perfektion beschrieben haben) bietet eine Gelegenheit, sich aktiv an der Arbeitsgestaltung zu beteiligen. Die konstante Eliminierung von *muda* und die Freisetzung der Arbeiter in den Zellen, wenn effizientere Methoden entdeckt werden, machen die Arbeit zu einer ständigen Herausforderung. Das Förderband steht nur selten, und es gibt nur selten plötzliche Situationen, in denen etwas vollkommen anderes gemacht werden muß, weil eine Krise zu bewältigen ist.

Die Situation in der Verwaltung ist sehr ähnlich. Visuelle Kontrolle in der Auftragsbearbeitung macht jedem deutlich, wo Lantech steht. Das neue Auftragseingangssystem, bei dem ein Mitarbeiter den ganzen Vorgang bearbeiten kann, macht es möglich, direkte Ergebnisse zu erhalten. Der *kaizen*-Prozeß in der Verwaltung verschmilzt Theorie und Praxis, Planen und Handeln, genauso wie in der Fabrik.

Schließlich vermittelt die neue Entwicklungsarbeit ein echtes Gefühl von Feedback, weil alle an der Projektarbeit Beteiligten im selben Raum arbeiten und die Projekte schnell realisiert werden. (Früher wurde der größte Teil der Entwicklungsaktivitäten niemals beendet, weil die Marktbedingungen sich geändert hatten, bevor der schwerfällige Entwicklungsprozeß abgeschlossen werden konnte. Wir sind über viele Jahre hinweg bei vielen unterschiedlichen Firmen auf dasselbe Phänomen gestoßen.) Die Mitarbeiter reagieren positiv auf den Erwerb neuer Fertigkeiten. Sie werden ermutigt, alle ihre Qualifikationen einzusetzen. Die Abwesenheit von Unterbrechungen und Konflikten darüber, welche Arbeit als nächstes zu machen ist, hat sich als große Erleichterung herausgestellt.

Bob Underwood charakterisiert die heutige Situation im Vergleich zur jüngsten Vergangenheit folgendermaßen: »Wir haben früher in der Dunkelheit gelebt. Jetzt haben wir Licht.«

Es wäre jedoch unzutreffend, Lantech als eine Art Paradies zu charakterisieren. Und helles Licht tut manchmal den Augen weh. Die Reorganisation der Arbeit als kontinuierlicher Ablauf scheint zu einer allgemeinen psychologischen Zufriedenheit in der täglichen Arbeit geführt zu haben, aber sie hat auch das Bedürfnis nach konstantem Wandel hervorgerufen. »Kaum hatten wir gerade etwas glatt ans Laufen gekriegt, wurde es wieder Zeit, es erneut zu verbessern.« Diesen Satz kann man oft hören. Es ist klar, daß jede Veränderung mindestens unterschwellig Risiken in sich trägt: »Wird Lantech wirklich zu seinem Wort stehen und die überflüssigen Arbeiter behalten? Wird mein Beitrag zu Verbesserungsmaßnahmen erkannt und belohnt?« Am wichtigsten ist vielleicht, daß sich viele Arbeiter folgendes fragen: »Welchen Einfluß wird der Wandel auf meine Karriere nehmen? Bewege ich mich auf ein Ziel hin, oder fliege ich nur eine Warteschleife, während Lantech prosperiert?«

Das sind alles wichtige Fragen, denen sich die Firmen stellen müssen, wenn sie den ersten Sprung zum schlanken Denken machen. Wir werden darauf in Teil III über die Herausforderung beim Aufbau eines Lean Enterprise zurückkommen.

Der letzte Schritt

Ein Schritt in der Umwandlung von Lantech zu einer fließenden Organisation muß noch diskutiert werden. Im April 1995 beförderte sich Pat Lancaster selbst auf die neue Position des Chairman (im Alter von zweiundfünfzig). Er trat vom Tagesgeschäft zurück und übergab seinen CEO-Job an seinen Sohn Jim. Jetzt startet er einen neuen kreativen Prozeß und denkt erneut über den Wert seiner Produkte für die Kunden nach.

Die schlanke Transformation bei Lantech war in einer wichtigen Hinsicht einfach gewesen, weil die Kunden mit den vorhandenen Streckverpackungsmöglichkeiten hinsichtlich Leistung, Preis und Service einigermaßen zufrieden waren. Das heißt, ihr Wert stand für sie nicht in Frage, und Lantech konnte sicher den ersten Schritt schlanken Denkens überspringen, der im ersten Kapitel beschrieben wurde.

Jedoch hat sich Lantech auf eine überaus ironische Weise selbst erneuert. Man hat die Stapel und die mit ihnen verbundene *muda* aus Konstruktion und Produktion eines Produktes verbannt, dessen einzige Verwendung die Verpackung von ... Stapeln ist! Streckverpackungsanlagen dienen der schnellen und effizienten Verpackung von großen Warenpaletten, die in komplexen Produktions- und Vertriebsketten von Firma zu Firma transportiert werden.

Pat Lancaster hat deshalb einen neuen strategischen Versuch gestartet, um die Verpackungsart neu zu überdenken, die seine Kunden in der entstehenden Welt der Produktion kleiner Losgrößen mit Einzelstückfertigung und richtig lokalisierter Einrichtungen brauchen werden. Lantech muß darauf mit Fertigungsmaschinen der richtigen Größe und der richtigen Aufgabe vorbereitet sein, die man wahrscheinlich in der Zukunft braucht, um den gewünschten Wert für die Kunden zu liefern.

Jenseits des einfachen Falles

Lantech ist ein schlagendes Beispiel dafür, was passiert, wenn ein kleines amerikanisches Unternehmen dafür sorgt, daß die Wertschöpfung glatt fließt, wenn sie vom Kunden beim Streben nach Perfektion nachgefragt wird. Darüber hinaus gibt es nichts Magisches. Jedes Kleinunternehmen kann den Umwandlungsschritten folgen, die gerade beschrieben wurden.

Lantech ist jedoch ein einfacher Fall. Pat Lancaster ist ein leidenschaftlicher Investor und nicht an den leidenschaftslosen Aktienmarkt gebunden. Er hat die Macht, als ein Change Agent etwas »durchzuziehen«. Lantech hat nur eine Fabrik, und das Management kennt immer noch jeden beim Namen. Die Produktpalette ist relativ simpel, nur vier Varianten eines Basismodells. Die Belegschaft ist relativ jung und hat nie ein Interesse daran gezeigt, sich gewerkschaftlich zu organisieren, um gegen das Management Front zu machen.

Die Welt ist voll von kleinen Firmen wie Lantech (die für einen einzelnen oder eine kleine Gruppe, mit den Kompetenzen und der Energie für eine schlanke Umwandlung, sehr lohnenswert sein können). Der Großteil der industriellen Arbeit in fast allen Ländern findet aber in viel größeren, komplexeren Unternehmen statt. Wie kann ein größeres und traditionelleres Unternehmen eine schlanke Revolution durchführen?

Kapitel 7

Ein schwierigerer Fall

Art Byrne aus West Hartford, Connecticut, hat jeden Tag den Vorsitz bei seinen eigenen Vereinten Nationen. Im Hauptwerk der Wiremold Company, deren President und CEO er ist, sitzen Vertreter aus 24 Nationen. Ein wesentlicher Teil der Belegschaft ist im Ausland geboren, und 30 Prozent haben eine andere Muttersprache als Englisch.

Die polyglotte Belegschaft von Wiremold produziert eine Reihe von Produkten, die Art Byrne als »herrlich banal« beschreibt: Kabelleitsysteme, die komplexe Verbindungen aus Strom-, Telefon- und Datenkabeln durch die Gebäude führen, und Stromschutzvorrichtungen wie Überspannungsregler, die sensible elektronische Anlagen vor Spannungsschwankungen schützen.

Die Arbeiter von Wiremold benutzen einfache Produktionsmaschinen – Plastikspritzgußmaschinen, Stanz- und Walzmaschinen – zur Herstellung von Produkten für einen gesättigten und hart umkämpften Markt. Die Belegschaft ist in der International Brotherhood of Electrical Workers organisiert, einer der traditionsreichsten Gewerkschaften in Amerika. Das Hauptwerk wurde in den 1920er Jahren gebaut und wurde über die Jahre durch ein Sammelsurium kleiner Anbauten erweitert, wodurch ein kontinuierlicher Ablauf und Transparenz nur schwer zu erreichen waren.

Kurz, Wiremold ist ein typischer Fall des »Schornstein«-Amerika: ein Low-tech-Produkt, von einer gewerkschaftlich organisierten, immigrierten Belegschaft in fortgeschrittenem Alter und mit begrenzten Fähigkeiten mit Low-tech-Werkzeugen in einem alten Fabrikgebäude hergestellt. Es ist die Art von Firma, die in den letzten zwanzig Jahren große Schwierigkeiten mit der Weltkonkurrenz gehabt hat.

Als Art Byrne im September 1991 anfing, steckte Wiremold in einer tiefen Krise: rückläufige Umsätze, verkommene Produktionsmittel und praktisch kein Gewinn. Vier Jahre später hat das Unternehmen mit derselben Belegschaft seinen Umsatz mehr als verdoppelt, die Löhne erhöht, den Zustand der Fabrik verbessert, ist auf permanenten Wachstumskurs gegangen und außerordentlich profitabel geworden. Die Geschichte ist ein Lehrstück im Schlankmachen der amerikanischen Industrie.

»Wir haben uns mit JIT fast selbst umgebracht«

In den späten 1970er Jahren wurde das Familienunternehmen Wiremold, ein seit 1900 erfolgreicher Hersteller von Kabeln, in ein von einem professionellen Management geführtes Unternehmen umgewandelt. Man stellte sich in den Worten des langjährigen Finanzchefs Orrie Fiume die Frage: »Wer wollen wir sein, wenn wir expandieren?« Das Geschäft mit Kabeln schien kein Wachstumspotential zu haben. Deshalb entschied man sich dazu, in das Geschäft mit Spannungsreglern einzusteigen. Das sind die allgegenwärtigen Vorrichtungen, die im allgemeinen auf dem Boden unter dem Schreibtisch angebracht sind, um den PC vor Stromschwankungen zu schützen.

Der einfachste Weg schien eine Akquisition zu sein. Nach einigem Suchen wurde 1988 die Firma Brooks Elektronics in North Philadelphia in Pennsylvania erworben. Brooks brachte nicht nur eine etablierte Marktposition mit, sondern auch eine enge Bekanntschaft mit W. Edward Deming. President Gary Brooks hatte Anfang 1980 das Total Quality Management (TQM) von Deming übernommen und eine Bekanntschaft mit Deming angeknüpft. Nicht nur das gesamte Management, sondern auch die Hälfte seiner gesamten Belegschaft wurden in die einwöchigen Seminare von Deming geschickt.

Mit dem Aufkauf von Brooks wurde auch das TQM bei Wiremold übernommen. Das Management wurde schon bald zu den Seminaren von Deming angemeldet. Orrie Fiume bemerkt dazu: »Die vierzehn Punkte von Deming paßten perfekt zu unseren Werten, und wir alle liebten diese Prinzipien. Es gab nur ein Problem: Deming lehrte das, was er ›Managementtheorie‹ nannte oder was ich Philosophie des Wandels nenne. Und diese ging, wie es bei vielen guten Managementtheorien der Fall ist, entschieden zuwenig auf Fragen der Implementation der Details ein.«

1989 war Wiremold zu einem intensiveren Versuch der Implementation bereit. Man schickte den Vice President of Operations zu Besichtigungen in japanische Fabriken. Er kam begeistert vom Konzept des Just-in-Time (JIT) zurück und nahm sofort den Abbau der Lagerbestände und die Reduktion der Losgröße in Angriff. Er konnte keinen Flow und Pull bei der Verkürzung der Umrüstzeiten der Werkzeuge und keine angepaßten Kapazitäten einführen, weil niemand wußte, wie.

Orrie Fiume erinnert sich: »Unser Kundendienst ging *völlig* vor die Hunde. Wir entdeckten bald, daß unser MRP vor Jahren bei der Berechnung des Sicherheitsbestands eine 50prozentige Zusatzspanne hinzugefügt hatte. Wir entdeckten auch, daß unsere Abhängigkeit von sehr großen Losen und immens hohen Lagerbeständen nicht nur bedeutete, daß wir langsame Werkzeugumrüstungen zulassen konnten, sondern daß wir auch bei der Werkzeugwartung sparen konnten. Wenn ein Werkzeug in einer Maschine eingerichtet wurde und ein Defekt entdeckt wurde, war genug Zeit, es zur Reparatur zu geben und zurückzuhaben, bevor tatsächlich unsere Teile zu Ende gingen. Unsere Werkzeuge waren in einem erschreckend schlechten Zustand, ohne daß das Management jemals bemerkt hätte, was da passierte.«

Zwischen 1989 und 1991 rutschte Wiremold beständig von Spitzengewinnen in rote Zahlen. Ein Teil des Problems waren Umsatzverluste aufgrund von Lieferschwierigkeiten, aber der Gesamtumsatz ging nur um einige Prozent zurück. Das eigentliche Problem waren die Kosten, denn Wiremold bezahlte die Expreßfracht, stellte zusätzliches Kundendienstpersonal ein, um den Kunden zu erklären, warum mit Verspätung geliefert wurde, und bezahlte für die Reparatur seiner Werkzeuge. Fiume bemerkt dazu ironisch: »Wir haben uns mit JIT fast selbst umgebracht, weil wir es falsch machten.«

1991 ging der langjährige President in Ruhestand, und man konnte sich auf die Suche nach einem neuen Chief Executive machen, der wirklich ein schlankes System einführen konnte. Fiume dazu: »Sie denken vielleicht, daß wir einfach zurückgegangen sind zu großen Losen und riesigen Lagerbeständen. Aber irgend etwas hat sich in unseren Köpfen permanent verändert, weil wir Deming und die Rudimente des schlanken Ansatzes kennengelernt hatten. Wir dachten überhaupt nicht daran, auf den alten Weg zurückzukehren. Statt dessen versuchten wir, jemanden zu finden, der den neuen Weg ebnen konnte.«

Der Change Agent

Art Byrne ging 1982 »ein Licht auf«, als er General Manager bei einer kleinen Geschäftseinheit, der High Intensity and Quartz Lamp Division innerhalb der riesigen General Electric Corporation, war. Einer seiner Produktionsleiter hatte eine Studienreise zu Toyota gemacht und war mit erstaunlichen Geschichten über Abbau von Lagerbeständen aufgrund von JIT zurückgekommen. Byrne las die verfügbare Literatur und machte dann eine eigene Reise. Er war bald davon überzeugt, JIT eine Chance zu geben. Bei einer der ersten Anwendungen von JIT bei GE konnten Byrne und seine Kollegen den Bestand an unfertigen Teilen in ihrer Geschäftseinheit von vierzig Tagen auf drei Tage reduzieren. »Es war wie ein Wunder«, erinnert er sich.

Byrne hatte kein Problem mit JIT, sondern mit GE. »Ich haßte diese ›Monats‹-Mentalität, wo alles auf der Basis kurzfristiger Finanzleistungen beurteilt wurde, und ich war davon überzeugt, daß man mir nie die viel schwierigeren nächsten Schritte bei der Schaffung einer schlanken Organisation erlauben würde. Ich wußte auch, wenn du versuchst, einen kontinuierlichen Fluß aufzubauen, wird es für zwei Schritte, die man vorankommt, immer einen Schritt zurück geben. Ich hatte meine Zweifel, ob die Managementkultur der Direktergebnisse bei GE damit fertig würde.«

So wurde Byrne Group Executive der Chicago Pneumatic Tool Company, eines Herstellers kleiner druckluftbetriebener Werkzeuge für Industrieanwender. Er war 1986 jedoch kaum bei Chicago Pneumatic, als das Unternehmen von der Danaher Corporation (von der wir schon in Kapitel 6 gehört haben) übernommen wurde. Art Byrne wurde schon bald die Verantwortung für acht Unternehmen von Danaher übertragen.

Das Wissen

Eine der Danaher-Firmen im Portfolio von Byrne war die Jacobs Equipment Company (allgemein als Jake Brake bekannt) in Bloomfield, Connecticut. Vice President für Verkauf und Marketing dieser Firma war George Koenigsaecker[1], ein besonders eifriger Verfechter schlanker Ideen, der zahlreiche Studienreisen nach Japan unternommen hatte, unter anderem auch zu Toyota, und der jedes Buch und jeden Artikel über schlanke Produktion las, die er finden konnte.

Als er Ende 1987 zum President von Jake Brake befördert wurde, machten sich Koenigsaecker und sein neuer Vice President of Operations Bob Pentland[2] an die Umstellung der Maschinen. Sie rissen Förderbänder heraus (die wirklich ganze Lagerhäuser beförderten) und bauten die ersten Zellen zur Fertigung von LKW-Motorteilen in einer Einzelstück-Fließfertigung. Sie erzielten dramatische Ergebnisse, aber weder Koenigsaecker noch Pentland hatten das Gefühl, daß sie genug wußten. Sie waren ständig auf der Suche danach, wie sie mehr lernen könnten.

Anfang 1988 erfuhr Koenigsaecker, daß ein einwöchiges Seminar und eine *kaizen*-Maßnahme über das Produktionssystem von Toyota im Hartford Graduate Center und in der Fabrik eines nahe gelegenen Unternehmens stattfinden sollten. Er, Pentland und Byrne entschieden sich für eine Teilnahme. Der Organisator des Kurses war Masaaki Imai, der später mit seinem Buch *Kaizen* sehr berühmt wurde. Die anderen Dozenten waren Yoshiki Iwata, Akira Takenaka und Chihiro Nakao von der Shingijutsu-Beratergruppe in Japan. Keiner aus der Danaher-Gruppe hatte je von ihnen gehört.

Nachdem die Delegation von Danaher den ersten Tag der Präsentation von Shingijutsu über TPS zugehört und entdeckt hatte, daß diese jahrelang als Schüler von Taiichi Ohno bei dessen Bemühungen, schlankes Denken unter der Zulieferergruppe von Toyota und darüber hinaus zu verbreiten, gearbeitet hatten, glaubte man, auf etwas gestoßen zu sein. Koenigsaecker wandte sich an die Dozenten wegen eines Besuchs bei Jake Brake.

Bob Pentland erinnert sich: »Wir waren nie vorher einem japanischen Lehrer oder *sensei* begegnet. Wir waren nicht darauf vorbereitet, eine kalte Dusche zu bekommen. Iwata sagte einfach ›Nein‹ und ging weiter. George hat allerdings eine einzigartige Hartnäckigkeit, und er versuchte es weiter bei Iwata. Zuerst beim Mittagessen, dann bei der Kaffeepause am Nachmittag und dann abends. Jedesmal, wenn er seine Frage über Itawas Dolmetscher vorbrachte, war die Antwort ein schroffes ›Nein‹. Am nächsten Tag versuchte er es erneut, vor dem Seminar, beim Mittagessen und während der Kaffeepausen. Endlich, am Ende des zweiten Tages, stimmten Iwata und seine Kollegen zu, mit zum Dinner zu gehen. Sie dachten wohl, daß George dann vielleicht zu fragen aufhören würde.

In der Minute, wo wir uns an den Tisch setzten, rollte ich einen Plan unserer Fabrik mit der neuen Einzelstück-Fließfertigungzelle aus (identisch mit denen von Lantech, die in Kapitel 6 beschrieben sind), die wir gerade aufgebaut hatten. Ich legte ihn direkt vor Iwata auf den Tisch und fragte ihn, ob wir auf dem richtigen Weg seien. Es gab ein langes, kaltes Schweigen. Schließlich sagte Iwata: ›Wenn ich in Ihre Fabrik komme, werden Sie *alles tun*, was ich Ihnen sage?‹ George und ich antworteten: ›Natürlich.‹ Iwata antwortete: ›Wenn das stimmt, dann rollen Sie Ihre Zeichnung zusammen, lassen Sie mich mein Dinner in *Ruhe* essen, und ich komme heute abend mit Ihnen in Ihre Fabrik.‹«

Als sie gegen zehn Uhr abends in der Fabrik ankamen, warf das japanische Team einen Blick auf die Zelle und erklärte sie für insgesamt »nicht gut«. Sie erklärten, daß die Zelle unter anderem rückwärtsgerichtet angelegt sei (die Arbeit sollte gegen den Uhrzeigersinn fließen) und daß es notwendig sei, die Maschinen sofort umzustellen. Koenigsaecker und Pentland hatten keine Vorbereitungen für diesen Besuch getroffen, und sie wußten, daß ihre Gewerkschaftsführer außer sich sein würden über die abrupten Änderungen (was sie auch waren). Aber es war auch klar, daß dies der Test war: »Würden wir sofort genau das tun, was sie uns sagten?« So packte jeder mit an, um die Zelle umzugruppieren, und gegen zwei Uhr morgens lief alles wieder, und zwar mit weit besseren Ergebnissen als vorher.

Nach dieser Einführung in »Just-do-it« der schlanken *sensei* wußte Koenigsaecker, daß er eine neue Welt betreten hatte. »Meine ganze Vorstellung davon, wieviel Verbesserungen in einer bestimmten Zeit möglich sind, wurde grundsätzlich und auf Dauer geändert. Ich erkannte auch, daß diese Jungs für die Danaher-Gruppe eine Goldgrube sein konnten.«

Koenigsaecker und Pentland nahmen an, daß sie den entscheidenden Test bestanden hatten und daß es einfach sei, eine Beratung zu arrangieren. Insofern waren sie bestürzt, als Iwata sich aus der Fabrik aufmachte, nachdem die Zelle funktionierte, und erklärte, daß er getan hätte, was er konnte, daß aber die Manager von Jake Brake hoffnungslose »Quadratköpfe« seien und er ihnen nicht weiterhelfen könne.

Zufälligerweise stieß die *kaizen*-Maßnahme, die in derselben Woche bei einer anderen Firma im Gebiet von Hartford durchgeführt wurde, auf den Widerstand von deren Management, das es ablehnte, irgend etwas von dem zu tun, was der *sensei* verlangte. Am Freitag fragte die Delegation von Danaher nochmals um Hilfe nach. Diesmal antwortete Iwata, daß die Manager von Danaher keine Idee hätte, wie sie ihr Geschäft durchführen sollten, daß aber bei ihnen im Vergleich zu den anderen amerikanischen Managern, die sie gerade kennengelernt hatten, doch noch etwas Hoffnung bestünde. Er und seine Kollegen sagten aber auch, daß sie schon zu alt seien, um noch Englisch zu lernen, und daß Amerika zu weit weg sei.

Art Byrne gab nicht auf und arrangierte kurze Zeit später ein Treffen in Japan. Nachdem er zum drittenmal nach Hilfe gefragt hatte, erhielt er endlich die Zustimmung für einen einwöchigen Versuch, ob es Danaher wirklich ernst wäre.

Der erste Tag des Tests fand bei der Jacobs Chuck Company statt, einer anderen Tochtergesellschaft von Danaher in Charleston, South Carolina, die Bohrfutter für kleine Elektrobohrmaschinen herstellte, wie sie die meisten von uns in ihrem Werkzeugkasten haben, aber auch für Industriemodelle. Byrne und Dennis Claramunt, der President von Jacobs, dachten, daß sie mit einem einstündigen Fabrikrundgang anfangen könnten. Nach fünf Minuten verkündeten Iwata, Takenaka und Nakao, daß sie genug gesehen hätten. »Alles ist nicht gut«, ließen sie durch ihren Dolmetscher sagen. »Wollen Sie es jetzt in Ordnung bringen?«

Sofort wurden zwei Teams gebildet, eines mit Iwata, um an der Endmontage zu arbeiten, und das andere mit Takenaka und Nakao, um sich an die maschinelle Fertigung der Stahlteile für die industriellen Bohrfutter von Jacobs zu machen. Byrne und Claramunt folgten Iwata, wurden aber schon bald von den Fertigungsingenieuren unterbrochen, die außer sich waren, weil Takenaka und Nakao verlangten, daß alle schweren Maschinen zur Fertigung der Bohrfutter während ihrer Mittagspause umgestellt werden sollten.

Claramunt teilte den Ingenieuren mit, daß sie Takenaka und Nakao machen lassen sollten, was diese wollten, und ging dann nach dem Mittagessen mit Byrne in den Fertigungsbereich, um zu sehen, was los sei. Mit hochgekrempelten Ärmeln und Montiereisen in der Hand arbeiteten

Takenaka und Nakao wild daran, die großen Maschinen von ihren Standorten in die richtige Reihenfolge für eine Einzelstück-Fließfertigung zu bringen, während die Ingenieure von Jacobs und der Rest der Belegschaft mit offenem Mund herumstanden.

Auf einer Ebene war es reines Theater. Die japanischen Besucher wußten sicherlich, welche außergewöhnliche Szene sie verursachten. Aber auf einer anderen Ebene brachen sie die bürokratische, nach Abteilungen aufgegliederte und auf Massenproduktion eingestellte Vergangenheit von Jacobs auf. Byrne erinnert sich: »Indem sie selbst die Maschinen in nur wenigen Minuten bewegten – viele waren über Jahre nicht umgestellt worden, und die Manager von Jacobs hätten noch nicht einmal im Traum daran gedacht, irgendeine Maschine selbst anzufassen –, demonstrierten sie, wie man Fließfertigung erzielen kann und wozu entschlossene Menschen in der Lage sind. Weder Dennis noch irgendeiner der restlichen Belegschaft war danach wieder derselbe. Sie legten alle ihre Vorbehalte ab und machten sich an die Arbeit.«

Danaher hatte den Test bestanden, und die japanischen Berater waren damit einverstanden, intensiv für Danaher als ihren exklusiven nordamerikanischen Kunden zu arbeiten. »Mit unseren *sensei* an Bord und der vollen Rückendeckung der Rales-Brüder, als diese die Ideen Mitte 1989 aufgriffen, hatten wir das Wissen und die Autorität, um den schlanken Ansatz weiter und weiter zu verbreiten.«

1991 hatte Art Byrne mit spektakulären Ergebnissen die schlanke Produktion auf ganzer Linie in den acht Unternehmen seiner Gruppe eingeführt. Er war auch an der Vorbereitung des schlanken Ansatzes in den fünf anderen Unternehmen von Danaher beteiligt, die von John Cosentino geführt wurden, der zum richtigen Fanatiker wurde. Der Transmissionsriemen war die von Byrne eingeführte Innovation des »Presidents'-*kaizen*«. Dieser Schritt verlangte von allen Presidents der Unternehmen von Danaher und ihren Vice Presidents of Operations, daß sie alle sechs Wochen an einer dreitägigen *kaizen*-Maßnahme in einer Fabrik von Danaher praktisch teilnahmen. Sie bewegten selbst die Maschinen, und in vielen Fällen lernten sie die konkrete Fabrikarbeit und das Auftrags- und Planungssystem zum erstenmal kennen. (Eines dieser Unternehmen war Hennessey Industries, wo Ron Hicks, dem wir im letzten Kapitel begegnet sind, für die Umwandlung von »Quadratköpfen« in schlanke Denker aufgrund seiner Erfahrungen bei den *kaizen*-Maßnahmen für die Presidents sorgte.)

Byrne wurde jedoch immer rastloser. Er wollte, wie die meisten Change Agents, Chef seiner eigenen Show sein. Aber die Spitzenjobs im familienkontrollierten Unternehmen Danaher waren nicht frei. Bei Wiremold, am anderen Ende von Hartford, hatte man von der Arbeit von Byrne bei Danaher gehört, und man kam zu einer Übereinkunft.

Die Schlankheitskur von Wiremold

Als Byrne im September 1991 bei Wiremold anfing, fand er das vor, was er erwartet hatte: eine klassische Losproduktion, stapelförmige Auftragsabwicklung und Produktentwicklung. Es dauerte vier bis sechs Wochen, bis aus dem Rohmaterial fertige Produkte wurden. Die Erledigung von Aufträgen dauerte bis zu einer Woche. Neue Produkte, sogar wenn es sich nur um Veränderungen bestehender Teile handelte, erforderten vom Konzept bis zur Einführung zweieinhalb bis drei Jahre. Die Folge davon war, daß jedes Jahr nur zwei oder drei neue Produkte auf den Markt kamen. Überall gab es dicke Abteilungs- und Funktionsmauern, die die Wertschöpfung eindämmten und einen Durchblick unmöglich machten.

Byrne erkannte schnell, daß er durch die Anwendung schlanker Techniken den derzeitigen Umsatz mit der Hälfte des Personals und der Hälfte an Fertigungsfläche halten könnte. Angesichts der finanziellen Lage mußte er sofort handeln. Deshalb nahm er als erstes das Personalproblem in Angriff.

Was tun mit den freigesetzten Mitarbeitern und mit den Hemmschuhen?

Im November 1991 verkündete Art Byrne, daß die Mannschaft zu groß sei, um das Schiff über Wasser zu halten. Er bot großzügige Vorruhestandsregelungen für die Älteren aus der Belegschaft in den Fabriken und aus der Verwaltung an. Obwohl er der Meinung war, daß nur die Hälfte des Personals notwendig war, setzte er das Ziel für den Personalabbau auf 30 Prozent, da er wußte, daß bei einem Umsatzwachstum die restlichen überzähligen Mitarbeiter gebraucht würden, nachdem er das Produktentwicklungssystem auf Vordermann gebracht haben würde.

Fast alle qualifizierten Arbeiter machten von dem Ruhestandsangebot Gebrauch, aber nur ein kleiner Teil des Verwaltungspersonals. Art und Judy Seyler, Vice President für Personal, führten deshalb eine »Enthierarchisierung« durch. Sie klassifizierten jede Tätigkeit im Management nach folgenden Kriterien:

- wertschaffend (definiert als die Fähigkeit von Wiremold, die Kosten des Jobs an seine Kunden weiterzugeben),
- nicht-wertschaffend (vom Standpunkt des Kunden aus), aber derzeit zur Führung des Geschäftes notwendig (beispielsweise der Umweltexperte, der dem Unternehmen bei der Einhaltung der staatlichen Auflagen hilft, *muda* Typ I), oder
- nicht-wertschaffend und überflüssig (*muda* Typ II).

Dann klassifizierten sie jeden Manager nach den folgenden Aspekten:

- fähig, zur Wertschöpfung beizutragen,
- fähig, nach einer Schulung zur Wertschöpfung beizutragen, oder
- unfähig, sogar mit Schulung zur Wertschöpfung beizutragen (normalerweise deswegen, weil sie ihre Einstellungen zur Organisation der Arbeit nicht ändern wollen).

Aufgrund jahrelanger Erfahrungen im Aufbau schlanker Organisationen kam Art zu dem Ergebnis, daß ungefähr 10 Prozent des bestehenden Managements das neue System nicht annehmen würden. »Schlankes Denken hat stark korrodierende Wirkungen auf die Hierarchie, und manche Menschen können sich einfach nicht entsprechend darauf einstellen. Man muß für diese Hemmschuhe einen anderen Arbeitsplatz finden – es gibt noch genug Hierarchien in der Welt –, oder die ganze Aktion wird scheitern.«

Die Jobs aus den ersten beiden Kategorien wurden deswegen mit Managern aus den ersten beiden Kategorien besetzt, um eine neue Organisationsstruktur aufzubauen (siehe Abbildungen 7.1 und 7.2), mit einem neuen Satz von Spielern. Mitarbeitern, die keine angemessene Arbeit fanden, wurde eine großzügige Abfindung gezahlt. Innerhalb von dreißig Tagen nach Arts Ankunft waren die neue Struktur und Aufgabenverteilung eingeführt. Nur einer wurde neu eingestellt, nämlich Frank Giannattasio, der neue Vice President of Operations.

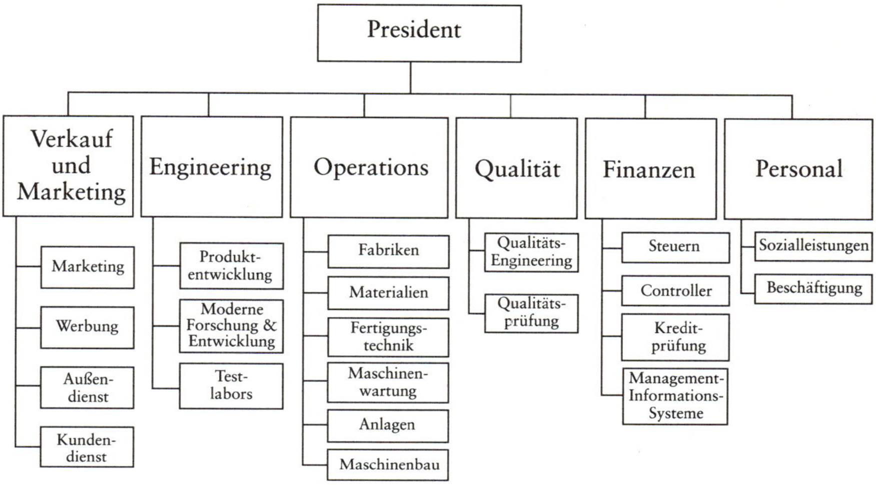

Abbildung 7.1: Alte Organisation von Wiremold

Wenn Judy Seyler auf dieses Ereignis zurückblickt, dann stellt sie fest, daß es in einer hierarchischen, paternalistischen Organisation ungeheuer traumatisch war, in der nie jemand aufgefordert worden war zu gehen. »Obwohl die Kosten sehr hoch waren, besonders wegen der ausbleibenden Gewinne, war Art entschlossen, großzügig mit den Leuten umzugehen, während er gleichzeitig klarmachte, daß alle in der Zukunft zur Wertschöpfung beitragen und auf eine andere Art zusammenarbeiten müssen.«

Als der Personalabbau abgeschlossen war, berief Art Byrne eine Belegschaftsversammlung der Muttergesellschaft ein und verkündete, daß niemand seinen Arbeitsplatz als Folge der Verbesserungsmaßnahmen verlieren würde, mit denen sofort begonnen würde. »Den schlimmen Teil haben wir hinter uns. Jetzt werden wir alle lernen, wie wir mehr Wert erzeugen, damit wir niemals mehr schlechte Tage erleben.«

Byrne hatte tatsächlich Arbeitsplatzgarantien an seine gewerkschaft-

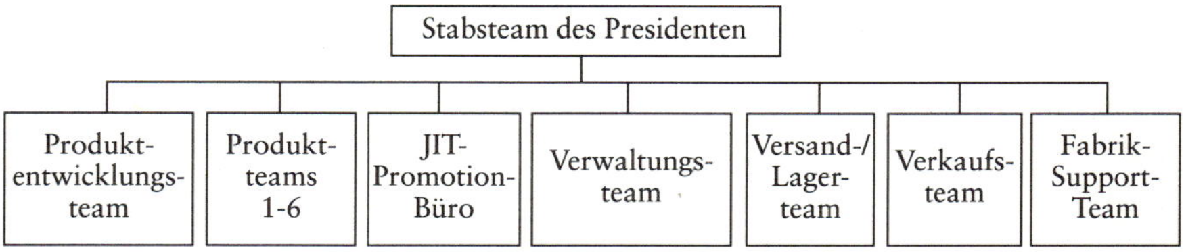

Abbildung 7.2: Neue Organisation von Wiremold

lich organisierte Belegschaft ausgesprochen, ohne irgend etwas dafür zu verlangen, außer Offenheit gegenüber dem Wandel. »Ich bin sicher, daß 99 Prozent der amerikanischen Unternehmen dies nicht tun würden. Aber es gehört zum Kern einer schlanken Umwandlung, den Leuten die Angst vor dem Verlust des Arbeitsplatzes zu nehmen. Denken Sie aus einer menschlichen Perspektive logisch darüber nach, statt nur als irgendein Unternehmensbürokrat. Wenn ich Sie gefragt hätte, ob Sie mir helfen, die Zahl der Mitarbeiter, die zur Herstellung eines bestimmten Produkts notwendig ist, von fünf auf zwei zu reduzieren, und hätte daraufhin drei Leute entlassen, von denen einer Ihr Cousin und ein anderer ein guter Freund gewesen wäre, was hätten Sie mir dann geantwortet, wenn ich Sie einen Monat später dasselbe bei einem anderen Produkt gefragt hätte?«

Schulung der Mitarbeiter in schlankem Denken

Auf der Basis seiner Erfahrung im »Schlankmachen« von acht getrennten Unternehmensbereichen in der Danaher-Gruppe kam Byrne zu dem Schluß, daß die effektivste Maßnahme bei der Umwandlung einer Organisation zu einer schlanken Praxis darin besteht, daß der CEO die ersten Verbesserungsmaßnahmen selbst anführt. »An diesem Punkt scheitern die meisten amerikanischen Unternehmen gleich am Anfang. Die CEOs wollen die Verbesserungsmaßnahmen delegieren, zum Teil weil sie Angst davor haben, in die Produktion, ins Engineering oder die Auftrags- oder Planungsabteilung zu gehen, um selbst Hand anzulegen bei den Verbesserungen. Deshalb lernen sie nie wirklich etwas über den Wandel auf der Ebene, wo der Wert wirklich erzeugt wird. Sie machen weiter mit ihrer alten Art des Managements – den Zahlen –, die alle Verbesserungsmaßnahmen abtötet, von denen sie dachten, daß sie sie eingeleitet hätten. Tatsache ist, daß große Veränderungen großes Vertrauen voraussetzen. Der CEO muß sagen: ›Macht einfach‹, sogar wenn es dem gesunden Menschenverstand zu widersprechen scheint. Wenn der CEO sich die realen Abläufe ansieht und lernt, wie schlecht die Dinge wirklich sind, und das riesige Potential für Verbesserungen sieht, wird er öfter die richtige Entscheidung treffen.«

Da keiner im Unternehmen schlanke Prinzipien verstand, leitete Art

Byrne das erste Training selbst. Er benutzte ein selbstverfaßtes Manuskript und führte zweitägige Kurse über schlanke Prinzipien für 150 Mitarbeiter durch, unmittelbar gefolgt von dreitägigen *kaizen*-Maßnahmen, so daß die Mitarbeiter die gerade erlernten Fähigkeiten anwenden konnten. (Das unterschied sich sehr von den früheren Verbesserungsmaßnahmen bei Wiremold, die als Teil von TQM durchgeführt wurden und wo sich die Verbesserungsteams wöchentlich für ein oder zwei Stunden trafen, meistens um Verbesserungen zu planen, die Wochen oder Monate später implementiert wurden.)

Byrne versammelte dann seine Manager und die Gewerkschaftsleitung und unternahm mit ihnen einen »Büßergang« durch jeden Teil der Fabrik und durch die Engineering- und die Verkaufsabteilung. »Überall gab es *muda*, und meine Manager konnten es jetzt sehen. Ich sagte ihnen, daß wir jeden Prozeß einschließlich Produktentwicklung und Auftragsabwicklung in einen kontinuierlichen Fluß bringen werden und daß wir die Einführung eines Sogsystems (Pull) lernen werden. Ich sagte ihnen auch, daß ich ihnen die bestmögliche Hilfe der Welt geben werde, nämlich Iwata und Nakao, deren Exklusivabkommen mit Danaher abgelaufen war und die jetzt bereit waren, für Wiremold zu arbeiten.«

Jeden Wertstrom wiederholt attackieren

Schon bald waren Hunderte von einwöchigen *kaizen*-Maßnahmen auf dem Weg (und dauern bis heute an), an denen praktisch jeder Mitarbeiter beteiligt ist. Jede Wertschöpfung bei Wiremold wird immer wieder auf Möglichkeiten hin untersucht, sie besser fließen und reibungsloser auf Nachfrage reagieren zu lassen. Wiremold geht davon aus, daß jeder Wertschöpfungsstrom immer durch ein Streben nach Perfektion verbessert werden kann und auf diesem Weg verbessert werden muß. Genauso wichtig ist die Annahme, daß sehr schnell Resultate erzielt werden können, oder anders ausgedrückt: »Wenn man eine größere Verbesserung nicht in drei Tagen erreicht, dann macht man etwas falsch.« Wenn diese Mentalität einmal durch Resultate bestärkt wird – und die Mitarbeiter anfangen zu glauben, daß kein Arbeitsplatz aufgrund von Verbesserungsmaßnahmen je verlorengeht –, dann wird die Verbesserung zu einer selbsttragenden Konstruktion.

Neuschaffung der Produktionsorganisation zur Kanalisierung der Wertschöpfung

Als Art Byrne die Organisation bei Wiremold enthierarchisierte (siehe dazu auch Abbildung 7.2), beseitigte er längst nicht nur nebensächliche Arbeiten und den Schnickschnack, den man sich nicht mehr länger leisten konnte. Er riß die Abteilungsgrenzen ein, um die Anstrengungen aller auf die Wertschöpfung zu konzentrieren. Er schuf zuständige Produktionsteams für jede der sechs Produktfamilien von Wiremold. Die Abteilungen für Einkauf, Herstellung und Planung (MRP) im Operations Department, die Engineering-Abteilung und die »Fertigungsdörfer« (Stanz- und Walzmaschinen, Pressen, Lackiereinrichtungen, Montage etc.) in den Fabriken wurden abgeschafft und ihr Personal den Produktteams zugeteilt, die mit allen für die Produktion einer speziellen Produktfamilie erforderlichen Ressourcen ausgestattet worden waren.

Nehmen wir Tele-Power™ Poles als Beispiel. (Das sind die Stahl- oder Aluminiumsäulen, die in Großraumbüros vom Boden bis zur Decke reichen, mit Steckdosen und Netzanschlüssen für die vielen Workstations. Sie werden in einer großen Vielzahl von Formen, Längen und mit verschiedenen Anschlüssen und in unterschiedlichen Farben angeboten.) Der Teamleiter Joe Condeco hatte die volle Verantwortung, auch für Gewinn und Verlust, für die »Säulen« von Wiremold, und zwar von der ursprünglichen Einführung durch ihr ganzes Produktleben hindurch. Der Teamleiter, die Produktplaner, die Einkäufer, die Fabrikingenieure, die Produktionsvorarbeiter und die Kollegen in der Produktion wurden zusammen im Produktionsbereich der Fabrik plaziert, direkt neben den neu angeordneten Maschinen, die die Säulen in Einzelstück-Fließ-Zellen produzierten.

Das Team bekam seine eigenen Stanzpressen und Walzmaschinen sowie Montage-Equipment, so daß es selbständig war. Vorher war die Montage von der Walzabteilung hinsichtlich der Sockel und Deckel abhängig. Trotz großer Lagerbestände fehlten oft die richtigen Sockel, oder es waren nicht genug Deckel vorrätig. Wenn man dann mehr von einem fehlenden Artikel wollte, bekam man oft folgende Antwort: »Sorry, aber der Masterplan nach unserem MRP-System sieht für uns jetzt die Fertigung anderer Artikel vor. Sie müssen bis nächste Woche warten oder Ihr Problem auf höherer Ebene vortragen.« Heute hat das Tele-Power-Team™ das ganze erforderliche Equipment. *Es gibt keine Entschuldigungen mehr.*

Der neue Rahmen war anfangs ein großer Schock für die Angestellten, die immer in einem entfernten Büro gearbeitet und sich selbst immer von den »Fabrikarbeitern« abgegrenzt hatten. (Bei Wiremold wurde bald eine lockere Kleidung angeordnet, weil Art Byrne der Meinung war, »daß enge Kragen die Blutzufuhr zum Gehirn blockieren und die Teamarbeit verhindern«. Das war ein weiteres Problem für die Büroangestellten, die der Meinung waren, daß eher ihr Aussehen als ihre Kompetenzen und ihre Beiträge sie zu etwas Besonderem machte.) Die Versetzung war auch ein Schock für die Fertigungsspezialisten in den Fertigungsdörfern wie in der Walzabteilung, die traditionell die einschlägigen Tricks für sich behielten. Aber bald schon waren alle mit der neuen Situation zufrieden. Zum ersten Mal konnte man die Wertschöpfung fließen sehen!

Einführung eines schlanken Finanzsystems und einer »Leistungstafel«

Damit die Produktionsteams im Einklang mit den schlanken Prinzipien arbeiteten, mußte Wiremold sein traditionelles System der Standardkostenrechnung ausmisten, welches die Kosten für Arbeits- und Maschinenstunden im Einklang mit dem Massenproduktionsdenken zuteilte. Produktionsmanager wissen aus Erfahrung, daß sie die verteilten Gemeinkosten »absorbieren« müssen, indem sie sie auf so viele Maschinen- und Arbeitsstunden wie möglich verteilen. Dieses System bot einen überwältigenden Anreiz dafür, jeden Arbeiter und jede Maschine ständig zu beschäftigen – »um die Zahlen zu erreichen«. Es wurde für das Lager produziert, sogar wenn dort Waren lagerten, die niemand mehr wollte.

Orrie Fiume erinnert sich: »Die Begriffe Standardkosten und Varianzanalyse wurden direkt nach Ankunft von Art für nichtig erklärt. Wir beschäftigten uns zwar mit dem Activity Based Costing, der Grenzplankostenrechnung, wußten aber, daß es keine Antwort war. Ihre erklärte Absicht ist zwar die Berücksichtigung der Kostenverursacher, aber in Wirklichkeit ist es nur eine andere Methode der Verteilung der Gemeinkosten. Es werden noch zu viele allgemeine Kosten von oben nach unten zugewiesen. Wir waren entschlossen, von unten, bottom up, vorzugehen.«

Der Schlüssel für das neue Vorgehen lag in der Organisation der

Produktion nach Produktfamilien. Danach sollte jedes Produktteam seinen eigenen Einkauf erledigen und seine eigenen Werkzeuge beschaffen. Ein einfaches System könnte dann entworfen werden, um die realen Kosten jeder Produktlinie zuzuordnen. Beispielsweise stammen heute mehr als 90 Prozent der Kosten bei der Herstellung einer Säule von Tele-Power™ aus produktspezifischen Kostenelementen. Nur ein kleiner Teil der Kosten liegt außerhalb der Kontrolle des Teams, vor allem Nutzungskosten für die Fabrikfläche. Und sogar hier ist das Team nur für den Teil verantwortlich, den es auch tatsächlich beansprucht; insofern können Kosten eingespart werden, wenn weniger Fabrikfläche benutzt wird.

Manche Elemente der alten Standardkostenrechnung sind noch im Computer, weil sie für die Bilanz gebraucht werden – beispielsweise der Wert des Warenbestands an unfertigen Teilen. Diese treten jedoch bei der Leistungsbeurteilung der Produktteams in den Hintergrund, die sich statt dessen auf die Herstellungskosten konzentrieren müssen. Die finanztechnische Seite des Abbaus der Lagerbestände während der Umwandlung wurde den Leitern der Produktteams aus Angst, sie würden die falschen Dinge tun, nicht gezeigt.[3]

Als Ergänzung einer einfachen Gewinn-und-Verlust-Rechnung erhielten die Produktionsteams eine neue »Leistungstafel«, die aus einigen einfachen quantitativen Leistungsindikatoren besteht:

- Produktivität des Produktteams (ausgedrückt als Umsatz pro Mitarbeiter),
- Kundenservice (ausgedrückt als Prozentsatz termingerecht ausgelieferter Produkte),
- Lagerumschlag, und
- Qualität (ausgedrückt durch die durch das Team verursachten Fehler).

Die Teamleiter und ihre Teams können diese Indikatoren immer sehen, weil sie an prominenter Stelle aushängen. Darüber hinaus sind die beiden primären Verbesserungswege offensichtlich. Erstens muß der Produktfluß durch das System geglättet werden, ohne Rückfluß zum Nachbessern bei Qualitätsproblemen, ohne Ausschuß und ohne Lagerbestand an unfertigen Gütern. Dann dürfen nur die Produkte hergestellt werden, die der Kunde tatsächlich will, weil die Produktivität als Umsatz im Endmarkt (nicht als zusätzlicher Bestand an unfertigen Gütern) pro Mitarbeiter gemessen wird.

Damit jeder mit derselben Geschwindigkeit marschiert, hat Wiremold die Anzeigetafel auch mit einer Reihe von Vorgaben ausgestattet. Vor allem von den Teamleitern und den Teams wird folgendes erwartet:

- Fehlerreduktion um jährlich 50 Prozent, wie im Qualitätsindikator gezeigt,
- Verbessern der Produktivität um jährlich 20 Prozent, ausgedrückt als Umsatz pro Mitarbeiter in Dollar,
- 100prozentige Auslieferung der Produkte *genau* zum Termin,
- Anstieg der Lagerumschläge auf ein Minimum von zwanzig pro Jahr und
- Anstieg der Gewinnbeteiligung auf zwanzig Prozent des Grundlohns (wie gleich erklärt wird).

Die »Varianzanalyse« wird noch eingesetzt, aber auf der Basis von Varianzen bei den Standardkosten. Wenn der Trend von den Leistungszielen abzuweichen beginnt, sucht das Team gemeinsam nach der Hauptursache der Varianz, statt wie früher herumzudoktern, um »die Zahlen zu erreichen«.

Abbau der Lagerbestände

Weil Wiremold in Privatbesitz ist und der Board of Directors verstand, was passierte, wurde das spezielle Finanzproblem des Lagerabbaus bei einer schlanken Umwandlung kein Hauptproblem. Für eine Aktiengesellschaft kann das schnelle Herunterfahren der Lagerbestände zu einem ernsthaften Problem werden, das eine kurze Abschweifung wert ist. Wenn Unternehmen von der Massenproduktion auf Fließfertigung umstellen, werden aufgrund der freigesetzten Lagerbestände plötzlich immense Summen Bargeld flüssig. (Das bietet der Firma eine spezielle strategische Möglichkeit, wie wir gleich sehen werden.) Das Problem dabei ist, daß mit dem Lagerabbau die Produktionskosten steigen, *wie sie in der Bilanz auftreten*, was die Gewinne leicht verwischen kann.

Nehmen wir ein einfaches Beispiel. Die Firmen kalkulieren normalerweise ihre Produktionskosten und Gewinne so, wie es auf der linken Seite der Tabelle 7.1 dargestellt ist.

Nun nehmen wir einmal an, daß das neue »schlanke« Management den Bestand an unfertigen Gütern drastisch von 576 000 Dollar auf

Tabelle 7.1: Konsequenzen von Bestandsreduzierungen für die Rentabilität

	Massenproduktions-methoden	Schlanke Produktionsmethoden
Anfangsbestand an unfertigen Teilen	$ 576 000	576 000
Direkter Materialeinkauf	924 000	637 000
Direkte Arbeit	958 000	958 000
Indirekte Herstellungskosten	465 000	465 000
Zwischensumme	2 923 000	2 636 000
Minus Endbestand an unfertigen Teilen	– 576 000	– 100 000
Gesamte Produktionskosten	2 347 000	2 536 000
Gesamtumsatz aus Verkauf	2 500 000	2 500 000
Gewinn (Verlust) – vor Steuern	153 000	(36 000)
Cash-flow – vor Steuern	153 000	440 000

100 000 Dollar reduziert, aber alles andere konstant hält (außer natürlich den Materialeinkauf, weil die Produkte weitgehend aus den vorhandenen Beständen gefertigt wurden). Rechnet man nochmals nach, dann hat das neue Management offensichtlich das Unternehmen von einem Gewinn von 153 000 Dollar in einen Verlust von 36 000 Dollar gefahren, während es versuchte, »das Richtige zu tun«. (Sogar bei gestiegenem Cash-flow.)

Dieses Phänomen kann für Aktiengesellschaften sehr problematisch werden, es sei denn, das Management klärt die Aktionäre im voraus darüber auf. Die einzige Alternative zur Aufklärung ist ein Kahlschlag beim Personalabbau und der Kostensenkung (bei der direkten Arbeit und den Herstellungskosten), um wieder zu kurzfristigen Gewinnen zu kommen. Das kann jedoch zu einem Rückschlag bei der Einführung des schlanken Ansatzes führen oder sie sogar unmöglich machen, wenn eine traumatisierte Belegschaft ihre Kooperation bei schlanken Maßnahmen aufkündigt.

Schaffung einer »schlanken« Funktion

Als kontinuierliche Unterstützung der Produktteams schuf Art Byrne eine neue Funktion, das JIT Promotion Office (JPO). Die alte Qualitätsabteilung, verschiedene Schulungsmaßnahmen, die vorher von der Personalabteilung durchgeführt wurden, und einige kompetente Kollegen aus verschiedenen Bereichen des Unternehmens wurden unter dem JPO zusammengefaßt. Mit Hilfe des JPO konnte die Aufgabe beschleunigt werden, Wertschöpfung für Wertschöpfung im ganzen Unternehmen Wiremold zu durchforsten.

Der Leiter des Produktteams und das JIT Promotion Office prüften gemeinsam die Wertschöpfung für das Produkt, um festzulegen, welche Arten von *kaikaku* und *kaizen* durchgeführt werden sollten und wann ein Teamleiter aus dem Produktteam und ein Coach aus dem JPO dann jedem Verbesserungsteam zugewiesen wurden (das aus Mitgliedern des Produktionsteams gebildet wurde, aus dem gesamten Team oder aus einem Teil des Teams plus von außen hereingenommenen Experten mit den erforderlichen Fähigkeiten). Da der Teamleiter nach Beendigung des *kaizen* an seinen Arbeitsplatz im Produktteam zurückkehrt, trägt der Coach des JPO die entscheidende Verantwortung dafür, daß die nachfolgende Arbeit auch durchgeführt wird, die unweigerlich aus einer wochenlangen Verbesserungsmaßnahme resultiert.

Neben der Planung und Erleichterung der Verbesserung schult das JPO auch alle Mitarbeiter in einem kontinuierlichen Lehr-Lern-Prozeß in den Prinzipien des schlanken Denkens (Identifikation der Wertschöpfung, Flow, Pull und das nie endende Streben nach Perfektion) sowie in schlanken Techniken (Standardarbeit, *Takt*zeit, visuelle Kontrolle und vor allem Einzelstück-Fließfertigung). Diese Schulungen werden ständig abgehalten.

Frank Giannattasio meint dazu: »Das ist eine enorme und entscheidende Herausforderung. Vor allem das mittlere Management fühlt sich durch die schlanke Umwandlung und die Abschaffung aller Sicherheitsnetze bedroht. Wenn sie daran zweifeln, dann werden die Massenproduktion und der Aufbau von Lagerbeständen ganz schnell wiedereingeführt, außer man verstärkt die Botschaft durch ständige Schulungen in Verbindung mit kontinuierlichen praktischen Verbesserungsmaßnahmen.«

Feste Arbeitsplatzgarantien als Gegenleistung für Flexibilität

Wir haben bereits darauf hingewiesen, daß Art Byrne sich bewußt war, daß die Menschen ständig an den Rand der Wertschöpfung geschoben werden, wenn die Wertschöpfung für jedes Produkt kontinuierlich geglättet wird. Es gäbe ständig Widerstand gegen die dauernde Verbesserung, außer man garantiert, daß die Arbeiter auch dann nicht auf der Straße sitzen, wenn ihr spezieller Arbeitsplatz abgeschafft würde. Er wußte auch, daß die im Vertrag mit den Gewerkschaften existierenden Arbeitsregeln – die etwa Stanzer auf das Stanzen, Lackierer auf das Lackieren und die Arbeiter an der Presse auf das Pressen festlegen – die Einführung einer Fließfertigung und die kontinuierliche Verbesserung aller Jobs unmöglich machen würden. Und er war sich schließlich auch im klaren darüber, daß seine Belegschaft lange brauchen würde, bis sie Entlassungen aufgrund schwacher Nachfrage von Entlassungen aufgrund von *kaizen* unterscheiden könnte. Als einmal die erste Ruhestandsregelung akzeptiert war, wandte sich Art dann direkt an die Gewerkschaft und bot Arbeitsplatzgarantien für die verbliebenen Arbeiter als Gegenleistung für deren Kooperationsbereitschaft an.

Die Gewerkschaft war anfangs mißtrauisch. Der früher für die Beziehung zwischen Arbeitgebern und -nehmern zuständige Direktor, ein altmodischer Befürworter einer harten Linie, und die Gewerkschaft waren der Meinung, daß jedes Angebot von Arbeitsplatzgarantien von seiten des Managements Kleingedrucktes enthalten müßte, wodurch das Großgedruckte irgendwie wieder ins Gegenteil verkehrt würde. Am Ende kam die Gewerkschaft jedoch zu dem Schluß, daß Byrne seine Versprechen einhalten würde.

Merkwürdigerweise waren die Manager aus Gründen, die Byrne nur schwer nachvollziehen konnte, in vielen Unternehmen im Gebiet von Hartford weitaus skeptischer gegenüber seinen Arbeitsplatzgarantien als die Gewerkschaft. »Die Leute sagten mir ständig, daß ich verrückt sei, feste Arbeitsgarantien abzugeben. Sie sagten: ›Und wenn etwas schiefgeht und dein Umsatz sinkt?‹ Aber nach meiner Meinung hat das Management fünf Verteidigungslinien, bevor es den Leuten die Tür zeigt: (1) Abbau von Überstunden, (2) Einsatz des freigesetzten Personals im *kaizen* (um eine zukünftige Amortisation zu erzielen), (3) eigene Fertigung mancher Teile von marginalen Zulieferern, von denen wir uns sowieso trennen wollten (man denke daran, daß unser Equipment jetzt sehr flexibel ist), (4) Verkürzung der gesamten Wochenarbeitszeit und, am erfolgreichsten, (5) Entwicklung neuer Produktlinien zum Wachstum des Geschäfts. Unsere Mitarbeiter sind jetzt alle hochqualifiziert für Prozeßverbesserungen, und nur ein Dummkopf würde qualifiziertes Personal aufgrund kurzfristiger Geschäftsfluktuationen entlassen.«

Erneuerung des Produktentwicklungssystems zur Kanalisierung der Wertschöpfung

Das Produktentwicklungssystem, das Art Byrne im Frühjahr 1991 vorfand, war natürlich nicht auf Wachstum angelegt. Steve Maynard, Vice President of Engineering, erinnert sich daran, daß es bei dreißig Produkten Entwicklungsrückstände und kaum Fortschritt gab. »Es gab bei uns lange Verzögerungen zwischen den Entwicklungsstufen. Wir hatten Abteilungen im Engineering, die stapelförmig arbeiteten, und wir hatten Disponenten. Es gab absolut keine Prioritäten, außer daß manche Projekte manchmal ›die Stimme des President‹ hinter sich hatten und vorrangig behandelt wurden.« Eine durchschnittliche Projektabwicklung dauerte drei Jahre, aber viele Nachzügler blieben im Alltagsgeschäft auf der Strecke.

Glücklicherweise wußte Steve Maynard, was zu tun war. Er hatte in einem Seminar an der Universität von Hartford im Frühjahr 1990 gelernt, daß Quality Function Deployment und zuständige Entwicklungsteams eine unschlagbare Kombination sind. Das Seminar war angegliedert an das Laboratory for Manufacturing and Productivity des MIT, und Professor Don Clausing vom MIT, der sich für die Verbreitung des Konzepts des »House of Quality«[4] einsetzte, brachte Steve die erforderlichen Schritte zur Einführung der »Stimme des Kunden« in einem stark strukturierten Entwicklungsablauf bei.

Als er wieder zu Wiremold zurückkam, hatte man dort auf der Führungsetage so viel mit dem laufenden TQM zu tun, daß keine Zeit für ein anderes Programm war. »Warten Sie bis zum nächsten Jahr«, war die Antwort an Steve Maynard. Glücklicherweise war im nächsten Jahr Art Byrne auf der Bühne. »Als ich Art zum erstenmal begegnete, fragte ich: ›Was halten Sie von QFD und zuständigen Entwicklungsteams?‹ Er sagte: ›Realisieren Sie beides sofort. Und nebenbei, Ihre neue Vorgabezeit für die Produktentwicklung beträgt jetzt drei bis sechs Monate, nicht drei Jahre.‹ Innerhalb einer Woche liefen wir auf Hochtouren.«

Im Frühjahr 1991 war der erste Schritt von Steve Maynard, ein formales internes QFD-Training zu starten, bei dem er einen Berater als Hilfe für die technischen Fragen einsetzte.[5] Alle Führungskräfte besuchten das Training. Ebenso nahmen alle Manager, unabhängig von ihrer Position und Aufgabe, an den *kaizen*-Maßnahmen in der Fabrik teil. Art Byrnes Theorie war, daß jeder Manager in einer Organisation die grundlegenden Operationen verstehen muß, vor allem Produktentwicklung, Produktionsabläufe sowie Verkauf/Planung, und daß der einzige Weg darin besteht, sie systematischen Erfahrungen intensiv auszusetzen.

Als nächstes stellten Maynard und das Management eine offensichtliche, vorher aber vernachlässigte Frage: In welchen Geschäftsfeldern arbeiten wir eigentlich? Sie prüften die dreißig laufenden Entwicklungsprogramme und »sortierten diejenigen aus« – tatsächlich die meisten –, die in keinen speziellen Geschäftsbereich gehörten: Telefon-Stromkabelleitsysteme (Tele-Power), Stromleitungssysteme und Datenübertragungsleitsysteme, Produkte aus Plastik etc.[6] Das reduzierte die Zahl der Projekte ganz drastisch, und die verbleibenden Projekte wurden nach Prioritäten geordnet. Diese Projekte wurden dann in einen Produktplan eingebaut, der auch die Terminvorgaben für ihre Einführung enthielt.

Jedem als lohnenswert eingestuften Programm wies Maynard ein Team aus drei Personen zu, das aus einem Verkäufer, einem Designer/Produktingenieur und einem Produktions-/Maschinenbauingenieur bestand. Das Team sollte sich direkt mit den potentiellen Kunden in der Bauplanung und der Bauindustrie unterhalten, um das Produkt durch eine erste QFD-Maßnahme genauer spezifizieren zu können. Sie stellten die »Wertfrage«, die in Kapitel 1 beschrieben wurde, und kamen beispielsweise mit folgender Antwort zurück: »Wir brauchen eine Tele-Power-Säule, die an jede Höhe angepaßt und in vielen Farben bestellt werden kann und die unaufdringlich ist.«

Steve Maynard erinnert sich an die Verwunderung unter den vielen Alteingesessenen bei Wiremold, als diese Teams aufgebaut wurden. »Sie fragten mich: ›Warum unterhält sich jemand, der für die Konstruktion der Werkzeuge zuständig ist, draußen mit den Kunden? Machen es Spezialisierung und Arbeitsteilung nicht notwendig, daß sie sich in ihre Konstruktionsarbeit knien?‹ Das Sicherheitsgefühl, das viele von ihnen bei der alten, nach Abteilungen gegliederten Aufteilung der Arbeit hatten, das ›Schubladendenken‹ in der Organisation der Arbeit, war wirklich erschütternd.«

Nachdem einmal die verbliebenen Produkte genau definiert waren, wurde ein wirklich multifunktionales Team für das Engineering der genauen Produktspezifikation gebildet. Das Team wurde in der Konstruktionsabteilung untergebracht. Es bestand aus dem Teamleiter der entsprechenden Produktfamilie (Säulen von Tele-Power™ in unserem Beispiel), dem Produktionsplaner, dem Produktions-/Maschinenbauingenieur (ein Mitglied des ursprünglichen, drei Mann starken Produktdefinitionsteams) und einem Kunden. Das Team hatte den Auftrag, die Vorgabekosten zu erreichen, die durch den geschätzten Marktpreis abzüglich einer annehmbaren Gewinnspanne bestimmt waren.

Wenn die genaue Spezifikation des Produkts akzeptiert war, wurden von dem Team detaillierte Teile- und Werkzeugkonstruktionen angefertigt, erneut unter Berücksichtigung der Vorgabekosten. Am Ende dieses Prozesses verlegte das ganze Team seine Schreibtische in die Fabrik, um den Ablauf im Blick zu haben und mit den für das Produkt zuständigen Produktionsteams Standardisierungen der Arbeitsabläufe experimentell durchzuführen. (Man denke daran, daß das Problem der Herstellbarkeit von Anfang an präsent war. Der Fertigungsingenieur war Mitglied des ursprünglichen Definitionsteams.)

Mitte 1992 war Wiremold mit seinem ersten Produkt unter dem neuen Regime fertig. Es hatte nur sechs Monate gedauert, und die Werkzeugkosten betrugen nur sechzig Prozent der ursprünglich veranschlagten, die auf vergangenen Erfahrungen basierten. Als die Manager von Wiremold bei der Herstellung und Auftragsabwicklung mehr Erfahrungen sammelten, lernten auch die Verkäufer, Konstrukteure und Techniker, wie sie auf die Stimme des Kunden zu hören hatten und wie sie die Entwürfe schnell und direkt durch den Entwicklungsprozeß fließen lassen konnten.[7]

Erneuerung der Auftragsabwicklung

Die dritte Kernaktivität in jedem Geschäft ist die Auftragsabwicklung, Terminplanung und Auslieferung, und Art Byrne machte keinen Unterschied zwischen diesem »Geschäftsprozeß« und der konkreten Produktion in der Fabrik. Sie wurden genau denselben *kaikaku-* und *kaizen-*Maßnahmen mit derselben Häufigkeit wie jede Produktionsaktivität unterzogen.

Wie in den meisten Massenproduktionsbetrieben waren auch bei Wiremold Auftragseingang und Versand von der eigentlichen Produktion getrennt. Ein Masterplan im MRP-System, der auf Marktprognosen basierte, sollte sicherstellen, daß angemessene Bestände an fertigen Gütern immer in einem riesigen Zentrallager verfügbar waren, so daß ein Auftrag nach Eingang bearbeitet und dann vom Lager ausgeliefert werden konnte.

Die Aufträge selbst wurden auch in einem Stapelverfahren von einer zentralen Kundendienstabteilung bearbeitet. Diese Abteilung gab die Aufträge tagsüber in ein Auftragsbearbeitungsprogramm im Computer ein. Die Aufträge wurden über Nacht in einem Stapel bearbeitet. War die Bestellung auf Lager, wurden am nächsten Morgen in der Versandabteilung Auslieferungsaufträge ausgedruckt. Innerhalb der nächsten zwei bis drei Tage würde die Versandabteilung im Lager die Waren erhalten und ihre Auslieferung an die Händler von Wiremold veranlassen.

Oft fehlten trotz großer Lagerbestände die Artikel auf einem Kundenauftrag, so daß nur wenige Aufträge vollständig ausgeliefert wurden. Statt dessen wurden »nachgeorderte« Artikel viel später geliefert, als sie wieder vorrätig waren. Aufgrund des MRP-Systems und der großen Lose in jedem Produktionslauf war es bei einem einzelnen Kundenauftrag nicht ungewöhnlich, daß sich die Lieferung über viele Wochen oder Monate hinauszögerte. Weil das oft vorkam, war auch eine große Kundendienstabteilung notwendig, um die Aufträge zu überwachen und Nachfragen der Kunden wegen Lieferverzögerungen beantworten zu können.

Aufgrund dieses Hin- und Herschiebens und des riesigen Lagers dauerte es fast eine Woche, bis ein Auftrag bearbeitet und ausgeliefert wurde, wenn alles am Lager war. Die meisten Aufträge jedoch bezogen sich auf Artikel, deren Lieferung sich über einen längeren Zeitraum verzögerte, und das System hatte viele potentielle Fehlerquellen. Die Kundendienstabteilung hatte große Probleme mit ihrer Doppelrolle, nämlich den Kunden wegen verspäteter oder inkorrekter Lieferungen zu beruhigen und den Rest von Wiremold dazu anzutreiben, die Arbeit richtig zu machen.

Nachdem eine Reihe von *kaizen*-Teams die ganze Reihe von Aktivitäten – vom Auftragseingang bis zum Versand – durchgegangen war, konnte die Zeit zwischen Erhalt der Bestellung und Versand von mehr als einer Woche auf weniger als einen Tag verkürzt werden. Die Bestellungen wurden jetzt viermal täglich dem Versand gemeldet (statt in einem großen Stapel über Nacht), und das Zentrallager wurde geschlossen, wodurch circa 7 500 qm frei wurden. Nach Eingang eines Auftrags heftete das Versandpersonal spezielle Karten an die kleinen Behälter mit fertigen Teilen am Produktionsende bei jedem Produktteam.

Wenn der Versandarbeiter Teile aus dem Behälter nahm und leere Teilebehälter auf der Rutsche zurückschob, wurde dies zum Signal – dem einzigen Signal – für das Produktteam, mehr von einem bestimmten Teil zu fertigen. (Das MRP-System, das früher die Bewegung der einzelnen Teile im Produktionssystem von Wiremold kontrollierte, wurde nach und nach für die bescheidenere Aufgabe der langfristigen Kapazitätsplanung und Teilebestellung von Zulieferern eingesetzt, die noch nicht an das Abrufsystem angeschlossen waren.)

Diese neue Praxis, die viel weniger Mitarbeiter benötigte und weniger Fehler produzierte, wurde über einen Zeitraum von ungefähr zwei Jahren eingeführt, innerhalb dessen Wiremold von einer Produktion von Losen zu Produktteams mit Einzelstückfertigung überging. Teile, die in einer Losgröße für einen Monat produziert worden waren, wurden bald täglich hergestellt, eine Meisterleistung, die es erforderlich machte, viele Maschinen zwanzig- bis dreißigmal täglich neu einzurichten, statt, wie früher, drei- oder viermal pro Woche.

Obwohl die Konkurrenten von Wiremold in der Elektroindustrie heute gezwungen sind, mit dessen Schnellauslieferung gleichzuziehen, scheinen sie dabei auf die Weise vorzugehen, wie viele amerikanische Firmen »Just-in-Time« einführen. Sie halten sogar noch größere Lagerbestände fertiger Einheiten vor, oder sie stellen auf ein »Max-Flex«-System um, wie wir es bei Lantech gesehen haben, und bereiten Berge von Teilen im voraus vor, so daß die Endmontage direkt auf Bestellung durchgeführt werden kann. Beide Vorgehensweisen sind von Anfang bis Ende einem wirklich schlanken Nachfragesystem unterlegen.

Bindung von Entlohnung an Gewinn

Wiremold hat immer Grundlöhne leicht über dem Durchschnitt im Gebiet von Hartford gezahlt. Man versuchte dann, die Arbeiter für gute Leistungen über einen Gewinnbeteiligungsplan zu belohnen, der aus

15 Prozent des Gewinns vor Steuern bestand und vierteljährlich ausbezahlt wurde, sowie über Unternehmensaktien als Arbeitgeberbeitrag. Das Problem war, daß es in den Jahren direkt vor der Einstellung von Art Byrne kaum irgendeinen Gewinn gab und die Aktien im Keller waren. Außerdem erschwerte das alte Massenproduktionssystem den Mitarbeitern, irgendeine Beziehung zwischen ihren eigenen Leistungen und dem Erfolg der Firma zu sehen.

Art Byrne entschloß sich, die bestehende Gewinnbeteiligungsform zu übernehmen, aber ständig den Gewinn zu steigern (»Indem wir cleverer als unsere Konkurrenten arbeiten«), und jedem die Finanzen offenzulegen, so daß die Gründe für die Profitabilität klar wurden. In den ersten Jahren des »schlanken Managements« stieg die Gewinnbeteiligung bei Wiremold von 1,2 Prozent der Löhne im Jahr 1990 auf 7,8 Prozent im Jahre 1995, und Byrne will die Gewinnbeteiligung noch auf 20 Prozent des Gehalts eines jeden Mitarbeiters steigern.

Verbesserungsmaßnahmen bei den Zulieferern

Nachdem viele interne Verbesserungsmaßnahmen durchgeführt worden waren, wurde zusehends offensichtlich, daß viele der Probleme von Wiremold externer Natur waren. Die eingekauften Teile und Rohmaterialien machten einen deutlichen Prozentsatz der Gesamtkosten aus. Es wurde jedoch nie der Versuch unternommen, die Leistung der Zulieferer zu verbessern. Statt dessen hat sich der traditionelle Einkauf bei Wiremold auf die Kontrolle der Gewinnspanne der Zulieferer konzentriert, indem jedes Teil und jeder Typ von Material im Wettbewerb von vielen Quellen bezogen wurden.

Die *kaizen*-Teams veranlaßten schnell einen drastischen Abbau der Zahl der Zulieferer, von mehr als 320 im Jahre 1991 auf 73 Ende 1995. Das war wichtig, wenn Wiremold sich für jeden seiner Lieferanten Zeit nehmen wollte, um dessen Leistung zu verbessern. Aber dann mußte man mit der Schulung der wichtigsten Lieferanten beginnen.

Im April 1992 stattete ein *kaizen*-Team von Wiremold dem Stahlhersteller Ryerson, der viel größer als Wiremold war und Fabriken in ganz Nordamerika hatte, einen ersten Besuch ab. Ryerson lieferte an Wiremold große Rollen Stahlblech, die für die Herstellung der vielen Produkte weiterverarbeitet wurden. Ryerson hatte die modernsten Techniken eingeführt und war gerade dabei, täglich »just in time« an Wiremold zu liefern. Das JIT-Team fand jedoch auf der Rückseite der Fabrik von Ryerson genau das, was es erwartet hatte: eine ordentliche Reihe von Stahlblechrollen, jede eine Tageslieferung für Wiremold, fünfzig Tage in einer Reihe, als große Lose hergestellt. Just-in-Time war nichts anderes als eine Übung im Umschichten der Lagerbestände, weil Ryerson es nicht verstand, kleine Lose zu produzieren.

Das Team von Wiremold konzentrierte sich deshalb auf die großen Maschinen zum Schneiden der Stahlbleche, deren Umrüstung von einem Blechtyp auf den nächsten zwei Schichten erforderte. Das war natürlich der Grund für die großen Mengen an Blechrollen, die im Auslieferungsbereich gelagert wurden. Binnen kurzem war es möglich, die Einrichtzeiten von zwei Schichten auf dreißig Minuten zu reduzieren, und Ryerson konnte den Tagesbedarf von Wiremold durch tägliche Lieferung decken.

Positiver war noch, sowohl vom Standpunkt von Ryerson wie dem von Wiremold aus, daß Ryerson bald schon alle anderen Kunden wirklich auf Just-in-Time-Basis beliefern konnte, was die Kosten auf breiter Front senkte. Natürlich verlangte Wiremold etwas von Ryerson als Gegenleistung für seine Mühe und handelte eine Reihe von speziellen Dienstleistungen aus – wie etwa Übernahme der höheren Materialpreise über einen längeren Zeitraum und kurzfristige Herstellung von Blechen für bestimmte kleinvolumige Anwendungen. Ein Resultat dieser proaktiven Haltung von Wiremold gegenüber einem Hauplieferanten war, daß beide und alle anderen Kunden von Ryerson besser dastanden, ein Gewinner-Gewinner-Gewinner-Verhältnis bei schlankem Denken.

Entwicklung einer Wachstumsstrategie

Art Byrne stellt fest, daß »unser Produktionssystem und seine Bedürfnisse grundlegend für unsere Strategie sind«. Weil die Anwendung des schlanken Denkens auf die Massenproduktion enorme Mengen an Ressourcen freisetzt – Mitarbeiter (einschließlich Ingenieure und Manager), Raum, Werkzeuge, Zeit (um schneller auf den Markt zu kommen) sowie *Cash* –, ist es sowohl möglich als auch notwendig, schnell zu wachsen.

Möglich ist es, weil die Mittel selbstgeneriert sind. Notwendig ist es, weil man für Arbeit sorgen muß, damit man die Beschäftigungsgarantien einhalten kann, die die soziale Basis des Systems sind. Infolgedessen ist Wiremold entlang von drei Linien gewachsen.

Ein wichtiges Wachstumsmittel für eine schlanke Organisation ist die Frage, welche Arbeiten in einen kontinuierlichen Ablauf gebracht werden können. Wir sind der Meinung, daß viele Unternehmen versuchen, zuviel zu tun – sie wollen vor allem die Zulieferer von »Schlüssel«-Technologien kontrollieren (wir kommen darauf in Kapitel 11 zurück). Aber viele Organisationen, wie Wiremold in der Zeit vor Art Byrne, unternehmen auch zu wenig hinsichtlich ihrer Produktion, weil sie sich vorstellen, daß Größenvorteile den Kauf vieler Teile bei Firmen erforderlich machen, die große Maschinen zur Herstellung großer Volumen in zentralisierten Fabriken einsetzen, um diese Waren in großen Losen an viele Kunden liefern zu können.

Kabelsätze sind ein hübsches Beispiel. Wiremold-Produkte brauchen eine enorme Menge von Kabelsätzen – die Kabel- und Steckerenden, die man zur Verbindung von Spannungsreglern und anderen Stromanschlüssen mit einer Stromquelle braucht. In der Vergangenheit wurden diese in großen Losen von speziellen Herstellern produziert, die viele Firmen wie Wiremold aus einer Vielzahl von Branchen belieferten. Das Problem war, daß die Produktion bei Wiremold aufgrund eines Mangels an richtigen Kabelsätzen bei geänderten Verkaufstrends ständig in Gefahr war. Man hatte braune, aber es wurden nur weiße bestellt, oder man hatte 4-Meter-Kabel, aber der Kunde wollte 5-Meter-Kabel. Eine Behebung dieses Engpasses dauerte wegen der Los-Produktion bei den Kabellieferanten oft zwei bis vier Wochen.

Als Art Byrne bei Wiremold anfing, fragte er: »Warum können wir nicht selbst Kabelsätze produzieren, im selben Tempo und in kontinuierlichem Fluß mit unserem Endprodukt?« Und als sich die Werkzeugingenieure von Wiremold die Wirtschaftlichkeit der Kabelproduktion ansahen, fanden sie, wie es meistens der Fall ist, daß die Kosten- und Zeiteinsparungen aus der Verwendung kleiner, einfacher Maschinen, die für die Fertigstellung des Produkts in eine Produktionsabfolge gebracht würden, nicht nur das Problem beseitigen würden, daß bei Nachfrageänderungen das richtige Kabel nicht verfügbar wäre, sondern auch die Kosten pro Kabelsatz reduziert werden könnten. Deshalb produziert Wiremold jetzt seinen Bedarf an Kabelsätzen selbst. Schließlich hatte Wiremold große Flächen frei, viele zusätzliche Mitarbeiter und das Bargeld direkt verfügbar, um die notwendigen einfachen Maschinen zu kaufen oder herzustellen.

Jeder schlanke Hersteller muß sich genereller mit diesem Thema beschäftigen und sich in jedem Fall folgendes fragen: »Welche konkreten Aktivitäten können wir direkt in eine Einzelstück-Fließfertigung integrieren?« Dieses Vorgehen reduziert auch die Zahl der Zulieferer drastisch und macht die Verbesserungsmaßnahmen bei den übrigen Lieferanten viel einfacher.

Die zweite Wachstumsstrategie von Wiremold bestand darin, kleine Firmen mit verwandten Produktlinien aufzukaufen (die nach der Methode der Massenproduktion arbeiteten), um die Palette der Produktangebote zu vergrößern. Die erste Welle des Lagerabbaus bei Wiremold (während der ersten beiden Jahre mit umfassenden *kaizen*-Maßnahmen) brachte 11 Millionen Dollar Cash. Dieses Geld wurde in den Kauf von fünf Firmen mit komplementären Produktlinien investiert, was zu einem Umsatzvolumen von 24 Millionen führte.

Im Kern war Wiremold dazu in der Lage, *muda* im Wert von 11 Millionen Dollar (in Form von Lagerbeständen), die ungefähr 1,1 Millionen Dollar Lagerhaltungskosten verursachte (10 Prozent als Geldbeschaffungs- und Lagerkosten angenommen), in 24 Millionen Dollar neuen Umsatz umzuwandeln, was bei einer Gewinnspanne von 10 Prozent 2,4 Millionen Dollar Reingewinn ausmacht. Die 3,5 Millionen Dollar an Gewinnzuwachs sind für ein Unternehmen von der Größe wie Wiremold (mit ungefähr 250 Millionen Dollar Jahresumsatz) sehr wichtig. Ebenso wichtig ist, daß die Vertreter von Wiremold plötzlich ein viel vollständigeres Angebot für ihre Kunden hatten, weil die Produktlinien der fünf Firmen Komplemente zu den bestehenden Linien waren, wodurch das Gesamtwachstum gesteigert werden konnte.

Die Tatsache, daß Wiremold fast 50 Prozent des Platzes in all seinen Fabriken einsparte (mit Ausnahme des Zentrallagers, das ganz abgeschafft wurde), war bei den Firmenaufkäufen sehr hilfreich. Während es die Philosophie von Art Byrne ist, das vorhandene Management zu halten und weiterzubilden, waren manche der erworbenen Firmen deshalb zu haben, weil die Familien sie nicht mehr länger erfolgreich führen konnten und sie loswerden wollten. Dies machte Zusammenlegungen möglich.

Beispielsweise wurden zwei der erworbenen Firmen zu Brooks Electronics in Philadelphia zusammengelegt. Vor diesen Aufkäufen hatten die drei Unternehmen unabhängig produziert und brauchten dazu rund 10 000 qm. Die kombinierte Produktion hat den Gesamtumsatz jetzt deutlich gesteigert, ist allerdings in der ursprünglichen, circa 4000 qm großen Fabrik von Brooks angesiedelt. Der Lagerbestand wurde um 67 Prozent reduziert, die Zahl der benötigten Mitarbeiter für die kombinierte Produktion um 30 Prozent, und die freigewordenen Gebäude wurden veräußert.

In Wirklichkeit haben Art Byrne und Wiremold einen schlanken Staubsauger über die Welt der Massenproduktion in der Branche für Kabelleitsysteme gehalten. Immer wenn der Staubsauger einen Massenproduzenten aufsaugte, spuckte er genug Cash aus, um den nächsten zu kaufen! Weil Wiremold wachsen mußte, um seine freigesetzten Ressourcen einzusetzen, kann und muß dieser Prozeß unendlich wiederholt werden. (Wie wir in Kapitel 11 zeigen werden, kann und muß die erste Firma, die schlankes Denken in irgendeiner Branche einführen will, das gleiche Meisterstück vollbringen.)

Das dritte und letzte Element in der Wachstumsstrategie von Wiremold ist die rasche Einführung neuer Produkte, unter Verwendung des neuen Produktentwicklungssystems mit seinen zuständigen Teams und Quality Deployment-Methoden, wie sie weiter vorne beschrieben wurden. Beispielsweise war der Umsatz der in Kapitel 1 beschriebenen Produktlinie um 140 Prozent gestiegen, sowohl durch die Schaffung einer neuen Marktnische als auch durch die Übernahme von Marktanteilen von der Konkurrenz, die nicht darauf vorbereitet war, sich an die Geschwindigkeit der Produkteinführung von Wiremold anzupassen.

Alle drei Strategien hängen entscheidend von den schlanken Techniken ab, die in der Produktion, der Auftragsabwicklung und der Produktentwicklung eingeführt wurden. In Wirklichkeit *ist* die schnelle Einführung dieser Techniken die fundamentale Strategie von Wiremold. Art Byrne erinnert sich daran, daß er in früheren Positionen die Anwendung dieser Techniken oft gerne beschleunigt hätte, aber seine Vorgesetzten normalerweise mehr an großer, langfristiger »strategischer« Planung interessiert waren, die ihrer Meinung nach Vorrang hatte. »Meiner Ansicht nach ist genau dies rückständig. Die Einführung schlanker Techniken in jedes Geschäft sollte der Kern einer jeden Unternehmensstrategie sein. Sie liefern sowohl die Gelegenheit wie die Ressourcen, um ein gewinnbringendes Wachstum aufzubauen und zu erhalten. Die strategischen Planer in der Welt versuchen immer, ein profitables Wachstum zu erreichen, was ihnen aber nur selten gelingt, weil sich die Operationen der Unternehmen nicht nach ihren Strategien richten können.«

Die Leistungstabelle nach fünf Jahren

Wie wir in Kapitel 11 sehen werden, sind drei Jahre ungefähr die mindeste Zeit, um die Rudimente eines schlanken Systems vollkommen zu realisieren. Zwei weitere Jahre sind wahrscheinlich für die Schulung der Mitarbeiter erforderlich, damit das System sich selbst trägt. Die Leistung von Wiremold in der Fünf-Jahres-Periode von Ende 1990 bis Ende 1995 ist deshalb ein guter Test für das Potential des schlanken Ansatzes. Die Ergebnisse sind ziemlich deutlich.

Um mit der Produktentwicklung anzufangen: Das Time-to-Market wurde einheitlich um 75 Prozent reduziert, von 24 bis 30 Monaten auf sechs bis neun Monate. Jedes Jahr wurden 16 bis 18 neue Produkte eingeführt (im Vergleich zu zwei bis drei in der Zeit bis 1991), aber der Personalbestand bei Engineering und Design war derselbe geblieben.

Einigen neuen computergestützten Entwurfstechnologien könnte das Verdienst an diesen Gewinnen zugeschrieben werden, außer diese Technologien wären 1990-1991 eingeführt worden, *bevor* das Time-to-Market verbessert und die Produktivität gesteigert wurden. Wir haben in diesem Buch bisher betont, daß Fortschritte in der harten Technologie in vielen Fällen nützlich und auch wichtig sein können. Aber sie erbringen wahrscheinlich nicht mehr als einen Bruchteil ihres Potentials, es sei denn, sie sind in eine Organisation eingebunden, die sie voll ausnutzen kann. Durch eine Einzelstück-Fließfertigung der Produktkonstruktionen unter der Leitung eines zuständigen, mehrfachqualifizierten Teams, das an einem Ort untergebracht ist, und die Beseitigung von Unterbrechungen hat Wiremold Rückflüsse und Nacharbeiten im Entwicklungsprozeß abgeschafft und gleichzeitig auch die Herstellungskosten gesenkt sowie den Umsatz drastisch angekurbelt mit Produkten, die haargenau auf die Kundenwünsche passen.

Die Neuplanung der Auftragsannahme, der Terminplanung und der Auslieferung hat dieselben Ergebnisse erbracht. Das alte System brauchte mehr als eine Woche, um einen typischen Auftrag nach Eingang zu bearbeiten und auszuliefern. Heute dauert das weniger als einen Tag. Ausstehende Lieferungen machen heute weniger als ein Zehntel gegenüber 1991 aus und gehen kontinuierlich in dem Maße zurück, wie Wiremold sein Nachfragesystem in allen sechs Produktteams verbessert. Fehler beim Auftragseingang wurden praktisch eliminiert, und fehlgeleitete und unbeantwortete Reklamationen in der viel kleineren Kundendienstabteilung gingen von zehn auf unter ein Prozent zurück.

In der Herstellung sind die Ergebnisse so, wie wir es erwartet haben. Die erforderliche Fabrikfläche zur Herstellung einer bestimmten Produktmenge wurde um 50 Prozent reduziert, und die Produktivität ist auf eine Quote von 20 Prozent pro Jahr gestiegen. Die Zeit für den Transport des Rohmaterials und der Teile von der Warenannahme zur Versandrampe in den Fabriken von Wiremold sank von vier bis sechs Wochen auf ein bis zwei Tage. Die Lagerumschläge sind von 3,4 im Jahr 1990 auf 15 im Jahr 1995 gestiegen.

Damit dies möglich wurde, hat Wiremold kontinuierlich die Einrichtzeiten an allen Maschinen reduziert und alle Produktionsaktivitäten für seine Produktfamilien in einen Einzelstück-Fluß umgewandelt. Beispielsweise werden die Preßwerzeuge für große Formteile, deren Umrüstung normalerweise zwei bis drei Stunden in Anspruch nahm, heute in ein bis fünf Minuten umgerüstet; Walzanlagen, deren Umrüstung 1991 acht bis sechzehn Stunden dauerte, können heute in sieben bis fünfunddreißig Minuten neu eingerichtet werden; Maschinen für den Kunststoffspritzguß, deren Umstellung 1991 zwei bis vier Stunden brauchte, können heute von einem Mitarbeiter manuell in zwei bis vier Minuten umgestellt werden. Maschinen, die früher zwei- bis viermal von einem Produkt auf das nächste umgestellt wurden, werden heute zwanzig- bis dreißigmal täglich neu eingerichtet.

Durch die aggressive Einführung einer Einzelstück-Fließfertigung können heute Arbeitsabläufe, die 1991 fünf bis acht Maschinentechniker erforderlich machten, von einem bis drei Mitarbeitern bewältigt werden. Durch den Einsatz von Einzelstück-Fließfertigung, JIT und Total Productive Maintenance bei den größten und kompliziertesten Montagevorgängen wurde die Produktivität innerhalb von drei Jahren um 160 Prozent gesteigert. Ebenso wichtig ist, daß mit der neuen Einzelstückfertigung ein Rückgang der Defekte um 42 Prozent im Jahr 1993, um weitere 48 Prozent im Jahr 1994 und weitere 43 Prozent im Jahr 1995 möglich wurde, was fast der jährlichen Zielquote von 50 Prozent entspricht. Gleichzeitig haben Standardarbeit, *Takt*zeit und visuelle Kontrolle zu einem Rückgang der Betriebsunfälle und Verletzungen geführt, und zwar um mehr als die Hälfte im Vergleich zu 1991.

Nimmt man die Produktentwicklung, Auftragsabwicklung und die Herstellung zusammen, dann hat sich der Umsatz pro Mitarbeiter mehr als verdoppelt, von 90000 Dollar im Jahr 1990 auf 190000 Dollar 1995. Diese und die vorher genannten Zahlen sind relativ zu der früheren Leistung von Wiremold. Die Indikatoren, die am Markt wirklich zählen, sind Umsatz, Gewinn und Marktanteil. Glücklicherweise steigerte sich der Umsatz von Wiremold zwischen 1990 und 1995 in seinem Kerngeschäft mit Kabelleitsystemen um mehr als das Doppelte in einem in anderer Hinsicht stagnierenden Markt für elektrisches Equipment. Und die Gewinne der ganzen Firma – einschließlich der neuen Geschäfte – stiegen um den Faktor sechs. Darüber hinaus steht die Wachstumsrate – einschließlich der Aufkäufe verwandter Geschäftsbereiche – im Einklang mit der Strategie bei Wiremold, in der nahen Zukunft den Umsatz alle drei bis fünf Jahre zu verdoppeln.

Alle diese Indikatoren sind in der Tabelle 7.2 zusammengefaßt, einer »Leistungstabelle« für Wiremold unter schlanker Führung.

Tabelle 7.2: Wiremold unter schlankem Management

	1990	1995
Umsatz pro Mitarbeiter (in Tsd. Dollar)*	90	190
Durchsatzzeit zur Herstellung eines Durchschnittsprodukts	4-6 Wochen	1-2 Tage
Produktentwicklungszeit	3 Jahre	3-6 Monate
Zulieferer	320	73
Lagerumschläge	3,4	15,0
erforderliche Fläche (Index)	100	50
Umsatz (Index)	100	250
Betriebsergebnis (Index)	100	600
Gewinnbeteiligung (% des Grundlohns)	1,2	7,8

* Anmerkung: Der Grad an vertikaler Integration bei der Herstellung ist bei Wiremold wesentlich angestiegen, da Teile wie Kabelsätze und Steckdosen von Zulieferern bezogen werden. Deshalb ist der Anteil pro Mitarbeiter an der Wertschöpfung sogar mehr gestiegen, bezogen auf den Teil des Wertstroms unter der direkten Leitung von Wiremold.

Wie steht es um Unternehmen mit ernsteren Schwierigkeiten?

Die Geschichte von Wiremold ist außergewöhnlich. Die Firma wurde in einer bemerkenswert kurzen Zeit umgewandelt und bietet heute alle Anzeichen dafür, sich schnell zu einem Industrieriesen zu entwickeln. Außerdem können wir diese Geschichte bei Dutzenden von mittelgroßen Unternehmen wiederholen, die wir während der Nachforschungen für dieses Buch in den Vereinigten Staaten untersucht haben.

Wiremold hatte es mit einer größeren Herausforderung als Lantech zu tun, angesichts des Alters und der begrenzten Qualifikationen seiner Belegschaft, der Stagnation seines Kernmarktes und der verankerten Mentalität des »wir gegen die« des alten Managements und der Gewerkschaft. Aber ist es noch ein fairer Test des schlanken Denkens? Wiremold hat schließlich nur 1 400 Mitarbeiter, operiert primär in zwei benachbarten Ländern (Vereinigte Staaten und Kanada) und hat relativ einfache Produkt- und Prozeßtechnologien. Was ist mit den alternden Industriegiganten, die die sichtbarste Herausforderung für das Management darstellen? Was ist mit den großen Massenproduktionsfirmen, die als Aktiengesellschaft geführt werden und Zehntausende Mitarbeiter haben, global operieren, mit komplexen Technologien, die in tiefen technischen Funktionen untergebracht sind, und mit einem komplexen Netzwerk an Teilelieferanten? Können schlanke Techniken dieselben Resultate produzieren, und im selben Zeitrahmen? Wir wenden uns jetzt Pratt & Whitney zu, der wirklichen Probe aufs Exempel für den schlanken Ansatz.

KAPITEL 8

Die Probe aufs Exempel

Am 1. Juni 1991 fuhr Mark Coran von der Zentrale der United Technologies Corporation in Hartford, Connecticut, zur Zentrale von Pratt & Whitney im Osten von Hartford, der größten Tochtergesellschaft von UTC und dem weltgrößten Hersteller von Flugmotoren. Chairman Bob Daniell hatte ihm gerade eine neue Aufgabe zugewiesen – eine, für die sein Hintergrund als Controller bei UTC und seine Erfolge bei den Kosteneinsparungen die ideale Vorbereitung zu sein schienen.

Das Problem bei Pratt schien strukturell und schwerwiegend zu sein, aber nicht hoffnungslos. Als weltgrößter Hersteller von Triebwerken für Militärmaschinen[1] (ein Drittel des Gesamtumsatzes im Jahr 1980) war Pratt mit dem Ende des kalten Krieges konfrontiert, eine Realität, die kurz darauf durch das Scheitern des russischen Putschversuchs im August 1991 bestätigt wurde. Es schien plötzlich wahrscheinlich zu sein, daß ein Großteil des Geschäfts mit Militärmotoren ein für allemal gestorben war.

Kurzfristig wurde der Verlust des Militärgeschäfts durch einen außergewöhnlichen Auftragsboom für Zivilmaschinen aufgefangen. Als weltweiter Marktführer[2] bei Motoren für Zivilmaschinen surfte Pratt auf der Welle und hatte 1990 ein Rekordbetriebsergebnis von 1,01 Milliarden Dollar erzielt, mit einem Rekordumsatz von 7 Milliarden Dollar im militärischen und zivilen Bereich. Jedoch wußte jeder, der mit den achterbahnartigen Nachfrageschwankungen bei zivilen Maschinen vertraut war, daß ein derartiger Umsatz nicht lange gehalten werden konnte, und in der Tat waren die Aufträge für Ersatzteile schon zurückgegangen. Deshalb war es Mark Corans Aufgabe als neuer Executive Vice President for Operations bei Pratt, die Produktion in einem riesigen Unternehmen mit 51 000 Mitarbeitern auf einen vielleicht dauerhaften Rückgang der Geschäftsgröße um 10 Prozent vorzubereiten, und dies vor dem Zusammenbruch des Booms bei Zivilaufträgen.

Es stellte sich aber heraus, daß Mark Coran keine Zeit mehr blieb. Der Juni 1991 sollte sich als der Spitzenmonat im Produktionsvolumen in der Geschichte von Pratt & Whitney erweisen, mit »Fabrikstunden«, die einer jährlichen Rate von 11 Millionen entsprachen – dem konventionellen Maßstab der Produktion bei Pratt. Bald gingen die Aufträge für zivile Düsenmaschinen, die im Jahr 1989 eine Rekordhöhe von 1662 erreicht hatten, mit der einsetzenden Rezession steil zurück und fielen auf einen Tiefstand von 364 im Jahr 1993.

Schlimmer für die Finanzlage von Pratt war, daß die Fluggesellschaften auf ihre Lagerbestände mit Teilen für die Düsentriebwerke zurückgriffen, um ihre Flotten zu reparieren, statt neue Teile bei Pratt zu ordern. Die Aufträge für Ersatzteile rutschten im Frühjahr 1991 schnell ab und machten 1992 nur noch 63 Prozent gegenüber der Spitzennachfrage im Jahr 1989 aus. Das war ein vernichtender Schlag, weil die Ersatzteile für den größten Teil des Gewinns jeder Flugmotorenfirma verantwortlich sind, da es in der Branche Usus ist, neue Triebwerke mit wesentlichen Nachlässen zu verkaufen, um Marktanteile zu gewinnen und eine große Abnehmerbasis für ihr sehr gewinnbringendes Geschäft mit Ersatzteilen aufzubauen.

Zu allem Übel mußten Pratt und seine beiden globalen Rivalen – General Electric in den Vereinigten Staaten und Rolls-Royce in England – riesige Summen in die Entwicklung der nächsten Generation von Triebwerken investieren – drei Milliarden Dollar insgesamt für die drei Firmen zusammen. Dabei handelt es sich um »Monster-Triebwerke« mit 84 000 bis 100 000 Pond Schub, die für die Boeing 777 und möglicherweise für den geplanten Airbus A3XX mit 600 Plätzen gebraucht werden. (Das erste davon, das PW4084 von Pratt, wurde im Juni 1995 für die Boeing 777 in Betrieb genommen.)

Aufgrund eines vierjährigen Produktentwicklungszyklus für neue Triebwerkskonstruktionen und einer achtzehnmonatigen Produktionsvorlaufzeit für die konkrete Herstellung eines Triebwerks nach einem Auftrag stand Pratt einfach hilflos da und konnte nicht auf eine drastisch veränderte Welt reagieren. Die Investitionen für das PW4084 wurden eingefroren. Viele Triebwerke waren bereits für Kunden im Bau, die sie plötzlich nicht mehr haben wollten. Außerdem hatten die Fluglinien ein klares Signal gesendet, daß sie in den 1990er Jahren kostengünstige und keine Hochleistungstriebwerke mehr wollten, Konstruktionen, die erst in Jahren fertig wären.

In der ersten Hälfte des Jahres 1991 hielten die Rekordgewinne von 1990 noch an, aber die Wende am Markt war atemberaubend, und Pratt steuerte plötzlich auf einen Abschwung von 1,3 Milliarden in seinem Betriebsergebnis innerhalb eines Jahres zu, der in einem Verlust von 283 Millionen Dollar für 1992 gipfelte. Wie Coran sich erinnert: »Ganz plötzlich, gerade als ich gekommen war, ging alles schief, was nur schiefgehen konnte. Ich erkannte, daß wir statt einer einfachen Kostensenkungsmaßnahme, um mit einem 10prozentigen Volumeneinbruch fertig zu werden, das ganze Geschäft neu überdenken mußten.«

Zufälligerweise hatten gerade zur Zeit der Krise einige der Hauptmanager in der UTC-Gruppe – Coran, George David, der President der Commercial and Industrial Group von UTC, und Karl Krapek, President bei Carrier – die schlanken Prinzipien kennengelernt, hauptsächlich weil sie in Hartford tätig waren, wo Art Byrne ununterbrochen an der Anwendung dieser Prinzipien arbeitete. Coran hatte einen zusätzlichen großen Vorteil: Er war vorher nie Betriebsleiter gewesen und hatte von daher auch keine von deren Neigungen aus der traditionellen Massenproduktion. Er entschloß sich deshalb zur Einführung des schlanken Ansatzes als bestem Weg zur Rettung von Pratt & Whitney.

Dieser Versuch stellt die Probe aufs Exempel dar. Wenn Pratt in einer riesigen, öffentlich finanzierten High-Tech-Organisation mit außergewöhnlich tief gründenden technischen Funktionen und mit Anforderungen an die Qualität seiner Produkte, bei denen es um Leben oder Tod geht, *plus* allen Problemen von Wiremold, schnell die Einführung schlanker Prinzipien gelingt, dann kann es buchstäblich jedes amerikanische Unternehmen.

Vom amerikanischen System zur Massenproduktion[3]

Pratt liefert ein wunderschönes Beispiel der Umwandlung von der Massenproduktion in schlanke Produktion, weil die Firma ganz entscheidend am Aufbau des ganzen Massenproduktionssystems beteiligt war, das schließlich ihr Überleben bedrohte. Außerdem machte das Unternehmen zweimal die Entwicklung von einer Neugründung zu einem schlingernden Massenproduzenten durch, die wir bei Lantech sahen.

Die ursprüngliche Pratt & Whitney Company wurde vor dem amerikanischen Bürgerkrieg von Francis Pratt und Amos Whitney gegründet. Diese »Yankee-Mechaniker« lernten ihr Geschäft als interne Subunternehmer in der Waffenfabrik von Samuel Colt, die im Jahr 1855 in Hartford, Connecticut, gegründet wurde. Sie produzierten die einzelnen Teile für die Pistolen und Gewehre von Colt, hatten ihre eigene Belegschaft, benutzten aber die Fabrik und die Werkzeuge von Colt.

Von zentraler Bedeutung für unsere Geschichte ist, daß Pratt und Whitney auch viele der vierhundert Werkzeugmaschinen und Meßgeräte bauten, die Colt brauchte, um sein Ziel einer vollständig mechanisierten Waffenproduktion zu erreichen, mit austauschbaren Teilen und ohne Handarbeit für das »Anpassen«.[4] Dieser Ansatz wurde als amerikanisches System bekannt, im Vergleich zu dem europäischen System, bei dem die Teile einzeln von Hand hergestellt wurden und jedes Teil zu den bereits gefertigten paßte, um dann das vollständige Produkt zu ergeben.

Als Pratt und Whitney 1860 Colt verließen und The Pratt & Whitney Company gründeten, übernahmen sie eine ganze Reihe von Ideen über die Herstellung, die das Unternehmen noch bis vor kurzem beherrscht haben. Sie waren davon überzeugt, daß der beste Weg die Anschaffung von Spezialmaschinen ist, die spezielle Bearbeitungen an speziellen Teilen ausführen können, wenn möglich mit hohem Tempo und in hohen Stückzahlen. Sie waren außerdem davon überzeugt, daß ähnliche Maschinen in Abteilungen zusammengefaßt werden sollten und daß die einfache Logik verlangt, daß eine Maschine für ein bestimmtes Teil eingerichtet wird, dann eine bestimmte Menge davon produziert, bevor sie dann für das nächste Teil neu eingerichtet wird. Mit anderen Worten, sie bauten die Präzisionsmaschinen, die für die bekannte Welt der Massenproduktion erforderlich sind, und organisierten mit der Zeit ihre eigene Fabrik nach diesen Prinzipien.

Im Laufe der nächsten 65 Jahre wuchs Pratt & Whitney von einer kleinen Werkstatt unter direkter Leitung der beiden Gründer zu einer riesigen und enorm erfolgreichen Organisation. In seinen vielen Abteilungen, die auf bestimmte Prozesse konzentriert sind – Gießverfahren, Bohren und Fräsen, Gewindebohren und Wärmebehandlung –, produzierte Pratt die für Drehbänke, Schleifmaschinen, Walzanlagen, Schneidemaschinen und Bohrer erforderlichen Teile für die Maschinenbauindustrie. Die Firma entwickelte auch Präzisionsmeßgeräte zur Prüfung der Genauigkeit der Teile und verkaufte diese gemeinsam mit ihren Werkzeugen. Mit den Jahren wurden die Maschinen von Pratt immer komplexer und konnten immer feinere und differenziertere Arbeiten durchführen. Außerdem machten Fortschritte in der Metallurgie die Verarbeitung von vorgehärtetem Metall möglich, so daß die Teile in ihre Endform gebracht werden konnten ohne Angst davor, daß die folgenden Härtungsschritte die Austauschbarkeit beeinträchtigen könnten. Die Basisphilosophie der Produktion wurde jedoch nicht geändert.

Der Aufstieg des Adlers[5]

Im Sommer 1924 trat Frederick Rentschler als President der Wright Aeronautical Corporation in New Brunswick, New Jersey, zurück, weil die beteiligten Banken seine Idee eines luftgekühlten Sternmotors, viel größer als der revolutionäre Wright Whirlwind, der gerade in die Produktion gegangen war, nicht länger unterstützen wollten.[6] Er war davon überzeugt, daß dieser große Motor die wassergekühlten Motoren in den Militärmaschinen ablösen könnte und daß die zivile Luftfahrt zum ersten Mal wirtschaftlich realisierbar wäre.

Mit der Unterstützung der U.S. Navy suchte Rentschler neue Geldgeber und kontaktierte Anfang 1925 Pratt & Whitney in Hartford, die gerade einen massiven Einbruch in ihrem Geschäft erlebten und freie Fabrikfläche und ungenutzte Werkzeuge hatten. Außerdem bemerkte Rentschler, daß es im Gebiet von Hartford viele »Yankee-Mechaniker« gab, die die Werkzeugmaschinen bedienen konnten, die Pratt herstellte, und daß es genau die waren, die man für die Herstellung von Flugmotoren brauchte.[7]

Rentschler wollte bei Pratt & Whitney eine ähnliche Rolle wie Francis Pratt und Amos Whitney siebzig Jahre vorher in der Waffenfabrik von Colt übernehmen. Er entwarf einen Plan für ein Unternehmen im Unternehmen und benutzte den seit langem eingeführten Namen P & W mit seiner weltweiten Reputation für Präzisionsmaschinen. Er schlug den Eigentümern vor, ihm einen Kredit von einer Million Dollar zu gewähren (als Gegenleistung für einen 50-Prozent-Anteil an der neuen

Pratt & Whitney Aircraft Company)[8] und ihm den nicht ausgelasteten Fabrikraum und die nicht ausgelasteten Werkzeugmaschinen zu überlassen, um seinen neuen Motor zu bauen. Ein Abkommen auf dieser Linie wurde im Juli 1925 unterzeichnet. Rentschler war zurück im Flugmotorengeschäft.

Im Jahr 1925 war die Konstruktion eines Flugzeugmotors noch immer ein Prozeß aus Versuch und Irrtum: Es wurde ein Prototyp gebaut und auf Fehler getestet, dann wurden die mangelhaften Teile verbessert, und die Konstruktion wurde erneut getestet. Rentschler wußte, daß der Schlüssel zum Erfolg darin lag, die erfahrensten Ingenieure in der Branche anzuziehen und schnell eine größere Version des Wright Whirlwind zu entwickeln, die beim ersten Versuch funktionieren würde. Er überzeugte schon bald einige von den leitenden Ingenieuren von Wright, mit ihm bei Pratt zu arbeiten, und sein neues Konstruktionsteam machte spektakuläre Fortschritte.

In nur neun Monaten waren sechs Ingenieure von Pratt und zwanzig Handwerker (bei dreißig Beschäftigten, einschließlich Rentschler) in der Lage, den neuen Wasp-Motor zu konstruieren (der aus fast zweitausend Teilen bestand), eine zentrale Verfahrensinnovation, um Gewicht einzusparen[9], einzubauen, drei Prototypen herzustellen und sie testfertig für potentielle Käufer zu machen. Beim Test stellte sich heraus, daß der Wasp-Motor mehr als 50 Prozent mehr Leistung (425 PS) als der luftgekühlte Motor Wright Whirlwind brachte und nur circa 325 kg im Vergleich zu dem wassergekühlten Motor Curtiss Liberty mit 825 kg und derselben PS-Zahl wog. (Das spätere Modell war das Standardmodell, das vom amerikanischen Militär damals benutzt wurde.)

Es gab Aufträge von militärischer und ziviler Seite, und im Jahr 1929 waren Pratt & Whitney Weltführer in dem kleinen, aber schnell wachsenden Segment des Flugmotorenbaus. Der Motor von Pratt erwarb sich rasch den Ruf, zuverlässig zu sein, und wurde für die nächste Generation der Ziviltransporte gewählt, angefangen mit dem Ford Tri-Motor. (Das Unternehmenslogo – ein amerikanischer Adler, eingekreist von den Worten: »Pratt & Whitney – Dependable Engines« – wurde von Anfang an auf jedem Motor angebracht und wurde allen Flugzeugpassagieren auf der ganzen Welt geläufig.) Im Jahr 1929 konnte Rentschler die Anteile von Pratt & Whitney an der Maschinenbaufirma übernehmen und eine neue Zentrale sowie eine riesige Produktionsanlage in East Hartford bauen.[10]

Anfangs konnten die drei Kernaktivitäten von Pratt & Whitney – die Konstruktion neuer Produkte, Auftragsabwicklung und Produktion – in einer absolut einfachen Organisation effektiv abgewickelt werden. In der Tat wurde der erste Produktionslauf von zweihundert Wasp-Motoren für die U.S. Navy in einem großen Raum von einer Gruppe hochqualifizierter Mechaniker, die direkt mit der kleinen Gruppe von Produktingenieuren zusammenarbeitete, konstruiert und dann gebaut.

Anfang 1930 stieg das Produktionsvolumen von einigen Dutzend auf einige hundert Motoren und schien organisatorische Differenzierungen notwendig zu machen, wie sie Lantech vorgenommen hatte. Für jede größere Aktivität wurden Abteilungen aufgebaut – Verkauf, Technik, Bau und Test von Prototypen, Qualitätskontrolle, Einkauf, Produktion und Service. Innerhalb jeder Abteilung wurden Spezialwerkstätten eingerichtet. Beispielsweise wurden in der Produktionsabteilung Werkstätten für Wärmebehandlung, Lackieren und Endmontage aufgebaut. Solange Pratt nur an der Entwicklung eines Produkts arbeitete (des Hornet, des Nachfolgemodells für den Wasp mit 500 PS) und nur den Wasp produzierte, funktionierte das System gut, und es bestand kein Bedarf an einem abteilungsübergreifenden Management.

Als Mitte der 1930er Jahre jedoch Pratt sein Produktangebot um den 300 PS starken Wasp Junior und den 800 PS starken Twin Wasp ausdehnte und Experimente mit einer Reihe neuer Motorkonfigurationen durchführte, war schon etwas mehr erforderlich. Es wurde eine neue Position geschaffen, der »Projektingenieur«, der an die Leiter von Technik und Produktion berichtete. Der Projektingenieur hatte die Aufgabe, alle Aktivitäten im Rahmen von Konstruktion, Produktion und Einbau einer bestimmten Produktlinie (wie etwa des Wasp) in das Flugzeug während des Durchlaufs durch die vielen Werkstätten und Abteilungen zu koordinieren.[11] Er war nur Koordinator und verfügte weder über eigene Mitarbeiter noch eigene Ressourcen – in heutiger Terminologie: ein »leichtgewichtiger« Programm-Manager.[12] Es wurde aber ein erstaunlicher Sprung vollzogen, der weit über die rein funktionale Organisation und die üblichen Managementpraxen der damaligen Zeit hinausging. In der Tat ließ das Konzept des Projektingenieurs zur Steuerung der gesamten Wertschöpfung die in diesem Buch beschriebenen schlanken Prinzipien erahnen.

Das Wachstum in den 1930er Jahren zog auch Veränderungen in der Fabrik nach sich. Ursprünglich waren alle Metallbearbeitungswerkzeuge relativ kleine Maschinen – Drehbänke, Fräsmaschinen, Walzmaschinen, Bohrmaschinen etc. –, die in der tatsächlichen Reihenfolge des Arbeitsablaufs aufgestellt werden konnten.[13] Zum Beispiel war die Werkstatt für Zylinder im Jahr 1936 in der Fabrik East Hartford folgendermaßen aufgebaut:

> ... die erste Werkstatt ... direkt nach der Rohmaterialprüfung und der Versuchsabteilung ist die Zylinderwerkstatt. Auf der einen Seite des Hauptganges werden alle Stahlzylinderhülsen produziert. Auf der anderen Seite werden alle Zylinderköpfe aus einer Aluminiumlegierung hergestellt, und außerdem werden die Hülsen zusammen mit den Ventilsitzen, Lagerbüchsen und Ventilführungen sowie anderen kleineren Teilen zu einem Zylinderkopf zusammengebaut, und der fertige Zylinderkopf wird dann direkt ins Fertiglager gebracht. Neben den Ersatzteilen gibt es dort ungefähr 50 verschiedene Zylinderarten. Das Equipment wurde so angeordnet, daß alle Maschinen so gereiht waren, daß das Rohmaterial auf einer geraden Linie die Produktion durchlaufen konnte. Natürlich wurde nicht jede Maschine bei jedem Zylinder gebraucht.[14]

Ähnliche Werkstätten wurden für die Hauptantriebsketten und Gestänge, Kurbeln, Kurbelgehäuse, Kolben, Kipphebelwellen und Ventilführungen und Nocken errichtet. Das hört sich bemerkenswert ähnlich den Arbeitszellen für Fertigteile an, denen wir vorher im Buch schon begegnet sind. Und es ist klar, daß die Betriebsleiter von Pratt damals mindestens eine rudimentäre Vorstellung von Fließfertigung hatten. »Das Produktionsschema ist relativ einfach. Das Rohmaterial kommt per Bahn oder LKW am Eingang der Werkstatt (Fabrik) an und durchläuft dann die verschiedenen Herstellungsabteilungen bis zum Fertiglager auf der Rückseite.«[15]

Klar ist jedoch auch, daß der kontinuierliche Fluß strikt auf die Montage und diejenigen Arbeiten begrenzt war, die mit einfachen Maschinen durchgeführt werden konnten. Es gab Spezialwerkstätten für Motorteile aus Magnesium und für Hartstahllegierungen sowie für Wärmebehandlung, Lackieren und Polieren. Weil die meisten Teile mindestens einige dieser Bearbeitungsschritte erforderlich machten, wurden viele Teile von Werkstatt zu Werkstatt bewegt.

Außerdem gab es ein kompliziertes System zentralisierter Lagerbereiche, Werkzeugmagazine und Inspektionsstationen. Es wurde als gegeben hingenommen, daß die Qualitätsprüfungen ohne die Fabrikarbeiter von Technikern durchgeführt wurden, die an ihren Abteilungsleiter berichteten, und nicht an den Leiter der Produktionsabteilung, und daß die Produktion besser kontrolliert werden könnte, wenn die Werkzeuge, das Zubehör und die unfertigen Teile an zentraler Stelle gelagert würden. Diese Entscheidungen bedeuteten, daß jedes Teil und jeder Arbeiter sich zwischen jeder größeren Produktionsstufe und während der Einrichtearbeiten für den nächsten Job zu einem zentralen Lagerbereich begeben mußten.

Schließlich vertrat das Unternehmen auch die Philosophie, daß viele Mängel erst bei Testläufen der fertigen Motoren entdeckt werden könnten. Deswegen verursachten die Testräume ungeheuren Lärm im ganzen hinteren Fabrikbereich. Jeder Motor wurde acht bis dreizehn Stunden laufen gelassen und dann vollständig zerlegt. Die Teile wurden geprüft, erforderlichenfalls erneuert und wieder zusammengebaut. Der Motor lief dann weitere fünf bis zwölf Stunden und wurde endlich ausgeliefert, wenn keine Probleme mehr entdeckt wurden.[16] Wie wir sehen werden, führte dieses Netz der Endkontrolle zu folgender Einstellung: »Montier es, dann bastle herum, bis es funktioniert.« Diese Mentalität hielt sich bei Pratt beharrlich bis 1994.

Sogar mit einem relativ einfachen Layout der Fabrik und einer einfachen Produktlinie mußte Pratt im Jahr 1936 sehr hart arbeiten, um die Produkte durch das System zu schleusen. Es gab ein organisiertes System von »Fehlteilelisten« und »Überwachungverfahren« (lies: »Hot-Lists« und »Terminüberwachung«), und der Assistent der Geschäftsleitung erzählte begeistert vor einem Publikum gleichrangiger Kollegen, daß es bereits High-Tech-Abhilfe für diese Aufgaben gäbe:

> Es ist vielleicht auch von Interesse, darauf hinzuweisen, daß die Fehlteilelisten und Terminpläne mit elektronischen Hollerith-Maschinen hergestellt werden.[17] Dazu werden im Lagerbüro Lochkarten geschrieben, und diese Listen werden gedruckt und dann an die Planungsabteilung und die Kontrollabteilung geleitet, und zwar ordentlich gedruckt, gegliedert und ohne Verzögerung. Das ist ein wichtiger Faktor bei der effizienten Kontrolle der Werkstattproduktion.[18]

Kurz, Pratt & Whitney entfernte sich zum zweiten Mal von einer schlanken Werkstatt in Richtung großer Massenhersteller. Die größere Innovation während der Umwandlung war, daß die wachsende Bedeutung komplizierter Werkzeuge, die in speziellen Abteilungen untergebracht waren, durch ein automatisches Infomationsmanagement unterstützt werden konnte, um aus Rohmaterial fertige Produkte zu machen.

Was die größere organisatorische Innovation sein sollte, nämlich der Projektingenieur, funktionierte nie wie geplant. 1939 schrieb der damalige Chefingenieur L. S. Hobbs an seinen Vorgesetzten: »Zum Zeitpunkt unserer Einführung des Projektingenieurs war ziemlich offensichtlich, daß das System in Wirklichkeit nicht funktioniert.«[19] Statt dessen war der Projektingenieur ein leichtgewichtiger Manager in der Produktentwicklung, und die Produkte durchliefen den Verkauf, die Planung, Produktion und Installierung, so gut es ging. Es gab eine Terminüberwachung durch das zentrale Informationssystem, aber kein einzelner und kein Team war voll für ihren Fortschritt verantwortlich.

Der Zweite Weltkrieg als Motor der Massenproduktion

Als die Aufträge im Zweiten Weltkrieg[20] von Hunderten auf Hunderttausende stiegen, machte Pratt den letzten Sprung in die Massenproduktion in seiner Fabrik. Ein Mangel an ausgebildeten Arbeitern führte dazu, daß die neuen Maschinenwerkzeuge für die Kriegsanstrengungen für sehr spezielle Bearbeitungsverfahren entworfen wurden und kaum Anforderungen an die Ausbildung der Maschinenarbeiter stellten. Die Zahl der Werkstätten für spezielle Fertigungen stieg mit zunehmender Arbeitsteilung dramatisch. Das Auftragsvolumen machte es auch möglich, eine bestimmte Maschine für ein bestimmtes Teil einzuplanen, vielleicht über Jahre, so daß die Notwendigkeit häufiger Umrüstungen reduziert wurde. Es gab mehr unfertige Teile, mehr Bewegungen innerhalb des Produktionssystems, mehr Nachbearbeiten in der Testabteilung am Produktionsende und eine höhere Komplexität der Managementaufgaben, und der Output an Motoren stieg sogar noch mehr, und letzterer war der einzig wichtige Faktor während des Krieges.

Es ist kaum überraschend, daß sich am Ende des Krieges die Mentalität der Belegschaft verändert hatte. Die Belegschaft bestand nicht mehr aus hochqualifizierten, halb selbständigen Handwerkern, sondern die Mitarbeiter waren eng spezialisiert und weitgehend austauschbaren Jobs zugewiesen und standen unter viel stärkerer Kontrolle des Managements. Eine konventionelle Gewerkschaft hatte kaum Anziehungskraft auf die erste Generation von Handwerkern bei Pratt. Aber 1945 führten eine veränderte Mentalität und eine andere Produktionsrealität zu einer Situation, in der die International Association of Machinists leicht die gewerkschaftliche Organisierung der Belegschaft übernehmen konnte.[21] Ein Labyrinth von Arbeitsregeln und Klagen folgten bald als Spiegelbild der vom Management eingeführten Arbeitsteilung.

Die zweite wichtige Folge des Zweiten Weltkrieges war in der Produktentwicklung sichtbar, wo die wachsende Komplexität der Konstruktionen und die Notwendigkeit, immer mehr PS aus dem Basismodell des Sternmotors herauszuholen, zu einem Bedarf an sehr qualifizierten technischen Abteilungen führten. Die Hauptexperten waren Materialwissenschaftler für die Entwicklung neuer Materialien, Konstruktionsingenieure, um Gewichts- und Belastungsfragen zu klären, Spezialisten in Aerodynamik, um das Problem der Luftströmung und des Strömungswiderstands im und um den Motor in Angriff zu nehmen, und Maschinenbauingenieure für die Entwicklung und Passung der für jeden Motor erforderlichen Tausende von einzelnen Teilen. Für jeden Spezialbereich wurde eine eigene Abteilung in der riesigen Engineering-Abteilung bei Pratt & Whitney aufgebaut.

Bei Kriegsende hatte der Wasp-Major-Motor von Pratt sechsunddreißig Zylinder in vier Reihen um eine einzige Kurbelwelle. Er hatte sowohl einen Kompressor wie einen Turbolader und erreichte 4 600 PS (im Vergleich zu den 425 PS des ursprünglichen Wasp-Motors mit neun Zylindern). Neben dem Turbo-Motor, der gleichzeitig von der Curtiss Wright Company entwickelt wurde, war der Wasp Major einer der kompliziertesten Motoren, die je gebaut wurden.[22]

Der düsengetriebene Adler

Während des Zweiten Weltkrieges beauftragte die amerikanische Regierung Pratt und Curtiss-Wright, sich auf ihr Können zu konzentrieren: die Konstruktion und den Bau von Kolbenmotoren. Andere amerikanische Firmen ohne vorhergehende Erfahrung im Bau von Flugmotoren (General Electric, Westinghouse und Allison) übernahmen bei den Düsentriebwerken die Führung, und zu Kriegsende war Pratt der eindeutige Weltführer in einer Technologie ohne Zukunft. Schlimmer war aber, daß Pratt keine Erfahrung mit der Technologie der Zukunft hatte – der Düsenturbine.

Im Jahr 1946 ging P&W ein enormes, aber zugleich unvermeidbares

Risiko ein. Man stellte die Forschung für Kolbenmotoren ein. Pratt versuchte, seine neuen Konkurrenten aus dem Düsenzeitalter mit einem Zweiwellen-Axialströmungstriebwerk zu überholen, das viel größer und komplexer war, als man sich jemals vorgestellt hatte. Im Gegensatz dazu arbeitete Curtiss-Wright in den frühen 1950er Jahren weiter am Kolbenmotor mit seiner Turbo-Version für die Douglas DC-7 und die Lockheed Super Constellation. Curtiss-Wright stieg aus dieser Branche aus, als die Düsenflugzeuge diese letzten Iterationen des Flugzeugs mit Kolbenmotor ablösten.

Die Düsentriebwerke basierten zwar auf anderen Voraussetzungen, verlangten aber viele derselben Fähigkeiten wie in den bestehenden Engineering-Abteilungen bei Pratt. Die Materialwissenschaftler hatten jetzt das Problem, mit den extremen Temperaturen im Triebwerk zurechtzukommen. Die Konstruktionsingenieure hatten es mit den Vibrationen in der komplexen Turbomaschine zu tun. Die Spezialisten für Aerodynamik hatten es mit der Strömung hinter dem Kompressor und den Turbinenschaufeln zu tun. Die Maschinenbauingenieure waren immer noch mit der Konstruktion von Tausenden von Teilen beschäftigt, die aber jetzt rotierten und sich nicht hin und her bewegten, und ihrem Zusammenbau zu einer kompletten Maschine. Der große Unterschied war, daß es sich jetzt um wissenschaftliches Wissen handelte und die erforderliche Anstrengung viel größer war.[23]

Die technischen Funktionen bei Pratt wurden um so tiefer und siloartiger, je unübersichtlicher das erforderliche Wissen wurde. Die Projektingenieure innerhalb der Produktentwicklung stöhnten, als die Wände zwischen den Abteilungen dicker wurden. Es gab den »Pratt-Gruß«: gekreuzte Arme, die in die entgegengesetzte Richtung zeigen, um anderen Abteilungen die Schuld für alle Konstruktions- und Herstellungsprobleme zu geben.

Das Produktionssystem blieb an sich bemerkenswert unbeeinflußt vom Düsenzeitalter. Hochspezialisierte Werkzeugmaschinen – die in den 1970er Jahren um wirklich große Spezialgeräte wie Elektronenstrahl- und Schmelzschweißgeräte ergänzt wurden – wurden in Werkstätten innerhalb der Abteilungen zusammengefaßt, um die Montage auf den Werkbänken mit Stapeln von Teilen zu versorgen, aus denen das fertige Triebwerk entstand. Jedes Triebwerk wurde dann vor der Auslieferung intensiv getestet und »getunt« (nachgearbeitet). Im Scherz sagte man gerne, daß das durchschnittliche Teil innerhalb der Fabriken von Pratt während der Produktion länger unterwegs war als beim Flugbetrieb. Aber es schien keinen besseren Weg zu geben.

Pratts Sprung zum Düsenantrieb im Jahr 1946 führte 1952 zu einem technischen und wirtschaftlichen Triumph. Der Motor J-57 von P&W trieb den amerikanischen achtstrahligen Bomber B-52 an, der in diesem Jahr zum ersten Mal flog. Leicht modifiziert und jetzt unter dem Namen JT3 bekannt, machte dieses Triebwerk 100 Prozent des Umsatzes für die ursprünglichen Versionen der vierstrahligen Boeing 707 und Douglas DC-8 am Ende des Jahrzehnts aus. P&W brachte schnell ein ganz neues Triebwerk auf den Markt, das JT8D, um alle dreistrahligen Boeing 727 und die zweistrahlige DC-9 sowie die ersten Versionen der zweistrahligen Boeing 737 auszurüsten. Als 1970 das amerikanische Militär Pratt einen Alleinvertrag für das Triebwerk F100 für die F15- und F16-Jäger zusprach, führte das Unternehmen das globale Geschäft für Flugzeugtriebwerke an. Ende der 1960er Jahre hielt Pratt tatsächlich einen schwindelerregenden Weltanteil von 95 Prozent am kommerziellen Markt für Triebwerke (außerhalb des sowjetischen Blocks) und nahezu 50 Prozent bei den amerikanischen Militäraufträgen.

Im Laufe seiner Branchenführung perfektionierte Pratt die Standardmerkmale eines Massenherstellers und festigte sie. Die Arbeiten wurden in der Fertigung genau aufgeteilt, mit Spezialmaschinen zur Herstellung von Stapeln von Teilen unter langen Vorlaufzeiten. Während der Produktentwicklung koordinierten leichtgewichtige Teamleiter die Engineering-Bemühungen über die starken Abteilungsgrenzen hinweg.

Dieses System war angemessen, wenn nicht sogar perfekt für seine Umgebung. Über Jahrzehnte wurden die Flugzeugtriebwerke von regulierten Fluggesellschaften – die nur über den Service, aber nicht über den Preis im Wettbewerb miteinander standen – und vom Militär – mit rein militärischen Interessen, wo der Preis nur zweitrangig war – in Auftrag gegeben. Außerdem bedeuteten Fortschritte in der Materialwissenschaft und in der Aerodynamik, daß jede neue Produktgeneration wesentliche Leistungsverbesserungen erzielen konnte. Solange die technische Tiefe bei Pratt Produkte herstellen konnte, die besser waren als die der Konkurrenz, konnten die unnötige Zeit für Konstruktion und Herstellung, die höheren Kosten und die gelegentlichen Funktionsprobleme bei der ersten Inbetriebnahme einfach übersehen werden.

Während dieser goldenen Jahre neigte die Spezifikation neuer Produkte bei Pratt zu Rückständigkeit. Die Chefingenieure entschieden darüber, welche Technologien in die nächste Produktgeneration eingebaut werden konnten. Die erforderliche Konfiguration des Triebwerks wurde an diese Technologien angepaßt. Dann berechneten sie die Produktionskosten und den Verkaufspreis, als eine Art Resultante. Wenn ein Triebwerk in Produktion ging, dann wurden die Kosten nicht mehr energisch im Auge behalten, sondern statt dessen in den Gewinn- und Verlustrechnungen im Büro des President ausgebreitet, wo es bereits zu spät war, um noch viel daran zu ändern.

In den 1980er Jahren planten die Flugzeughersteller eine Option zwischen zwei oder drei Triebwerken (von Pratt, GE und Rolls) für jeden Großraumflugzeugtyp ein. Das Problem der Produktionskosten wurde durch die Branchenpraxis noch schwieriger. Es wurden nämlich zunehmend höhere Preisnachlässe für neue Triebwerke angeboten, die schließlich weit unter den Kosten lagen.[24] Das geschah aus der Erwartung heraus, daß die Verluste durch den Verkauf von Ersatzteilen wieder eingefahren würden, vor allem durch den Verkauf von Turbinenschaufeln, bei denen die Triebwerkshersteller ein Monopol hatten. Beispielsweise war der Preis für die von einer Fluglinie gekauften Ersatzteile für die Betriebsdauer eines JT8D wahrscheinlich fünfmal höher als der ursprüngliche Anschaffungspreis des Triebwerks. In diesem Umfeld konnte der Triebwerkshersteller sich leicht über die Bedeutung der Kosten täuschen

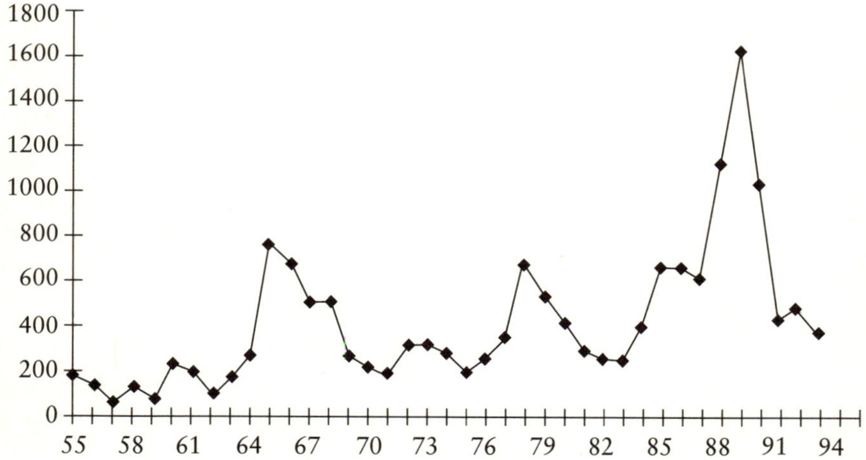

Abbildung 8.1: Kommerzielle Aufträge für Triebwerke

– die Triebwerke wurden zu Preisen weit unter irgendwie vorstellbaren Produktionskosten verkauft.

Das letzte Merkmal dieses vollentwickelten Massenproduktionssystems war seine seltsame Methode der Auftragsabwicklung. 24 Monate Vorlaufzeit für die Fertigung eines Triebwerks zusammen mit einer dreijährigen Vorlaufzeit zum Bau des kompletten Flugzeugs führten zu riesigen Auftragsschwankungen bei Düsenflugzeugen in der Nachkriegsära[25], wie Abbildung 8.1 zeigt.

Wenn die Flugzeugindustrie aus der Rezession heraus war, bestellten die Kunden Flugzeuge und Triebwerke, die sie unter Umständen nicht brauchten, nur um sicher zu sein, einen Platz auf der Produktionsliste zu haben. Währenddessen schloß die Verkaufsabteilung oft spezielle Geschäfte für Großaufträge ab, sogar wenn der Umsatz boomte, nur um Marktanteile zu halten und das Ersatzteilgeschäft zu sichern. Diese Aufträge konnten plötzlich verlorengehen, wenn die Wirtschaftslage sich verschlechterte. Aber Wellen von Militäraufträgen kompensierten oft die Einbrüche bei der zivilen Nachfrage, und Bestellungen für Ersatzteilkäufe stiegen oft an, als nach 1980 die Auslieferung neuer Triebwerke zurückging, wie Abbildung 8.2 zeigt.

Als Folge davon war bis 1990 die Beschäftigung bei Pratt stabiler als die Aufträge, wie Abbildung 8.3 zeigt. Es gab periodische Entlassungen, die aber gewöhnlich nur von kurzer Dauer waren. Die Mitarbeiter von

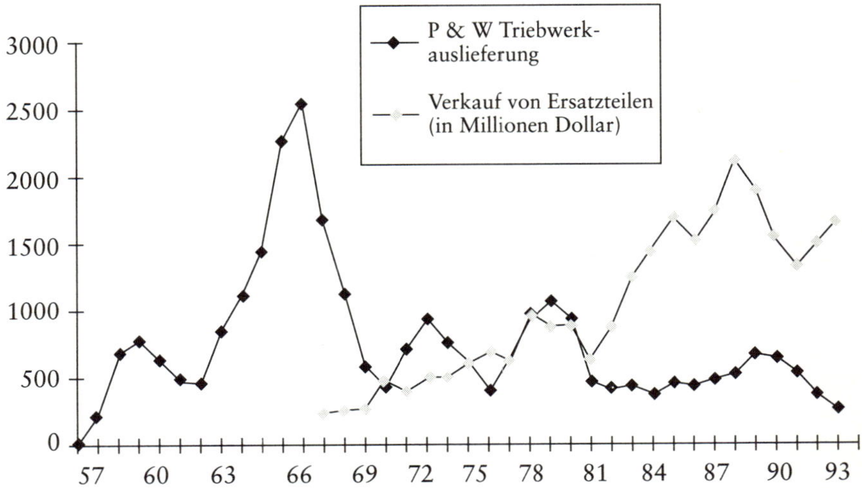

Abbildung 8.2: Auslieferung von Triebwerken und Verkauf von Ersatzteilen

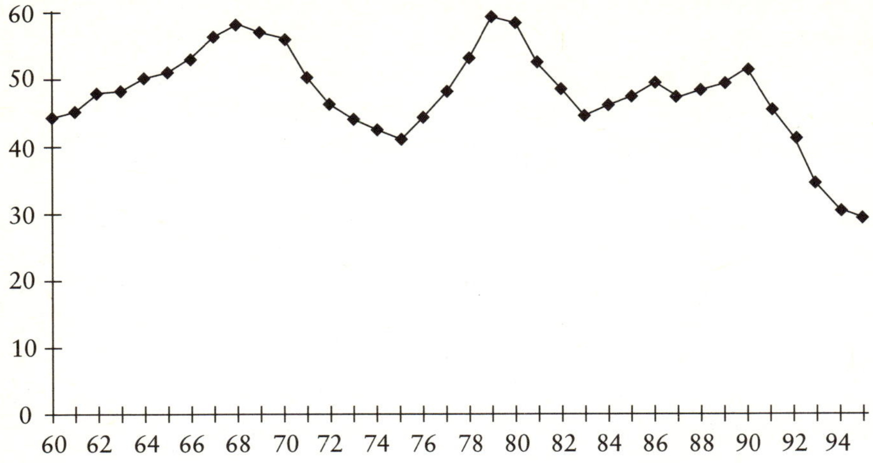

Abbildung 8.3: Zahl der Beschäftigten bei Pratt und Whitney (in Tsd.)

Pratt konnten leicht der Meinung sein, daß sie immer einen Job finden würden, besonders, wenn sie ein paar Jahre Erfahrung hatten.

Als der Adler zum ersten Mal wieder zu Boden kam

Große Unternehmen wie IBM, General Motors und Pratt empfangen (aber ignorieren) normalerweise eine Reihe von Warnsignalen, daß die Welt sich geändert hat, bevor dann das Dach endgültig einbricht. Und der Zusammenbruch sowohl des militärischen wie des zivilen Marktes im Jahre 1991 war nicht das erste Warnsignal. Das kam 1984, als Pratt die militärischen Kunden mit seinen Mängeln bei der Behebung von Betriebsproblemen am Triebwerk der F100 verärgerte, was GE als zweite Zulieferquelle ins Geschäft brachte und zu ungefähr der Hälfte des amerikanischen Militärgeschäfts für die F16 verhalf.[26]

Gleichzeitig verärgerte die Einführung des PW2037-Triebwerks von Pratt für die Boeing 757 die Fluggesellschaften. In bezug auf den Treibstoffverbrauch sowie hinsichtlich des Preises lag das Triebwerk von Pratt im Vergleich zum konkurrierenden RB211-535 von Rolls Royce vorn, aber es hielt einen schrecklichen Rekord in mechanischen Problemen, die zu Flugausfällen führten, als es in Betrieb genommen wurde. Fred Hetzer, der Projektingenieur für das PW2037, erinnert sich: »Wir waren wie ein alternder Schläger beim Baseball, der den Ball noch deutlich sehen, aber den Schläger nicht mehr schnell genug schlagen kann, um den Ball zu treffen. Wir wußten von den Problemen mit dem PW2037, ein Jahr bevor sie über die zivilen Kunden sichtbar wurden, und wir arbeiteten Tag und Nacht daran, sie zu beheben. Aber die Organisation war so schwerfällig und die abteilungsübergreifende Kommunikation so schwer, daß wir sie nicht mehr rechtzeitig in den Griff bekamen.« Die Folge war, daß Pratt ein überlegenes Triebwerk zuerst fertig, aber nur die Hälfte des Geschäfts für Triebwerke der Schubstärke von vierzigtausend Pond in der Tasche hatte.

Schließlich schätzte Pratt auch die Nachfragetendenz im Markt für Triebwerke falsch ein. In der Annahme, daß große Flugzeuge mit drei Sitzreihen und zwei Gängen der primäre Wachstumsmarkt seien, und unwillig, sein damals sich am besten verkaufendes Modell JT8D zu verbessern, scheiterte Pratt bei der Entwicklung eines Ersatzmodells für das JT8D, mit dem die Boeing 727 und 737 angetrieben wurden. Als sich Boeing Anfang der 1980er Jahre dazu entschied, die 737 zu modernisieren und den Rumpf zu verlängern, um mehr Passagiere aufnehmen zu können, und seine Systeme auf den neuesten Stand zu bringen, hatte Pratt kein Triebwerk mit der modernen Mantelstromtriebwerks-Technologie und niedrigem Treibstoffverbrauch. Ein Konsortium, bestehend aus GE in den Vereinigten Staaten und Snecma in Frankreich (CFM), verfügte über diese Technologie. Das Konsortium setzte sich mit dem sich weltweit am besten verkaufenden Flugzeug deutlich ab. Als Airbus den A320 für 100 bis 160 Passagiere in Konkurrenz zur 737 einführte, wurden Maschinen mit einem Gang bei weitem das größte Marktsegment.[27]

Schlanker, aber noch nicht schlank; notwendig, aber noch nicht hinreichend

Mitte der 1980er Jahre sah sich Pratt plötzlich in allen großen Produktkategorien einer Konkurrenz gegenüber, und der Marktanteil rutschte auf breiter Front ab. Außerdem ging die Gesamtzahl der gelieferten Triebwerke in der Branche zurück, und zwar aufgrund des Wechsels von vier- auf zweistrahlige Maschinen. Das Management von Pratt schien nicht ganz zu schlafen, und drei Innovationen, die damals weltbewegend erschienen, wurden als Reaktion eingeführt: eine in der Produktion und zwei zur Überwindung der Kluft zwischen Produktentwicklung und Produktion.

Die größere Innovation im Produktionssystem, 1948 eingeführt, war die »fokussierte« Fabrik mit einer Fertigung nach dem Fließprinzip und nach Teilekategorien organisierten Geschäftsbereichen. Die Fabrikstruktur von Pratt, die aus drei heißen Kriegen (Zweiter Weltkrieg, Korea- und Vietnamkrieg) und einem kalten Krieg hervorgegangen war, war ein Mischmasch aus isolierten Werkstätten, die an Teilen arbeiteten, die keine Beziehung zu den Teilen in der nächsten Werkstatt hatten. In einem bemerkenswerten Fall wurde die Entfernung, die ein Teil innerhalb der Fabriken von Pratt zurückzulegen hatte (nicht mitgerechnet die Entfernung zwischen den Fabriken), gemessen und betrug insgesamt achtzehn Meilen.

1984 reorganisierte Pratt seine Produktionsstätten, so daß jede die Verantwortung für eine größere Kategorie von Triebwerksteilen übernahm. In der großen Fabrik in North Haven sollten primär Turbinenschaufeln hergestellt werden, während die Fabrik in Southington an Rotoren und Scheiben arbeitete und die Fabrik in Middletown die Endmontage übernahm. In jeder Fabrik wurden die Arbeiten weiter reorganisiert, so daß viele Fertigungsschritte für jede Teilekategorie[28] zusammengefaßt und in logischer Reihenfolge in eine »Ablauflinie« gebracht wurden, sofern die Werkzeugmaschinen es erlaubten. Das ist genau das Konzept, das Carlton Ward, der Assistent des General Managers der Produktion, 1936 beschrieben hat.

Schließlich wurde jede Teilekategorie, beispielsweise Hochtemperatur-Turbinenschaufeln für das Triebwerk JT8D, in einer »Geschäftseinheit« untergebracht, deren Leiter die Kosten für seinen Betriebsablauf kannte. Der Leiter der Geschäftseinheit hatte die volle Verantwortung dafür, daß die Teile nach Kosten- und Zeitplan gefertigt wurden, in Übereinstimmung mit dem Masterplan (der jetzt von einem computergestützten Planungssystem für den Materialbedarf übernommen wurde).

Mitte der 1980er Jahre waren sich die leitenden Manager bei Pratt bewußt, daß es vernünftiger wäre, bei ausgereiften Triebwerken ähnliche Konstruktionsprinzipien auf »Standard«-Konstruktionsprobleme bei jeder Kategorie von Teilen anzuwenden. Warum sollte man zum Beispiel nicht denselben Härtegrad des Chroms für jede Hochtemperatur-Turbinenschaufel bestimmen, statt endlos an kleinen Änderungen bei der Legierung herumzudoktern, was nur zu unerheblichen Verbesserungen in der Leistung führte? Es war aber offensichtlich, daß die für die einzelnen Teilekategorien zuständigen Konstrukteure von Pratt genau das Gegenteil taten. Sie machten genau das, was sich zwangsläufig in Technik-Kulturen entwickelt, wo weit entfernt von den Kunden an endlosen Verbesserungen und Änderungen der Konstruktion auf der Suche nach Neuem und einer besseren Lösung gearbeitet wird, ungeachtet des erzielten Leistungsgewinns. Die Folge davon war, daß ziemlich unterschiedliche Produktionsmethoden für praktisch identische Teile spezifiziert wurden, wodurch ihre Herstellung mit denselben Werkzeugen in einer gemeinsamen Fließfertigungszelle und Geschäftseinheit unmöglich war.

Als das Management zu der Überzeugung kam, daß viele neue Konstruktionen nur dem Namen nach neu waren, das Unternehmen aber Millionen an spiralförmig steigenden Kosten für Entwicklung und Produktion kosteten, entschied man sich für eine Lösung in Form von funktionsübergreifenden Teams.[29] Sie sollten jedes Teil und alle Prozesse, die in den Triebwerken von Pratt oft vorkamen – beispielsweise die aerodynamischen Profile der Triebwerke –, prüfen und sich auf »Normen« für die Konstruktion von Teilen, die Materialauswahl und die Fertigungstechniken einigen. Wenn irgendein Ingenieur mit einer neuen Konstruktion von der Norm abweichen wollte, lag es in seinem Verantwortungsbereich, das Team davon zu überzeugen, daß sie besser ist. In der Praxis hat dieses System die Zahl der vorgeschlagenen neuen Modelle stark reduziert und die Kosten gesenkt.

In den späten 1980er Jahren war es auch offensichtlich, daß das Projektingenieur-System und geringe Koordination nur zu schwachen Ergebnissen führten. Deswegen verstärkte Pratt diesen Ansatz mit einem neuen System der integrierten Produktentwicklung (Integrated Product Development, IPD), das unter größeren Unternehmen der Rüstungsindustrie von der U.S. Air Force gefördert wurde. Die Idee war, IPD-Teams zu bilden, um größere abteilungsübergreifende Konflikte in der Triebwerksentwicklung lösen zu können, sobald sie auftreten. Dieses Konzept paßte hervorragend zum Total Quality Management, einem »Programm«, das auch unter dem Namen »Q-Plus« in den späten 1980er Jahren bei Pratt eingeführt wurde.

Die Ergebnisse dieser Innovationen waren bedeutend, aber nicht ausreichend. Das Time-to-Market für das neue PW4084, das im Juni 1995 in den Flugbetrieb aufgenommen wurde, schrumpfte von fünf Jahren nach dem alten Projektingenieur-System ohne IPD auf ungefähr vier Jahre mit IPD, und die Zahl der Ingenieurstunden ging etwa um denselben Anteil zurück. Inzwischen hatte die neue Fabrikgestaltung das Bewegen der Teile im Produktionssystem drastisch reduziert. Aber auf jeder Seite der Herstellungsschritte in den sogenannten Ablauflinien gab es Stapel von Teilen, weil jede Maschine nach jedem Einrichten große Lose produzierte. Ein Arbeiter war noch jeder Maschine zugeteilt. Er achtete oft nur darauf, daß nichts schieflief. Viele Maschinen waren so groß und so spezialisiert, daß sie nicht in Ablauflinien integriert werden konnten. Schlimmer war, daß sich das System nach seiner Einrichtung im Jahr 1984 ständig verschlechterte (gerade so wie in den 1930ern), weil das Management bei Pratt nicht darauf vorbereitet war, die großen Maschinen kontinuierlich neu aufeinander abzustimmen, wenn die Fertigungsverfahren und Produktkonstruktionen sich veränderten. Die Folge war, daß die Vorlaufzeiten in der Fertigung für die konkrete Produktion von Triebwerken, angefangen beim Auftrag und beim Rohmaterial bis zur ausgelieferten Einheit, von früher 24 Monaten auf 18 am Ende der 1980er Jahre gesunken waren, dann aber stagnierten, obwohl die tatsächlich erforderliche Zeit zur Herstellung eines Triebwerks unter Verwendung schlanker Methoden nur wenige Monate oder gar nur wenige Wochen betrug.

Im Jahr 1991 war Pratt zweifellos schlanker als 1983. (Als man die Wege derselben Teile durch die Fabriken in diesem letzten Jahr aufzeichnete, betrugen sie nur noch neun statt vorher achtzehn Meilen.) Die Produktion sah ziemlich so aus wie unter Carlton Ward im Jahr 1936, als noch bis zu einem gewissen Maß Flow vorhanden war. Und das IPD-System stellte einen Teil der Koordination des Engineering wieder her, die möglich war, als Pratt & Whitney seine Arbeit noch in einer großen Halle durchführte. Diese Schritte waren notwendig und müssen hier erwähnt werden, weil sie das entscheidende Fundament dafür lieferten, was als nächstes erforderlich war. Aber Pratt war noch nicht schlank genug, um zu überleben, wenn das Unternehmen einmal in die Krise geraten sollte.

Die kreative Krise von 1991

Als die Welt, die Pratt kannte, 1991 zu Ende ging, gab es ein nachvollziehbares Gefühl von Verwirrung und eine Unzahl an konkurrierenden Ideen darüber, was getan werden müßte.

Eine Ideenrichtung – der Traum der Produktionsingenieure – verlangte eine Konzentration auf eine Technologiestrategie und wollte die nächste Technologiegeneration schnell vorantreiben. Es handelte sich um das Advanced Ducted Propfan (ADP), das ein wirklich großes Gebläse (Fan) mit Umkehrschaufeln an der Vorderseite der Triebwerke benutzte. Dieses Konzept konnte das Flugzeug mit niedrigerem Treibstoffverbrauch beschleunigen und beim Landen durch Umkehrschub abbremsen.[30]

Die Triebwerke waren jedoch derart ausgereift, daß die optimistischsten Zeugnisse über die Leistung dieses Triebwerks besagten, daß der Treibstoffverbrauch nur um 6 bis 8 Prozent reduziert werden konnte, um den Preis einer stark gestiegenen mechanischen Komplexität. Es würde die Passagiere kaum schneller befördern und wahrscheinlich mehr Wartungsaufwand für die Fluggesellschaften bedeuten. Außerdem war das ADP noch einige Jahre von der Produktion entfernt und hing entscheidend von der Entwicklung neuer leichter Verbundstrukturen für den Einbau der großen Gebläseschaufeln ab.[31] Obwohl das ADP langfristig eine attraktive Option war (vor allem, wenn die Treibstoffpreise in die Höhe gingen und die amerikanische Regierung sich an den Entwicklungskosten beteiligen würde)[32], konnte es kaum schnell genug einen ausreichend großen Leistungssprung bieten, um Pratt & Whitney zu retten.

Eine andere Idee – der Traum der Finanzplaner – verlangte ein stetiges Downsizing des Unternehmens, indem man risikobereite ausländische Partner für alle größeren Teile in den Triebwerken von Pratt suchte. Dabei handelte es sich um das große Gebläse an der Vorderseite, den dahinter liegenden Kompressor, der die Luft in die Brennkammer preßt; die Brennkammer, in der die komprimierte Luft mit dem Treibstoff vermischt und gezündet wird; die Turbine, die die Energie aus dem Abgasstrom aus dem Verbrennungsbereich zurückgewinnt (und über eine Welle im Kern des Triebwerks zurückleitet, um den Kompressor und das Gebläse im vorderen Teil des Triebwerks anzutreiben); die Abgasdüse; die Triebwerksgondel, die dem Äußeren des Triebwerks eine aerodynamische Form gibt, den Schubumkehrer enthält und eine Sicherung für eventuell abreißende Schaufeln darstellt; und Teile wie Treibstoff- und Triebwerkssteuerungsanlagen.

Nach diesem Ansatz wäre Pratt zum »Systemintegrator« geworden, der die Teile zusammenbrächte, aber nur sehr wenig selbst entwerfen oder herstellen müßte. Weil viele ausländische Firmen die Beteiligung an einem Teil des Produkts als Weg zum Einstieg in die Herstellung ganzer Triebwerke sähen, wäre es einfach, ausländische Partner zu finden, die bereit wären, den Großteil der Entwicklungs- und Investitionskosten zu übernehmen. Darüber hinaus wäre die Beteiligung ausländischer Firmen an neuen Triebwerksprogrammen hilfreich dabei, mit den politischen Problemen fertig zu werden, von ausländischen Verteidigungsministerien und staatlichen Fluglinien Aufträge zu bekommen. Das Problem für Pratt wäre das Risiko gewesen, als Systemintegrator für nachfolgende Triebwerke von einem oder mehreren Partnern verdrängt zu werden, unterstützt durch die Angst der ausländischen Regierungen, eine eigene Luftfahrtindustrie aufzubauen. In Wirklichkeit könnte sich dieser Ansatz schnell als eine unfreiwillige Selbstmordstrategie entpuppen.

Eine dritte Schule verlangte ein Neudenken der drei größeren Aktivitäten bei Pratt & Whitney – der Entwicklung neuer Produkte, des Verkaufs und der Auftragsabwicklung sowie der Produktion – im Licht schlanker Prinzipien, angefangen bei der Produktion. Die Idee war, einfach mit der bestehenden Gesellschaft anzufangen, sie schnell kostengünstiger und reaktiver gegenüber den Wünschen der Kunden zu machen und dann zu schauen, was als nächstes zu tun wäre. Diese Strategie verfolgte Mark Coran im Frühjahr 1991 für den Herstellungsbereich bei Pratt.

Von »*groß*« zu »*nicht so groß*«, und von »*Flow*« zu *Flow*

Corans erster Schritt war es, das Offensichtliche in Angriff zu nehmen, daß Pratt viel mehr Platz, Werkzeuge und Mitarbeiter hatte, als jemals wieder gebraucht würden, sogar wenn das seine Produktivität nicht verbessern würde. Er verkündete deshalb im Dezember 1991, daß ungefähr 250 000 der rund eine Million Quadratmeter der Produktionsfläche von Pratt geschlossen würden.

Als nächstes verkündete er, daß jedes Produkt, soweit möglich, mit der Hilfe schlanker Techniken in einem kontinuierlichen Ablauf gefertigt würde, um die Kosten über die nächsten vier Jahre um 35 Prozent zu senken und die Vorlaufzeit für die Produktion drastisch von achtzehn Monaten auf vier zu reduzieren. Er holte sich Bob D'Amore ins Haus, einen Vertreter des schlanken Ansatzes in der Zentrale von UTC, der die schlanken Prinzipien während seiner Mitarbeit bei der Umwandlung von Harley-Davidson Mitte der 1980er Jahre gelernt hatte. Er wurde Leiter des neuen Büros für kontinuierliche Verbesserungsmaßnahmen, des Continuous Improvement Office. D'Amore berichtete direkt an Coran und wurde mit der Aufgabe betraut, das gesamte Produktionssystem von Pratt durchzumustern und einen Plan vorzulegen für die Verlagerung jeder Produktionsaktivität in eine Art von kontinuierlicher Fließfertigungszelle. Das war das erste *kaikaku* bei Pratt.

Als nächstes ging Coran daran, die Zuliefererbasis von Pratt drastisch zu reduzieren, so daß einer kleinen Zahl von Lieferanten in langfristigen Beziehungen geholfen werden konnte, ihre Leistung zu verbessern. Coran schickte ihnen Prozeßverbesserungsteams zur Unterstützung dieser Aufgabe.

Es war sehr harte Arbeit. Pratts Arbeiter und mittlere Manager hatten typischerweise ihr ganzen Leben lang für das Unternehmen gearbeitet. Sie waren oft die Kinder, sogar die Enkelkinder von Mitarbeitern von Pratt. Sie hatten über Jahrzehnte das Auf und Ab des Geschäfts mit Motoren und Triebwerken miterlebt, und viele zogen es vor, in der gegenwärtigen Situation nur den letzten Wirtschaftszyklus zu sehen. Er würde sicherlich vorübergehen, und die Dinge könnten wie vorher weitergehen.

Außerdem stellten die Ideen, für die Bob D'Amore sich engagierte, alle Gewohnheiten der Belegschaft in Frage. Beispielsweise wollte D'Amore die Maschinen in kleinen Zellen neu anordnen, so daß dann ein Operator zwei, drei oder mehr bedienen konnte. Demgegenüber war über Generationen hinweg bei Pratt Usus, daß jeder Operator seine eigene Maschine hatte. Zudem kritisierte er die Je-größer-und-je-komplexer-desto-besser-Werkzeugphilosophie, weil sie dem schlanken Denken direkt widerspricht. Pratt konnte außerdem keinem – weder Arbeiter noch Manager – nach der Einführung des neuen Systems einen Job versprechen.

Im nachhinein war es für Mark Coran eher wie eine Invasion, bei der eine kleine Gruppe an Land geht und versucht, einfach aufgrund der Stärke ihrer neuen Ideen die Kontrolle über ein riesiges Territorium zu bekommen. »Es war harte, harte Arbeit, und im Frühjahr 1992 hatte ich ernste Zweifel, ob Bob und ich es schaffen würden. Jeder Manager *redete* von einem Sprung, aber in Wirklichkeit geschah gar nichts.«

Glücklicherweise bekam Coran Hilfe von ganz oben. Er hatte auch eine gehörige Portion Glück. George David war gerade President der United Technologies geworden und hatte seine Ausbildung in schlankem Denken abgeschlossen. Dies wurde 1991 durch Art Byrne erleichtert, der bei einem der periodischen Meetings der Presidents aller Produktionsbetriebe von UTC einen Vortrag hielt.[33] Wie David sich erinnert: »Er stellte uns eine einfache Frage: Warum brauchen wir so viele Leute, so viel Produktionsfläche, so viele Werkzeuge und so große Lagerbestände, um so wenig zu erreichen? Er behauptete, daß wir jämmerlich daran gescheitert seien, unsere Aktiva zu managen, im Vergleich zu den klassenbesten Unternehmen wie Danaher oder Toyota. Ich war überwältigt von den Beispielen von Verschwendung, die er aus unseren Unternehmen berichtete.

Und so schaute ich mir an, was er im Herbst 1991 bei Wiremold unternahm. Und es war eine Offenbarung. Ich war jahrelang Betriebsleiter mit einem guten Gespür für technische Fragen, aber ich hatte nie eine Fabrik geleitet. Nachdem ich Art Byrne, Yoshiki Iwata und Chihiro Nakao bei praktischen *kaizen*s in der Produktion bei Wiremold beobachtet hatte, ging mir ein Licht auf.« Als dann Mark Coran kurze Zeit später David von seinen Frustrationen bei der Umsetzung schlanken Denkens bei Pratt berichtete, schlug David sofort vor, daß Verstärkung durch Iwata und Nakao geschickt werden sollte.

Es gab jedoch ein Problem. Shingijutsu stand kurz vor der Unterzeichnung eines langfristigen Vertrages mit der Aircraft Engine Group von General Electric. Als David davon erfuhr, raste er persönlich in ein Hotel in Simsbury, Conneticut, um Iwata und Nakao zu treffen. Und er kam mit einem mehrjährigen Vertrag, daß sie nun statt dessen Pratt helfen sollten, zurück. »Ich war begeistert. Wir brauchten dringend ihre Kenntnisse, und wir schnappten sie in der letzten Minute GE vor der Nase weg«, erinnert sich David.

Schlankes Wissen ist nicht genug

Nakaos erster Streifzug durch die Produktion bei Pratt im Mai 1992 war reines Theater, wie seine Visite bei Jacobs Chuck. Innerhalb einer Woche wurde eine Reihe von Arbeiten in der großen Fabrik in Middletown, Conneticut, konsolidiert und das Ausmaß an erforderlicher Arbeit, benötigtem Platz und notwendigen Werkzeugen um 75 Prozent reduziert. Alle staunten, und ein großes Spektrum an stetigen Verbesserungsmaßnahmen wurde aufgenommen, die den ursprünglichen Ansatz von D'Amore noch weiter vorantrieben und beschleunigten. »Der zentrale Beitrag unserer schlanken *sensei* war, permanent unser Bewußtsein dafür zu verändern, was möglich war und in welchem Zeitrahmen«, stellte Mark Coran später fest.

Der neue Markt für Triebwerke wurde jetzt enger, und auch die Aufträge für Ersatzteile gingen zurück, und dies seit 1991 kontinuierlich. Auch als D'Amore sich abkämpfte, um die bestehende Wertschöpfung zu glätten, ging die Arbeit ständig zurück: von einer Spitze von 11 Millionen Produktionsstunden (umgerechnet auf Jahresbasis), die von Juni 1991 bis Juli 1992 durchgehalten wurden, auf eine Jahresquote von 8,8 Millionen im Dezember 1992.

Es war auch plötzlich klar, daß Pratt nicht die isolierten Betriebsgewinne aufrechterhalten konnte, die deswegen gemacht wurden, weil es keine Unterstützungsstruktur für die neuen kompakten Zellen gab. Das Continuous Improvement Office von Bob D'Amore hatte weder die Ressourcen noch die Autorität, an den Myriaden von offenen Enden nach Abschluß jeder Verbesserungsmaßnahme anzuknüpfen, noch war es zu einem täglichen Coaching der Linienmanager darüber in der Lage, wie der erreichte Fortschritt stabilisiert und wie er weiter verbessert werden könnte. Mehr Verwirrung entstand aber noch, als klar wurde, daß viele Manager dem neuen System aktiven Widerstand entgegensetzten. Ein Ergebnis davon war, daß die spektakulären Erfolge in der einwöchigen Verbesserungsblitzaktion schnell wieder verlorengingen, als die Manager und Arbeiter in die alten Muster zurückfielen.

Schließlich legte der rasante Umsatzrückgang es nahe, daß die gesamte Geschäftsstruktur sowie die Fabrik- und die Personalgröße nicht mehr länger angemessen waren. Pratt als Ganzes brauchte dringend ein neues Konzept.

Ein zweiter Change Agent

George David beobachtete nun sehr genau die Krise bei Pratt, weil sich Wirkungen auf die ganze UTC abzuzeichnen begannen. Geschichtlich gesehen war Pratt sowohl die größte Betriebseinheit von UTC als auch bislang die profitabelste. Die plötzlichen Gewinneinbußen drückten jetzt die Gehälter und die Aktiennotierungen bei der Muttergesellschaft UTC, trotz guter Leistungen in den anderen Geschäftsbereichen.

Als sich David im Frühjahr 1992 umsah, entschied er sich, daß er einen zweiten »Change Agent« brauchte, jemanden, der den President von Pratt ersetzen sollte, der als ein lebenslanger Angestellter verständlicherweise den traditionellen Weg widerspiegelte. Es gab einen eindeutigen Kandidaten, den vierunddreißig Jahre alten Karl Krapek, der President bei Carrier war. David wußte, daß Karl die Prinzipien der schlanken Produktion beherrschte, und er wußte auch, daß Krapek jedes Hindernis überwinden würde, nur um seinen Job zu machen. »Herr Krapek«, stellte er trocken fest, »hakt wie kein anderer Manager in der Welt unerbittlich nach.«

Wir haben jetzt viele Darstellungen darüber gehört, wie den Managern »ein Licht aufging«, als sie erstmals schlanke Prinzipien anpackten. Krapeks Erleuchtung kam früh, aber es dauerte ein volles Jahrzehnt, bis er in einer Position war, um sie in größerem Stil umzusetzen. Nach seinem Abschluß am General Motor Institute als Industrial Engineer (und einem Abschluß bei Purdue im gleichen Fachgebiet) wurde er innerhalb von GM zunehmend mit wichtigen Aufgaben des Betriebsmanagements betraut. 1979, im Alter von dreißig Jahren, wurde ihm die Leitung des Pontiac-Montagewerks in Pontiac, Michigan, mit fünftausend Arbeitern übertragen, womit er zu einem der jüngsten Manager einer Montagefabrik in der Geschichte von GM wurde.

Eines der auffallendsten Merkmale der Fabrik waren, wie er gleich nach seiner Übernahme bemerkte, die riesigen Bestände für den Einbau fertiger Motoren. In der schweren Rezession, die 1979 anfing, hatte die Pontiac-Fabrik einen dreimonatigen Lieferbestand an Motoren. Das verursachte endlose Schwierigkeiten, und es kam Krapek in den Sinn, daß die Leistung der Fabrik dramatisch verbessert werden könnte, wenn die Motoren nur gebaut und an die Fabrik geliefert würden, wenn sie auch tatsächlich gebraucht würden.

Er arbeitete einen Plan aus, was mit dem Vorrat an Motoren geschehen sollte, um dann jede halbe Stunde von der nahe gelegenen Flint-Motorenfabrik nach Bedarf beliefert zu werden. Das Konzept funktionierte brillant bei seiner Einführung, und die positiven Wirkungen auf viele Aspekte der Fabrikabläufe waren offensichtlich. Krapek fing an, darüber nachzudenken, wie er dieses fundamentale schlanke Prinzip ausbauen könnte. Dann geschah die Katastrophe. Eine Lieferung von der Flint-Fabrik kam nicht an, und die ganze Produktion mußte eingestellt sowie die Belegschaft vier Stunden früher nach Hause geschickt werden. Das Topmanagement bei GM wollte wissen, wie er seine Fabrik ohne Puffer betreiben konnte. Krapek bekam einen Tadel, und ihm wurde mit Entlassung gedroht.

Nach einem Einspruch auf höherer Ebene konnte Krapek seinen Job weitermachen, aber er verstand plötzlich, was viele Manager vorher und seitdem feststellen mußten: Es ist unmöglich, schlanke, fließende Konzepte scheibchenweise in einer Organisation einzuführen, in der das Topmanagement sie nicht versteht und die ganze Organisationstruktur sie nicht unterstützt. Als George David, zu dem Zeitpunkt bei Otis Elevator, mit einem Job-Angebot kam, war Krapek bereit zu einem Wechsel zu einer Organisation, von der er hoffte, daß sie aufgeschlossener für Veränderungen wäre.

Am zufälligsten war vielleicht, daß die Firma in Hartford angesiedelt war, was den Wechsel begünstigte. Als Krapek 1987 zum erstenmal von den Ereignissen bei Jake Brake und anderen Unternehmen von Danaher hörte, entwickelte er ein persönliches Interesse. Weil jedoch 80 Prozent der »Herstellung« bei Otis an der Baustelle beim Einbau des Fahrstuhls passierten, war nicht direkt klar, wie schlanke Prinzipien angewendet werden könnten.

Im Jahr 1990, als Krapek bei Otis Elevator ausschied, um President bei Carrier zu werden, erbte er eine wirkliche Produktionsherausforderung, da fast 100 Prozent der Kosten in den Fabriken von Carrier oder denen der Zulieferer entstanden. Er war aufgrund seiner früheren Erfahrungen bei Pontiac darauf vorbereitet, schlankes Denken zu akzeptieren, und so beriet er sich mit Art Byrne über das Vorgehen und erhielt Iwata, Nakao und ihre Mitarbeiter als Hilfe. Sie wandelten schnell die Fertigung von einem Abteilungsmodell in ein Zellenmodell für Einzelstückfertigung um und machten dramatische Fortschritte.

Als im Frühjahr 1992 das Telefon klingelte, war Krapek bereit und dazu in der Lage, hatte aber keinen Enthusiasmus. »George David rief an und sagte: ›Sie müssen zu Pratt kommen.‹ Wir unternahmen große Dinge bei Carrier, aber wir waren nur ein Teil des Weges zu einer schlanken Konversion. Ich sagte ihm, daß ich bleiben möchte. Außerdem sagte ich ihm noch, ›daß ich von General Motors komme und nicht mehr dorthin zurück möchte‹. Ich meinte, daß ich nicht mehr in eine vor allem nach Abteilungen aufgebaute, rigide Bürokratie zurückkehren möchte, um in einer total veränderten Welt zu arbeiten, ›wie es schon immer war‹. Aber David erklärte: ›Sie kommen nicht mehr in das mittlere Management wie bei GM. Sie werden President. Wenn Sie nicht wollen, daß Pratt wie General Motors wird, dann verwandeln Sie es in Toyota oder sogar etwas Besseres!‹ Ich hatte wirklich keine andere Wahl, deshalb ging ich.«

Als Krapek Ende 1992 zu Pratt kam, wußte er, daß er einen Plan ausarbeiten mußte, um die ganze Firma neu zu konfigurieren, und den Plan sehr schnell in die Tat umsetzen mußte. Eine neue Analyse der Markttrends ergab, daß das Neugeschäft für Triebwerke praktisch zum Stillstand gekommen war und daß die Produktionsauslastung 1994 auf 5,4 Millionen Stunden stand, 50 Prozent unter der Spitze von 1991-92, und daß sich dies vielleicht niemals mehr ändern würde. Die vielschichtige, nach Abteilungen gegliederte Struktur des Unternehmens, mit allen damit einhergehenden Gemeinkosten, hatte sich nicht geändert, und es gab keinen einfachen Übergang zwischen den Funktions- und Abteilungsgrenzen. Außerdem versuchte Pratt noch immer, zu viele Dinge selbst zu machen.

Krapeks erste Aktion war es, eine bereits von Coran eingeführte Analyse zu beschleunigen, um festzustellen, welche Fertigungen Pratt selbst durchführen sollte. Die Herstellung der Bleche, von Stahlscheiben für das Triebwerk sowie von Getrieben und Getriebegehäusen wurde bald an Zulieferer vergeben.

Als nächstes wurden die zweitausend Teile in einem Düsentriebwerk in sieben Produktkategorien eingeteilt – Rotoren und Wellen, aerodynamische Profile für die Triebwerke, Brennkammern und Gehäuse, Triebwerksgondeln, geschmiedete Gehäuse der Brennkammer, Montage der Kompressorleiträder und allgemeine maschinengerfertigte Teile. Die alte Organisationstruktur, die an den Fabriken ausgerichtet war, wurde aufgegeben und durch ein neues System von Produktzentren ersetzt, für jede Kategorie von Teilen eins sowie ein achtes Zentrum für die Endmontage. Jedes Zentrum wurde von einem General Manager geführt, der an

Coran berichtete. Gleichzeitig wurden die zentralen Abteilungen für Einkauf, Qualitätssicherung und Konstruktion von Spezialteilen in der Herstellung und im Engineering neu konfiguriert. Die meisten Mitarbeiter wurden den Produktzentren zugeordnet. Dadurch konnte ein Großteil der Fabrikfläche von Pratt geschlossen und ein großer Teil der gesamten Herstellungsaktivitäten von einer Fabrik in eine andere verlegt werden, so daß beispielsweise die gesamte Produktionsarbeit für die Herstellung eines Rotors fast in einem kontinuierlichen Ablauf in der Middletown-Fabrik in Connecticut durchgeführt werden konnte.

Ein großes Problem beschäftigte Krapek. Bei Pratt war nämlich ein großer sofortiger Personalabbau notwendig, und einige Einrichtungen in Connecticut mußten aufgegeben werden. »Unser wöchentlicher Output von drei großen und sechs kleinen Triebwerken plus Ersatzteilen hätte buchstäblich in mein Büro gepaßt. Warum brauchen wir dann eine Million Quadratmeter für Herstellung und Lagerung?« fragte sich Krapek.

Außerdem mußte die Gewerkschaft bei Pratt die Vorstellungen von Mehrfachqualifizierung, Jobrotation und Mehrmaschinenbetrieb sowie der kontinuierlichen Verlagerung von Jobs und Arbeit zwischen den Fabriken aufgrund einer veränderten Wertschöpfung akzeptieren. Bis 1992 bedienten die meisten Arbeiter eine einzige Maschine und sahen ihr einfach bei ihrem Betrieb zu. Sie kontrollierten nur die richtige Fertigung. Sie waren durch die Aufteilung der Arbeit in 1 151 gewerkschaftlich abgesicherte Klassifikationen – oder eine Jobklassifikation für je zehn Arbeiter – in ihrem Aktivitätsrahmen eingeschränkt. Die Jobs wurden auf der Basis des Dienstalters über ein ausgefeiltes System von »Sonderrechten« zugewiesen, das oft Dutzende oder Hunderte von neuen Jobeinteilungen verursachte, wenn die Arbeitsmuster nur leicht verändert wurden.

George David und Karl Krapek führten im Frühjahr 1993 eine Reihe von Verhandlungen auf hoher Ebene mit der Gewerkschaft International Association of Machinists und mit dem Staat Connecticut, bevor sie endlich übereinkamen, daß die Zahl der Arbeiter nach und nach abgebaut würde (von insgesamt 51 000 im Jahr 1991 auf 29 000 Ende 1994), daß flexibles Arbeiten und aktive Teilnahme an der Arbeitsgestaltung und der Entwicklung von Standardarbeit die neue Norm sein würde und daß der Staat bei der Umschulung der entlassenen Arbeiter helfen würde. Als Gegenleistung stimmte Pratt zu, daß keine weitere Arbeit an Zulieferer ausgelagert oder in Betriebe von Pratt in anderen Staaten verlegt würde, solange die ehrgeizigen Ziele der Produktivitätssteigerung erreicht würden.

Entlassung der Hemmschuhe

Ein zweites großes Problem für Krapek und Coran war, nachdem das Downsizing und die Arbeitnehmer/Arbeitgeber-Fragen gelöst waren, daß die Manager bei Pratt die neuen Produktzentren entweder nicht führen konnten oder nicht wollten. Obwohl drei der acht General Manager der im August 1993 eingerichteten neuen Zentren von außerhalb kamen (mit Erfahrung in zellularer Fertigung bei General Electric) und wußten, was zu tun war, schienen es viele der Oldtimer von Pratt nicht begreifen zu können.

Das Problem bestand auf zweifache Art. Im Werk für aerodynamische Profile in North Haven engagierten sich die langjährigen Manager von Pratt wirklich voll und ganz für den Wandel. Sie erreichten eine ehrgeizige Umstellung von der Losfertigung auf Einzelstück-Fließfertigung, aber sie hatten einfach nicht die Fähigkeiten, es zuwege zu bringen. Die Auftragsrückstände wuchsen alarmierend, und die Kunden beschwerten sich schon.

Normalerweise wären Manager, die bei Pratt in dieses Dilemma geraten wären, gefeuert worden. (Der Slogan unter den Managern in den Teilefabriken war immer: »Liefere termingerecht, und es geht dir gut (auch wenn du Ramsch lieferst).«) Coran hatte sich vorgenommen, einen neuen Geist zu verbreiten, wonach Manager, die ernsthaft versuchten, auf eine neue und andere Art ihre Arbeit zu erledigen, nicht für Fehler bestraft würden. Er versetzte deshalb das Fabrikmanagement in andere Jobs bei Pratt und schaute sich draußen um. Er fand Ed Northern, einen ehemaligen Manager bei GE mit großen Erfahrungen in schlanken Verfahren, um die Transformation durchzuführen.

Das andere Problem war, daß manche General Manager sich einfach weigerten, ihre Methoden zu ändern. Im Frühjahr 1994 hatte Chihiro Nakao noch etwas mehr Theater in der Hauptmontagehalle bei Middletown aufgeführt, als er hereinkam, sich kurz umschaute und dem für die Montage zuständigen Manager mitteilte, daß die Zeit für die Montage eines Triebwerks von dreißig auf drei Tage reduziert werden müßte, die erforderliche Fläche um die Hälfte und die Bestände an Teilen und Triebwerken um mehr als neunzig Prozent abgebaut werden müßten. Außerdem müßte die Montage dieser großen Maschinen von einer Werkbankmontage auf Bandmontage mit kontinuierlichem Ablauf umgestellt werden. Und es wäre nötig, damit sofort anzufangen.

Der General Manager und seine Stellvertreter waren der Meinung, daß dies für ein derart komplexes Produkt in einer derart komplexen Organisation wie Pratt & Whitney, wo hochspezialisierte Handwerker Fehler korrigierten, die vorher gemacht worden waren, nicht schnell umzusetzen wäre. Sie versprachen, einen langfristigen Plan auszuarbeiten. Aber es war offensichtlich, daß so schnell nichts passieren würde. Kurz darauf legte man ihnen nahe zu gehen, und Bob Weiner, auch ein Externer, wurde als neuer General Manager eingestellt.

Zwischen 1991 und 1994 wurde das obere Management in der Operations Group bei Pratt von 72 auf 36 Manager reduziert, und nur noch 17 der verbleibenden 36 waren auch vor 1991 schon im Unternehmen gewesen. Um eine schlanke Umwandlung in dieser außergewöhnlich eingefleischten Organisation durchzuführen, erwies es sich als notwendig, einen viel größeren Teil des Managements auszutauschen als in den anderen von uns untersuchten Organisationen.

Erneuerung der beiden Kernaktivitäten

Weil Pratt zwei Kernaktivitäten in der Herstellung durchführte – Fertigung einzelner Teile aus gegossenen oder geschmiedeten Rohteilen und Montage dieser Teile (zusammen mit vielen zugekauften Teilen) zu fertigen Triebwerken –, wird der konkrete Umbau von Pratt ganz deutlich, wenn wir uns kurz ansehen, was Ed Northern bei der Reorganisation der Herstellung von Turbinenschaufeln und Bob Weiner bei der Endmontage änderten.

Die Eine-Milliarde-Dollar-Fabrikhalle

Ed Northern leitete eine einzige, riesige Halle in North Haven in Connecticut. Sie war ungefähr 300 mal 300 Meter groß und konnte leicht vom Vordertor aus überblickt werden. 1991 arbeiteten dort 1 350 Mitarbeiter von Pratt, die 600 Spezialmaschinen bedienten, um für eine

Milliarde Dollar Turbinenschaufeln und Leitschaufeln für Triebwerke herzustellen.[34] Da die Triebwerke normalerweise unter den Kosten verkauft wurden – und in einigen Fällen in jüngster Zeit praktisch verschenkt wurden – und weil die häufig ausgetauschten Leit- und Turbinenschaufeln (oft »Rasierklingen« genannt) für ein Vielfaches der tatsächlichen Herstellungskosten verkauft wurden, bestimmte das Geschehen in der Halle von Ed Northern weitgehend, ob Pratt & Whitney am Leben blieb.

Das Problem 1993 war, daß die Kosten in North Haven so hoch waren, daß Pratt nicht genug Gewinn mit den »Rasierklingen« einfahren konnte, um sein »Rasierapparat«-(Triebwerk-)Geschäft aufrechtzuerhalten. Problematischer war noch, daß in North Haven während der Bemühungen um eine Umstellung auf schlanke Produktion Lieferprobleme entstanden. Die Auftragsrückstände stiegen sprunghaft an. Das tangierte ernsthaft den Cash-flow bei Pratt. Als Ed Northern zum erstenmal im August 1993 in die Halle kam, sah er sich einer Aufgabe auf Leben und Tod gegenüber.

Ed Northern war in den frühen 1980er Jahren ein Licht aufgegangen, so wie vielen, denen wir begegnet sind. In seinem Fall war es bei der Aircraft Engine Group von GE, wo er zum erstenmal die Einführung einer Einzelstück-Fließfertigung versuchte. Er hatte einige Anfangserfolge, wechselte dann aber zu Inter Turbine, einer kleinen Firma, die sich auf die Reparatur defekter Turbinenschaufeln für die Wartungswerkstätten der Fluggesellschaften spezialisiert hatte. Inter Turbine fehlten jedoch die technologische Basis oder die finanziellen Mittel, um sich über eine enge Marktnische hinaus zu entwickeln. Als Max Coran im Sommer 1993 anrief und Ed vollkommen freie Hand bei der Einführung schlanker Methoden in North Haven versprach, akzeptierte er dies ohne weiteres.

Die Halle, die Ed Northern zuerst sah, war nach den 1984 eingeführten »strömungsförmigen« Ablauflinien ausgelegt, mit der Ausnahme, daß Änderungen der Teilekonstruktionen und die Herstellungsanforderungen riesige, fest installierte Maschinen nach sich zogen, so daß, was auch immer an flüssigem Ablauf 1984 erreicht worden war, 1993 zu einer Reihe aufgestauter, stagnierender Maschinen-Pools geworden war. Außerdem fand er eine wirklich fürchterliche Qualität vor. Bei vielen Verfahren war die akzeptable Qualität im ersten Lauf weniger als

10 Prozent. Die Teile wurden immer wieder durch das System geschleust, und es war unmöglich, den Produktionsplan einzuhalten.

Northern unternahm sofort eine Reihe von Schritten, die Ihnen inzwischen bekannt sein dürften. Er begutachtete seinen Personalbestand und entschied, daß er niemals mehr als 60 Prozent seiner 1 350 Arbeiter brauchen würde. Gleichzeitig inspizierte er sein Linienmanagement und befand, daß ein wesentlicher Teil niemals dazu in der Lage wäre, in der von ihm geplanten Umgebung zu arbeiten. Ein einmaliger Personalabbau und schnelle Veränderungen im Management führten zu einer Personalgröße, die er verteidigen konnte, und zu einem Managementteam, das er leiten konnte.

Der nächste Schritt war, eine Grafik des Wertschöpfungsflusses für Turbinenschaufeln und Leitschaufeln anzufertigen, um die Geschäftseinheiten neu zu gliedern, so daß die Wertschöpfung für jede Produktfamilie präzise kanalisiert würde und alle Maschinen neu angeordnet werden könnten, damit sie bei Bedarf von den Arbeitern einfach bewegt werden könnten.[35] Dann war es Zeit dafür, die Maschinen in Zellen in der Reihenfolge der Fertigungsschritte anzuordnen, damit so oft wie möglich ein Einzelstückfluß erreicht wurde.

Die Ergebnisse stellten sich sofort ein und waren überraschend. Im Laufe der nächsten beiden Jahre sank die Zahl der überfälligen Teile von 80 Millionen Dollar auf Null, der Lagerbestand wurde um die Hälfte abgebaut, die Herstellungskosten vieler Teile wurden auch um die Hälfte reduziert und die Arbeitsproduktivität nahezu verdoppelt. Kurz, genau das, was wir erwartet hätten. Aber dann war es Zeit, sich dem Problem der »Monumente« zuzuwenden.

Das Monument der Monumente

Schlanke Denker bezeichnen als ein »Monument« jede Maschine, die zu groß ist, um bewegt werden zu können, und deren Größe es erforderlich macht, daß sie Lose produziert. (Diese Denker würden denselben Begriff auf einen Luftfahrtknotenpunkt, einen Zentralrechner oder eine zentrale Engineering-Abteilung anwenden – auf alles, was einen stapelförmigen Ablauf erfordert und nicht verändert werden kann, wenn sich der Fluß der Wertschöpfung ändert.) Weil kontinuierliche Verbesserungsmaßnahmen und sich ändernde Herstellungsanforderungen das ständige Bewegen von Maschinen notwendig machen, sind Monumente nachteilig, eine andere Form von *muda*.

Das Monument, um das es in North Haven ging, war der riesige, 80 Millionen Dollar teure Komplex von zwölf Hauni-Blohm-Schaufelschleifmaschinen, die speziell dafür in Deutschland hergestellt und 1988 installiert wurden, als Pratt einen High-Tech-Sprung gegenüber seinen Mitbewerbern machte. Die Idee war sehr einfach gewesen: Automatisierung der Schleifbearbeitung der Schaufelelemente für die Turbinenschaufeln mit Hilfe der schnellsten und modernsten Technik der Welt.

Vor Ende der 1980er Jahre wurde in North Haven jede Schaufel nacheinander mit neun Schleifmaschinen in 84 Minuten bearbeitet. Ziel dabei war es, die Basis für jede Turbinenschaufel so plan zu schleifen, daß sie genau in die Halterung in der Turbine paßt. Dieses Vorgehen war aufgrund der erforderlichen Kontrolle der Maschinen, der Durchführung von Meßvorgängen und des Bestückens der Maschinen mit den Teilen sehr arbeitsintensiv. Außerdem war indirekte Arbeit erforderlich, da die Teile von den Maschinen in den Lagerbereich gebracht werden mußten und dann zur nächsten Maschine in dem abgestuften »Fließ«-System.

Das neue System benutzte zwölf riesige Schleifmaschinen mit zwölf Bewegungsachsen. Jede konnte alle Schleifarbeiten durchführen, die vorher von neun Maschinen ausgeführt wurden, und eine Schaufel in nur drei Minuten schleifen. Außerdem wurden die Anlagen automatisch bestückt und entladen und die Teile zum und vom Lager mit einem automatischen Transportwagen (AGV, automated guided vehicle) transportiert. Es war keine direkte oder indirekte Arbeitskraft nötig.

Dennoch gab es Probleme. Die Kräfte, die von den Schleifmaschinen auf die Schaufel ausgeübt wurden, waren so stark, daß die Schaufel zerstört wurde, da die standardisierten Haltevorrichtungen die immensen Kräfte auf nur wenige Punkte auf der Schaufel konzentrierten. Deswegen mußte die Schaufel in eine Speziallegierung eingekapselt werden, so daß nur noch die Schleiffläche frei war und die Kräfte sich gleichmäßig über die ganze Schaufel verteilten. Die Einkapselung, durchgeführt mit einer Maschine mit einem riesigen Bottich flüssigen Metalls, teuren Formwerkzeugen und langen Umrüstzeiten, war ein stapelförmiger Prozeß. Deshalb wurden Lose hergestellt und die eingekapselten Teile gelagert, bis sie für die Bearbeitung mit den Blohm-Maschinen benötigt wurden.

Diese Schritte übernahmen die automatischen Transportwagen und ein automatisiertes Lager- und Abrufsystem. (Dieses System, ASRS genannt, war vom Konzept her identisch mit dem, das Toyota in seinem Lager in Chicago versuchte und das in Kapitel 4 beschrieben wurde.)

Es gab noch ein weiteres Problem. Die Speziallegierung mußte nach dem Schleifvorgang von der Schaufel entfernt werden. Einige komplizierte Verfahren waren dann erforderlich, um sicherzustellen, daß die Legierung auch vollständig abgetragen war. (Sogar mikroskopische Mengen der Legierung könnten zu Problemzonen und schnellem Ausfall der Schaufeln in der Turbine führen.) Dazu mußten Röntgenuntersuchungen und Säurebehandlungen durchgeführt werden, um die winzigsten Rückstände zu entfernen. Das verursachte aufgrund der radioaktiven Säuren auch ein ernsthaftes Umweltproblem. Das installierte System wird in Abbildung 8.4 dargestellt.

Ein weiteres Problem waren die Einrichtzeiten der Blohm-Maschinen von einer Produktfamilie auf die nächste. Aufgrund der Notwendigkeit einer Demontage aller Automationsstufen der Schleifanlage für das Umrüsten waren immer jeweils acht Stunden erforderlich. Die Planer des Systems glaubten offenbar, daß die Herstellung extrem großer Lose von Teilen möglich sei – was eine vollautomatisierte Massenproduktion erlaubt hätte. Aber in Wirklichkeit brauchte Pratt kleine Lose aus einer breiten Palette von Turbinenschaufeln. Mit den langen Umrüstzeiten war

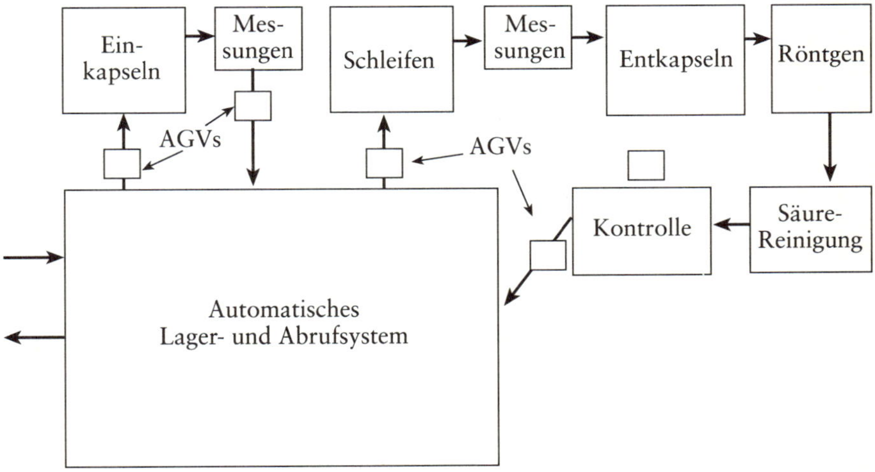

Abbildung 8.4: Automatische Schleifanlagen für Turbinenschaufeln

dies allerdings nicht möglich, und deswegen mußten statt dessen große Lose von jedem Teiletyp produziert werden.

Schließlich mußten viele der direkten und indirekten Arbeiter durch ausgebildete Techniker ersetzt werden, die das Computersystem zur Steuerung des gesamten Prozesses (mit zweitausend Parametern) bedienten. Im Frühjahr 1993, als Ed Northern ankam, gab es zweiundzwanzig Techniker für die Bedienung der Maschinen von Blohm, kaum weniger als die Zahl der direkten Arbeiter, die für das alte manuelle System notwendig waren.

Am Ende fügten acht der neun Verarbeitungsschritte in dem neuen System mit den AGVs sowie dem ASRS keinen Wert hinzu. Außerdem kamen zu den drei Minuten für den Schleifvorgang zehn Tage Lagerzeit zwischen der Ein- und Entkapselung hinzu. Und die komplexe Maschinerie hatte ihre Mucken. Sogar am Ende einer langen Lernkurve war es schwierig, die 80-Prozent-Marke zu überschreiten. Ein enttäuschendes Ergebnis für eine Investition von 80 Millionen Dollar.

Wir erwähnen die Schleifanlage von Blohm deshalb, weil sie einen ganzen Weg versinnbildlicht, der jetzt obsolet geworden ist. Die beiden Ziele, nämlich die tatsächlichen Schleifarbeiten zu beschleunigen – was man vielleicht als »Punktbeschleunigung« in einem langen Prozeß betrachten kann[36] –, und der Wunsch, alle Fabrikarbeiter aufgrund der »hohen« Stundenlöhne zu entlassen, verfehlten den grundlegenden Punkt. Es kommt auf die durchschnittliche Geschwindigkeit (plus die Länge des Wertschöpfungsstromes) an und darauf, wieviel Wert jeder Arbeiter in einer normalen Stunde erzeugt. (Wir kommen auf diesen Punkt im nächsten Kapitel zurück, wenn wir uns mit dem deutschen »Spitzentechnologie-Konzept« befassen.)

Anfangs versuchte man in North Haven, die Maschinen von Blohm zu umgehen und ihren Fertigungsschritt in der Herstellung von Turbinenschaufeln hinter einen »Vorhang« zu verlegen, damit sie nicht dem Einzelstückfluß im übrigen Prozeß ins Gehege kämen. Aber das war schwierig. Der größte Teil der Kosten im Gesamtprozeß entstand durch die Blohm-Anlage, und ihre ungleichmäßige Leistung durchkreuzte die Versuche, einen glatten Fluß im übrigen Prozeß zu erreichen. Sie mußten ausrangiert werden.

Ende 1994 hatte das für die Abläufe zuständige Team in North Haven eine Antwort. Der Vorschlag war, jede Blohm-Anlage durch acht einfache dreiachsige Schleifmaschinen zu ersetzen, mit ausgefeilten,

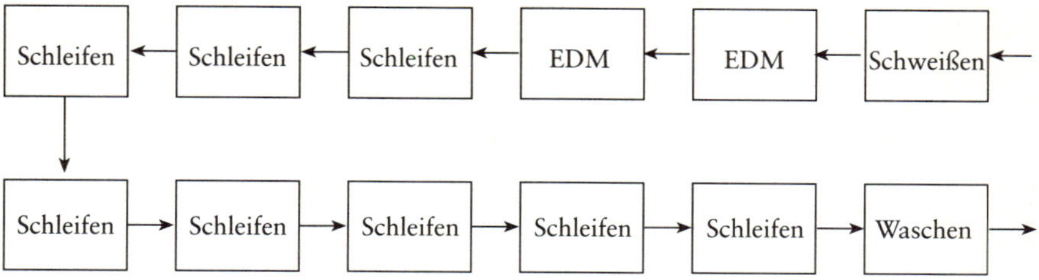

Zelle mit dreiachsigen Schleifmaschinen und zwei Maschinen zur elektrostatischen Entladung (EDM) (viel kleiner als in Abbildung 8.4)

Abbildung 8.5: Schlanke Schleifanlage für Turbinenschaufeln

schnell wechselbaren Haltevorrichtungen für die Schaufeln, die ein Einkapseln überflüssig machten.[37] In jeder Zelle würden die Maschinen von einem Fabrikarbeiter per Hand mit den Teilen bestückt. Er würde seine Arbeit standardisieren, als Qualitätskontrolle die Teile vermessen, jede Maschine für den nächsten Teiletyp in weniger als zwei Minuten neu einrichten (mit der Hilfe eines »fliegenden« Umrüstassistenten) und dann nur das herstellen, was gebraucht würde.

Durch die gestiegene tatsächliche Bearbeitungszeit von drei Minuten auf 75 Minuten konnte die Gesamtbearbeitungszeit von fünf Tagen auf 75 Minuten reduziert werden. Die Ausfallzeit aufgrund der Umrüstungen wurde um mehr als 90 Prozent heruntergeschraubt (da jede der neun Maschinen just in time für jedes neue Teil eingerichtet wurde). Die Anzahl der Teile in dem Prozeß ging von 1 640 auf 15 zurück (eine in maschineller Bearbeitung, eine bereitgehaltene und eine gerade fertiggestellte Schaufel). Die benötigte Fläche konnte um 60 Prozent reduziert werden. Die Gesamtherstellkosten wurden um mehr als die Hälfte gekürzt, bei einer Kapitalinvestition von weniger als 1,7 Millionen Dollar für jede neue Zelle. Kein Einkapseln, keine AGVs, kein automatisiertes Lager, kein Entkapseln mit Gefahren für die Umwelt, kein Computerkontrollraum mit seiner Armee von Technikern. Schlankes Denken vom Feinsten, wie es in Tabelle 8.1 zusammengefaßt ist.

Als die erste neue Zelle – auf Japanisch *chaku-chaku*, was soviel bedeutet wie »laden-laden« – Anfang 1996 in Betrieb genommen wurde, war North Haven mit seiner hochbezahlten, sehr erfahrenen Belegschaft und »einfachen« Maschinen in einem Gebäude aus dem Zweiten Weltkrieg (das aber tadellos war) auf dem Weg zu einer Kosten- und Qualitätsposition, der niemand in der Welt gleichkam.

Tabelle 8.1: Schlanke versus monumentale Maschinen

	Vollautomatische Blohm-Schleifmaschinen	Chaku-chaku-Zellen
Fläche je Produkt-Zelle (qm)	600	230
Teilewege (in m)	760	25
Lagerbestand (Durchschnitt pro Zelle)	1 640	15
Losgröße (Anzahl der Schaufeln)	250	1
Durchlaufzeit (Summe der Zykluszeiten)	10 Tage	75 Min.
Umweltbelastung	Säurebehandlung und Röntgen	Ohne Säure; kein Röntgen
Ausfallzeit während der Umrüstung	480 Min.	100 Sek.
Schleifkosten pro Schaufel	1,0 X*	0,49 X*
Werkzeugkosten für einen neuen Schaufeltyp	1,0 X*	0,3 X*

* Die genauen Zahlen sind im Besitz der Firma. Der Punkt ist, daß die Kosten für das Schleifen von Schaufeln um die Hälfte und die Kosten für die Einrichtearbeiten für ein neues Teil um 70 Prozent reduziert wurden.

Der letzte Punkt führte zum letzten Schritt in der Strategie von Ed Northern. Er wußte, daß schlankes Denken kontinuierlich mehr Arbeitskräfte und Ressourcen freisetzen würde. Wenn er nicht ständig ein Ende in Aussicht stellen und seiner Belegschaft nicht klarmachen könnte, warum sie sich weiterhin für ein Unternehmen einsetzen sollte, das kein offensichtliches Interesse daran hat, ihre Jobs zu schützen, mußte er mehr und mehr Arbeit finden, und zwar schnell. (Ed nannte dies »die Hoffnung am Leben erhalten«.)

Eine Möglichkeit war, mehr Arbeit von den Zulieferern zurückzunehmen, vor allem wenn ihre Integration in die Herstellung in North Haven einen kontinuierlichen Produktionsfluß erlauben würde. (Man muß verstehen, daß es sich dabei um eine Einbahnstraße handelt. Ein Unternehmen kann nicht Herstellungsschritte integrieren, um sich an seine Situation anzupassen, und sie dann später wieder auslagern. Es gäbe keine Zulieferer mehr.) Eine zweite Möglichkeit bestand darin, das Reparaturgeschäft für Turbinenschaufeln in Zusammenarbeit mit anderen Einheiten von Pratt einzubeziehen sowie die Überholung der Triebwerke zu übernehmen, eine weitere Welt stapelförmigen Denkens mit aufwendiger Lagerhaltung, die auf ein schlankes Erwachen wartete. Beide Konzepte waren 1995 schon in Planung.

Das Triebwerk im kontinuierlichen Fluß

Inzwischen hatte Bob Weiner in der Endmontage seit seiner Einstellung im Juli 1994 mit Nachdruck schlanke Verfahren eingeführt. Er war früher Stellvertreter von Ed Northern bei Aircraft Engine innerhalb von GE gewesen. Von daher war es nicht überraschend, daß er genau dieselben Schritte unternahm: Personalabbau gleich am Anfang bis zu einer Ebene, die langfristig aufrechterhalten werden konnte, Austauschen der Manager, die sich nicht an das neue System anpassen konnten, Standardisierung der Arbeit und Lösen der Qualitätsprobleme, damit die Arbeit kontinuierlich fließen konnte; dann Einführung eines kontinuierlichen Ablaufs.

Als Weiner und sein Team die Situation untersuchten, erkannten sie, daß das Ziel von Chihiro Nakao – ein Triebwerk in drei Tagen – erreichbar war, aber eine größere Investition erforderlich machte, um die Montagehalle mit den Testzellen[38] in einem anderen Gebäude zu verbinden. Durch die Einführung einer modularen Montage – was Nakao »Fischkopf«-System nannte, bei dem die größeren Komponenten von den Produktzentren fertig montiert ankommen und montiert werden können, die Gräten des Fisches darstellend – glaubte man, Mitte 1996 die Durchsatzzeit von dreißig auf zehn Tage sowie den Montageaufwand erheblich reduzieren zu können. Der Kerngedanke war, das Triebwerk auf ein unsichtbares Förderband zu plazieren und alle Rückläufe und Nacharbeiten abzuschaffen, die durch vorgelagerte Qualitäts- und Lieferprobleme verursacht wurden. Das neue System brachte die Module und Werkzeuge in Behältern zu den Montagearbeitern, so daß sie keine Zeit mit »Schatzsuche« verschwendeten, und stellte den Montagearbeitern ein einfaches Terminal neben das Montageband, das Montagediagramme und wichtige Instruktionen für jeden Arbeitsschritt anzeigte.

Die gleichzeitige Qualitätskrise

Das letzte zu überwindende Problem war die damalige Qualitätskrise. 1993 häuften sich die Klagen von Kunden aufgrund der Anzahl der Triebwerksausfälle während der Flüge, des primären Qualitätskriteriums in der Industrie für Flugzeugtriebwerke. In der Tat drohten einige

Fluggesellschaften wegen der Schäden mit der Stornierung von Aufträgen oder mit gerichtlichen Schritten. Die Ausfallquote war bei manchen Triebwerken von Pratt siebenmal so hoch wie bei GE und Rolls-Royce.

In einer Hinsicht schien das unmöglich zu sein. 1992 hatte die Abteilung für Qualitätssicherung bei Pratt 2 300 Mitarbeiter. Es wurde alles kontrolliert, was kontrolliert werden konnte. Aber auf einer anderen Ebene war klar, daß die Qualitätsbewegung der 1980er Jahre ziemlich gescheitert war. Die Qualitätssicherung war zum klassischen Über-Ich oder zur nörgelnden Oma des Unternehmens geworden. Die Produktionsarbeiter wurden überwacht, um sicherzustellen, daß sie keine Abstriche bei der Qualität machten und die Produktionsziele erreicht wurden. Dies führte natürlich zu einem sehr negativen, reaktiven Ruf der Qualitätssicherung.

Das führte auch dazu, daß die Produktionsmanager bereitwillig jedes angebliche Qualitätsproblem an eine Reihe von Materialprüfungsinstanzen (MRBs, Material Review Boards) verwies. Lange nachdem das Problem bemerkt worden war, wurde dort darüber entschieden, welche von der Qualitätssicherung zurückgewiesenen Teile ausgeliefert werden konnten. Anfang der 1990er Jahre wurden bei Pratt jährlich 66 000 Materialprüfungen durchgeführt. Aber in 90 Prozent der Fälle wurde letztlich das Teil, »so wie es war«, für die Auslieferung zugelassen, weil die Abweichung von der formalen Spezifikation als unbedeutend angesehen wurde. Dazu kam es nach langen Verzögerungen und stundenlangen Besprechungen, um das Problem beurteilen zu können.

Eine Lösung dieses Problems war die vollständige Reorganisation der Qualitätskontrolle unter neuer Leitung, nämlich Roger Chericoni, ein langjähriger Produktingenieur bei Pratt, der nicht aus der Qualitätssicherung kam und keine Erblast mitbrachte. Die Funktion hatte jetzt nur noch 150 Mitarbeiter, der Rest wurde anderen Einheiten in der Produktion zugeteilt, um Qualitätsprobleme direkt zu lösen, wenn sie auftraten.

Die andere Lösung hing einmal mehr von George David ab, der in der Tat zweimal Erfahrungen mit dem schlanken Ansatz gemacht hatte, das erste Mal einige Jahre vor seiner Begegnung mit Art Byrne. In den 1980er Jahren, als Chef von Otis Elevator, war er auch Chairman des Joint Ventures von Otis mit Matsushita in Japan. 1990 erlebte David eine Krise, als Matsushita verkündete, daß es seinen »nationalen« Markennamen nicht mehr länger für die Produkte des Joint Ventures hergeben könne.

»Die Unternehmensleitung von Matsushita wies mich darauf hin, daß unser Produkt über Jahre vier- bis fünfmal häufiger defekt war als die Produkte der Mitbewerber Hitachi und Mitsubishi. Angesichts unserer Produktleistung in Japan wußte ich, daß unsere Beziehung sich auf eine Trennung hinbewegte. Ich wußte auch, daß, wenn Otis nicht mit japanischen Firmen in Japan konkurrieren konnte, wir ihnen schließlich auch andernorts unterliegen würden.«

Glücklicherweise bot Matsushita Hilfe in der Person von Yuzuru Ito an, dem Qualitätsgenie bei Matsushita Electric. Er wurde geschickt, um bei der Behebung der Qualitätsprobleme bei Nippon-Otis zu helfen. »Wir brauchten seine Hilfe, weil wir uns vorgenommen hatten, unsere Produkte zu den besten zu machen, aber einfach nicht wußten, wie. Es war ganz einfach.«

Auf Rat von Ito wurde eine Arbeitsgruppe bei Otis für die Qualitätsprobleme gebildet. Danach ging die »Rückruf-Quote« (ein Begriff der Aufzugshersteller für die jährliche Anzahl von Notrufen, die nötig sind, um einen falsch funktionierenden Aufzug anzuhalten) drastisch zurück und fiel unter die Zahl von Hitachi und Mitsubishi. »Es gibt keinen Zweifel daran, daß Ito-san allein unsere Beziehung zu Matsushita gerettet und es ermöglicht hat, daß eine amerikanische Firma sich gegenüber den besten japanischen Mitbewerbern erfolgreich durchsetzte«, stellt David fest.

Als Ito kurz nach dieser Episode bei Matsushita ausschied, bat ihn George David inständig darum, Otis voll zur Verfügung zu stehen. Als David dann 1992 zum President der United Technologies befördert wurde, dehnte er dessen Mandat auf alle Unternehmen von UTC aus. Er überzeugte Ito schließlich sogar, seinen Wohnsitz von Japan in die Nähe der Zentrale von UTC in Hartford zu verlegen.

Als Ito anfing, UTC bei seinen Produktionsabläufen zu helfen, stellte sich heraus, daß seine Methoden auf einem Denken in Flüssen basierten. Er verwendete »turn-back rate charts«, um zu sehen, wie oft Fehler den Produktionsfluß unterbrachen. Er stellte immer fest, daß kontinuierlicher Fluß und perfekte Qualität nach einer radikalen Analyse und entsprechenden Korrekturmaßnahmen zusammen erreicht wurden.

»Als 1993 die Qualitätsprobleme bei Pratt auf Kundenebene in die Krise gerieten, wußte ich, daß die Qualitätsphilosophie von Ito und die Fließphilosophie von Shingijutsu perfekt zusammenpaßten. Ich wußte, daß sie zusammen eine unschlagbare Kombination wären, und deshalb sollte Ito seine ganze Zeit dafür aufwenden, Roger Chericoni bei Pratt zu helfen.«

Nachdem die Hauptursachen der Betriebsausfälle während des Fluges geklärt waren, wandte Ito seine Aufmerksamkeit dem allgemeinen Problem der Rückläufe im Produktionssystem bei Pratt zu. Beispielsweise waren die zehn Prozent des Produkts, die einen typischen Herstellungsprozeß das erste Mal durchliefen, bald praktisch auf 100 Prozent angestiegen.

Das Endergebnis in der Produktion

Mitte 1995 hatte Pratt sein gesamtes Produktionssystem vollständig umgekrempelt. Die Massenproduktion, die Herstellung von Losen mit den entsprechend notwendigen Lagerbeständen, die Philosophie des »Herumbastelns, bis es klappt«, die über fast vierzig Jahre aufgebaut worden waren, gab es nicht mehr. Das Unternehmen wurde vollständig in eine Fließorganisation umgewandelt, mit First-time-Qualität ohne Rückäufe.

Das MRP-System, das vorher die Teilebewegungen organisiert hatte, wurde jetzt mit der Aufgabe der langfristigen Kapazitätsplanung und mit der Planung der langen Vorlaufzeiten bei Teilen von Lieferanten, die noch nicht schlank waren, betraut. Der Ablauf durch jedes Module Center und zur Endmontage wurde von einem einfachen Sogsystem (Pull-System) geregelt.

Die achtzig Unternehmenseinheiten, jeweils eine für jede größere Teilegruppe in einem Modul, wurden sowohl organisatorisch wie räumlich neu gegliedert. Die Leiter der Einheiten bekamen eine viel einfachere »Leistungstabelle«, mit einem viel kleineren Teil zugewiesener Kosten (in einer Weise, die dem Vorgehen bei Wiremold vergleichbar ist, das wir in Kapitel 7 kennengelernt haben). Sie sollten die Kosten durch *kaizen*-Maßnahmen herunterfahren. Die Produktionsingenieure und die Qualitätsexperten mußten umziehen – das heißt, ihre Schreibtische kamen an einen anderen Ort. Sie wurden aus den Fabrikbüros in den »oberen« Etagen oder aus der technischen Zentrale direkt in die Produktion oder unmittelbar neben die Produktionszellen versetzt.

Letztlich waren alle 7000 Maschinen von Pratt bewegt worden (viele mehrmals). Ende 1995 war jeder Produktionsprozeß im gesamten Unternehmen Pratt & Whitney mindestens einmal einem *kaikaku* und *kaizen* mit dem Ziel unterzogen worden, jedes Teil in einem kontinuierlichen Ablauf in einer Fließfertigungszelle herzustellen, praktisch ohne Lagerbestand an unfertigen Teilen in der Zelle. Gleichzeitig führte eine Reihe von Verbesserungen im Qualitätsdenken, die von Ito angespornt wurden, in Richtung »Zertifizierung« eines jeden Prozesses – das heißt Neugestaltung der Arbeitsschritte und Anpassung der Werkzeuge –, so daß First-Time-Qualität ohne Rückgaben zur Nachbearbeitung absolut sichergestellt werden konnte.

Als Resultat ging die Durchsatzzeit von acht auf sechs Monate zurück (bei einem kurzfristigen Ziel von vier Monaten); der Lagerbestand an Rohmaterial, unfertigen und vorgehaltenen fertigen Teilen wurde um 70 Prozent abgebaut und wird noch weiter abgebaut; das frühere große zentrale Zwischenlager für alle Teile, die für die einzelnen Herstellungsschritte benötigt wurden, wurde geschlossen; die Übertragung von Qualitätsfragen an die Materialprüfung (MRB) ging um die Hälfte zurück (mit dem Ziel, die Materialprüfung Ende 1996 ganz abzuschaffen); und die Stückkosten für ein typisches Teil fielen um 20 Prozent, sogar als das Produktionsvolumen um 50 Prozent zurückgegangen war. Das letzte Kriterium ist vielleicht am wichtigsten, weil in den alten Tagen der Massenproduktion die Stückkosten bei Pratt unter diesen Umständen um 30 Prozent oder gar mehr gestiegen wären und das Unternehmen wahrscheinlich zu einer Fusion oder dem Ausstieg aus der Branche gezwungen gewesen wäre.

Das ursprüngliche Ziel einer Kostenreduktion um 35 Prozent, das zu Beginn der Krise im Jahr 1991 aufgestellt worden war, wurde beibehalten, aber der Einbruch in der Nachfrage, der sich wahrscheinlich erst Mitte 1996 umkehren dürfte, bedeutete, daß es etwas länger dauern wird, dort hinzukommen. Während die eigenen Kosten bei Pratt dramatisch zurückgingen, muß die Zuliefererbasis, die jetzt für mehr als die Hälfte der Gesamtproduktionskosten bei Pratt verantwortlich ist, in demselben Ausmaß einem *kaikaku* und *kaizen* wie Pratt unterzogen werden. In vielen Fällen wird dies ein Umdenken ganzer Industrien einschließen, wie im Falle der Glasindustrie in Kapitel 5, um Zeit und Kosten einzusparen und Qualitätsverbesserungen von den Gießereibetrieben über die stahlverarbeitenden Betriebe bis zur Gewinnung und Herstellung der Grundmetalle einzuführen.

Der point of no return

Der entscheidende Moment für die schlanke Umwandlung bei Pratt war im Frühjahr 1994. Obwohl die vorgelagerten Produktionen ständig verbessert wurden, bedeuteten die Probleme bei der Auslieferung der Turbinen an die Kunden, daß die Welt draußen nichts davon merkte. Das alte Management war nicht bereit, das neue System zu übernehmen, und Fehler bei der Implementierung an verschiedenen vorgelagerten Punkten bei Pratt führten dazu, daß nur 10 Prozent der Triebwerke termingerecht ausgeliefert wurden – ein historisches Tief.

Mark Coran äußerte sich später dazu: »Ich wunderte mich in dem Frühjahr darüber, wieso ich in einer Situation noch einen Job hatte, in der sich keine Resultate unserer Bemühungen abzeichneten. Aber im nachhinein war das Geheimnis einfach: George David und Karl Krapek verstanden, anders als die meisten Topmanager amerikanischer Unternehmen, tatsächlich, was ich tat. Sie erkannten, daß unsere Fortschritte auch Schritte zurück mit sich brachten und daß der Trick darin bestand, einen absolut festen Kurs einzuhalten.«

Sobald das neue Management im Sommer 1994 in der Endmontage eingesetzt war und die Qualitätsmaßnahmen von Ito erste Resultate zeigten, indem ein Abrufsystem von der Endmontage aus das MRP-System im gesamten Unternehmen abzulösen begann, ging alles sehr schnell. Darüber hinaus forderten die neuen General Manager lautstark mehr Zeit und Hilfe von dem von Bob D'Amore aufgebauten Büro für kontinuierliche Verbesserungsmaßnahmen (Continuous Improvement Office), und Pratt konnte die Gewinne aus den wöchentlichen Verbesserungsmaßnahmen beibehalten. Es waren jedoch mehr als drei Jahre harter Arbeit nötig, um an einen Punkt zu kommen, von dem aus es keine Rückkehr mehr gibt.

Der nächste Sprung

1995 konzentrierte sich Karl Krapek auf den Rest von Pratt. Die langsame und nach innen orientierte Produktentwicklung und das Engineering veränderten sich nur verhalten. Das Organisations-Chart an diesem Punkt, mit den bereits eingeführten neuen Produktzentren, sah auf beun-

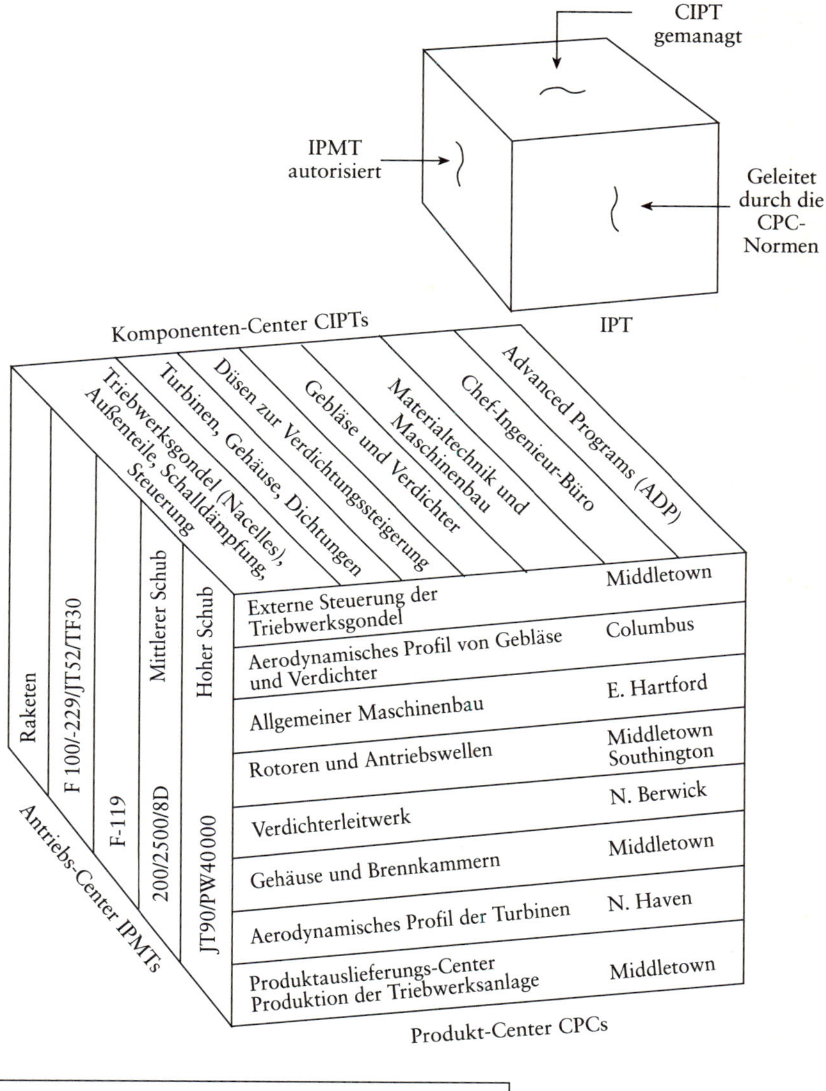

Schlüssel

IPT = Integriertes Produktteam
CIPT = Komponenten-integriertes Produktteam
PMT = Integriertes Produktmanagement-Team
CPC = Charter-Teile-Council
GESP = Regierungsaufträge & Raumfahrt
LCE = Große kommerzielle Triebwerke

Abbildung 8.6: Die Organisation von Pratt & Whitney 1994

ruhigende Weise wie ein Rubik-Würfel aus (siehe Abbildung 8.6). Jedes neue Produktprogramm schloß eine ausgearbeitete Matrix aus geteilten Verantwortlichkeiten und Loyalitäten zwischen den Produktentwicklungsteams (Propulsion Centers oder Triebwerkzentren genannt), den Kerntechnologien von Pratt in den sieben Komponentenzentren (Component Centers) sowie dem Detail-Engineering und der Herstellung in acht Produktzentren (Product Centers) ein.

In einfachsten Begriffen: die Entwicklung eines neuen Produkts bedeutete die Definition des Ganzen (Bestimmung von Schubstärke, Gewicht, Treibstoffverbrauch, Produktkosten) in einem Propulsion Center, dann die Entwicklung und die Herstellung jeder größeren Komponente in Component Centers und schließlich ein Engineering aller Einzelteile für jede Komponente in den Product Centers. Das Projekt war im wesentlichen zwischen drei riesigen Organisationen aufgeteilt, die getrennt an den President berichteten. Konfusion und hohe Kosten waren die vorhersagbaren Ergebnisse.

Die Lösung, die Anfang 1991 verkündet wurde, aber noch das ganze Jahr 1996 zur Implementierung beanspruchen wird, besteht darin, viel stärkere Produktteams in den Propulsion Centers aufzubauen, einschließlich zuständiger Ingenieure für die Konstruktion der Komponenten. Die Konstruktionsingenieure aus den Component Cen-

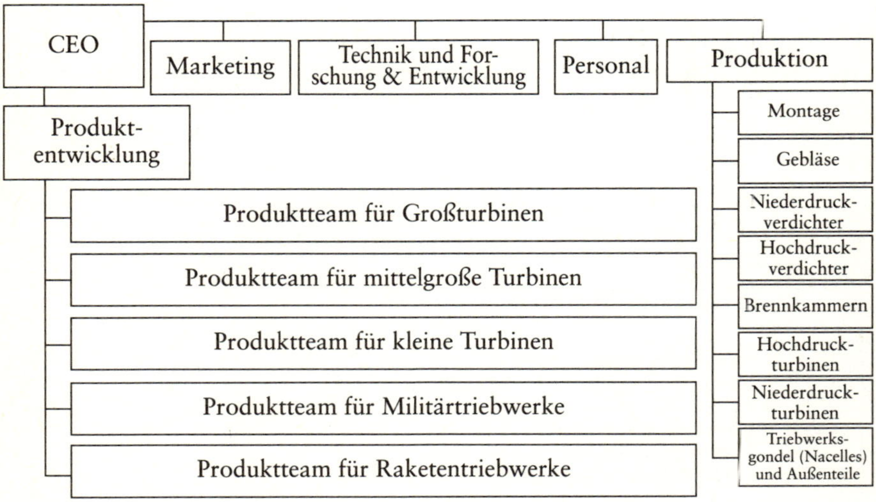

Abbildung 8.7: Die Organisation von Pratt & Whitney 1996

ters werden entweder in kleine Engineering-Funktionen versetzt und damit beauftragt, neue Konstruktionsmethoden oder Technologien zu entwickeln sowie die Konstruktionsstandards und Engineering-Systeme aufrechtzuerhalten, oder sie werden in eines der neuen Module Centers versetzt, die aus den derzeitigen Product Centers gebildet worden sind, um eine »schlanke Organisation« zu erhalten, wie Abbildung 8.7 zeigt.

Die Module Centers werden im Kern autonome Geschäftseinheiten sein, mit Vice President/General Managers, die für die laufende Produktion und für die Unterstützung der Entwicklung neuer Produkte verantwortlich sind. Jedes Module Center kann eines der sieben Module für ein Triebwerk vollständig autonom konstruieren und herstellen: Gebläse mit Gehäusen, Niederdruckkompressoren, Hochdruckkompressoren, Brennkammern, Hochdruckturbinen, Niederdruckturbinen und Düsen sowie Triebwerksgondeln und Außenteile. Jedes Module Center liefert rechtzeitig an das Montage-, Test- und Auslieferungs-Module Center, wo das Triebwerk fast umgehend zusammengebaut wird und mit dem Endkunden verhandelt wird.

Gleichzeitig mit der Einführung dieser Veränderungen (und es wird zweifellos anfangs Probleme geben, genauso wie bei der Herstellung) werden Verkauf und Service neu konzipiert. Wenn die Produktvorlaufzeiten einmal vielleicht zwei Jahre unterschreiten und die Entwicklungszeiten unter das gegenwärtige Ziel von vier Monaten fallen, müssen die Absatzschwankungen beseitigt werden, die immer auch Dürreperioden enthalten, aufgrund deren Pratt keine einheitliche Dispositionsstufe erlangen kann, auch wenn die Endverbrauchernachfrage – das heißt, die Flugmeilen der Passagierfluglinien – sehr stabil ist.

Lektionen und nächste Schritte

Welche Lehren können amerikanische Manager, die schlanke Organisationen aufbauen wollen, aus den Erfahrungen von Pratt ziehen? Die offensichtlichste Lehre besteht darin, mit dem anzufangen, was man gerade tut. Denken Sie nicht darüber nach, was Ihre Belegschaft alles nicht weiß, über ihr Ausbildungsdefizit oder ihr Alter. Denken Sie nicht an die letzten Einschränkungen und Behinderungen durch Ihre Gewerkschaft oder die Notwendigkeit guter vierteljährlicher Zahlen. Diese Barrieren existieren hauptsächlich in Ihrem eigenen Kopf.

Bringen Sie statt dessen Ihre wertschöpfenden Aktivitäten in einen kontinuierlichen Ablauf, um die Qualität zu verbessern, während Sie große Kostenfaktoren herausnehmen. Das kann schnell verwirklicht werden, wenn Sie über das Wissen verfügen – es dauerte drei Jahre in dem riesigen Produktionssystem von Pratt, das den härtesten Test lieferte, der möglich war – und es erforderte niemals größere Investitionen in neues Equipment oder eine neue Fabrik. Wenn die Kosten fallen und Ressourcen für neue Maßnahmen freisetzen, sieht man leichter, was als nächstes zu tun ist, einschließlich der Weiterbildung der Belegschaft.[39] In der Tat führt eine völlig andere Kostenstruktur für die bestehende Produktion oft zu einer ganz anderen Strategie, als man sie verfolgen würde, wenn die alte Kostenstruktur als gegeben hingenommen würde. (Pratt beispielsweise hätte sich niemals erträumen können, mit seiner Kostenstruktur wie vor 1992 im Bereich der Überholung von Triebwerken konkurrenzfähig zu sein.)

Für Pratt ist natürlich das Bemühen um eine Umwandlung nach schlanken Prinzipien nur Teilstück des Weges. Die Fertigung wurde entschieden verändert, aber die Produktentwicklung wurde erst jetzt auf Vordermann gebracht, und Marketing und Verkauf müssen noch schlank gemacht werden.

Sogar danach bleiben noch die strategischen Fragen, ob das Geschäft mit Flugzeugtriebwerken an sich überlebensfähig ist und wie das Unternehmen sich global engagieren muß, um seinen Absatzmärkten besser zu entsprechen.[40] Ein vielversprechender Weg ist die Klärung der Frage, ob Pratt in einem Produkt- oder einem Servicegeschäft ist. Der dramatische Abbau der Kosten sowie das schlanke Vorgehen könnten es Pratt ermöglichen, die Überholung und Wartung der Triebwerke von selbständigen Reparaturfirmen und auch von den unter hartem Druck stehenden Fluglinien zu übernehmen. Könnte man beispielsweise mit Hilfe von Fließprinzipien ein Triebwerk über Nacht in einer Einrichtung von Pratt vollständig überholen, so daß die Flugzeuge nie außer Dienst genommen werden, die Fluglinien keine großen Ersatzteillager mehr unterhalten und auch keine größere Zahl an Ersatztriebwerken mehr vorhalten müßten?

Auf alle Fälle hat Pratt gegenwärtig seine Kosten drastisch gesenkt, und die Kunden sind zufrieden. Die operativen Ergebnisse sind von Verlusten in Höhe von 283 Millionen Dollar im Jahr 1992 und 262 Millionen Dollar im Jahr 1993 wieder auf Gewinne von 380 Millionen Dollar im Jahr 1994 und 530 Millionen Dollar im Jahr 1995 gestiegen, sogar als der Umsatz weiter absackte. Pratt hat Zeit gewonnen, um die schlanken Prinzipien unternehmensweit einzuführen, und sich den Entscheidungsspielraum dafür verschafft, was als nächstes getan wird.

Wie steht es um den schlanken Ansatz in anderen Industrietraditionen?

Wir haben uns bis jetzt sorgfältig auf amerikanische Unternehmen konzentriert, in einer Sequenz von Alter, Größe und Komplexität. Wir haben uns Lantech, mit einer einfachen Fertigungstechnologie, einer zwanzigjährigen Geschichte, 400 Mitarbeitern und 70 Millionen Dollar Umsatz, angeschaut. Wir haben dann Pratt mit seinen komplizierten Technologien, einer 140jährigen Geschichte und 29 000 Mitarbeitern sowie 5,8 Milliarden Dollar Umsatz untersucht. In beiden Fällen wurden dieselben Prinzipien angewandt und haben zu beachtlichen und dauerhaften Ergebnissen geführt.

Wie steht es aber um die anderen großen Industrietraditionen? Unser vorheriges Buch fand in Deutschland viele Leser. Viele Manager und Arbeiter waren allerdings sehr skeptisch. Weil wir damals keine deutschen Beispiele hatten, auf die wir uns hätten beziehen können, konnte zumindest theoretisch behauptet werden, daß der schlanke Ansatz einfach nicht funktionieren kann und daß ein anderes Vorgehen für die Erneuerung der deutschen Industrie notwendig sei.

Wir wenden uns jetzt einem Beispiel in Deutschland zu, das diese Theorie widerlegt.

Kapitel 9

Schlanker Ansatz versus deutsche Technik

Am 27. Juli 1994 geschah etwas Bemerkenswertes in der Montagehalle von Porsche in Stuttgart. Ein Porsche Carrera rollte fehlerfrei vom Band. Die Armee von Handwerkern in Blaumännern wartete in der großen Nachbearbeitungszone und konnte einen Moment lang Pause machen: Sie hatten zum ersten Mal innerhalb von vierundvierzig Jahren nichts zu tun. Dies war der erste makellose Wagen, der je bei Porsche vom Band gerollt oder nach der früheren Methode einer Werkbankmontage hergestellt worden war.[1]

Dieser erste perfekte Porsche – und seitdem hat es viele davon gegeben – war ein kleiner, aber deutlich sichtbarer Meilenstein in den Bemühungen des Firmenchefs Wendelin Wiedeking und seiner Kollegen, den schlanken Ansatz in einer wahren Industrieinstitution einzuführen – in der Tat eines der großen Symbole deutscher Industrietradition. Der Kampf war nicht leicht, und einige Aspekte eines vollkommen schlanken Systems müssen noch umgesetzt werden. Aber es ist jetzt auch klar, daß es funktionieren kann. Außerdem gibt es bereits den Beweis dafür, daß aus der Verschmelzung schlanker Konzepte mit den Stärken der deutschen Tradition, eingebunden in eine Spitzentechnologie oder Technik, ein bemerkenswert wettbewerbsfähiger Hybride hervorgehen kann.

Bescheidene Erfolge auf dem Weg vom armen Schlucker zum Millionär

Das Unternehmen wurde 1930 von Ferdinand Porsche gegründet, dem legendären österreichischen Ingenieur, der später den VW Käfer konstruierte.[2] Porsche war der technische Direktor bei Daimler (bis zu dem Zusammenschluß, aus dem Daimler-Benz entstand). Er wollte aber lieber unabhängig arbeiten und gründete deshalb die erste selbständige technische Beratung für die Autoindustrie in Deutschland.

Während der 1930er Jahre und während des Krieges war Porsche eine kleine Ingenieurfirma, aber der feinen Art. Er wurde oft engagiert, um vertrackte Probleme in Angriff zu nehmen und völlig neue Lösungen zu entwickeln. Die Konstruktiuon des VW Käfers war die berühmteste, aber es gab viele andere.

Bei Kriegsende übernahm der junge Ferry Porsche unter extrem schwierigen wirtschaftlichen Bedingungen die Firma von seinem Vater. Die großen Firmen, deren Berater Porsche gewesen war, lagen in Schutt und Asche, und die Nachfrage nach Autos war aufgrund der chaotischen Wirtschaftslage im Nachkriegsdeutschland äußerst gering. Dennoch plante der junge Porsche nicht nur die Fortführung der technischen Beratung, sondern hatte sich auch vorgenommen, mit der Herstellung von Autos unter dem Namen Porsche zu beginnen. Er richtete bald eine kleine Werkstatt in der Nähe des Familienguts in der Gemeinde Gmünd in Österreich ein. Der erste Porsche, das Modell 356, wurde 1948 dort von Hand gefertigt. Sechsundvierzig weitere Autos wurden im Laufe der nächsten drei Jahre von Handwerkern hergestellt, die hauptsächlich Handwerkzeuge benutzten.

Es wurde bald klar, daß Porsche zurück nach Stuttgart ziehen mußte, wenn man zu einem »richtigen« Autohersteller werden wollte, um in der Nähe der Zulieferer zu sein und auch um die technische Beratung in der Nähe der wahrscheinlichsten Kunden anzusiedeln. Der erste Porsche 356 aus dem neuen Unternehmensstandort in Zuffenhausen, einem Vorort von Stuttgart, wurde im Frühjahr 1950 fertiggestellt. Das heutige Unternehmen wurde damals praktisch erst gegründet.

Das Unternehmen war anfangs wirklich einfach und bestand aus einer Entwicklungs- und einer Produktionsabteilung. Zu letzterer zählte eine kleine Werkstatt, in der Teile hergestellt und montiert wurden, um den VW-Motor zu ändern, der im Modell 356 eingebaut war. Die Karosserien für das Auto wurden von Reutter, einem nahe gelegenen traditionellen Karroseriebauer, gebaut und lackiert. Diese wurden auf stationären Montageständen in der kleinen Montagehalle von Porsche auf ein Chassis aufgesetzt, das weitgehend aus VW-Käfer-Teilen bestand. Am Ende wurden sie inspiziert, probegefahren, richtig eingestellt und nachgearbeitet und schließlich ausgeliefert.

Bald schon kam ein Rennteam hinzu, das manchmal zwischen den Rennen in Handarbeit spezielle Rennwagen baute, und die ingenieurtechnische Beratung expandierte immens. Sie arbeitete hauptsächlich für Volkswagen, aber auch für andere Autofirmen. Deshalb blieben die Produktingenieure die Herren im Haus, sogar als die Autoherstellung bei Porsche Gewinn erzielte und dramatisch in die Höhe ging.

In den frühen 1960er Jahren hatte Porsche nach und nach die Originalteile von VW und die VW-Motoren durch eigene Konstruktionen ersetzt. Die Konstruktion des 356 war jedoch veraltet, und es war schwierig, der Öffentlichkeit klarzumachen, daß das Auto kein VW mit einer anderen Karosserie und einer besseren Radaufhängung mehr war. Deshalb wurde 1964 der 356er durch einen völlig neuen Autotyp ersetzt, nämlich den Porsche 911.[3]

Das neue Auto war ein reinrassiger Porsche in bezug auf Motor- und Karosserieteile. Die Fertigung der Karosserie wurde von Reutter zurückgeholt. Porsche wurde dadurch eine viel integriertere und komplexere Firma. Das zeigte sich noch mehr, als man sich 1969 zur Herstellung eines preiswerteren Autos in Zusammenarbeit mit VW entschied. Der 914 wurde 1976 vom 924 abgelöst, der im Audi-Werk in Neckarsulm gefertigt wurde, unter Verwendung vieler mechanischer Komponenten von Audi, einschließlich eines von Porsche überarbeiteten Motors.

Ein zweiter Typ der Oberklasse, der 928, kam 1977 hinzu, und mit ihm ein neues Montageband in der Montagefabrik in Zuffenhausen. Dort wurde schließlich die gesamte Modellreihe gebaut, als die Produktion des 968, des Nachfolgemodells für den 924 und 944, im Jahr 1991 von Neckarsulm nach Zuffenhausen verlegt wurde.

Porsche wuchs so stetig als Spezialist unter den Autoherstellern. Aber Mitte der 1980er Jahre machte Porsche spektakuläre Gewinne, als seine Produkte zur großen Leidenschaft junger Unternehmer und Investment-Banker wurden, die viel Geld im weltweiten Wirtschaftsboom der Reagan-Ära und der japanischen Wirtschaftsblüte (Bubble Economy) verdienten. 1987 stellten die 8 300 Mitarbeiter 22 000 Porsche 911 und 928 in Zuffenhausen her sowie 26 000 Porsche 944 im Audi-Werk. Der Umsatz aus Autos und die Entwicklungsdienstleistungen erreichten zusammen zwei Milliarden Dollar.

Porsche als eine klassische deutsche Firma

Ein Blick auf Porsche in der Phase bis zum Ausgang der 1980er Jahre zeigt ein klassisches deutsches Modell des erfolgreichen Industriekapitalismus, vor allem eines erfolgreichen *Mittelstands*, der Gruppen mittelgroßer Entwicklungsfirmen, die die große Stärke der deutschen Wirtschaft waren. Erstens lag die Kontrolle der Firma kontinuierlich bis zur dritten Generation über die Bildung einer Reihe von Holding-Firmen fest in der Hand der Familie. Wie Ferry Porsche in seinen Memoiren ausgeführt hat: »Wenn ich die Absicht gehabt hätte, eine Firma aus rein spekulativen Gründen aufzubauen, dann hätte ich ihr von Anfang an einen phantasievollen Namen gegeben, weil ich es abgelehnt hätte, meinen eigenen Namen zu verkaufen.«[4]

Das Management ging 1972 in professionelle Hände über, als Ferry Porsche entschied, daß keiner aus der nächsten Generation der Porsches und Piëchs (der Name seiner verheirateten Schwester) seine Nachfolge als Generaldirektor antreten sollte. Die Familien von Porsche und Piëch betrachteten aber die Firma weiterhin wie ihr Gut in Zell am See in Österreich als eine Art immerwährendes Unternehmen, dessen Verwalter sie sind. Die Firmenkonten waren mit Reserven für die Zukunft gefüllt, die aus den kurzfristigen Gewinnen abgezweigt wurden, und sollten ein Polster bilden zur Sicherung der Unabhängigkeit der Firma in schwierigen Zeiten.

Ein zweites Merkmal kennzeichnet Porsche als eine klassische deutsche Firma, nämlich die intensive Konzentration auf das Produkt selbst. Die Spitzenleistung war die Hauptsorge des Unternehmens. Amerikanische Unternehmen wurden normalerweise von Finanzleuten geführt, die mit dem Aktienmarkt umgehen konnten, und japanische Topmanager hatten eher Erfahrungen in einer Vielzahl von Fachbereichen ihrer Firma. Aber die Topmananager bei Porsche waren, wie es in Deutschland üblich ist, brillante Produktingenieure, die fest davon überzeugt waren, daß das Unternehmen mit dem besten Produkt den langfristigen Wettbewerb gewinnen wird. Sogar der Firmenname schien diese Einstellung zum Ausdruck zu bringen: Dr. Ing. h. c. F. Porsche AG.

1969 wurden die Entwickler von Zuffenhausen in neue Räumlichkeiten nach Weissach verlegt, 23 Kilometer von der Fabrik in Stuttgart-Zuffenhausen entfernt. Hier wurden alle ingenieurtechnischen Beratungsarbeiten von Porsche durchgeführt, neue Porsche-Modelle entworfen und Prototypen sowohl für Porsche wie externe Firmen gebaut. Die größere Investition in Weissach sowie die Entfernung zwischen Produktingenieuren und Produktionsstab in der Fabrik symbolisierten beide das, was bei Porsche am wichtigsten war.

Aber noch ein drittes Merkmal kennzeichnet die deutsche Herkunft von Porsche: das Organisations-Diagramm war vollständig nach Abteilungen ausgerichtet und streng hierarchisch. Jede größere Aufgabe wurde in ihrer eigenen Organsitaionseinheit durchgeführt, und jede wichtige Entscheidung durchlief mehrere Managementebenen. Auch die Karrieren verliefen entlang den Abteilungshierarchien.

Aktivitäten, die den Beitrag vieler Abteilungen erforderten, wurden normalerweise so durchgeführt, daß die Arbeit – eine Konstruktion, ein Auftrag, ein konkretes Produkt – von einer Abteilung oder einem Funktionsbereich an die nächste bzw. den nächsten weitergegeben wurde, normalerweise mit Verspätungen aufgrund einer stapelförmigen Bearbeitung mit entsprechenden Bearbeitungsverzögerungen.

Ein spezielles Merkmal der Organisationsstruktur bei Porsche, die eine Starrheit jenseits der deutschen Norm einführte, war die Konsequenz aus dem zweiten Geschäftsjahr der Ingenieurberatung. Autofirmen und große Teilehersteller brauchen oft Hilfe bei ganz speziellen technischen Problemen. Die Wissensbasis zur Bearbeitung dieser Probleme – Radaufhängung, Motorvibrationen oder Leichtbau-Karosserien beispielsweise – setzte ein immenses Fachwissen in jeder Abteilung voraus, das anderen Organisationen angeboten werden kann. Das bedeutete jedoch, daß die Experten von Weissach oft den Bedarf nach abteilungsübergreifender Zusammenarbeit bei der eigenen Autokonstruktion von Porsche ignorieren konnten, während sie stattliche Gewinne für Porsche aus externen Geschäften aus technischen Dienstleistungen einbrachten.

Die Zulieferbasis von Porsche war noch ein weiteres typisches Merkmal der deutschen Industrie. Ende der 1980er Jahre hatte das Unternehmen 950 Zulieferer, obwohl Porsche – wie die meisten *Mittelstands*betriebe – viele Teile selbst fertigte. Somit kam ein Zulieferer auf neun Mitarbeiter; und dafür gab es dann eine riesige Einkaufsabteilung. Die Beziehungen zu den Zulieferern bestanden normalerweise seit langem und reichten in vielen Fällen bis zur Produktionsaufnahme in Stuttgart im Jahre 1950 zurück. Die Beziehungen waren auch sehr kooperativ, und Porsche half manchmal kleinen Zulieferbetrieben kurz vorm Bankrott aus der Klemme.

Anders gesagt, die Zulieferbeziehungen waren fest gewachsen und reaktiv. Porsche achtete primär auf den Beitrag zur Leistung des Autos, den zugekaufte Teile brachten, und nicht so sehr auf die Kosten, die Häufigkeit und Verläßlichkeit der Lieferung oder den Prozentsatz defekter Teile. Es wurde als gegeben hingenommen, daß Porsche die eingehenden Teile einer 100prozentigen Inspektion unterzog und ein riesiges Lager unterhielt, um gegen Lieferunterbrechungen gewappnet zu sein. In jedem Fall fehlten Porsche die technischen Fähigkeiten, seinen Zulieferern bei der Verbesserung ihrer Produktionsverfahren zu helfen, und Porsche trug auch nur einen winzigen Teil zum Umsatz seiner größeren Zulieferer bei. Außerdem hatten die langfristigen Beziehungen zwischen den einzelnen Einkäufern und den Verkaufsrepräsentanten der Zulieferer zu einer Kultur des »Laß alles beim alten« geführt, in der Veränderungen sehr schwierig waren.

Am auffallendsten bei Porsche in den späten 1980ern war vielleicht seine Handwerkskultur, die weit über die Normen bei Mercedes und anderen großen deutschen technikorientierten Firmen hinausging. Von Anfang an hat Porsche sein Handwerkstum betont. Viele Arbeiter mit handwerklichen Fähigkeiten sahen in Porsche eine Alternative zu reinen Hilfsarbeiterjobs in der schnellen Massenproduktion mit kurzen Arbeitstakten. Aus diesem Grund war das Qualifikationsniveau in der Produktion außergewöhnlich hoch, und Porsche hatte, anders als die anderen großen deutschen technischen Betriebe, fast keine Gastarbeiter auf seiner Lohnliste. Ende der 1980er hatten nahezu 80 Prozent der Mitarbeiter bei Porsche in der Motorenproduktion und 54 Prozent der Arbeiter in der Montagehalle eine dreijährige Lehre absolviert – und besaßen damit eine weltweit unübertroffene Fähigkeit, technische Probleme zu korrigieren. Diese Arbeiter hatten solide Materialkenntnisse und kannten die einzelnen Verfahren: mit welchen Methoden Aluminium geformt werden kann, mit welcher Maschine man Stahl schneidet, mit welcher Geschwindigkeit die Maschinen betrieben werden und in welchem Abstand die Maschinen mit Teilen beschickt werden.[5]

Die Handwerker wurden hierarchisch organisiert, ebenso wie der Rest der Firma. Die Arbeiter berichteten an die *Gruppenleiter*, diese an die *Meister* und die wiederum an die *Obermeister* in jedem Arbeitsbereich. Wie Ferry Porsche anerkennend in seinen Memoiren feststellte, war 1960 einer von fünf Mitarbeitern in der Produktion mit Führungsaufgaben betraut.[6] Wegen dieser Handwerkerhierarchie hat Porsche erst sehr spät die deutsche Version von Gruppenarbeit übernommen, die oft auch autonome Gruppenarbeit genannt wird. Diese Ideen wurden erstmals 1991 ausprobiert, nachdem Porsche in eine tiefe Krise geraten war.

Das Management von Porsche legte Wert auf lange Arbeitstakte (normalerweise zwölf bis fünfzehn Minuten), und die Arbeiter konnten sich daran erfreuen zu sehen, wie ein großer Teil des Produktes zusammenwuchs. In den ersten Jahren war es sogar für einen Arbeiter möglich, einen ganzen Motor zu montieren und zu signieren. Diese Praxis, obwohl nicht die Regel, blieb das Ideal für die meisten Arbeiter von Porsche.

Unglücklicherweise war vieles von dieser Handwerksarbeit *muda*. So war etwa die Fabrik nicht stark an der Konstruktion des Produkts beteiligt, so daß die Produkte von Porsche sehr leistungsstark, aber schwer zu produzieren waren. Ohne Protest stellten sich die ausgebildeten Arbeiter resolut der Aufgabe, nichtherstellbare Konstruktionen herzustellen durch aufwendige Anpassung der Teile.

Ebenso wurde akzeptiert, daß viele Teile der Zulieferer defekt waren, zu spät geliefert wurden oder es gar die falschen Teile waren. In den späten 1980ern wurden 20 Prozent aller Teile mehr als drei Tage zu spät angeliefert, 30 Prozent der Lieferungen bestanden aus der falschen Anzahl der Teile, und 10 000 Teile von jeder Million waren defekt und unbrauchbar. Im Gegensatz dazu liefern, wie die Tabelle 10.1 im nächsten Kapitel zeigt, die Zulieferer der ersten Stufe von Toyota in Japan ungefähr fünf defekte Teile pro Million, und sie liefern zu 99,96 Prozent termingenau und in der exakten Menge. Es war die Aufgabe des Einkaufsstabs bei Porsche, mit Unterstützung von 100 Inspektoren die Defekte zu finden und irgendwie mit einer Legion von Zustellern die fehlenden Teile zu beschaffen.

In der Lackierhalle wurde es hingenommen, daß die Qualität der ersten Lackierung nicht sehr gut war aufgrund von Verunreinigungen, die schwer abzustellen waren. Aber die ausgebildeten Lackierer konnten schließlich die Lackierung der Karosserie in einen annehmbaren Zustand bringen. Als schließlich das Montageband 1977 installiert wurde, war die Betriebsphilosophie die, alle Teile möglichst schnell zu montieren, dann das fertige Auto zu testen, nachdem es vom Band gelaufen war, und die Fehler in einem aufwendigen Nachbearbeitungsprozeß zu beheben. Daraus entstand schließlich ein Produkt mit einer im weltweiten Vergleich äußerst geringen Quote von Kundenbeanstandungen. Qualifizierte Arbeit bestand deshalb darin, bestimmte Maschinen bedienen und Unregelmäßigkeiten im Rahmen langer Arbeitstakte analysieren sowie gegebenenfalls Korrekturen vornehmen zu können.

Dieses Vorgehen wurde auch auf die nachgelagerten Beiträge der Produktentwicklung angewandt, wo die Fertigungsingenieure entweder einen Weg fanden, eine gegebene Konstruktion herzustellen, oder diese heimlich technisch überarbeiteten. Schlimmer war, wie jeder Porsche-Besitzer weiß, daß der Servicefreundlichkeit praktisch keine Aufmerksamkeit gewidmet wurde, weil die Stimme der Servicewerkstatt schlicht in dem System nicht vertreten war. Infolgedessen entstand eine weltweit einmalige, ganz neue Berufsgruppe, der Porsche-Mechaniker.

Die Handwerkstradition bei Porsche übte aufgrund der langen Arbeitstakte und der Möglichkeit, daß jeder Arbeiter ständig seine Fähigkeiten unter Beweis stellen konnte, eine große Anziehungskraft auf viele Arbeiter aus. Sie war auch für viele Manager sehr attraktiv, weil keine Notwendigkeit bestand, schmutzige und unerfreuliche Aufgaben zu übernehmen, die Ursachen von Problemen auf den vorgelagerten Stufen zu identifizieren und an der Wurzel anzupacken.

Die Krise

Porsche lieferte wirklich überragende Leistung, aufbauend auf einer breiten Technologiebasis, und füllte eine spezielle Nische im Markt für richtige Sportwagen, die gerade noch zahm genug für den Straßenverkehr waren. Insofern war es sowohl für die riesigen Autofirmen wie für die kleinen Spezialisten schwierig, Porsche herauszufordern. Das Umsatzvolumen war zu niedrig für Autofirmen, die hohe Stückzahlen produzierten, als daß sie sich damit beschäftigt hätten: Im Spitzenjahr erreichte der Porsche 944 mit 33 000 die höchste Stückzahl, und der anspruchsvollere 911 überstieg nie die 21 000. Kleineren Spezialfirmen, die vielleicht die Produktphilosophie von Porsche hätten kopieren können und kostengünstig bei kleinen Stückzahlen hätten arbeiten können, fehlten die notwendigen Produkttechnologien, die über viele Jahre von den beratenden Ingenieuren bei Porsche entwickelt worden waren.

Die spezielle Situation der Firma machte sie aber auch anfällig. Zum einen war jeder Modellwechsel wirklich wie eine »Wette auf das Unternehmen«, und das Management wurde mit der Zeit zu vorsichtig. Der Porsche 928 war als Ersatz für den 911 geplant. Als aber die Kunden sich gegen den Frontmotor und den Hinterradantrieb sträubten, wurde der 911 einfach weiter neben dem 928 geführt. Eine andere empfindliche Stelle war, daß der größte Teil derjenigen, die in den 1980ern das Geld für einen Porsche hatten und einen wollten, in Nordamerika lebten, während praktisch 100 Prozent der Wertschöpfung von Porsche in oder in der Nähe von Stuttgart erzeugt wurden.

Als Folge dieser Anfälligkeiten folgten auf den Boom im Jahr 1986, als Porsche einen Rekord mit 50 000 verkauften Autos erzielte (62 Prozent davon gingen nach Nordamerika), alptraumartige Jahre von 1987 an, als die D-Mark gegenüber dem Dollar aufgewertet wurde und die Verkaufszahlen ständig zurückgingen. 1992 verkaufte Porsche weltweit nur noch 14 000 Autos, und nur noch 4 000 statt 30 000 in Nordamerika. (Tabelle 9.1 liefert eine Produktionsgeschichte von Porsche)

Zuerst zögerten die Familien Porsche und Piëch nach diesen Umsatzeinbrüchen noch. Sie hofften darauf, daß es nur ein Geräusch im Markt war. 1989 ging jedoch die Talfahrt weiter, und die Familie setzte ein neues Management ein mit einer Konzentration auf das Marketing, um den Verkauf anzukurbeln. Arno Bohn, der Marketing-Direktor der Computerfirma Nixdorf, wurde als neuer Chef eingestellt, um sich an die Überarbeitung der Modellreihe zu machen.

Bohns Bemühungen führten hauptsächlich zu einem intensiven und langwierigen Konflikt darüber, was ein Porsche sein sollte. Es wurden sehr unterschiedliche Konzepte vorgeschlagen, die von der Neuauflage eines »erschwinglichen« Porsche wie dem 914 oder 924 über einen Viertürer, der als Ultra-Hochleistungs-Luxus-Limousine verkauft werden sollte, bis zu einem noch leistungsstärkeren Zweisitzer vom Typ Ferrari als Nachfolger für den im Jahr 1987 erfolgreichen 959 reichten.[7] Jedenfalls waren wegen der sequentiellen Natur des Entwicklungssystems bei Porsche auf fünf Jahre oder mehr keine neuen Produkte in Sicht.

Weil nach 1987 der Markt für den mittelpreisigen Porsche 944 zusammengebrochen war, aber die Nachfrage nach den teureren Modellen

Tabelle 9.1: Produktionsgeschichte der Porsche-Autos (in Tsd.)*

Jahr	Zuffenhausen					Ext. Produktion		Porsche insges.
	911	928	968	Extern**	Zuffenh. ges.	912/914	924/944***	
1965	3	0	0	0	3	6	0	9
1966	4	0	0	0	4	9	0	13
1967	5	0	0	0	5	6	0	11
1968	8	0	0	0	8	6	0	14
1969	13	0	0	0	13	4	0	17
1970	14	0	0	0	14	23	0	37
1971	14	0	0	0	14	16	0	30
1972	15	0	0	0	15	25	0	40
1973	15	0	0	0	15	28	0	43
1974	10	0	0	0	10	17	0	27
1975	9	0	0	0	9	9	0	18
1976	12	0	0	0	12	1	20	33
1977	13	2	0	0	15	0	22	37
1978	10	5	0	0	15	0	22	37
1979	11	5	0	0	16	0	21	37
1980	10	4	0	0	14	0	15	29
1981	10	4	0	0	14	0	18	32
1982	12	5	0	0	17	0	20	37
1983	13	4	0	0	17	0	31	48
1984	12	5	0	0	17	0	28	45
1985	16	5	0	0	21	0	33	54
1986	18	5	0	0	23	0	31	54
1987	17	5	0	0	22	0	26	48
1988	13	4	0	0	17	0	9	26
1989	14	3	0	0	17	0	10	27
1990	21	2	1	0	24	0	4	28
1991	17	1	3	5	26	0	0	26
1992	10	1	5	4	20	0	0	20
1993	8	1	3	2	14	0	0	14
1994	16	0	2	2	20	0	0	20
1995	18	0	0	1	19	0	0	19

Quelle: Dr. Ing. h.c. F. Porsche AG.

* Die Produktionszahlen in dieser Tabelle stimmen nicht genau mit den Umsatzzahlen im Text überein, aufgrund einer wesentlichen Verzögerung der Anpassung des Outputs an Umsatzänderungen.

** Porsche montierte die Luxus-Limousine 500 E von Mercedes und den Audi Estate mit Vierradantrieb.

*** Der 924 wurde 1983 durch den überarbeiteten 944 ersetzt.

911 und 928 bis 1992 weiterhin ziemlich stabil blieb, nahm Bohn an, daß man das mittlere Segment den Japanern überlassen und sich das Angebot von Porsche auf die höchstpreisigen Segmente des Marktes konzentrieren sollte. Mit anderen Worten, Porsche verfolgte eine klassische Rückzugsstrategie. 1990 wurde schließlich die Entscheidung getroffen, völlig neue Zwei- und Viertürer zu entwickeln, mit Frontmotor und Hinterradantrieb, um 1996 die 911er, 928er und 944er zu ersetzen. Und Porsche sollte sich weiter an den obersten Preissegmenten orientieren.

Zur selben Zeit schien es auch notwendig, wegen der Wechselkursanpassung von Dollar und DM ungefähr 30 Prozent der Produktionskosten einzusparen, aber niemand in der Firma war dieser Aufgabe gewachsen. Die Lösung war bald mit dem achtunddreißigjährigen Wendelin Wiedeking gefunden, Leiter bei Glyco, einem deutschen Hersteller von Autoteilen. Wiedeking kannte bereits das Unternehmen und seine Probleme, weil er zehn Jahre vorher Leiter der Lackiererei und Karosseriewerkstatt bei Porsche gewesen war, bevor er zu Glyco ging, wo er großen Erfolg hatte, schon bald zum Firmenleiter aufstieg und sowohl außergewöhnliche Energie als auch Mut bei der Durchsetzung entscheidender Veränderungen bewies.

Der Change Agent

Wiedeking kam im Oktober 1991 zu Porsche, als die Verkaufszahlen steil abrutschten. Die Erträge sackten von einem mageren Gewinn von 10 Millionen Dollar für 1990-91 auf einen Verlust von 40 Millionen für 1991-92 bei 1,5 Milliarden Umsatz ab. Es war auch genau zu der Zeit, als die japanische Autoindustrie ihren Angriff auf die deutschen Luxusautos startete und unsere MIT-Studie *Die zweite Revolution in der Autoindustrie* den Deutschen zeigte, wie weit sie in der grundlegenden Produktivität zurückgefallen waren.

Das Primäre bei Porsche waren jedoch nicht die japanischen Kopien, weil sogar die »sportlichsten« japanischen Autos wie der Toyota Supra und der Nissan 300ZX noch einige Klassen vom reinen Fahrer-Wagen Porsche entfernt waren. Das fundamentale Problem bei Porsche waren die Kosten – die Autos waren einfach zu teuer, und die Käufer konnten sie sich 1991 nicht mehr leisten. Und es wurde plötzlich klar, daß die

Zeit, Mühe, die erforderlichen Lagerbestände, Werkzeuge und Räumlichkeiten, die die besten japanischen Firmen wie Toyota benötigten, um »fast einen Porsche« zu bauen, nur ein Bruchteil dessen waren, was in Zuffenhausen zum Bau eines richtigen Porsche eingesetzt wurde. Daraus folgte, daß die Kosten und Durchlaufzeiten bei Porsche drastisch gesenkt werden konnten, wenn nur die richtigen Mittel eingesetzt würden.

Wiedeking rief deshalb alle zusammen, die direkt an ihn berichteten, und jeder las sehr sorgfältig *Die zweite Revolution*. Er organisierte daraufhin eine erste Forschungsreise nach Japan. Er erinnert sich, daß der erste Schock war, daß die japanischen Autofirmen, die sie besuchten, bereitwillig alles zeigten. »Niemand in der japanischen Autoindustrie betrachtete uns als ernsthafte Konkurrenz, und alle waren deshalb sehr offen. Das war eine große Kränkung unseres Selbstbildes.«

Nach seiner Rückkehr war das Team total entmutigt. »Wir konnten sehen, daß wir weit, weit zurück waren, und hatten ein bestimmtes Gespür dafür, warum. Aber uns fehlten die Techniken, um unsere Produktivitäts- und direkten Qualitätsprobleme anzugehen. Und wir hatten keine Prioritäten. Wenn man in jeder Wettbewerbsdimension hinterherhinkt, wie soll man dann anfangen, und wo?«

Anfang 1992 holte auch noch die weltweite Rezession den Verkauf der exklusiven und teuren Porsche-Modelle ein. Die Produktion in Zuffenhausen, die 1990 und 1991 neu eingebunden wurde, fiel plötzlich um 35 Prozent von 27 000 auf 17 000 Autos, und die Unternehmensverluste insgesamt überstiegen plötzlich 150 Millionen Dollar bei nur 1,3 Milliarden Umsatz.

Trotz der wachsenden Krisenstimmung unternahm Wiedeking eine Reihe von Reisen nach Japan, insgesamt vier bis Mitte 1992. Begleitet wurde er von Managern wie von Produktionsarbeitern sowie Mitgliedern der Metallarbeitergewerkschaft. Er war sich intensiv des Inseldenkens bei Porsche bewußt (das unserer Meinung nach nicht schlimmer als in den typischen deutschen technischen Betrieben ist) sowie der Notwendigkeit, sich nach außen zu öffnen.

Vorher waren die Produktionsmanager nur selten ins Ausland gereist, und wenn, dann nur um High-Tech-Maschinen zu besichtigen, aber nicht um Managementpraktiken kennenzulernen. Aus diesem Grund konnten auch die Fortschritte in den Managementmethoden bei ausländischen Unternehmen in Deutschland nicht zum Tragen kommen. Die einfache Belegschaft und die Gewerkschaftsführer waren nie im Ausland auf Informationsreise gewesen und klammerten sich an die Überzeugung, daß alles, was bei Porsche falsch lief, ein Abschwung des Marktes und die Folge einiger schlechter Produktentscheidungen war.

Der Angriffsplan

Im Laufe dieser Besuche entschied Wiedeking, daß er mutige Schritte unternehmen mußte, um die Firma entscheidend reorganisieren zu können, und daß er auf die direkte Hilfe japanischer Experten angewiesen war, eine Entscheidung, von der er wußte, daß sie im Hause Porsche sehr unpopulär sein würde. Er hatte bereits einen Berater, der an einem Reorganisationsplan arbeitete, und er hatte Maasaki Imai[8] vom Kaizen Institute bei seinem Japanbesuch kennengelernt. Im Mai 1992 bat Wiedeking das Kaizen Institute um seine Mitarbeit bei Porsche als Teil einer vierzinkigen Offensive, um der Krise Herr zu werden.

Der erste Schritt in der Kampagne war, die Bereiche von sechs auf vier Managementebenen zu restrukturieren (wie es in Abbildung 9.1 dargestellt ist) und vier Kosten-Center und drei unterstützende Abteilungen einzurichten, um die Verantwortlichkeiten klarer zu machen (siehe Abbildung 9.2). Die Zahl der Manager wurde um 38 Prozent reduziert – von 362 im Juli 1991 auf 328 im Juli 1992 und auf 226 im August 1993. In dem neuen System konzentrierten sich die unterstützenden Abteilungen auf die Entwicklung der Zulieferbasis, die Ausarbeitung von Qualitätssystemen und die Planung von Verbesserungsmaßnahmen, während die täglichen Betriebsaufgaben den Kosten-Centern zugewiesen wurden.

Gleichzeitig verhandelte Wiedeking mit dem Betriebsrat bei Porsche über eine neue Teamstruktur in der Produktion. Die Produktionsabteilungen mit fünfundzwanzig bis fünfzig Mitarbeitern, die über mehrere Ebenen von *Meistern* berichteten, wurden in zwei oder drei Teams mit acht bis zehn Arbeitern aufgelöst, wobei jede Gruppe von Teams direkt an einen einzigen *Meister* berichtete. (Der *Obermeister* und der *Gruppenleiter* wurden abgeschafft, wie Abbildung 9.1 zeigt.)

Wiedekings zweiter Schritt bestand in einer »Qualitätsoffensive«, um der Belegschaft die tatsächlichen Kosten der Qualitätspraxis bei Porsche vor Augen zu führen und alternative Methoden einzuführen. Die effek-

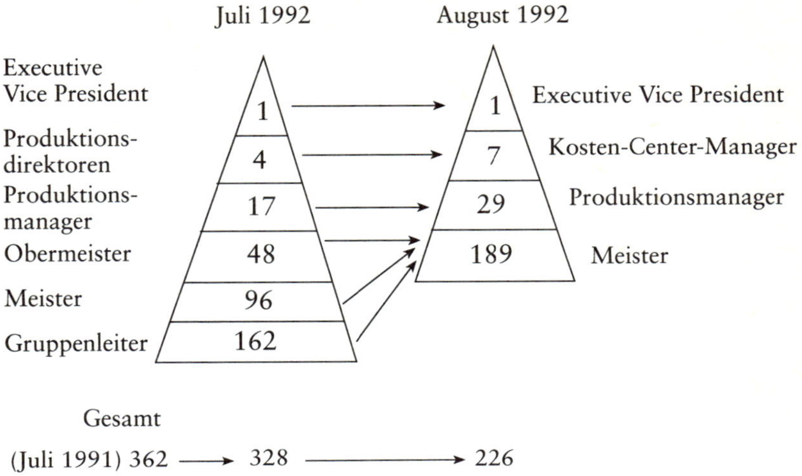

Abbildung 9.1: Hierarchieabbau bei Porsche

tivste Methode bestand darin, die Kosten für das Beheben eines Fehlers zum Zeitpunkt seines Auftretens im Vergleich zu denen am Bandende, bei der Nachbearbeitungzone am Ende der Fabrik und beim Kunden zu schätzen. Ein Problem, dessen direkte Behebung am Montageband 1 DM kostet, kostete schätzungsweise 10 am Bandende, 100 in der Nachbearbeitungszone und 1 000 beim Händler im Rahmen der Garan-

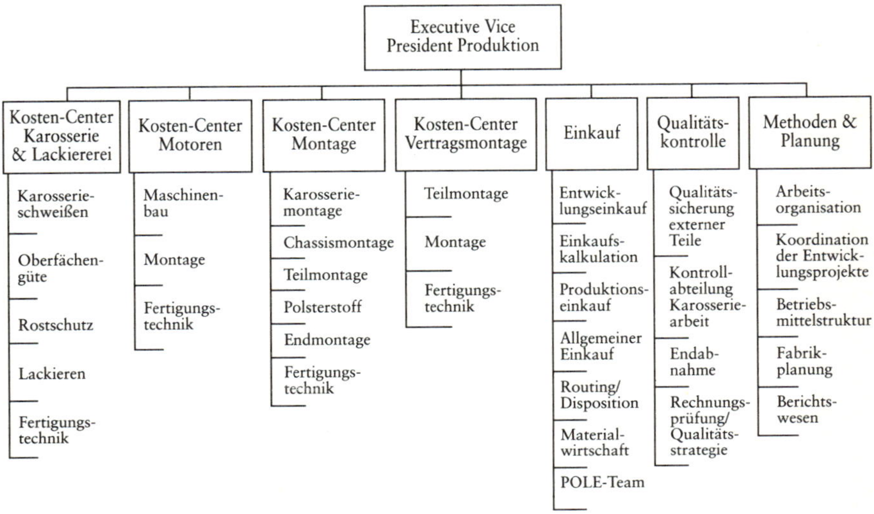

Abbildung 9.2: Neue Produktionsorganisation

tie! Das war für die Belegschaft bei Porsche wie eine Offenbarung. Sie hatte sich einfach nie über ihre Arbeit hinaus Gedanken gemacht und sich die Folgen ihrer Fehler vergegenwärtigt.

Ein System zur Entdeckung von Fehlern und ein Berichtssystem wurden etabliert, so daß jeder in jedem Produktionsbereich sofort sehen konnte, wo Fehler auftraten und was dagegen unternommen wurde.

Der dritte Schritt, den Wiedeking unternahm, bestand aus einem neuen Vorschlagswesen, bei dem alle Mitglieder eines Arbeitsteams für Vorschläge belohnt wurden, die der Verbesserung der Qualität und Produktivität dienten. Der *Meister* prüfte die Vorschläge sofort und übernahm die Verantwortung für ihre schnelle Umsetzung. Früher wurden die Vorschläge zu einer speziellen Stabsabteilung geleitet, von wo sie entweder nie mehr auftauchten oder erst sehr viel später wiederauftauchten, wenn der Arbeiter, von dem der Vorschlag stammte, bereits einen neuen Job hatte. Die Folge war, daß der durchschnittliche Mitarbeiter 0,06 Vorschläge pro Jahr einreichte.

Unter dem neuen System stieg die Zahl der Vorschläge pro Mitarbeiter auf zwölf, was zu den höchsten in Europa für europäische Firmen zählt. Im Gegensatz dazu kam eine Untersuchung des Lean Enterprise Research Center über die europäische Autozulieferindustrie im Jahr 1993 zu dem Ergebnis, daß die Durchschnittszahl der Vorschläge pro Mitarbeiter und Jahr bei deutschen Autoteilefirmen unter eins lag und bei britischen nur zwei betrug. Gleichzeitig nannten die japanischen Zulieferfirmen in Europa die Zahl neunundzwanzig.[9]

Der letzte Schritt in der Offensive von Wiedeking bestand aus einer Policy-Deployment-Strategieumsetzung und einem Visual Management System, *Verbesserungs*prozeß bei Porsche oder kurz PVP genannt. Damit wurden für jedes Kosten-Center und jedes Arbeitsteam meßbare monatliche und jährliche Ziele in vier Dimensionen aufgestellt:

- Kosten, gemessen an der Reduktion der Herstellungs- und Montagestunden und der Reduktion der Menge an Nacharbeiten, Ausschuß und Ausfallzeiten für die Maschinen,
- Qualität, gemessen als Zahl sofort entdeckter Mängel pro Komponente oder Auto und entdeckter Mängel beim Endabnahmeverfahren für jedes Fahrzeug,
- Logistik, gemessen an der termingerechten Lieferung an Händler, der

rechtzeitigen Lieferung der Teile zum nächsten Fertigungsschritt und Abbau der Lagerbestände,

- Motivation, gemessen an Verbesserungsvorschlägen pro Mitarbeiter, Sauberkeit des Arbeitsplatzes, Abwesenheit, Betriebsunfällen, PVP-Workshops und Fortbildungsstunden je Team.

Als dieses System – mit Pauken und Trompeten zeitgleich mit der Produktionsaufnahme für den 911 Carrera Mitte 1993[10] – eingeführt wurde, stimmte jede *Meister*gruppe den monatlichen und jährlichen Zielen nach diesen Kriterien zu. Sie übernahmen auch die Verantwortung dafür, indem sie ihre Ergebnisse deutlich sichtbar in ihren Arbeitsbereichen aushängten, so daß jeder Vorbeikommende sehen konnte, ob das Team Fortschritte machte. Das stand in deutlichem Kontrast zu dem früheren System, in dem die Leistungsbewertung ein vom Topmanagement gut gehütetes Geheimnis war und alle Verbesserungsvorschläge von den Stabsstellen kamen.

Als das Training vorankam und es Zeit wurde, daß die Kosten-Center und Arbeitsgruppen entschiedene Schritte in Richtung Zielerreichung unternahmen, wurde Wiedeking erneut entmutigt. Er mußte das Denken und Handeln seiner handwerklich orientierten Belegschaft total verändern. Aber er und seine direkten Untergebenen hatten nur eine theoretische Vorstellung davon, was man tun könnte. Sie hatten nie zuvor ein schlankes System eingeführt, und die Situation im Unternehmen war so verzweifelt, daß sie sich keinen Anfangsfehler erlauben konnten. Wiedeking traf die Entscheidung, daß Porsche eine Schockbehandlung in Form praktischer Verbesserungsmaßnahmen von der Shingijutsu-Gruppe brauchte, die er während seiner Japanreise kennengelernt hatte. Nach einigen persönlichen Besuchen bei Wiedeking und längeren Gesprächen darüber, ob es Porsche wirklich ernst war, waren Yoshiki Iwata und Chihiro Nakao damit einverstanden, die Aufgabe zu übernehmen.

Die Ankunft der *sensei*

Wie immer war der erste Auftritt von Chihiro Nakao bei Porsche eine theatralische Glanzleistung. Als er im Frühjahr 1992 zu seinem ersten Besuch kam, bestand er darauf, daß Wiedeking ihn direkt in die Montagefabrik begleitete. Als sie die Tür durchschritten hatten und er die Stapel von Lagerbeständen sah, fragte er mit lauter Stimme: »Wo ist die Fabrik? Das hier ist das Lager.« Nachdem er sich vergewissert hatte, daß er die Montagewerkstatt für Motoren vor sich hatte, erklärte er, daß Porsche offensichtlich kein Geld verdienen könne, wenn das eine Fabrik sei. Und nachdem ihm mitgeteilt wurde, daß Porsche jeden Tag mehr Geld verliert, verkündete Nakao, daß eine drastische Verbesserungsmaßnahme in der Motorenfertigung durchgeführt werden müsse, sowie an vielen anderen Orten auch, und daß damit sofort angefangen werden muß, und zwar heute noch.

Das war natürlich nicht die gewohnte Praxis bei Porsche, wo alle Veränderungen Monate im voraus sorgfältig geplant und mit dem Betriebsrat abgeklärt wurden. Jede Änderung der Tätigkeit und jede Umstellung irgendeiner Maschine mußte vorher verhandelt werden, weswegen *kaikaku* und *kaizen* nach dem üblichen Motto »just do it«, es also einfach zu machen, in Deutschland illegal waren.

Es war auch nicht üblich, daß ein Fremder – noch dazu ein Japaner, der kein Deutsch sprach und sich über einen Dolmetscher verständigte –, so mit einem promovierten Ingenieur als Produktionsleiter mit lauter Stimme vor versammelter Belegschaft sprach. Schließlich war es nicht üblich zu verkünden, daß an den ersten Verbesserungsprojekten alle Manager und die Fabrikarbeiter teilnehmen müssen.

Die Mitarbeiter in der Produktion waren zunächst schockiert, meldeten dann schwere Vorbehalte an, und der Betriebsrat stimmte nur widerstrebend den ersten Verbesserungsmaßnahmen zu. Die meisten Arbeiter von Porsche konnten oder wollten noch nicht glauben, daß das Problem innerhalb von Porsche lag, und nicht draußen im Markt. Außerdem war es schwer zu glauben, daß die japanischen Produktionsingenieure, die nichts von der Sportwagenindustrie verstanden, wirklich helfen konnten.

Als der Betriebsrat dem Experiment mit den japanischen Beratern zustimmte, bestand er darauf, daß die Porsche-Arbeiter ihre eigenen parallelen Workshops durchführten. Damit sollte der Nachweis erbracht werden, daß wirklich notwendige Veränderungen eher von langjährigen Mitarbeitern perfekt durchgeführt werden können als von Externen.

Das Ziel des ersten *kaikaku* in der Motorenmontage war ganz einfach: Abbau der Berge von Lagerbeständen und Beendigung der Suche nach Teilen, was einen beträchtlichen Teil der Tagesarbeit eines Montagearbeiters in Anspruch nahm. Dann sollten die Teile von der Teileannahme über die Motorenmontage bis zur Endmontage zum schnellen Fließen gebracht werden, ohne Unterbrechung, ohne Ausschuß und ohne Rückflüsse zur Behebung von Mängeln.

Man muß immer irgendwo anfangen. Deshalb war es das Ziel der ersten einwöchigen Verbesserungsmaßnahme, die Regalhöhe um die Hälfte von 2,50 auf 1,30 Meter zu reduzieren, um den Bestand an Teilen in der Motorenmontage von durchschnittlich achtundzwanzig Tagen auf sieben zu senken, und es möglich zu machen, daß jeder den anderen in der Produktion sehen kann. (Die zugrundeliegende Idee war natürlich, »den Wasserpegel zu senken«, so daß die Schwierigkeiten bei der prompten Nachlieferung der Teile an die Oberfläche kamen und der nächste Schritt in Richtung Abschaffung der Lagerbestände und Beschleunigung des Ablaufs unternommen werden konnte.)

Als das Team seinen Plan entwickelte, geschah etwas ganz Entscheidendes. Nakao drückte Wiedeking, der jetzt wie alle Produktionsarbeiter einen blauen Arbeitsanzug von Porsche trug, eine Kreissäge in die Hand und beauftragte ihn, den Gang hinunterzugehen und die Regale auf die Höhe von 1,30 Meter abzusägen. Manfred Kessler, damals Leiter der Arbeitsvorbereitung und heute Leiter der Zulieferer-Entwicklungsgruppe, erinnert sich folgendermaßen daran: »Es war der entscheidende Moment. Früher hatten Topmanager niemals irgend etwas in der Fabrik angerührt, und niemand hatte jemals derartig drastische Handlungen so direkt und schnell vollzogen.«

Am Ende der Woche war der erste Abbau bei den Lagerbeständen abgeschlossen (es gab einfach keinen Platz mehr, um Teile für achtundzwanzig Tage zu lagern). Die Wirkungen waren sowohl dramatisch als auch vollkommen sichtbar. Die internen Teams bei Porsche hatten inzwischen kaum irgendeinen Fortschritt erzielt bei ihrer Parallelarbeit und waren zu dem Schluß gekommen, daß sie einfach an dem nächsten *kaizen* der Berater teilnehmen sollten.

Viele Verbesserungsmaßnahmen standen der Motorenmontage noch bevor. Die Abbildungen 9.3, 9.4 und 9.5 verdeutlichen die Transformation der Motorenmontage vom Frühjahr 1992, bevor die Umwandlung anfing, bis Ende 1993 dar, als das System vollständig schlank war. In dieser Zeit wurde die Lagerfläche von 40 Prozent des Montagebereichs auf Null reduziert, der Bestand an Teilen von achtundzwanzig Tagen auf praktisch Null reduziert, und die Teile verweilten nur ungefähr zwanzig Minuten in der Montagezone, bis der fertige Motor zur Endmontage geschickt wurde.

Statt dessen wurden für jeden Motor Teilesätze in einem speziellen Bereich in der Halle darunter zusammengestellt und auf kleinen Wagen genau in der Frequenz der zu fertigenden Motoren in den Montagebereich geschickt. (Die Montagesätze waren selbst eine *poka-yoke*-Vorrichtung, weil die Wagen in genauer Montagereihenfolge der Teile bestückt wurden. Jedes übersprungene Teil konnte direkt identifiziert werden.)[11] Inzwischen wurde bei den größeren Zulieferern ein *kanban*-System installiert, so daß die benötigten Teile in häufigen Intervallen direkt in den Zusammenstellungsbereich geliefert werden konnten. Das riesige automatisierte Zentrallager, das Porsche vorher für die eingehenden Teile benutzt hatte, wurde teilweise geleert und der frei gewordene Raum für Ersatzteile benutzt.

Gleichzeitig wurden Verbesserungsmaßnahmen in der Lackiererei, beim Karosserieschweißen, dem Motorenbau, der Chassismontage sowie Endmontage in Angriff genommen. Die japanischen Berater kamen jeden Monat für eine Woche und konnten sich ein Bild von den Bemühungen der sechs Verbesserungsteams machen. Am Montagmorgen wurde mit einer Analysesitzung angefangen, und am Nachmittag wurden die sechs Teams über den vorgeschlagenen Angriffsplan informiert.

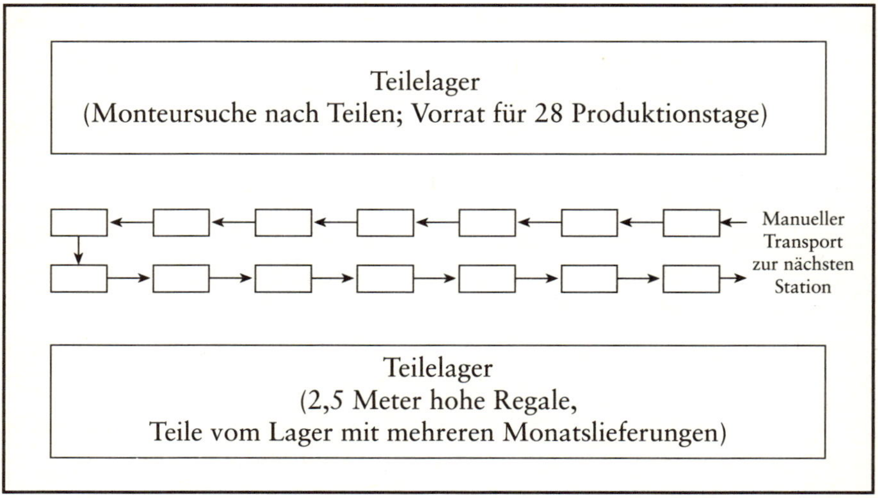

Abbildung 9.3: Motorenmontage bei Porsche, Oktober 1992

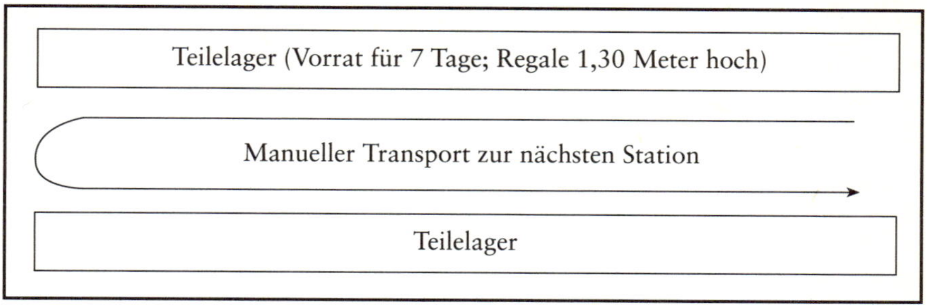

(Teile werden per *kanban* vom Zentrallager geordert, mit Vorrat für einige Monate)

Abbildung 9.4: Motorenmontage bei Porsche, Dezember 1992

Weil sie dieselbe Situation immer vorher gesehen haben – man muß daran denken, daß sie und andere japanische *sensei* ähnliche Maßnahmen jede Woche für fast dreißig Jahre durchgeführt haben –, konnten sie direkt Ansatzpunkte für zusätzliche Verbesserungsmaßnahmen nennen, die über das hinausgingen, was das Team ursprünglich vorgeschlagen hatte. Wiedekings Kommentar dazu: »Man muß schlankes Denken in wirklichen Situationen lernen, um es zu begreifen. Nakao und unsere anderen Berater haben eine doppelte Sehkraft entwickelt, so daß wir alle viel mehr als normal lernen konnten. Es war erstaunlich.«

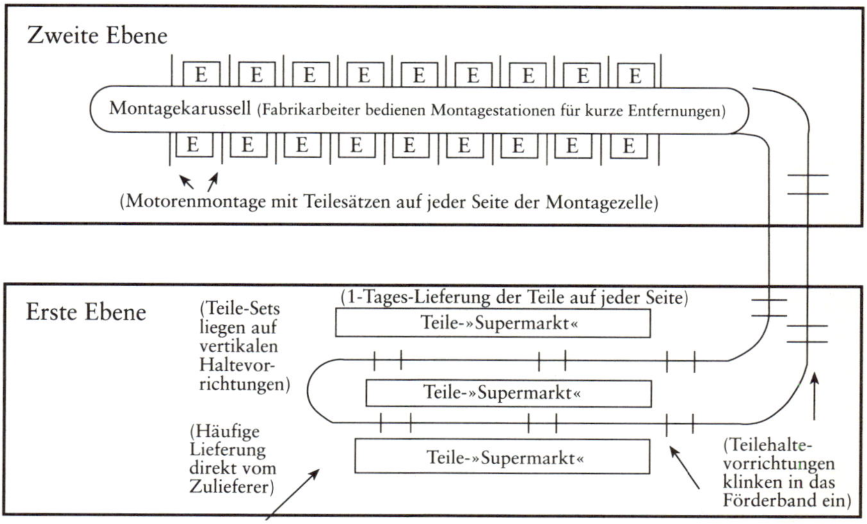

Abbildung 9.5: Motorenmontage bei Porsche, Dezember 1993

Nach ihrer Zustimmung zu den sechs Plänen machten sich die Teams wieder an die Arbeit – die Manager, die Produktionsarbeiter und die unterstützenden Einheiten –, um das erforderliche Equipment zu bauen, die Maschinen zu bewegen, die Produktion unter den neuen Bedingungen anzufahren, die Arbeit zu standardisieren und die ganze Aktivität in eine stabile Lage zu bringen. Im allgemeinen konnte die Produktion während der Verbesserungsmaßnahmen weiterlaufen, weil die Maschinen abends oder in der Mittagspause bewegt werden konnten. Freitags war es dann Zeit, Bilanz aus den Verbesserungen zu ziehen, die Berichte der sechs Teams anzuhören, eine Liste der nachfolgenden Aktivitäten aufzustellen, die für die Aufrechterhaltung der Verbesserungen (oft sehr lang anhaltende) erforderlich waren, und zu feiern.

Allmählich, im Laufe von zwei Jahren, erlangten die PVP-Teams, die die Planung übernahmen und auf die Workshops der Berater folgten, die Erfahrung, um mit den Arbeitsteams zusammenzuarbeiten und Aktivitäten ohne externe Hilfe durchzuführen. Es wurde eine Regel eingeführt, nach der jedes Arbeitsteam alle drei Monate in seinem Arbeitsbereich ein größeres einwöchiges Verbesserungsprojekt durchführt, zusätzlich zu den direkten Interventionen, die aufgrund von Verbesserungsvorschlägen der Mitglieder der Arbeitsteams erforderlich sind. Diese Aktivitäten wurden zum Schlüssel des Erreichens der meßbaren Verbesserungsziele für jedes Arbeitsteam, als Teil des Porsche-Verbesserungsprozesses.

Handhaben des Beschäftigungsproblems

Wiedeking wäre nicht weit gekommen, wenn er sich nicht der Jobprobleme angenommen hätte. Ein Teil dieses Problems wurde durch die frühere Entscheidung gelöst, Montagearbeiten von Audi für den Porsche 968 zurückzuholen. Ein anderer Teil konnte dadurch gelöst werden, daß mit Audi und Mercedes Montageverträge für einige von deren Großraumlimousinen abgeschlossen wurden. Und ein weiterer Teil konnte gelöst werden, indem überschüssige Arbeitskräfte mit speziellen Fähigkeiten für längere Zeit den *kaizen*-Maßnahmen zugeteilt wurden. Beispielsweise wurden in der Lackierzelle einige der ausgebildeten Fertiglackierer Verbesserungsteams zugeteilt. Sie sollten versuchen, die Verschmutzungen durch das System zu beseitigen und die eigentlichen Ursachen zu finden, damit am Bandende weniger Ausbesserungsarbeit nötig ist. Wenn wieder mehr Autos gefertigt würden (was notwendig war, wenn Porsche überleben wollte), würden diese Arbeiter wieder für Lackierarbeiten gebraucht.

Die Produktion in Zuffenhausen war jedoch von 26 000 im Jahr 1991 auf 14 000 im Jahr 1993 gefallen, und es schien unwahrscheinlich, daß man bis zur Einführung neuer Modelle über Jahre auf die Zahlen der 1980er Jahre zurückkehren konnte. Außerdem war offensichtlich, daß Porsche einen Großteil von Teilen intern zu absurd niedrigen Stückzahlen und hohen Kosten entwickelte und produzierte. Diese mußten statt dessen zugekauft werden von den Firmen, die vergleichbare Teile an die großen Automobilhersteller lieferten. Daraus wurde klar, daß Porsche mit der zu großen Belegschaft nicht überleben konnte.

Ein einmaliger Abbau der Belegschaft um 2 500 Mitarbeiter wurde Mitte 1992 begonnen und über einen Zeitraum von drei Jahren durchgeführt, um den Personalbestand auf ein Niveau des langfristigen Bedarfs zu bringen. Einige Arbeiter nahmen eine spezielle Ruhestandsregelung an, und andere bekamen eine größere Abfindung. Weil die Fluktuation ungefähr drei Prozent beträgt, kann bei der Altersverteilung in der Belegschaft von Porsche ein zusätzlicher Abbau der Arbeitsplätze um dreißig Prozent im nächsten Jahrzehnt erreicht werden, ohne Zwangsentlassungen, wenn keine zusätzlichen Beschäftigungsmöglichkeiten gefunden werden.

Während dieser Personalabbau durchgeführt wurde, bot das Management die Standardgarantie an, die wir bei allen in diesem Buch aufgeführten Beispielen gesehen haben. Man gab dem Betriebsrat die Zusage, daß keiner aufgrund der Einführung des schlanken Ansatzes mit den Mitteln periodischer PVP-Aktivitäten seinen Arbeitsplatz verlieren würde, obwohl sich das Wesen der Arbeit eines jeden konstant verändern würde und ein Umsatzeinbruch eine neue Runde von Entlassungen notwendig machen könnte, um das Unternehmen zu retten. Diese Garantie wurde zunächst für den Zeitraum von drei Jahren abgegeben, nämlich von 1991 bis 1993, und später um weitere drei Jahre bis 1996 verlängert.

Die Reaktion von Belegschaft und Gewerkschaft

Sowohl die Belegschaft als auch die Gewerkschaft waren anfangs ziemlich aufgebracht angesichts des Angriffs auf ihre Kompetenz und ihre Rolle. Die schlanke Botschaft war, daß das traditionelle Handwerkertum *muda* war: Korrektur von Mängeln, die nie auftreten müßten, Bewegungen, um Teile zu finden und Werkzeuge, die direkt greifbar sein sollten, eine unnötige Flut an exakten Analysen, wie die Arbeit getan werden soll, unnötige Zeitverschwendung bei der Kontrolle von Maschinen, die man so einrichten könnte, daß sie sich selbst kontrollieren, Warten auf fehlende Teile und Lagerbestände überall.

Ein anderer Aspekt der Botschaft war, daß der Betriebsrat direkt mit dem Management an der Problemlösung teilnehmen sollte durch die Beteiligung an den Verbesserungsmaßnahmen. Eine distanzierte, reaktive Einstellung, die implizit davon ausgeht, daß Arbeitsplätze und Lebensstandards einfach über entsprechende Verhandlungen mit dem Management gesichert werden können, war einfach nicht mehr anwendbar in der neuen Situation der deutschen Wirtschaft.

Glücklicherweise enthält schlankes Denken eine positive Botschaft, die dem Handwerk für die Zeit nach dem Handwerk einen neuen Inhalt geben kann. Als die Mitarbeiter bei Porsche eine Verbesserungsmaßnahme nach der anderen durchführten, erkannten sie zunehmend mehr, daß es eine höhere Form des Handwerks gibt, die aus der proaktiven Form der Vorwegnahme von Problemen und ihrer anschließenden Lösung in einem Teamkontext besteht, während gleichzeitig die Organisation der Arbeit und die Wertschöpfung neu überdacht werden, um *muda* zu beseitigen. (Eine andere Art, darüber zu denken, ist, in Chihiro Nakao den idealtypischen Handwerker für das einundzwanzigste Jahrhundert zu sehen.) Der direkte Arbeiter und das Arbeitsteam übernehmen viele der traditionellen Arbeiten des »Managements« und führen Verbesserungsmaßnahmen sehr viel schneller durch, als das Management allein jemals könnte.

Die spezielle Stärke einer Firma wie Porsche in dieser Hinsicht ist, daß die Belegschaft hochqualifiziert in den Grunddisziplinen der Fertigung ist. Mehrfachqualifizierung, Jobrotation, Analyse der Grundursachen, präventive Wartung und *kaizen* sind produktivere Tätigkeiten für eine Belegschaft mit diesen Fähigkeiten. Und Nakao machte den Verbesserungsteams schon bald Komplimente, da sie mit raffinierten Kriegslisten herauskamen, an die sogar er nicht einmal gedacht hatte. (Wir werden gleich noch mehr dazu sagen.) Kurz, Porsche war und ist noch ein Handwerksbetrieb, aber das Handwerk ist zum schlanken Handwerk der schnellen, radikalen und ständigen Verbesserungen geworden.

Erneuerung der Zulieferbasis

Weil Porsche fast 80 Prozent seiner Wertschöpfung in der Herstellung zukauft und diesen Anteil steigert, war es unmittelbar einleuchtend, daß die Schulung der Zulieferer ebenso wichtig war wie die der eigenen Mitarbeiter. Eine Reihe von Zulieferern hatte sich jüngst zur just-in-time-Lieferung bereit erklärt, aber als Porsche nachhakte, zeigte sich, daß die Lieferanten nach wie vor just in time von riesigen Lagern lieferten. Der Bedarf nach häufigen Lieferungen in kleinen Losen hatte aus dem einfachen Grund keine Auswirkungen auf die Produktionsmethoden, weil die meisten Lieferanten keine Vorstellung davon hatten, wie sie kleine Lose herstellen sollten.

Eine Schulung von 950 Zulieferbetrieben war natürlich ein hoffnungsloses Unterfangen, erst recht angesichts der Ressourcen von Porsche und angesichts der kleinen Menge, die Porsche bei den meisten Zulieferern kaufte. Deshalb bestand der erste Schritt darin, die Zulieferbasis auf 300 Firmen zu reduzieren, teilweise durch die Standardisierung vieler Teile und den Wegfall von Ausrüstungsvarianten geringer Stückzahl. Innerhalb dieser Gruppe wurden ungefähr 60 als entscheidende Systemlieferanten ausgewiesen, und viele der vorherigen direkten Zulieferer konnten jetzt Lieferanten der zweiten Stufe für diese Firmen werden.

Porsche bildete dann ein Verbesserungsteam für seine Zulieferer, POLE-Team genannt (abgeleitet von dem Begriff aus dem Autorennsport für die Führungsposition beim Start eines Rennens), mit dem Ziel, die »Pole-Position« im Überlebenswettlauf zu bekommen. Das Team begann mit der Durchführung genau der Verbesserungsmaßnahmen bei den wichtigsten Zulieferern wie innerhalb von Porsche. Es begann mit den Lieferanten, die am aufgeschlossensten für schlankes Denken waren, wie mit dem Sitzehersteller Keiper Recaro. Die anfänglichen Erfolge mit diesen Firmen wurden dafür benutzt, die zögerlichen Firmen zur Mitarbeit zu ermutigen. Ziel war es, das Material kontinuierlich durch die Zulieferer fließen zu lassen, wenn Porsche es abruft, und gleichzeitig die Zahl der defekten Teile dramatisch zu reduzieren (10 000 pro eine Million im Jahr 1991), aufgrund deren Porsche hundert Arbeiter für Eingangskontrollaufgaben beschäftigen mußte.

Die Erfahrung war immer die gleiche. Manfred Kessler, der Direktor des POLE-Teams, erinnert sich: »Wenn wir in den Fabriken der Zulieferer ankamen, bestand das Management immer darauf, daß hier nichts zu verbessern sei. Sie sagten müde: ›Wir haben bereits alles rationalisiert infolge der Besuche der Teams anderer Hersteller. Es besteht überhaupt kein Grund, daß Sie kommen.‹« Das POLE-Team fragte dann das Topmanagement, ob es bei dem JIT-Spiel von Porsche mitmacht.[12] Dabei handelt es sich um eine einfache Übung, bei der fünf Manager verschiedene Rollen in einem vierstufigen Produktionsprozeß übernehmen, indem sie Pappschachteln in drei verschiedenen Farben falten und einpacken. (Das Spiel ist in Abbildung 9.6 beschrieben.)

Die erste Person wird beauftragt, eine Anzahl ungefalteter Schachteln in drei Farben zu bündeln und an die zwei Teilmontagestationen zu liefern. Diese Anzahl stellt einen Kundenauftrag dar. Eine Teilmontagestation faltet die großen Schachteln, die andere die kleinen. Beide Stationen

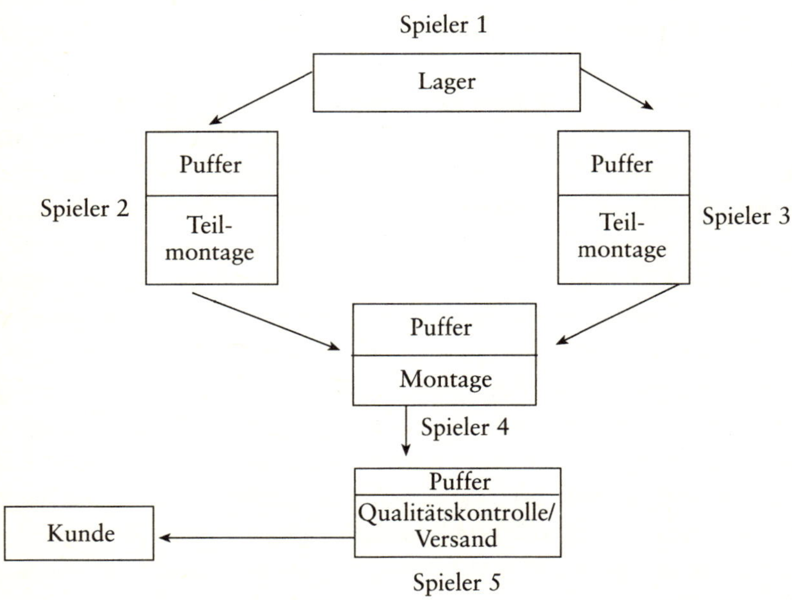

Abbildung 9.6: Das JIT-Spiel von Porsche

verschließen ihre Schachteln mit einem Gummiband. Die Schachteln werden dann weiter an die Montagestation geleitet, wo der vierte Spieler die große Schachtel öffnet und die kleine Schachtel hineinstellt. Die Spieler füllen ein Formular aus, falten es, legen es auf den Deckel der kleinen Schachtel, schließen die große und spannen ein Gummiband drum herum. Die Schachtel gelangt dann zur Qualitätskontrolle bzw. zum Versand, wo der fünfte Spieler die große Schachtel öffnet und prüft, ob das Formular vorhanden und richtig ausgefüllt ist. Dieser Spieler unterzeichnet und stempelt das Formular, bevor er es wieder zurück auf den Deckel der kleinen Schachtel legt. Die große Schachtel wird dann wieder mit einem Gummiband verschlossen und an den Kunden ausgeliefert.

Die Spieler können ihr eigenes Arbeitstempo bestimmen, um die drei Farben für die Schachteln nach Auftrag des Kunden herzustellen. Bald schon versucht jeder Spieler seine Aufgaben wie wild zu beenden, zunächst für eine Schachtelfarbe, dann für die nächste. Vor dem vierten Spieler türmt sich schnell ein riesiger Berg von Schachteln, der aber eine größere Aufgabe als die anderen hat. Außerdem teilt der Kunde noch mit, daß er seinen Auftrag ändern möchte und daß er zuerst die Farbe geliefert haben möchte, die das Team zum Schluß hergestellt hat. Das führt schnell zu einem noch größeren Stapel, wenn die falschen Farben zur Seite geschoben werden, damit die richtigen durchgeschleust werden können.

Das Fünferteam wird dann gefragt, was falsch ist und was man dagegen unternehmen könnte. »Der vierte Spieler ist der Engpaß, und deshalb müssen wir einen weiteren Arbeiter bei diesem Montageschritt hinzufügen und einen Lagerbereich zwischen Schritt zwei und drei bauen.«

Das POLE-Team schlägt dann vor, daß statt dessen die fünf Spieler ein Sogsystem versuchen sollten, nach dem sie nur fünf Schachteln auf einmal herstellen, und nur auf Nachfrage durch den nachfolgenden Spieler. Zur Verblüffung der Spieler verläuft die ganze Aktivität glatt, mit nur wenig vorgefertigten Schachteln zwischen den Schritten zwei und drei. Sie planen dann zwei weitere Runden, um die Losgröße auf drei und dann auf eins zu reduzieren, und erreichen schließlich einen perfekten glatten Fluß ohne irgendwelche teilgefertigten Schachteln.

Als nächstes teilt das POLE-Team mit, daß der Kunde seine Aufträge zufällig zwischen den drei Farben der Schachteln ändern wird, und fragt, was wohl passieren wird. Die Manager aus den Zulieferbetrieben kennen diese Situation, die ihnen immer die größten Kopfschmerzen bereitet, und sagen ein Chaos voraus. Ohne aufgetürmte Schachteln im Lager ist es natürlich einfach, von einer auf die nächste Farbe zu wechseln.

Als die Manager der Zulieferer sich noch am Kopf kratzten, ging das POLE-Team von der Spiel- zur Ernstsituation über und machte den Vorschlag, daß dieselben Techniken bei den für die Herstellung von Porsche-Teilen erforderlichen Arbeiten eingeführt werden sollten. »Warum nehmen wir nicht einfach eine Reihe von Tätigkeiten für ein Teil und versuchen es heute?« Das POLE-Team würde dann für eine oder zwei Wochen bleiben, um alle Verschwendung abzuschaffen, die es finden würde, den Ablauf zu standardisieren und nachfolgende Schritte zu entwickeln, damit die erreichte Leistungsstufe beibehalten werden kann. Die Vereinbarung mit dem Zuliefermanagement war von Anfang an, daß die Kosteneinsparungen genau ausgerechnet und durch drei geteilt würden: ein Drittel für den Zulieferbetrieb, ein Drittel für Porsche, und das letzte Drittel sollte an die Porsche-Kunden weitergegeben werden.

Bei einigen der schwierigsten Fälle wurde Nakao wegen seiner Schockwirkung hinzugezogen, aber im allgemeinen war das Porsche-Team in der Lage, die Arbeit allein zu erledigen, und immer mit denselben Resultaten: Halbierung der Arbeit, 90prozentige Reduktion bei der Durchsatzzeit vom Rohmaterial bis zum fertigen Teil, vollständige Abschaffung des Bestandes an unfertigen Teilen und dramatische Qualitätssteigerung. Am Ende eines zweiwöchigen Full-Time-Jobs für das sechsköpfige Team, wenn sich die volle Wirkung zeigt – normalerweise zur allgemeinen Verwunderung –, weist das Porsche-Team ausdrücklich darauf hin, daß jeder Systemlieferant von Porsche sein eigenes POLE-Team bilden muß und für jedes an Porsche gelieferte Teil seine eigenen Erfahrungen bei der Abschaffung von *muda* machen muß. Dann muß er sich natürlich an seine eigenen Zulieferer wenden.

Ende 1995, nach zweijähriger Vollzeitarbeit, hatte Porsche an der Abschaffung von *muda* jeweils über einige Wochen in den Fabriken von dreißig der sechzig seiner größten Lieferanten gearbeitet sowie auch bei einigen wenigen Zulieferern der zweiten Stufe. Aufgrund der Anfragen von vielen Firmen, die keine Zulieferer von Porsche sind, aber von seinen Aktivitäten gehört haben, hat Porsche jetzt die Porsche Consulting gegründet, eine externe Beratungsfirma (mit ähnlichem Konzept wie bei Freudenberg-NOK in Nordamerika) unter der Leitung von Michael

Macht. Insofern ist Porsche nicht nur ein Produkt-Technologie-Berater von Weltklasse, sondern hofft auch, ein Weltklasseberater in schlankem Denken zu werden.

Erneuerung des gesamten Managements

Als die Resultate des Übergangs zum schlanken Denken sich in der Produktion bemerkbar machten, entwickelte sich etwas, das wir auch in anderen Unternehmen beobachten konnten (beispielsweise bei Lantech und Pratt & Whitney). Die Macht ging von den Konstrukteuren, die die Firma während ihrer ganzen Geschichte beherrscht hatten, auf die Produktionsmanager über. Der Aufsichtsrat bemerkte plötzlich, daß sich die eigentliche Produktion dramatisch verbesserte, eine Aktivität, die vorher nicht als zentral für den Unternehmenserfolg angesehen wurde. Die Resultate waren besonders spektakulär hinsichtlich des Lagerabbaus, der für Porsche Mittel freisetzte, die für das neue Produktprogramm dringend benötigt wurden.

Der Aufsichtsrat unternahm deshalb einen Schritt, der vorher bei Porsche undenkbar gewesen wäre. Wendelin Wiedeking, der Produktionsdirektor, wurde zum Vorstandsvorsitzenden berufen, und man beauftragte ihn damit, dieselbe Behandlung auf das gesamte Unternehmen anzuwenden.

Mit seiner Amtsübernahme im August 1992 wies Wiedeking allen leitenden Managern neue Positionen zu, und viele wurden in den Ruhestand geschickt. Er war sich sicher, daß sie Bremser waren, deren lange Erfahrung und intensive Loyalität gegenüber der alten Struktur bei Porsche sie daran hindern würde, jemals eine neue Art zu denken anzunehmen.

Erneuerung des Produktplans

Der entscheidendste erste Schritt war die Klärung der Modellstrategie. Der alte Plan war, sich von der mittleren Preisstufe zurückzuziehen und nur auf Ultrahochleistungsautos zu setzen, größer und schicker als der Porsche 928, unter der Voranname, daß Porsche keine Sportwagen der mittleren Preisklasse mit vernünftiger Leistung anbieten kann und damit auch Gewinne macht. Heute scheinen jedoch die Kosten dramatisch gesenkt werden zu können, und die verfolgte Rückzugsstrategie aus dem Segment würde Porsche in Konkurrenz zu BMW, Mercedes, Audi und den Japanern bringen.

Wiedeking entschied, daß Porsche sich ganz auf die selbstgeschaffene Nische zu konzentrieren hat (»Wir wollen Originale bauen, keine Kopien!« verkündete er), und ordnete die Produktion von zwei neuen zweisitzigen Sportwagen für diese Nische zu verschiedenen Preisen und unterschiedlichen Leistungen an, die aber ungefähr vierzig Prozent identische Teile haben, einschließlich des Motorblocks, damit der Plan auch durchführbar wird: der Boxster aus der mittleren Preisklasse, der im Herbst 1996 als Nachfolger für den 968er auf den Markt kommt, und ein verbesserter Nachfolger des 911, der 1997 auf den Markt kommt.

Weil es sich dabei um eine klare Nische mit begrenzter Stückzahl handelt, bestand der zweite Teil der Produktstrategie darin, die Aufgabe der Entwicklung und des Baus von Coupés, Cabrios und sogar Luxus-Vans in kleiner Stückzahl für die großen deutschen Autofirmen zu übernehmen. (Einige Projekte werden bereits diskutiert.)

Man kann nicht wissen, ob diese Unternehmensentscheidung die richtige Strategie ist, obwohl es sich abzeichnen wird, gerade wenn dieses Buch erscheint. Es ist eine sehr klare Strategie, welche die paralysierende Verwirrung in dem Unternehmen darüber, was ein Porsche »ist«, auflöst.

Erneuerung des Systems der Produktentwicklung

Der Erfolg des neuen Strategiewürfels ist verständlicherweise jenseits der Kontrolle von Wiedeking. Was Wiedeking kontrollieren *konnte*, war die Methode der Entwicklung neuer Autos, so daß sie wirklich superlative Ergänzungen zu der langen Porsche-Tradition straßentauglicher Rennwagen sind, aber in der letzten Zeit mit den niedrigsten Kosten für Engineering, Maschinenbau und Produktion.

Das klassische Entwicklungssystem bei Porsche wäre dazu niemals in der Lage gewesen, insofern war es notwendig, sich nach anderen Ideen umzusehen. Wiedeking kam schnell zu dem Schluß, daß das neue Entwicklungssystem, das BMW in den späten 1980er Jahren eingeführt hatte, am einfachsten zu realisieren war. Das verlangte die Ernennung eines starken Produktteamleiters für die neuen Produkte (die im wesentlichen als ein Auto mit zwei Karosserievarianten entwickelt wurden), der direkt an Wiedeking berichten würde.

Die bestehende funktionale Struktur des Engineering wurde beibehalten, weil sie teilweise sehr nützlich ist beim Verkauf verschiedener Engineering-Beratungsdienste. Deshalb sind die meisten Mitglieder des Entwicklungsteams noch Mitglieder der verschiedenen Engineering-Abteilungen. Aber dem neuen Projektdirektor, Rainer Srock, wurde breite Vollmacht erteilt, um mit den Leitern dieser Abteilungen Verträge darüber zu entwickeln, welche Ingenieure welchen Projekten für wie lange zugeteilt werden, und die destruktive Praxis zu verhindern, daß die Ingenieure zwischen den Projekten hin und her geschoben werden, um den sich ändernden Anforderungen der Beratungsjobs nachzukommen. Das Team wurde dann zusammengebracht und erhielt den Auftrag, die erste Variante des neuen Porsche innerhalb von drei Jahren nach der Aufnahme der Arbeit im Sommer 1993 zu entwickeln. (Der frühere Entwicklungszyklus war offiziell fünf Jahre, dauerte aber immer länger.)

Eine wichtige Ergänzung zu den Entwicklungsteams sind die Produktionsleiter in der Fertigung, die tatsächlich die Autos bauen, der Einkaufsstab, der die Zulieferer auswählt und Verträge für die Teile abschließt, die Fertigungsingenieure, die die Fertigungsprozesse entwickeln, und die Serviceabteilung, die den Händlern bei der Abwicklung des Service nach dem Verkauf unter die Arme greift. Durch die Zusammenarbeit bemühte sich das Team um eine Produktkonstruktion, eine Reihe von Produktionswerkzeugen und Fertigungsmethoden für den ersten einfach herstellbaren, leicht zu wartenden Porsche. Der Produktingenieur von Porsche ist immer noch wichtig – vor allem müssen die Autos brillante Leistung haben. Aber das Team schaut jetzt auf das Ganze, einschließlich des Service, der traditionell ein blinder Fleck bei Porsche war.

Eine Bewertungstabelle

Im Sommer 1991 hätte jeder vernünftige Beobachter die Dr. Ing. h. c. F. Porsche AG in Stuttgart für tot erklärt. Das Unternehmen konnte entweder aus dem Geschäft für Sportwagen aussteigen und als Ingenieurberatungsfirma weiter existieren oder den Weg von Jaguar, Ferrari, Aston-Martin, Lamborghini, Saab und Lotus gehen und seine Unabhängigkeit an einen der riesigen Massenhersteller abtreten. Statt dessen führte Porsche das schlanke Denken ein und er steht von den Toten auf.

Die Indikatoren der neuen Praxis sind überzeugend, wenn sie als Bewertungstabelle dargestellt werden (siehe Tabelle 9.2).

Einfach ausgedrückt: im Laufe von fünf Jahren wird Porsche seine grundsätzliche Produktivität in der Fertigung verdoppelt haben, die Mängel bei den zugelieferten Teilen um 90 Prozent gesenkt und interne Produktionsmängel um mehr als 55 Prozent reduziert haben. Bis 1997 werden zwei extrem fertigungsfreundliche Produkte nach nur dreijähriger Entwicklungsarbeit auf den Markt kommen und die erforderliche Produktionsfläche um die Hälfte reduzieren, die Durchlaufzeiten vom Rohmaterial bis zum fertiggestellten Fahrzeug von sechs Wochen auf drei Tage verkürzen und den Teilebestand um 90 Prozent senken.

Tabelle 9.2: Bewertungstabelle bei der schlanken Umwandlung von Porsche

	1991	1993	1995	1997[1]
Zeit[2]				
Konzept zur Einführung	7 Jahre	–	–	3 Jahre
Schweißarbeiten für ein fertiges Auto	6 Wochen	–	5 Tage	3 Tage
Lagerbestand[3]	17,0	4,2	4,2	3,2
Arbeit[4]	120	95	76	45
Fehler[5]				
A. Gelieferte Teile	10 000	4 000	1 000	100
B. Außerhalb des Montagebandes	100	60	45	25
Umsatz[6]	3,102	1,913	2,607	–
Gewinn[6]	+17	-239	+2	

1 Projektionen der Autoren auf der Basis der Entwicklungs-, Produktions- und Verbesserungspläne von Porsche.

2 Zeit von der Herstellung des ersten Karosserieblechs bis zur Auslieferung des Autos sowie die Zeit von der Entscheidung zur Entwicklung eines neuen Modells, bis das erste Auto zum Verkauf fertig ist.

3 Vorrätige Tageslieferung des durchschnittlichen Teils.

4 Direkte und indirekte Arbeitsstunden zur Montage eines Porsche 911 und seines Nachfolgers. Die Konstruktion des 911 wurde zwischen 1991 und 1995 nicht verändert, insofern sind die Produktivitätssteigerungen Folge des neuen Arbeitsablaufs und der Fehlerbeseitigung. Die neuen Autos wurden mit dem Ziel entwickelt, die Bandarbeit zu reduzieren. Deswegen ist die Verbesserung zwischen 1995 und 1997 die Folge der Neukonstruktion der Autos.

5 (A) Defekte Teile pro Million; (B) Defekte pro Auto am Ende des Montagebandes.

6 In Millionen DM, laut Jahresbericht von Porsche.

Die nächste Herausforderung

Die Resultate sind bemerkenswert, und Porsche ist am weitesten fortgeschritten bei der schlanken Umwandlung unter allen deutschen Firmen, die wir untersucht haben. Wie bei den anderen erwähnten Beispielen auch muß man hier sagen, daß viele Herausforderungen noch bevorstehen. Das System der Produktentwicklung paßt nicht zu der bereits bestehenden Struktur, und wir würden prognostizieren, daß das Unternehmen noch viel weiter in Richtung verantwortlicher Produktteams gehen muß, wenn die Krise vorüber ist. (Wie die Ford Motor Company nach dem Erfolg des Taurus läuft Porsche Gefahr, nach 1997 zurückzurutschen, wenn die Engineering-Funktionen ihre Macht wieder durchsetzen.)

Die Kosten-Center sind in vergleichbarer Weise ein guter Anfang. Aber Porsche realisiert erst jetzt, daß ein formalisierteres »Verbesserungsbüro« notwendig ist (das wir auch eine »schlanke Funktion« nennen), um die überschüssigen Leute aufzufangen, die ständig freigesetzt werden, solange die *kaizen*-Maßnahmen andauern.

Am wichtigsten ist vielleicht, daß Porsche anfängt, die ganze Methode des Autoverkaufs, die Frage der Ersatzteile und die Vorbereitung des Master-Produktionsplanes neu zu überdenken. Als Symbol sind die Verkaufs- und Marketingabteilungen in Ludwigsburg auf der anderen Seite von Stuttgart und der Produktionsstätte angesiedelt. Die inhärenten Probleme mit dem derzeitigen System, nach dem das Marketing den Produktionsplan nur fünfmal im Jahr anpaßt und vier bis fünf Wochen vor der tatsächlichen Herstellung Aufträge an die Produktion erteilt, werden wiederauftauchen, wenn das erste neue Produkt 1996 fertig sein wird, von dem aller Wahrscheinlichkeit nach mehr bestellt werden, als geliefert werden können.

Man muß schließlich noch die Arbeit von Porsche mit seinen Zulieferern der ersten Stufe lobend erwähnen, eine der besten und systematischsten, die wir bei westlichen Firmen gesehen haben.

Deshalb steht Porsche einer ständigen Herausforderung gegenüber, die schlanke Revolution zu vollenden, die mit Wiedeking als Change Agent im August 1991 begonnen wurde. Nach unserer Erfahrung dauert es mindestens fünf Jahre (was hier Frühjahr 1996 bedeuten würde), bevor die Umwandlung so gründlich in der Firma institutionalisiert werden kann, daß es keinen Weg zurück mehr gibt. Und fünf weitere Jahre sind unter Umständen erforderlich, um das neue Denken im ganzen Unternehmen zu verankern, nach vorne bis zu den Händlern und zurück in der Wertschöpfung bis zu den Rohmaterialien.

Implikationen für die deutsche Tradition

Die deutsche Industrie besitzt viele einzigartige Stärken, wie wir vorher erwähnten, als wir Porsche auf der Industrielandkarte verorteten:

- Deutsche Firmen profitieren noch von einem stabilen Finanzierungssystem der Industrie, das das Langfristige betont, sogar als es etwas entwirrt wurde aufgrund der starken Weltkonkurrenz und aufgrund des Problems der Nachfolge bei Familienunternehmen, die den *Mittelstand* nach dem Krieg bildeten.
- Das Topmanagement hält das Produkt an sich für den wichtigsten Wettbewerbsfaktor, und die deutschen Firmen arbeiten jetzt hart daran, die Tendenzen der Vergangenheit zu korrigieren und die Definition des Wertes durch die Ingenieure durch die des Kunden zu ersetzen.
- Die Beziehungen zu den Zulieferern sind sowohl langfristig wie unterstützend, wieder mit einigen jüngsten Ausnahmen aufgrund von Krisen in Großunternehmen wie Volkswagen.
- Sowohl die Fabrikarbeiter wie die technischen Spezialisten in den Herstellungsfirmen haben den weltweit höchsten Ausbildungsstand. Wie ein Manager bei Toyota uns vor ein paar Jahren einmal sagte: »Vor wem ich wirklich als Konkurrent Angst habe, sind die Deutschen, wenn sie jemals lernen, wie sie miteinander sprechen sollen.«

Aber die Kommunikation ist eine Hauptschwäche der Deutschen. Wenn man sich das Ausbildungssystem ansieht, dann liegt auf jeder Stufe die Betonung auf tiefen, aber spezialisierten Fähigkeiten für technische Abläufe, statt auf horizontalem Systemdenken, um alle Abläufe integrieren zu können. Das alles spiegelt sich in den Karriereleitern wider, die wie enge Schornsteine verlaufen. Es spiegelt sich auch in den Organisations-Charts wider, die voll von kleinen Abteilungen (ein Begriff, der im Deutschen wörtlich »abgeteilt« bedeutet) sind, die nach oben über viele Ebenen berichten bis zu dem Punkt, wo die abteilungsübergreifenden Konflikte gelöst werden können.

In der Produktion steht das *Meister*system einer großen Gruppe von fünfundzwanzig Arbeitern, die direkt an den Werkstattleiter berichtet, der die Probleme in der Hierarchie weiterleitet, gegen die Praxis der kleinen Arbeitsteams. Diese Arbeiter sollten horizontal auf eine verbundene Reihe von Aktivitäten entlang der Wertschöpfung fokussiert werden und viele indirekte Aufgaben übernehmen, die mit dem Management ihrer Arbeit zu tun haben, einschließlich Qualitätssicherung, Wartung der Maschinen, Werkzeugwechsel, Entwicklung der Standardarbeit und kontinuierliche Verbesserungsmaßnahmen.

Eine zweite deutsche Schwäche war eine Vorliebe für monströse Maschinen, die große Lose produzieren. Beispielsweise haben wir oft gigantische Lackieranlagen – klassische Monumente – gesehen, die riesige Regale von winzigen Teilen lackieren, die mit Flexibilitätsgründen legitimiert werden. »Wir wissen nie, ob wir nicht etwas Größeres lackieren müssen, insofern haben wir die Möglichkeit dafür bereits vorgesehen.« Die Anschaffungs- und Betriebskosten, um sie ständig zu bestücken (was immer vor und nach den Maschinen Bestände erforderlich macht), gehen in einer engen Kostenkalkulation für das Lackieren eines jeden Teils verloren, und die bequemen deutschen Manager scheinen der Überzeugung zu sein, daß ihr Equipment auf Veränderungen im Markt reagieren kann.

Eine dritte deutsche Schwäche war die Neigung, die Meinung des Kunden durch die des Produktingenieurs zu ersetzen und eine Art Tauschgeschäft zwischen Produktverfeinerungen und -variationen auf der einen Seite und Kosten in Form des Produktpreises auf der anderen Seite zu machen. Während die Qualität vielleicht keine Kosten verursacht, verursachen die Veredelungen und Variationen fast immer Kosten, besonders wenn die Produkte ohne große Aufmerksamkeit hinsichtlich ihrer Herstellbarkeit konstruiert werden. Genaues Hinhören ist deshalb erforderlich, um sicherzustellen, daß die Produktkonstruktionen daraus bestehen, was die Kunden wünschen, statt aus dem, was den Konstrukteuren gefällt.

Beispielsweise hat einer von uns neulich das »Zerlegen« eines Außenspiegels beobachtet und entdeckt, daß die Spiegelkonstruktion bei einem Nissan Micra, der in Sunderland in England gefertigt wird, aus vier Teilen besteht und in vier Farben angeboten wird. Für den VW-Golf gibt es vier vollkommen verschiedene Arten von Außenspiegeln, wobei jeder aus 18 oder 19 Teilen besteht, die von Produktingenieuren entworfen wurden, die ein hohes Maß an Veredelung zu erreichen versuchten. Jeder Spiegel kann in 17 Farben geliefert werden. Die Folge davon ist, daß es das Produktionssystem von Nissan mit vier Spiegeltypen zu tun hat, während VW sich mit 68 herumschlagen muß, von denen jeder aus mehr als viermal so vielen Teilen besteht.[13]

Das deutsche Denken über die Beziehung Kosten/Variantenvielfalt und Kosten/Perfektionierung ist der jüngsten Popularisierung der »Mass-Customization«, sozusagen der Massenproduktion von Spezialanfertigungen[14], in Nordamerika vorausgeeilt. Das Problem ist, wie wir sehen werden, daß kleinere Optionen wie Farbe und Innenausstattung und sogar größere Optionen wie winzige Verlängerungen des Radstandes oft die Fähigkeit der Kunden überstrapazieren, sie überhaupt wahrzunehmen. Zusätzliche Verfeinerungen sind immer eine potentiell gute Sache, aber nur, wenn der Kunde sie bemerkt und denkt, daß sie die Mehrausgaben lohnen. Das Verlangen, der Meinung des Kunden zu folgen, kann zu einem Einbahngespräch führen, wenn die wirklichen Kosten der Variationen und Veredelung unbekannt bleiben, sogar für die Produktingenieure.

Dennoch war das deutsche System bis vor kurzem sehr konkurrenzfähig, weil jede Schwäche durch eine Stärke ausgeglichen wurde:

- Weil der Ausbildungsstand in der Produktion so hoch war, konnte jede Störung bei ihrem Auftreten behoben werden, statt das ganze System erneuern zu müssen, das das Problem primär verursachte. Das an den Kunden ausgelieferte fertige Produkt war gewöhnlich von unübertrefflicher Qualität, wenn auch mit hohen Kosten verbunden.
- Die Produktentwicklungsingenieure konnten aufgrund ihrer sehr guten Ausbildung die Konstruktionen, die sie von vorgelagerten Stellen bekamen, einem Reengineering unterziehen, statt sich mit den dortigen Spezialisten über die Probleme zu unterhalten, die ihre Konstruktionen verursachten. Auch hier war das Endprodukt unübertroffen in der versprochenen Leistung, aber zu hohen Kosten.
- Aufgrund der technischen Tiefe einer Abteilung war es oft möglich, den Produkten Leistungsmerkmale hinzuzufügen, die die inhärenten hohen Entwicklungs- und Produktionskosten ausglichen. In manchen Fällen führte dies zum schnellen Rücktritt aus dem Segment (beispielsweise bei Maschinenwerkzeugen), aber das Wachstum in den verbleibenden Segmenten der oberen Preisklasse (für Werkzeuge wie

die genannten Schleifmaschinen für die Turbinenschaufeln im Beispiel von Pratt) war ausreichend, daß die deutschen Firmen Arbeit hatten und Gewinne machten.

- Da die deutsche Werkzeugmaschinenindustrie so modern war, schien es auf Jahre eine reale Aussicht zu geben, daß die hohen deutschen Löhne durch Durchbrüche beim Computer Integrated Manufacturing aufgefangen werden können, wobei sehr flexible Produktionsabläufe mit automatisierter Materialbearbeitung gekoppelt werden, um die direkte Arbeit praktisch abzuschaffen. Das Ziel der Abschaffung von Arbeitsplätzen führte zu Reibereien mit der Gewerkschaft, die daraufhin als Ausgleich für den potentiellen Arbeitsplatzabbau darüber verhandelte, kontinuierlich die Wochenarbeitszeit zu senken. Das schienen jedoch Übergangsprobleme zu sein, weil die deutsche Arbeiterschaft letztlich nur aus hochqualifizierten Technikern besteht, die Produkte mit Leistungsmerkmalen herstellen, gegen die die ausländische Konkurrenz machtlos ist.

In den 1990er Jahren wurden diese Stärken durch Weltwirtschaftsbedingungen eingeholt. Die Löhne waren davongaloppiert, ostasiatische Firmen haben die traditionellen deutschen Marktnischen angegriffen, und die Grenzen der heutigen Generation der Fabrikautomation wurden schmerzhaft bewußt.[15] Insgesamt wurden die deutschen Produkte zu teuer, so daß weder das Ausland noch die Deutschen sie sich leisten konnten.

Infolgedessen entstand zuerst Panik und dann Fatalismus. Beispielsweise hat kürzlich Jürgen Schrempp, der neue Vorstandsvorsitzende von Daimler-Benz, beklagt, daß »die Deutschen nicht mehr länger hoffen können, Flugzeuge zu bauen«, und einige der größten Firmen haben die Fertigung von Komponenten und die Endmontage ins Ausland verlegt, um Lohnkosten zu sparen. Gleichzeitig boten die Gewerkschaften an, die Forderungen nach Lohnsteigerungen zu mäßigen oder darauf zu verzichten als Gegenleistung für eine stabile Zahl von Arbeitsplätzen.

Diese Reaktion ist verständlich, aber irreführend. Die Deutschen können nicht mehr länger in Deutschland Flugzeuge oder Autos oder irgendein anderes Produkt auf die traditionell deutsche Art produzieren. Was die deutschen Firmen tun können, ist, ihren Mitarbeitern beizubringen, miteinander über die genaue Spezifikation des Wertes zu reden, über die Identifikation der Wertschöpfung und die Abschaffung von *muda* durch Flow und Pull. Wenn die Arbeiter und Ingenieure sehen und hören gelernt haben, können die deutschen Firmen kontinuierliche und radikale Verbesserungsmaßnahmen durchführen bei ihrem Streben nach Perfektion und das besser machen als irgend jemand anderes in der Welt, so wie unser Manager von Toyota es befürchtet. Das Resultat wird ein Umsatzwachstum in Deutschland sein, weil die realen Kosten für den Kunden sinken werden (bei konstanten Löhnen), und wird die Exportmöglichkeiten neu beleben.[16]

Das Opel-Werk in Eisenach, das 1992 eröffnet wurde, war vielleicht der erste deutsche Versuch, schlankes Denken einzuführen. Es handelt sich aber nur um eine isolierte Fabrik, und außerdem war es eine Neugründung mit einer neuen, handverlesenen Belegschaft, gebaut in Ostdeutschland von einer amerikanischen Firma. Wie die neuen japanischen Autofabriken in Nordamerika und England, die in den 1980er Jahren gebaut wurden, beweist es nicht, daß traditionelle Unternehmen die neuen Praktiken übernehmen können. Lantech, Wiremold und Pratt beweisen dies für die Vereinigten Staaten, und Unipart ist dabei, den Beweis für England anzutreten. Ähnlich ist Porsche ein realer Test, der erste Beweis, daß ein klassisches deutsches Unternehmen sein Verhalten grundlegend ändern kann und den besten japanischen Ansatz mit dem besten deutschen Vorgehen kombiniert, um etwas zu erschaffen, das besser als jedes einzeln ist.

Wenn andere Firmen dem Beispiel von Porsche folgen, wird das noch einen weiteren Vorteil haben: die derzeitige Debatte darüber, ob die deutschen Löhne zu hoch sind und wer an dem sinkenden Lebensstandard schuld ist, wird die Fähigkeit entstehen lassen, den Wert und die Wertschöpfung für spezifische Produkte klar und deutlich zu analysieren. Wenn die Verschwendung beseitigt ist und die Abläufe transparent gemacht sind, kann jeder sehen, ob es noch eine Kluft zwischen dem Wert der Produkte, definiert durch den Endverbraucher, und den Kosten ihrer Konstruktion und Produktion gibt.

Wenn die meiste *muda* beseitigt ist und die Kosten immer noch den Wert übersteigen, dann muß man fragen, ob die Deutschen sich selbst zuviel bezahlen, um bestimmte Kategorien von Produkten in Deutschland herzustellen. Diese Frage wird man dann viel einfacher beantworten können, weil die Debatte nicht entlang der Negativlinie geführt werden muß, ob das Management den Arbeitern das Geld aus der Tasche zieht oder die Arbeitnehmer überhöhte Ansprüche an ihre Arbeitgeber stellen. Statt dessen wird es um die transparente Relation zwischen Kosten und Wertschöpfung gehen. Wir haben den starken Verdacht, genauso wie unser instinktives Gefühl über die amerikanische Autoindustrie in den 1980er Jahren, daß sich als eigentliches Problem zuviel *muda* herausstellen wird, statt zu hohe Löhne. In einem schlanken Deutschland sollten hohe Löhne gezahlt werden können, sogar wenn die Preise für den Kunden wesentlich sinken und die heutige Spirale von immer höheren Kosten, niedrigerer Produktion und wachsender Arbeitslosigkeit in die entgegengesetzte Richtung umgekehrt wird.

Deutschland versus Japan

Schlankes Denken kann auf die gesamte deutsche Industrie angewandt werden, und wir sagen voraus, daß es auch dazu kommen wird. Aber es wird harte Arbeit und Zeit erfordern sowie eine Reihe zusätzlicher Innovationen organisatorischer Art, die wir im letzten Kapitel diskutieren werden. Im Gegensatz dazu gingen viele Beobachter davon aus, daß die japanische Industrie vor dreißig Jahren schlankes Denken perfektioniert und dann überall eingeführt und jetzt kaum noch etwas zu tun hat. Das ist in der Tat absolut falsch. Wir kommen jetzt zur drittgrößten Industrietradition der Welt, um die Dilemmata der heutigen Ära zu betrachten.

KAPITEL 10

Toyota als Goliath und Showa als David

Als Taiichi Ohno Anfang 1984 zum ersten Mal die Koga-Gießerei der Showa Manufacturing Company besuchte, war er wie immer ganz diplomatisch. Nachdem er sich schnell in der Einrichtung umgesehen hatte, sagte er dem Präsidenten Tesuo Yamamoto, daß er den Fabrikmanager sehen wolle. Als Takeshi Kawabe erschien, fragte ihn Ohno: »Sind Sie für diese Fabrik verantwortlich?« Als Kawabe bejahte, brüllte Ohno los: »Dieser Betrieb ist eine Schande. Sie sind vollkommen unfähig. Yamamoto-san, entlassen Sie diesen Mann auf der Stelle!«

Yamamoto erklärte, daß Kawabe nicht mehr oder weniger verantwortlich für die Bedingungen bei Koga als jeder andere bei Showa war. Die Fabrik wurde auf die Art geführt, wie Showa immer Fabriken leitete: nicht besser, aber auch nicht schlechter. Er schlug vor, daß vor irgendeiner Entlassung Ohno als ihr *sensei* fungieren und ihnen sagen sollte, was sie machen müßten, damit die Dinge besser werden.

Als Ergebnis dieses Gesprächs baute der zweiundsiebzig Jahre alte Ohno, der zwar bei Toyota ausgeschieden, aber noch immer Chairman von zwei Tochtergesellschaften von Toyota war, eine Beziehung zu Yamamoto und Kawabe auf, die bis zu seinem Tod im Jahr 1990 andauerte. Sie führte schließlich zur totalen Transformation dieses typischen japanischen Herstellungsbetriebes. Die Ereignisse seit 1984 bei Showa Manufacturing sind faszinierend, weil sie so deutlich vor Augen führen, wie sich das schlanke Denken in Japan verbreitet hat und warum die vollständige Übernahme schlanker Prinzipien so hart (aber auch lohnend) für die japanischen wie für die amerikanischen und europäischen Firmen ist. Sie beleuchten auch die restlichen Aufgaben, die die japanischen Unternehmen noch beenden müssen, sogar Toyota.

Die Krise bei Showa

1983 feierte Showa Manufacturing, ein Hersteller von Heizkörpern und Heizungskesseln, sein hundertjähriges Bestehen. Die Firma hatte auf dem japanischen Markt einen kontinuierlichen Erfolg und wurde in den 1960er Jahren sogar dazu auserwählt, ein neues Heizsystem für den kaiserlichen Palast in Tokio zu bauen. Die Welt änderte sich jedoch nach der zweiten Ölkrise im Jahr 1979. Showa kam in Schwierigkeiten. Die Nachfrage nach seinen Industrieprodukten ging zurück, als die japanischen Firmen Ausbaupläne stutzten und sich für modernere Heizungssysteme interessierten. Ebenso beunruhigend war, daß die Kostenstruktur bei Showa aufgrund seiner traditionellen Verpflichtung gegenüber seinen 750 Hauptmitarbeitern erschlagend zu sein schien.

Showas erste Reaktion war typisch für japanische Unternehmen unter diesen Umständen. Um an Bargeld zu kommen und Entlassungen zu vermeiden, verkaufte man die wertvollen Immobilien unter seinen Büros in der City und die Hauptfabrik und verlegte die Produktionseinrichtungen an preiswertere und modernere Standorte in der Nähe, in der Hoffnung auf höhere Effizienz. Es diversifizierte auch in die Herstellung von Ziergußteilen für Brückengeländer und machte sich an die Realisierung eines Plans für den Export seiner gußeisernen Kessel nach Amerika, um vom schwachen Yen zu profitieren.

Als der ursprüngliche Verwaltungs- und Produktionskomplex im überfüllten Fukuoka City (an der nördlichsten Spitze von Kyushu, Japans südlichster Insel) 1983 vollständig in neue Fabriken in den Vorstädten Uma und Koga umgesiedelt war, erwartete das Management positive Veränderungen. Statt dessen ging es weiter bergab. Das Produktionssystem in den neuen Fabriken war in der Tat dasselbe wie in den alten. Die Fertigungsschritte für das Gießen, Reinigen, Stanzen, Schweißen, Lackieren und die Montage wurden in einem Modus der Produktion von Losen durchgeführt, mit langen Intervallen zwischen dem Werkzeugwechsel. Diese Praxis schuf Berge von Teilen, die dann in Zentrallager gebracht wurden, bevor sie zum nächsten Verarbeitungsschritt transportiert wurden. Die Aufträge brauchten Monate, um sich ihren Weg durch das System zu bahnen, gejagt von den Disponenten mit Dringlichkeitslisten. (Es war die bekannte Welt in allen Unternehmen, bevor es den schlanken Ansatz gab.) Außerdem waren die Kosten für die Aufnahme des Exports hoch, und die Produktion von Ziergußteilen brachte Showa in Konkurrenz zu größeren Firmen mit einem etablierten Ruf in der Bauindustrie.

Genau an diesem Punkt entschied sich Yamamoto, daß eine dramatische Handlung erforderlich sei. Er wollte Taiichi Ohno kontaktieren und um Hilfe bitten.

Das war keine einfache Entscheidung, weil Ohno der Ruf von unerbittlicher Härte begleitete. Er konnte kaum Genies ertragen, und die Dummköpfe, die er um sich herum zu finden meinte, mußten damit rechnen, ständig zusammengestaucht zu werden für Fehler, die sie kaum verstanden. (Chihiro Nakao, einer von Ohnos Lieblingsschülern, arbeitete mehr als zwanzig Jahre mit dem Meister zusammen und kann sich nicht erinnern, jemals irgendein Kompliment für seine Bemühungen von Ohno erhalten zu haben. Er kann sich aber noch an die fast täglichen Rüffel erinnern.) Zudem war Ohno meistens nur schwer zu erreichen. Bis dahin hatte er formell nie irgendeiner Firma außerhalb der Toyota-Gruppe Hilfe zugesagt.

Andererseits war Ohno wirklich ein Genie – einer der herausragenden Industriedenker des zwanzigsten Jahrhunderts. Er hatte die Toyota-Gruppe zum erfolgreichsten Fertigungsunternehmen in der Welt gemacht. Wenn es nur darum ging, sich die Beschimpfungen gefallen zu lassen, dachte Yamamoto, dann wäre der Preis die Mühe wert. Außerdem dachte Yamamoto, der aus Ohnos Generation war, daß er als Vorsitzender eines Golf-Clubs im Gebiet von Fukuoka und Meister im Mah-Jongg Ohno mit Einladungen zu seinen Lieblingsbeschäftigungen in der Freizeit aus der Toyota-Gruppe locken könnte. Vielleicht könnte er Ohno mit der Zeit von seiner Verachtung der Mitarbeiter bei Showa ablenken.

Als Ohno Ende 1983 eine Einladung der Handelskammer von Fukuoka annahm, übernahm Yamamoto die Gastgeberschaft und ergriff die Gelegenheit zu einer Einladung, gleich im neuen Jahr eine Runde Golf zu spielen und einen kurzen Blick in seine Gießerei zu werfen. Zufälligerweise dachte Ohno damals gerade darüber nach, was er mit einigen seiner Leutnants machen sollte, einschließlich Yoshiki Iwata bei Toyota Gosei und Chihiro Nakao bei Taiho Kogyo. Er war alt, und sie hatten Angst, daß sie für seine berühmten Zusammenstösse mit seinen Kollegen bei Toyota bezahlen müßten.

Dazu war es wiederholt gekommen, als Ohno in den 1950ern und 1960ern mit seiner Kampagne »Mach keine Gefangenen« das Toyota-Produktionssystem bei Toyota durchsetzte, und dann nach 1965 auch bei der Zuliefererbasis. 1978, nach dem weitgehenden Abschluß der Umwandlung der Zulieferer der ersten und zweiten Stufe, war Ohno nicht mehr so entscheidend für Toyota und wurde der Position des Executive Vice President enthoben. Seine neuen Jobs als Chairman bei Spinning und Weaving und bei Toyoda Gosei klangen beeindruckend, hatten aber mehr zeremoniellen Charakter und sollten mehr eine Anerkennung für seine Verdienste sein, ihn aber auf angemessene Distanz zur Toyota Motor Corporation im Herzen der Toyota-Gruppe halten.

Die Einladung von Showa eröffnete plötzlich die Möglichkeit, einige Probleme zu lösen. Es würde Ohno ein ständiges Versuchsgelände für seine Ideen in einer Firma vollkommen außerhalb des Toyota-Orbits bieten, einer Firma, die im Schlamm der Massenproduktion festsaß, und es würde seinen loyalen Stellvertretern die Chance bieten, bei Toyota zu gehen und ihre eigene Beratungsfirma zu gründen, die dann Shingijutsu heißen sollte, was für »neue Technologie« steht, und die sie auch nach seinem Tod weiterführen könnten. (Wie wir gleich sehen werden, hatte er bereits eine parallele Idee für eine andere Organisation namens NPS oder New Production System gehabt, die er mit anderen loyalen Anhängern ein paar Jahre früher gegründet hatte.) Und so schaute sich Ohno die Gießerei in Kao an, brüllte sein berühmtes Brüllen und sagte dann leise »Ja«, daß also er und seine Kollegen sich an die Schlankheitskur für Showa Manufacturing machen würden.

Der erste Kampf

Wir sind vielen Amerikanern und Europäern begegnet, die davon überzeugt zu sein schienen, daß Japaner wie von selbst das schlanke Denken beherrschen. (Dieselben Menschen nehmen normalerweise an, daß alle japanischen Unternehmen schlank sind, und dies seit Jahrzehnten: auch eine völlig falsche Vorstellung, wie wir gleich zeigen werden.) Die Wirklichkeit kommt besser durch die erste Reaktion der Belegschaft zum Ausdruck, als Ohno und seine Kollegen ihre ersten Verbesserungsmaßnahmen in der Gießerei von Showa starteten.

Ohno behauptete gleich, daß der Übergang zur Fertigung kleiner Lose und nur dessen, was für die nachfolgenden Produktionsschritte erforderlich war, es ermöglichen würde, den dreimonatigen Lagerbestand für ein typisches Teil auf wenige Tage zu reduzieren. Das Time-to-Market würde damit auf einen Bruchteil des gegenwärtigen Standes reduziert. Er behauptete auch, daß es möglich sei, die Arbeitsproduktivität zu verdoppeln, den derzeit für den Output gebrauchten Fabrikraum zu halbieren, und daß dies sehr schnell und praktisch ohne Kapitalinvestitionen möglich wäre. (Diese Zahlen erkennt der Leser zweifellos als »normal« bei einer schlanken Transformation.)

Die Belegschaft bei Showa war jedoch vollkommen skeptisch und leistete Widerstand. Es waren überwiegend langjährige Gießereiarbeiter, und sie »wußten« einfach, daß keines dieser Ziele erreichbar wäre, außer sie würden vielleicht härter arbeiten. Und das Linienmanagement dachte kaum anders. Der Fabrikmanager Kawabe beispielsweise war immer noch von den ersten Bemerkungen von Ohno verletzt und der Meinung, daß Techniken, die für die Produktion großer Serien in der Autoindustrie angemessen wären, ungeeignet wären für die Herstellung kleiner Stückzahlen von Heizkörpern und Heizungskesseln.

Dennoch mußte man wenigstens so tun als ob, weil Ohno und seine Mannschaft die volle Rückendeckung von Präsident Yamamoto hatten. Das erste Projekt bestand, wie in den Abbildungen 10.1. und 10.2 dargestellt, darin, die Herstellung von Heizrohrschlangen und die Montage von Losfertigung auf Einzelstückfertigung umzustellen, und zwar durch den Aufbau einer Zelle für das Rohreschneiden, die Lamellenformgebung, Ausdehnung, Reinigung, das Hartlöten, die Dichteprüfung und die Endmontage. Schnelle Maschinen, die schwer umzurüsten waren, wurden durch Modelle ersetzt, die in der Werkzeugwerkstatt von Showa hergestellt wurden (schließlich insgesamt dreihundert in der ganzen Firma), so daß die Zellen in wenigen Minuten von einem Heizrohrschlangen-Entwurf auf einen anderen umgestellt werden konnten, bevor die Fertigung weiterlief. Mit dem Output der Zelle wurde dann direkt ein einfaches und verkürztes Montageband bestückt.

Trotz der Skepis der Belegschaft und ausgesprochener Meinungsverschiedenheiten über fast jeden Schritt war es in weniger als einer Woche möglich, die Hälfte der Fabrikfläche, 95 Prozent des Bestandes an unfer-

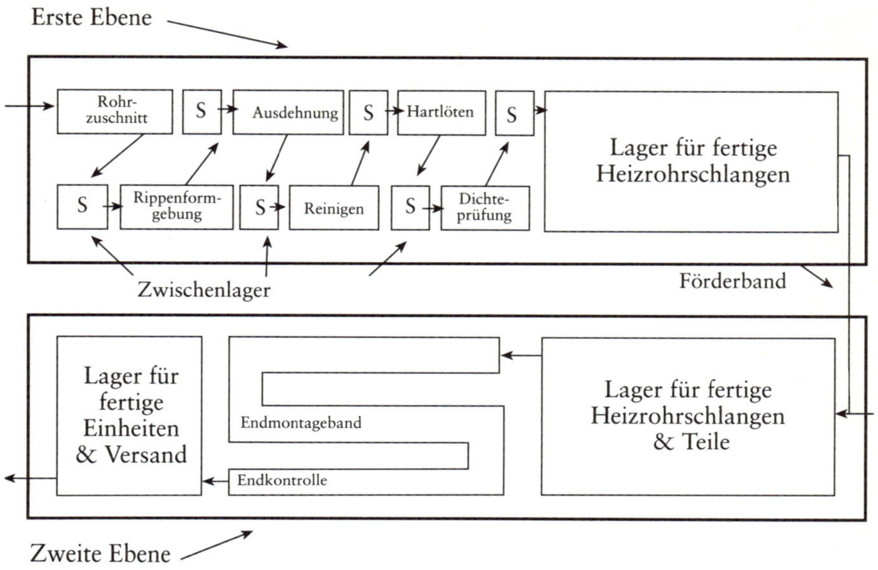

Abbildung 10.1: Heizrohrschlangen-Herstellung bei Showa, Frühjahr 1984

tigen Teilen, die Hälfte der menschlichen Arbeit und 95 Prozent der zur Herstellung einer Heizrohrschlange benötigten Durchsatzzeit abzuschaffen bzw. einzusparen. (Außerdem verbesserte sich die Qualität enorm.) Die Kapitalinvestition und die erforderliche Zeit waren im Vergleich zu den Vorteilen nebensächlich.

Das waren elektrisierende Zahlen in einer konservativen Organisation wie Showa, die jahrzehntelang kaum irgendeine Produktivitätssteigerung erzielt hatte. Aber sie entsprachen genau denen, die Ohno vorhergesagt hatte. Im Laufe der *kaikaku*-Kampagne von Maßnahme zu

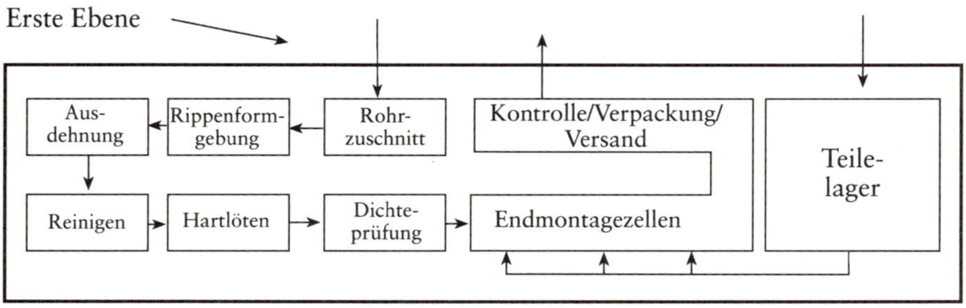

Abbildung 10.2: Heizrohrschlangen-Herstellung bei Showa, Sommer 1984

Maßnahme und der Substitution von Losproduktion durch Einzelstückfertigungfluß konnten die Resultate auch von dem am negativsten eingestellten Mitarbeitern nicht mehr ignoriert werden. Als sich die Einstellungen zu ändern begannen, war sogar Takeshi Kawabe – der Skeptischste vom damaligen Management – dazu bereit, eine neue Aufgabe als Leiter der neuen Abteilung mit Namen Production Research Department zu übernehmen. (An anderer Stelle hieß diese Abteilung dann: Process Improvement Department bei Lantech, JIT Promotion Office bei Wiremold, Continuous Improvement Office bei Pratt & Whitney und Growth Division bei Freudenberg-NOK.) Er übernahm die Verantwortung für die Verbesserung aller Arbeiten in der Firma und entwickelte sich allmählich zum In-house-Ohno der Firma.

Im Laufe der nächsten drei Jahre, als Kawabe[1] sich enthusiastisch für die Umwandlung engagierte, wurde jede Tätigkeit neu überdacht und mindestens einmal verbessert. Und schließlich, im Streben nach Perfektion, wurde jede Tätigkeit mindesten *zehnmal* einem *kaizen* unterzogen. Die Produktivität stieg an, die Lagerbestände wurden auf ein Viertel ihres früheren Wertes reduziert, und der erforderliche Platz zur Produktion eines bestimmten Outputs wurde um 75 Prozent reduziert, wie Abbildung 10.3 zeigt.

Showa hatte sich also von schweren Verlusten zu bescheidenen Gewinnen durchgeboxt. Die Verkaufspreise für die Produkte von Showa

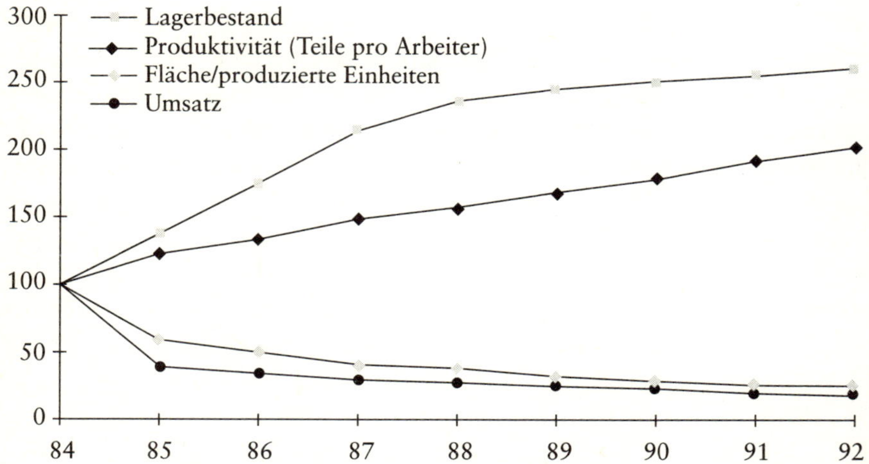

Abbildung 10.3: Umsatz, Produktivität, Flächenbedarf und Lagerbestand bei Showa. 1984-1992

sanken noch immer in einem stagnierenden Markt. Showa hatte Zeit gekauft, aber es war klar, daß die Kostensenkung allein nicht ausreichen würde, um angemessene Gewinne einzufahren.

Ein Widerspruch im Denken

Ein Hauptproblem – mit dem viele japanische Unternehmen heute konfrontiert sind – war, daß die Marktstrategie von Showa sich nicht vertrug mit den neuen Produktionsmethoden. Showa hatte entdeckt, wie man einen kompletten Heizungskessel in vier Tagen (im Vergleich zu vorher sechzehn bis zwanzig Wochen) baut und wie man alle Kessel auf Sonderbestellung ohne wesentlichen Produktionskostenzuschlag baut. Aber die Firma wollte ihre schwache Position im japanischen Markt durch den Export standardisierter Produkte, die letztlich eine dreimonatige Vertriebszeit hatten, nach Amerika überwinden. Bei dieser Dauer und dieser Entfernung waren keine Sonderanfertigungen oder schnelle Reaktionen auf den Markt möglich. Außerdem war der Exportaufschwung kaum in vollen Gang gekommen, als der Yen stieg und bald seinen Wert von 260 Yen pro Dollar im Februar 1985 auf 129 im Februar 1988 verdoppelte.

Natürlich stimmte etwas nicht, wenn eine hochflexible Firma verzweifelt auf der anderen Seite der Welt nach einem standardisierten Geschäft Ausschau hält. Deswegen beschloß Yamamoto, daß die gesamte Strategie von Showa und die Produktlinie neu durchdacht werden sollten. Er kam zu dem Ergebnis, daß es einfach keine Zukunft gab jenseits der Ersatzteilnachfrage bei der traditionellen Produktlinie von gußeisernen Kesseln, sogar wenn man einige Konkurrenten aus dem Markt drängen könnte. (Man muß bedenken, daß er den Umsatz bei konstanten Preisen sehr schnell hätte *verdoppeln* müssen, um Arbeit für seine Mitarbeiter zu haben und die vollen Vorteile einer schlanken Umwandlung einzufahren.) Er kam auch zu dem Ergebnis, daß die Erwartung gewinnbringender Exporte bei langen Lieferwegen ein Trugschluß sei.

Yamamoto entschied sich deshalb dafür, daß die Richtung geändert und die Frage gestellt werden sollte, was eigentlich wirklich die Kerntechnologien und Kernkompetenzen waren und wie diese in Einklang mit den neuen Bedürfnissen inländischer Kunden zu bringen wären. Ein Blick auf die boomende japanische Wirtschaft zeigte offensichtlich, daß die Japaner bei ihren öffentlichen wie privaten Ausgaben sehr sparsam waren. Deshalb schienen die vielversprechendsten Wachstumsmöglichkeiten in der Herstellung kleiner Stückzahlen speziell angefertigter Güter für heimische Kunden zu liegen, die einen neuen Lebensstil mit höherer Lebensqualität pflegten. Die funktionale Organisation von Showa war aber für diese Aufgabe schlecht gewappnet.

Eine neue Organisation zur Unterstützung der Schlankheit

1987 brach Yamamoto 104 Jahre zentralisierter Unternehmensstruktur auf und bildete neue, horizontal aufgebaute Produktteams, jeweils eins für jede neue Produktlinie. Diese Produktfamilien reichten schließlich von speziell gefertigten und auffallend originellen Gußteilen für »Schau«-Brücken (beispielsweise in öffentlichen Parks) bis zu Einheiten in kleinen Mengen für Klimaanlagen. Andere Geschäftseinheiten wurden für speziell konstruierte Fahrzeugkarosserien für die Bauindustrie geschaffen, für spezielle Aluminiumgußteile – praktisch Skulpturen – für öffentliche Gebäude und für spezielle Gußteile in seltenen Legierungen für die Luftfahrt- und Nuklearindustrie. Eine besonders wichtige Initiative war die Einheit »Umweltprodukte«, die Luftfilteranlagen für Häuser und Heiz- und Filteranlagen für Badezimmer fertigte, mit denen das Wasser immer warm und sauber bleibt. (Eine Geschäftseinheit für die Herstellung des automatischen Parkkarussells, das hinter den meisten japanischen Appartementhäusern versteckt ist, scheiterte und wurde abgeschafft.)

Jedes Produktteam hatte sein eigenes Marketing, eine eigene Produktkonstruktion/Technik und ein eigenes Produktionssystem, für die sie je nach Bedarf Räumlichkeiten in den Büros und Fabriken von Showa anmieteten. Nach kurzer Zeit wurden die alten zentralisierten »Los«-Operationen – Marketing, Konstruktion und Produktion – abgeschafft und durch zuständige, nach dem Fließprinzip arbeitende Teams für jede Produktfamilie ersetzt. Hier war ein Großteil des Personals von Showa beschäftigt. Nur wenige Mitarbeiter blieben in den winzigen, zentralisierten Abteilungen, die aus Produktionsplanung, Finanzen, Zuliefererentwicklung und Logistik, Personal, Qualitätssicherung (für die Regulierung der Beanstandungen der Kunden) und natürlich »Produktionsforschung« bestanden, um kontinuierlich alle Tätigkeiten zu verbessern.

In dem neuen System wurde der Großteil der Kosten den einzelnen Produkten zugeteilt, und nur ein kleiner Teil fiel auf die generellen Gemeinkosten, so daß man wissen konnte, ob eine Produktfamilie einen angemessenen Gewinn erwirtschaftete oder nicht. Die Leiter jedes Produktteams konnten einfach nach ihrem Erfolg in ihrem Kerngeschäft beurteilt werden. Die Teamleiter sollten kontinuierlich ihre Produktreihe erneuern und darauf vorbereitet sein, aus Produktlinien auszusteigen, mit denen kein Geld mehr zu verdienen war.

Zwischen 1984 und 1995 erneuerte Showa 100 Prozent seiner Produktlinie. In diesem Prozeß wurden zwei Drittel der Produkte und Produktionsaufgaben eliminiert, die gewissenhaft und wiederholt einem *kaizen* unterzogen worden waren. Der derzeitige President von Showa, Keiji Mizuguchi, bemerkt, daß ein schneller Ein- und Ausstieg aus Produktlinien »normal« in einer Welt von kundenspezifischen Produkten ist, aber niemals mit einer zentralisierten Organisation, wie sie bis 1987 bei Showa bestanden hatte, erreichbar gewesen wäre. Es hätte auch niemand gewußt, welche Produkte gewinnbringend wären und welche die Firma nach unten zögen.

Vom harten zum weichen *kaizen*

Das Ziel jedes Produktteams war die Einführung des Fließprinzips für Einzelstücke bei der Produktkonstruktion, Auftragsabwicklung und Produktion – dasselbe Vorgehen wie bei Freudenberg-NOK, Lantech, Wiremold, Pratt & Whitney und Porsche. Weil alle Produktionsschritte bald einem *kaikaku* unterzogen wurden (dann einem *kaizen* und dann erneut einem *kaizen*), war es allmählich möglich und angemessen für das Production Research Department, sich außerhalb der Fabrik zu begeben und dabei zu helfen, die Produktentwicklung und Auftagsabwicklung neu zu konzipieren.

Der erste Schritt, der 1991 unternommen wurde, bestand darin, den bereits stromlinienförmigen Konstruktionsprozeß neu zu entwickeln, um vollen Nutzen aus der Verpflichtung zur Kundenorientierung zu ziehen. Der Kunde muß natürlich von Anfang an direkt an der Konstruktion beteiligt werden, wenn die Heizungskessel, Brückengeländer und Deckenteile für Einkaufszentren speziell gefertigt werden. Aber Showa, das außerhalb von Fukuowa angesiedelt war, hatte keine einfachen technischen Mittel dafür. Deswegen unternahm Kawabe (der nur sieben Jahre vorher der Manager einer klassischen auf Massenproduktion ausgerichteten Gießerei gewesen war) ein Dreijahresprojekt zur Entwicklung einer interaktiven Design-Software, die der Kunde und die Konstrukteure bei Showa gleichzeitig benutzen konnten, um Entscheidungen über Produktspezifikationen und den Auftragsstand treffen zu können. Diese Praxis wurde 1994 eingeführt.

Gleichzeitig konzipierte Showa seine Technologie und die Materialien für die Heizkessel neu und ging zu rostfreiem Stahl und neuen Produktionswerkzeugen über, die eigenständig entwickelt wurden und die Schweißarbeiten im Kesselinneren überflüssig machten. Mit der neuen Konstruktionsmethode und dem neuen Produktionssystem wurden die Kosten für die Kessel um weitere 30 Prozent in der gesättigtsten und problematischsten Produktfamilie reduziert.

Das letzte Element: Neukonzeption der Auftragsabwicklung und Produktionsplanung

Zur selben Zeit wurde Yamamoto als President abgelöst. Er wurde 1993 Chairman, und Showa hatte seine Transformation von der Massenproduktion zur schlanken Produktion nahezu vollständig abgeschlossen. Der größere organisatorische Schritt, der dem neuen President Keiji Mizuguchi (der von der gigantischen Sumitomo Trading Company kam, die den Vetrieb für viele Produkte von Showa hatte) übertragen wurde, bestand darin, Auftragsabwicklung und Planung neu zu gestalten. Dabei wurde er von der amerikanischen Reengineerings-Bewegung inspiriert, ging am Ende aber darüber hinaus.

Wie Mizuguchi 1993 die Situation einschätzte, konnte Showa fast alle Produkte in weniger als einer Woche herstellen. Man mußte aber Aufträge Monate im voraus annehmen, besonders in der Bauindustrie, wo viele Teile zur Vollendung eines Projekts wirklich über Monate in Massenproduktionsbetrieben gefertigt weren mußten. Ein Teil des Problems war, daß die Kunden ständig ihre Aufträge in letzter Minute noch änderten. Darüber hinaus wickelte Showa deren Aufträge über eine zentrale Produktionsplanungsabteilung ab, die die Aufträge in Stapeln bearbeitete (und änderte), bevor sie an die Konstruktions- und Produktionsabteilungen in jeder Geschäftseinheit weitergeleitet wurden. Aufgrund von Zeitdruck (weil die Aufträge einige Wochen lang in Bearbeitung waren) und der vielen Übergaben von einer Abteilung an die nächste wurde die Produktion mancher Aufträge aufgenommen, die eindeutig Unsinn waren – beispielsweise unmögliche Spezifikationen – und die dann teure Nachbearbeitungen erforderlich machten.

Einfacher wäre es gewesen, eine Stromlinienform in die Planungsabteilung mit ihren mehrfach qualifizierten Mitarbeitern zu bringen, die jeweils einen Auftrag bearbeiten und zu Ende bringen. Diese Methode hätte jedoch die zentrale Planungsabteilung beibehalten, und Mizuguchi kam zu dem Ergebnis, daß dies nicht schlank genug sei. Statt dessen löste das Reengineering-Team die Planungsabteilung auf und übertrug die Auftragsplanung an das Marketing in jedem Produktteam.

Die Produktteams wurden mit einer Rückwärtsterminierung beauftragt (nach Taktzeit), um die Aufträge exakt mit der verfügbaren Produktionskapazität zu synchronisieren, und zwar genau vier Tage vor Lieferung, wenn der Firmenauftrag in den Produktionsplan eingegeben werden mußte. (Das ist genau dasselbe System wie bei Lantech, das in Kapitel 6 beschrieben wurde.)

In diesem neuen System werden Aufträge mit fehlerhaften Informationen von den Konstrukteuren und Technikern nie weitergereicht. (Planungsäquivalente der *poka-yoke*-Vorrichtungen sind entwickelt worden, um sicherzustellen, daß alle Fehler beseitigt worden sind.) Inzwischen muß dem Kunden vermittelt werden, daß Showa nur vier Tage Vorlaufzeit braucht, bis ein Produkt versandfertig ist, so daß die gewünschte exakte Spezifikation erst zum Zeitpunkt der Produktionsaufnahme vorliegen mußte (und der Auftrag vorher nicht ständig geändert werden brauchte). Dem Kunden muß auch wie bei Lantech die seltsame Tatsache beigebracht werden, daß Showa jetzt genau nach Bestellung liefert.

Das letzte Element im Auftrags- und Planungssystem von Showa ist: Es ist für jeden enlang der Wertschöpfung vollständig transparent – für den Kunden, den Händler, das Produktteam bei Showa, die Komponenten- und Materiallieferanten. Nur das Produktteam kann die Informationen an der elektronischen Schaltanlage ändern, aber jeder mit Interesse am Ergebnis kann elektronisch den Stand des Auftrags jederzeit kontrollieren. Ein weiteres Beispiel für die Kraft der visuellen Kontrolle.

Als langjähriger Manager in einer Vertriebsgesellschaft war sich Keiji Mizuguchi bei seiner Übernahme der Präsidentschaft vollkommen bewußt, daß die Welt aus vielen Märkten besteht, von denen manche interessante Gelegenheiten bieten, und daß Showa eine neue Strategie entwickeln sollte, um Märkte außerhalb Japans zu bedienen. Er hatte sich aber zum Ziel gesetzt, daß die neue globale Strategie von Showa nicht die Fehler der Vergangenheit wiederholen sollte. Der erste Schritt (im Jahr 1995) bestand darin, eine Tochtergesellschaft in China zu gründen, aber eine mit ganz anderen Zielen als bei vielen anderen japanischen, europäischen und amerikanischen Firmen.

Die neue Tochtergesellschaft paßt die Produkte von Showa an die Kundenwünsche an und fertigt sie dann für den chinesischen Markt. Der größte Teil der Herstellung wird in einer Fabrik in China – unter kompromißlosem Einsatz schlanker Techniken – für die schnelle Auslieferung an die chinesischen Kunden abgewickelt. Ziel ist es, vollen Nutzen aus den Stärken einer schlanken Firma zu ziehen, indem auf Bestellung im Absatzmarkt produziert wird und feste Beziehungen zu den lokalen Kunden aufgebaut werden. Es gibt keine Intention, die Showa-Produkte von Japan nach China zu liefern oder umgekehrt oder in andere Märkte. In Zukunft wird jeder größere Markt, der Showa vielversprechend erscheint, sein eigenes Konstruktions- und Produktionssystem erhalten, um diesen Markt zu bedienen. Global geteilt werden eine Reihe von technologischen Fertigkeiten und das lebendige schlanke Wissen für das Management von Produktion, Produktentwicklung und Auftragsabwicklung.

Das Ergebnis: Ein schlanker Erfolg

1995, nach einem Marsch von einem Jahrzehnt, erntete Showa schließlich die ganzen Früchte seine Umwandlung in schlanke Prinzipien nach einer schlanken Strategie. Wie Abbildung 10.4 zeigt, steigerte Showa schnell seine Produktivität und reduzierte seinen Raumbedarf und die Lagerbestände ab 1984. Diese Schritte dämmten die unternehmensbedrohenden Verluste ein und lieferten lebenswichtige Zeit für die Planung der nächsten Schritte (vergleichbar den Schritten bei Pratt & Whitney und Porsche). Aber bis 1991 machte das Unternehmen keinen angemessenen Gewinn, weil es seine Produkte in rückläufigen Märkten absetzte.

In dem Maße, wie die neuen Geschäftseinheiten allmählich ihre Märkte fanden und die Produktentwicklung und Auftragsabwicklung nach 1991 verbessert wurden, begann Showa aufzusteigen, gerade als die übrige exportabhängige Wirtschaft Japans in eine lang anhaltende Depression fiel. Während die normalen Gewinne bei den typischen japanischen Herstellern (für die 1 033 größten Unternehmen) nach 1989 um 70 Prozent fielen (siehe Abbildung 10.4), steigerte Showa, das jetzt 100 Prozent seiner Produktion in einer stagnierenden Wirtschaft absetzt, seinen Gewinn im Vergleich zu 1989 um fast 100 Prozent.

Der Umsatz selbst stieg in der ersten Hälfte der Dekade um fast 33 Prozent, entgegen einer allgemeinen wirtschaftlichen Krise. Aber Präsident Mizuguchi hatte als Ziel eine 50prozentige Umsatzsteigerung in Japan bis zum Jahr 2000 gesetzt, wenn die japanische Wirtschaft sich erholt hat und zusätzliche Produkte eingeführt worden sind. Das wird mit dem bestehenden Verwaltungs- und Fabrikraum sowie mit dem vorhandenen Personal nur erreichbar sein, wenn Showa erneut mit Hilfe von *kaizen* jedes Element seiner Wertschöpfung unter die Lupe nimmt. Inzwischen wird Showa mit seiner Strategie einer »schlanken Globalisierung« Erfahrungen in China sammeln und sie auch in anderen Ländern als angemessen verfolgen.

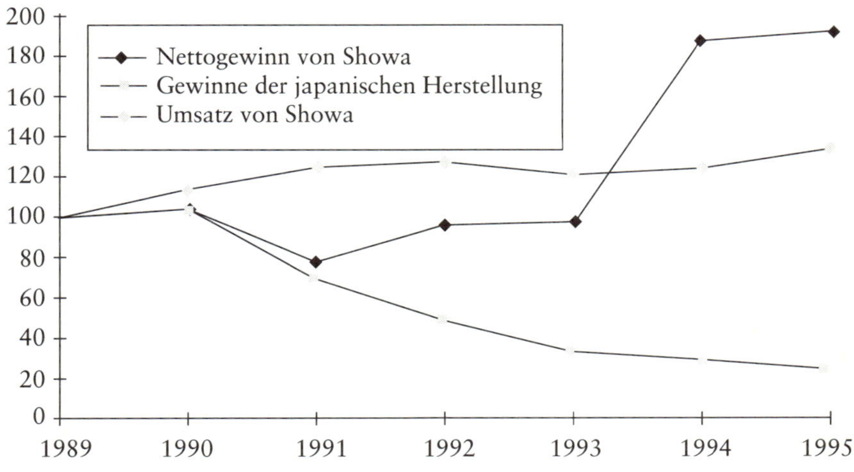

Abbildung 10.4: Umsatz und Gewinn bei Showa, 1989-1995

Was ist mit dem restlichen Japan?

Der Übergang von Showa zum schlanken Unternehmen scheint sich vielleich im Schneckentempo vollzogen zu haben, besonders für Leser, die sich an die magische Welt der Wirtschaftsliteratur gewöhnt haben, in der fast jede Firma sozusagen über Nacht saniert werden kann, wenn man nur den einfachen Anweisungen des Autors folgt. Sicher, werden Sie sagen, gibt es Abkürzungen, und Showa hat die schlanken Ideen in Japan spät übernommen, sozusagen ein Hinterwäldler.

Tatsächlich hätte Showa schneller sein können. Keine der letztendlich benutzten Methoden, das System der kundenspezifischen Fertigung, der neuen Auftragsabwicklung und Planungstechniken, war 1984 unbekannt. In einer Gesellschaft, die eine schnellere Kapitalrendite verlangt als Japan und die die Konsequenzen für die Menschen übernehmen will, wäre Showa vielleicht schneller gewesen. (Man muß bedenken, daß die erste Regel des Geschäfts bei Showa – wie bei den meisten japanischen Firmen – darin bestand, keinen zu entlassen, außer im Falle eines bevorstehenden Bankrotts. Es gab deshalb inhärente Grenzen, wie schnell eine finanzielle Leistung verbessert werden kann in einem stagnierenden Produktmarkt, wenn gleichzeitig die Zahl der Beschäftigten konstant gehalten wird.) Sicherlich kann ein Management, das sich ein schnelleres Tempo vorgenommen hat, den Prozeß beschleunigen, und wir werden auf diesen Punkt in Kapitel 11 zurückkommen.

Showa war jedoch kein später Anwender unter den mittelständischen und kleinen Firmen in Japan. In Wirklichkeit zählt das Unternehmen zu den ersten Herstellungsbetrieben in Kyushu, die schlanke Ideen voll übernommen haben. Es gibt zahlreiche Belege dafür, daß ein wesentlicher Teil der japanischen Wirtschaft heute noch nicht schlank ist, wir kommen gleich darauf zurück. Wir können auch sehen, warum, wenn wir uns den Kampf bei der Verbreitung schlanker Ideen bei ihrem Ursprung bei Toyota ansehen.

Schlankheit bei Toyota

Als Taiichi Ohno erstmals 1984 in den winzigen Betrieb Showa Manufacturing kam, war das mächtige Unternehmen Toyota gerade am Ende eines fünfunddreißigjaährigen Prozesses der Verbreitung schlanken Denkens innerhalb der Toyota-Gruppe in Japan angelangt und begann nun, es über die Welt zu verbreiten, zunächst in der NUMMI-Fabrik in Kalifornien.

Zwei der schlanken Grundkonzepte der Produktion – automatischer Maschinen- und Bandstillstand, wenn ein Fehler auftaucht, damit keine fehlerhaften Teile weiterverarbeitet werden, die dann die nachgelagerte Fertigung unterbrechen (was Toyota *jidoka* nennt), und ein Sogsystem, so daß nur wirklich benötigte Teile hergestellt werden (was Toyota Just-in-Time nennt) – wurden in den 1920er und 1930er Jahren von Sakichi Toyoda (dem Gründer der Toyota-Gruppe) und seinem Sohn Kiichiro Toyoda (erster President ihres Ablegers, der Toyota Motor Company) formuliert. Diese Produktionskonzepte wurden jedoch von Taiichi Ohno und seinen Anhängern Ende der 1940er Jahre verbunden und operationalisiert. Gleichzeitig leistete Toyota Pionierarbeit bei den Ideen für die Organisation der Produktentwicklung, des Managements der Zulieferkette und der Auftragsannahme vom Kunden, die letztlich das vollständige Toyota-System konstituierten. Man muß ernüchternd feststellen, daß Toyota den historischen Sprung einer vollen Umsetzung dieser Ideen erst vollzogen hat, als es 1950 in einer tiefen Krise steckte.

»... Der Vorteil einer oppositionellen Einstellung«

Mit Rückblick auf die 1980er Jahre bemerkt Taiichi Ohno, daß »es Unternehmen gibt, die sogar einen bescheidenen Gewinn erzielen, aber nie das Produktionssystem von Toyota verwendet haben. Sie können es gar nicht. Andererseits gibt es fast bankrotte Unternehmen, die dieses System vollkommen angewandt haben, wohl wissend, daß sie auch bei einem Scheitern nicht viel verlieren können ... Das ist der Vorteil einer oppositionellen Einstellung.«[2]

Sicherlich hatte das Verluste einfahrende Unternehmen Toyota direkt nach dem Krieg kaum etwas zu verlieren, und Ohno war ein Meister der hinterfragenden Einstellung. Als er 1948 zum Leiter der Motorenherstellung bei Toyota befördert wurde und plötzlich die Autorität hatte, Veränderungen einzuführen, fand er einen klassischen Werkstättenbetrieb der Massenproduktion vor mit allen Maschinen eines Typs in einer Ecke. Die Produktionsleistung war sogar noch schlechter als erwartet, weil andere Abteilungen von Toyota, die die Motorenproduktion belieferten, selten rechtzeitig lieferten, und wenn, dann nur in riesigen Losgrößen. Deshalb mußte man in der Motorenproduktion in der ersten Monatshälfte auf die notwendigen Teile warten, in der zweiten aber um so schneller arbeiten, um das monatliche Produktionsziel zu erreichen.

Bald nach seiner Ankunft hatte Ohno seine grundlegendsten Einsichten. Erstens stellte er fest, daß die Arbeiter meistens einfach nur die Maschinen dabei beobachteten, wie sie ihre Arbeit verrichteten, und daß es zur Produktion vieler fehlerhafter Teile kommen konnte, bevor sie von den Kontrolleuren in der Qualitätskontrolle entdeckt wurden. Er erinnerte sich an die selbstkontrollierenden Webstühle bei Toyoda (die er »ein Laboratorium direkt vor den Augen« nannte), die Vorrichtungen hatten, um die Fadenspannung zu messen, so daß sie sich sofort selbst abschalteten, wenn ein Faden riß und der Webstuhl anfing, fehlerhafte Stoffe zu produzieren. Diese Idee diente ihm als Inspiration, und er entwarf schnell eine Reihe von Reglern und An/Aus-Meßgeräten, so daß die Maschinen, wenn sie einmal bestückt waren, ihre Arbeit ohne menschliche Intervention verrichten konnten und sofort stoppten, wenn ein Fehler auftrat. Mit diesen einfachen zusätzlichen Vorrichtungen an den Werkzeugmaschinen war es schnell für einen Arbeiter möglich, viele Maschinen zu überwachen und auch Qualitätsprüfungen durchzuführen. Ansonsten bestückte er nur die Maschinen (wie bei den *chaku-chaku*-Bändern, die jetzt bei Pratt & Whitney installiert sind) und kümmerte sich um Störfälle.

Die zweite Erkenntnis von Ohno war, daß »bei großen Lagerbeständen immer ein Teil fehlte«. Er kam zu dem Schluß, daß das Problem nur gelöst werden kann, wenn jeder Fertigungsschritt häufig zu dem vorhergehenden zurückgeht und dort die genaue Anzahl von Teilen mitnimmt, die er für den nächsten Produktionsschritt braucht. Durch das Hinzufügen der eisernen Regel, daß der vorhergehende Schritt nie mehr Teile produzieren darf, als der nächste gerade angefordert hat, wurde ein rudimentäres Just-in-Time eingeführt. Die berühmten *kanban*-Karten wurden 1953 zur Formalisierung des System eingeführt, um Information in derselben Rate zügig rückwärts fließen zu lassen, wie das Produkt vorwärts floß. Das schnelle Umrüsten der Werkzeuge, das erforderlich war, damit der vorgelagerte Prozeß auf den Bedarf des nächsten schnell reagieren konnte, wurde erstmals in den späten 1940er Jahren versucht, aber es dauerte bis in die späten 1960er Jahre, bis sogar die größten Werkzeuge schnell umgerüstet werden konnten.

Ohnos dritte Einsicht war, daß die Maschinen nicht nach Bearbeitungsart, sondern in »Zellen« angeordnet sein sollten. Dort würden sie hufeisenförmig in genau der Reihenfolge aufgestellt, die für die Teilefertigung erforderlich ist. Durch die Konzentration auf die Fertigungsabläufe statt auf die Wartungsanforderungen der Maschinen, die traditionellen Qualifikationen und Arbeitsmethoden der Belegschaft oder das konventionelle Denken über Größenvorteile stellte er die Wertschöpfung in den Vordergrund und perfektionierte schließlich das Konzept der »Einzelstückfertigung«. (Man bemerke, daß die Einführung der Einzelstückfertigung einen Großteil des internen Just-in-Time-Bedarfs überflüssig machte, der Abteilungen und Fertigungsinseln verband. Durch das Hinzufügen oder Abziehen von Arbeitern aus den Zellen konnte Toyota das Produktionstempo steigern oder senken, um es genau synchron zum »Sog« des Marktes zu halten.

Die Einsichten und Handlungen von Ohno markierten eine fundamentale Abkehr von anderen japanischen Firmen in der Zeit nach dem Zweiten Weltkrieg (einschließlich des Erzrivalen Nissan). Viele Unternehmen konzentrierten sich auf immer größere und schnelle Maschinen, die nach Bearbeitungskategorien gruppiert waren und schließlich durch MRP gekoppelt oder über komplizierte, automatisierte Transfer- und Fertigungsstraßen verbunden wurden, die Dutzende von Herstellungsschritten integrierten. Es wurden zunehmend Roboter eingesetzt, um die menschliche Arbeit abzuschaffen. Letzteres kann man als »High-Tech«-Massenproduktion ansehen. Diese Methoden waren für ein großes Produktionsvolumen an standardisierten Produkten perfekt, die weitgehend für den Export bestimmt waren. Solche Güter zählen heute jedoch zu einer aussterbenden Art, und die High-Tech-Massenproduktion ist oft der Verlierer, wenn sie mit einem flexiblen, schlanken Hersteller konfrontiert wird, der in seiner gesamten Wertschöpfung einen kontinuierlichen Ablauf eingeführt hat.

Die kreative Krise

Einer der Lieblingssprüche von Ohno lautet: »Der Alltagsverstand irrt sich immer.« Er sah sein Leben als einen Versuch, den Alltagsverstand umzukehren – beispielsweise den Glauben, daß die Massenproduktion effizienter sei – und einen besseren Weg zu suchen. Allein sein Temperament und seine Vorstellung, daß das »Normale« falsch sei, prädestinierten ihn für Konflikte mit seinen Kollegen und Arbeitern. Als er entdeckt hatte, daß ein Arbeiter fünfzehn Maschinen bestücken und kontrollieren konnte, und er zu dem Resultat kam, daß die Maschinen ohne Rücksicht auf die traditionellen Qualifikationen in der Abfolge der Produktionsschritte arrangiert und rearrangiert werden müssen, gab es ein Potential an Konflikten mit den Beschäftigten. Und als er zu der Überzeugung gelangte, daß die vorgelagerten Abteilungen genau das tun sollten, was die nachgelagerten anforderten, und nur genau dann, wurden das Leben und die Arbeit der Manager entlang dem Wertschöpfungsstrom ständig geändert.

Ohnos Produktivitätskampagne kollidierte zufällig mit einem Umsatzeinbruch im Jahr 1949. Sogar als die Zahl der benötigten Arbeiter zur Produktion einer bestimmten Stückzahl von Autos schnell sank, stürzten die Verkaufszahlen nach unten, verursacht durch die »Dodge Line«, die durch die amerikanische Besatzungsmacht eingeführt wurde, um die Inflation in den Griff zu bekommen. Anders als Showa Jahre später, hatte Toyota kaum finanzielle Reserven, um zu überleben und alle seine Arbeiter weiter zu bezahlen, und geriet in eine schwere Krise. Außerdem hielten viele Fabrikarbeiter und ihre direkten Vorgesetzten (die in derselben Gewerkschaft waren) das neue Produktionskonzept von Ohno für sehr umstürzlerisch. Die Stellen der traditionellen Facharbeiter – Schweißer und Mechaniker – und die Arbeitsplätze vieler in direkten Funktionen – wie Qualitätskontrolle und Maschinenwartung – waren durch die neuen Methoden in ihrer Existenz bedroht, und die Manager hielten die extreme Synchronisation des Produktionsprozesses bei ständig schrumpfenden Lagerpuffern für sehr anspruchsvoll.

Anfang 1950 spitzte sich die Krise zu, als Toyota verkündete, daß 2146 Mitarbeiter entlassen würden, ein Drittel seiner Belegschaft. Der Rest der Belegschaft tratt zwei Monate lang in den Streik, bis der President Kiichiro Toyoda die Verantwortung für Managementfehler bei der Sicherung von Arbeitsplätzen übernahm. Er schied aus dem Unternehmen aus. Sein Ausscheiden hatte aber keine Wirkung auf die Übernahme schlanker Techniken. Ohno blieb, und die neue Vereinbarung zwischen Toyota und der Gewerkschaft machte seine Arbeitsmethoden zur Norm. Im Gegenzug garantierte diese Vereinbarung eine lebenslange Festbeschäftigung.

Der langsame Marsch durch Toyota

Glücklicherweise fiel das Streikende im Juni 1950 genau mit dem Ausbruch des Koreakrieges zusammen. Plötzlich hatte Toyota volle Auftragsbücher und baute LKWs für die amerikanische Armee in Korea. Die Finanzkrise war vorbei. Keine Führungskraft bei Toyota wünschte sich jemals das Trauma von Entlassungen zurück. Deswegen wurde es sofort zur Frage, wie man die Produktion ohne große Neueinstellungen steigern kann. Und genau das konnte Ohno.

Er unterwies seine direkten Untergebenen im Rahmen praktischer Übungen. Seine Ideen widersprachen oft der Intuition und waren schwer zu akzeptieren, außer man versuchte es selbst. (Das gilt auch heute noch, wie wir wiederholt sahen.) Infolgedessen blieben die meisten Vorarbeiter und Bandarbeiter, die nicht der direkten Kontrolle von Ohno unterstanden, skeptisch hinsichtlich seiner »Umkehrung des Alltagsverstandes«, was niemand anders in der Welt anstrebte. Die Verbreitung des neuen Produktionssystems innerhalb von Toyota verlief deshalb überraschend langsam.

Erst als Ohno 1953 zum General Manager für Motoren, Getriebe und Montage befördert wurde, konnten diese Schritte voll sychronisiert werden, und solche Techniken wie das *Andon*-Bandstopp-System wurden von der ersten Implementierung im Motorenwerk (im Jahr 1950) auf die Endmontagebänder übertragen. Und erst als er 1960 die neue Motomashi-Fabrik übernahm, schaffte es Toyota, daß seine externen Zulieferer just in time lieferten. Der Fortschritt des Produktionssystems innerhalb von Toyota war bis zu seinem Ausscheiden im Jahr 1978 direkt an die Karriere von Ohno gekoppelt. Er entwickelte nicht nur das »Wissen«, sondern war auch der unerbittliche »Change Agent«, zwei der drei Rollen, die sich in jeder erfolgreichen Firma, die wir untersucht haben, als wesentlich herausgestellt haben. (Die dritte Rolle, die Stärke der Kontinuität, übernahm President Eiji Toyoda, der Vetter von Kiichiro, der Ohno, sicherlich eine der anspruchsvollsten und schwierigsten Persönlichkeiten der Welt, ständig bei seinen Zusammenstößen mit anderen Managern bei Toyota unterstützte.)

Die parallelen Revolutionen

Die Entwicklung und Perfektionierung des Produktionssystems von Toyota war eine erstaunliche Leistung. Aber zur gleichen Zeit, als Ohno in den späten 1940er Jahren über eine Neugestalung der Fabrik nachdachte, führte Präsident Kiichiro Toyoda das *shusa*-Produktentwicklungssystem, die Toyota-Zulieferergruppe und das Toyota-Vertriebs- und Verkaufssystem ein, die alle die neue Produktionslogik vervollständigten.

Da Toyota keine ausländischen Autos in Lizenz bauen wollte (wie die übrige Auotindustrie bis weit in die 1950er Jahre hinein), war ein besonders gutes Produktentwicklungssystem unter starker Führung gefragt. Kenya Nakamura wurde deswegen als erster wirklich starker Chefingenieur (oder *shusa*) für das erste Nachkriegsauto von Toyota ausgewäht, den entscheidenden Crown, ein völlig neues Auto, das 1955 auf den Markt kam. Nakamura und drei weitere Chefingenieure, die eingestellt wurden, als das Chief Engineer's Office 1953 eingerichtet wurde, waren starke Persönlichkeiten, die sich intensiv gegenseitig unterstützten und ihre Konstruktionen schnell durch eine Firma mit relativ schwachen technischen Funktionen leiteten.[3] Der überwältigende Erfolg des Crown auf dem japanischen Markt und die Entscheidung von Toyota, einen kurzen, vierjährigen Modellwechsel einzuführen, schufen eine Sonderrolle für Toyotas *shusa*, die dem Unternehmen eine Generation lang gedient hat.

Die Krise von 1950 hatte noch einen anderen Effekt auf Toyota, weil die Banken die Krise teilweise auf Überproduktionen aufgrund zu optimistischer Verkaufsprognosen zurückführten. Sie verlangten die Gründung einer unabhängigen Firma (namens Toyota Motor Sales), was im Juli 1950 geschah. Sie sollte alle Autos der Toyota Motor Company aufkaufen und an die Kunden ausliefern. Theoretisch würde sich Toyota Motor Sales einer Überproduktion widersetzen, da die Bestände in ihren Büchern erscheinen würden. Die Theorie der Banken war dubios (weil die Toyota Motor Company die Toyota Motor Sales kontrollierte), aber diese Anordnung gab dem brillanten Shotaro Kamiya (fünfundzwanzig Jahre lang President von Toyota Motor Sales) Manövrierspielraum zur Perfektionierung seines Verkaufssystems »Kunden fürs Leben« und Zeit, sehr intensiv darüber nachzudenken, wie die Bestellfristen so verkürzt werden können, daß sie sehr nahe an den Tag der Herstellung rücken, damit keine Autos gebaut werden, die nicht bestellt sind.

Gleichzeitig mit der Einführung des *shusa*-Produktentwicklungssystems und des Level Selling kehrte Toyota auf dramatische Weise der konventionellen industriellen Praxis der vertikalen Integration den Rücken. Angefangen mit der Gründung von Nippondenso, Aisin Seiki und Toyoda Gosei als unabhängige Unternehmen im Jahr 1949 dezentralisierte sich Toyota schnell selbst. Vormals interne Abteilungen wurden in unabhängige, aber angeschlossene Geschäftesbereiche umgewandelt. Toyota reduzierte dadurch die Wertschöpfung, die für ein durchschnittliches Fahrzeug innerhalb seiner engen Unternehmensgrenzen erzeugt wurde, von 75 Prozent im Jahr 1937 auf 25 Prozent Ende der 50er Jahre. Sogar 50 Prozent der Endmontage wurden nach außen vergeben.

Die Gründe, aus denen heraus diese radikale Politik verfolgt wurde, sind schwer genau auszumachen. Die ursprüngliche Ausgliederung von Nippondenso, Aisin Seiki und Toyoda Gosei wurde vielleicht von der amerikanischen Besatzung veranlaßt, die sich gegen die Konzentration von Industrieholdings richtete. (Die Toyota-Industriegruppe wurde im September 1947 zu einer inakzeptablen Industriekonzentration erklärt, die in wenigen Jahren aufzulösen sei, aber dieses Mandat wurde nie ausgeführt.) Der anhaltende Prozeß der Ausgliederung bei Toyota, der sogar nach der Beendigung der Demontage-Kampagne der Besatzung andauerte, und die spätere Ausgliederung von Nippondenso und den anderen Zulieferern der »ersten Stufe« hingen anscheinend damit zusammen, daß die Manager von Toyota das Risiko verteilen und von niedrigeren Löhnen für die nach außen vergebenen Teile profitieren wollten.

Was auch immer die Gründe waren, es ist unwahrscheinlich, daß Kiichiro Toyoda die brillante Wirkung der Gruppenstruktur vollkommen vorausgesehen hatte, bei der es um den Aufbau permanenter Beziehungen zwischen den Firmen ging, deren hohe Löhne und Managementgehälter von ihrer individuellen Leistung abhingen statt von der ganzen Firmengruppe. Die Interaktionsmethoden, die für den Umgang mit den eng angeschlossenen Unternehmen entwickelt wurden, wurden später auf alle 190 Mitglieder des Zuliefererverbandes angewandt, was zu bisher ganz unbekannten Beziehungen zu den Zulieferern führte.

Die Gruppenstruktur erwies sich auch als einzigartig hilfreich für das Konzept der Aufstellung der Vorgabekosten von Ohno, wobei Toyota Motors an der Spitze der Pyramide den Wert einer bestimmten Komponente für den Kunden bestimmte und dann mit dem Zulieferer rückwärts arbeitete, um herauszufinden, wie genügend Kosten eingespart werden können, um das Teil zu Vorgabekosten mit einem angemessenen Gewinn zu produzieren. Wie wir gleich sehen werden, war fast immer der beste Weg zum Einsparen von Kosten die Einführung des Produktionssystems von Toyota (TPS). Mit zurückgehenden Kosten bei den Zulieferern entdeckten die 190 Unternehmen schnell, daß sie mehr verdienen konnten, wenn sie an andere Kunden als Toyota lieferten, die die Logik der schlanken Produktion nicht verstanden. Toyota wurde bald quersubventioniert von allen seinen Konkurrenten, mit Ausnahme von Nissan, an das zu verkaufen Toyotas Hauptlieferanten bis 1994 untersagt war.

Vervollständigung der Revolution in der Produktion

Bis Mitte der 1960er Jahre hatte Ohno schließlich seine Ideen in den Produktionseinrichtungen von Toyota verbreitet. Der logische nächste Schritt für alle Zulieferer von Toyota war dann, damit anzufangen, die Teile just in time zu liefern. Als jedoch die Lieferhäufigkeit in Reaktion auf die *kanban*-Signale erhöht wurde, stellte Toyota fest, daß seine Zulieferer sich auf Lagerbestände mit fertigen Teilen verließen, die aus kleinen Haufen von Teilen bestanden, die für ihre stündlichen oder mehrmaligen Lieferungen weit im voraus montiert wurden. Diese Stapel wurden durch die Produktion in großen Losen verursacht, weil die Lieferanten die Produktion kleiner Lose nicht behrrschten, um die Menge nachliefern zu können, die Toyota mehrmals täglich von ihrem Lager abrief.

1969 wies Ohno deshalb eine neue Gruppe an, die direkt an ihn berichtete und die er selbst geschult hatte: das Production Research Office, das jetzt Operations Management Consulting Division (OMCD) genannt wird. Er baute sich gegenseitig unterstützende Gruppen unter den zweiundzwanzig größten und wichtigsten Zulieferern von Toyota auf. Sie wurden damit beauftragt, pro Monat eine größere Verbesserungsmaßnahme mit technischer Hilfe der OMCD miteinander durchzuführen. Die Ergebnisse dieser Maßnahmen wurden dann von den leitenden Managern der anderen sechs Unternehmen untersucht, deren Aufgabe es war, Vorschläge zu unterbreiten, wie die Arbeit vielleicht noch weiter verbessert werden könnte. Als nächstes wurden die Zulieferer mit der Gründung ihrer eigenen OMCDs beauftragt und voranzuschreiten darin, jede Aktivität schlank zu machen. Toyota forcierte die Transformation, indem es ständig Senkungen bei den Teilekosten verlangte: für jedes Teil jedes Jahr von jedem Zulieferer.

Nach 1973, als das Wachstum kurz stagnierte, aber Toyota weiterhin kontinuierliche Preissenkungen auf der Basis kontinuierlicher Kostensenkungen verlangte, erkannten die Lieferanten der ersten Stufe, daß sie die Kosten bei ihren Lieferanten der zweiten Stufe senken mußten, indem sie ihnen das Toyota-System beibrachten. Auf diese Weise gelangte bis Ende der 1970er Jahre das TPS weit in die Zulieferkette.

Vervollständigung der parallelen Revolutionen

So schwierig es auch war, schlanke Prinzipien im gesamten Produktionssystem bei Toyota zu verbreiten, um so schwieriger war es, die Revolution in anderen Aspekten des Geschäfts zu vollenden. Beispielsweise reduzierte Toyota Motor Sales allmählich die Vorlaufzeit für Autobestellungen bei Toyota auf zehn Tage, hielt aber noch eine große Anzahl von Neuwagen vor. Erst als schließlich Shotaro Kamiya 1981 im Alter von einundachtzig Jahren in den Ruhestand versetzt wurde, konnte Toyota den logischen Schritt unternehmen und eine Fusion von TMS und TMC einleiten, um die Toyota Motor Corporation zu gründen. Nach 1982 schrumpfte der Lagerbestand an Neuwagen im japanischen Markt praktisch auf Null (bevor der Einbruch in der Nachfrage nach 1991 zeitweise den Trend umkehrte).[4] Die meisten Autos werden jetzt innerhalb von circa einer Woche nach der Bestellung des Kunden gebaut und ausgeliefert.[5]

Der Teilevertrieb erwies sich lange Zeit als resistent gegenüber dem schlanken Denken, und Toyota wendete bis Anfang der 1980er Jahre keine schlanken Techniken in seinem inländischen Servicenetz an (wie wir in Kapitel 4 beschrieben haben). Bis zu diesem Zeitpunkt gab es eine klassische Lagerhaltung, obwohl die Lager von den schlanksten Herstellern der Welt beliefert wurden.

Das ursprüngliche *shusa*-System, das Toyota mit dem Crown in den frühen 1950er Jahren eingeführt hatte, funktionierte schließlich immer weniger, als die Anzahl der Produkte in die Höhe ging. (Noch bis 1966, als der Corolla auf den Markt kam, hatte Toyota nur drei Modelle: den Crown, den Corona und den Publica, den verhängnisvollen »Wagen für das Volk«.) 1991 bot Toyota 39 PKW- und LKW-Modelle an, die auf 19 separaten »Plattformen« basierten (in der Autoherstellersprache der Begriff für das zugrundeliegende Fahrwerk unter der Metallkarosserie und der Innenausstattung).

Das Problem war, daß der erste entschlossene *shusa* den Weg für bürokratischere Persönlichkeiten ebnete und die Abteilungen bei Toyota in dem Maße tiefer und stärker wurden, je mehr Wissen das Unternehmen anhäufte. Die *shusa*, die eine Position ganz im Zentrum des Unternehmens einnahmen, hatten mehr und mehr Probleme damit, die Meinung der Kunden zur Kenntnis zu nehmen, und kamen oft ins Stolpern, wenn sie eine Produktentwicklung durchzogen. Außerdem gab es keinen Mechanismus, der die *shusa* über die Arbeit der jeweils anderen informierte. Deswegen wurden viele Teile für neue Autos neu konstruiert, obwohl fast identische Komponenten entweder bereits erhältlich waren oder simultan für andere neue Modelle entwickelt wurden. Daraus resultierten immense Kosten, und es gelang mehr als ein Jahrzehnt lang nicht, das Time-to-Market zu verkürzen (das bei 42 Monaten stehengeblieben war). Es gab deswegen spektakuläre Fehleinschätzungen der Kundenwünsche, als 1991 das Wirtschaftshoch ein Ende nahm.

1992 reorganisierte Toyota deshalb seine Produkte in drei Plattformgruppen (Autos mit Vorderradantrieb, mit Hinterradantrieb und Kleintransporter), die von wirklich hochkarätigen Programm-Managern überwacht werden und über wesentlich mehr technische Ressourcen verfügen. (Die Organisation sieht jetzt in der Tat der von Chrysler in Nordamerika erstaunlich ähnlich, obwohl Toyota dem nur ungern zustimmen würde.) Das Ziel ist es, sich auf Produktfamilien mit gemeinsamen Komponenten zu konzentrieren statt auf selbständige Produkte (von denen jedes noch seinen eigenen Chefingenieur hat), um die technischen Ressourcen den Plattformgruppen zuzuteilen und dem Konstruktionsfluß in die Produktion eine Stromlinienform zu geben, so daß die Konzeptionierung und Markteinführung eines neuen Autos in siebenundzwanzig Monaten über die Bühne gehen kann. Das sind exakt die Merkmale des Produktentwicklungssystems, die wir wiederholt bei unseren erfolgreichen schlanken Unternehmen angetroffen haben, außer daß Toyota sie erst spät eingeführt hat.

Toyota heute

Als wir 1990 unser vorheriges Buch *Die zweite Revolution in der Autoindustrie* zu Ende schrieben, war Toyota zur herausragenden Produktionsorganisation in der Welt geworden, und wir sind davon überzeugt, daß dies auch heute noch zutrifft. Obwohl die Regeln der Datensammlung für dieses Buch uns damals daran hinderten, spezielle Unternehmen und Einrichtungen zu identifizieren, führte Toyota – und allgemein mit einem wesentlichen Vorsprung, sogar im Vergleich mit anderen japanischen Firmen – bei praktisch jedem von uns durchgeführten Benchmarking-Test: Fabrikleistung, Produktentwicklungszeit und -aufwand (sogar vor der Reorganisation im Jahr 1992), Leistung der Zuliefererkette und Vertrieb. Untersuchungen, die seitdem durchgeführt wurden und die in Tabelle 10.1 zusammengefaßt sind, zeigen, daß es eine beachtliche Konvergenz in der Produktivität und Qualität in der ganzen Welt gibt, daß aber Toyota und seine Teilegruppe ihre Überlegenheit behalten haben.

Natürlich basierte »die zweite Revolution« auf Toyotas Verknüpfung von Ideen über Produktentwicklung, Management der Zulieferkette und System der Kundenbeziehungen. Aber die Durchsetzung dieser Konzepte in nur einem Unternehmen und seinen Lieferanten sowie Händlern dauerte 35 Jahre. Auch Toyota schwankt noch auf seinem Kurs, und der Prozeß der Einführung schlanker Ideen von einem Ende der Wertschöpfung für seine Produkte zum anderen ist auch heute bei Toyota noch nicht beendet.

Ende der 1980er Jahre, nachdem Ohno und seine Generation das Unternehmen verlassen hatten, begann man bei Toyota die Möglichkeit der Einführung höherer Automationsstufen in Erwägung zu ziehen, in der Tat einige Aspekte der High-Tech-Massenproduktion. Die Tahara-Fabrik in der Nähe von Toyota City war der Testfall, wo mit der Produktionsaufnahme eines neuen Modells eine viel stärkere vollautomatisierte Montage eingeführt wurde. Toyota lernte schnell die gleiche Lektion wie Roger Smith bei General Motors: High-Tech-Automation funktioniert nur, wenn die Fabrik zu 100 Prozent ausgelastet werden kann und wenn die Kosten für die indirekte technische Ausstattung und die High-Tech-Werkzeuge unterhalb der Kosten für die eingesparte direkte Arbeit liegen. Tahara hat beide Prüfungen nicht bestanden.

Bei der nächsten Fabrik, der Miyata-Fabrik in Kyushu, die 1991 eröffnet wurde, wurde diese Lektion beherzigt, und man kehrte auf eine

Tabelle 10.1: Relative Leistung in der Automontage und Teileherstellung, 1993-94

	Toyota* (in Japan)	Japan (Durchschnitt)	USA (Durchschnitt)	Europa (Durchschnitt)
Produktivität (Toyota = 100)				
Montage	100	83	65	54
Zulieferer der ersten Stufe	100	85	71	62
Qualität (gelieferte Fehler)				
Montage (pro 100 Autos)	30	55	61	61
Zulieferer der ersten Stufe (Teile pro Million)	5**	193	263	1 373
Zulieferer der zweiten Stufe (Teile pro Million)	400**	900	6100	4 723
Auslieferungen (Prozent der Verzögerungen)				
Zulieferer der ersten Stufe	0,04**	0,2	0,6	1,9
Zulieferer der zweiten Stufe	0,5**	2,6	13,4	5,4
Lagerbestände (Zulieferer der ersten Stufe)				
Stunden	unbek.	37	135	138
Lagerumschläge (pro Jahr)	248**	81	69	45

* Die Zahlen in der Toyota-Spalte für Montageproduktivität und -qualität und für die Produktivität der Zulieferer der ersten Stufe wurden aus industriellen Quellen von den Autoren geschätzt. Die IMVP- und Anderson-Datenreihen, die für die Zusammenstellung der anderen Spalten benutzt wurden, enthalten keine Daten über die Lieferung bestimmter Unternehmen, zeigen aber statt dessen beste, schlechte und durchschnittliche Leistungen in jeder geographischen Region.

** Diese Zahlen wurden von Peter Hines von der Cardiff Business School für einen unterschiedlichen Produktmix im Vergleich zu den anderen Gruppierungen berechnet. Es kann in der Stichprobe zu geringen Unterschieden in der Leistung aufgrund dieser Differenz im »Marktkorb« der Teile kommen. Wir glauben aber, daß Sie unerheblich sind.

Quellen: Für Montage: John Paul MacDuffie und Frits Pil, »Regional Convergence in Manufacturing Performance: Round Two Findings from the International Assembly Plant Study«, MIT International Motor Vehicle Program Research Report, Cambridge, Mass., 1996.
Für Zulieferer: Nick Oliver, Daniel T. Jones, Rick Delbridge, Jim Lowe, Peter Roberts und Betty Thayer, *Worldwide Manufacturing Competitiveness Study: The Second Lean Enterprise Report* (London: Andersen Consulting, 1994).
Für Toyota-Zulieferer: Peter Hines, »Toyota Supplier System in Japan and the UK«, Lean Enterprise Research Centre Research Paper, Cardiff, U.K., 1994.

viele niedrigere Automationsstufe bei der Endmontage zurück, und das Montageband wurde so reorganisiert, daß benachbarte Arbeitsschritte – beispielsweise der Einbau der elektrischen Anlage – in einem Bereich montiert und getestet werden. (Dadurch erhalten die Beschäftigten eine direkte Rückmeldung darüber, ob alles korrekt eingebaut wurde, ein

Hauptfaktor bei der Schaffung eines psychologischen »Flow«-Erlebnisses.)

Erst vor kurzem hatte Toyota in der gerade auf Vordermann gebrachten Motomachi-Fabrik, die 1994 wiedereröffnet wurde, mit einer Kernschwäche seines Systems zu kämpfen, nämlich dem Fehler, das tatsächliche Maß an menschlicher Arbeit bei jedem Produktionsjob zu beurteilen, und nicht nur seine Machbarkeit in einem bestimmten Arbeitszyklus. Über Befragungen bei den Arbeitsteams zur genauen Ermittlung von Ermüdungen und Streß, die durch jede Bewegung erzeugt werden, und die Zusammenfassung dieser Ergebnisse für jeden Job kann Toyota zum ersten Mal objektiv über die erforderliche Arbeitsintensität Auskunft geben. Dadurch kann umgekehrt die Firma Jobs vergleichbar machen (oder die Arbeitsintensität für ältere oder behinderte Arbeiter anpassen) und den Kritikern Rede und Antwort stehen, die häufig behauptet haben, daß Toyota (und das Produktionssystem von Toyota ganz allgemein) ein unmöglich hohes Arbeitstempo von den Arbeitern verlangt.[6] Wenn unannehmbarer Streß und inakzeptable Ermüdung entdeckt werden, unterzieht das Arbeitsteam diese Tätigkeit einem *kaizen*, um die Jobs neu zu gestalten und einfache Hilfsmechanismen für den Arbeiter zu entwickeln.

Dieser Schritt, der beachtliche Forschungsanstrengungen einschloß, ist ein stillschweigendes Eingeständnis von Toyota, daß auf unbestimmte Zeit der Mensch bis zu einem gewissen Grad in die Produktion eingebettet bleibt. Die Lichter werden auch in der oft vorhergesagten Fabrik »ohne Lichter« angeschaltet bleiben, bis ins einundzwanzigste Jahrhundert hinein.

Das neue RAV4-Fahrzeug für Motomachi trägt auch der Tatsache Rechnung, daß die Reduktion der Anzahl der Teile und die Vereinfachung ihrer Fertigung viel effektiver sein können als die Automatisierung oder ein hohes Arbeitstempo bei der Kostensenkung. Die Karosseriebleche für den RAV4 werden in maximal drei Umformstufen im Presswerk gefertigt, während für andere Toyota-Modelle im allgemeinen fünf erforderlich sind. Dieser Schritt reduziert automatisch die Werkzeugkosten um 40 Prozent und steigert den Durchsatz des Betriebs dramatisch. Viele andere Komponenten im RAV4 wurden ebenfalls vereinfacht. Toyota schätzt deswegen, daß der Anteil der erforderlichen menschlichen Arbeit bei der Montage des RAV4 um 20 Prozent gesenkt wurde, in Relation zu dem am besten vergleichbaren vorherigen Produkt, obwohl sogar der

Grad der Automatisierung der Montage, die Kosten der Produktionswerkzeuge und die Arbeitsgeschwindigkeit leicht reduziert wurden.

Hinsichtlich ihrer gesamten Wertschöpfung führen alle Haupt- und Nebenzulieferer von Toyota ihre Produktionseinrichtungen im Einklang mit dem Produktionssystem von Toyota, und dies seit Ende der 1970er Jahre. Aber die Arbeit der Hersteller der dritten Stufe ist noch inkonsistent. Einige sind gut, andere nicht. Und man muß abwarten, ob die letzte Krise des Yen die Krise ist, die das TPS zurück zur Quelle der Wertschöpfung der Teilefertigung zwingt.

Auffallender ist, daß die meisten Zulieferer von Rohmaterial (Stahl, Aluminium, Glas und Kunstharz für die Herstellung von Plastikteilen) noch in der Welt der Massenproduktion stecken. Diese Firmen, die für mehr als zwei Fünftel der gesamten Herstellungskosten verantwortlich sind, sind außerhalb der Reichweite der Toyota-Gruppe, und die meisten haben sich der Forderung von Toyota widersetzt, ihrem Denken eine Stromlinienform zu geben. Beispielsweise hat Japan nur drei inländische Glashersteller, und bis 1994 war ihnen von der Regierung erlaubt, ein enges »Kapazitäts«-Kartell zu betreiben und die Preise und neue Teilnehmer zu kontrollieren. Es überrascht von daher nicht, daß einmonatige Bestände von Autoscheiben in der Glasindustrie die Regel waren. Und das scheint auch typisch für Stahl, Aluminium und Kunstharz zu sein.

Die Größe dieses Problems für Toyota zeigt sich in einer einfachen Rechnung von Peter Hines vom Lean Enterprise Research Centre.[7] Im Frühjahr 1994 schätzte er die Herstellungskosten, die Toyota sich entlang seiner Wertschöpfung einhandelt, wie folgt: Toyota selbst 22 Prozent; Zulieferer der ersten Stufe 22 Prozent; Zulieferer der zweiten Stufe 10 Prozent; Zulieferer der driten und vierten Stufe 3 Prozent und die Rohmateriallieferanten (direkt im Verhältnis zu Toyota und zu allen Zulieferern) 43 Prozent. Im Westen machen die Rohmaterialkosten wahrscheinlich nicht mehr als 25 Prozent aus. Aber weil Toyota so erfolgreich bei der Kostensenkung in seiner Zuliefererbasis über vier Stufen von Lieferanten war, während die Kosten beim Rohmaterial nicht auf dieselbe Weise gemanagt wurden, liegt die wirkliche Kosteneinsparung für Toyota heute in der Änderung des Denkens und Handelns der Materialzulieferer.

Schließlich war das Konzept des aggressiven Verkaufs bei Toyota ein großer Durchbruch in den 1950er Jahren, hat sich aber seitdem kaum entwickelt. Die Zahl der Schritte und der Arbeitsaufwand, um den Kundenwünschen über einen Tür-zu-Tür-Verkauf gerecht zu werden, erzeugten ein Verkaufssystem mit hoher Zufriedenheit und hohen Kosten. Toyota braucht aber ein System mit hoher Zufriedenheit und niedrigen Kosten. Ein weiterer Sprung ist nötig (und wird in Kapitel 13 beschrieben), wenn ein wirklich schlanker Verkauf bei Toyota entstehen soll.

Insofern hat sogar Toyota, die schlankste Organisation der Welt, bisher noch keinen Erfolg in der Schaffung eines *Lean Enterprise* durch Beseitigung aller unnötigen Zeit, Arbeit und Fehlerquellen vom Rohmaterial bis zum fertigen Auto, von der Bestellung bis zur Auslieferung und vom Konzept zur Einführung für jede Produktfamilie. In Teil III dieses Buches werden wir Wege für diesen letzten Sprung vorschlagen.

Die Verbreitung des schlanken Ansatzes außerhalb von Toyota[8]

Weil Toyota auf dem Gebiet der vollkommenen Einführung schlanker Techniken Pionierarbeit geleistet hat, sollte man meinen, daß andere japanische Unternehmen dazu in der Lage gewesen sein sollten, sie viel schneller als Toyota anzuwenden. Aber tatsächlich folgten sie diesem Beispiel nicht. In den 1950er Jahren entwickelten japanische Elektronikunternehmen ein starkes Programm-Management und einen kurzen Produktzyklus, eine für ihr Überleben zentrale Strategie, indem sie elektronische Gebrauchsteile zu cleveren Paketen zusammenschnürten und den Markt mit einer Vielzahl neuer Produkte überfluteten. Nur Mitsubishi, mit seiner Zentrale in der Nähe von Kyoto und als Mitglied in der Chibu Industrial Engineering Association (deren Präsident Ohno in Abständen war), schien die Experimente in der Produktion genau beobachtet zu haben.[9]

Andere japanische Firmen *machten* zwar dramatische Fortschritte in dieser Periode, aber entlang einem komplementären Weg und von einem anderen Ausgangspunkt aus. Sie bauten ständig die ursprünglichen Konzepte der statistischen Qualitätskontrolle aus, die von den Amerikanern direkt nach dem Krieg[10] eingeführt wurden, um die Produktion in Qualitätszirkeln einzubeziehen, wo die sieben Qualitätswerkzeuge und der Problemlösungszirkel von Deming, Plan-Do-Check-Act, eingesetzt wurden. Sie experimentierten bald mit frühen Formen des Policy Deployment und des Managements der Qualitätsverbesserung für jeden funktionalen Prozeß. Innerhalb weniger Jahre war Total Quality Control (gefolgt von Total Quality Management) in der Industrielandschaft Japans weit verbreitet.[11]

Angestachelt von Nissan, das 1960 den Deming-Preis gewann, fing auch Toyota an, TQC parallel zu Ohnos Ideen einzuführen, und gewann 1965 selbst den Deming-Preis. Seitdem wurden Qualität und kontinuierlicher Fluß als funktionsüberschreitende Aktivitäten gemanagt und darüber an die höchsten Stellen von Toyota berichtet. Der wirkliche Vorteil von Toyota war, wie sich herausstellte, daß es allein dazu in der Lage war, TQC und TPS zu kombinieren, um sich von den anderen abzusetzen.[12]

Niemand in Japan – nicht einmal in der Autoindustrie – schien dem einzigartigen Vorgehen bei Toyota bis zur Energiekrise im Jahr 1973 viel Aufmerksamkeit entgegengebracht zu haben. Als die meisten Firmen nach jahrelangem stetigem Wachstum dann Geld verloren, aber Toyota gesunde Gewinne in einem nachlassenden Markt einfuhr – durch die Vermeidung der Produktion nicht gewünschter Produkte und ständige Einsparung von Kosten –, wurden die Vorzüge des schlanken Systems bei Toyota plötzlich offensichtlich.

Mitsubishi Motors, wo bereits viele Elemente des Systems übernommen worden waren, machte sich schnell an die volle Implementation, und bei Mazda wurde TPS zur zentralen Säule seines Comebacks nach 1974 (rechtzeitig für Ford, um das System aus zweiter Hand zu lernen, mit Beginn im Jahr 1979, als Ford 24 Prozent der Anteile von Mazda erwarb). Nissan, Honda und die anderen japanischen Autohersteller machten ihre Hausaufgaben, aber mit gemischten Ergebnissen. Nissan, um das auffallendste Beispiel zu nehmen, hatte Schwierigkeiten dabei, seine eigene Strategie der steigenden Automation zur Abschaffung menschlicher Arbeit und des Bedarfs nach enger Koordination mit den Mitteln des Toyota Production System zu eliminieren. Deswegen fiel es ständig hinter Toyota zurück, nachdem es sich in den frühen 1960er Jahren eines vergleichbaren Marktanteils erfreut hatte.

Ohno erkannte, daß eine Hauptursache für das langsame Durchsetzen des Systems von Toyota darin lag, daß es praktischen Unterricht erforderte. Aber niemand mit großen Erfahrungen verließ jemals Toyota, es sei denn, daß er zu einem Zulieferer wechselte. (Der Berater Shigeo war die einzige große Ausnahme.) Als Ohno 1978 über sein Ausscheiden nachdachte, entschied er deswegen, daß eine sehr nützliche Beschäftigung darin bestünde, mit einigen seiner loyalsten und begnadetsten Anhänger für ein externes Verbreitungssystem zu sorgen.

Das erste, geleitet von seinem engsten Anhänger Kikuo Suzumura, war das sogenannte New Production System oder NPS.[13] Ohnos Idee war es, eine Gruppe von Topmanagern aus einer Reihe japanischer Firmen außerhalb der Autoindustrie zusammenzubringen, einschließlich Firmen aus dem Einzelhandel. Diese Firmen belieferten direkt die Endverbraucher, und sie waren keine Konkurrenten. Sie stimmten zu, praktische Verbesserungsmaßnahmen nach demselben Modell wie bei Toyota durchzuführen, um das TPS nach 1969 bei ihren Hauptlieferanten zu verbreiten. Ohno war der »oberste Berater« und Suzumura der Leiter. Wie wir gesehen haben, spielte Ohno Mitte der 1980er Jahre auch eine Rolle bei der Gründung von Shingijutsu, einer mehr konventionellen Beratungsfirma.

Fairerweise muß man sagen, daß Mitte der 1990er Jahre die meisten größeren japanischen Herstellerfirmen und viele ihrer Hauptlieferanten die schlanken Konzepte kannten und die meisten mindestens einige Aspekte umgesetzt hatten. Bei unseren Reisen durch Japan waren wir jedoch von der Unregelmäßigkeit der Umsetzung überrascht sowie von der auffallenden Tatsache, daß viele Großunternehmen auf das ganz andere Konzept der High-Tech-Massenproduktion setzten.

Beispielsweise besichtigten wir unlängst eine große Einrichtung einer technisch fortgeschrittenen Firma, wo ein Wettrennen zwischen dem steigenden Yen und der Abschaffung teurer menschlicher Arbeit durchgeführt wurde. Die Fertigungsinseln zum Formen, Schneiden und Lackieren der Teile des komplexen Produkts der Fabrik waren vollautomatisiert. Roboter packten die Teile, die aus verschiedenen Fabrikationsschritten kamen, auf Paletten, die von automatisch gesteuerten Fahrzeugen in ein automatisiertes Lager- und Abruf-Zentrum gebracht wurden. Von dort wurden die selbst und von den Zulieferern gefertigten Teile automatisch zu einem vollautomatisierten Endmontageband transportiert, dessen Vorrichtungen sich sofort an die einhundert Modelle des Basisprodukts anpassen konnten, und Roboter übernahmen die Montage. (Die Anlage hatte noch 3 600 Beschäftigte, aber *keiner* war an der direkten Arbeit beteiligt.) Die Fabrik exportierte 50 Prozent ihrer 7,5 Millionen Einheiten und lieferte ein Sechstel der Weltnachfrage für dieses Produkt von einem Endmontageband in einer Halle. Für die Zukunft blickt diese Firma nach China als Quelle billiger Subkomponenten, die gegenwärtig von lokalen Hauplieferanten bezogen werden.

Es ist offensichtlich möglich, schlanke Techniken mit High-Tech-Massenproduktion zu kombinieren. Beispielsweise wendete die gerade erwähnte Firma die Konzepte des Total Productive Maintenance (eine weitere Idee der Toyota-Gruppe, von Nippondenso) und autonome Arbeitsteams (nur ein technischer Stab, weil es keine direkten Arbeiter gibt) auf ihr vollautomatisiertes Produktionssystem an. Es gibt jedoch in den meisten Fällen ein fundamentales Problem bei dieser Strategie, es ist nämlich ein klassischer Fall der Optimierung eines winzigen Stücks der Wertschöpfung, während die Kosten und Unannehmlichkeiten für den Kunden ignoriert werden, die an anderer Stelle entstehen.

Um die Größe zu erreichen, die zur Rechtfertigung dieses Automatisierungsgrades erforderlich ist, muß oft der ganze Weltmarkt von einer Fabrik beliefert werden. Aber die Kunden wollen genau das Produkt, das sie wollen, und sie wollen es dann, wann sie es wollen. Das heißt normalerweise: sofort. Daraus folgt, daß Ozeane und schlanke Produktion nicht kompatibel sind. Wir sind der Meinung, daß kleinere und weniger automatisierte Produktionssysteme innerhalb des Absatzmarktes zu geringeren Gesamtkosten (Logistikkosten und beschädigte Güter, die niemand mehr will, wenn sie geliefert werden) sowie zu größerer Kundenzufriedenheit führen.

Wenn man sich auf kleine japanische Firmen wie Showa konzentriert, dann trifft man größtenteils noch auf Massenproduzenten. (Showa baute Ende der 80er Jahre eine Selbsthilfegruppe mit zehn anderen Firmen aus dem Gebiet von Fukuoka auf, und viele dieser Firmen haben dramatische Fortschritte in der Anwendung schlanker Techniken gemacht. Aber andere Firmen in der Nähe sind weiterhin auf ihrem traditionellen Weg geblieben.)

Und je näher man sich die Herstellung diskreter Produkte ansieht, desto mehr ähnelt die japanische Praxis derjenigen an anderen Orten der Welt (oder ist sogar unterlegen). Um ein wichtiges Beispiel zu wählen: Der Vetrieb wird noch weitgehend in der mehrstufigen Weise mit Loslieferungen durchgeführt, die in Kapitel 4 beschrieben wurde, bevor Toyota mit der Anwendung schlanken Denkens begann. (Es ist kurios, daß die internationale Diskussion über das japanische Vertriebsnetzwerk sich darauf konzentriert hat, daß es für ausländische Hersteller unzugänglich sei. Wir haben nie irgendeine Erwähnung der Effizienz der tatsächlichen

Aktivitäten auf jeder Stufe gefunden, die ein großer Klotz am Bein der japanischen Wirtschaft insgesamt zu sein scheint.)

Schließlich ist bei den Dienstleistungen klar, daß viele japanische Firmen – beispielsweise inländische Fluglinien – eine hohe Stufe der Qualität und Kundenzufriedenheit anbieten, aber mit Methoden einer stapelförmigen Abwicklung mit entsprechenden Wartezeiten, die mit hohen Kosten verbunden sind.

Insofern ist die japanische Wirtschaft nach vierzig Jahren aufgrund einiger superlativischer Herstellungsverfahren schlanker als die meisten anderen. Aber sie ist noch nicht schlank genug, und viele sogar ihrer stärksten Verfahren wie die Fertigung, sind es auch nicht. Diese Implikationen werden deutlich, wenn wir uns die Weltsituation und die japanische Zukunft anschauen.

David Showa und Goliath Toyota: die japanische Herausforderung heute

Wir glauben, daß sich die Welt heute in einer fundamentalen Hinsicht geändert hat: Schlanke Techniken setzen sich in allen Bereichen durch, und die Währungen sind aufeinander abgestimmt, nachdem die amerikanische Beherrschung der Weltwirtschaft an ihr Ende gekommen ist.

Das Ergebnis davon ist, daß das winzige Showa heute interessante Lektionen an andere japanische Firmen weiterzugeben hat, sogar an das mächtige Toyota. Showa konzentriert sich wieder auf den Inlandsmarkt und diversifiziert in Produkte, die auf die entstehenden japanischen Bedürfnisse passen, und zwar die öffentlichen wie privaten. Sein schlankes Produktionssystem verstärkt seine schlanke Auftragsabwicklung und kundenspezifische Fertigungsfähigkeiten, um genau das zu liefern, was die Kunden wollen, und wann sie es wollen. Die direkten Herstellungskosten sind vielleicht höher, als wenn man die Produkte in Sri Lanka oder Burkina Faso (wenn das technisch möglich ist) herstellen ließe. Aber die Gesamtkosten (einschließlich Logistik) sind niedriger, und die Kombination aus niedrigen Kosten, Spitzenqualität, kundenspezifischer Fertigung und unmittelbarer Auslieferung ist unschlagbar. Gleichzeitig etabliert Showa ein Top-to-bottom-Produktionssystem in seinem anderen größeren Absatzmarkt.

Das ist natürlich nicht die einzige vorstellbare Ordnung. Ein alternativer Weg zur Überwindung der Veränderungen in der Weltwirtschaft besteht für die japanischen Unternehmen darin, technologisch innovativ zu werden und neue Produktklassen einzuführen, die niemand nachmachen kann. (Die Welt wird sie dann entweder zu jedem Preis kaufen und jede Wartezeit in Kauf nehmen oder ohne sie auskommen.) Dies könnte vielleicht die Fähigkeit der japanischen Firmen aufrechterhalten, den gesamten Weltmarkt von einem Ort aus zu bedienen, sogar wenn die Logistikkosten hoch sind und kundenspezifische Aufträge nicht realisierbar wären. Wir werden in Kapitel 12 noch genauer erklären, daß die eigentlichen Gründe, warum die japanischen Hersteller bei der Übernahme schlanker Techniken besser als ihre ausländischen Mitbewerber waren – unternehmens- statt funktionsorientierte Karrieren und die relative Schwäche der technischen Funktionen –, es für die japanischen Firmen schwermachen, die technologische Führung zu übernehmen. Einige haben vielleicht Erfolg, aber die meisten werden scheitern.

Eine zweite Lösung besteht für die Firmen darin, sich selbst »auszuhöhlen«, indem sie einen großen Teil des tatsächlichen Herstellungsinhalts ihrer Produkte importieren, die Montage in Japan unter Einsatz von High-Tech-Massenproduktion durchführen und weiterhin die fertigen Produkte auf die Weltmärkte exportieren. Das Problem hierbei ist einfach, wie wir in jedem Kapitel gesehen haben, daß die Unternehmen in Europa und Nordamerika schnell herausgefunden haben, wie sie schlanke Herstellung in ihrer Absatzregion durchführen müssen. (In der Tat war Toyota wegen seiner Direktinvestitionen in Nordamerika und Europa der effektivste Lehrer.) Um es zu wiederholen: Ozeane und Schlankheit sind normalerweise inkompatibel. Diese Strategie wird oft ein Verlierer sein.

Der dritte Ausweg besteht darin, neue Aufgaben für die japanischen Herstellerfirmen zu Hause zu finden, während schlanke Systeme für Produktentwicklung, Auftragsabwicklung und Produktion in jeder größeren Region repliziert werden. Das ist eindeutig die Gewinnerkombination. Das winzige Showa ist wirklich ein Modell für Toyota.

Ein zusätzlicher und sehr wichtiger Schritt besteht darin, mit der Anwendung schlanken Denkens auf die japanischen Vertriebssysteme und Dienstleistungen anzufangen. Andernfalls könnte eine Reorientierung der Wirtschaft weg vom Verkauf gefertigter Güter ins Ausland mit hohen Gewinnen, um neue inländische Bedürfnisse zu befriedigen, zu drastisch sinkenden Lebensstandards führen. In der Tat hat die Angst vor diesem Abstieg offensichtlich die Politiker davon abgeschreckt, die japanischen Unternehmen in die Richtung zu bewegen, die unserer Meinung nach wesentlich ist.

Die Schritte sind immer dieselben

Wir sind jetzt am Ende unserer Weltreise: von Nordamerika über Europa nach Japan. Bei jedem Halt haben wir gesehen, daß die Unternehmen – einschließlich Toyota – denselben Herausforderungen bei der Übernahme des schlanken Ansatzes gegenüberstehen und daß die Manager dieselben Schritte unternehmen müssen. Wir können deshalb im nächsten Kapitel zusammenfassen, um welche Schritte es sich dabei genau handelt und wie sie so schnell wie möglich übernommen werden können.

KAPITEL 11

Ein Aktionsplan*

Wir hoffen, daß Sie gelernt haben, Wert von *muda* zu unterscheiden, und daß Sie schlankes Denken anwenden wollen, um Ihr Unternehmen zu transformieren. Aber wie »machen« Sie das? Wir haben aus der Untersuchung erfolgreicher Transformationen auf der ganzen Welt gelernt, daß eine spezielle Reihenfolge von Schritten und Maßnahmen zu den besten Resultaten führt. Der Trick liegt einfach darin, die richtigen Führungskräfte mit dem richtigen Wissen zu finden und mit der Wertschöpfung an sich anzufangen, wobei man schnell dramatische Veränderungen in der Art, wie Routinearbeiten erledigt werden, einführt. Der Bereich der Änderungen muß dann ständig ausgeweitet werden und schließlich das ganze Unternehmen und alle Geschäftsprozesse einschließen. Wenn das einmal erreicht ist und der Prozeß irreversibel innerhalb Ihres eigenen Unternehmens installiert ist, dann muß man damit anfangen, weit über die Grenzen einzelner Firmen hinauszuschauen und die vor- und nachgelagerten Ebenen in den Blick zu nehmen, um das Ganze zu optimieren.

---

* Bei der Vorbereitung dieses Kapitels waren wir George Koenigsaecker, President der Hon Company, für seine Erfahrungsberichte und seinen unveröffentlichten Essay »Lean Production – The Challenge of Multi-Dimensional Change« (1995) sehr dankbar. Weil Koenigsaecker schlanke Techniken in vielen Organisationen eingeführt hat, war seine Perspektive für uns unbezahlbar.

Start

Der schwierigste Schritt ist es, einfach anzufangen und die Trägheit jeder etablierten Organisation zu überwinden. Sie brauchen einen Change Agent und den Kern des schlanken Wissens (nicht notwendigerweise von derselben Person), eine gewisse Art von Krise, die als Hebel für Änderungen dient, eine Darstellung Ihrer Wertschöpfung und eine Entscheidung für ein schnelles *kaikaku* Ihrer wertschöpfenden Aktivitäten, um zu schnellen Ergebnisse zu kommen, die Ihre Organisation nicht ignorieren kann.

Finden Sie einen Change Agent

Vielleicht sind Sie selbst der Change Agent, und wenn Sie einen mittelständischen Betrieb oder eine kleine Firma leiten wie Pat Lancaster, dann sind Sie es hoffentlich selbst. Wenn Sie jedoch Topmananger einer großen Organisation sind, dann fehlen Ihnen vielleicht Zeit und Gelegenheit, die Kampagne selbst anzuführen. Sie werden Ihren Chief Operating Officer brauchen oder Ihren Executive Vice President of Operations oder die Presidents Ihrer Tochtergesellschaften, um den notwendigen Wandel einzuläuten. Und diese Menschen werden ebenso Helfer brauchen, die ihnen direkt berichten. Manchmal gibt es interne Kandidaten für diese Jobs. Aber oft muß man sich draußen umsehen nach einem Wendelin Wiedeking, einem Karl Krapek oder einem Mark Coran.

Menschen, die wirklich etwas bewegen wollen, sind nicht einfach so zu haben. Aber in den fünfzig Firmen, die wir uns angesehen haben, war es möglich, den richtigen Change Agent zu finden, und im allgemeinen schon nach kurzer Suche. Während uns Manager, die bei der Einführung einer schlanken Transformation scheiterten, oft erzählten, daß das Problem ein Mangel an guten Kandidaten für diese Herausforderung sei, haben wir statt dessen gefunden, daß es das Widerstreben ist, Manager zu engagieren, die wirklich fundamentale Änderungen einführen wollen.

Beschaffen Sie sich das Wissen

Der Change Agent braucht zu Anfang kein detailliertes schlankes Wissen, statt dessen muß er es entschlossen anwenden wollen. Wie kommt man an das Wissen?

Es gibt viele Lernquellen in Nordamerika, Europa und Japan. Schlanke Firmen führen selbst ständig Verbesserungsmaßnahmen durch, und die meisten freuen sich, Gäste in ihre Verbesserungsmaßnahmen einzubeziehen – vor allem ihre Kunden und ihre Zulieferer. Freudenberg-NOK hat beispielsweise mehr als fünfhundert Manager aus externen Firmen in seine dreitägigen *kaizen*-Maßnahmen im Laufe der letzten vier Jahre involviert. Außerdem gibt es eine Unmenge an Literatur über schlanke Techniken und wann sie anzuwenden sind. Manche Titel sind sehr empfehlenswert.[1]

Weil die meisten Change Agents, für die schlanke Ideen neu sind, beachtliche Zeit brauchen, bis sie sie beherrschen, ist normalerweise gleich am Anfang zusätzliche Hilfe erforderlich. Vor allem werden die Firmen einen In-house-Berater brauchen, wie Ron Hicks bei Lantech oder Bob D'Amore bei Pratt, der als Experte schnell die Wertschöpfung für verschiedene Produkte beurteilen und *kaikaku*- und *kaizen*-Maßnahmen initiieren kann. Bei unserer Forschung waren wir überrascht darüber, wie viele Manager es in Japan und Nordamerika und zunehmend auch in Europa gibt, die schlanke Techniken beherrschen, aber frustriert über ihre Möglichkeiten sind, sie in ihrer derzeitigen Organisation umzusetzen. Das mag diese Experten für Sie verfügbar machen.[2]

Sogar wenn Sie einen oder mehrere Manager mit dem notwendigen Wissen finden, dann brauchen Sie auch externe Hilfe, um Ihre Organisation schnell nach vorne zu bewegen. Es gibt viele Berater, die Erfolg versprechen, und einige sind sehr gut. Aber man muß schon vorsichtig sein. Jeder Berater, der keine Rückbindungen an die Wurzeln des schlanken Denkens hat und der hauptsächlich auf Seminare und Schulung außerhalb der Fabrik setzt oder der die Verbesserung mit einem großen Team junger Berater für Sie durchführen will, ohne vollständig die Logik dessen zu erklären, was passiert, sollte gemieden werden. Ebenso ist ein Berater, der große Offensiven zur schnellen Einführung spezieller Maßnahmen anbietet – die bekannte Methode des »Ich kann ein Kaninchen aus dem Hut zaubern« –, aber kein Interesse daran hat, sich mit Ihnen für die Schaffung einer Organisation einzusetzen, in der schlanke Konzepte langfristig beibehalten werden können, am Ende wahrscheinlich keine wirkliche Hilfe. Das ist die Art von Aktivität – normalerweise über schnellen Personalabbau erzielt –, die der Reengineering-Bewegung einen zynischen Anstrich gegeben hat und so viele Reengineering-Projekte scheitern ließ, sobald die Berater aus dem Haus waren.

Außerdem ist es unwahrscheinlich, daß Sie einen Berater finden werden, der das gesamte Wissen vermitteln kann. Die Anwendung von QFD (Quality Function Deployment) auf die Produktentwicklung, die Einführung schlanker Techniken in der Produktion und die Bildung einer Selbsthilfeorganisation unter den Zulieferern erfordern verschiedene Kompetenzen, und die Unternehmen entdecken vielleicht, daß sie ein Berater-Portfolio für spezielle Arten von Wissen brauchen.

Eine nicht voll genutzte Ressource für Firmen auf der ganzen Welt ist die Generation von Japanern, die jetzt in ihren Sechzigern sind und die in den 1950er und 1960er Jahren Pionierarbeit bei der Entwicklung des schlanken Denkens geleistet und Ordnung aus dem Chaos heraus geschaffen haben. (Beispielsweise Yuzuru Ito, der bei Matsushita in den Ruhestand ging und heute bei der United Technologies-Gruppe auf der ganzen Welt an der Einführung schlanker Qualitätswerkzeuge arbeitet.) Diese Menschen scheinen ein Wesen zu haben, daß sie einfach nicht mit dem Versuch aufhören können, Verschwendung zu beseitigen, egal wie lange sie schon im Ruhestand sein mögen. Wie Ohno und Shingo in der Generation davor, die bis zu ihrem Tod ständig Verbesserungsmaßnahmen durchgeführt haben, haben auch sie kein Verlangen, kürzerzutreten.

Wir haben in vielen westlichen Unternehmen Entschuldigungen gehört, warum man keinen Gebrauch von dieser Ressource macht – die beiden häufigsten waren, daß einerseits die Japaner der unmittelbaren Nachkriegsgeneration normalerweise nur Japanisch sprechen und daß andererseits diese Pioniere der schlanken Implementation zu anspruchsvoll seien (nämlich bei Ohno und anderen Führern des japanischen Nachkriegswunders in die Lehre gegangen seien) sowie sich nicht diplomatisch verhielten, wenn ihre Klienten ihnen nicht folgen könnten.

Aber das sind nur Ausreden. Viele der Change Agents, die wir befragt haben, entwickelten eine erfolgreiche Beziehung zu einem japanischen *sensei*, nach einem vorsichtigen Abtasten und einer Lernphase, wie man miteinander arbeiten soll. Normalerweise gibt es einige Anfragen des Managers nach Hilfe, bevor schließlich eine Übereinkunft ausgearbeitet wird. Beispielsweise bat George David von United Technologies bei einem halben Dutzend Gelegenheiten Ito, zu UTC zu kommen, bevor der endlich zustimmte, und George Koenigsaecker bat seine japanischen Berater sehr oft darum, seine Fabrik zu besichtigen, bevor sie zustimmten. Für einen wahren *sensei* ist die Stärke des Engagements des Change Agent der allerwichtigste Punkt.

Einen *sensei* zu finden, der nicht Ihre Sprache spricht (und deshalb einen Übersetzer braucht), kann sogar eine Hilfe sein, weil es den unüblichen Charakter dieser Interaktion hervorhebt: Dies ist nicht nur ein weiterer Berater, der einen weiteren schnellen Fix anbietet; es ist jemand, der Ihre ganze Art, über das Geschäft zu denken, verändert. Vergleichbar ist jeder Lehrer, der nicht energisch protestiert, wenn ein Schüler nicht hält, was er verspricht, potentiell wahrscheinlich mehr an seinem sicheren Gehalt interessiert als an nachhaltiger Veränderung.

Ein letzter Punkt beim schlanken Wissen ist sehr wichtig. Der Change Agent und alle Führungskräfte in Ihrem Unternehmen müssen es selbst bis zu dem Punkt beherrschen, an dem schlankes Denken zur zweiten Natur wird. Außerdem sollten sie dies so schnell wie möglich tun. Wenn der Change Agent den schlanken Ansatz nicht vollständig versteht, wird die Kampagne beim ersten Rückschlag festsitzen (und es *wird* einen ersten Rückschlag geben). Deshalb muß er die Techniken des Flow, Pull und der Perfektion insgesamt verstehen, und der einzige Weg, sich dieses Verständnis anzueignen, ist die Teilnahme an Verbesserungsmaßnahmen, ganz konkret und praktisch, an einer Stelle, wo schlanke Techniken zuversichtlich an andere weitergegeben werden können. Währenddessen muß der Change Agent auch die anderen Manager des Unternehmens einbeziehen, damit das Wissen aller auf einen Minimallevel gehoben wird, um die Kraft des schlanken Ansatzes umzusetzen.

Setzen Sie den Hebel bei einer Krise an oder führen Sie eine herbei

Wir haben keine krisenfreie Organisation gefunden, die die notwendigen Schritte zur Übernahme des schlanken Ansatzes auf breiter Front in kurzer Zeit durchführen wollte. Wenn Ihr Unternehmen also bereits in einer Krise steckt, ergreifen Sie diese unbezahlbare Chance. Denken Sie daran, daß Sie spektakuläre Resultate bei der Kostensenkung und bei den Lagerbeständen in sechs Monaten bis einem Jahr erzielen können, daß aber der Aufbau einer Organisation, die auch schlank bleibt, wenn Ihr Change Agent vom Bus überfahren wird, fünf Jahre in Anspruch nimmt.

In den 90er Jahren haben die meisten Manager in Nordamerika, Europa und Japan erkannt, daß sogar die größten Unternehmen zerbrechlicher und krisenanfälliger sind, als sie sich vorgestellt hatten.[3] Die meisten Organisationen stecken aber nicht immer in einer Krise, und ein wesentlicher Teil funktioniert sehr gut. Wie können Sie als Change Agent bei einer scheinbar stabilen Organisation (beispielsweise IBM in den 1980er Jahren) schlankes Denken einführen, von dem Sie wissen, daß es notwendig ist, um eine Krise in der Zukunft abzuwenden?

Eine Möglichkeit besteht darin, eine Untereinheit auszuwählen, die in einer Krise steckt, und Ihre ganze Energie auf die Anwendung schlanker Gegenmittel zu konzentrieren.[4] Idealerweise handelt es sich dabei um eine Geschäftseinheit mit einer Reihe von Produktfamilien, aber es kann auch eine einzelne Fabrik oder ein Entwicklungsteam für ein spezielles Produkt sein. Auf diese Weise können auch Führungskräfte, die nicht ganz an der Spitze ihrer Organisation stehen, einen schlanken Durchbruch einleiten: Anwendung schlanken Denkens auf die eigene krisengeladene Geschäftseinheit oder Einrichtung oder Versetzung in die Einheit, die in der Krise steckt. Wenn dort einmal dramatische Veränderungen eingeführt worden sind, dann können die Leiter aus den anderen Einheiten zu praktischen Lernübungen eingeladen werden und diese Ideen dann mit zurück nehmen.

Auch wenn keine Untereinheit in Ihrem Unternehmen in einer Krise steckt, gibt es vielleicht eine Gelegenheit für dramatische Veränderungen, wenn Sie einen schlanken Mitbewerber finden. (In unserer Rolle als Berater haben wir uns oft gewünscht, daß Toyota diversifizieren würde, um gegen unsere Klienten in Konkurrenzkampf zu treten!) Beispielsweise begegnete uns neulich ein Fall, wo die Konkurrenz eines klassischen Massenproduzenten mittelmäßig war und überhaupt keine Bedrohung darstellte. Eine kleine Geschäftseinheit eines Hauptkonkurrenten hatte jedoch unlängst einen schlanken Wandel mit schlagenden Ergebnissen vollzogen. Durch die Konzentration auf diesen einen Fall überragender Praxis war es möglich, bedeutsame Veränderungen in der entsprechenden Geschäftseinheit des Klienten einzuführen, was dann zu einem Wandlungsprozeß im ganzen Unternehmen führte.

Ein anderes Vorgehen besteht aber darin, einen schlanken Kunden oder Zulieferer zu finden. Als John Neill von der Unipart Group in

Großbritannien Ende der 1980er Jahre eine Transformation in seinem Unternehmen begann, war ein Kernelement seiner Strategie, Toyota und Honda in England zu beliefern, weil er wußte, daß dies Anforderungen an die Leistung von Unipart stellen würde, die weit über die irgendeines europäischen Kunden hinausreichen würden. Er wußte, daß der Kunde nicht nur die Krise erzeugen würde, sondern auch praktische Unterstützung bei der Einführung schlanker Methoden anbieten konnte, um sie zu beenden.

Für den wirklich couragierten Manager gibt es noch einen weiteren Hebel, nämlich die bewußte Schaffung von Bedingungen, unter denen es zu einer firmenbedrohenden Krise kommen wird, außer es werden schlanke Maßnahmen ergriffen. Beispielsweise untersuchten wir einen Hersteller, bei dem die Herstellung seiner komplexen Maschinen lange Vorlaufzeiten hatte. Er hatte unlängst mit dem Verkauf einer entscheidenden neuen Produktreihe begonnen, die in ein paar Jahren ausgeliefert werden sollte, und zwar zu Preisen, die nur profitabel sein konnten, *wenn* die Firma schnell schlanke Methoden einführt, um die Kosten auf ganzer Linie dramatisch zu senken. Das ist natürlich ein sehr risikoreicher Weg, aber wenn der Change Agent wirklich eine Krise heraufbeschwören will, dann gibt es mehrere Wege, eine zu inszenieren.

Vergessen Sie für den Augenblick die große Strategie

Wir haben viele Unternehmen gesehen, die wirklich in einer Krise steckten, aber nur mit strategischen Analysen darauf reagiert haben. »Sind wir im *besten* Geschäft für uns? Sollten wir einige von unseren problematischen Unternehmen verkaufen (vermutlich an Käufer, die ihre Probleme nicht kennen) und einige neue aufkaufen (vermutlich von Anbietern, die den Unternehmenswert nicht kennen)? Sollten wir die Ausgaben für Forschung & Entwicklung erhöhen und versuchen, ein Produkt zu entwickeln, das niemand kopieren kann? Sollten wir eine strategische Allianz mit anderen Firmen eingehen, um Synergieeffekte zu erzielen? Sollten wir mit unserem Mitbewerber fusionieren oder eine Übernahmestrategie verfolgen, um Größenvorteile zu erzielen und die Anzahl der Konkurrenten zu reduzieren?«

Einige dieser Firmen sind wirklich in problematischen Industriezweigen, aber es ist doch zu einfach, der Branche statt sich selbst die Schuld zu geben. Wenn Sie schnell *muda* bei der Produktentwicklung, Verkauf und Planung sowie Produktion eliminieren, werden Sie bald entdecken, daß die fundamentale Änderung der Kostenstruktur, die Verkürzung der Vorlaufzeiten in der Produktion und des Time-to-market für neue Produkte sowie die Erhöhung der Flexibilität die Aussichten für Ihr Unternehmen ganz anders aussehen lassen. Sogar wenn es sich erweisen sollte, daß einige Geschäfte ernste strukturelle Probleme haben, wird es Ihnen durch die Verschlankung nicht schlechter gehen, weil kaum eine Kapitalinvestition erforderlich ist. (Denken Sie daran: Wenn eine größere Investition erforderlich ist, werden Sie nicht schlank.) Ihre Grundkosten werden niedriger, das heißt, daß sich Ihre operativen Ergebnisse verbessern werden, sogar wenn das nicht für Umsatz und Preise gilt. Sie haben auch Zeit zum Nachdenken gewonnen (zu einem sehr bescheidenen Preis), sogar wenn sich herausstellen sollte, daß ein sehr schlankes Geschäft (wie die Parkkarussells von Showa) keinen ausreichenden Gewinn abwirft, um weitergeführt zu werden.

Erfassen Sie Ihre Wertströme

Wenn Sie über Führungsqualität, das Wissen und das Dringlichkeitsgefühl verfügen, ist es Zeit, Ihren gegenwärtigen Wertschöpfungsstrom zu identifizieren und auf einer Karte für die Produktfamilie einzutragen – Aktivität für Aktivität, Schritt für Schritt.

Viele Unternehmen, die Business Process Reengineering eingeführt haben, sind vielleicht der Meinung, daß sie das bereits getan haben. In Wirklichkeit haben sie erst einen kleinen Teil des Weges zurückgelegt. Typischerweise konzentriert sich das Reengineering auf den Informationsfluß statt auf die Produktionsabläufe oder die Produktentwicklung (weil die funktionalen Widerstände gegenüber diesen Verwaltungsarbeiten viel geringer sind, die vorher abteilungsförmig organisiert waren). Reengineering blickt nur selten über das einzelne Unternehmen hinaus, um bei den Abläufen der Zulieferer und der Händler nachzufassen, sogar wenn dort der größte Teil der Kosten und Vorlaufzeiten verursacht wird. Und sogar bei engen Geschäftsabläufen liegt der Fokus normalerweise darauf, aggregierte Abläufe stromlinienförmiger zu machen, statt sich den Bedürfnissen der einzelnen Produktfamilien zuzuwenden.

Andere Unternehmen, die wir unlängst besichtigt haben, erzählten uns schon am Eingang, daß sie »schlank« seien, weil sie zellulare Montage oder verantwortliche Produktentwicklungsteams eingeführt haben. In den Worten eines typischen Zulieferers von Porsche: »Es gibt wirklich nichts mehr zu tun für uns.« Wir stellten aber fast immer fest, daß ihre Realisierungen bis heute winzige Inseln in einem Meer von *muda* sind. Beispielsweise untersuchten wir kürzlich eine Computerfirma, die die Endmontage von Workstations in kontinuierlichen Fließzellen durchführt, eine für jede Produktfamilie, statt wie früher auf einem langen Montageband für alle Produkte zusammen. Montagezeit und -arbeit an sich wurden wesentlich reduziert, und das neue Vorgehen ist flexibler. Dennoch erfordern Probleme mit internen Lieferungen und solchen von vorgelagerten Stufen eine acht Wochen dauernde Lieferung eines durchschnittlichen Teils. Deshalb fertigt die Fabrik immer noch auf Prognosen hin statt nach präzisen Kundenaufträgen, und die Vorhersagen sind oft unzutreffend. Das Problem ist natürlich, daß die schlanken Techniken nur auf einen schmalen Lauf des Wertstroms angewandt wurden, der einfach zu fixieren war, speziell den Ablauf in einem Teil einer Fabrik, weswegen keine Verhaltensänderungen bei den internen und externen Zulieferern erforderlich waren.

Um es zu wiederholen: Analysieren Sie den gesamten Wertschöpfungsstrom für einzelne Produkte. Ihre Kunden sind nur an ihrem Produkt interessiert und definieren generell den Wert über das ganze Produkt (oft ein Gut plus eine Dienstleistung). Sie sind nicht an Ihrer Organisation oder Ihren Zuliefer- und Händlerbeziehungen interessiert, und sie haben gewiß kein Interesse an der Sicherheit Ihres Jobs. Die marktorientierten Gesellschaften erlauben denjenigen Organisationen das Überleben und Wachsen, die einen guten Job machen und die Bedürfnisse der Kunden identifizieren und befriedigen statt die eigenen Bedürfnisse der Organisation.

Beginnen Sie so bald wie möglich mit einer zentralen und sichtbaren Aktivität

Es wäre wundervoll, wenn Sie als Change Agent einfach einen neuen Weg anordnen könnten: »Wir werden alle unsere wertschaffenden Aktivitäten zum Fließen bringen und heute morgen damit anfangen. Morgen werden wir dann Pull einführen.« Unglücklicherweise funktionieren die

Dinge nicht so. Statt dessen müssen Sie mit einer speziellen Aktivität, so schnell Sie können, anfangen – vielleicht ist es die Fertigung und Montage von Produkt G. Sie müssen die direkte Arbeitsgruppe einbeziehen, alle Manager zwischen Ihnen und den Arbeitern, andere Manager, von denen Sie hoffen, daß Sie sie von schlankem Denken überzeugen können, Ihren (internen und externen) *sensei* sowie sich selbst. Oft, obwohl nicht immer, fängt man am besten mit einer Produktionsaktivität an, weil die Veränderung hier von jedem viel besser gesehen werden kann.

Wir raten den Leuten, mit einer Aktivität anzufangen, die nur eine schwache Leistung erbringt, die aber für die Firma sehr wichtig ist. So können Sie sich keinen Fehlschlag erlauben, das Potential für Verbesserungen ist sehr groß, und Sie werden bei sich selbst ungeahnte Ressourcen und Stärken entdecken, um den Erfolg sichzustellen.

Bestehen Sie auf sofortigen Resultaten

Eines der entscheidendsten Merkmale schlanker Techniken ist das unmittelbare Feedback. Das Verbesserungsteam und die ganze Belegschaft sollten sehen können, wie sich die Dinge vor ihren Augen verändern. Das ist wesentlich zur Erzeugung eines Flow-Gefühls bei der Belegschaft und liefert den Impuls für Veränderungen in Ihrer Organisation.

Führen Sie deshalb keine langen Planungsübungen durch. Ihre Karten der Wertschöpfung können in ein oder zwei Wochen fertiggestellt werden. Halten Sie sich nicht mit Simulationen auf, um zu sehen, »was, wenn«. Wir haben eine Firma untersucht, die sogar ein kompliziertes Computer-Simulationsprogramm entwickelt hat, um vorherzusagen, was passieren würde, wenn eine einzelne Maschine an irgendeinen anderen Standort im Produktionssystem bewegt würde. Weil die Prognosen immer beunruhigend waren, hat das Unternehmen nie irgend etwas bewegt!

Verschwenden Sie auch keine Zeit mit Benchmarking, wenn es einen Weg gibt, Ihr Unternehmen ohne es zu verändern. Wir haben der Benchmarking-Industrie mit unserem vorherigen Buch einen großen Auftrieb gegeben, wo das ehrgeizigste Benchmarking beschrieben wird, das je in einer Branche versucht wurde. Für vollkommen verschlafene Unternehmen kann das Benchmarking ein wesentlicher erster Schritt sein. Wenn Sie bereits den schlanken Ansatz und seine Techniken beherrschen, dann sollten Sie jedoch einfach die *muda* um Sie herum identifizieren, indem Sie die Wertschöpfung aufzeichnen und direkt mit der Beseitigung der Verschwendung anfangen. Benchmarking als ein Weg zur Vermeidung notwendiger direkter Arbeit ist selbst *muda.*

Wenn Sie sich in die Arbeit gestürzt haben und in der ersten Woche nichts Dramatisches erreicht haben – typischerweise eine Halbierung der erforderlichen Arbeit, eine 90prozentige Reduktion der unfertigen Arbeit, eine Halbierung des Raumbedarfs und einen 90prozentigen Rückgang bei der Produktionsvorlaufzeit –, dann haben Sie entweder den falschen *sensei,* oder Sie sind kein richtiger Change Agent. Finden Sie heraus, was zutrifft, und unternehmen Sie sofort den notwendigen Schritt!

Wenn die ersten Resultate vorliegen, laden Sie eine repräsentative Auswahl aus Ihrem Unternehmen ein, und erstatten Sie Bericht. Man kommuniziert laufende Veränderungen am einfachsten, indem man jeden an den Ort des Geschehens führt und ihm genau zeigt, was geschieht.

Sobald Sie in Schwung gekommen sind, dehnen Sie Ihren Bereich aus

Wir haben herausgefunden, daß es entscheidend ist, schnell zu dramatischen Resultaten zu kommen, die jeder sehen kann, indem man sich auf eine problematische Aktivität konzentriert, normalerweise in der Produktion. Sobald man die erste Runde von Verbesserungsmaßnahmen durchgeführt hat, ist es jedoch Zeit dafür, die verschiedenen Teile der Wertschöpfung für eine Produktfamilie zueinander in Beziehung zu setzen.

Um ein einfaches Beispiel zu wählen: Wenn Sie gelernt haben, wie die Fertigung und Montage von Produkt G von großen Losen auf Fließfertigung umgestellt werden kann, ist es Zeit, zu lernen, wie ein Sogsystem (Pull-System) durchgeführt wird, sowohl durch die Umwandlung der vorgelagerten Prozesse in einen Fließprozeß als auch durch die Einführung eines Level Scheduling und eines formalen Abrufsystems. Wenn Sie das tun, ergeben sich zwangsläufig »Rückschritte«, weil das Ziel dieser Techniken die Identifizierung und Abschaffung aller Arten von Verschwendung ist. Erst wenn der Fluß zum Stillstand kommt, weiß man, das man auf das nächste Problem gestoßen ist, das gelöst werden muß.

Wenn Sie Flow und Pull in der Produktion eingeführt haben, müssen Sie sich an das Auftragssystem machen. *Kaikaku* in der Verwaltung kann man nicht so leicht erkennen, wie wenn in der Produktion Maschinen bewegt werden. Aber es ist genauso lebenswichtig. Beginnen Sie mit Verwaltungsarbeiten, die in direktem Zusammenhang mit den Arbeiten in der Produktion stehen, die Sie gerade geändert haben. Bereiten Sie das dadurch vor, daß Sie das Verwaltungspersonal in den ersten Wochen des *kaikaku* in der Produktion mit einbeziehen – wo sie eine nützliche Rolle übernehmen können, indem sie einfach dumme Fragen stellen: Warum wird das so gemacht? Wenn sie die Grundzüge verstanden haben und das Potential sehen, können sie dieselben Fragen auf ihre Verwaltungsarbeit anwenden. Ist einmal ein Brückenkopf gebaut, bearbeiten Sie alle Aktivitäten hinsichtlich Verkauf, formaler Auftragsabwicklung und Terminplanung.

Gleichzeitig mit der Einführung von Pull in der Produktion und Auftragsabwicklung müssen Sie anfangen, über Flow und Pull in der Produktentwicklung für jede Produktfamilie nachzudenken. Und zwar deshalb, weil für die meisten Unternehmen der schnellste Weg zu Umsatzsteigerung, um die freigewordenen Produktionsressourcen zu absorbieren, darin besteht, die Produktentwicklung zu beschleunigen. Wir haben in unserer Forschung ständig Beispiele von Firmen gefunden, die drei Viertel ihrer früheren Entwicklungszeit für Routine- oder Nachfolgeprodukte eliminierten, während sie gleichzeitig die Herstellungskosten reduzierten und die Qualität und die Benutzerzufriedenheit steigerten. In jedem Beispiel wurde der Umsatz erheblich gesteigert (ohne Kosten), und es gab Verwendung für den Personalüberschuß.

Wenn Sie nach und nach Ihre schlanke Transformation über eine konkrete Fertigungsumgebung hinausbewegen, werden Sie die Notwendigkeit erkennen, die Logik des schlanken Denkens umzustellen, um sie an verschiedene Denkarten und Umgebungen anzupassen. Sogar mit der positivsten Einstellung werden anfangs die Mitarbeiter in einem Lager oder im Einzelhandel nur sehr schwer erkennen, wie Flow und Pull zu ihren Arbeiten passen. Letztlich »produzieren« sie nichts in einem physischen Sinn, und sie haben jahrelang die Herstellung dafür verantwortlich gemacht, daß sie nicht rechtzeitig ihre Arbeit erledigt hat.

Zum Beispiel hat die Industries Division von Unipart über mehrere Jahre von der Zuliefererentwicklungsgruppe von Toyota Hilfe in deren britischer Fabrik bekommen. Unipart hatte allerdings Schwierigkeiten damit, wo es mit der Anwendung schlanken Denkens auf Lagerhaltung und Vertrieb anfangen sollte. Erst nach einer kürzlichen Besichtigung der Part Distribution Centers von Toyota, die in Kapitel 4 beschrieben wurden, »kam die Erleuchtung«, und die Manager von Unipart sahen, wie sie schlanke Konzepte auf ihren Ersatzteilvertrieb für Rover und Jaguar anwenden konnten.

Beispielsweise machte Unipart schnelle Fortschritte, nachdem man verstanden hatte, daß *muda* der Überproduktion übersetzt in die Welt der Lagerhaltung »schneller als nötig« heißt und die Nivellierung (Levelling) eingehender Bestellungen eine notwendige Vorbedingung zur Schaffung von Flow ist. Während des ersten einwöchigen *kaikaku* machte man genug Lagerfläche frei und sparte genug Personal ein, um einen großvolumigen neuen Vertriebsauftrag für Serviceteile für einen großen Hersteller von Laserdruckern zu übernehmen.

Aufbau einer Organisation zur Kanalisierung Ihrer Wertschöpfungsströme

Viele Führungskräfte, die schlankes Denken nicht richtig verstehen, kommen nach den motivierenden Erfolgen des anfänglichen »Durchbruchs« zu einer falschen Schlußfolgerung. »Wir haben es für eine Aktivität getan«, werden sie sagen. »Nun müssen wir das nur noch bei allen anderen Aktivitäten wiederholen, und innerhalb weniger Monate sind wir ein schlankes Unternehmen.« In Wirklichkeit stehen sie erst am Anfang. Der nächste Sprung besteht darin, eine Organisation zu schaffen, die den Wertschöpfungsstrom kanalisiert und den Strom davor bewahrt, erneut zu verschlammen. Sie werden auch eine praktische Strategie dafür entwickeln müssen, um die freigewordenen Ressourcen voll nutzen zu können.

Das erfordert die Reorganisation Ihres Unternehmens nach Produktfamilien, wobei jemand die Verantwortung für jedes Produkt hat, und den Aufbau einer wirklich schlagkräftigen, schlanken Promotion-Funktion, die zur Quelle Ihrer wirklich hart verdienten Fähigkeiten wird. Es erfordert auch eine konsistente Personaleinstellungpolitik in Ihrem Unternehmen und die Entschlossenheit, die wenigen Manager zu entlassen, die den neuen Weg niemals akzeptieren werden. Schließlich heißt es auch, einen Denkstil zu erzeugen, der vorübergehende Fehler beim Verfolgen des richtigen Ziels akzeptiert, aber keine Leistungsverbesserung jemals als ausreichend hinnimmt.

Reorganisieren Sie Ihr Unternehmen nach Produktfamilie und Wertschöpfung

Wir haben in der Einleitung erwähnt, daß der eigentliche Zweck einer Unternehmensreorganisation die Identifikation und Kanalisierung des Wertstroms für eine Produktgruppe ist, so daß der Wert glatt zum Kunden fließt. Wenn Sie Ihre Fertigung, die Auftragsabwicklung und die Produktentwicklung begradigt haben, wird sich zeigen, daß die Reorganisation nach Produktfamilie und Wertschöpfung der beste Weg zur Aufrechterhaltung Ihrer Leistung ist. Wenn Sie Ihre Werkzeuge miniaturisiert haben, wird offensichtlich, daß ein großer Teil Ihrer Mitarbeiter und Werkzeuge speziellen Produktgruppen zugeteilt werden kann.

Das bedeutet: Identifizierung Ihrer Produktfamilie und Reorganisation Ihrer Abteilungen, um Marketing/Verkauf, Produktentwicklung, Planung, Produktion sowie Einkauf in kohärenten Einheiten aufeinander abzustimmen. Der exakte Weg dafür wird mit der Art des Geschäftes,

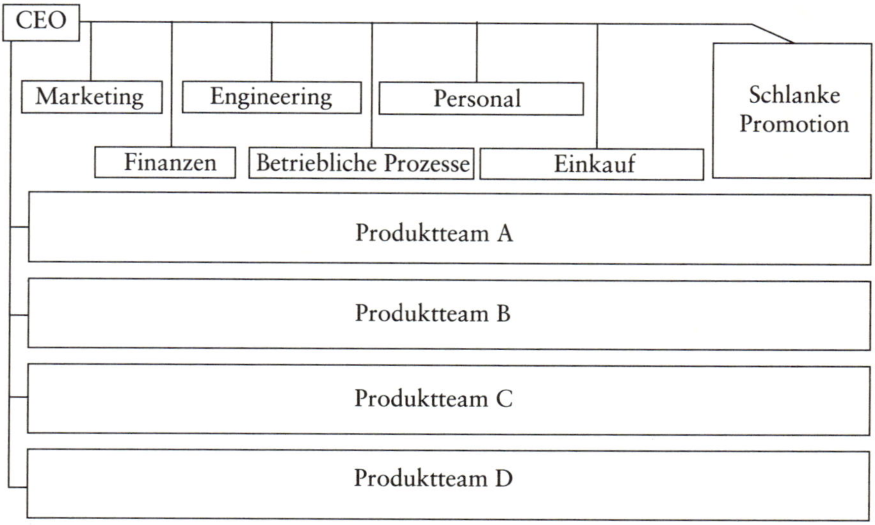

Abbildung 11.1: Prototyp einer schlanken Organisation

dem Umsatzvolumen für Produkte sowie Art und Zahl der Kunden variieren. Aber die Grundidee kann in den meisten Geschäftsbereichen angewandt werden. Das Organisations-Chart wird dann aussehen wie das in Abbildung 11.1.

Die Kästchen sind im Verhältnis zur Zahl der jeweils Beschäftigten gezeichnet und machen klar, daß die Produktgruppenteams für den größten Teil menschlicher Arbeit im Unternehmen verantwortlich sind. Die Abteilungen mit den ihnen zugewiesenen Gemeinkosten sind im Gegensatz dazu dramatisch geschrumpft.

Schaffen Sie eine schlanke Funktion für Promotion

Ihr *sensei* wird einen Platz brauchen, wo er sich hinsetzen kann (obwohl ein guter *sensei* nicht sehr oft sitzt). Die Experten für die Prozeßanalyse brauchen irgendwo in der Organisation einen Platz, von wo aus sie zu Hause anrufen können. Das zusätzliche Personal, das Sie bald freigestellt haben, braucht einen Platz, wo sie hingehen können (was die Größe der »schlanken« Funktion in Abbildung 11.1 erklärt). Ihre Verbesserungsteams brauchen logistische Unterstützung. Und Ihre Produktionsexperten brauchen ständige Weiterbildung in schlanken Methoden und periodische Evaluation ihrer Arbeit, damit sichergestellt ist, daß es kein Zurückrutschen gibt. Kurz, Sie brauchen eine permanente schlanke Promotiongruppe, und die sollte direkt an den Change Agent berichten.

Eine sogar noch bessere Idee ist es, Ihre Funktion für Qualitätssicherung mit der Funktion für schlanke Promotion zu kombinieren, so daß Qualitätssteigerung, Produktivitätsverbesserung, Reduktion der Vorlaufzeiten, Raumeinsparungen und jede andere Leistungsdimension Ihres Unternehmens gleichermaßen und simultan betrachtet werden.

Eines der Standardprobleme beim Beginn einer schlanken Implementation ist, daß Ihre Produktionsmanager der Meinung sein könnten, daß die Experten für Qualitätssicherung und die für schlanke Verfahren unterschiedliche Instruktionen erteilen. In Wirklichkeit geben sie dieselben Anweisungen – Abschaffung der *muda* von Fehlern und von Wartezeiten an der Quelle, damit der Wert glatt fließen kann. Aber sie verwenden unterschiedliche Terminologien. (Beispielsweise erinnert sich Ed Northern bei Pratt an folgendes: »Herr Ito sagte mir das eine in mein rechtes Ohr, während Herr Itawa mir etwas anderes in mein linkes zu schreien schien. Ich fand das frustrierend und verwirrend, bis ich erkannte, daß ihre Mitteilungen übereinstimmten, wenn man die Begriffe geklärt hatte.«) Etwas Vorsicht ist deshalb am Anfang gegenüber der »Standardsprache« angebracht, damit jeder die gleiche Terminologie verwendet, und eine Zusammenlegung von Qualitäts- und schlanker Funktion ist eine ausgezeichnete Investition.

Lösen Sie gleich am Anfang die Personalfrage

Eine Faustregel ist, daß die Umwandlung einer reinen Massenproduktion mit Wartezeiten in schlanke Techniken am Ende die menschliche Arbeit mit geringen oder kleinen Kapitalinvestitionen um drei Viertel reduzieren kann. Wenn Sie eine »fließende« Produktionseinrichtung – wie das Montageband bei Porsche im Stil von Henry Ford – auf schlanke Techniken umstellen, können Sie die menschliche Arbeit um die Hälfte zurückschrauben (größtenteils durch die Abschaffung indirekter Arbeiten und Nachbearbeitung sowie von Ungleichgewichten am Band). Und dazu kommt es, bevor Ihr schlankes Entwicklungssystem jedes Produkt neu überdacht hat, damit es einfacher mit weniger Arbeit produziert werden kann. Gleichzeitig erlaubt die Umstellung auf Fließtechnik in der Produktentwicklung und Auftragsabwicklung, daß die doppelte Arbeit in der Hälfte der Zeit mit derselben Anzahl von Beschäftigten durchgeführt werden kann.

Insofern haben Sie zuviel Personal, wenn der Umsatz konstant bleibt. Was sollten Sie unternehmen? Als erstes müssen Sie die überschüssigen Mitarbeiter von den Aktivitäten abziehen, bei denen sie nicht mehr gebraucht werden. Es wird unmöglich sein, Spitzenleistung zu liefern und beizubehalten, wenn Sie diesen Schritt nicht unternehmen. Was soll nun aber mit dem überschüssigen Personal geschehen?

Wir haben bereits erwähnt, daß viele Organisationen es ablehnen, sich mit dem schlanken Ansatz zu befassen, bis sie in einer tiefen Krise stecken. Wenn das Schiff wirklich sinkt (wie Pratt in Kapitel 8), müssen einige von der Mannschaft die Rettungsboote bedienen, oder alles geht verloren, und Sie müssen sich dieser einfachen Tatsache bewußt sein. Man muß sich dessen von Anfang an bewußt sein und die Zahl der Beschäftigten schätzen, die für die genaue Ausführung der Arbeiten erforderlich ist, und sich sofort auf dieses Niveau begeben. Dann müssen Garantien ausgesprochen werden, daß niemand seinen Job in der Zukunft aufgrund der Einführung schlanker Techniken verlieren wird. Und Sie müssen Ihr Versprechen halten.

Sie können keine tröpfchenweise Folter betreiben, indem Sie Aktivität für Aktivität in Ihrem Unternehmen durchgehen und von Ihren Mitarbeitern verlangen, daß sie Ihnen bei der Abschaffung ihrer Jobs helfen, ohne daß ein Ende in Sicht ist. Wir haben versucht, deutlich zu machen, daß es in einer schlanken Welt kein Ende der Verbesserung gibt: Es fallen immer Jobs bei spezifischen Aktivitäten weg. Ihre Mitarbeiter werden erwartungsgemäß auf die Einführung von Lean Production, die sie »Mean« Production nennen werden, also »gemeine Produktion«, mit subtiler, aber effektiver Sabotage reagieren. Die Verbesserungen werden nicht zu halten sein.

Wenn Sie nicht scheitern, dann haben Sie sich einen Luxus geleistet, und Sie haben ein Problem. Sie können zwar die Arbeitsplätze sichern, aber es ist schwerer, die Leute zu Veränderungen zu motivieren. Das richtige Vorgehen liegt in der Konzentration auf besonders problematische Aktivitäten und der Schaffung von Veränderungsimpulsen, während die Mitarbeiter, die nicht mehr für bestimmte Arbeiten benötigt werden, in die schlanke Funktion oder an eine andere Stelle in der Organisation versetzt werden. Wenn Sie im Laufe der Zeit den Nachweis erbringen, daß niemand aufgrund der Einführung schlanker Techniken entlassen wird und daß in Wirklichkeit die Arbeitsplatzsicherheit aller gesteigert wurde, werden die Mitarbeiter zunehmend kooperativer und proaktiver. Andererseits: nur ein Ausrutscher – ein Abweichen von Ihrem Versprechen, Arbeitsplätze zu bewahren – braucht Jahre der Wiedergutmachung.

Entwickeln Sie eine Wachstumsstrategie

Wir werden manchmal von Managern angesprochen, die angemessene Gewinne einfahren, aber in den schlanken Techniken einen cleveren Weg sehen, schnell die Gewinne durch den Abbau so vieler Stellen wie möglich zu steigern, unter dem Vorwand einer »Übernahme des neuen Paradigmas« und einer »Wettbewerbsfähigkeit von Weltklasse«. Wir raten Managern mit dieser Mentalität immer dasselbe: Lassen Sie's. Sie können am Anfang etwas Geld einsparen, aber Sie werden niemals die Schlankheit aufrechterhalten.

Ein aussichtsreicheres Vorgehen besteht in der Entwicklung einer Wachstumsstrategie, die die Ressourcen in dem Maße absorbiert, wie sie freigesetzt werden. Was man genau unternimmt, hängt von der Situation des Unternehmens ab, aber die Pfeile im Köcher der schlanken Organisation sind einfach aufzulisten. Manche möchten von den Kosteneinsparungen zu Gewinnsteigerungen übergehen. (Das war die Anfangsstrategie von Freudenberg-NOK. Der Gesamtumsatz hat sich in nur fünf Jahren verdreifacht, während der Personalbestand konstant gehalten wurde.) Andere wollen die Entwicklung von geplanten Projekten beschleunigen, um den Umsatz anzukurbeln und den Marktanteil zu vergrößern. (Wiremold machte das.) Wieder andere konzentrieren sich auf die Verkürzung der Vorlaufzeiten in der Produktion, auf die termingemäße Auslieferung und auf die Herstellung der genauen Produktkonfiguration, die der Kunde will, auch um den Umsatz der konventionellen Produkte anzukurbeln. (So Lantech.) Und wieder andere versuchen, ihr Produkt von einem Gut in eine Dienstleistung umzuwandeln, und fügen nachgelagerten Vertrieb und Service zu ihrer traditionellen Produktion hinzu. (Ein Weg, den Pratt gerade eingeschlagen hat.) Und einige Firmen integrieren die vorgelagerten Stufen, um vorher unzusammenhängende Produktionsaktivitäten in der Einzelfertigung zusammenzuführen. (Das Beispiel aus der Glasindustrie aus Kapitel 3.) Letztlich wollen die meisten schlanken Unternehmen dies alles für ihre bestehenden Produktlinien unternehmen.

Das ist aber vielleicht noch nicht genug. Man braucht noch eine zusätzliche Strategie. Aber es ist besser, wenn sie entwickelt wird, nachdem Sie die Art und Weise geändert haben, wie Sie über Ihr Geschäft denken und es führen, statt sich voreilig verzweifelt auf Ihre Probleme zu stürzen. Wenn Sie einmal gesehen haben, was schlanke Techniken in Ihrem Unternehmen bewirken können, und Ihre gesamte Wertschöpfung für jede Produktgruppe untersucht haben, können Sie das Vorgehen planen.

Die schlanken Firmen, die wir untersucht haben, fanden normalerweise, daß sie angemessenes Wachstum und Gewinne erzielen können, indem sie sich auf das konzentrieren, was sie beherrschen, oft durch die Akquisition verwandter Geschäftslinien. (Showa war die eine Ausnahme.) Außerdem dachten sie, daß sie ihre Akquisitionen mit dem Bargeld finanzieren könnten, das sie aus dem Abbau der Lagerbestände bei den Massenproduzenten gewinnen.

Diejenigen Firmen, die sich in unvertraute Aktivitäten hineinbegeben, können dies durch die Bildung von Produktteams für jede neue Produktfamilie tun, deren Leistung sie mit den Erwartungen kontinuierlich vergleichen. Der Vorteil dieses Vorgehens liegt darin, daß Produktfamilien hinzugefügt oder entfernt werden können, ohne daß die Grundstruktur der Firma geändert werden muß.

Entlassen Sie die Hemmschuhe

In jeder Organisation, die wir gesehen haben, gab es eine kleine Gruppe von Managern, normalerweise weniger als zehn Prozent, die sich einfach nicht an neue Ideen gewöhnen konnten. Hierarchiedenker, die eine klare Befehlskette brauchten und etwas kontrollieren mußten, stellten besondere Probleme dar.

Bei jedem erfolgreichen Übergang, den wir untersucht haben, wünschten sich die Change Agents, wenn sie auf ihre Erfahrung zurückblickten, daß sie schneller die Manager entlassen hätten, die nicht kooperationsbereit waren. Das klingt natürlich hart, aber es ist einfach eine Erfahrungslehre. Eine kleine Prozentzahl der Manager wird schnell die schlanken Ideen annehmen – die »frühen Werbeerfüller«, in der Marketingsprache. Aber die große Masse ist unentschieden. Das Problem sind die paar Prozent, die sich nie anschließen. Sie werfen Steine in den Weg und haben eine besondere Freude daran, alle Fehler auf dem Weg zur Schlankheit herauszustellen. Ihr Verhalten paralysiert die große Masse in der Mitte und gefährdet den Erfolg.

Um es zu wiederholen: Wenn Sie den Prozeß anfangen, werden die meisten Manager und Beschäftigten nicht verstehen, was Sie tun. Sie werden sich aber neutral bis positiv verhalten, wenn Sie Beschäftigungszusagen machen. Unternehmen Sie etwas, um diejenigen Manager loszuwerden, die neuen Ideen keine Chance geben wollen.

Wenn Sie etwas verbessert haben, verbessern Sie es erneut

Am Ende einer Verbesserungsmaßnahme für eine Aktivität informieren Sie das Linienmanagement und das Arbeitsteam darüber, daß in drei Monaten die Maßnahme wiederholt werden muß. Das ist wichtig, damit Ihre Mitarbeiter von Anfang an verstehen, daß keine Leistungsstufe jemals gut genug ist und daß es immer Raum für weitere Verbesserungen gibt. Das heißt normalerweise, jede Maschine zu bewegen und jeden Job zu ändern.

In den ersten Jahren der schlanken Umwandlung muß die schlanke Promotion-Funktion die Führung bei der Planung erfolgreicher Verbesserungskampagnen übernehmen. Mit der Zeit wird dies jedoch zunehmend die Aufgabe der Leiter der Produktteams und der Produktionsarbeiter werden. Sie müssen die Idee einimpfen, daß es nicht länger die Aufgabe des Managements ist, die Aktivitäten in einem stabilen Zustand zu halten und Spannungen zu vermeiden. Statt dessen ist es für die Beseitigung der Hauptursachen von Abweichungen zuständig (damit sie immer seltener vorkommen und die Manager damit aufhören können, das Feuer zu bekämpfen), während sie Leistung in periodischen Sprüngen verbessern, bei denen es kein Ende gibt. Um wieviel wurde die Leistung verbessert? Dies muß zur entscheidenden Frage bei der Beurteilung von Managern werden.

»Zwei Schritte vor und ein Schritt zurück ist o.k.
Kein Schritt vorwärts ist nicht o.k.«

Ein entscheidender Moment bei der schlanken Umwandlung bei Pratt war, als der energische General Manager der Fabrik für Turbinenschaufeln sich ein Ziel setzte, das prinzipiell richtig war, aber in der Praxis zu ehrgeizig verfolgt wurde. Als Mark Coran diesen Manager und seine direkten Untergebenen auf andere Positionen bei Pratt versetzte, statt sie zu entlassen (der übliche Schritt in solchen Situationen in der Vergangenheit), sendete er eine entscheidende wichtige Botschaft: daß Fehler beim Verfolgen des richtigen Ziels kein Versagen bedeuten.

Als Coran gleichzeitig dem General Manager eines anderen Komponentenherstellers wegen Bremsertums bei der schlanken Umwandlung kündigte (in einem Betrieb, der keine schlechtere Leistung als früher erbrachte), sendete er die komplementäre Botschaft: daß es nämlich inakzeptabel ist, nichts zu unternehmen, um seine Produktion zu verbessern, weil das Risiko zu scheitern zu hoch ist. Beide Botschaften zu vermitteln ist eine entscheidende Aufgabe des Change Agent.

Installieren Sie Unternehmenssysteme zur Ermutigung zu schlankem Denken

Wenn Sie einmal in Schwung gekommen sind (in den ersten sechs Monaten der Umwandlung) und Ihre Organisation neu konzipiert haben (vielleicht im Laufe des nächsten Jahres), dann sind Sie Ihrem Ziel einer schlanken Transformation ein gutes Stück näher gerückt. Es sind jedoch zusätzliche Schritte wichtig, damit sich das neue Vorgehen selbst am Leben erhält. Wenn man die anfänglichen Trägheiten überwunden hat, werden die Verbesserungsvorschläge lawinenartig zunehmen. Jetzt braucht man einen Entscheidungsmechanismus dafür, was sofort zu tun ist und was warten muß, bis die Mittel vorhanden sind. Man muß auch eine neue Einstufungs- und Entlohnungform der Mitarbeiter entwickeln, damit sie auch weiterhin das Richtige tun. Alles in der Organisation muß transparent gemacht werden, damit jeder sehen kann, was zu tun ist und wie es besser gemacht werden kann. Außerdem braucht man eine systematische Methode für die Schulung aller Mitarbeiter in schlankem Denken (einschließlich der Mitarbeiter von Kunden und Zulieferern entlang der Wertschöpfung). Schließlich muß man die Werkzeuge systematisch neu überdenken, angefangen bei den monströsen Maschinen in der Fabrik bis zum Computersystem zur Planung. Ziel dabei ist, die Technologien so zu dimensionieren, daß sie direkt in die Wertschöpfung für einzelne Produktfamilien integriert werden können.

Setzen Sie Policy Deployment ein

Wir haben zu betonen versucht, daß Sie in einer etablierten Organisation »einfach anfangen« müssen. Fangen Sie an, und präsentieren Sie einige schlagende Ergebnisse. Die Erfahrung von Lantech, nämlich zu viele schlanke Maßnahmen zu ergreifen, wenn der Ball einmal am Rollen ist, ist eher die Regel als die Ausnahme. Deswegen ist es lebenswichtig, die Instrumente des Policy Deployment einzusetzen, um Unterstützung in der ganzen Organisation für die drei oder vier schlanken Aufgaben zu erhalten, von denen Ihre Firma hoffen kann, daß sie sie jedes Jahr vollendet. Ein Beispiel für das dritte Jahr könnte sein: Reorganisation nach Produktfamilien, Einführung eines schlanken Rechnungswesens, viermaliges *kaizen* bei jeder größeren Produktionsaktivität und *kaikaku* bei Auftragsabwicklung und Terminplanung.

Eine sogar noch wichtigere Aufgabe für die jährliche Unternehmenspolitik wird die Identifizierung der Aufgaben sein, von denen Sie hoffen, daß Sie sie direkt erfolgreich erledigen können, die jetzt aber von einigen Teilen der Organisation nur ungern in Angriff genommen werden. Sie müssen öffentlich verkünden, daß es wichtige Aufgaben sind, daß sie aber auf nächstes oder übernächstes Jahr »verschoben« werden, wenn die Mittel dafür vorhanden sind.

Schaffen Sie ein schlankes Rechnungswesen

Viele Firmen haben heute eine Standardkostenrechnung, obwohl viel mehr auf eine Abteilungskostenrechnung (Activity Based Costing) umgestellt haben. Letztere ist von großem Vorteil, aber man kann sogar noch darüber hinausgehen. Was Sie wirklich brauchen, ist eine auf Wertschöpfung und Produkt basierende Kostenrechnung, die auch die Kosten für Produktentwicklung und Verkauf sowie Produktion und Zulieferung enthält, damit alle Beteiligten an einer Wertschöpfung deutlich sehen können, ob ihre gemeinsamen Anstrengungen mehr Kosten als Wert erzeugen oder umgekehrt.

Wenn Sie eine Reorganisation nach Produktfamilien durchgeführt haben und Ihre traditionellen Abteilungen mit den ihnen zugewiesenen Gemeinkosten verkleinert haben, wird es viel einfacher, die Kosten auf die Produkte umzulegen statt nur zuzuweisen, so daß die Leiter der Produktteams und Teammitglieder sehen können, wo sie stehen. Ihr eigenes Rechnungswesen sollte das möglich machen – Sie brauchen keinen Berater. Aber wir raten Ihnen sehr, daß Sie mit Ihrem Finanzleiter anfangen und ihn einige Wochen an praktischen Verbesserungsmaßnahmen beteiligen, bevor Sie loslegen. Dann stellen Sie die einfache Frage: Welches entscheidungsorientierte Rechnungswesen (Management Accounting System) würde unsere Leiter der Produktteams dazu bewegen, immer das (schlanke) Richtige zu tun?

Sie brauchen immer noch eine Finanzbuchhaltung für Ihre Gewinn/Verlust-Bilanz, die merkwürdige Dinge anstellt, wie potentiell veraltete Lagerbestände als Aktivposten zu bewerten, was Sie aber Ihren Leitern der Produktteams nicht offenlegen wollen. Außerdem müssen Sie einen allmählichen Übergang von Ihrem derzeitigen auf ein schlankes System über ungefähr ein Jahr vornehmen, um ein Chaos zu vermeiden.

Entlohnen Sie Ihre Mitarbeiter in Relation zur Leistung Ihrer Firma

Das ideale Lohn- und Gehaltsmodell würde jeden Mitarbeiter in genauem Verhältnis zu dem Wert bezahlen, den er dem durch den Kunden definierten Wert hinzufügt. Das würde jedoch zu unüberwindbaren technischen Problemen führen und könnte in jedem Fall nur mit enormem Aufwand realisiert werden, der selbst wiederum keinen Wert hinzufügt.

Wir haben herausgefunden, daß in einem schlanken Unternehmen die einfachste und billigste Methode der Lohn- und Gehaltsberechnung im allgemeinen die beste ist. Das heißt, man zahlt den Mitarbeitern ein Grundgehalt, das auf ihren allgemeinen Qualifikationen basiert –, beispielsweise was Montagearbeiter oder Produktingenieure als Berufsanfänger im Durchschnitt in einer bestimmten Region verdienen –, sowie einen Bonus, der direkt an die Rentabilität des Unternehmens gekoppelt ist. Da eine schlanke Firma rentabler als der Durchschnitt sein sollte, sollte der Bonus einen bedeutenden Teil des Gesamtgehalts ausmachen. (Beispielsweise hat Wiremold sich als Ziel für seinen Bonus ungefähr 20 Prozent des Grundgehalts vorgenommen, vorausgesetzt, daß Wiremold mehr Gewinn als die »durchschnittliche« Herstellerfirma im Gebiet von Hartford und in seiner Branche macht.)

Wenn man sich Berechnungsmodelle für die Boni ansieht, dann erkennt man schnell, daß der vorgeschlagene Bonus nicht sehr hoch ist, wenngleich doch beträchtlich. Das unterstreicht die Tatsache, daß der primäre Arbeitsanreiz in einem schlanken System ist, daß die Arbeit selbst ein positives Feedback und ein Flow-Erlebnis erzeugt.

Man hat uns oft über finanzielle Anreizsysteme für die Arbeiter in der Produktion und über die Anpassung der Löhne an die Produktfamilie befragt. Wir müssen zu beiden Ideen etwas sagen, aber alles in allem unterstützen wir sie nicht. Finanzielle Anreize sind wirklich ein Zopf aus den alten Tagen der Akkordarbeit und werden heute manchmal dazu benutzt, um der Einstellung entgegenzuwirken, daß das Arbeitstempo in schlanken Systemen härter ist. In Wirklichkeit ist das Tempo Minute für Minute dasselbe. Der Unterschied ist, daß schlanke Systeme praktisch alle unproduktiven Staus bei allen Arbeitern auf allen Ebenen identifizieren und abschaffen. Deshalb entsteht anfangs das Gefühl, als ob die Arbeit härter wäre. Aber nach einer kurzen Akklimatisierungszeit, wenn die Abwesenheit von *muda* Alltag geworden ist, berichten die Menschen oft, daß das Tempo tatsächlich viel erträglicher als vorher ist. In jedem Fall geht der Versuch, die Loyalität Ihrer Belegschaft gegenüber dem schlanken System mit Cash zu kaufen, das Problem von der falschen Seite an. Statt dessen sollte man die positiven Aspekte der neuen Arbeitsumgebung betonen.

Die Aufteilung der Boni nach Mitgliedern der jeweiligen Produktgruppe ist über ein schlankes Rechnungswesen technisch durchführbar. Aber wir halten auch dies für eine schlechte Idee. In einem schlanken System werden die Aufgaben sehr sorgfältig vom Arbeitsteam selbst beurteilt, um ein gleichmäßiges Tempo ohne Zeitverschwendung zu erreichen. Innerhalb der Firma sollte das Arbeitstempo in jeder Produktgruppe ziemlich vergleichbar sein. Außerdem wird es häufig erforderlich sein, die Mitarbeiter von einer Produktgruppe in eine andere zu versetzen, manchmal nach einem Intermezzo in der schlanken Promotion-Funktion, wenn sich der Bedarf des Unternehmens verändert hat. Umbesetzungen erzeugen ständige Konflikte, wenn die Boni von Produktgruppe zu Produktgruppe aufgrund sich ändernder Wettbewerbsbedingungen im Markt variieren.

Machen Sie alles transparent

Benchmarking kostet normalerweise Zeit, die Sie sinnvoller nutzen können. Ein Benchmarking der internen Leistung ist jedoch entscheidend, vor allem hinsichtlich der Verbesserungsrate. Außerdem ist es unbedingt notwendig, eine »Anzeigetafel« zu entwickeln, die jedem Beteiligten an einer Wertschöpfung genau zeigt, was in Echtzeit geschieht. Das muß nicht verkompliziert werden und erfordert keine hohen Investitionen. Wir waren bei unseren Reisen in schlanke Firmen immer darüber erstaunt (wie bei Porsche), wieviel über den Stand und die Verbesserungen eines Ablaufs mit einfachen Diagrammen und mit Anzeigetafeln über den Fertigungsstand (process status boards) visualisiert werden kann. Viele stellen kaum Anforderungen an Sprache oder mathematische Fähigkeiten, vermitteln aber ein deutliches Gefühl dafür, was geschieht.

Schulen Sie jeden in schlankem Denken und in schlanken Fähigkeiten

Es ist zur konventionellen Überzeugung geworden, daß die höheren Managementebenen lernen sollten, den primären Arbeitsteams zuzuhören, da diese am meisten über den eigentlichen Job wissen. Unglücklicherweise ist dieser Teil des Alltagsdenkens nur zur Hälfte richtig. Die Belegschaft in der Produktion weiß wahrscheinlich am meisten über die schwierigen technischen Aspekte, die für einzelne Jobs erforderlich sind (einschließlich aller Abweichungen, die aus unzureichend entwickelten Fertigungsverfahren resultieren, die aber notwendig sind, um überhaupt Produkte zu fertigen). Aber die Fabrikarbeiter und die Vorarbeiter verstehen es normalerweise nicht, den gesamten Fluß der Wertschöpfung horizontal zu erfassen und wie man ihn »saugt«. Außerdem verstehen sie normalerweise nichts von den Methoden der Analyse der Primärursachen, damit Brandbekämpfung überflüssig ist. Wenn Sie heute von Ihren Fabrikarbeitern die Implementierung schlanker Techniken oder permanente Problemlösungen erwarten, werden Sie wahrscheinlich eine Flut von Vorschlägen erhalten, gefolgt von einer allgemeinen Desillusionierung, wenn die konkreten Ausführungen scheitern.

Um schlanke Fähigkeiten zu erreichen, braucht Ihre Belegschaft Schulung, aber von einer besonderen Art. Einer von uns (Jones) hat unlängst mit der Unipart Group in England daran gearbeitet, den Qualifizierungsprozeß radikal neu zu konzipieren und eine »Unipart University« in unmittelbarer Nähe des Wertschöpfungsstroms aufzubauen. Während in den letzten Jahren viele Unternehmens-«Universitäten« gegründet worden sind (die Motorola University ist wahrscheinlich die bekannteste), sind diese meistens auf die Ausbildung und Weiterbildung in speziellen Fakultäten und auf Off-line-Lernen beschränkt. Bei Unipart besteht die Fakultät nur aus Linienmanagern (das heißt, sie müssen selbst Produktionsfertigkeiten erlernen: Fähigkeiten, die Manager in westlichen Firmen selten beherrschen). Die unterrichteten Fähigkeiten sind genau diejenigen, die unmittelbar für die nächste Phase der schlanken Umwandlung erforderlich sind.

Deshalb können schlankes Lernen und Unternehmenspolitik vorsichtig synchronisiert werden, so daß das Wissen just in time bereitgestellt wird, und zwar in einer Weise, die das Engagement der Manager und aller Mitarbeiter verstärkt, das Richtige zu tun. Jeder lernt dasselbe Problemlösungsverhalten, und jeder erfährt die direkten Vorteile ständigen Lernens, auch wenn vielleicht die formale Ausbildung weit zurückliegt. Mit der Zeit stehen die Investitionen in die Ausbildung direkt mit den daraus resultierenden Verbesserungen im Unternehmen in Verbindung.

Passen Sie die Größe Ihrer Werkzeuge an

Mit Werkzeugen meinen wir nicht nur Produktionsanlagen, sondern auch Management-Informations-Systeme, Testgeräte, Systeme für den Bau von Prototypen und sogar organisatorische Gruppierungen. Denken Sie zum Beispiel an eine Abteilung als eine Art Werkzeug, die für eine spezielle Aktivität zuständig ist – sagen wir die Debitorenbuchhaltung.

Sie können mit der Neukonzipierung Ihrer Werkzeuge bei Ihrem ersten *kaikaku* beginnen. Ihre Hauptmonumente werden jedoch eine größere Herausforderung darstellen, die nicht direkt bewältigt werden kann. Zunächst müssen Sie sich der alten Neigung Ihrer Manager entgegenstellen, daß große, schnelle, komplizierte, dezidierte und zentralisierte Werkzeuge effizienter sind. Das ist natürlich der Eckpfeiler der Produktion großer Lose. Statt dessen sollten Sie die Manager damit beauftragen, rückwärts zu denken und sich zu fragen: Mit welchen Werkzeugen würden die Produkte einer bestimmten Produktgruppe reibungslos durch das System fließen, ohne Verzögerungen und ohne Rückflüsse? Welche Werkzeuge würden uns das direkte Umrüsten zwischen Produkten erlauben, so daß wir keine Lose produzieren müßten?

Wenn Sie darüber nachdenken, werden Sie von der Erkenntnis überrascht sein, daß viele Ihrer existierenden »Monumente« mit etwas Kreativität viel flexibler gemacht werden können. Sie werden weiter überrascht sein, wenn Sie entdecken, daß zwei kleine Maschinen mit nur den minimal erforderlichen Merkmalen im allgemeinen insgesamt viel weniger kosten als eine große Maschine mit allem Schnickschnack. Schließlich werden Sie darüber erstaunt sein, wie viele Werkzeuge innerhalb Ihrer Firma unter Verwendung überschüssigen Materials mit sehr niedrigen Kosten von überschüssigen Mitarbeitern gebaut werden können, die durch die schlanken Techniken freigestellt worden sind. (Stellen Sie sich einmal vor, Sie werfen Ihre Kataloge für Industrieanlagen weg und machen sich zu Ihrem örtlichen Schrottplatz auf!)

Je mehr Sie nachdenken, desto mehr werden Sie erkennen, daß Sie die meisten Wertschöpfungsströme mit ihrem eigenen Equipment beliefern können, um Engpässe bei den Großanlagen und Ausfallzeiten aufgrund von Umrüstarbeiten vollständig zu vermeiden. Wenn der Wertstrom seinen Verlauf ändert, können Sie schnell Ihre miniaturisierten Werkzeuge wieder einsetzen, um die neuen Bedürfnisse zu befriedigen. Ihre größeren Monumente jedoch in Angriff zu nehmen und vollständig durch miniaturisierte Maschinen zu ersetzen wird wahrscheinlich erst dann ganz möglich sein, wenn Sie einige Jahre lang das Beste aus dem gemacht haben, was Sie bereits haben.

Vervollständigen Sie die Transformation

Wenn Sie mit voller Geschwindigkeit voranschreiten und Ihre Organisation neu konfiguriert und die entsprechenden Unternehmenssysteme eingerichtet haben (wahrscheinlich nach drei bis vier Jahren anstrengender Mühe), sind Sie auf dem Weg, Ihre Transformation zu vervollständigen. Die letzten Schritte sollen sicherstellen, daß Ihre Zulieferer und Händler Ihrer Führung folgen, daß Sie Wertschöpfung so nahe an Ihrem Kunden wie möglich erzeugen und daß der schlanke Ansatz automatisch von unten funktioniert, statt nur von oben.

Überzeugen Sie Ihre Zulieferer und Kunden von der Übernahme der gerade beschriebenen Schritte

Es gibt heute kaum noch Firmen, deren interne Aktivitäten für mehr als ein Drittel der Gesamtkosten und Vorlaufzeiten zur Markteinführung ihrer Produkte verantwortlich sind. Die De-Integration, die Toyota 1949 startete, senkte schließlich seine internen »Wertschöpfungskosten« von 75 Prozent auf unter 25 Prozent der Gesamtkosten und wurde zur weltweiten Norm für Unternehmen. Deswegen erreicht man auch nur so viel auf dem Weg zur Schlankheit – ein Viertel bis ein Drittel in den meisten Fällen –, es sei denn, die Zulieferer und Kunden werden in die eben beschriebenen Schritte mit einbezogen.

Es würde nicht viel nutzen, Ihre Zulieferer oder Kunden zu beschimpfen oder gegeneinander auszuspielen. Sie können ihnen das Leben schwermachen und ihre Gewinne drücken, aber diese Taktiken ändern nichts an deren Kosten und Vorlaufzeiten, weil sie einfach nicht wissen, was sie tun sollen. Mit der Zeit finden sie entweder andere Geschäftspartner oder investieren zu wenig in ihre Produktentwicklung oder Distributionswege.

Die einzige Alternative besteht darin, ihre Produktion, Produktentwicklung und Auftragsabwicklung zu verbessern, indem Sie ihnen Ihr schlankes Promotions-Team schicken. (Das ist auch eine ausgezeichnete Möglichkeit, um gegenüber größeren Trends in der Branche wachsam zu sein und dafür zu sorgen, daß Ihre schlanken Denker die Augen offenhalten, indem sie ständig mit neuen Situationen konfrontiert werden.) Tun Sie das nicht, bis Sie Ihre eigenen Aktivitäten verbessert haben, die den Lieferanten oder die nachgelagerte Firma einbeziehen. Aber gehen Sie danach so schnell wie möglich vor, und akzeptieren Sie keine Entschuldigung. »Bei uns ging es schnell, und wir wissen, daß Sie es auch können. So geht es. Fangen wir an.«

Damit dieses Vorgehen realisierbar ist, müssen Sie natürlich die Liste Ihrer vor- und nachgelagerten Partner verkürzen und eine langfristige Zusammenarbeit mit den verbleibenden planen. Stellen Sie für Ihre Hilfe keine Kosten in Rechnung. Statt dessen klären Sie von vornherein, wie die Einsparungen aufgeteilt werden. (Porsche und seine Zulieferer entschieden sich für eine Drittelung: ein Drittel der Kosteneinsparungen für die Zulieferer und zwei Drittel für Porsche, wobei Porsche damit einverstanden war, die Hälfte seines Teils über niedrigere Preise an die Kunden weiterzugeben.) Es sollte sich ebenso in besserer Qualität und kürzeren Vorlaufzeiten für Ihre Produkte auszahlen.

Betonen Sie, daß es einen zusätzlichen Gewinn für Ihre Zulieferer in dieser »Gewinner-Gewinner-Gewinner«-Situation gibt, weil sie Kosten und Vorlaufzeiten bei allen Aktivitäten einzusparen lernen, aber wahrscheinlich diese Einsparungen nicht an andere Kunden weitergeben müssen, die mit ihrem kurzfristigen, marktorientierten Denken nicht weiterkommen. Auf diese Weise erzielten in den 1970er und 1980er Jahren sowohl Toyota wie seine Zulieferer ihren sagenhaften Reichtum. Nach der Unterweisung von Toyota belieferten sie alle Mitbewerber von Toyota, mit Ausnahme von Nissan, und zwar zu höheren Preisen als an Toyota. Sie bekamen ständig Aufträge von diesen Firmen, weil sie unter den Angeboten der Konkurrenten aus der Zuliefergemeinschaft blieben.

Sobald Ihre Zulieferer und nachgelagerten Kunden mit der internen

Leistungsverbesserung angefangen haben, bestehen Sie darauf, daß sich die dort neu geschaffenen Prozeßverbesserungsteams bei den eigenen Lieferanten und Kunden an die Verbesserung machen. (Bedenken Sie, daß Ihre Zulieferer und nachgelagerten Partner normalerweise nicht mehr integriert sind als Sie.) Setzen Sie kontinuierlich sinkende Richtpreise und kontinuierlich steigende Qualitäts- und Zuverlässigkeitsziele, die ihnen ein Zurücklehnen unmöglich machen.

Für diesen Prozeß ist es hilfreich, wenn Sie die Zulieferer der ersten Stufe in einem Zuliefererverband zum Zwecke gegenseitigen Lernens zusammenschließen, in dem Stil, der seit langem bei Toyota praktiziert wird.[5] Die Lieferanten der ersten Stufe werden dann eine Auswahlliste von Zulieferern der zweiten Stufe aufstellen, mit denen sie zusammenarbeiten wollen. Dann können die Mittel derjenigen der ersten Stufe auf eine viel kleinere Zahl von Zulieferern der zweiten Stufe konzentriert werden. (Chrysler hat vor kurzem eine Initiative in dieser Richtung eingeleitet.) Ebenso muß sich vielleicht das Montagewerk in der Nähe des Kunden am Ende des Fertigungsflusses mit anderen schlanken Montagewerken zusammentun, um die hartnäckigsten »Los«-Lieferanten von Rohmaterial anzugehen und ihnen einen besseren Weg zu zeigen. (Der Einkauf von Rohmaterial in großen Losen zu niedrigen Preisen zugunsten Ihrer Zulieferer scheint ein viel einfacherer Weg zu sein. Aber dieses Vorgehen drückt nur die Gewinnmarge der Rohmaterialfirmen, es sei denn, irgend jemand zeigt ihnen, wie sie ihr Unternehmen anders organisieren können.)

Entwickeln Sie eine globale Strategie

Manche können bequem existieren, indem sie alles an einem Standort produzieren. Beispielsweise kann Porsche eine anständige Stückzahl exotischer Autos von einem Konstruktions-, Planungs- und Produktionsstandort im Südwesten Deutschlands aus in die ganze Welt verkaufen. Ferrari kann dasselbe von Norditalien aus tun. Der geheimnisvolle Nimbus ihrer Produkte bewahrt solche Firmen vor dem schnellen Ende. Außerdem kann die Unbeständigkeit mancher Exportmärkte aufgrund von Währungsschwankungen oder Änderungen des Geschmacks toleriert werden, wenn ein Großteil des Umsatzes nicht nur von einem Markt abhängig ist. Die Welt als Ganzes wird einen ausreichend stabilen Markt bieten.

Andere Firmen sind vielleicht froh darüber, daß sie klein bleiben. Wiremold beispielsweise sieht keine besonderen Aussichten und keinen Bedarf für seine Produkte in Europa oder Asien. Lantech andererseits ist glücklich darüber, aus Exportchancen Vorteile ziehen zu können, wenn sich Gelegenheiten ergeben. Aber man sieht darin eher einen warmen Regen als einen Kernaspekt des Geschäfts. Es gibt genug Wachstumspotential für diese Firmen in ihren Heimatmärkten, um die während der Umwandlung freigewordenen Mittel einzusetzen. Außerdem wird die Expansion in benachbarte Produktlinien ausreichen, um die Ressourcen in der Zukunft zu absorbieren.

Viele andere Unternehmen, wie die großen Auto-, Elektronik- und Luftfahrtunternehmen und deren Zulieferer der ersten Stufe, brauchen einen Markt und eine Produktionspräsenz auf globalem Niveau. Die Übernahme schlanken Denkens verlangt eine ganz andere Strategie, als sie heute meistens verfolgt wird.

Viele Menschen glauben anfangs, daß schlanke Techniken sich hauptsächlich auf Kosteneinsparungen beziehen. In der Tat liefern sie den einzig durchführbaren Weg zur Kostensenkung, während sie gleichzeitig die Produktionsvorlaufzeiten und das Time-to-Market verkürzen, die Qualität verbessern und den Kunden das liefern, was sie wünschen, und genau dann, wann sie es wollen. Sie machen auch die Konstruktion, Bestellung, Fertigung und Lieferung von Gütern in kleineren Stückzahlen ohne Größen- oder Investitionskostennachteile möglich, und zwar mittels dezidierter Produktteams.

Daraus folgt, daß für die meisten Produkte mit einem globalen Marktpotential die globale Strategie darin besteht, ein vollständiges Konstruktions-, Auftragsabwicklungs- und Produktionssystem in jedem größeren Absatzmarkt zu entwickeln. Das erleichtert die Kommunikation mit den Kunden und vereinfacht es, das Produkt mit den genau richtigen Spezifikationen sehr schnell zu konstruieren, zu produzieren und auszuliefern. »High-Tech«-Massenproduktion an einem zentralen Standort – ein Beispiel dafür haben wir in Kapitel 10 untersucht – und ein getrenntes Konstruktions- und Produktionssystem sowie die ständige Suche nach den niedrigsten Lohnkosten für jede Aktivität entlang einem komplexen Wertstrom können niemals diese kombinierten Ziele erreichen. Diese alternativen Strategien optimieren einen Gang des Wertschöpfungsstromes auf Kosten des Ganzen.

Schalten Sie um von Top-down-Führung auf Bottom-up-Initiativen

Anfangs wird die Prozeßverbesserungsgruppe top-down vorgehen, weil zunächst die Denkgewohnheiten bei den Mitarbeitern geändert werden müssen, indem ein besseres Vorgehen direkt demonstriert wird. Nach und nach wird sich die Gruppe darauf konzentrieren, aus jedem Linienmanager einen *sensei* und aus jedem Mitarbeiter einen proaktiven Verfahrensingenieur zu machen. Die Abteilung kann sich dann auch der schwierigsten Probleme annehmen, bei denen die Linienmanager noch externe Unterstützung brauchen. Das ist die heutige Aufgabe der Operations Management Consulting Division in der Toyota-Gruppe.

Eine der Paradoxien schlanken Denkens ist, daß die Ideen an sich außergewöhnlich antihierarchisch und pro-demokratisch sind. Jeder Arbeiter inspiziert seine eigene Arbeit, erwirbt breitere Fähigkeiten und partizipiert an periodischen Arbeitsumstrukturierungen durch *kaizen*-Aktivitäten. Permanent werden Managementschichten abgestreift. Die Transparenz legt für jeden alle Aspekte des Unternehmens offen. Aber die kritische Masse der Mitarbeiter dazu zu bewegen, ihre traditionelle Denkart zu ändern, erfordert einen harten Kurs, da sie angewiesen werden, scheinbar vollkommen verrückte Dinge zu versuchen.

Insofern liegt hier ein entscheidender Übergang, wenn Sie Ihre Organisation durch eine schlanke Transformation führen, ein Punkt, an dem die Manager zu Coaches werden müssen statt zu Tyrannen und die Mitarbeiter sich proaktiv verhalten müssen. Dieser Übergang ist der Schlüssel zur sich selbst erhaltenden Organisation. Und bitte beachten Sie: Wenn Sie der Change Agent sind, werden Sie vielleicht zum größten Problem. Wir sind mehr als einem Change Agent begegnet, der ständig weitere Veränderungen von oben anordnen wollte, während die Basis vollkommen selbständig zurechtkam. Das kann schnell zu einer negativen Situation führen.

Eine Lösung besteht darin, daß Sie Ihr Verhalten ändern. Oder Sie gehen einfach. Viele der besten Change Agents, denen wir begegnet sind, scheinen ihre Arbeit am besten gemacht zu haben, wenn sie über den Zeitraum von einigen Jahren eine Organisation umwandelten, dann das Management auf einen kollegialeren Stil umstellten und schließlich in Unternehmen wechselten, die noch voll von »Quadratköpfen« waren.

Die unausweichlichen Resultate eines fünfjährigen Engagements

Immer wenn wir einen vermeintlichen Change Agent getroffen haben, stellten wir ihm eine einfache Frage: Sind Sie wirklich entschlossen, hart zu arbeiten, akzeptieren Sie es, daß es zwei Schritte vor und einen zurück geht, und knien Sie sich für volle fünf Jahre in die Aufgabe? Die Durchführung aller Schritte dauert normalerweise ungefähr so lange, wie Abbildung 11.1 zeigt.

Während einige wenige Firmen (beispielsweise Wiremold) viel schneller vorgehen können, wenn der Change Agent alles im Griff hat und bereits Erfahrungen damit hat, wird dieser ausgedehnte Zeitraum üblicherweise gebraucht, weil viele, einschließlich des oberen Managements, darin geschult werden müssen, den Unterschied zwischen Wertschöpfung und *muda* zu erkennen. Viele gewöhnliche Manager brauchen eine beträchtliche Experimentierphase – einschließlich Rückschritten –, bevor jeder schlankes Denken automatisch anwendet und die Organisation von unten und aus den mittleren Reihen heraus nach vorne bewegt. Erst an diesem Punkt wird der Change Agent überflüssig, und erst an diesem Punkt werden die vollen finanziellen Vorteile schlanken Denkens sichtbar. Ab hier gibt es unserer Meinung nach keinen Weg mehr zurück. Der Change Agent möchte sich vielleicht sogar einer neuen Herausforderung zuwenden.

Es gibt heute sehr viel Zynismus in der industriellen Welt – einen Zynismus, der durch das letzte Patentlösungs-«Programm«, das Business Process Reengineering, forciert wurde. Eine wachsende Zahl von Managern scheint jedoch zu erkennen, daß wirklicher Wandel und der Aufbau einer soliden Basis einfach Zeit brauchen. Wir glauben aufgrund von vielen Gesprächen, daß die Bereitschaft, sich dieser Herausforderung zu stellen, vorhanden ist, wenn es die Zuversicht gibt, daß es hinter dem Regenbogen wirklich etwas gibt. Eines unserer größten Ziele mit diesem Buch war es, zu zeigen, daß dem so ist.

Wenn Sie wirklich dazu entschlossen sind, die Rolle des Change Agent zu übernehmen, und Sie einen guten *sensei* haben (oder selbst einer werden), *garantieren* wir Ihnen, daß Sie außergewöhnliche Dinge erreichen werden. Die Techniken, die wir in den letzten Kapiteln beschrieben haben, wurden weltweit in einer Vielzahl von Branchen getestet, und sie funktionieren immer.

Tabelle 11.1: Zeitrahmen für den schlanken Sprung

Stufe	Einzelne Schritte	Zeitrahmen
Startphase	Finden Sie einen Change Agent Erwerben Sie das schlanke Wissen Finden Sie einen Hebel Zeichnen Sie die Wertströme auf Beginnen Sie mit *kaikaku* Dehnen Sie Ihre Zuständigkeit aus	Die ersten sechs Monate
Aufbau einer neuen Organisation	Reorganisieren Sie nach Produkt-gruppen Schaffen Sie eine schlanke Funktion Entwickeln Sie eine Politik für die überschüssigen Mitarbeiter Entwerfen Sie eine Wachstumsstrategie Entlassen Sie die Bremser Impfen Sie ein »Perfektions«-Denken ein	Sechs Monate bis zum Ende des zweiten Jahres
Einführung von Unternehmenssystemen	Führen Sie ein schlankes Rechnungswesen ein Bezahlen Sie in Relation zur Unternehmensleistung Führen Sie Transparenz ein Initiieren Sie Policy Deployment Führen Sie schlankes Lernen ein Suchen Sie nach miniaturisierten Werkzeugen	Drittes und viertes Jahr
Vervollständigung der Transformation	Wenden Sie diese Schritte bei Ihren Zulieferern/Kunden an Entwickeln Sie eine globale Strategie Gehen Sie von einer Top-down- zu einer Bottom-up-Verbesserung über	Ende des fünften Jahres

Natürlich kann auch ein Unternehmen mit den brillantesten Leistungen aus Gründen scheitern, die jenseits seiner Kontrolle liegen – ein ungeahntes Umweltproblem mit dem Produkt, ein drastischer Geschmackswandel bei den Kunden, das plötzliche Auftauchen einer neuen Technologie, die den Bedarf nach dem alten Produkt vollständig eliminiert (beispielsweise die Wäscheschleuder nach dem Wäschetrockner, die Vakuumröhre nach dem Transistor). Dennoch werden mit einem schlanken Werkzeugkoffer die Erfolgschancen in dem von Ihnen gewählten Bereich ansteigen.

Der nächste Sprung

So wie die Einführung schlanken Denkens Probleme und Verschwendung in allen operativen Bereichen an die Oberfläche bringt, so wird es bei der Anwendung dieser Ideen unvermeidbar zu neuen Organisationsproblemen kommen. Wenn Sie Ihre herkömmlichen Abteilungen verkleinern, die früher der Schlüssel zur Karriere in Ihrer Organisation waren, werden viele Mitarbeiter Angst davor haben, wo es mit ihnen hingeht und ob sie ein »Zuhause« haben. Und je mehr Mitarbeiter Sie in Entwicklungs- und Produktionsaktivitäten einbeziehen, die sich unerbittlich auf das Hier und Jetzt konzentrieren, desto mehr fragen Sie sich vielleicht, wo nun wirklich deren Stärken liegen. Haben sich Ihre Ingenieure Spitzenfähigkeiten bewahrt, oder wenden sie einfach nur immer wieder das an, was sie bereits kennen?

Am überraschendsten ist vielleicht nach dem Abbau der Lagerbestände und der Beseitigung von Verschwendung aus der internen Wertschöpfung, daß Ihnen die Kosten- und Leistungsprobleme der Ihrer Wertschöpfung vor- und nachlagerten Firmen bewußter werden, einschließlich jener der Lieferanten Ihrer Zulieferer und der Einzelhändler Ihrer Großhändler. Ihnen technische Hilfe anzubieten ist notwendig, aber nicht ausreichend. Ein Voranschreiten zur Schlankheit verdeutlicht auch, daß Sie mit allen Teilnehmern der Wertschöpfung auf neue Weise zusammenarbeiten müssen.

Wir sind davon überzeugt, daß eine adäquate Berücksichtigung dieser Probleme einen letzten organisatorischen Sprung erforderlich macht, den noch nicht einmal Toyota vollzogen hat. Wir nennen ihn *Lean Enterprise* und werden ihn im dritten Teil erklären.

Teil III
Lean Enterprise

Kapitel 12

Ein Kanal für den Strom; ein Tal für den Kanal*

Wir werden manchmal gefragt: Was ist daran neu? Was können Sie uns erzählen, was wir noch nicht gehört haben? Das ist eine ausgezeichnete Frage mit einer einfachen Antwort: Wir rücken den gesamten Strom der Wertschöpfung für bestimmte Produkte unermüdlich in den Vordergrund und denken jeden Aspekt wie Jobs, Karrieren, Abteilungen und Unternehmen aus dieser Sicht neu, um den Wert genau zu bestimmen und ihn auf ganzer Länge in einen kontinuierlichen Fluß zu bringen, wie er vom Kunden angefordert wird, dabei immer nach Perfektion strebend.

Dies ist eine kreative und produktive Übung, aber keineswegs eine natürliche. Die meisten von uns denken zuerst an ihre Jobs und dann an ihre Karriere. Weil diese sich oft in Abteilungen und Funktionen entwickeln, achten wir auch auf die Interessen dieser organisatorischen Bausteine. Die meisten Manager werden auf der Grundlage dessen bezahlt, wie gut ihre Firma funktioniert, und vor allem, wieviel Geld sie verdient. Man beachte, daß niemand zuerst und vor allem auf die Leistung der gesamten Wertschöpfung achtet, das einzig relevante Thema für den Kunden.

Die vorhergehenden Kapitel haben eine Lösung für das Jobproblem vorgeschlagen: Eliminieren Sie gleich am Anfang diejenigen Jobs, die nicht erhalten werden können, *wenn eine Firma überleben will*, und ge-

---

* Dieses Kapitel ist die Ausarbeitung von Ideen, die wir zuerst dargestellt haben in: James P. Womack und Daniel T. Jones, »From Lean Production to the Lean Enterprise«, *Harvard Business Review*, März-April 1994, S. 93-103.

ben Sie dann den verbleibenden Mitarbeitern Beschäftigungsgarantien. Das ist keine perfekte Lösung, weil manches Management die Realität erst bemerkt, wenn sie greifbar nah und ein größerer Stellenabbau unvermeidbar ist. Aber zumindest das korrekte Vorgehen ist einfach und verständlich. Wenn mehr Manager sich dem schlanken Denken anschließen, können außerdem vorbeugende Maßnahmen ergriffen werden, bevor die Krise ausbricht, und die meisten Arbeitsplätze können gerettet werden. Wir sind in der Tat der Meinung, daß die Zahl der Arbeitsplätze steigt, wenn der schlanke Ansatz zum normalen Denken geworden ist. Demgegenüber sind die Karrieren, Funktionen und Firmen-»Probleme« viel schwieriger zu ändern.

Das Lean Enterprise

Als wir über diese Probleme nachdachten, kam uns der Gedanke, daß der erste Schritt in der Schaffung eines neuen Mechanismus besteht, um auf das Ganze zu blicken: ein Kanal für den Wertschöpfungsstrom. Wir nannten dies *Lean Enterprise* und haben bereits kurz im Text an einigen Punkten darauf angespielt. Jetzt werden wir es im Detail beschreiben.

Die Ziele des Lean Enterprise sind sehr einfach: Spezifizieren Sie den Wert für den Kunden korrekt, vermeiden Sie die normale Neigung jeder Firma entlang dem Strom der Wertschöpfung, den Wert anders zu definieren, um die eigene Rolle bei seiner Bereitstellung herauszustellen. (Zum Beispiel: Der Hersteller, der denkt, daß das fertige Produkt das primäre Interesse des Kunden ist; das selbständige Verkaufs- und Serviceunternehmen, das der Meinung ist, daß verantwortliche Kundenbeziehungen für die größte Wertschöpfung verantwortlich sind, die der Kunde wahrnimmt, etc.). Dann identifizieren Sie alle erforderlichen Tätigkeiten, um ein Produkt von der Konzeptionierung zur Markteinführung zu bringen, von der Bestellung bis zur Auslieferung und vom Rohmaterial in die Hände des Kunden und weiter während der Phase sinnvoller Nutzung. Als nächstes entfernen Sie alle Handlungen, die keinen Wert hinzufügen, und führen Sie diejenigen durch, die wertschöpfend sind in einem kontinuierlichen Fluß, wie der Kunde sie anfordert. Schließlich analysieren Sie die Resultate und beginnen erneut mit dem

Evaluationsprozeß.[1] Wiederholen Sie diesen Zyklus während des Produktlebens oder der Dauer der Produktgruppe als einen normalen Teil des »Managements«: in der Tat die Kernaktivität.

Der Mechanismus des Lean Enterprise ist auch sehr einfach: eine Konferenz aller Firmen entlang der Wertschöpfung, assistiert von dem technischen Stab aus der »schlanken Funktion« in den beteiligten Firmen, um periodisch schnelle Analysen durchzuführen und schnell greifende Verbesserungsmaßnahmen anzusetzen. Natürlich muß jemand die Führung übernehmen, und das ist logischerweise die Firma, die alle Konstruktionen und Komponenten in einem Produkt zusammenführt (beispielsweise Doyle Wilson Homebuilder, Pratt & Whitney, Porsche und Showa). Die Teilnehmer müssen sich jedoch untereinander als gleichberechtigt behandeln und *muda* als ihren gemeinsamen Feind ansehen.

Beenden Sie den industriellen Kalten Krieg

Wie beschrieben, scheint das schlanke Unternehmen so einfach und offensichtlich zu sein, daß viele Leser denken werden, daß solche Analysen ganz sicher routinemäßig in der Praxis vorkommen müssen, auch wenn nicht dem Namen nach. Aber das ist nicht so. Und zwar teilweise deswegen, weil den meisten Managern ein Verständnis für das Potential von Flow und Pull fehlt, um Verschwendungen zu beseitigen, wenn es auf die gesamte Wertschöpfung angewandt wird. Aber es gibt einen fundamentaleren Grund. Die gemeinsame Analyse jeder Handlung, die zur Entwicklung, Bestellung und Produktion von Gütern oder Dienstleistungen erforderlich ist, macht die Kosten einer jeden Firma transparent. *Es gibt nichts Privates.* Deshalb ist die Frage unvermeidbar, wieviel Geld (Gewinn) jede Firma entlang der Wertschöpfung mit einem speziellen Produkt machen wird.

In der Vergangenheit waren die Beziehungen zwischen den Unternehmen, die sich entlang der Wertschöpfung aneinanderreihen, eher wie das Verhalten der Vereinigten Staaten und der Sowjetunion während des Kalten Krieges. Ein gewisses Mindestmaß an Kooperation war notwendig, um zu vermeiden, daß die Welt in die Luft fliegt (Erfindungen wie der »heiße Draht« und das stillschweigende Abkommen über die Informationssammlung über Drittstaaten mit unklaren Absichten in blockfreien Staaten). Aber die operative Annahme war, daß beide Seiten sich gegenseitig übervorteilen würden, solange sie sich nicht gegenseitig auslöschen. Die Teilnehmer an der Wertschöpfung verhalten sich oft genauso. Sie kooperieren auf kleinstem Nenner, um überhaupt ein Produkt herstellen zu können, hoffen aber, daß ihnen die Unwissenheit der anderen Parteien darüber, was sie tatsächlich machen (und was es kostet), erlaubt, deren Jackpot zu ergattern. Beispielsweise hoffen Unternehmen auf einen warmen Finanzregen, wenn die Kosten bei ihrer eigenen Produktion durch Innovationen dramatisch reduziert werden, von denen die anderen Firmen entlang der Wertschöpfung nicht gehört haben, weshalb diese nicht vorschlagen können, die Gewinne aufzuteilen.

Niemand hätte vorgeschlagen, daß der geopolitische kalte Krieg dadurch hätte beendet werden können, daß sich die beiden Seiten plötzlich zu gegenseitigem »Vertrauen« entschieden hätten. Dennoch hört man immer wieder, daß die Zulieferer entlang der Wertschöpfung irgendwie den industriellen kalten Krieg durch eine großzügige Anwendung gegenseitigen »Vertrauens« beenden können, ein Begriff, der keine praktische Bedeutung zu haben scheint. (Fragen Sie sich einfach einmal selbst, wie lange »Vertrauen« anhält, wenn sich die Marktbedingungen ändern und eine vorher profitable Produktlinie plötzlich in die Verlustzone gerät. Die Partei, die dem Kunden am nächsten steht, wird direkt von den vorgelagerten Lieferanten Kosteneinsparungen verlangen, ohne groß darauf zu achten, wer Verschwendungen beseitigt hat und wer nicht. Deshalb ist das Verhalten von General Motors und Volkswagen gegenüber ihren Zulieferern während ihrer letzten Krise die Norm in einer Situation, in der es keine gegenseitige Übereinkunft über die praktische Definition fairen Verhaltens gibt.)

Wir behaupten statt dessen, daß Kriegszustände nur dann beendet werden können, wenn alle Parteien bereitwillig Verhaltensregeln aushandeln und dann einen Mechanismus für die gegenseitige Kontrolle entwickeln, damit jeder sich an die Prinzipien hält. Im Kontext eines Lean Enterprise könnten diese Prinzipien folgendermaßen aussehen:

- Die Wertschöpfung muß gemeinsam für jede Produktgruppe definiert werden, zusammen mit den Zielkosten auf der Basis des Wertes aus Sicht des Kunden.
- Alle Firmen entlang dem Wertschöpfungsstrom müssen relativ dazu eine angemessene Kapitalrendite erzielen.

- Die Unternehmen müssen bei der Identifizierung und Beseitigung von *muda* kooperieren, und zwar bis zu einem Punkt, an dem die Zielkosten und Gewinnziele insgesamt erreicht werden.
- Nach Erreichung der Zielkosten führen die Firmen entlang dem Wertschöpfungsstrom neue Analysen durch, um die verbleibende *muda* zu identifizieren und neue Ziele aufzustellen.
- Jedes beteiligte Unternehmen hat das Recht, jede Aktivität in jeder Firma, die für die Wertschöpfung relevant ist, als Teil der gemeinsamen Suche nach *muda* zu untersuchen.

Das Lean Enterprise selbst ist der Überprüfungsmechanismus und bleibt während des Produktlebens bestehen. Das kann ein sehr kurzer Zeitraum sein – beispielsweise eine zweijährige Filmproduktion in der schnellebigen Unterhaltungsindustrie –, oder es können Jahrzehnte sein – ein Team für »Plattformen« für Autos unter der Führung von Chrysler bietet periodisch neue Kleinbusse an, sogenannte Minivans, die gegenüber dem alten Produkt sehr ähnliche Merkmale haben und aus Teilen von fast ausnahmslos denselben Zulieferern bestehen.

Wir haben uns erst unlängst selbst am Aufbau schlanker Unternehmen versucht, indem wir mit einigen der in diesem Buch genannten Unternehmen zusammengearbeitet haben, um jede Handlung entlang dem gesamten langen Wertschöpfungsstrom zu identifizieren, und wir wissen, daß es nicht einfach ist, sogar wenn sich jede Firma stark engagiert. (Ein einfaches Beispiel für ein Problem, das überwunden werden muß, ist die Notwendigkeit von Investitionen in neue Technologie für eine weit vorgelagerte Firma, um kleine statt große Lose zu produzieren. Da der größte Nutzen bei den nachgelagerten Firmen liegt, aber alle Kosten vorher entstehen, müssen Kompensationsmethoden entwickelt werden.) Aber wir wissen auch, daß der Nutzen für das gemeinsame Unternehmen wie für den Kunden am Wertschöpfungsende sehr hoch sein kann. Und wir sind zuversichtlich, daß dieser Mechanismus perfektioniert werden kann.

Alternierende Karrieren

Ein kurzer Blick auf ein schlankes Organisations-Chart in Kapitel 11 (siehe Abbildung 11.1) zeigt, daß durch die Schaffung von Lean Enterprises zur Kanalisierung der Wertschöpfung ein immer größerer Teil der Mitarbeiter in den Firmen in wertschaffende Arbeiten direkt involviert wird. Ein Großteil der vorher erforderlichen indirekten Arbeit verschwindet einfach, zusammen mit dem Personal aus den Abteilungen, die mit der Organisierung dieser Arbeit befaßt waren.

Das ist für viele Menschen eine irritierende Entwicklung, weil die typische Methode zum Aufbau einer Karriere – das heißt die Sequenz von Jobs, die höhere Bildungsabschlüsse und eine stärkere Spezialisierung verlangen, was zu höherem Einkommen führt – über »funktionale« Tätigkeiten nach oben ausgerichtet war, wie etwa in der Technik, im Verkauf und Einkauf, in der Planung und Qualitätsprüfung, im Rahmen der zentralen Informationssysteme und im Rechnungswesen.

Wenn, wie es meistens geschieht, die Mitarbeiter einem speziellen Produktteam zugewiesen werden, um ihre Fähigkeiten auf die Wertschöpfung zu richten, dann fangen sie vielleicht an, sich darüber zu wundern, daß sie »überall« eingesetzt werden, und fragen sich verwirrt, »wer sie sind«. (»Ich bin als Elektroingenieur ausgebildet, aber ich scheine die meiste Zeit mit integrativen Aufgaben verbringen zu müssen, bei denen meine ganze Ausbildung nicht verlangt wird.«) Während die tatsächliche Arbeit wahrscheinlich befriedigender ist als die in der früheren separierten Welt der nach Abteilungen gegliederten Produktion großer Lose, sind vielleicht der Mangel an wahrnehmbaren Fortschritten und der Verlust einer gewissen Befehlsmacht entmutigend.

Außerdem wäre es für das Unternehmen von Nachteil, wenn die Mitarbeiter ihr Fachwissen verlieren und ihre ganze Zeit nur noch damit verbringen würden, ihr Wissen auf Standardprobleme anzuwenden. Die Japaner nennen dies das Problem des »Ingenieurs als Generalist« und sehen in ihm völlig zu Recht langfristig eine potentielle Schwäche im Wettbewerb mit einer deutschen Firma wie Porsche, die über extrem starke technische Funktionen verfügt.

Das legt die Ausarbeitung einer neuen Form von Karriere nahe, eine »alternierende Karriere«, bei der sich die Mitarbeiter hin und her bewegen zwischen Anwendung von Fähigkeiten und Erwerb neuer in einem Teamkontext. Die Grundidee dabei ist, die Mitarbeiter für die Entwicklungszeit des Produkts oder während seiner gesamten Produktionszeit Produktteams zuzuordnen, sie aber in ihre »Heimatfunktionen« zurückzuschicken, wenn ein Projekt abgeschlossen ist oder sie nicht länger benötigt werden. In den Heimatfunktionen können sie in neuen Fertigkeiten geschult werden oder in fortgeschrittenen Projekten arbeiten, wo die vorhandenen Fähigkeiten ausgeschöpft werden, oder sie analysieren den Fluß der Aktivitäten aus der Technik, der Auftragsabwicklung und Produktion als technische Berater eines Lean Enterprise, das *muda* zu identifizieren und abzuschaffen sucht.

Die konventionelle Vorstellung eines Aufstiegs auf der Karriereleiter in leitende Positionen mit immer mehr Untergebenen muß heute aufgegeben werden, weil die Wertschöpfung davon keinen Nutzen hat. Ein neues Karrierekonzept, bei dem immer mehr Fähigkeiten erworben und auf immer schwierigere Probleme angewandt werden, ist für den Mitarbeiter wie die Wertschöpfung von Vorteil. Daß die Mitarbeiter dem zustimmen, daß dies den Weg in die Zukunft darstellt, ist außerdem der Schlüssel zum sich selbst perpetuierenden schlanken Unternehmen. Die Erfahrungen der Reengineering-Bewegung, die auch versucht hat, viele indirekte Arbeiter zu entlassen und die Legitimität vieler Funktionen und Abteilungen massiv in Frage zu stellen, liefern den besten Beweis, daß ein unhöfliches Umherschubsen von Mitarbeitern, ohne ihnen ein neues Selbstbild zu vermitteln, zur natürlichen Reaktion führt, daß sie das alte System wieder einführen, sobald die Reenginering-Experten gegangen sind. Mit einem Rückgriff auf Sabotage ist das allgemein auch möglich, und wir finden es hart, die Mitarbeiter zu beschuldigen, wenn sie versuchen, die Uhren wieder zurückzudrehen. Das eigentliche Problem ist der Mangel an Kreativität bei der Neudefinition von Karrieren.

Funktionen für die Zukunft

Wir müssen nicht nur die Karrieren neu überdenken, sondern auch die Abteilungen und Funktionen. Wenn schlanke Unternehmen den Wertstrom kanalisieren, wird es augenscheinlich, daß die traditionellen Funktionen viele ihrer traditionellen Aufgaben nicht mehr durchführen sollten. Die Konstruktionsabteilung sollte nicht einfach konstruieren, im Sinne der Durchführung von Routinekonstruktionen für ein Produkt. Der Einkauf sollte nicht einfach einkaufen im Sinne einzelner Beschaffungsentscheidungen und die Zulieferer bei der Einführung von Produkten an der Hand halten. Die Produktionsleitung sollte den Arbeitern bei den alltäglichen Produktionsaktivitäten keine Anweisungen erteilen. Die

Qualitätsprüfung sollte keine detaillierten Produktprüfungen oder Brandbekämpfungsmaßnahmen durchführen, um Probleme mit einem speziellen Produkt zu beseitigen. Das sind alles Aufgaben der zuständigen Produktteams, die mit der Situation der Gegenwart fertig werden müssen.

Die Fachbereiche sollten sich Gedanken über die Zukunft machen. Die Produktingenieure sollten an neuen Technologien arbeiten, die es ermöglichen, daß die Produkte dem Benutzer etwas Neues bieten, und sie sollten neue Werkstoffe und Methoden entwickeln, die es ermöglichen, Fertigungsschritte einzusparen und Kosten zu senken. Die Maschinenbauingenieure sollten »größenangepaßte« Maschinen entwickeln – von Computern bis zur Produktions-Hardware –, die es den Produktteams ermöglichen, eine kontinuierlich fließende Wertschöpfung zu erzeugen und schnell zwischen den Produktvarianten zu wechseln. Der Einkauf sollte die Zulieferer identifizieren, mit denen eine Firma langfristig zusammenarbeiten will, und für jeden Lieferanten einen Plan entwickeln, um sicherzustellen, daß sie über die Technologie sowie die Konstruktions- und Produktionsfähigkeiten verfügen, um höchste Qualität zu garantieren. Die Qualitätssicherung sollte einen Standardsatz von Methoden entwickeln, die das Produktteam anwenden kann, um zu gewährleisten, daß jedes Produkt jederzeit ohne Rückfluß und ohne »Ausbrechen« fehlerhafter Produkte bis zu den Kunden gefertigt wird. Wir haben in Kapitel 11 darauf hingewiesen, daß die klassische Qualitätsfunktion mit einer Produktivitätsfunktion kombiniert werden sollte (oder einer schlanken Funktion), um eine »Verbesserungsfunktion« zu schaffen, die alle Arten von *muda* beseitigen kann.

Jeder Fachbereich würde ein »Zuhause« für die Mitarbeiter mit bestimmten technischen Spezialisierungen darstellen (einschließlich der Fabrikarbeiter, die zu Produktionsspezialisten werden müssen, um *muda* entdecken und beseitigen zu können). Eine primäre Aufgabe wäre die Systematisierung des gegenwärtigen Wissens und der Verfahren, die auf Bedarf an die Funktionsmitglieder weitergegeben werden (idealerweise »just in time« für die Anwendung, weil das meiste Wissen schnell verlorengeht, wenn es nicht angewandt wird). Die andere Aufgabe der Funktionen wäre die Suche nach neuem Wissen und dessen Zusammenfassung in einer Form, die bei Bedarf weitervermittelt werden kann.

Die Rolle des Unternehmens

Wir können uns jetzt die Funktionen als Hügel und Berge vorstellen, die das Tal für den Wertschöpfungsstrom bilden. Ihr Wissen fließt hinunter zu denen, die entlang dem Strom an der Wertschöpfung arbeiten, und beschleunigt den Fluß. Dieser Gedanke führt jedoch zu einer letzten mentalen Veränderung: Wenn die Funktionen ein Tal für den Strom bilden, der an vielen Firmen vorbei- und durch sie hindurchfließt, welchem Zweck dient das einzelne Unternehmen selbst? Dem fundamentalen Gebäude des traditionellen Denkens über Wirtschaftsorganisationen scheint plötzlich ein Zweck zu fehlen, mit Ausnahme von »Geld verdienen«. Und wenn es Beziehungen wie im kalten Krieg zwischen den Unternehmen entlang der Wertschöpfung gibt, dann kann dies oft durch ein Abladen von Kosten und ein Umleiten der Gewinne erreicht werden, ohne einen wesentlichen Beitrag zur Wertschöpfung zu leisten.[2]

Unsere Antwort ist, daß die Unternehmen die Flüsse miteinander in Verbindung bringen. Darüber gelangt man von einem Tal in das nächste, um die Technologien und Fähigkeiten, die jedes Unternehmen in seinen technischen Funktionen akkumuliert hat, maximal einzusetzen. Über diese Verbindung verfügt man auch über die Mittel für eine Umlagerung der Ressourcen – Menschen, Raum und Werkzeuge – von Wertströmen, in denen sie nicht mehr benötigt werden, in solche, wo sie gebraucht werden. Daraus folgt, daß die meisten Unternehmen an mehreren Wertströmem teilnehmen wollen, oft mit verschiedenen vor- und nachgelagerten Partnern, wie es Abbildung 12.1 zeigt.

Lean Enterprise in drei Industrietraditionen

Kann man diese Ideen wirklich überall anwenden? Schließlich sind die industriellen Traditionen in Amerika, Deutschland und Japan sehr unterschiedlich. Taiichi Ohno konnte den »allgemeinen Fall« für ein Denken in Flow- und Pull-Kategorien entwickeln, indem er die Ideen des »speziellen Falls« von Henry Ford auf alle wirtschaftlichen Aktivitäten anwandte. Ist es aber wirklich vernünftig, »universelle« Organisationsregeln zur Wertschöpfung mit Mitteln des schlanken Ansatzes vorzuschlagen?

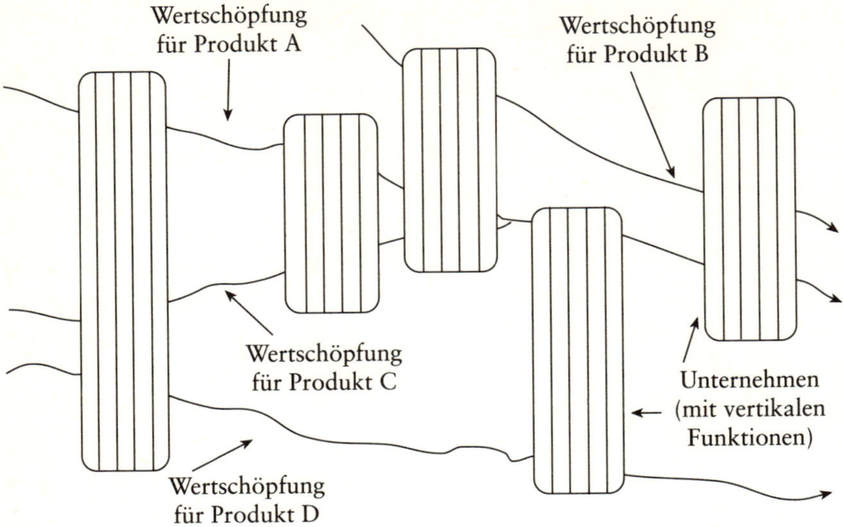

Abbildung 12.1: Unternehmen versus Wertschöpfungsströme

Wir sind dieser Meinung und halten es für zwingend erforderlich, daß man es versucht. Das Verlangen des Kunden nach dem besten Produkt der genau richtigen Spezifikation in der kürzesten Zeit zu den niedrigsten Kosten ist universell und kann viel einfacher befriedigt werden, wenn die meisten Handels- und Investitionsbarrieren gefallen sind. Deshalb ist es kaum zu verstehen, wie nationale Wertschöpfungen, die suboptimal sind, langfristig bestehenbleiben können. Allerdings sind, wie wir in den Beispielen schlanker Umwandlung gesehen haben, die Übergangsprobleme an allen Orten verschieden.

Die amerikanische Herausforderung

Die große Herausforderung für die Amerikaner besteht in der Überwindung ihres »Jede-Firma-nur-für-sich«-Individualismus, in dem jedes Unternehmen entlang der Wertschöpfung seinen eigenen Abschnitt optimiert, während das Ganze nur suboptimal bleibt. Das vielleicht auffallendste Beispiel ist Wal-Mart, das zum Favoriten eines jeden Finanzanalysten wurde, indem es seine internen Abläufe in eine Stromlinienform brachte, die Zahl seiner Zulieferer drastisch reduzierte, sie veranlaßte, nur die tägliche Bedarfsmenge zu liefern (in manchen Fällen, wie bei Procter & Gamble, ist sogar der direkte Zugriff auf das elektronische Lagerhaltungssystem möglich), und dann mit den Zulieferern hart darüber verhandelte, um die *Gewinnmargen* der Zulieferer zu drücken (indem ein Zugang zu riesigen Absatzvolumen nur an eine Firma in jeder Zulieferkategorie angeboten wurde). Woran Wal-Mart nicht gedacht hat (was es aber bald muß), ist, wie die gesamte Wertschöpfung zu analysieren ist, um die *Gesamtkosten* herunterzufahren. Diese Tendenz des amerikanischen Managements wird durch das industrielle Finanzsystem verschlimmert, das von jedem Unternehmen verlangt, seine kurzfristige Leistung zu optimieren, aber die Leistung des Ganzen ignoriert, weil keine Aktien der ganzen Wertschöpfung auf irgendeinem Aktienmarkt gehandelt werden.

Die Lösung liegt unserer Meinung nach im Management und nicht im Finanzsystem. Wenn die Topmanager anfangen zu erkennen, daß es extrem schwierig ist, ihren Abschnitt des Wertschöpfungsstromes für einen längeren Zeitraum wirklich zu optimieren, ohne zu versuchen, das Ganze zu optimieren, können Wege der Zusammenarbeit mit anderen Unternehmen auf der Grundlage eindeutiger Prinzipien gefunden werden, um mit den Anforderungen der Investment-Gesellschaft zurechtzukommen.

Außerdem glauben wir, daß es dazu kommt, wenn die Branchenführer einer Industriebranche nach der anderen – Luftfahrt, Computer, Kraftfahrzeuge, Bau, Medizin, Flugreisen, Einzelhandel – erkennen, daß die Kosten die große Herausforderung für das nächste Jahrzehnt sind, in Erwartung von Durchbrüchen bei neuen Technologien (die sich konkretisieren oder nicht), und daß die Kosten nur über kollektive Analysen und Handlungen angegangen werden können. Wenn einmal die Realität anerkannt wird, wird die natürliche Fähigkeit der Amerikaner zu Pragmatismus und Teamarbeit zu einem wirklichen Vorteil beim Streben nach Perfektion führen.

Die deutsche Herausforderung

Die deutsche Herausforderung ist in vielerlei Hinsicht die Umkehrung der amerikanischen. Die Idee der Kooperation zwischen Montagewerk und Zulieferfirmen entlang der Wertschöpfung ist fest etabliert, und das industrielle Finanzierungssystem versteht diese Notwendigkeit und ermutigt auch dazu. (Das Finanzierungsssystem ist in den vergangenen Jahren unter Streß geraten, aber primär weil die deutschen Unternehmen eine sehr niedrige Grundproduktivität hatten.) Aber den deutschen Arbeitern machte die horizontal organisierte Teamarbeit, wie sie im schlanken Unternehmen gefordert ist, sehr zu schaffen.

Als Reaktion auf die Vorstellung, daß eine computergestützte Fertigung (Computer Aided Manufacturing), die wir »High-Tech-Massenproduktion« genannt haben, bald Millionen von Arbeitsplätzen beseitigen und die übrigen Arbeiter entqualifizieren würde, vertraten die deutschen Gewerkschaften das Konzept kürzerer Arbeitszeiten und »autonomer Arbeitsgruppen«, um die Leitung für Teile des Produktionssystems »selbstverantwortlichen« Arbeitsgruppen zu unterstellen.

Soweit wir sehen, war die Bedrohung durch CAM weitgehend eine Fata Morgana, und die reale Gefahr für die deutschen Arbeitsplätze resultierte aus der Ineffizienz der deutschen Unternehmen. Von der Arbeit in autonomen Arbeitsgruppen fühlen sich viele deutsche Arbeiter immer noch sehr stark angezogen. Das Problem aus unserer Sicht ist, daß die selbstverantwortliche Gruppenarbeit bestenfalls Inseln einer überlegenen Praxis in einem unzusammenhängenden Prozeß erzeugt. Einer allein kann unmöglich das Ganze überblicken und optimieren. Schlimmer ist sogar, daß die autonome Gruppenarbeit, wie sie normalerweise verfolgt wird, der Standardarbeit, visuellen Kontrolle und kontinuierlichen Verbesserung entgegensteht, und zwar aus der Angst heraus, daß diese schlanken Techniken die »handwerklichen« Fähigkeiten ausdünnen und zu weiteren Arbeitsplatzverlusten führen werden. Insofern ist die Aussicht auf überlegene Leistung nicht einmal innerhalb der Arbeitsgruppen groß.

Vor diesem Hintergrund überrascht es nicht, daß wir bei unseren Besichtigungen deutscher Firmen, die einen schlanken Sprung versuchen, oft über die Desorientierung der Arbeiter in der Produktion verwundert waren, die durch die Einführung schlanker Arbeitsmethoden und Organisationsformen hervorgerufen wurde. Diese ersetzen die traditionelle Meisterbefehlshierarchie und transferieren hochqualifizierte Fachkräfte (einschließlich Produkt- und Maschinenbauingenieure) in Produktteams, wo sie eine größere Verantwortung übernehmen und eine flexiblere Haltung annehmen müssen.

Die deutschen Unternehmen stehen deshalb einer besonderen Anpassungsherausforderung bei der Behandlung des Jobproblems am Anfang gegenüber und bei der Schaffung eines Systems alternierender Karrieren für alle Mitarbeiter. Das ist entscheidend für die Beibehaltung der Loyalität und des Gefühls jedes Mitarbeiters, über spezielle Fähigkeiten (die an sich sehr wertvoll sind) zu verfügen, während es gleichzeitig die Abneigung der Fabrikarbeiter, Meister und Ingenieure, gemeinsam an Problemlösungen zu arbeiten, abbaut. Wenn das erreicht wird, dann können die größten Stärken der meisten deutschen Unternehmen, die unübertrefflichen Fertigungsfähigkeiten der meisten Mitarbeiter und ihre starke Identifikation mit dem Produkt, zum ersten Mal voll genutzt werden.

Die japanische Herausforderung

Die japanische Herausforderung sieht ganz anders aus. Gemeinsame Analyse der Kosten entlang der Wertschöpfung, obwohl sie nie bis zu den Rohmaterialien zurückverfolgt und bis zum Einzelhandel in den Blick genommen wird, wird deutlich akzeptiert und praktiziert, wie auch die Vorstellung, daß die Mitarbeiter überall dorthin versetzt werden sollen, wo sie gebraucht werden, ohne große Rücksicht auf die Karrierewege in den Funktionen. (Fragen Sie einen Mitarbeiter von NEC, wer er »ist«, und Sie werden immer hören: ein Mitarbeiter von NEC; wenn Sie einen von AEG oder Microsoft fragen, wird die erste Antwort normalerweise sein: »Maschinenbauingenieur« bzw. »Software-Ingenieur« oder irgendeine andere funktionale Fähigkeit.)

Problematisch ist zudem die Rolle der vertikalen Funktionen – die Wissen anhäufen, schulen und vorantreiben – in einer Gesellschaft, die auf horizontaler Nivellierung basiert. Ebenfalls problematisch ist die Standortverlegung der Produktion in die Nähe der Kunden in einer Gesellschaft, die sehr gerne zu Hause bleibt.

Während die deutschen Unternehmen die Mitarbeiter an die Arbeit in horizontalen Teams gewöhnen müssen, muß die typische japanische Firma ihre Mitarbeiter an die Idee gewöhnen, daß die Fähigkeiten kontinuierlich verbessert werden müssen und durch periodische Versetzungen innerhalb von Funktionen, die das Problem generalisitischer Mitarbeiter überwinden, an die Spitze gebracht werden. Gleichzeitig müssen viele japanische Firmen anerkennen, daß die fundamentale Logik des schlanken Ansatzes es verlangt, daß die Produktion in der Nähe des Kunden liegt und daß viele der lange Zeit in Japan durchgeführten Aufgaben dort einfach nicht mehr sinnvoll sind. Die horizontalen *keiretsu* statt einzelner Firmen, oder die vertikalen *keiretsu* sind in dieser Situation der wesentliche Mechanismus für das Versetzen der Menschen von einem Tal in das nächste, weil die meisten Einzelunternehmen eine begrenzte Produktreihe pflegen und die Menschen innerhalb ihrer eigenen Unternehmen nicht einfach verlegen können, die es alle mit den gleichen Problemen zu tun haben.

Merkwürdigerweise ist die Herausforderung für die Japaner vielleicht die größte unter den drei Industriekulturen, einfach wegen der weitverbreiteten Überzeugung, daß der schlanke Ansatz in Japan bereits universell angewandt wird (obwohl er tatsächlich nie auf einen wesentlichen Teil der Produktionsabläufe und überhaupt kaum auf Distribution und Service angewandt wurde) und daß es nichts gibt, was die japanischen Unternehmen Gewinnbringendes zu Hause tun könnten, mit Ausnahme der Herstellung großer Stückzahlen für den Export. Die Idee, daß Unternehmen wie Showa, die kleine Lose nach Auftrag für den heimischen Markt fertigen, die Zukunft gehört, statt exportorientierten, große Volumen produzierenden Unternehmen wie Toyota, ist gewöhnungsbedürftig.

Dennoch hat Japan Pionierarbeit für den allgemeinen Fall des schlanken Denkens geleistet, und die japanische Gesellschaft hat wiederholt Flexibilität bei der Anpassung an neue Bedingungen bewiesen. Deshalb sind die Aussichten groß für eine erneute Revision der japanischen Wirtschaft, und dieses Mal im vollen Einklang mit schlanken Prinzipien.

Der Weg in die Zukunft

Wie wir aus den Beispielen in Teil II entnehmen können, funktioniert der schlanke Ansatz und kann auf einfache und komplexe Unternehmen in den drei großen Industriekulturen angewandt werden. Was wir aber nicht zeigen konnten, war die Anwendung schlanken Denkens auf die gesamte Wertschöpfung, in konkreten schlanken Unternehmen, die den Wert sehr sorgfältig aus der Perspektive des Kunden spezifizieren, den Wertschöpfungsstrom identifizieren und den Großteil an *muda* durch die

Anwendung von Flow und Pull beseitigt haben. Der Grund ist einfach der, daß es bislang noch niemand getan hat. Wir wollen deswegen die Studie im letzten Kapitel mit praktischem Träumen beenden und fragen, wie einige größere wirtschaftliche Aktivitäten aussehen würden, wenn ein Denken in Wertschöpfungsströmen universell angewandt würde.

Kapitel 13

Träume von Perfektion

Um Fortschritte in Richtung Perfektion zu machen – perfekt spezifizierter Wert, einen perfekten Wertstrom entlangfließend, kanalisiert durch ein perfektes Unternehmen –, sind Träume eigentlich ganz nützlich, um eine Vision zu entwickeln, was alles möglich ist. Wir schließen deshalb diese Untersuchung schlanken Denkens, indem wir für einen Moment von einer Reihe von Aktivitäten träumen, denen wir in diesem Buch bereits begegnet sind, und davon, wie sie vielleicht besser realisiert werden könnten. Beim Nachdenken über lange Reisen, die »Routineuntersuchung« im medizinischen Versorgungssystem, die Herstellung von Lebensmitteln, über Vertrieb, Konstruktion und kurzfristige persönliche Mobilität im Licht schlanker Prinzipien können wir anfangen, bessere Wege zur Ausführung dieser langweiligen, aber wesentlichen Alltagsaktivitäten zu entdecken, die für den Großteil aller Konsumentenausgaben und Wirtschaftsaktivität in fortgeschrittenen Gesellschaften verantwortlich sind.

Fernreisen

Was wünscht sich der Fernreisende wirklich? Wie sollte der *Wert* definiert werden? Während manche Reisende am Reiseerlebnis an sich interessiert sind (einschließlich derer, die eine Fahrt mit einer Berg-und-Talbahn, eine Busreise oder eine Kreuzfahrt unternehmen), wollen die meisten von uns einfach von A nach B mit einem Minimum an

Zeit, Kosten und Ärger, fast immer per Flugzeug. Dabei müssen sich die meisten Reisenden mit der im ersten Kapitel angeführten langen Liste unabhängiger Unternehmen herumschlagen. Und sie haben dabei ähnliche Alpträume wie wir. Jede Organisation hat ihre eigene, nach Abteilungen aufgebaute Struktur und ihre eigenen optimierten Werkzeuge. Jede ignoriert normalerweise die Rolle der anderen Parteien und ist sich des gesamten »Service« nicht bewußt, den der Reisende erlebt. Die speziellen Aktivitäten dabei werden ineffizient nach einer Stapelmethode mit Warteschlangen durchgeführt. Wie kann nun der schlanke Ansatz eingesetzt werden, um es besser zu machen?

Erstens muß der Reisende in den Vordergrund gerückt werden. Zeit, Bequemlichkeit, Sicherheit und Kosten der gesamten Reise werden zum zentralen Leistungskriterium des »Systems«, und nicht die Optimierung spezieller Einrichtungen wie Flughäfen und Flugzeuge. Dann müssen alle Organisationen, die den Reisenden befördern, sich die gesamte Reise vor Augen führen, um den Wertstrom zu identifizieren und das unnötige Warten, das Chaos und die überflüssigen Schritte zu beseitigen und für einen kontinuierlichen Ablauf auf Bestellung zu sorgen. Bei jedem Schritt müssen sie sich die Frage stellen: Warum ist dies notwendig? Und sie müssen über bessere Wege nachdenken.

Wer könnte dies übernehmen? Wer kann das schlanke Unternehmen führen? Ein Kandidat ist der Reiseagent, der alle Stücke zusammenfügen könnte, dem Reisenden eine optimale Reiseroute aussucht, ein vereinheitlichtes Reisedokument ausstellt (das vielleicht überhaupt nicht physikalisch existiert) und eine Einzelrechnung schreibt. Alternativ könnte die Fluggesellschaft das System in Kooperation mit allen anderen Parteien integrieren. Die chronische Stagnation und die gegenwärtigen Verluste in der Branche treiben jedoch die Reiseagenten und Fluggesellschaften in Nordamerika in die entgegengesetzte Richtung. Sie beschäftigen sich mit Nullsummenspielen um die Einsparung von Kosten, indem sie diese sich gegenseitig zuschieben, wobei der Auslöser der Kampagne die Entscheidung der Fluggesellschaften war, die Provisionen der Reiseagenten für die Ticketbearbeitung zu kürzen. Vom Standpunkt des Reisenden ist der Gewinner dabei irrelevant, weil sich die Gesamtkosten nicht ändern, sondern nur, wer die Gewinne einsammelt.

Und man kann sich andere vorstellen, wie die Autovermietungen, Hotelketten und Kreditkartenunternehmen, die gegenwärtig zusammen mit den Fluglinien die Verrechnung von »Vielflieger-Meilen« mit Mietwagen- und Hotelrechnungen anbieten und mit den Reiseagenten über deren computergestütztes Reservierungssystem zusammenarbeiten. Wahrscheinlicher wird sich ein Neuling dieser Integrationsaufgabe annehmen – nennen wir diese Organisation einen Service Provider, also einen Dienstleistungsanbieter –, der eine neue, schlanke Logik in das ganze System einführen will.

Er könnte vielleicht in Klein- oder mittelgroßen Städten anfangen, die heute nur die Großflughäfen versorgen, und sich überlegen, wie der Reisende direkt in kleinen Maschinen in andere Klein- und mittelgroße Städte fliegen und dabei weitgehend das gegenwärtige System umgehen kann. Dafür müssen sowohl die Terminals wie die Flugzeuge neu überdacht werden, damit man mit dem Wagen (oder einem Taxi oder Flughafenbus) sehr nahe an den Flugsteig fahren und dann schnell mit seinem Gepäck zur Maschine gehen kann. Reservieren könnte man telefonisch oder per Computer (einschließlich Taxi, Mietwagen und Hotel), ohne daß man ein herkömmliches Ticket braucht. Statt dessen könnte eine Kreditkarte im Taxi, beim Einstieg in die Maschine und im Hotel in einen Automaten gesteckt werden; man könnte damit die Rechnung bezahlen, und die Karte würde auch als Zimmerschlüssel dienen. Während der Reise wäre sie das Signal für die Mietwagenfirma und das Hotel, daß der Reisende unterwegs ist.

Die Gepäckbeförderung würde ganz entfallen, wenn der Passagier sein Gepäck die wenigen Meter zur Maschine einfach rollen würde (vielleicht in speziell konstruierten Taschen). Das Personal am Flugschalter könnte über eine elektronische Ticketbearbeitung und ein *andon board* (beleuchtete elektronische Anzeige) entfallen, über das die Passagiere über den Status ihres Fluges informiert werden. Die Rollzeit vor dem Start und nach der Landung wäre auf kleinen und mittleren Flughäfen sehr kurz (verglichen mit ungefähr zwanzig Minuten vor dem Start und zehn Minuten nach der Landung auf den heutigen Großflughäfen). Und weil die Maschine direkt an ihren Bestimmungsort flöge, könnte der gegenwärtige Verpflegungs- und Unterhaltungsservice weitgehend entfallen. Dieser dient nur dazu, die in den Maschinen festsitzenden Passagiere zu beschäftigen, und manchmal auch, der Fluglinie ein kleines Zubrot einzubringen.

Der größte Teil des Bodenpersonals könnte eingespart werden (kein Flugschalterpersonal, keine Gepäckarbeiter, keine Gepäckwagenfahrer), einschließlich der riesigen Terminals und des Check-in/Check-out-Personals in den Hotels. (Da Ihre Kreditkarte auch Ihr Zimmerschlüssel ist, können Sie direkt auf Ihr Zimmer gehen.) Die Flugzeuge könnten so konstruiert sein, daß sie in vielleicht fünf Minuten zu ihrem nächsten Bestimmungsort »abgefertigt« werden könnten. Die Einnahmen pro Mitarbeiter, Flugzeug und Tag wären deshalb sehr hoch und würden die Kosten aufgrund der »Verkleinerung« des Flugzeugs und der Terminals senken.

Wenn man sich das einmal so vorstellt, dann fragt man sich, warum die Reisezeiten über Kurzstrecken nicht um die Hälfte dadurch reduziert werden können, daß alle Warteschlangen und Zwischenlandungen abgeschafft werden, während die Reisekosten wesentlich gesenkt werden und der meiste Ärger abgeschafft wird. Aber ... ist irgend etwas davon praktikabel? Kleinere Flugzeuge, sogar noch kleinere als die neue Generation der Kleinflugzeuge für fünfzig Passagiere, wären nötig, und ihre Konstruktion müßte überarbeitet werden, um sie wartungsfreundlicher zu machen und damit sie schneller abgefertigt werden und sowohl Passagiere als auch Gepäck schneller aufnehmen können. Die Terminals müßten neu gestaltet und die Sicherheitsvorkehrungen überprüft werden. Und alle an der Bereitstellung dieser Dienstleistung Beteiligten müßten zusammenarbeiten, um das Ganze überblicken zu können.

Was ist die Alternative? Die Aussichten auf höhere Fluggeschwindigkeiten (»Punktgeschindigkeiten« in unserer Sprache) gibt es über Land nicht und kaum über den Ozean. Und in jedem Fall verursachen Schlangen und Wartezeiten mehr als die Hälfte der Gesamtzeit bei Kurzreisen. Die heutigen sternförmigen Systeme (»Hub-and-spoke«-Systeme) werden vielleicht leicht verbessert werden, haben aber ihre wirtschaftlichen Grenzen erreicht. Die meisten Kosteneinsparungen bei Flugreisen in den letzten Jahren wurden in Wirklichkeit über Kürzungen der Gehälter des Flugpersonals und über den Einsatz älterer Flugzeuge erzielt. Das ist ein weiterer Fall von Verlagerung der Kostenlasten, statt das Ausmaß an erforderlicher Arbeit zu reduzieren.

Eine amerikanische Fluggesellschaft, Southwest, hat die ersten kleinen Schritte entlang dem schlanken Weg unternommen. Sie fliegt jetzt direkt, hat das Boarding vereinfacht und fertigt ihre Maschinen in fünfzehn Minuten ab statt in dreißig, wie es Branchenstandard ist. Deswegen ist sie die profitabelste Fluggesellschaft in Nordamerika. Warum verfolgt man das schlanke Denken nicht weiter, bis zu seiner logischen Konsequenz?

Ein letzter Vorteil des Überdenkens von Langsteckenreisen muß noch erwähnt werden. Über dasselbe Hub-and-spoke-Konzept, das am Tag zur Beförderung von Passagieren benutzt wird, wird nachts Fracht geliefert, mit Ausnahme von speziellen Maschinen, die spezielle Frachtumschlag-Center in anderen Städten als denen mit Passagiergroßflughäfen versorgen. Warum kann ein neues Unternehmen nicht die Fracht direkt nachts mit denselben kleinen Flugzeugen transportieren und neukonzipierte Passagierterminals als Paketvertriebs-Center benutzen? Wenn man über die Einsatzmöglichkeiten schlanker Prinzipien nachzudenken anfängt, ergeben sich an vielen Stellen Gelegenheiten.

Gesundheitswesen

Wenn Sie Ihren Arzt aufsuchen, betreten Sie eine Welt mit Warteschlangen und unzusammenhängenden Abläufen. Warum? Weil Ihr Arzt und die Gesundheitsplaner die Gesundheitsversorgung vom Standpunkt der Organisations-Charts, des funktionalen Expertenwissens und der »Effizienz« betrachten. Jedes Expertenzentrum im Gesundheitssystem – der Facharzt, das spezielle Diagnosegerät, das Zentrallabor – ist extrem teuer. Deswegen verlangt die Effizienz eine vollständige Auslastung. Das ist einleuchtend, nicht wahr?

Damit eine volle Auslastung erreicht wird, ist es notwendig, Sie vom Spezialisten zu den »Maschinen« und zum Labor zu überweisen und die Spezialisten, die Maschinen und Labors »überzubuchen«, um sicherzustellen, daß sie immer voll ausgelastet sind. (Und mit der Kostenspirale im Gesundheitswesen steigt der Druck nach voller Auslastung ständig an. Die Warteschlangen werden länger, was oft als Rationalisierung getarnt ist.) Ausgefeilte computergestützte Informationssysteme sind notwendig, um zu garantieren, daß Sie sich in der richtigen Reihe anstellen, und damit Ihre Berichte von der zentralen Erfassungsstelle in die Diagnose oder Behandlung gelangen.

Wie würde es funktionieren, wenn das medizinische System schlankes Denken einführen würde? Als erstes würde der Patient in den Mittelpunkt gerückt werden, und Zeit und Bequemlichkeit wären die zentralen Leistungsmaßstäbe des Systems. Das kann nur dadurch erreicht werden, daß man den Patienten durch das System schleust. (Im Gegensatz dazu stellt das konventionelle Denken die Organisation in den Vordergrund, um effizient »gemanagt« zu werden, während der Patient im Hintergrund bleibt und sich durch einen Organisationswald mit zu vielen Bäumen bewegt.)

Als nächstes würde das medizinische System seine Abteilungsstruktur überdenken und sein Expertenwissen auf mehrfach qualifizierte Teams übertragen. Die Idee dabei wäre sehr einfach: Wenn der Patient von einem mehrfach qualifizierten Team, das in einem gemeinsamen Raum arbeitet (oder einer »Zelle« in der Sprache der Produktion), in das System aufgenommen worden ist, wird ihm ständige Aufmerksamkeit und Behandlung gewidmet, bis das Problem gelöst ist.

Dazu müssen die Fähigkeiten der Schwestern und Ärzte erweitert werden (im Gegensatz zu der engen Spezialisierung, zu der das derzeitige System auffordert), so daß ein kleineres Team breitqualifizierter Mitarbeiter die meisten Patientenprobleme lösen kann. Gleichzeitig müßten die Werkzeuge der Medizin – Geräte, Labors, Verwaltung – neu überdacht und auf die richtige Größe gebracht (*right-sized*) werden, so daß sie kleiner, flexibler und schneller arbeiten würden, und jedes Behandlungsteam wäre voll ausgestattet. (Wenn ihre Größe und Kosten zurückgehen, reduziert sich auch das Problem der vollen Auslastung.)

Schließlich müßte der »Patient« aktiv an dem Prozeß beteiligt und aufgeklärt werden – und zum Mitglied des Teams werden –, damit viele Probleme durch Prävention gelöst oder von zu Hause aus geklärt werden könnten, um Besuche bei dem medizinischen Team vermeiden zu können, so daß sie besser vorhergesagt werden können. (Wir sind immer verwundert darüber, daß wir als Mitglieder einer Krankenkasse in den Vereinigten Staaten und England null Ausbildung in einfacher Diagnose, Prävention oder Planung eines Arztbesuches erhalten haben. Das System ist so eingerichtet worden, daß wir es aus Unkenntnis zu oft benutzen, aber immer in langen Reihen anstehen müssen.) Mit der Zeit wird man sicherlich auch einiges von dem Equipment nach Hause verlagern können, durch Telekonferenzschaltungen, Ferndiagnosen und sogar Hauslabors, auf dieselbe Art und Weise, auf die jetzt die meisten von uns ein Komplement zur Büroeinrichtung in ihren Arbeitszimmern zu Hause haben.

Was würde passieren, wenn schlankes Denken als ein fundamentales Prinzip der Gesundheitsversorgung eingeführt würde? Die notwendige Zeit und die erforderlichen Arbeitsschritte würden drastisch zurückgehen. Die Qualität der Versorgung sollte besser werden, weil weniger Information beim Übergang zum nächsten Spezialisten verlorengehen würde. Es würden weniger Fehler passieren, es wären weniger Informationsbearbeitungs- und Planungssysteme notwendig (die MRPs der Medizin), und weniger Rückgaben und Nachbearbeitungen würden benötigt. Die Kosten jeder »Behandlung« und die für das gesamte System könnten drastisch gesenkt werden.

Das Problem der Behandlung jenseits unseres derzeitigen Wissens würde bestehenbleiben, und die vorgeschlagene Umwandlung im Gesundheitswesen ist in diesem Fall nicht direkt hilfreich. Die schlanke Umwandlung könnte jedoch wesentliche Ressourcen freisetzen, die in die Grundlagenforschung gesteckt werden könnten, um neue Behandlungsmethoden zu finden. Statt dessen fressen die Ineffizienzen des bestehenden Systems heute alle verfügbaren Ressourcen auf, so daß Investitionen in die Suche nach neuen Behandlungsmethoden beschnitten sind, um die gegenwärtigen Dienstleistungen zu finanzieren. Und der größte Teil der heutigen Diskussion über die Gesundheitsversorgung in der Politik ist einfach ein Streit über die Kostenverantwortung oder die Abschaffung einer Dienstleistung, wenn die verschiedenen Parteien entlang dem Wertstrom versuchen, ihre eigenen Interessen auf Kosten anderer zu verteidigen.

Herstellung und Vertrieb von Lebensmitteln

Was wünschen sich die Käufer von Lebensmitteln? Welcher *Wert* entstammt der Herstellung von Lebensmitteln und ihrem Vertrieb? Wie beim Reisen haben manche Menschen einfach Spaß am Einkaufen. Sie wollen einen schicken Laden mit einer netten Atmosphäre, und irgend jemand sollte diese Dienstleistung anbieten. Für die meisten von uns ist jedoch Zeit die knappste Ressource, so daß wir genau die Artikel, die wir brauchen, zu den niedrigsten Kosten mit dem geringstmöglichen Ärger bekommen wollen. Das derzeitige System bietet das natürlich nicht. Wie könnte das schlanke Denken dies ändern?

Wir haben bereits im zweiten Kapitel gesehen, wie der Lebensmittelhändler – der offenkundige Führer schlanker Unternehmen für Lebensmittel – die vielfältigen Wertströme analysieren kann, die sich in den

Regalen des Supermarktes entleeren. Es sollte bei den meisten Lebensmittelartikeln möglich sein, die erforderliche Zeit um mehr als 90 Prozent zu reduzieren, um das Rohmaterial in die Hände des Kunden zu bringen, die benötigte Zeit und Arbeit wesentlich zu senken und »Fehlbestände« weitgehend abzuschaffen, wenn also das gewünschte Produkt nicht zu haben ist. Das kann man über die Verwendung von Flow- und Pull-Techniken erreichen, die wir im Detail beschrieben haben.

Eine dramatische Verbesserung in der Reaktionsfähigkeit des Herstellungs- und Vertriebssystems würde bedeuten, daß der Lebensmittelhändler zu einem einfachen System der Nachbestellung übergehen könnte, bei dem der tägliche Absatz die nächtlichen Nachfüllieferungen und die Produktion der nachgelieferten Artikel am nächsten Tag auslöst. Es könnte auch die Kosten dramatisch senken und die Notwendigkeit für Lebensmittelhändler abschaffen, mit Sonderangeboten Überbestände abzubauen.

Aber das ist längst nicht alles. Wenn der Supermarkt von seinen Lieferanten täglich kleine Lose angeliefert bekommen kann und die Lagerhaltung und Regalgänge entlang der Wertschöpfung abschaffen kann, warum sollte man dann nicht den letzten Schritt auch noch wagen und das letzte Lager, den Lebensmittelladen selbst, abschaffen? Warum sollte man nicht die Informationstechnologien dafür einsetzen, die Aufträge der Kunden entgegenzunehmen, basierend auf wöchentlichen Anpassungen an einen Dauerauftrag, und direkt von den Distributionszentren aus den Kunden beliefern und Transporter mit separaten Boxen für jeden Kunden einsetzen?

Die Gesamtkosten würden sinken, während das kostbarste Gut vieler Einkäufer – ihre Zeit – verschont bliebe. Zudem könnten weitere Dienstleistungen leicht hinzugefügt werden, beispielsweise Menüplanung, Lieferung der genauen Artikel für den wöchentlichen Speiseplan und sogar fertige Gerichte. Schließlich könnte der Lebensmittelhändler Informationen über die Einkaufsgewohnheiten seiner Stammkunden sammeln, die bei der Einführung neuer Produkte für eine höhere Trefferquote und bei der Abschaffung der in der Lebensmittelbranche üblichen Werbementalität hilfreich wären, wo große Summen in Verkaufsanzeigen gesteckt werden, nur um den Mitbewerbern kurzfristig ein oder zwei Punkte des Marktanteils abzuringen.

Das wäre ein gewaltiger Sprung, wenn er bis zu seiner logischen Konsequenz verfolgt würde. Aber es würde eine Neuanpassung des Denkens aller entlang dem Wertstrom bedeuten. Fragen Sie sich beispielsweise einmal selbst, wie bequem es für Sie und Ihren Lebensmittelhändler wäre, wenn man zu einem vollständig schlanken und transparenten System übergehen würde, bei dem Sie den Stand Ihrer Bestellung kontrollieren könnten, aber niemals in den Laden müßten und der Händler alles über Ihre Eßgewohnheiten wüßte. Die schlanke Lebensmittelproduktion und -lieferung ist mit den heute verfügbaren Technologien und Managementtechniken vollständig durchführbar, und das gegenwärtige System ist reif für einen Wandel. Die entscheidende Frage ist: Wer unternimmt den Sprung?

Bauindustrie

Was wünschen Sie sich, wenn Sie ein Büro oder eine Fabrik bauen oder ein neues Haus kaufen? Wie ist der *Wert* definiert? Während einige Käufer wahrscheinlich Gefallen an den Schwierigkeiten der heutigen Bauindustrie finden, einschließlich der Möglichkeit, ihre Meinungen über Details an ihrem Haus während der sechs Monate bis zu einem Jahr für den normalen Zyklus von der Vertragsunterzeichnung bis zur Fertigstellung zu ändern, wollen die meisten Käufer das Haus, das sie brauchen, und zwar so schnell wie möglich und zum niedrigsten Preis. Und wenn es sich um einen Umbau handelt und Ihr Büro oder Ihre Wohnung muß währenddessen benutzt werden dann ist das heutige System wirklich ein Alptraum. Nahezu alle Kunden wollen die Arbeit so schnell wie möglich beendet wissen.

Das gegenwärtige System verschlingt nicht nur viel Zeit zwischen Baubeginn und Fertigstellung, sondern es hinterläßt normalerweise eine beachtliche Liste offener Posten, wenn die Arbeit offiziell beendet worden ist, und die belastet die Beziehung zwischen Bauherr und Baufirma. Darüber hinaus werden mehr als 80 Prozent der Zeit und bis zur Hälfte der gesamten Kosten aufgewandt für Transporte, für das Warten von Subunternehmern auf andere Subunternehmer, für Änderungen und Neubau von Abschnitten, die nicht den formalen Spezifikationen entsprechen oder dem Kunden nicht gefallen.

Wir sahen die Anfänge schlanken Denkens in der Baubranche in Kapitel 1, als wir Doyle Wilson begegneten. Aber er hat erst angefangen, die Oberfläche anzukratzen. Die tatsächlich erforderliche Zeit vom Vertrag bis zur Fertigstellung des normalen Hauses könnte bei der Verwendung der heutigen Konstruktionstechnologien von sechs Monaten auf fünfzehn Tage reduziert werden, wenn alle relevanten Arbeiten und Materialien in der richtigen Reihenfolge angeordnet würden. Und die große Zahl von Fehlern und Nachbearbeitungen beim Hausbau wäre vollständig vermeidbar, wenn Kunde, Unternehmer und Subunternehmer lernten, sich untereinander zu verständigen. Schließlich könnten die Kosten des gesamten Prozesses drastisch reduziert werden, wenn die Nachbearbeitungen entfallen würden, sogar noch bevor man den nächsten logischen Schritt unternimmt und die Konstruktion der größeren Komponenten in eine Fabrikanlage verlagert, wo die Bedingungen kontrolliert und wo schlanke Techniken voll realisiert werden können.[1]

Man stelle sich dann den nächsten schlanken Sprung vor, wo der Käufer das Bauunternehmen aufsuchen kann, den Bauplan am Bildschirm modifizieren, die gewünschten Optionen auswählen, eine Kreditprüfung durchführen, die Versicherungsfragen klären und einen Vertrag unterzeichnen kann, und alles in nur einer Sitzung. Dann male man sich einmal aus, daß das fertige Haus in weniger als einer Woche vom Vertragsabschluß bis zum Einzug fertiggestellt wird, indem fabrikgefertigte Komponenten benutzt werden. Und man stelle sich weiter vor, daß alle benötigten Komponenten – Fenster, Türen, Haushaltswaren und Geräte – in schlanken Komponentenfabriken gefertigt werden, und zwar erst ein oder zwei Tage vorher. Das würde die Kosten weiter nach unten bringen und mit der Zeit zu einer Revolution in einer riesigen Branche mit stagnierender Produktivität führen.

Dasselbe Konzept könnte auf die Bauindustrie im allgemeinen angewandt werden. Die konkrete Frage ist nur, wer die Wertschöpfung rationalisieren wird und wann.

Persönliche Mobilität im Nahverkehr[2]

Wir stehen seit vielen Jahren in Kontakt zur Autoindustrie. Insofern ist es befriedigend, wenn wir unseren Traum an einem Ort beenden, von dem wir einmal aufgebrochen sind. Die erste Frage ist wie immer: Wie ist der *Wert* definiert? Für manche Menschen ist es ein Fahrzeug mit speziellen Leistungsmerkmalen oder einfach das Auto, in dem man gerne gesehen werden will – vielleicht ein neuer Porsche! –, und zwar zu einem angemessenen Preis. Viele Käufer dieses heute sehr ausgereiften Produkts wollen wahrscheinlich jedoch überhaupt kein Produkt besitzen. Sie wollen persönlich mobil sein, und zwar mit niedrigsten Kosten und geringstem Ärger. Ein physikalisches Produkt wie ein Auto, Lastwagen, Van oder Sportwagen ist einfach nur ein Teil des Mittels für diesen Zweck.

So gesehen ist das heutige »Produkt« sicherlich suboptimal. Kauf und Verkauf von Autos, Zulassung, Versicherung und Reparatur und die Sorge um die Details der Betriebsbereitschaft, vom Tanken bis zum Waschen, sind meistens ein zeitaufwendiges Ärgernis, das durchgestanden wird mit Hilfe einer Flut von unterschiedlichen Firmen, die ihre eigenen Interessen verfolgen. Bei speziellen Bedürfnissen muß man ein Taxi, eine Limousine oder einen Mietwagen mit speziellen Fähigkeiten bestellen (beispielsweise für den Transport persönlicher Güter). Das macht zusätzliche Mühe mit einer weiteren Reihe von Firmen.

Gleichzeitig hat sich die konventionelle Autoindustrie (mit beachtlichem Erfolg) auf die Anwendung schlanken Denkens konzentriert, aber nur hinsichtlich der Konstruktion und Fertigung des Autos an sich. Sie hat wenig oder nichts unternommen, um das Gesamtprodukt – die persönliche Mobilität – zu überdenken, das für viele von uns im Vordergrund steht. Deswegen halten viele die heutige »post-japanische« Autoindustrie für sehr beschränkt, und die Kunden fragen sich, wie diese Industrie effizienter funktionieren könnte, während die Kosten und Bequemlichkeiten beim Kauf und Unterhalt eines Autos kaum berücksichtigt wurden.[3] Eine Hauptursache ist, daß die Fertigungsarbeiten nur einen Teil der Wertschöpfung für das Gesamtprodukt ausmachen und die Kosten und Unannehmlichkeiten der anderen Aspekte der Wertschöpfung gestiegen sind. Wie könnte schlankes Denken hier helfen?

Wie das Fernreisen einen Teamleiter braucht, damit die beteiligten Unternehmen den Blick für das Ganze bekommen, so braucht die Nahverkehrsmobilität des einzelnen eine Art von Mobilitätsanbieter (Mobility Provider), um das komplette Produkt zu erfassen. Das kann eine Mietwagenfirma sein, ein öffentliches Versorgungsunternehmen, einer der neuen »Mega-Händler« im Autoeinzelhandel oder eine neu konstituierte Autofirma. Die Idee wäre, mit dem Kunden zusammenzuarbeiten, um genau die benötigten Autos und Dienstleistungen mit null Ärger und niedrigen Kosten bereitzustellen. Wie könnte das funktionieren?

Der Mobilitätsanbieter und der Kunde würden die Art der Autos und Dienstleistungen ausarbeiten, die heute und in der Zukunft gebraucht werden (einschließlich Taxis, Limousinen, Transit- und Spezialfahrzeugen für den punktuellen Gebrauch). Und der Mobilitätsanbieter würde sie »vor die Tür bringen«. Versicherung, Zulassung, Inspektionen und Reparaturen wären Sache des Anbieters. (Ein Kommunikationssystem im Auto würde den Anbieter immer über den Status des Fahrzeugs informieren.) Der Anbieter würde sich auch um den Austausch der Fahrzeuge kümmern, um einen konstanten Service für den Benutzer zu gewährleisten. Er würde dem Benutzer periodisch diese Dienstleistungen in Rechnung stellen. Die Beziehung wäre langfristig, potentiell unbegrenzt, so daß die Suchkosten nach dem richtigen Unternehmen zur Bereitstellung jedes Teils des Gesamtprodukts vermieden werden können. Wenn man noch weiter geht und der Anbieter seine Kosten »offen«legen würde (ganz sicher ein riesiger Sprung in der Autoindustrie), dann müßte sich der Benutzer nicht ständig auf die Suche nach einem besseren »Geschäft« machen und könnte bequem über Jahre oder Jahrzehnte bei einem Anbieter bleiben. Der Ärger bei der persönlichen Mobilität würde weitgehend verschwinden.

Das kostet sicherlich ein Vermögen, richtig? Falsch. Es sollte aus einer Vielzahl von Gründen billiger sein. Erstens kann der Anbieter mit dem Fahrzeughersteller zusammenarbeiten, so daß ein ständiger Fluß von Fahrzeugen mit der genauen Spezifikation gefertigt wird, weil die langfristigen Benutzerbedürfnisse kalkuliert wurden. Das heutige Meer neuer Autos, die keiner bestellt hat und die die Parkplätze der Händler ersticken, verschwindet. Und so auch der Autohandlel selbst und viele seiner Kosten. Dann kann der Hersteller die Produktionskapazität für einen ständigen Fluß von Fahrzeugen planen, weil der Mobilitätsanbieter den Wirtschaftszyklen dadurch entgegenwirken kann, daß er die älteren Fahrzeuge mit einer konstanten Quote ersetzt. (Man bedenke, daß die Reisenachfrage sich während des Wirtschaftszyklus nur zu einem kleinen Prozentsatz geändert hat, während der Absatz von Neufahrzeugen in Nordamerika, Europa und jetzt Japan um 20 bis 40 Prozent stieg bzw. fiel. Das macht es erforderlich, daß die Industrie große Mengen überschüssiger Kapazität im Durchschnitt aufrechterhalten muß.) Wenn sich die Nachfrage stabilisiert, dann kann die Zulieferbasis enger geknüpft werden, und die gesamte Vorlaufzeit für die Fertigung eines Fahrzeugs kann komprimiert werden, mit dramatischen Einsparungen bei den Lagerbeständen, beim Raumbedarf und der Arbeit.[4]

Ein letzter Vorteil wäre, daß das System ein geschlossener Kreis sein könnte. Wenn der Mobilitätsanbieter die Kontrolle über die Fahrzeuge behält und sie zum wirtschaftlich günstigsten Zeitpunkt recycelt und wenn der Hersteller neuer Autos Zugriff über die Datenbank des Anbieters auf die Benutzerbedürfnisse hat, um genau darauf zugeschnittene Fahrzeuge zu bauen, dann sollten die Betriebskosten eines Fahrzeugs während seiner Lebensdauer sinken, und es sollte länger halten. (Fragen Sie sich einmal selbst, wie lang die Wartungsintervalle bei Autos wären, wenn der Mobilitätsanbieter alle Wartungsarbeiten durchführte und eine Mitsprache bei der Produktkonstruktion hätte.) Der Mobilitätsanbieter ist in einer Position, aus der er die niedrigsten Kosten für die gesamte Lebensdauer erzielen kann, weil er den ganzen Zyklus unter Kontrolle hat.

Kann man diesen Ansatz einfach einführen? Offensichtlich nicht, und es ist unwahrscheinlich, daß die konventionellen Autofirmen auf diesem Weg vorangehen werden. Aber was ist die Alternative? Wenn im Laufe des nächsten Jahrzehnts die Einführung schlanker Techniken bei den Konstruktions- und Fertigungsanteilen des Wertschöpfungsstroms bei Motorfahrzeugen abgeschlossen sein wird, werden die Kunden einen großen Preisvorteil erzielen, aber die Autoindustrie wird dann stagnieren. Schlankes Denken liefert einen Weg zur Revitalisierung eines stark stagnierendes »Produkts«, und zwar durch die Umwandlung eines problematischen Gutes in eine problemlose Dienstleistung.

Die Kraft der Träume

Das sind alles Träume. Keiner hat irgendeine dieser industriellen Transformationen realisiert. In der Tat gibt es kaum *Lean Enterprises* in unserem Verständnis, daß die Wertschöpfung den ganzen Weg entlang vom Konzept zur Einführung, von der Bestellung zur Auslieferung und vom Rohmaterial in die Hände des Kunden und weiter über den Lebenszyklus der Güter oder Dienstleistungen glatt verbunden ist, sogar in den fortgeschrittensten Branchen nicht. Aber diese Transformationen können erreicht werden, und zwar mit dem heutigen Know-how. Man braucht nur jemanden, der im Streben nach Perfektion aus den Träumen Wirklichkeit macht.

Der Preis, den wir schon heute gewinnen können

Wir sind jetzt am Ende unserer Erforschung des schlanken Denkens. Eine Reihe einfacher, aber den Intuitionen entgegenlaufender Ideen mit bescheidenen Ursprüngen in der Fabrik können auf die gesamte Bandbreite volkswirtschaftlicher Aktivitäten angewandt werden. Sie erfordern nur wenige Techniken – obwohl die »Größenanpassung« vieler existierender Technologien erforderlich ist, um sie direkt in den Wertschöpfungsstrom einsetzen zu können. Und sie können sehr schnell realisiert werden. Es dauert nur ein paar Jahre zur vollständigen Umwandlung sogar eines gigantischen Unternehmens und etwas länger bei der Anwendung auf einen gesamten Wertschöpfungsstrom.

Schlankes Denken kann die Produktivität dramatisch steigern – verdoppeln bis vervierfachen, je nach Aktivität –, während die Fehler drastisch zurückgehen, ebenso die Lagerbestände, Arbeitsunfälle, der Raumbedarf, die Zeit bis zur Einführung neuer Produkte, die Produktionsvorlaufzeiten, die Kosten für eine zusätzliche Produktvariante und die Kosten insgesamt. Gleichzeitig können diese Techniken die Arbeit durch die Einführung eines direkten Feedbacks und die Erleichterung totaler Konzentration befriedigender machen. Und sie können den Wirtschaftzyklus dämpfen, der selbst die Ursache einer enormen Ressourcenverschwendung ist. Sie erfordern wenig Kapital, und sie werden eher Arbeitsplätze schaffen als vernichten, wenn die Manager sie richtig anzuwenden lernen. Schließlich bieten sie eine Brücke zu den nächsten großen Technologiesprüngen, weil sie die Wirtschaft der entwickelten Länder aus ihrer gegenwärtigen Stagnation ziehen und Forschungsmittel liefern.

Bleibt nur zu hoffen, daß genügend Investoren, Manager und Beschäftigte, wie die heldenhaften Change Agents auf diesen Seiten und – wie wir hoffen – Sie als Leser, in Nordamerika, Europa und Japan sowie jeder anderen Region, eine große Bewegung bilden und unerbittlich schlankes Denken anwenden, um Wert zu erzeugen und *muda* zu verbannen.

Nachwort

Das schlanke Netzwerk

Unser Problem beim Schreiben dieses Buches war niemals die Theorie. Autoren mit einem akademischen Hintergrund werden im allgemeinen keine Schwierigkeiten damit haben, Theorien zu entwickeln. Diese Aufgabe beschäftigte uns glücklicherweise im ersten Jahr dieses Projekts (1992-1993). Aber dann brauchten wir Beweise dafür, daß unsere Theorie wirklich funktioniert, Beispiele wirklicher Manager in wirklichen Unternehmen, die mit ähnlichen Ideen Erfolge erzielten. Das drohte zu einem ernsthaften Problem zu werden, weil wir eigentlich nur eine Branche kannten – die Autoindustrie. Wir hatten uns aber vorgenommen, unsere Ideen auf alle Arten wirtschaftlicher Aktivitäten anzuwenden, einschließlich der Dienstleistungen. Es war deshalb wichtig, Topmanager aus sehr vielen Branchen in Nordamerika, Europa und Japan zu finden, die uns an ihren guten und schlechten Erfahrungen teilhaben lassen würden, um unsere Theorien zu überprüfen.

Gerade als wir im Frühjahr 1993 diese Notwendigkeit entdeckten, bat Joe Day, der CEO von Freudenberg-NOK General Partnership, einen von uns um einen Vortrag bei einer Medienveranstaltung über die schlanke Initiative seines Unternehmens. Dabei lernten wir Anand Sharma kennen, dessen Beratungsfirma TBM Freudenberg-NOK technische Beratung anbot. Anand stellte uns bald einer Menge anderer Manager vor, die er bei einer schlanken Umstellung beraten hatte, unter anderem Pat Lancaster von Lantech und George Koenigsaecker von der Hon Company.

Fast zur gleichen Zeit kam Jim Womack durch das Japanprogramm des MIT in Kontakt mit United Technologies (einem Sponsor des Programms) und deren Tochtergesellschaft Pratt & Whitney. Eine Einladung zu einer Besichtigung bei Pratt führte zu einer völlig zufälligen Begegnung mit Chihiro Nakao, einem der Hauptberater von Pratt bei seiner schlanken Transformation, in der Endmontagehalle.

Nakao-san hatte, wie der Zufall es wollte, mit Yoshiki Iwata von Shingijutsu in den späten 1980er Jahren Anand Sharma in schlankem Denken unterrichtet und später mit ihm bei einigen Projekten zusammengearbeitet. Das Shingijutsu-Netzwerk führte uns schon bald um die ganze Welt: zu Porsche nach Deutschland, zu Hitachi, Yamatake-Honeywell und Showa Tekko in Japan und zurück zu anderen Unternehmen in Nordamerika.

Bei einem Besuch eines dieser Unternehmen (der PCI Group in New Bedford in Massachusetts) zusammen mit Chihiro Nakao begegneten wir einem anderen Glied unserer nordamerikanischen Kette in der Person von Bill Moffitt, einem ehemaligen Vice President von Jacobs Manufacturing Company und Überlebenden der Schule von Nakao in »spezieller *sensei*-Behandlung«. Er und seine Kollegen sind eine transformierende Kraft in zehn der in diesem Buch erwähnten Unternehmen gewesen.

Weil die in dem Buch *Die zweite Revolution in der Autoindustrie* vorgestellten Konzepte ursprünglich von Toyota entwickelt wurden, war es nicht überraschend, daß das nächste Glied, das wir entdeckten, das Supplier Support Center von Toyota (TSSC) in Lexington, Kentucky, war, wo der General Manager Hajime Ohba vierzig amerikanische Unternehmen bereitwillig in schlankes Denken einführte, von denen viele weder Zulieferer von Toyota waren noch zur Autobranche gehörten. Ohba-san nahm uns unter seine Fittiche und begleitete uns durch eine Reihe von Unternehmen, die sich aus eigener Kraft in Exemplare schlanken Denkens umzuwandeln versuchten. (Zu unserem großen Bedauern standen die Klienten von TSSC bei der Vorbereitung zu diesem Buch erst am Anfang der schlanken Transformation, als wir 1994 entscheiden mußten, welche Unternehmen wir darstellen. Hätten wir dieses Buch ein oder zwei Jahre später angefangen, wären sicherlich auch die Errungenschaften der Klienten von TSSC, wie Grand Haven Stamped Products, beschrieben worden.)

Als wir einmal mit Toyota in Kontakt waren, trafen wir auf zwei weitere Netzwerke, das von Toyota Motor Sales in Kalifornien (dessen dramatische Erfolge bei der Einführung von »Pull« entlang dem ganzen

Weg vom Kunden zurück bis zum Rohmaterial Gegenstand des vierten Kapitels war) und von Toyota Motor Corporation in Japan, wo uns Kiyotaka Nakayama von der Operations Management Consulting Division von Toyota durch die heutige Produktion bei Toyota und durch die Zulieferbasis führte.

Während Jim Womack in Nordamerika nach Unternehmen suchte, hielt Dan Jones in Europa Ausschau nach zusätzlichen Unternehmen und fand viele über die Forschungsaktivitäten des Lean Enterprise Research Centre der Cardiff Business School. Vor allem Unipart wurde zum Prüfstand für schlankes Denken in Großbritannien.

Unsere letzte Gelegenheit zum Lernen ergab sich vollkommen unbeabsichtigt. Jim Womack investierte in eine kleine Fahrradfabrik und legte Hand an bei einer schlanken Umwandlung. Ein alter Spruch in der akademischen Welt lautet: »Wenn du ein Thema wirklich beherrschen willst, versuch es zu lehren.« Das hat sich auch bei schlanken Umwandlungen als anwendbar herausgestellt: Wenn du wirklich die Probleme verstehen willst, die man überwinden muß, versuch's selbst zu machen.

Wie der Leser wahrscheinlich bemerkt hat, identifizieren wir uns mit den Menschen, über die wir schreiben, und haben angefangen, sie als eine Gemeinschaft gleichgesinnter Geister zu betrachten. Es war deshalb nur logisch, sie bei einer jährlichen Veranstaltung zusammenzubringen, um ihre Erfahrungen mit den Firmen zu teilen, die sich gerade auf den Weg gemacht haben, um gemeinsam nach neuen Dimensionen schlanken Denkens zu suchen. Die erste Veranstaltung fand im Frühjahr 1995 in Cambridge, Massachusetts, statt. Der Effekt dieser Begegnung von Managern, die sich, oft gegen großen Widerstand und manchmal unter dem Risiko ihrer eigenen Karrieren, mit der Umsetzung schlanken Denkens abmühten, war so positiv, daß wir beschlossen, jährliche »Lean Enterprise Summits« in den Vereinigten Staaten wie Europa zu einem festen Bestandteil unseres Lebens zu machen. Außerdem hoffen wir, daß viele Leser – sowohl Neulinge wie auch diejenigen mit größeren eigenen Erfahrungen – sich uns anschließen.

Für genauere Informationen über die Frühjahrsveranstaltung in Nordamerika wenden Sie sich bitte an Management Roundtable, Waltham, MA 02154 – Telefon: (617) 891-8080; Fax: (617) 891-1711; e-mail: mgmtround@aol.com; Web Page: http://www.ideal.com/pdr.

Für Informationen über die jährliche Veranstaltung in Europa wenden Sie sich bitte an das Lean Enterprise Research Centre, Cardiff Business School, University of Cardiff, Wales, Großbritannien – Telefon: 44-1222-874-544; Fax: 44-1222-874-556; e-mail: lerc@cardiff.ac.uk.

Die letzte Aufgabe, die noch bleibt, ist eine Liste der Mitglieder unseres schlanken Netzwerkes, die ihre Erfahrungen mit uns geteilt haben – sie sind im Anhang aufgeführt. Wir bedauern nur, daß wir aus Platzgründen nur so wenig über sie erzählen konnten, wobei viele, die wir nicht berücksichtigen konnten, so informativ und inspirierend waren wie diejenigen, die wir aufgenommen haben. Wir hoffen, daß in den folgenden Jahren viele Leser ihre Namen und Geschichten dieser Liste hinzufügen werden, wenn sie sich dem Netzwerk anschließen und ein schlankes Unternehmen verfolgen.

ANHANG

Einzelpersonen und Organisationen, die uns geholfen haben

Organisationen

(alle Angaben über Zugehörigkeiten beziehen sich auf den Zeitpunkt unserer Besuche)

Alexander Doll: Patty Lewis
Bene Büromöbel: Ing. E. Weichselbaum
Boeing Commercial Airplane Group: Dave Fitzpatrick
Britvic Soft Drinks, Ltd.: Richard Archer, Paul Howard, Martin Thomas
Brooks Electronics: Gary Brooks, Marty Carroll, Mary Pat Pietrzak, Hans Cooper
Calsonic International Europe Ltd.: Mike Reilly, Lyndon Jones
Chrome Craft: Richard Barnett
Chrysler: Bob Eaton, Bob Lutz, Tom Stallkamp, Francois Castaing, Glenn Gardner, Ed Sprock
Coleman Foods Ltd.: Ian Glenday
Doyle Wilson Homebuilder: Doyle Wilson
Federal Express: Fred Smith
Flex-N-Gate: Shahid Khan
Freudenberg-NOK: Joe Day, Gary Johnson, Sharon Wenzl
Grand Haven Stamped Products: Frank Nagy
Grand Rapids Spring and Wire: Jim Zawacki
H&W Screw Product: Gary Soloway
Hitachi Air Conditioning & Refrigeration Systems: Tsuneharu Takagi
Honda UK Manufacturing, Ltd.: Andrew Jones

Honda of America Manufacturing: Hiroyuki Yoshino, Scott Whitlock, Toshi Amino, Dave Nelson, Tom Griffiths, Doug Chamberlin, Larry Mayo
IG Lintels Ltd.: Keith Williams
Institut für Management und Training: Attila Oess
ITT Alfred Teves, Ltd.: Horst Vogt
Kaizen Institute: Masaaki Imai, Peter Willats
Keiper Recaro GmbH: Rainer Simon
Lantech: Pat Lancaster, Jim Lancaster, Ron Hicks, Jose Zabaneh, Bob Underwood, Jean Cunningham, John Fain
Leyland Trucks Ltd.: John Gilchrist, John Oliver
Linread Northbridge Ltd.: Ed Brooks
Mexican Industries of Michigan: James Merkhofer
Moffitt Associates: Bill Moffitt, Bob Pentland, Jim Cutler
Nippondenso: Masayoshi Taira, Mineo Hanai, Ryozo Mitsui
Nissan Motor Manufacturing, Ltd.: Ian Gibson, John Cushnaghan, Peter Hill, Peter Wickens, Terry Hogg, Bob Hampson, Colin Dodge, Mike Peacock, Arthur David
Northern Engraving: Philip Gelatt
Parker-Hannifan Automotive & Refrigeration Group: Larry Hopcraft
PCI Group Ltd.: John Cosentino, John Rachwalski
Perkins Group Ltd.: Tony Gilroy, Mike Baunton
Dr. Ing. h. c. F. Porsche AG: Wendelin Wiedeking, Gerhard Hofig, Uwe Huck, Anton Hunger, Manfred Kessler, Raimond Klinkner, Wolfgang Laimgruber, Dieter Lange, Uwe Loos, Michael Macht, Hans Riedel, Eckart Riefenstahl, Dietmar Scherzer, Michael Schimpke, Rainer Srock, Franz Steinbeck, Gunther Wittenmayer
Pratt & Whitney: Karl Krapek, Mark Coran, Curtis Cook, Ed Northern, Bob Weiner, Bob Jackson, Angie Negron, Grace Reed
Robert Bosch Ltd.: Gerhard Turner, Stefan Asenkirschbaumer
Rohr: Greg Peters, Martin Lodge
Rover Group, Ltd.: JIT/DE Team – Alan Naylor, Peter Bailey, Bob Hollier, Mike James Moore
Senco Products: Dennis Pinkelton, John Dean, Bob Clark
Shingijutsu Co., Ltd.: Yoshiki Iwata, Chihiro Nakao, Kumi Iwata
Showa Manufacturing: Keiji Mizuguchi, Takeshi Kawabe, Tsuneo Aiga
Sloane Toyota: Bob Sloane, Fred Slyhoff
Summit Polymers: James Haas, James Askelson

TABC: Tom Tullius
TBM: Anand Sharma, Bill Schwartz, Sam Swayer, Stuart Fisher
Tesco Stores Ltd.: Graham Booth, Barry Knichel, Peter Worsey
Toyoda Iron Works: Shigeru Hayakawa
Toyota Motor Corporate Services, U.S.A.: Tim Andree
Toyota Motor Corporation (Japan): Fujio Cho, Kiyotaka Nakayama
Toyota Motor Manufacturing U.K., Ltd.: Yukihisa Hirano, Osamu Komori
Toyota Motor Manufacturing, U.S.A.: Tom Zawacki
Toyota Motor Sales, U.S.A.: Richard Gallio, Bob Bennett, Bob Arndt
Toyota Supplier Support Center: Hajime Ohba, Mark Reich, Lesa Nichols
TRW Steering Systems Ltd.: Bob Morgan
Unipart Group of Companies, Ltd.: John Neill, Tony Butcher, Mike Carver, Ian Campbell, Frank Burns, Frank Hemsworth, Doug Henderson, Graham Jackson, Keith Jones, Andy Lee, David Nicholas, Mike Pybus, Corinne Richman, Peter Taylor, Sue Topham, David Whale, Val White
United Electric: Bruce Hamilton
United Technologies: George David
Wiremold: Art Byrne, Steve Maynard, Orrie Fiume, Judy Seyler, Frank Giannattasio
Yamatake-Honeywell: Ichiro Ido
Und unsere beratenden Klienten während des Schreibens dieses Buches, die ungenannt bleiben, von denen wir aber viel gelernt haben.

Einzelpersonen

Martin L. Anderson (der sich über fünfzehn Jahre an unserem schlanken Ansatz beteiligt hat)
Dominick Anfuso, Senior Editor, Simon & Schuster (der sich vermutlich eher erschießen ließe, als sich eine weitere Lektion über die Anwendung des schlanken Ansatzes auf das Verlagswesen anzuhören)
Graham Baere, President, Managerial Design International (der Ideen über die Entwicklung von Organisationen zur Unterstützung des schlanken Ansatzes weitergab)

John Carlisle (der seine Ideen über das Management von Beziehungen in einem Wertschöpfungsstrom mit uns teilte)

Don Clausing, Xerox Research Fellow in Comparative Product Development, Massachusetts Institute of Technology (von dem wir viel über Produktentwicklung gelernt haben)

Alain de Dommartin, Renault Institute for Quality Management (der uns einen Einblick in die französische Reaktion auf den schlanken Ansatz verschaffte)

Stephane Doblin (die uns über viele Jahre zu Kontakten bei den Managern europäischer Unternehmen verholfen hat und dies auch weiterhin tut)

Friedrich Glasl, Trigon Consulting, Salzburg (der uns an seinen Erkenntnissen über Organisationsentwicklung teilhaben ließ und Dan Jones bei vielen Reisen in Deutschland, der Schweiz und Österreich begleitete)

Jan Helling (der uns seine Einsichten über die Diskussion des schlanken Ansatzes in Schweden mitteilte)

Bruce Henderson, President, Robertshaw Controls (der das letzte Manuskript gründlich gelesen und viele Verbesserungsvorschläge gemacht hat)

Gwyn Jones, Gründer, Merlin Metalworks (der vergnügt einen Theoretiker [Womack] als Investitionspartner akzeptierte)

George Koenigsaecker, President, Hon Industries (der uns freizügig an einer jahrzehntelangen Erfahrung über die Transformation eines Massenproduzenten teilhaben ließ)

Joel Kurtzman, ehemaliger Herausgeber der *Harvard Business Review* (der uns mit Steve Prokesch vorschlug, »From Lean Production to the Lean Enterprise« für die *HBR* zu schreiben)

Yasuhiro Monden (der seine Einsichten in das schlanke Rechnungswesen und das Produktionssystem von Toyota mit uns teilte)

Toshio Niwa, Direktor, International Exchange, Institute for International Economic Studies, Tokyo (der uns bei unserer Forschung in Japan behilflich war)

Professor Eiji Ogawa, Chukyo University (der uns half, die Ursprünge des schlanken Ansatzes zu verstehen)

Guy Parsons, President, Merlin Metalworks (der Jim Womack bei der Umsetzung der Theorie in die Praxis unterstützte)

Tom Poynter, President, The Transitions Group (der Jim Womack einen unbezahlbaren Unterricht in strategischem Denken und Implementation erteilte)

Steve Prokesch, Herausgeber, *Harvard Business Review* (der uns um unseren Artikel von 1994 bat und eine Perspektive für den schlanken Ansatz lieferte)

Rafe Sagalyn, Sagalyn Literary Agency (unser Agent, der versuchte, uns zu perfektionieren)

John Shook (früherer stellvertretender General Manager des Toyota Supplier Support Center; jetzt Direktor des Japan Technology Management Program und Dozent im Department of Industrial Engineering an der Universität Michigan, der uns in viele Aspekte der schlanken Praxis einführte und uns vor vielen Fehlern in der Endfassung bewahrte)

Eberhard Stotko (dessen unermüdliche Begeisterung für den schlanken Ansatz uns ermutigte)

Brian Swain, Rubicon Associates (der uns seine Erfahrungen über die Einführung unserer Ideen in England mitteilte)

Michael Tansey, Professor für Betriebswirtschaft, Rockhurst College (der uns auf einen größeren Formfehler in der ursprünglichen Anlage für dieses Buch aufmerksam machte)

Betty Thayer, Andersen Consulting (die die Arbeit von Dan Jones über Benchmarking unterstützte)

Professor Kazuo Wada, University of Tokyo (der uns auf unbekannte Ursprünge des schlanken Ansatzes und der »Gruppen«-Strukturen in Japan aufmerksam machte)

John Womack (der ein entscheidender Resonanzboden für die Ideen seines Bruders war)

Besondere Danksagungen

Dan Jones bedankt sich bei seinen Forschungskollegen am Lean Enterprise Research Centre, Cardiff Business School, besonders bei Peter Hines, Nick Rich, John Kiff und Professor Roger Mansfield, Direktor der Cardiff Business School, für ihre Unterstützung und ihre Ermutigung. Er bedankt sich auch bei den Sponsoren und Teilnehmern einer Reihe von Aktivitäten, die von dem Centre ausgerichtet wurden: das

Lean Enterprise Benchmarking Project (Benchmarking der Leistung der Autoteilehersteller), das Supply Chain Development Programme (Darstellung des Wertschöpfungsstroms und Reaktionsfähigkeit der Zulieferkette), das BRITE EURAM Future Working Structures Project (Benchmarking der Motorenherstellung und Teamarbeit) und das International Car Distribution Programme (Analyse und Simulation des Autovertriebssystems).

Außerdem bedankt er sich bei Professor Denis Towill von der Logistics Systems Dynamics Group, School of Enginnering in Cardiff, bei Forschungskollegen an der Universität von Bath, besonders bei den Professoren Richard Lamming und Andrew Graves, Malcom Harbour, Philip Wade, Derek Whittaker, und bei Professor Jonathan Brown vom Zentralbüro des International Car Distribution Programme. Schließlich möchte er sich noch bei den Studenten an den Universitäten in Eindhoven und Groningen bedanken, die Fallstudien über die Anwendung des schlanken Ansatzes auf verschiedene Produktions- und Service-Organisationen in den Seminaren geschrieben haben, die Dan in den Jahren 1993 und 1994 abgehalten hat.

Jim Womack möchte sich bei den Kollegen im MIT Japan Program bedanken, besonders bei dem Managing Director Pat Gercik, bei Professor Richard Samuels und Dori DeGenti, für eine »Heimat« in der universitären Welt.

Schließlich müssen wir uns bei Carrie und Katherine Copeland Womack und Mike, Kate und Simon Jones dafür bedanken, daß sie die Unaufmerksamkeit und die Abwesenheiten ihrer Väter während dieses vierjährigen Projektes ertragen haben. Shigeo Shingo bemerkte einmal, daß das Produktionssystem von Toyota (und, darüber hinaus, der schlanke Ansatz) überall angewandt werden soll, *außer* zu Hause. Wir sind uns da nicht so sicher – in der Tat fragen uns unsere Frauen oft, warum wir unser schlankes Wissen nicht dafür anwenden können, um mit den Arbeiten rund ums Haus effizienter umzugehen! Wir wissen jedoch, daß wir der nächsten Generation dadurch eine schwere Bürde aufgetragen haben, daß wir über Jahre hinweg nicht nur Abende und Wochenenden mit dem Schreiben über schlankes Denken verbracht haben, sondern auch Wochen, die sich zu Monaten addierten, auf Forschungsreisen waren. Wir hoffen, daß Katherine, Carrie und Kate sowie Simon und Mike eines Tage das Gefühl haben, daß die Vollendung dieser Arbeit ihre Opfer wert ist.

Glossar

andon board – Eine visuelle Kontrolleinrichtung im Produktionsbereich, normalerweise eine beleuchtete Digitalanzeige, die den derzeitigen Status des Produktionssystems anzeigt und die Teammitglieder über entstehende Probleme alarmiert.

Autonomation – Übertragung der menschlichen Intelligenz auf automatisierte Maschinen, so daß diese in der Lage sind, die die Produktion eines einzigen defekten Teils zu registrieren, sich sofort automatisch abzuschalten und den Defekt zu melden. Dieses Konzept, das auch als *jidoka* bekannt ist, wurde von Sakichi Toyoda um die Jahrhundertwende eingeführt, als er vollautomatische Webstühle erfand, die sich abschalteten, wenn ein Faden riß. Dadurch konnte ein Maschinenarbeiter mehrere Maschinen überwachen, ohne daß die Gefahr bestand, daß fehlerhafte Stoffe produziert wurden.

Brownfield – Ein etabliertes Design oder eine Produktionseinrichtung mit Methoden und sozialen Organisationen der Massenproduktion. Gegensatz zu *Greenfield.*

chaku-chaku – Eine Methode zur Durchführung von Einzelstückfließfertigung, bei der ein Maschinenarbeiter mehrere Maschinen nacheinander mit Teilen bestückt. Wörtlich bedeutet es »bestücken-bestücken«.

Darstellung der Wertschöpfung – Identifikation aller spezifischen Tätigkeiten entlang dem Wertschöpfungsstrom für ein Produkt oder eine Produktfamilie.

Durchsatzzeit – Die benötigte Zeit zwischen Konzept und Einführung, Auftrag und Auslieferung, oder vom Rohmaterial in die Hände des Kunden. Gegensatz zu Prozeßzeit und Vorlaufzeit.

Einheitliche Verkaufsstufe (»Level Selling«) – Ein System der Kundenbeziehungen, das dem Versuch der Beseitigung von Nachfrageschwankungen dient, die durch das Verkaufssystem selbst verursacht werden (beispielsweise aufgrund vierteljährlicher oder monatlicher Verkaufsziele), und das sich um langfristige Beziehungen zu den Kunden bemüht, damit die zukünftigen Käufe vom Produktionssystem vorhergesehen werden können.

Einzelstückfließfertigung (Single-piece flow) – Jeweils ein vollständiges Produkt durchläuft ohne Unterbrechungen, Rückflüsse und Ausschuß verschiedene Operationen bei Konstruktion, Auftragsabwicklung und Produktion. Gegensatz zu Stapel und Warteschlangen.

Flow – Das progressive Erreichen von Aufgaben entlang der Wertschöpfung, damit ein Produkt von der Konstruktion bis zur Einführung, vom Auftrag bis zur Auslieferung und vom Rohmaterial bis in die Hände des Kunden ohne Unterbrechungen, Ausschuß oder Rückflüsse fortschreitet.

Fünf S – Die fünf Begriffe mit S werden zur Schaffung eines entsprechenden Arbeitsplatzes für visuelle Kontrolle und schlanke Produktion eingesetzt. *Seiri* bedeutet die Trennung der benötigten Werkzeuge, Teile und Instruktionen von nicht benötigten Materialien und die Entfernung der letzteren. *Seiton* bedeutet die ordentliche Anordnung und Identifizierung der Teile und Werkzeuge, so daß sie leicht zu gebrauchen sind. *Seiso* meint die Durchführung einer Reinigungsaktion. *Seiketsu* bedeutet die Durchführung von *seiri, seiton* und *seiso* in häufigen, ja täglichen Intervallen, um den Arbeitsplatz in einem perfekten Zustand zu halten. *Shitsuke* meint die Ausbildung einer Gewohnheit, sich immer an die ersten vier S zu halten.

Fünf Warums – Taiichi Ohno fragte bei jedem Problem immer fünfmal »Warum«, um die Hauptursache des Problems zu identifizieren, damit effektive Gegenmaßnahmen entwickelt und ergriffen werden konnten.

Greenfield – Ein neues Design oder eine Produktionseinrichtung, wo nur schlanke Methoden zur »best practice« von Anfang an eingeführt werden können. Gegensatz zu *Brownfield.*

Grenzplankostenrechnung (Activity-based costing) – Eine Kostenrechnung, die Kosten den Produkten auf der Basis der Höhe der Ressourcen (einschließlich Fabrikfläche, Rohmaterial, Maschinenstunden und menschlicher Arbeit) für Konstruktion, Bestellung oder Herstellung eines Produkts zuweist. Gegensatz zu Standardkostenrechnung.

heijunka – Die Schaffung einer einheitlichen Dispositionsstufe (»Level Scheduling«) durch die Sequenzierung der Aufträge in ein repetitives Muster und die Glättung der Tageschwankungen bei den Gesamtaufträgen, um der längerfristigen Nachfrage zu entsprechen. Wenn beispielsweise ein Kunde während einer Woche 200 Stück von Produkt A, 200 von Produkt B und 400 von Produkt C, also in Losen von 200, 200, 400 bestellt, würden mit dem Level Scheduling diese Produkte in die Reihenfolge A, C, B, C, A, C, B, C, A, C ... gebracht. Wenn ein Kunde einen Auftrag von 1000 Produkten pro Woche erteilt, die in einer Losgröße von 200 am ersten Tag, 400 am zweiten, keine am dritten, 100 am vierten und 100 am fünften Tag angeliefert werden, würden nach dem Level Scheduling 100 pro Tag hergestellt, und zwar in der Sequenz A, C, A, B... Irgendeine Art davon ist bei jedem Hersteller unvermeidbar, ob Massenproduzent oder schlanker Produzent, es sei denn, die Unternehmen und alle ihre Zulieferer haben unendliche Kapazitäten und keine Umrüstzeiten. Bei schlanken Herstellern gibt es mit der Zeit zusätzliche Kapazitäten, wenn sie Ressourcen freisetzen und ständig an der Verkürzung der Umrüstzeiten arbeiten, so daß die Diskrepanz zwischen *heijunka*-Planung und tatsächlicher Nachfrage ständig minimiert wird, unterstützt von der einheitlichen Verkaufsstufe oder *Level Selling*.

hoshin kanri – Eine strategische Entscheidungsmethode für das Managementteam eines Unternehmens, die die Ressourcen auf die entscheidenden Maßnahmen zur Erreichung der Unternehmensziele richtet. Unter Verwendung von visuellen Matrix-Diagrammen, die denen im Quality Function Deployment vergleichbar sind, werden drei bis vier Ziele ausgewählt und die anderen bewußt ausgeklammert. Die selektierten Ziele werden in spezifische Projekte übersetzt und auf die Implementationsebene des Unternehmens gebracht. *Hoshin kanri* konzentriert die Ressourcen und richtet sie aus und formuliert eindeutig meßbare Zielvorgaben, an denen regelmäßig die Fortschritte bei den Hauptzielen gemessen werden. Auch Policy Deployment genannt.

jidoka – Siehe Autonomation.

Just-in-Time – Ein System zur Produktion und Lieferung der richtigen Artikel zur richtigen Zeit in der richtigen Menge. Just-in-Time setzt just on time an, wenn vorgelagerte Aktivitäten Minuten oder Sekunden vor den nachgelagerten erfolgen, so daß Einzelstückfließfertigung möglich ist. Die Kernelemente von Just-in-Time sind Flow, Pull, Standardarbeit (mit Standardbestand an unfertigen Teilen) und *Takt*zeit.

kaikaku – Radikale Verbesserung einer Aktivität zur Beseitigung von *muda*, beispielsweise bei der Reorganisation der Fertigungsabläufe für ein Produkt, so daß das Produkt die einzelnen Schritte bei der Einzelstückfließfertigung auf kleinem Raum durchläuft statt zwischen einzelnen »Fertigungsdörfern« (process villages). Auch Breakthrough-*kaizen*, Flow-*kaizen* und System-*kaizen* genannt.

kaizen – Kontinuierliche, inkrementale Verbesserung einer Aktivität zur Erzeugung von mehr Wert und weniger *muda*. Auch Point-*kaizen* und Process-*kaizen* genannt.

kanban - Eine kleine Karte, die an den Teileboxen angebracht wird und die den Sog (Pull) im Produktionssystem von Toyota regelt und über die vorgelagerte Produktion und Lieferung informiert.

keiretsu – Eine Gruppierung japanischer Firmen in historischen Verbänden und gegenseitigen Beteiligungen, so daß jede Firma ihre operative Unabhängigkeit wahrt, aber permanente Beziehungen zu anderen Firmen dieser Gruppe unterhält. Einige *keiretsu*, wie Sumitomo und Mitsui, sind horizontal aufgebaut und bestehen aus Firmen verschiedener Branchen. Andere *keiretsu*, wie die Toyota Group, sind vertikal angelegt und bestehen aus vor- und nachgelagerten Unternehmen eines »System-Anbieters«, der normalerweise das Endmontagewerk ist.

Materialbeschaffungsplanung (Material Requirements Planning, MRP) – Ein Computersystem zur Bestimmung der Höhe des Materialbedarfs und für das Timing in der Produktion. MRP-Systeme benutzen einen Master-Produktionsplan, eine Stückliste, die jedes für die Herstellung eines bestimmten Produkts benötigte Teil enthält, und Informationen über die derzeitigen Lagerbestände dieser Teile, um die Produktion und Lieferung der notwendigen Teile zu planen. Die Herstellungs-Ressourcen-Planung (Manufacturing Resource Planning, oft MRP II genannt) ist eine Erweiterung der MRP, um auch die Kapazitätsplanungsverfahren einzubeziehen, also eine Finanzschnittstelle zur Übersetzung der Produktionsplanung in die Finanzsprache und ein Simulationsverfahren zur Bewertung alternativer Produktionspläne.

Milk run – Die Route eines Zuliefer- oder Auslieferungsfahrzeugs, das an verschiedenen Orten Be- und Entladungen vornimmt.

Miniaturisiertes Werkzeug (right-sized tool) – Eine Konstruktions-, Planungs- oder Produktionsvorrichtung, die direkt in den Fluß des Produkts innerhalb einer Produktfamilie eingepaßt werden kann, so daß bei der Produktion keine unnötigen Transporte und Wartezeiten mehr erforderlich sind. Gegensatz zu Monument.

Mittelstand – Mittelgroße deutsche Herstellungsbetriebe, die normalerweise in Familienbesitz sind und das Rückgrat der Exportwirtschaft in der Nachkriegszeit waren.

Monument – Jede Konstruktions-, Planungs- oder Produktionstechnologie in Größenordnungen, die dazu führen, daß die konstruktionen, Aufträge und Produkte vor der Maschine in einer Warteschlange auf die Verarbeitung warten müssen. Gegensatz zu miniaturisiertes Werkzeug (right-sized tool).

muda – Jede Aktivität, die Ressourcen verbraucht, aber keinen Wert erzeugt.

Multi-machine working – Unterweisung der Fabrikarbeiter in der Bedienung und Wartung unterschiedlicher Produktionsvorrichtungen. Sie ist beim Aufbau von Produktionszellen wichtig, in denen jeder Arbeiter viele Maschinen bedient.

Open-book management – Alle Finanzinformationen, die hinsichtlich Konstruktion, Terminplanung und Produktion relevant sind, werden allen Mitarbeitern, den Zulieferern und Vertriebsfirmen des Unternehmens offengelegt.

Operation – Eine Tätigkeit oder Tätigkeiten, die von einer einzelnen Maschine an einem Produkt durchgeführt werden.

Perfektion – Die vollständige Beseitigung von *muda,* damit alle Tätigkeiten entlang dem Wertschöpfungsstrom Wert erzeugen.

poka-yoke – Eine Fehlerkontrollvorrichtung bzw. ein Fehlerkontrollverfahren zur Vermeidung eines Fehlers während der Bestellung oder Herstellung. Ein Beispiel aus der Auftragsbearbeitung ist das Terminal zur Eingabe von Aufträgen, wobei die Aufträge auf der Grundlage der traditionellen Auftragsmuster geprüft werden. Die problematischen Aufträge werden dann analysiert, was oft zu der Entdeckung führt, daß es sich um fehlerhafte Eingaben handelt oder daß die Aufträge auf Fehlinformationen basieren. Ein Beispiel aus der Herstellung ist die Reihe von Fotozellen in den Teilebehältern entlang den Förderbändern, die verhindern, daß Komponenten mit fehlenden Teilen zur nächsten Stufe fortschreiten. *Poka-yoke* dient hier dazu, die

Beförderung der Komponente zur nächsten Station anzuhalten, wenn der Lichtstrahl in jedem Teilefach nicht durch die Hand des Operators unterbrochen wurde, aber das Teil für das derzeit montierte Produkt benötigt wird. *Poka-yoke* wird manchmal auch *baka-yoke* genannt.

Policy Deployment – Siehe *hoshin kanri.*

Process villages – Die Praxis der Gruppierung von Maschinen oder Aktivitäten nach Art der durchgeführten Operation. Beispielsweise Schleifmaschinen oder Auftragseingang. Gegensatz zu Zelle.

Produktionsglättung – Siehe *heijunka.*

Prozeß – Eine Reihe von einzelnen Operationen, die zur Entwicklung einer Konstruktion, zur Erledigung eines Auftrags oder Herstellung eines Produkts benötigt werden.

Prozeßzeit – Die tatsächliche Bearbeitungszeit für Design oder Produktion sowie die Zeit der Auftragsbearbeitung. Typischerweise ist die Prozeßzeit ein kleiner Teil der Durchsatz- und Vorlaufzeit.

Pull – Kaskadenförmige Produktions- und Auslieferungsanweisungen von den nach- zu den vorgelagerten Stellen, nach denen nichts auf einer vorgelagerten Stelle hergestellt wird, bis der nachgelagerte Kunde einen Bedarf meldet. Das Gegenteil von Push. Siehe auch *kanban.*

Quality Function Deployment (QFD) – Ein visuelles Entscheidungsverfahren für mehrfach qualifizierte Projektteams, die ein gemeinsames Verständnis der Stimme des Kunden sowie einen Konsens über die letzten technischen Spezifikationen des Produkts entwickeln, die vom gesamten Team getragen werden. QFD integriert die Perspektiven der verschiedenen Disziplinen und stellt sicher, daß sich ihre Arbeit in konsistenter Weise an den meßbaren Leistungsvorgaben für das Produkt bewegt und die Entscheidungen auf den nachfolgenden Detailebenen eingehalten werden. Der Einsatz von QFD beseitigt teure Rückflüsse und Nachbearbeitungen, wenn ein Projekt kurz vor der Einführung steht.

Rückgabeanalyse (turn-back analysis) – Die Untersuchung des Fließens eines Produkts durch eine Reihe von Produktionsschritten, um die Häufigkeit von Rückflüsse, Nachbearbeitungen und Ausschuß festzustellen.

sensei – Ein persönlicher Lehrer mit einer meisterhaften Beherrschung eines komplexen Wissens, im Fall dieses Buches über den schlanken Ansatz und schlanke Techniken.

shusa – Ein starker Teamleiter in der Produktentwicklung von Toyota. (Wörtlich jedoch eine Ebene des Supervisors wie *katcho* oder *honcho*.)

Sieben Arten von muda – Die ursprüngliche Aufzählung von Taiichi Ohno über die häufigsten Verschwendungen in der Produktion. Dies sind: *Überproduktion* über der Nachfrage, *Warten* auf den nächsten Herstellungsschritt, unnötiger *Transport* von Material (beispielsweise zwischen process villages oder Fabriken), *Overprocessing* von Teilen aufgrund schlechter Werkzeuge und Konstruktionen, *Lagerbestände* oberhalb des absoluten Minimums, unnötige *Bewegungen* von Fabrikarbeitern während ihrer Arbeitszeit (Suche nach Teilen, Werkzeugen, Ausdrucken, Hilfe etc.) sowie die Produktion *fehlerhafter Teile*.

Single Minute Exchange of Dies (SMED) – Eine Reihe von Techniken zur Umrüstung der Produktionsmaschinen in weniger als zehn Minuten, die Shigeo Shingo entwickelt hat. One-touch setup nennt man die Umrüstung, die keine zehn Minuten braucht. Natürlich ist das langfristige Ziel immer zero setup, also die direkte Umrüstung ohne irgendeine Unterbrechung des kontinuierlichen Ablaufs.

Spaghetti-Chart – Der Name für die Darstellung des Weges eines bestimmten Produkts entlang der Wertschöpfung in einem Unternehmen der Massenproduktion, weil dies normalerweise wie ein Teller Spaghetti aussieht.

Standardarbeit – Eine exakte Beschreibung jeder Arbeitstätigkeit, die die Zyklus- und *Takt*zeit, die Arbeitsabfolge bestimmter Aufgaben und den minimalen vorgehaltenen Teilebestand bestimmt, die zur Durchführung der Tätigkeit erforderlich sind.

Standardkostenrechnung – Eine Kostenrechnung, die die Kosten für Produkte auf der Basis von Maschinen- und Arbeitsstunden kalkuliert, die in einer Produktionsabteilung während eines bestimmten Zeitraums verfügbar sind. Dieses System ermuntert die Manager dazu, unnötige Produkte oder einen falschen Produktmix zu produzieren, um durch die volle Auslastung der Maschinen und Arbeit die Kosten pro Produkt zu minimieren. Gegensatz zu Activity-based costing.

Stapel und Warteschlangen – Die Praxis der Massenproduktion, in der große Lose von Teilen hergestellt werden. Die Stapel müssen dann in einer Schlange bis zum nächsten Produktionsschritt warten. Gegensatz zu Einzelstückfließfertigung.

Taktzeit – Die verfügbare Produktionszeit geteilt durch die Rate der

Kundennachfrage. Wenn beispielsweise ein Kunde 240 Teile eines bestimmten Typs pro Tag bestellt und die Fabrik 480 Minuten pro Tag produziert, beträgt die *Takt*zeit zwei Minuten. Wenn der Kunde zwei neue Produkte pro Monat wünscht, beträgt die *Takt*zeit zwei Wochen. Sie bestimmt das Produktionstempo, um die Kundennachfrage zu befriedigen. Sie wird zum Kernstück eines jeden schlanken Systems.

Total Productive Maintenance (TPM) – Eine Reihe von Methoden, die ursprünglich von Nippondenso eingeführt wurden (einem Mitglied der Toyota Group), um sicherzustellen, daß jede Maschine in einem Produktionsprozeß immer funktionstüchtig ist und es keine Produktionsunterbrechungen gibt.

Transparenz – Siehe visuelle Kontrolle.

Umrüsten – Die Installation eines neuen Werkzeugtyps in eine metallverarbeitende Maschine, einer anderen Farbe in eine Lackiervorrichtung, eines neuen Kunstharzes und einer neuen Form in eine Spritzgußanlage, einer neuen Software im Computer etc. Der Begriff wird immer dann angewandt, wenn eine Produktionsvorrichtung eine andere Tätigkeit durchführen muß.

Visuelle Kontrolle – Die übersichtliche Anordnung aller Werkzeuge, Teile, Produktionsaktivitäten und Leistungsindikatoren des Produktionssystems, so daß jeder Beteiligte den Status des Systems auf einen Blick erfassen kann. Synonym mit Transparenz.

Vorgabekosten (target cost) – Die Entwicklungs- und Produktionskosten, die ein Produkt nicht übersteigen darf, wenn der Kunde mit dem Wert des Produkts zufrieden sein soll und der Hersteller einen akzeptablen Return on Investment erreicht.

Vorlaufzeit – Die Gesamtwartezeit zwischen einem Auftrag und dem Erhalt des Produkts durch den Kunden. Wenn das Planungs- und Produktionssystem genau auf Kapazitätsniveau oder darunter läuft, sind Durchlaufzeit und Vorlaufzeit identisch. Wenn die Nachfrage die Kapazität des Systems übersteigt, kommt es zu zusätzlichen Wartezeiten vor dem Start der Planung und Produktion, und die Vorlaufzeit übersteigt die Durchsatzzeit. Siehe Durchsatzzeit.

Wartezeit – Die Zeit, die ein Produkt in einer Schlange auf den nächsten Schritt in Konstruktion, Auftragsbearbeitung oder Herstellung wartet.

Wert – Eine rechtzeitig und zu einem annehmbaren Preis an den Kunden gelieferte Leistung, die in jedem Fall durch den Kunden definiert wird.

Wertschöpfungsstrom – Die spezifischen Tätigkeiten, die für die Konstruktion, die Bestellung und Bereitstellung eines bestimmten Produkts erforderlich sind, und zwar vom Konzept bis zur Einführung, vom Auftrag bis zur Auslieferung und vom Rohmaterial bis in die Hände des Kunden.

Zelle – Die Anordnung der Maschinen verschiedenen Typs, die unterschiedliche Operationen in enger Abfolge durchführen, typischerweise in U-Form, die eine Einzelstückfließfertigung und flexiblen Einsatz menschlicher Arbeit mit den Mitteln von Multi-Machine-Working erlaubt. Gegensatz zu *Fertigungsdörfer (»process villages«).*

Zykluszeit – Die benötigte Zeit zur Beendigung eines Fertigungsszyklus. Wenn die Zykluszeit für jede Operation in einem vollständigen Prozeß auf die *Taktzeit* reduziert werden kann, dann können die Produkte in Einzelstückfließfertigung hergestellt werden.

Anmerkungen

Vorwort: Von Lean Production zum Lean Enterprise

1 Die Bibliographie enthält die wichtigsten erhältlichen Bücher über schlanke Techniken und ihre Philosophie.

2 Peter Drucker, *The Concept of the Corporation* (New York: John Day, 1946).

3 Die einzige Ausnahme ist das Teilzeitengagement von Dan Jones bei der Unipart Group in England als Prinzipal der Unipart University, die deren Pilotversuch für eine »schlanke« Aus- und Weiterbildung ist, um den schlanken Ansatz bei ihren Verkaufs-, Vertriebs- und Herstellungsaktivitäten einzuführen.

Einleitung: Schlanker Ansatz versus *muda*

1 Die *muda*-Liste von Ohno besteht aus: *Fehlern* (bei Produkten), *Überproduktion* von nicht benötigten Gütern, *Lagerbeständen* von Gütern, die auf Weiterverarbeitung oder Konsumtion warten, unnötigen *Verarbeitungsschritten*, unnötigen *Bewegungen* (von Menschen), unnötigem *Transport* (von Gütern) und *Wartezeiten* (von Arbeitern auf Fertigungs-Equipment zur Beendigung ihrer Arbeit oder auf eine vorgelagerte Aktivität). (Siehe Taiichi Ohno, *The Toyota Production System: Beyond Large Scale Production* [Portland, Oregon 1988], S. 19-20. Deutsche Ausgabe: *Das Toyota-Produktionssystem.* Frankfurt: Campus Verlag, 1993.) Wir haben das Entwerfen von Gütern und Dienstleistungen hinzugefügt, die nicht den Bedürfnissen der Benutzer entsprechen. Obwohl Ohno seine *muda*-Liste ursprünglich für die Fertigung aufgestellt hat, ist seine Typologie ebenso auf die Produktentwicklung und Auftragsabwicklung übertragbar, die beiden anderen Basisaktivitäten eines jeden Geschäfts.

2 Leser in anderen Ländern halten vielleicht eine einfache Übung für sehr nützlich: Listen Sie einmal kurz die Beeinträchtigungen des Prozesses der Wertdefinition auf, die durch Ihr nationales Industriesystem eingeführt wurden. Um es konkreter zu sagen, fragen Sie einfach danach, was für Sie und Ihre Firma in Ihrem derzeitigen Job am wichtigsten ist, verglichen damit, was für Ihren Endkunden am wichtigsten ist.

3 Einige Leser sind anfangs vielleicht über den Unterschied zwischen dem hier beschriebenen Wertschöpfungsstrom und dem Konzept der Wertschöpfungskette der Unternehmensstrategen, die sich Michael Porter anschließen, verwirrt. (Siehe vor allem Michael Porter, *Wettbewerbsvorteile* [Frankfurt/New York: Campus Verlag, 1992], Kapitel 2) Die Unterschiede sind einfach: Wir wenden den Begriff »Wertschöpfungsstrom« auf die gesamte Aktivitätsreihe vom Rohmaterial bis zum fertiggestellten Produkt *für ein spezifisches Produkt* an und versuchen das Ganze vom Standpunkt des *Endkunden* (des Endkonsumenten eines Gutes oder einer Dienstleistung) zu optimieren. Die typische strategische Analyse der Wertschöpfungskette aggregiert Aktivitäten wie »Produktion«, »Marketing« und »Verkauf« für eine Reihe von Produkten und fragt dann, welche davon ein Unternehmen zur Gewinnmaximierung durchführen und wie es die der Wertschöpfungskette vor- und nachgelagerten Aktivitäten anderer Firmen zum eigenen maximalen Vorteil integrieren kann. Es gibt beispielsweise eine breite Diskussion darüber, wie sich aus den vor- und nachgelagerten Firmen »Gewinne herausziehen lassen«.
Die Leser sind vielleicht auch darüber verwundert, daß das Konzept des Wertschöpfungsstroms für Dienstleistungen und gefertigte Güter dasselbe ist. Die Gegenüberstellung der Dienstleistungen von Fluggesellschaften und Personalcomputern kann das verdeutlichen: Die *Problemlösungsaufgabe* für die Computerfirma besteht in der Konstruktion des Produkts und seines Betriebssystems zu Vorgabekosten, während die Entscheidung für die Fluggesellschaft darin besteht, mit welchem Equipment, mit welcher Häufigkeit und mit welchen Serviceleistungen sie Passagiere wohin fliegt. Die *Informationsmanagementaufgabe* für die Computerfirma besteht aus der Auftragsabwicklung bis zur Auslieferung, während es für die Fluggesellschaft ihr Reservierungssystem und ihr Flugplan sind. Die *physikalische Transformationsaufgabe* für die Computerfirma besteht aus der Fertigung des Produkts und dem Code für das Betriebssystem, während die Entsprechung bei der Fluggesellschaft im Einsatz spezieller Flugzeuge auf bestimmten Routen und der Durchführung spezieller Wartungen zur Aufrechterhaltung ihres täglichen Betriebs besteht.

4 Taiichi Ohno, *Workplace Management* (Portland, Oregon: Productivity Press, 1988), S. 47.

5 Über den klassischen Beitrag von Shingo zu den Schlußfolgerungen von Toyota siehe Shigeo Shingo, *A Study of the Toyota Production System from an Industrial Engineering Viewpoint* (Portland, Oregon: Productivity Press, 1989).

6 Michael Hammer und James Champy, *Business Reengineering. Die Radikalkur für das Unternehmen* (Frankfurt, Campus Verlag, 1994) ist der klassische Beitrag. Siehe auch Michael Hammer und Steven A. Stanton, *Die Reengineering*

Revolution: Handbuch für die Praxis (Frankfurt, Campus Verlag, 1995) über Methoden zur Durchführung von Reengineering.

7 Die beiden Basistexte sind Jack Stack, *The Great Game of Business* (New York: Harper Business, 1993) und John Case, *Open Book Management* (New York: Harper Business, 1995).

1. Wert

1 Carl Sewell und Paul B. Brown, *Customer for Life* (New York: Pocket Books, 1991).

2 Daß Doyle Wilson den schlanken Weg erfolgreich beschritten hat, heißt nicht, daß die Implementierung einfach ist. Die Handwerker in der Bauindustrie zählen sehr wahrscheinlich zu der Gruppe, die in der Gesellschaft am meisten Widerstand gegenüber der Idee der »Standardarbeit« leisten, und nur die stärkste Führung durch Doyle Wilson konnte sie davon überzeugen, es mit dem neuen System zu versuchen.

3 Dieses Bild entsprach der typischen Erfahrung von Jones in der zweiten Hälfte des Jahres 1995 im allgemeinen etwas mehr, wenn er über Großflughäfen fliegen mußte. Das Verhältnis der tatsächlichen Reisezeit auf achtzehn Reisen sah folgendermaßen aus:
Flüge über einen europäischen Großflughafen (4 Reisen) 55%
Direktflüge in Europa vom Flughafen Birmingham aus (10 Reisen) 65%
Interkontinentalflüge über einen Großflughafen (2 Reisen) 69%
Interkontinentale Direktflüge (2 Reisen) 78%

4 Wer mit den Ursprüngen des schlanken Ansatzes vertraut ist, wird wissen, daß Taiichi Ohno in den späten 1940er Jahren anders über Vorgabekosten dachte. Er hatte versucht, in die Weltautoindustrie einzusteigen mit kleinem Produktionsvolumen, einem kleinen Kapitalbudget für Produktionswerkzeuge und der Notwendigkeit, unterschiedliche PKWs und Transporter mit denselben Werkzeugen zu fertigen, um einen kleinen, fragmentierten Inlandsmarkt in Japan zu beliefern. Außerdem gab es aufgrund einer angeschlagenen Nachkriegswirtschaft ein absolutes Limit, was viele Japaner für einen PKW oder Transporter ausgeben konnten.
Ohno stellte deshalb fest, daß die existierende oligopolistische Autoindustrie im Westen Angebotspreise festlegen konnte, die sich aus Kosten plus Gewinn zusammensetzten. (Seine berühmte Formel war: Kosten + Gewinn = Preis.) Er mußte jedoch den Preis über einen notwendigen minimalen Gewinn und eine feststehende Preisobergrenze bestimmen, dann die Kosten durch die nachhaltige Anwendung schlanker Techniken so weit senken, bis er bei Kosten anlangte, die annehmbare Gewinne und einen akzeptablen Preis zur Finanzierung neuer Produktentwicklungsprojekte ermöglichten. Das führte ihn zu der Alternativformel: Preis – Gewinn = Kosten, wobei Preis und Gewinn durch externe Kräfte bestimmt wurden und nur die »Vorgabekosten« unter der Kontrolle des Herstellers waren.

Im Gegensatz dazu sind die meisten Unternehmen, die den schlanken Ansatz heute verfolgen, der Größe nach kaum mit ihren Mitbewerbern vergleichbar, und die Öffnung der globalen Wirtschaft hat fast überall auf den Märkten zu einem starken Preiswettbewerb geführt. Deshalb ist auch die eigentliche Frage, wie man größere Kostenanteile im Vergleich zur Konkurrenz einsparen kann, um Wettbewerbsvorteile zu erzielen.

2. Der Wertschöpfungsstrom

1 Tatsächlich handelt es sich nur um seinen imaginierten Aussichtspunkt – in einem amerikanischen Supermarkt, von denen er gehört, aber keinen je gesehen hatte. Ohno reiste zum erstenmal 1956 nach Amerika.

2 Tesco ist mit 15 Milliarden Dollar Umsatz eine der größten Lebensmittelketten der Welt und eine der drei großen Lebensmitteleinzelhandelsketten in Großbritannien. Das Unternehmen hat über mehrere Jahre mit dem Lean Management Research Centre an der Cardiff Business School in Großbritannien zusammengearbeitet, um Aspekte seines Wertschöpfungsstroms zu reflektieren. Dem Leser wird deutlich werden, daß Tesco ein aktiver Teilnehmer in diesem Prozeß war, weil es die aggressivste Lebensmittelkette in der Welt bei der Einführung von Point-of-Sale-Systemen war sowie bei der Neukonzipierung seiner eigenen Lagerhaltungspolitik und seines Nachbestellsystems. Gerade aufgrund des Erfolgs dieser Maßnahmen bei der Beseitigung der oberen Schichten von *muda*, die in den meisten Lebensmittelketten noch allgegenwärtig sind, war Tesco zur Durchführung der nächsten Schritte in der Lage.

3 »Kartons«, so wie wir den Begriff verwenden, enthalten eine unterschiedliche Zahl von Dosen – vier, acht, zwölf oder vierundzwanzig. Man muß bedenken, daß ein Karton Cola, der in einem Lebensmittelladen gekauft, mit nach Hause genommen, dort gekühlt und dann getrunken wird, ein wirklich anderes Produkt ist und einen anderen Wert liefert als eine einzelne Dose, die beispielsweise an der Tankstelle gekühlt gekauft und direkt getrunken wird. Dasselbe gilt, sogar noch mehr, für ein Faß Cola, das von einem Restaurant oder einer Gaststätte gekauft und an die Zapfanlage angeschlossen wird. Der Wertschöpfungsstrom von Cola für diese verschiedenen Produkte vermischt sich allerdings zu einem beträchtlichen Teil. Diese Vermischung verschiedener Produkte ist eine der größten Herausforderungen sowohl für die Fertigungs- als auch für die Auftragsabwicklungssysteme.

4 Die hier vorgestellte Analyse ist eher abstrakt und ohne große Details. Die Aufdeckung eines jeden Beispiels für jeden Typus von *muda* macht eine detaillierte Analyse unter Verwendung eines Portfolios von Methoden notwendig, die dem Industrial Engineering, den Systems Dynamics, dem Operations Management, dem Qualitätsmanagement, der Zeitplanung und der Logistik entstammen. Die wichtigsten davon sind: die Prozeßdarstellung (*Process Mapping*, zur Identifizie-

rung und Kategorisierung aller Schritte zusammen mit der dazugehörigen Zeit, Entfernung und Arbeit), die Reaktionsmatrix (*Responsiveness Matrix*, zur Analyse der Vorlaufzeiten und der Höhe der Lagerbestände), der Qualitätsfilter (*Quality Filter*, zur Feststellung, wo es entlang dem Wertschöpfungsstrom zu Produkt- und Servicefehlern sowie Ausschuß kommt) und die Darstellung der Nachfrageverstärkung (*Demand Amplification Map*, zur Beurteilung von Auftragsschwankungen, die bis in die Anfänge der Wertschöpfung reichen). Peter Hines und Nick Rich beschreiben die Auswahl und Anwendung der angemessenen Methoden in ihrem 1996 erschienen Artikel »The Seven Value Stream Mapping Tolls« im *International Journal of Operations and Production Management.*

5 Bei Marken-Soft-Drinks stellt die Firma, deren Name auf dem Karton zu lesen ist (zum Beispiel Coca-Cola oder Pepsi) normalerweise nur die Essenz her, und dies nur zur Wahrung ihres Geschäftsgeheimnisses. Die Essenz wird an Lizenz-Abfüller geliefert, und das Unternehmen konzentriert seine eigenen Bemühungen auf das Marketing der Marke und die Entwicklung neuer Produkte.

6 Für manche Kunden werden die Dosen aus Stahl hergestellt. Der Einfachheit halber untersuchen wir nur die Aluminiumdosen.

7 Tatsächlich ist die Dose für mehr als die Hälfte der gesamten Herstellungskosten verantwortlich.

8 Zum Beispiel werden die Dosen für den Einzelverkauf in Automaten mit Barcodes versehen, aber nicht diejenigen, die für die Verpackung in Kartons vorgesehen sind. Im letzteren Fall gibt es keine Barcodierung, aus Angst davor, daß der Barcode-Scanner an der Kasse nur eine Dose in dem Karton einliest und der Karton zum Preis einer Einzeldose berechnet wird.

9 Die einzige Umstellung, die ohne Reinigung der Anlage möglich ist, ist die von hellen auf dunklere Getränke. Deswegen wäre die normale Abfolge, mit Mineralwasser zu beginnen und dann mit Cola weiterzumachen, und dann wieder von vorne zu beginnen. Das würde das System etwas flexibler machen, aber die Abfüller halten es immer noch für am wirtschaftlichsten, Tausende von Dosen einer Spezifikation auf einmal abzufüllen.

10 Sie waren auch damit beschäftigt, die Dosen leichter zu machen und Material einzusparen. Die heutigen Aluminiumdosen bestehen nur noch aus 60 Prozent des Metalls bei gleichem Fassungsvermögen wie vor zehn Jahren – ein positives Ergebnis des anhaltenden Wettbewerbs zwischen Aluminium-, Stahlblech- und Plastikdosen.

11 Das Bauxitbergwerk, das Hüttenwerk, das Kalt- und Warmwalzwerk, der Dosenhersteller, der Abfüller und Tesco.

12 Um den besten Preis bei seinen Zulieferern zu erzielen, muß Tesco ganze LKW-Ladungen für jedes RDC bestellen. Außerdem muß Tesco über Lagerbestände für einen vorhersagbaren Anstieg der Nachfrage verfügen, vor allem für die wöchentlichen Verkaufsspitzen an den Wochenenden, und bei Getränken besonders den warmen Wochenenden im Sommer. Als Folge eines Bedarfs an nur minimalen Losgrößen und periodischer Nachfragesteigerungen hat Tesco an manchen Tagen fast keinen Bestand an Getränken in seinen RDCs und an anderen eine

Lieferung für sieben bis zehn Tage. Der Durchschnitt liegt bei drei Tagen, wie in Tabelle 2.1 zu sehen ist.

13 Tesco ordert viele Artikel bei seinen abendlichen Bestellungen zur Lieferung in das RDC gegenwärtig zweiundsiebzig Stunden später. (Das heißt, die Transporte von jedem Zulieferer kommen nachts in jedem RDC an, aber in vielen Fällen mit Waren, die drei Tage vorher bestellt wurden.) Die Lieferung von Frischprodukten erfolgt in der nächsten Nacht, und viele haltbare Waren werden jetzt alle achtundvierzig oder vierundzwanzig Stunden geliefert. Das letztendliche Ziel ist es, daß alle Zulieferer jede Bestellung innerhalb von vierundzwanzig Stunden zustellen.

14 Für alle Artikel, die sich langsamer verkaufen und stark jahreszeitenabhängig sind, hat Tesco ein Zentrallager für ganz Großbritannien eingerichtet, aus dem die RDCs nach Bedarf beliefert werden. Die RDCs beliefern dann nachts die Filialen, obwohl die Zulieferer im Zentrallager viel seltener anliefern.

15 Im letzten Jahr haben, zum Teil als Reaktion auf diese Studie, der Abfüller und der Dosenhersteller damit angefangen, ihre Methoden zu reflektieren, und sie arbeiten jetzt an »schnell umrüstbaren« Abfüllanlagen für Dosen und an Lackierverfahren, um kurzfristig kleinere Lose abfüllen zu können.

16 Die geschätzten durchschnittlichen Einführungskosten für neue Produkte sind entnommen aus: Kurt Salomon Associates, Inc., *Efficient Consumer Response: Enhancing Consumer Value in the Grocery Industry*, zusammengestellt für das Food Marketing Institute, Washington, D.C., 1993.

17 Benchmarking ist vielleicht noch in großen Massenproduktionsorganisationen sehr nützlich, einfach um das Management davon zu überzeugen, daß das Unternehmen weit hinter der Konkurrenz hinterherhinkt, und um die Motivation zum Verstehen des schlanken Ansatzes zu schaffen.

3. Flow

1 Gilbert Herbert, *The Dream of the Factory-Made House* (Cambridge, Mass.: MIT Press, 1986).

2 Als beste Zusammenfassung der QFD und der benötigten Techniken siehe Don Clausing, *Total Quality Development: A Step-by-Step Guide to World-Class Concurrent Engineering* (New York: American Society of Mechanical Engineers Press, 1994).

3 Dieser Begriff ist ein interessantes Beispiel eines Wortes, das sich von Land zu Land bewegt, bis es heute in Deutsch, Japanisch und Englisch zum Standard geworden ist. Das Wort selbst meint ein genaues Zeitintervall, wie bei einem Metrum in der Musik, und wurde in Deutschland mit der Übernahme der Massenproduktion in den 1930er Jahren in der Industrie eingeführt. In deutschen Luftfahrtunternehmen wurden die Flugzeugrümpfe in nach der *Takt*zeit festgelegten Intervallen in die nächste Werkstatt bewegt. Mitsubishi übernahm diesen deut-

schen Begriff in seine eigene Flugzeugherstellung in Japan, und er wurde später von Toyota übernommen. Er hat sich in der englischen Sprache erst im letzten Jahrzehnt mit der Verbreitung des schlanken Ansatzes eingebürgert. Zu den historischen Details siehe Kazuo Wada, »The Emergence of ›Flow-Production‹ Method in Japan«, in: Haruhito Shiomi und Kazuo Wada, *Fordism Transformed: The Development of Production Methods in the Automobile Industry* (Oxford: Oxford University Press, 1995).

4 Wir verwenden den Begriff *Transparenz* als eine Alternative zu *visueller Kontrolle*, um vor allem darauf hinzuweisen, daß jeder alle entlang dem Wertschöpfungsstrom stattfindenden Aktivitäten überblicken kann, die von vielen Abteilungen, Funktionen und Unternehmen durchgeführt werden. Der traditionellere Begriff der *visuellen Kontrolle* ist im Kontext der Fertigung angemessen, aber unglücklicherweise enthält er die Konnotation von *Top-down-Kontrolle* der Arbeiter und Einrichtungen, was dem schlanken Ansatz widerspricht.

5 Weil dieses Buch nicht als technisches Handbuch über schlanke Fertigung gedacht ist, haben wir ein zusätzliches Konzept nicht erwähnt, das für ein schlankes System entscheidend ist. Es ist die *Zykluszeit*: die tatsächlich benötigte Zeit zur Beendigung einer bestimmten Aufgabe und ihrer Weitergabe auf die nächste Produktionsstufe. Aus der Herstellung großer Volumen von Fahrrädern in einer *Takt*zeit von sechzig Sekunden folgt, daß alle Herstellungsschritte entlang dem Endmontageband nur sechzig Sekunden oder weniger dauern dürfen. In einer typischen Fertigung nach einer Umwandlung in eine schlanke Produktion haben die meisten Jobs eine Zykluszeit deutlich unter sechzig Sekunden, und nur einige wenige dauern länger. Eine Hauptaufgabe für das Arbeitsteam und seine technischen Berater liegt darin, wie man jeden Job genau an diese sechzig Sekunden anpassen kann. Dies kann oft über die sorgfältige Entwicklung von *Standardarbeit* erreicht werden, wobei zunächst jeder Aspekt der Aufgabe genau analysiert, optimiert und dann immer gemäß einem Arbeitsstandard auf dieselbe Weise ausgeführt wird. Im Verlauf dieses Prozesses können viele Fabrikarbeiter auch andere Aufgaben im Unternehmen übernehmen, ein Vorgehen, das manchmal auch »Least-Person«-Approach genannt wird (das heißt, es wird nur die geringstmögliche Anzahl von Arbeitern zur Durchführung einer Aktivität in den Grenzen der *Takt*zeit eingesetzt). Wenn dann der Umsatz steigt und die *Takt*zeit gesenkt werden muß, dann wird das Arbeitsteam *kaizen*-Maßnahmen bei seinen Aufgaben durchführen, um zu sehen, ob die Zykluszeiten für die angestrebten *Takt*zeiten reduziert werden können. Ist das unmöglich, dann müssen Überstunden gefahren oder zusätzliche Produktionskapazitäten geschaffen werden.

6 Ein anderes Problem bei der MRP war, daß sie die Parameter Losgröße, Durchsatzzeiten und Kapazität versteckte, die die Manager täglich zu verbessern versuchen sollten. Die interne Logik des Produktionsalgorithmus war so komplex, daß es unmöglich war, intuitiv zu sagen oder konkret zu zeigen, daß die Produktion aus der Spur war, bis es zu einer Krise kam.

7 Ein ähnliches Konzept ist *jidoka*, oder in der Sprache von Toyota »Automation mit einem Human Touch«. Die Idee dabei ist, die gesamte Produktions-Hardware so zu konstruieren, daß sie sich direkt abschaltet, wenn sie entdeckt, daß

kein fehlerfreies Teil gefertigt werden kann. In den ersten Jahren der Entwicklung des Produktionssystems von Toyota wurden mit *jidoka* teilweise überraschende Wirkungen erzielt, weil die Fabrikarbeiter nicht mehr die Maschinen kontrollieren mußten, um die Fertigung einer Vielzahl defekter Teile zu vermeiden. Die für *jidoka* erforderliche Technologie ist heute weitgehend verfügbar, aber wir kommen noch häufig in Produktionsbetriebe, in denen ein Großteil der Arbeiter vor den Monitoren und vor Instrumententafeln einzelner Maschinen sitzen und bereit sind, direkt zu intervenieren, wenn etwas schiefläuft. Mit dem richtigen Einsatz von *jidoka* könnten sie präventive Wartungsaufgaben übernehmen, routinemäßig den Arbeitsplatz sauberhalten oder sich um die Logistik kümmern.

8 Mit dem Ausdruck »5 S« sind die japanischen Begriffe für die fünf Merkmale für einen sauberen und funktionsfähigen Arbeitsbereich gemeint: *seiri* (Organisation), *seiton* (Ordentlichkeit), *seiso* (Reinlichkeit), *seiketsu* (Sauberkeit) und *shitsuke* (Disziplin). Der Leser wird vielleicht feststellen, daß die japanischen Vertreter des schlanken Ansatzes eine Vorliebe für Auflistungen haben – die sieben Typen von *muda*, die fünf »Warums«, die 5 S. Nach unserer Erfahrung ist die genaue Zahl der »Warums« oder »S« weniger wichtig als die Vorstellung, daß die Abschaffung von Verschwendung und die Erzeugung von Wertschöpfung ein systematisches Vorgehen und eine endlose Aufmerksamkeit gegenüber den Details verlangen.

9 Diese Techniken sind normalerweise unter dem Namen SMED bekannt (»Single Minute Exchange of Dies«, also der »Ein-Minuten-Austausch von Formen«).

10 Die beiden Bücher von Csikzentmihalyi über seine Forschungsergebnisse sind leicht lesbar und sehr anregend: *Flow: The Psychology of Optimal Experience* (New York: Harper Perennial, 1990) und *The Evolving Self: A Psychology for the Third Millennium* (New York: Harper Perennial, 1993).

4. Pull

1 *Sensei* bedeutet im Japanischen »Lehrer«. Aber aufgrund der Ehrfurcht vor Lehrern in einer konfuzianischen Gesellschaft kann statt dessen der Begriff »Meister« verwendet werden.

2 Der General Manager von OMCD, Hiroshi Ginya (jetzt Direktor bei Toyota Motor Corporation), startete das Projekt im Mai 1990 mit einem einwöchigen Besuch bei Flex-N-Gate, um einen Schlachtplan zu entwickeln. Die *sensei* bei OMCD wurden von der Produktabteilung bei Toyota Motor Sales in den USA unterstützt, mit dem Ergebnis, daß oft ein Dutzend Berater von Toyota bei Bumper Works waren.

3 Der Leser wird in der Literatur über Massenproduktion und bei den Autoren, die für eine Ausdehnung der Produktvielfalt als Wettbewerbsmittel plädieren, vergeblich nach Hinweisen suchen, wie diese Produktfülle repariert werden

kann, wenn die Produkte defekt oder beschädigt sind. In der Tat ist die rechtzeitige und kosteneffektive Nachlieferung von Teilen ein entscheidender Faktor dafür, wie kundenspezifische Anpassungen und eine Produktvielfalt bereitgestellt und aufrechterhalten werden können.

4 Das Durchschnittsalter der Autos in den Vereinigten Staaten stieg von 5,6 im Jahr 1970 auf 8,4 im Jahr 1994, und es steigt immer noch. Siehe American Automobile Manufacturers Association, *Motor Vehicle Facts & Figures '95* (Detroit: American Automobile Manufacturers Association, 1995), S. 39.

5 Damit das System selbst nicht zu Hochs und Tiefs bei den Bestellungen führt, die keinen Zusammenhang mit der Nachfrage des Endkunden haben, hat Toyota eine Reihe von Filtern auf jeder Stufe des Auftragssystems eingeführt, die die Bestellungen daraufhin prüfen, ob sie mit dem Auftragsmuster für einen bestimmten Händler oder ein PDC korrespondieren. Bestellungen außerhalb dieser Grenzen müssen vor ihrer Annahme explizit von der Zentrale genehmigt werden, um einerseits ein Versehen und andererseits »Panik«-Bestellungen auszuschließen, die beispielsweise aus Gerüchten über Engpässe oder aus bevorstehenden Preiserhöhungen resultieren. Auf diese Weise hat Toyota eine *poka-yoke*-Einrichtung im Auftragssystem angebracht, um Gerüchte auszufiltern.

6 Dieser Ansatz funktioniert auch bei Neuwagen. Das International Car Distribution Programme, dessen Direktor Dan Jones ist, hat ein Simulationsmodell dafür entwickelt, welche Auswirkungen es auf den Neuwagenvertrieb in Europa hätte, wenn alle Neuwagen nicht bei den Händlern, sondern zentral gelagert würden. Die typischen Einsparungen lägen bei ungefähr 300 Dollar pro Auto. (Siehe International Car Distribution Programme, *European New Car Supply and Stocking Systems Performance*, 1995.) Als Vauxhall (General Motors) und Rover (BMW) der Errichtung eines Zentrallagersystems in England zustimmten, stieg die Zahl der Kunden, denen ein Auto mit der gewünschten Spezifikation geliefert werden konnte, von unter 30 Prozent (normalerweise die Folge eines Tauschs unter den Händlern) auf über 80 Prozent. Umgekehrt ging die Zahl der Kunden, die zu einem Kompromiß überredet werden mußten (normalerweise über das Angebot eines Preisnachlasses), von 70 auf 20 Prozent zurück. Außerdem ging die Zahl der Kunden, die kein Auto kauften, um die Hälfte zurück. Bemerkenswerterweise war dies alles durch ein intelligentes Management der Lagerhaltung der fertigen Einheiten möglich, ohne die Autofabriken an sich irgendwie flexibler zu machen oder dazu in die Lage zu versetzen, Autos auf eine spezielle Kundenbestellung hin zu bauen. Ein weiterer Vorteil der Verlagerung des Neuwagenbestands an einen zentralen Standort wäre ein Wandel in der Rolle des Verkäufers. Er wäre jetzt nicht mehr der clevere Verkäufer, der ungewünschte Autos auf Provisionsbasis verkauft, sondern jemand, der sich auf die exakte Erfüllung der genauen Wünsche der Kunden konzentrieren und gleichzeitig bei einem glatten Fluß der Bestellungen in die Fabrik helfen könnte.

7 James Gleick, *Chaos: Making a New Science* (New York: Viking, 1987).

8 Wir sind Professor Denis Towill von der Universität Cardiff dafür dankbar, daß er uns darauf aufmerksam gemacht hat, daß die Pioniere der Systems Dynamics, Jay Forrester und John Burbridge, diese Beobachtungen mit ihren Simulations-

modellen über Nachfrageschwankungen im Wertschöpfungsstrom theoretisch und empirisch bestätigen. Ihre vorgeschlagene Methode zur Verkürzung der vorgelagerten Reaktionszeiten ist eine fast exakte Widerspiegelung des Weges, den Ohno bei der Anwendung schlanker Prinzipien auf die Wertschöpfung bei Toyota beschritten hat. Siehe Denis R. Towell, »1961 and All That: The Influence of Jay Forrester and John Burbridge on the Design of Modern Manufacturing Systems«, *International Systems Dynamics Conference on Business Decision Making*, 1994, S. 105-115; Denis R. Towell, »Supply Chain Dynamics – The Change Engineering Challenge of the Mid-1990s«, *Proceedings of the Institute of Mechanical Engineers*, Band 206, 1992, S. 233-245; und Denis R. Towell, »Time Compression and Supply Chain Management – A Guided Tour«, *Supply Chain Management*, Band 1, Nr. 1, 1996, S. 15-27.

9 Peter Senge, *The Fifth Discipline: The Art and Practice of the Learning Organization* (New York: Doubleday Currency, 1990).

10 Siehe Alan Blinder, *Inventory Theory and Consumer Behavior* (Princeton, N. J.: Princeton University Press, 1990).

11 Siehe Christina A. Romer, »The Prewar Business Cycle Reconsiderd«, *Journal of Political Economy*, Band 97, Nr. 1, Februar 1989, S. 1-37.

5. Perfektion

1 Freudenberg GmbH in Stuttgart und NOK Ltd. im japanischen Nagoya. Die beiden Unternehmen schlossen sich 1989 zusammen, um ihre Produktionstätten in Nordamerika zu koordinieren, bestehend aus dreizehn Produktionsseinrichtungen von Freudenberg und einer von NOK, einschließlich Verkauf, Engineering und Beschaffung.

2 Wir sind Pat Lancaster, dem wir im nächsten Kapitel begegnen werden, für diesen Begriff verpflichtet und für seine sehr anregenden Diskussionen mit uns über das Problem, die Umwandlung einer Organisation im höchstmöglichen Tempo zu managen, ohne sie überzustrapazieren.

7. Ein schwierigerer Fall

1 Koenigsaecker ist jetzt President der Hon Company, eines großen Möbelherstellers mit Sitz in Muscatine, Iowa.

2 Pentland ist jetzt Prinzipal bei Moffitt Associates, einer Beratungsfirma für schlanke Methoden mit Sitz in Hilton Head, South Carolina.

3 Leser mit Kenntnissen im entscheidungsorientierten Rechnungswesen werden sich bewußt sein, daß die vollständige Umwandlung eines Rechnungswesens für die Massenproduktion in eines für die schlanke Produktion über einen längeren

Zeitraum sorgfältig eingeführt werden muß, obwohl es vom Konzept her einfach ist. Wiremold konnte unter dem alten System von den Arbeits- und Maschinenstunden ausgehen, bis die unfertige Arbeit (Work-in-Process, WIP) weitgehend beseitigt war. Ebenso mußte man weiterhin bei der traditionellen Praxis bleiben und jedes Teil im Produktionssystem jeden Tag nachführen (mit den Mitteln des MRP-Systems), bis die Anzahl der internen Lagerplätze – die Art Byrne spontan »Teilehotels« nannte – stark reduziert war (letztlich auf zwei – Warenannahme und Warenausgang). Deswegen wurde die neue Gewinn-Verlust-Bilanz entwickelt und fast ein Jahr lang auf Kalkulationstabellen parallel zum alten System geführt, bevor das alte Verfahren im Prinzip außer Dienst genommen wurde und nur noch die verbleibende Aufgabe der Wertfeststellung der WIP und der Fertigerzeugnisse für die Bilanz übernahm.

4 Siehe Philip Hauser und Don Clausing, »The House of Quality«, *Harvard Business Review*, Band 66, Nr. 3, Mai-Juni 1988, S. 63-73. Als wirklich vollständige Beschreibung der Durchführung von Quality Function Deployment und der Organisation von Entwicklungsteams siehe Don Clausing, *Total Quality Development* (New York: American Society of Mechanical Engineers, 1994).

5 Das American Supplier Institute.

6 Die Ingenieure von Wiremold hatten, wie es in nach Abteilungen strukturierten Organisationen häufig passiert, den Kontakt zur Realität verloren, verbrauchten sehr viele Ressourcen für Programme zur Entwicklung ausgefeilter technologischer Innovationen, die die Ingenieure selbst sehr interessierten, die aber keinen Bezug zu dem Geschäft des Unternehmens oder dem Bedarf der Kunden hatten.

7 Steve Maynard und seine Kollegen haben unlängst eine ausgezeichnete Zusammenfassung ihrer Leistungen und Methoden vorgetragen. Siehe S. Blondin, S. Cancellieri, D. Grace und S. Maynard, »We Designed It with Our Ears«, Manuskript für das sechste Symposium über Quality Function Deployment, 1994.

8. Die Probe aufs Exempel

1 Mit der F100-Turbine von Pratt werden die Düsenjäger F 15 und F 16 angetrieben.

2 Die Boeing 757 ist mit Pratts PW2000-Turbinen für die zivile Luftfahrt ausgerüstet; eine Version für das Militär treibt die C-17 an. Die Boeing 747, 767 und 777, der Airbus A300, A310 und A330 sowie die DC-10 und MD-11 von McDonnell-Douglas werden mit PW4000-Turbinen angetrieben.

3 Der Titel für diesen Teil ist dem wunderbaren Buch von David Hounshell, *From the American Dream to Mass Production, 1800-1932* (Baltimore: Johns Hopkins University Press, 1984, überarbeitet, erweitert und neu herausgegeben 1995), entnommen. Die von ihm beschriebene Entwicklung von der handwerklichen Einzelfertigung zur Massenproduktion mit standardisierten Teilen findet sich genau bei Pratt & Whitney in den Jahren zwischen 1860 und der Aufnahme der

Produktion großer Mengen von Flugzeugmotoren während des Zweiten Weltkrieges.

4 Das System von Colt schaffte die Handarbeit nicht vollständig ab, weil seine Meßgeräte nicht präzise genug waren und weil die Maschinenwerkzeuge von Pratt & Whitney nur »weiche« Teile bearbeiten konnten. Wenn die Teile nach der Bearbeitung zum Härten erneut erhitzt wurden, um eine funktionstüchtige Waffe herzustellen, verformten sich die Teile in unvorhersehbarer Weise. Ein gewisses »Einpassen« war für den Zusammenbau einer vollständigen Waffe erforderlich, und die Teile aus derselben Serie konnten nach dem »Einpassen« nicht untereinander ausgetauscht werden. Siehe Hounshell, S. 46-50, als Zusammenfassung über die Waffenfabrik von Colt und ihre Organisation.

5 Diese Darstellung der Entstehung von Pratt & Whitney ist einer unveröffentlichten Kurzbiographie, »The Saga of Pratt & Whitney Co.«, entnommen, maschinengeschrieben von Frederick Rentschler, 1. Mai 1950. Das Original befindet sich in den Archives of the United Technologies Corporation in Hartford, Connecticut.

6 Das war der legendäre Flugzeugmotor, mit dem Lindbergh im Jahr 1927 den Atlantik überquerte. Während er den Test als wassergekühlter Motor bestand, war er doch zu klein, und das Leistungs-Gewichts-Verhältnis war zu ungünstig, um für große Zivilflugzeuge und schnelle Militärmaschinen eine realistische Möglichkeit zu bieten.

7 »Saga of Pratt & Whitney«, S. 1, und »Statement of Frederick B. Rentschler Before the Temporary National Economic Committee«, Washington, D.C., 18. Mai 1939, S. 3.

8 Der Firmenname Pratt & Whitney Aircraft Company bestand bis 1970, als er auf Pratt & Whitney verkürzt wurde. Der Einfachheit halber nennen wir die Firma im Rahmen unserer Darstellung »Pratt & Whitney« oder »Pratt«.

9 Pratt benutzte in seinem Motor keine gegossene, sondern eine geschmiedete Kurbelwelle aus Aluminium. Die geschmiedete Aluminiumkurbel konnte viel einfacher als eine gegossene bei der Herstellung einer Kurbelwelle bearbeitet werden, die viel leichter war als die gegossene Version im Wright Whirlwind. Für eine Darstellung der Entwicklung von Kolbenmotoren für Flugzeuge siehe Bill Gunston, *The Development of Piston Aero Engines* (Sparkford, Somerset: Patrick Stephens Limited, 1993), vor allem S. 130-131 über Pratt & Whitney.

10 Der Maschinenbaubetrieb siedelte schließlich nach West Hartford über und machte unermüdlich als konventioneller Maschinenbauer weiter. Das Unternehmen fiel in seinen Technologien und Produktionsmethoden allmählich zurück und wurde Ende 1991 nach 131 Jahren aufgelöst. Die Pratt & Whitney Aircraft Company ging dann bald in der United Aircraft and Transport Corporation auf, in der Boeing, Sikorsky (Flugboote und dann Hubschrauber) und Hamilton-Standard (Propeller), Chance Vought (Militärmaschinen) und die Vorgänger von United Airlines in einem vertikal integrierten Unternehmen für den Flugzeugbau und einer Betreibergesellschaft zusammengeschlossen wurden. Als die amerikanische Regierung 1934 solche Zusammenschlüsse verbot, wurde die United Aircraft Corporation aus Pratt & Whitney, Hamilton-Standard und Chance

Vought aufgebaut, während Boeing und United Airlines zu unabhängigen Unternehmen wurden. United Aircraft änderte 1975 seinen Namen in United Technologies. Rentschler war von 1934 an bis zu seinem Tod im Jahr 1956 Chairman von United Aircraft.

11 Dieser Teil basiert auf einem Memorandum in den Archiven von United Technologies mit dem Titel »The Project Engineer«. Es ist von Leonard S. Hobbs, später Vice President des Engineering, an Andrew Willgoos, damals Vice President des Engineering bei Pratt & Whitney. Die Denkschrift ist datiert auf den 6. Dezember 1939.

12 Für Typologien des Programmanagements in der Produktentwicklung siehe Kim Clark und Takahiro Fujimoto, *Product Development Performance* (Boston: Harvard Business School Press, 1991), S. 253-256 (Deutsche Ausgabe: *Automobilentwicklung mit System.* Frankfurt,: Campus Verlag, 1992), und Don Clausing, *Total Quality Development* (New York: American Society of Mechanical Engineers Press, 1994), S. 39-44. Das Konzept ging aber viel weiter und übertrug den Projektingenieuren die Verantwortung für eine Produktlinie vom ursprünglichen Konzept über die Produktion bis zur Montage im Flugzeug des Kunden.

13 Dieser Teil basiert auf J. Carlton Ward, Jr., »Typical Plant Layout, Facilities, and Method for Production of Modern High-Powered Air-Cooled Radial Aircraft Engines«, Papier für das National Aircraft Production Meeting der Society of Automotive Engineers, Los Angeles, Oktober 1936. Ward war Assistent des General Manager von Pratt & Whitney und direkt für die Produktion verantwortlich.

14 Ebenda, S. 3 und 7.

15 Ebenda, S. 5.

16 Ebenda, S. 6. Das Testverfahren entsprach auch den Ansprüchen der Federal Aviation Administration und der Kunden, die einen Motor nur dann akzeptierten, wenn seine Leistung als vollständige Einheit demonstriert wurde.

17 Dies war das Hauptprodukt der International Business Machines Company, bevor das Unternehmen die Elektronikrechner perfektionierte.

18 Ward, S. 5.

19 Memorandum von Hobbs, S 1.

20 Pratt und einige Lizenzbetriebe bauten 363 000 Motoren für den Krieg. Die Zahl der Beschäftigten stieg bei Pratt von unter 3 000 im Jahr 1938 auf fast 40 000 im Jahr 1943, und die Firma benutzte zu diesem Zeitpunkt fast 3 Millionen Quadratmeter Fabrikfläche. (Diese Zahlen entstammen einer Broschüre mit dem Titel *Pratt & Whitney: In the Company of Eagles*, S. 19 und 22, die anläßlich des fünfundsechzigsten Jahrestages von Pratt & Whitney 1990 vorbereitet worden war.)

21 Gleichzeitig organisierte die Gewerkschaft United Automobile Workers eine größere Fabrik bei Pratt. Diese Einrichtung wurde 1970 durch die IAM organisiert, wodurch Pratt für alle Operationen nur mit einer einzelnen Gewerkschaft zu tun hatte. Informationen über die Gewerkschaften bei Pratt in diesem und dem folgenden Teil stammen aus einem internen Dokument aus den Archiven von Pratt & Whitney mit dem Titel »A History of Industrial Relations at United Technologies Corporation«, 13. Juli 1990.

22 Die Entwicklungsanstrengungen spiegeln dies wider. Der ursprüngliche Wasp-Motor von 1925 konnte in 20 000 Ingenieurstunden entwickelt werden. Es waren nur sechs Ingenieure neun Monate beteiligt, und die konnten kaum mehr als zwölf Stunden am Tag an sieben Wochentagen gearbeitet haben, was zu einer Obergrenze von 19 710 Ingenieurstunden führt. Im Gegensatz dazu waren für den Wasp Major 730 000 Ingenieurstunden notwendig. (Diese Zahl stammt aus einem Vortrag von President H. Mansfield Horner von United Aircraft, den er am Industrial College of the Armed Forces, Production Branch, Washington, D.C., 1952 gehalten hat; Nachdruck des Unternehmens in dessen Archiv.)

23 Der letzte Kolbenmotor von Pratt, der Wasp Major, erforderte 730 000 Ingenieurstunden, während das erste größere Triebwerk, das J-57, 1 338 000 Stunden erforderte. Außerdem war, wie President H. Mansfield Horner 1952 ausführte, das notwendige Wissen jetzt ganz anders. »Der Kolbenmotor, vor allem der sternförmig angelegte, wassergekühlte Motor, der uns im Zweiten Weltkrieg zur Überlegenheit verhalf, hatte ganz besondere Eigenschaften. Bei diesem Motor waren Hintergrunderfahrung, Wissen und ein ›Fingerspitzengefühl‹ wichtig für eine erfolgreiche Konstruktion und Produktion. Es war nicht nur eine Frage der Theorie und der Analyse. Er wurde zum großen Teil auf der Basis von Erfahrungen konstruiert, und man lernte oft dadurch, daß man den Motor oder seine Komponenten zertrümmerte.« (Horner, S. 1.)

24 Vom Standpunkt des Triebwerkherstellers fing der »Ärger« 1970 an, als Douglas sich für ein Triebwerk von General Electrics (GE) für seine neue DC-10 entschied und Pratt anbot, die 100 Millionen Dollar Zertifizierungskosten für die Ausstattung dieses Flugzeugtyps mit einem JT9D-Triebwerk von Pratt zu übernehmen, woraufhin GE mit der Bestätigung einer Option auf sein CF6-Triebwerk für die Boeing 747 konterte (wobei Boeing ursprünglich das Triebwerk von Pratt eingeplant hatte). Rolls ließ daraufhin sein Modell B211-535 für die 747 zertifizieren. Airbus, wo man gerade die Einführung des A300 vorbereitete, verfolgte von Anfang an eine Politik einer »multiplen Auswahl von Triebwerken pro Flügel«. Dadurch war eine neue Dynamik in der Triebwerksindustrie entstanden, die die Preise für Triebwerke ständig nach unten drückte. Als zweistrahlige Versionen die früheren drei- und vierstrahligen Konstruktionen ablösten und die Zahl der bestellten Triebwerke insgesamt trotz gestiegener Aufträge für Flugzeuge rückläufig wurde, kam es zu einem noch intensiveren Wettbewerb. 1995 standen die Triebwerkshersteller unter immensem Druck, die Triebwerke praktisch umsonst an die Großabnehmer abzugeben, so daß eine langfristige Kostendeckung und Gewinn nur noch über den Verkauf von Ersatzteilen möglich waren.

26 Für die Darstellung dieser von einem Offizier der amerikanischen Air Force geschriebenen Episode siehe Robert W. Drewes, *The Air Force and the Great Engine War* (Washington, D.C.: National Defense University Press, 1987).

27 Pratt schlug mit der Bildung eines Konsortiums (International Aero Engines) mit Mitsubishi in Japan, Rolls-Royce in England und MTU in Deutschland sowie Alenia in Italien, um das IAE V2500 herzustellen, zurück, aber das Triebwerk kam zu spät auf den Markt und erlangte nur einen kleinen Marktanteil. Außerdem trug Pratt nur zu einem Viertel der Wertschöpfung bei jedem Triebwerk bei.

28 Die Kategorien waren bekannt als »Charter-Teile«.
29 Charter Part Councils, also Charter-Teile-Beratungen in der Sprache von Pratt.
30 Die Schubumkehrvorrichtungen, mit denen die heutigen Flugzeuge ausgerüstet sind, bestehen aus einer Reihe schwerer Schalen oder Weichen (Shunts) am Ende des Triebwerks, die die Abgase um das Äußere des Triebwerks nach vorne umleiten, um die Maschine zu bremsen. Das System im Triebwerk selbst drückt die Luft jedoch weiterhin an das Triebwerksende, bevor sie umgeleitet wird.
31 Wenn sich eine Gebläseschaufel der für dieses Triebwerk benötigten Größe von der Triebwerksgondel (Engine Nacelle) lösen würde, könnte sie den Flügel oder den Rumpf so beschädigen, daß die Maschine verloren wäre.
32 Die Advanced Research Projects Agency im amerikanischen Verteidigungsministerium hat ein starkes Interesse an der Verbundtechnologie und beteiligt sich an dem 100-Millionen-Dollar-Projekt bei Pratt & Whitney und den Zulieferern der Verbundsysteme, um eine Triebwerksgondel aus Faserverbundstoffen für die Gebläseschaufeln zu entwickeln.
33 Es handelt sich dabei um Otis, die weltgrößte Aufzugsfirma; Carrier, den weltgrößten Hersteller von Klimaanlagen; Sikorsky, den führenden Hersteller von Hubschraubern; United Technologies Automotive, einen Hersteller von Autoteilen mit 2 Milliarden Dollar Umsatz; und Hamilton-Standard, den Branchenführer bei Propellern und Wetterkontrollsystemen für Flugzeuge.
34 Ein Düsentriebwerk hat bis zu acht Reihen mit rotierenden Turbinenschaufeln, die direkt hinter der Brennkammer liegen. Zwischen jeder Reihe von Schaufeln ist eine Reihe feststehender Leitschaufeln (Guide Vanes), die die verwirbelte Luft von den Turbinenschaufeln ausrichten und in die nächste Turbinenstufe leiten. Die Temperaturen, die dabei an den nahe an der Brennkammer liegenden Schaufeln und Leitschaufeln entstehen, erreichen ungefähr 1 700 Grad Celsius. Diese Teile stellen deshalb eine der größten Herausforderungen überhaupt für die Herstellung dar. Die Schaufeln und Guide Vanes werden bei Pratt mit den kompliziertesten Präzisionsmaschinen der Welt hergestellt (die Pratt von Zulieferern bezieht). Diese versehen die Schaufeln mit einer Unmenge an Luftlöchern, die für die Kühlung der Schaufeln entscheidend sind. Für die meisten Schaufeln, die direkt hinter der Brennkammer im heißesten Bereich des Triebwerks angebracht sind, werden nahezu 1 000 Löcher mit Lasern in jede Schaufel gebohrt, damit kalte Luft mit hohem Druck durch die Schaufel von innen nach außen gepreßt werden kann und eine laminare Oberfläche entsteht. Dies hält die heißen Gase von der Oberfläche der Schaufeln fern, was entscheidend ist, da die Temperatur der Gase über dem Schmelzpunkt der Schaufeln liegt.
35 Dieses »Baukasten«-Verfahren besteht darin, daß die Maschinen durch eine Art von Luftkissen bewegbar sind und im Abstand von wenigen Metern Stromleitungen von der Decke herunterhängen, so daß jede Maschine an jeden Ort in der Fabrik transportiert und dort direkt arretiert werden kann.
36 Die in der Einleitung beschriebene Maschine, die pro Minute fünfzehnhundert Dosen mit Soda abfüllen kann, aber auf mehrere Warenhäuser angewiesen ist, damit sie voll ausgelastet werden kann, ist ein vergleichbares Beispiel.
37 Verwechseln sie bitte »einfach« nicht mit »Low-tech«. Die neuen Schleifmaschi-

nen besitzen eine patentrechtlich geschütze Haltevorrichtung, aufgrund derer der Arbeiter in der Zelle eine Maschine mit einem Teil mit höchster Präzision in weniger als zwei Sekunden bestücken kann. Außerdem ist die Schaufel derart in die Maschine eingespannt, daß ihre Oberfläche durch die vom Schleifvorgang ausgehenden Kräfte absolut nicht beschädigt wird. Diese Technologie ist einfach, aber höchste »High-tech«.

38 Wie ein »Toyota-Lager« klingt auch eine »schlanke Testzelle« wie ein Oxymoron. Sicherlich wäre in einer perfekten schlanken Produktion am Ende kein Testverfahren mehr nötig. In der Theorie stimmt das, aber ein Triebwerk ist ein spezielles Produkt. Einige würden sich wahrscheinlich aufregen, mit einer Maschine zu fliegen, deren Triebwerke vorher nicht getestet wurden, sogar wenn sie in der schlanksten Fabrik hergestellt worden wären.

39 Pratt hat seine Schulung drastisch geändert. Wie Bob Weiner bemerkt: »Wir fragen unsere Arbeitsteams jetzt: ›Welches Wissen braucht ihr, damit ihr euren Job besser machen könnt?‹ Wir versuchen dann, dieses Wissen just in time bereitzustellen, und schulen direkt in der Fabrik.« Das zentrale Ausbildungszentrum mit externen Schulungsräumen wurde abgeschafft, und die Gewerkschaft hat einen Schulungsdirektor ernannt, der Pratt bei der Schulung behilflich ist.

40 Mehr dazu werden wir im zehnten Kapitel über Japan berichten.

9. Schlanker Ansatz versus deutsche *Technik*

1 Das soll nicht heißen, daß nie ein perfekter Porsche an den Kunden ausgeliefert worden wäre. Wie wir sehen werden, waren Porsche und seine Belegschaft Meister im Nachbearbeiten und Beheben von Mängeln, so daß das Produkt, das zum Kunden gelangte, schließlich eine Fehlerquote und Probleme wie die Besten in der Klasse hatte, etwa Mercedes oder Toyota Lexus. Das Problem waren die Kosten für Porsche auf seinem damaligen Weg zur Perfektion.

2 Die historischen Details über Porsche stammen aus: Professor Dr. Ing. h. c. Ferry Porsche zusammen mit Gunther Molter, *Cars Are My Life* (Wellingborough, England: Patrick Stephens Limited, 1989).

3 Die Modellbezeichnungen basierten auf der Anzahl der Entwicklungsprojekte, die Porsche seit seiner Gründung im Jahr 1930 unternommen hat. Dazu gehörten Radaufhängungen, Motorenverbesserungen und viele andere Dinge neben ganzen Fahrzeugen. Der größte Teil der Arbeit von Porsche wurde öffentlich nie mit dem Unternehmen in Verbindung gebracht.

4 Porsche und Molter, S. 237.

5 In der Terminologie von Shigeo Shingo, einem der großen Innovatoren schlanker Methoden, verstehen sie die *Fertigung* (*Operations*) – das heißt die einzelnen Bearbeitungsschritte bei einzelnen Teilen – vielleicht besser als jede andere Gruppe von Arbeitern in der Welt. Wie wir jedoch sehen, fehlte weitgehend das Wissen über *Prozesse* – Shingos Begriff für die Verbindung der einzelnen Fertigungs-

schritte zur Einführung von Fließfertigung im Produktionssystem –, vor allem wenn ein Produkt von mehreren Arbeitsgruppen bearbeitet wurde und viele Abteilungen vom Rohmaterial bis zum gefertigten Teil durchlief. Siehe Shigeo Shingo, *A Study of the Toyota Production System from an Industrial Engineering Viewpoint* (Portland, Oregon: Productivity Press, 1989), Kapitel 1, als eine Zusammenfassung des Ansatzes von Shingo über die Beziehung zwischen Fertigung und verbundenen Prozessen.

6 Porsche und Molter, S. 301.

7 Diese 450 PS starke, 300 km/h schnelle und 500 000 Dollar teure Überarbeitung des 911 war der Versuch von Porsche, »Ferrari davonzufahren«. Es war ein Erfolg hinsichtlich des sehr kleinen Verkaufsziels.

8 Imai hat 1987 mit seinem Buch *Kaizen* (New York: Free Press, 1987) wesentlich zur Verbreitung der Idee von *kaizen* bei den westlichen Managern beigetragen.

9 Nick Oliver, Daniel T. Jones, Rick Delbridge, Jim Lowe, Peter Roberts und Betty Thayer, *Worldwide Manufacturing Competitiveness Study: The Second Lean Enterprise Report* (London: Andersen Consulting, 1994).

10 In einem verzweifelten, aber weitgehend erfolgreichen Versuch, das Interesse der Käufer bis zur neuen Modelleinführung wachzuhalten, führte Porsche alle sechs Monate eine Variante des 911 ein. Dadurch war der Name Porsche ständig in den Automagazinen präsent, weil die Journalisten den Angeboten für Testfahrten mit den »neuen Porsches« nicht widerstehen konnten, auch wenn die Neuheit nur aus kleinen Modifikationen wie einem Targa-Verdeck oder einem verbesserten Getriebe bestand.

11 Die Anlieferung von Teilen durch die Zulieferer direkt ans Band wurde zwar bedacht, man nahm aber aufgrund der Art der Fabrik davon Abstand. Die Fabrik in Zuffenhausen hat vier Ebenen und nur sehr wenige Anlieferungspunkte, da sie in einem Wohngebiet liegt. Ein zentraler Bereich ist aufgrund der räumlichen Begrenzungen des Gebäudes die einzige Möglichkeit.

12 Die meisten Praktiker eines schlanken Ansatzes benutzen eine Art Spiel oder Simulation, um dem Management und den Fabrikarbeitern zu demonstrieren, was durch die Einführung von Flow und Pull passiert. Das Toyota Supplier Support Center in den Vereinigten Staaten und Porsche haben Fabriksimulations-Spiele entwickelt, und Peter Senge vom MIT hat sein »Bier-Spiel« entworfen, um die Auswirkungen des Denkens in Losgrößen im Vertrieb zu illustrieren. Wir raten jedem Management, das einen schlanken Ansatz realisieren möchte, dringend, irgendeine Variante dieser Spiele zu entwickeln, um seine Mitarbeiter in das schlanke Denken jenseits der Produktion großer Lose und großer Lagerbestände einzuführen.

13 Porsche ist als Nischenhersteller bis heute weit über Volkswagen hinausgegangen beim Anbieten von Vielfalt. Für den 911 gibt es achtzig verschiedene Außenspiegel, die sechs Farboptionen nicht mitgerechnet! Der neue Boxster wird im Gegensatz dazu vier Basismodelle für die Spiegel haben (in zwölf Farben), und der Kunde kann zwischen fünf Glastypen wählen, die dann bei der Endmontage eingebaut werden. Diese Wahlmöglichkeiten hält Porsche für einen angemessenen Ausgleich zwischen Vielfalt und Kosten bei einem Produkt im gehobenen Marktsegment.

14 Siehe B. Joseph Pine II, *Mass Customization* (Boston: Harvard Business School Press, 1993) als beste Darstellung dieser Ideen.

15 Die Schleif- und Fräsmaschine für die Schaufeln bei Pratt & Whitney, die in Kapitel 8 beschrieben wurde, war ein klassisches Beispiel für komplexe deutsche Anlagen, die die direkte Arbeit reduzierten, aber unter zusätzlichen technischen Support-Kosten. Andere deutsche Maschinenbauer haben energisch an automatischen Transferbändern gearbeitet, um hohe Stückzahlen von Gütern ohne direkte Arbeit zu montieren, nur um dann festzustellen, daß es für in diesen Mengen hergestellte Güter keine Nachfrage gibt. Wir werden uns einen japanischen Fall desselben Problems im nächsten Kapitel anschauen.

16 Die Ausführungen im nächsten Kapitel über die Produktionsstandorte in Japan können jedoch auch auf viele deutsche Industriebereiche, die große Volumen an Gütern herstellen, angewandt werden. Ein schlanker Ansatz verlangt einen Produktionsstandort, der so nahe wie möglich am Kunden liegt, mit dem Vorbehalt, daß einige Produkte, die in kleinen Volumen für kleine Nischen hergestellt werden – worauf sich in der Tat deutsche mittelständische Unternehmen zu spezialisieren scheinen –, weiterhin erfolgreich von einem Produktions- und Konstruktionsstandort aus den gesamten Weltmarkt bedienen.

10. Toyota als Goliath und Showa als David

1 Kawabe ist jetzt leitender Direktor und General Manager der Produktdivision für Klimaanlagen bei Showa. Die Produktionsforschungsabteilung gehört zu seinem Portfolio.

2 Aus einem Interview mit Taiichi Ohno von Isao Shinohara, *New Production System: JIT Crossing Industry Boundaries* (Cambridge, Mass.: Productivity Press, 1988), S. 152.

3 Die anderen waren Takeo Chiku, Tatsu Inagawa und Tozo Yabuta. Für Details über die Anfänge des Chefingenieurs bei Toyota siehe Toyota Motor Corporation, *Toyota: A History of the First 50 Years* (Toyota City: Toyota Motor Corporation, 1988), S. 115.

4 Es hat sich herausgestellt, daß sogar Toyota Schwierigkeiten mit der vollständigen Synchronisation von Produktion und Verkauf hat, wenn die Nachfrage plötzlich in den Keller geht. In den frühen 1990er Jahren drängte man darauf, die Preise zu senken und zu versuchen, Marktanteile zu retten. Toyota mußte jedoch die Realität anerkennen, daß die japanischen Kunden für einen längeren Zeitraum aus dem Automarkt ausstiegen und daß zusätzliche Autos einfach *muda* waren, wie Ohno immer behauptet hatte.

5 Das einzigartige Zulassungsverfahren für Neuwagen in Japan verlangt vom Käufer den Nachweis, daß für das neue Auto ein Parkplatz vorhanden ist. Da das Formular dazu erst eingereicht wird, wenn das neue Auto tatsächlich verkauft ist, und dann noch eine Woche lang bearbeitet wird, bestand für Toyota kein Anlaß, das Auto in weniger als einer Woche auszuliefern.

6 Technische Anleitungen zur Überprüfung von Ermüdung und Streß bei der Arbeit findet man in Atsushi Nimi, H. Kako und Yoshinori Eri, »On the Development of TVAL (Toyota Verification of Assembly Line) and Its Applications« (Toyota City: Toyota Motor Corporation, 1994) und Yoshinori Eri, Atsushi Nimi, Satoshi Ogata und Bungo Hayashi, »Development of Assembly Line Verification«, Society of Automotive Engineers Technical Paper 940890, 1994. Wir empfehlen diese Beiträge jedem, der schlanke Techniken einführen möchte, vor allem in der Fabrik.

7 Hines, a.a.O.

8 Für eine detaillierte Diskussion der Verbreitung des schlanken Ansatzes bei Toyota und weit darüber hinaus siehe James P. Womack, »The Diffusion of Lean Production: Process and Prospects«, Cambridge, Mass., MIT Japan Program Research Monograph, 1996.

9 In der Tat hat wahrscheinlich, wie wir in der Einführung unter Bezug auf die jüngsten Forschungen von Professor Kazuo Wada erwähnt hatten, Mitsubishi als erstes mit einigen schlanken Techniken experimentiert, wie etwa der *Takt*zeit.

10 Ohno hielt die ursprüngliche Betonung statistischer Proben in Amerika für einen völlig falschen Denkansatz. Er ordnete bei Toyota die Einführung von *jidoka*-Techniken und *poka-yoke* bei allen Produktionsschritten an, so daß direkt bei der Fertigung eine 100prozentige Qualitätsprüfung möglich war. Da die Berufsverbände noch nicht für dieses Konzept bereit waren, hatte Ohno oft Ärger mit deren Zentrale.

11 Eine gute Geschichte der Total Quality Control in Japan und der Einführung eines funktionsübergreifenden Qualitätsmanagements bei Toyota findet man bei Kanji Kurogane (Hrsg.), *Cross-Functional Management: Principles and Practical Applications* (Tokyo: Asian Productivity Organization, 1993). Für eine Gegenüberstellung der Einstellungen zu Produktions- und Qualitätsmanagement bei Toyota und Nissan siehe Michael A. Cusumano, *The Japanese Automobile Industry: Technology and Management at Nissan and Toyota* (Cambridge, Mass.: Harvard University Press, 1991). Die Qualitätsanstrengungen von Nissan verlangsamten sich nach dem Gewinn des Deming-Preises, während Toyota nach seiner Auszeichnung immer besser wurde.

12 Wir haben aus unseren Interviews mit Wissenschaftlern und Managern von Toyota aus der Generation von Ohno gefolgert, daß die Übernahme der Total Quality Control bei Toyota nach 1960 dabei half, die Arbeit der nicht direkt an der Produktion beteiligten Abteilungen mit den Maßnahmen von Ohno in der Herstellung abzustimmen.

13 Siehe Shinohana, *New Production Systems*, für Details über die Aktivitäten dieser Organisation.

11. Ein Aktionsplan

1 Die Bibliographie am Ende dieses Buches enthält eine Liste von Büchern, die wir für besonders hilfreich halten.

2 Ein Wort zur Vorsicht: Technische Fähigkeiten sind wesentlich, aber ebenso Charakterstärke und die Kompetenz, Ordnung in ein Chaos zu bringen. Nordamerikanische und europäische Transplants der besten japanischen Firmen scheinen der ideale Ort für die Suche nach Menschen mit dem erforderlichen Wissen zu sein und sind es manchmal auch. Uns sind jedoch eine Reihe von Amerikanern und Europäern begegnet, die über mehrere Jahre Erfahrung in diesen Firmen verfügten, aber bei der Einführung schlanker Ideen in den etablierten Unternehmen ihrer späteren amerikanischen oder europäischen Arbeitgeber scheiterten. Im nachhinein ist klar, daß diese Menschen bei der Einführung schlanker Ideen in neuen Unternehmen unter der konstanten Anleitung durch die japanischen *sensei* gut zurechtkamen, aber Probleme bei der entmutigenden Aufgabe ihrer Einführung in Organisationen hatten, wo es ihnen an Unterstützung fehlte und sie auf Widerstand in der Organisation trafen. Gleichzeitig begegneten wir Experten des schlanken Ansatzes mit viel weniger beeindruckenden Referenzen – wie Bob D'Amore bei Pratt, der nie einen japanischen *sensei* hatte –, die aber eine starke Persönlichkeit hatten, um die großen Widerstände zu überwinden.

3 Die vielleicht aussagekräftigste Darstellung dieser Realität ist, daß 68 Prozent der fünfhundert größten Industrieunternehmen in der Auflistung im *Fortune* von 1955 nicht mehr existieren oder aus der Liste gefallen sind. »40 Years of the 500«, *Fortune* vom 15. Mai 1995, S. 184.

4 David Hurst, *Crisis and Renewal* (Boston: Harvard Business School Press, 1995), vertritt die These, daß Unternehmen Teile ihrer Organisation »abbrennen« müssen, so wie man bei Waldbränden ein kontrolliertes Feuer legt, damit nicht die ganze Organisation später in Rauch aufgeht. Kreative (schlanke) Lösungen für krisengebeutelte Abläufe sind vielleicht der beste Weg, um ein »Gegenfeuer« zu entzünden und am Ende den ganzen Wald zu erneuern.

5 Siehe Peter Hines, *Creating World-Class Suppliers* (London: Pitman, 1994), für eine verständliche Darstellung über die Methoden zur Bildung von Zuliefererverbänden und zur Verbesserung der Leistung der Zulieferer. Hines, ebenfalls im Lean Enterprise Research Centre tätig, gründete im September 1991 den ersten Zuliefererverband außerhalb Japans und hat bis heute 25 Unternehmen (unter anderen Toyota, Rover, British Aerospace, Borg-Warner, Ford und Volvo) mit 350 Zulieferern in England, Belgien und Schweden geholfen, Zuliefererverbände zu etablieren. Diese Verbände haben sich als nützliche Vervollständigung der Einzelentwicklungen bei den nachgelagerten Zulieferfirmen erwiesen, weil die horizontalen Verbände die Gelegenheit zum Erfahrungsaustausch und zu gegenseitigem Lernen bieten. Sie geben auch den nachgelagerten Kunden die Möglichkeit, die Anstrengungen aller Zulieferer auf die wichtigsten Verbesserungen zu lenken, indem eine gemeinsame Politik verfolgt wird.

12. Ein Kanal für den Strom; ein Tal für den Kanal

1 Viele Leser werden dies als den Zyklus von Plane-Handle-Prüfe-Handle (Plan-Do-Check-Act, PDCA) aus der ersten Verwendung der Total-Quality-Control-Bewegung erkennen, außer daß er jetzt auf den gesamten Wertschöpfungsstrom statt auf einzelne Aktivitäten angewandt wird.

2 In der Tat war die Gewinnmaximierung eines einzelnen Unternehmens aus einer gemeinsamen Wertschöpfung das Ziel der Analyse der »Wertschöpfungskette«, die als Kernelement des Strategie-Curriculums an den amerikanischen Business Schools gelehrt wurde.

13. Träume von Perfektion

1 Die Toyota Motor Corporation fertigt Teile für Häuser, aber nur für den japanischen Markt. Doch sogar dort ziehen die Schwierigkeiten beim Grundstückserwerb sowie die Vorbereitung der Baustelle die Zeit und Arbeit für ein Haus von der Planung bis zur Fertigstellung immens in die Länge. In Amerika und Europa sind im Gegensatz dazu viele Jahrzehnte lang Versuche eines Hausbaus durch die Fertigung von Modulen in Fabriken gescheitert. (Siehe Gilbert Herbert, *The Dream of the Factory-Made House* [Cambridge, Mass.: MIT Press, 1986] für Details eines Jahrhundertprojekts.) Die Fertighaus-Industrie florierte in den Vereinigten Staaten, aber unter Verwendung der Standardverfahren einer Produktion großer Lose (auch ein Kandidat für eine schlanke Revolution), und sie bot Konstruktionen an, die weit hinter der von der traditionellen Bauindustrie angebotenen Einzelhausfertigung hinterherhinken.

2 Einige Ideen dieses Teils wurden zum erstenmal veröffentlicht in James P. Womack, »The Real EV Challenge – Reinventing an Industry«, in: Scott A. Cronk (Hrsg.), *Building the E-Motive Industry* (Warrendale, Pa.: Society of Automotive Engineers, 1995), S. 128-139. Eine vergleichbare Darstellung dieser Ideen ist James P. Womack, »The Real EV Challenge: Reinventing an Industry«, in: *Transport Policy*, Band 1, Nr. 4, Oktober 1994, S. 266-270. Die Implikationen dieser Ideen für den Vertrieb von Autos werden erklärt in: Daniel T. Jones, »Peering into a Lean Future«, in R. Hunerberg (Hrsg.), *International Automobile Marketing*, Gabler Verlag, 1995, und Daniel T. Jones, »Does Lean Selling Need Dealers?«, International Car Distribution Programme Working Paper, 1995.

3 Eine intervenierende Variable bei der Kostenfront ist, daß die Aufwertung des Yen zum Verlust der Kostenvorteile bei den japanischen Autoherstellern führt, wenn sie von ihrem japanischen Produktionsstandort aus Autos nach Nordamerika und Europa verkaufen. Die japanischen Unternehmen arbeiten derzeit rapide an einer Reorganisation ihrer Produktion, um sich an ihre Märkte anzupassen

und schlanke Prinzipien in ihren nordamerikanischen und europäischen Zulieferbasen einzuführen. Wenn dies ungefähr im Jahr 2000 in Nordamerika weitgehend realisiert sein wird und in Europa etwas später, dann erwarten wir einen erbitterten Preiskampf. Der Kunde wird die Vorteile eines schlanken Ansatzes am Ende in der Brieftasche merken.

4 Dasselbe Konzept kann auch in der Luftfahrtindustrie angewandt werden, wo das langfristige Passagieraufkommen sehr gleichmäßig ist, aber der Auf- und Abschwung bei den Bestellungen durch den Wirtschaftszyklus ein Verhältnis von fünf zu eins haben wird. Wenn ein »Flugzeuganbieter« (Aircraft-Provider) – vielleicht einer der existierenden Flugzeughersteller – eine »problemlose Reise« einem Mobilitäts-Anbieter bereitstellt, statt ihm immer nur Flugzeuge verkaufen zu wollen, wäre es vielleicht möglich, die Konstruktion von Flugzeugen mit dem langfristigen Trend im Passagieraufkommen zu synchronisieren.

Literatur

Die folgenden Bücher und Artikel halten wir für besonders hilfreich zum Verständnis des schlanken Ansatzes und schlanker Techniken.

Case, John. *Open Book Management.* New York: Harper Business, 1995.

Clark, Kim, und Takahiro Fujimoto. *Product Development Performance.* Boston: Harvard Business School Press, 1991. Deutsche Ausgabe: *Automobilentwicklung mit System.* Frankfurt: Campus Verlag, 1992.

Clausing, Don. *Total Quality Development: A Step-by-Step Guide to World-Class Concurrent Engineering.* New York: American Society of Mechanical Engineers Press, 1994.

Cooper, Robin. *When Lean Enterprises Collide: Competing Through Confrontation.* Boston: Harvard Business School Press, 1995.

Csikzentmihalyi, Mihaly. *Flow: The Psychology of Optimal Experience.* New York: Harper Perennial, 1990.

Ders. *The Evolving Self: A Psychology for the Third Millennium.* New York: Harper Perennial, 1993.

Cusumano, Michael. *The Japanese Automobile Industry: Technology and Management at Nissan and Toyota.* Cambridge, Mass.: Harvard University Press, 1985.

Gleick, James. *Chaos: Making a New Science.* New York: Viking, 1987.

Hauser, Philip, und Don Clausing, »The House of Quality«, *Harvard Business Review*, Band 66, Nr. 3, Mai-Juni 1988, S. 63-73.

Hines, Peter. *Creating World-Class Suppliers.* London: Pitman, 1994.

Hounshell, David. *From the American System to Mass Production, 1800-1932.* Baltimore: Johns Hopkins University Press, 1984 (überarbeitet, erweitert und neu aufgelegt 1995).

Hurst, David. *Crisis and Renewal.* Boston: Harvard Business School Press, 1995.

Kurogane, Kenji (Hrsg.). *Cross-Functional Management: Principles and Practical Applications.* Tokyo: Asian Productivity Organisation, 1993.

Lamming, Richard. *Beyond Partnership: Strategies for Innovation and Lean Supply.* New York: Prentice-Hall, 1993. Deutsche Ausgabe: *Die Zukunft der Zulieferindustrie.* Frankfurt: Campus Verlag, 1994.

Mather, Hal. *Competitive Manufacturing.* New York: Prentice-Hall, 1991.

Monden, Yasuhiro. *The Toyota Production System.* Atlanta: Institute of Industrial Engineers, 1993.

Ders. *Cost Reduction System: Target Costing and Kaizen Costing.* Portland, Oregon: Productivity Press, 1995.

Nishiguchi, Toshihiro. *Strategic Industrial Sourcing: The Japanese Advantage.* Oxford: Oxford University Press, 1994.

Ohno, Taiichi. *The Toyota Production System: Beyond Large-Scale Production.* Portland, Oregon: Productivity Press, 1988. Deutsche Ausgabe: *Das Toyota-Produktionssystem.* Frankfurt: Campus Verlag, 1993.

Ders. *Workplace Management.* Portland, Oregon: Productivity Press, 1988.

Schonberger, Richard J. *Japanese Manufacturing Techniques.* New York: Free Press, 1982.

Ders. *World-Class Manufacturing: The Lessons of Simplicity Applied.* New York: Free Press, 1986. Deutsche Ausgabe: *Produktion auf Weltniveau.* Frankfurt: Campus Verlag, 1988.

Ders. *World-Class Manufacturing: The Next Decade.* New York: Free Press, 1996. Deutsche Ausgabe: *Produktion 2000.* Frankfurt: Campus Verlag, 1997.

Sewell, Carl, und Paul B. Brown. *Customer for Life.* New York: Pocket Books, 1991.

Shingo, Shigeo. *A Study of the Toyota Production System from an Industrial Engineering Viewpoint.* Portland, Oregon: Productivity Press, 1989.

Stack, Jack. *The Great Game of Business.* New York: Harper Business, 1993.

Suzaki, Kiyoshi. *The New Manufacturing Challenge.* New York: Free Press, 1987.

Ders. *The New Shopfloor Management.* New York: Free Press, 1993.

Toyota Motor Corporation. *The Toyota Production System.* Operations Management Consulting Division and International Public Affairs Division. Toyota City: Toyota Motor Corporation, 1995.

Dies. *Toyota: A History of the First 50 Years.* Toyota City: Toyota Motor Corporation, 1988.

Register

Abfüller 50-51, 57-58
Activity Based Costing, Grenzplankostenrechnung 169, 333, 389, 394
Advanced Ducted Propfan (ADP), 209
AEG 361
Aerodynamische Profile der Triebwerke 207, 218
Aggregierte Prozesse 8, 27, 46, 54
Airbus 20, 205
Airbus A3XX 190
Airbus A320 205
Aisin, Seiki 297
Aktionäre 17, 171, 180
Aktionsplan 312-345
- Auftragsabwicklung, für 322-24, 333, 341
- beseitigte *muda*, im 312, 315, 319-20, 322, 324, 335, 343
- Change Agents, für 313-17, 321-22, 326-27, 330-32, 342, 344
- Entlassungen und 315, 328-30
- Flow, für 316, 322-23, 327, 336
- Gegensatz zu 328-31
- Gehälter, und 334-35, 344
- Globale Strategie, im 340-41, 344
- Große Strategie, vs. 318-19
- Initiierung, des 312-24, 344
- *kaikaku*, im 313-14, 323-24, 337, 344
- *kaizen*, im 314, 333, 342
- Kostensenkung, im 317-19, 329, 339
- Kreative Krise, und 316-18, 327-28
- Kunden, und 314
- Lagerbestand, für 316, 345
- Management, für 313-318, 325-26, 330-31, 336, 342
- Massenproduktion 327-328, 337, 340
- Mitbewerber, und 317-18
- Perfektion, für 316, 331, 344
- Policy Deployment, und 332, 390, 393
- Produktentwicklung, für 317-20, 324-26, 341
- Produktivität, und 334-35
- Pull, für 316, 320, 336
- Qualitätskontrolle, und 326, 340
- Reorganisation, im 324-31, 338, 344
- schlanke Funktion für Promotion im 326-27
- Schulung, im 336-37, 344
- Schwung, im 321, 322-24, 332
- *sensei*, für 315-16, 321-22, 326, 342, 343
- Sofortige Resultate, beim 321-22
- Terminologie, des 326
- Transparenz, im 321, 332, 335, 344
- Umsatz, für 323-24, 329, 333
- Wachstumsstrategie, im 327-28, 334
- Wertschöpfungsstrom, und 319-20, 324-26, 333, 344-45
- Zeitrahmen, für 343-44
- Zulieferer, für den 315, 317, 319-20, 338-40, 341, 344, 416

Aluminium 47-53, 73, 196, 243, 304, 401
Aluminiumdosen 47-53, 400-02
Andon Boards 69, 76, 295, 366, 388
Arbeit
Flow der 80-82, 97-99, 151-53
Neudenken der 64
Standardisierung 67, 75, 141, 152, 173, 394
Arbeitsunfälle 31, 187
Audi 240-41, 258, 266
»ausgeklammerte« Projekte 120, 149, 176, 333
Ausschuß 31, 53, 114, 170, 255, 308
Außenspiegel 271
Automatische Transportwagen (AGVs) 222, 224-25
Automatisiertes Lager- und Abrufsystem (ASRS) 223-24
Automobilindustrie
amerikanische 25-26, 275
deutsche 238-275
Fahrradindustrie, und 70
Händler 35, 43, 84-5, 91, 94-5, 101, 103, 105
Inspektionen und Reparaturen, in der 102-03
japanische 106-9, 248, 252, 266, 280, 305
JIT, in der 86 f.
Massenproduktion, in der 84-6
persönliche Mobilität, und 364, 373-76
Pull, in der 83- 109
Teilevertrieb, in der 83, 89-100
Umsatz, in der 35, 43, 83-4
Werkstoffrevolution, in der 33
Autostoßstangen 83-89, 91, 93, 102
Autovermietungen 365, 374

B-52 Bomber 201
Baldrige Award 36
Bankrott 20, 290-91
Barnett, Richard 88
Bauindustrie 33-37, 62, 372-73, 417
Bauindustrie 35-36, 62, 372-73
Bauxit 47, 52, 54
Benchmarking 7, 9, 31, 60, 301, 321, 335
Bilanzen 170, 171
Blechschneidemaschine 49
BMW 266
Boeing 20
Boeing 707 201
Boeing 727 201, 205
Boeing 737 201, 205
Boeing 757 204
Boeing 777 190
Bohn, Arno 246
Bonus 31, 70, 72, 334
Brooks Electronics 156, 183-84
Brooks, Gary 156
»Brownfield«-Fabriken 9, 388, 389
Bubble Economy 240
Bumper Works 84-86, 88-89, 94, 105
Byrne, Art 155-56, 158, 161-63, 166, 168-69, 174-75, 180, 184

CAD 36-37, 185
Carrier 214-15
CFM 205
Change Agents 121-22, 138, 154, 158, 163, 248-50, 313, 315-16, 320, 322, 331, 342-44
Chaos 101-2, 109-10
Chericoni, Roger 228, 230
Chicago Pneumatic Tool Company 158
China 288-89, 308
Chrome Craft 88-89
Chrysler 300, 340, 353
Chubu Industrial Engineering Association 305
ckaku-chaku (laden-laden)- Zelle 225, 292, 388
Claramunt, Dennis 161
Clausing, Don 175
Cola 46-58
Colt, Samuel 192, 408
Computer Integrated Manufacturing 320, 322
Computerindustrie 23, 33, 37, 320
Computersysteme 37, 55-57, 137-38, 146, 150, 185, 224-25, 286, 332, 360
Concept of the Corporation, The (Drucker) 11
Condeco, Joe 168
Coran, Mark 189-90, 210-13, 217-18, 313, 331

Cosentino, John 162
Csikzentmihalyi, Mihaly 81
Curtiss Liberty-Motor 194
Curtiss-Wright 199
Customers for life (Sewell) 35

D'Amore, Bob 211-13, 232, 314
Daimler-Benz 239, 273
Danaher Coporation 138, 158-63, 166, 215
Daniell, Bob 189
David, George 191, 212-17, 228-29, 315
Day, Joe 112, 378
Deming Prize 305
Deming, W. Edwards 35, 156, 305
Deutschland
  Autoindustrie, in 238-275
  Gewerkschaften, in 250-51, 254, 260, 359-61
  Industrietraditionen, in 241-42, 270-75
  Lebensstandard, in 222
  schlankeProduktion, in 238-75
  schlankes Denken, in 17-18, 125, 237, 273-75
  schlankes Unternehmen, in 359-61
  »Technik«, in 238, 270-75
  Wettbewerbsfähigkeit, und 270-75
Die zweite Revolution in der Autoindustrie (Womack und Jones) 7, 60, 248, 301
Dienstleistungen 9, 44, 62, 236, 329, 364-381
Direktverantwortlicher 148
Dodge Line 294
Douglas DC-7 200
Douglas DC-8 201
Douglas DC-9 201
Doyle Wilson Homebuilder 35-37, 63, 351
»Dringlichkeitsliste« 133
Drucker, Peter 11

Effizienz 15-16, 19-20, 22, 42, 62-64, 368
Ein- und Entkapselung 222, 224
Einkapselung 116, 222-23
Engpässe 73, 142, 338
Erfinder 128
Ersatzteile 85, 101-02

F 100 Triebwerk 201
F 15 Kampfflugzeug 201
F 16 Kampfflugzeug 201
Fabriken:
  Automation, in 33, 70, 74, 273, 291-92, 301-04, 341, 360
  »fokussierte« 79, 206
  Standort, der 79-80
»Fabrikstunden« 190, 213
Fahrradindustrie 21, 65-80
  Abteilungsaufbau, in der 66
  Auftragsabwicklung, in der 68-70
  Endmontage, in der 65, 69
  JIT, in der 72
  Massenproduktion, in der 65-80
  Produktkonstruktion, in der 65, 70
  Rahmenherstellung, in der 69-70
  *Takt*zeit, in der 69
  Teileherstellung, in der 70-79
»Fehlbestände« 55, 371
Ferrari 268
Fertigungsprozeß
  -dörfer 168, 293, 393
  Begriff 393
  Effizienz, und 61-64
  Technologie, für 16-27
  Zeit, für 78, 393
»Feuerlöschen« 142
»Fischkopf-System« 277
Fiume, Orrie, 156-57, 169
Flex-N-Gate 84, 89
Flow 61-82
  Abteilungsstrukturen, vs 8, 24-25, 65, 140
  Aktionsplan, für 316, 322-23, 327, 336
  allgemeiner Fall, von 26, 357
  Arbeit, und 80-82, 97-98, 149, 151-53
  Auftragsabwicklung 68-70, 72
  Darstellung, von 71, 74, 77
  Definition, von 389
  Einzelstück-Fließfertigung 75-77, 139, 142, 147, 159, 173, 185, 218, 286, 329, 389, 394
  Implementation, von 64-82, 157, 168-69, 173

kontinuierlicher 9, 24-27, 60, 61-82, 119, 128, 131-32, 134, 139, 155, 158, 167, 182, 274, 306, 350, 363
Management, und 64-65, 74-75
muda, und 23, 70, 72, 75, 82
Perfektion, und 80-82, 116
Produktion kleiner Lose, bei 26, 64, 86-89, 181
Qualität, und 75
spezieller Fall, von 25
Transparenz, bei 69, 76
Fluggesellschaften 20, 40-42, 62, 201-03, 209, 220, 228, 235, 364-68, 399, 418
Flughäfen 20, 40-42, 62, 364-68, 399
Flugzeugindustrie 20, 206, 273, 364-68, 418
Flugzeugtriebwerk 22, 30, 189-90, 193-237, 407-412
Ford Motor Company 269, 306
Ford Taurus 269
Ford Tri-Motor 194
Ford, Henry 25, 62, 327
Ford-Modell T 25
Freudenberg-NOK General Partnership (FNGP) 112-13, 264, 282, 314, 329, 378
»frühe Werbeerfüller« 330
Fünf S 76, 389, 404
»Fünf Warums« 389

»gemachte Nachfrage« 90
Gemeinkosten 169, 333
General Electric 139, 158, 190, 199, 202, 205, 212, 220, 227
General Motors 11, 60, 92, 204, 214-15, 352
General Motors Institute 214
Gesundheitswesen 61, 364, 368-70
Gewerkschaften 154, 155, 160, 174, 188, 249, 254, 260, 273
Gewinne 16, 43, 66, 135, 151, 156-57, 165, 170, 179, 187,
Giannattasio, Frank 164, 179
Glas 114-16, 304, 329
Gleick, James 109
Glyco 248
»Greenfield«-Fabriken 9, 274, 389
Größenvorteile 19, 132, 182, 293
Gruppenleiter 244
Gweinnbeteiligung 171, 179, 187

Handelskammer von Fukuoka 278
Harley-Davidson 211
Hauni-Blohm-Schaufelschleifmaschine 222
heijunka (Level Scheduling) 8, 73, 101-02, 235, 297, 322, 389, 390
Heizkessel 277, 280, 283
Hennessey Industries 138, 143, 162
Herstellung und Vertrieb von Lebensmitteln 45-47, 370-72
Hetzer, Fred 205
Hicks, Ron 138, 143, 145
Hines, Peter 304, 416
Hitachi 229
Hobbs, L.S. 198
Hollerith-Maschinen 197
Honda 306, 318
Horner, H. Mansfield 410
Hornet-Motor 195
hoshin kanri (Policy Deployment) 119, 332-33, 390
»House of Quality« 175
Hub (Großflughafen) 19, 366, 398
Hurst, David 416
Hüttenwerke 48, 52, 54

IBM 204, 317
Imai, Masaaki 159, 250
Informationskontrolle 137-38
Informationsmanagement 21
»Ingenieur als Generalist« 354
Ingenieure, Engineering 8, 18, 38-39, 199-200, 267, 354, 361
Integrierte Produktentwicklung 207-08
Inter Turbine 220
International Brotherhood of Electrical Workers 155
Investitionen:
Gewinn 352-53
in Equipment 75-76, 106, 150
Kapital 116, 191, 225, 280, 290, 319, 323, 377
Ito, Yuzuru 229, 315

Iwata, Yoshiki 159-60, 167, 212, 253, 278, 326

Jacobs Brake Company 138, 161, 215
Jacobs Chuck Company 161
Japan:
 amerikanische Besatzung, in 294
 Automobilindustrie, in 106-07, 248, 252, 266, 306
 schlanke Produktion, in 276-311
 schlanke Unternehmen, in 357, 361-62
 vertikale Integration, in 297, 361
 Wirtschaft, von 32, 100, 240, 283, 305-09
jidoka (Autonomation) 291, 388, 403
Just-in-Time System (JIT) 45, 72-73, 111, 156-57, 173, 181, 186, 262, 295
Just-on-Time-Konzept 390-91

kaikaku (radikale Verbesserung) 26, 32, 76, 114, 140, 173, 178, 211, 231, 254, 281, 285, 313, 314, 324, 333, 337, 391
Kaizen (Imai) 159
kaizen (kontinuierliche inkrementale Verbesserung) 26, 32, 98, 106, 112, 144-45, 148-49, 152, 159, 162, 167, 173, 176, 178, 180, 212, 230-31, 254, 258, 260, 269, 282, 285, 289, 303, 314, 333, 342, 391
Kalter Krieg 18, 189, 206, 351-53, 357
Kamiya, Shotaro 296, 299
kanban (Signalkarte) 87, 256, 292, 298, 391
Karrieren 310, 345, 349, 353-55
Kawabe, Takeshi 276, 282
Keiper, Recaro 261
keiretsu (vertikale Integration) 23, 362, 391
Kessler, Manfred 255, 262
Khan, Shahid 84-85, 87
Koenigsaecker, George 159, 312, 378
Kontrolltafel 98
Koreakrieg 206, 295
Krapek, Karl 191, 214, 217, 232
Kreditkarten 365-66
Kreditprüfungen 68, 145, 373
Kunden
 Abruf, Nachfrage, Sog (Pull), durch 9, 28, 31, 83-89, 96-97, 103-105, 108, 117
 »for life« 35, 296
 Stornierung, durch 72
 Untätigkeit, der 63
 Wertdefinition, durch die 16-21, 33-44, 115, 153, 274-75, 319-20, 333, 372-73
 Zufriedenheit, der 7, 15, 30, 35, 130-32, 144, 150, 153, 156-57, 170, 272, 296

Lackieranlagen 140, 244, 256
Lagerarbeiter (»Pickers«) 89-100
Lagerarbeiter (Stockers) 84-105
Lagerbestände:
 »Bestandsbewegungen« 55
 Abbau, von 27-28, 32, 107-08, 141, 157, 171-72, 182, 187
 Aktionsplan, für 316-17, 344
 als Aktivposten 75
 Cash flow, und 171-72, 183
 Computersysteme 55
 Lagerfläche, für 52-53, 92-96
 Lagersysteme, für 55-56, 90-92
 muda, in 15, 183
 Produktion, und 70-79, 84-85, 86-87, 137, 141-42, 171-72
 Prognose, für 105
 schlanker Vertrieb, und 92-96
 Transportkosten, für 84, 95, 182
 unfertige Teile 88, 170, 172, 231, 264, 280
 Versandkosten, für 84, 90-92, 95, 108
 Wirtschaftszyklen, und 111
Lagerfächer 90-100
Lancaster, Jim 153
Lancaster, Pat 127, 132, 153, 313
Lantech 127-154
 Abteilungen, von 129, 136, 140, 195
 Auftragsabwicklung, bei 127-47
 beseitigte *muda* 139, 153
 computergestützte Planung, bei 131, 138, 146
 Endmontage 129, 214
 Engineering, bei 129, 133, 149

H-Modell 143
Kostensenkung, bei 137, 146-47
Kundenzufriedenheit, mit 132, 148, 150
Lieferzeiten, bei 131-32, 141-42, 145-46
Management, von 136, 139, 265
Preisbildung, bei 127-28, 130
Produktentwicklung 138-145
Produktionsablauf 130-31, 134, 140, 144
Q-Modell 140
Qualitätskontrolle 136
schlanke Produktion, bei 128, 138-54, 159, 237, 273-74, 285, 332
Spezialanfertigungen 130, 147
Umsatz 131, 143, 146
Wettbewerbsfähigkeit, von 134-35, 341
Lean Enterprise 304, 345, 349-363
»Kalter Krieg«, im 351-53, 357
amerikanischen Autoindustrie, in der 358-59
Arbeitsplatzsicherheit, im 350, 355
beseitigte *muda*, im 353, 356, 362
Definition, des 352-53
deutsche Industrie, in der 359-61
Flow, im 350, 363
Funktionen, im 326, 355-56
japanische Industrie, in der 361-62
JIT, im 356
Karrieren, und 349, 353-55, 361
Kostensenkung, im 351, 357-58
Management, im 349-50, 358-59
Massenproduktion, vs 353
organisatorischer Rahmen, als 23
Pull, im 349-363
Qualitätskontrolle, im 356
Rolle des Unternehmens, im 357
selbst-perpetuierendes 355
schlankes Denken, schlanke Produktion (*siehe auch*)
Transparenz, im 351
Vertrauen, im 352
Wertschöpfungsstrom, im 349, 352-53, 357, 358, 363
Zulieferer, im 352-53, 357
Lean Enterprise Research Centre 57, 252, 304, 380, 400
Lean Enterprise Summits 380
»Lean Production – The Challange of Multi-Dimensional Change« (Koenigsaecker), 312
Leistungs-Bewertungs-Tabelle 32, 150, 185, 267-68
Leitschaufeln 220-21
Lockheed Super Constellation 200
Lorenz, Edward 109

Management:
Aktionplan, für 312-45
funktionsübergreifendes 195, 205
im schlanken Unternehmen 349-57
Open-Book 30, 375, 392
schlankes Denken, und 116-120, 172-73, 218-19
Markt:
Nische, im 184, 266
regionaler 309-11
Stagnation, des 109-10, 188
Veränderungen, im 152
Maschinen zur elektrostatischen Entladung (EDMs) 225
Maschinen:
große vs. kleine 54, 77
Konstruktion, von 176-77
Lärm, von 74, 78
»Monumente«, als 221-27
Neuanordnung 140-41, 159-61, 212, 219-21, 254-55
right-sized (miniaturisiert) 337, 392
Umrüstung, von 49-78, 86-106, 133, 157, 179, 223, 280, 292-93, 337
Wartung, von 157, 293
Massenproduktion
Abteilungsstrukturen 8, 24, 27-28, 65, 137, 234
automatisierte 70, 75, 273-360
»Brownfields« 9, 388-89
Endmontage 22, 25, 30, 69, 100, 115, 129
Fehlerquote 32, 53, 75, 143, 151, 171, 186
»Greenfields« 9, 274, 389
Lagerbestände 83-86
Management 9, 17-18, 61-66, 176-84, 218-19

Planung 68
Puffer 73-74, 139, 141, 215
Stapel und Warteschlangen 24-32, 58-81, 325-53
Materialbeschaffungsplanung (MRP) 71-72, 78, 110, 131, 157, 178, 230, 370
Matsushita 228-29, 315
Max-Flex-Produktionsmethode 136-37
Mazda 306
Meister 244, 250, 253, 271, 283
Mercedes 243, 258, 266
Microsoft 33, 361
milk run 391
Mitarbeiter
Abbau, von 16, 27, 33, 136, 163-66, 172, 174-75, 217-19, 221, 226, 258-59, 277, 294-95, 315, 328-30
Arbeitsplatzsicherheit, der 211, 226, 323, 328-29, 345, 349, 357
Arbeitsunfälle, bei 31, 187
Ausbildungsstand, der 145, 149, 152, 164-67, 235, 260, 270-71, 342-43
Bonus, für 31, 70, 72, 334
Dienstalter 217, 225
Fluktuation, der 145
Kleidungsanordnung, für 169
Konzentration, der 82
Kooperation, der 160-61, 172, 212, 342-43, 353-55
Löhne und Gehälter 80-81, 145, 171, 179-80, 187, 334-35, 341, 344
Produktivität, der 31-33, 80-81, 99, 112, 147, 171, 186, 218, 221, 249, 268, 280-82, 302, 333-34, 344, 377
Rotation, der 152
Rückmeldung, an 15, 31, 81, 151-53, 334-35, 377
Streß und Ermüdung 303
Überstunden 102
Umplatzierung 73-74, 168
Versetzung, von 15, 230-31
Vorschläge, von 252-53
Mitsubishi 305, 402
Mittelstandsunternehmen 241, 270, 392
Mizuguchi, Keiji 285-86
Moffitt, Bill 379
Montagebänder 26, 70
Motorola University 336
muda (Verschwendung):
Arten, von 46, 52
Beseitigung, von 15, 29-31, 52, 112, 167, 183, 244, 264, 274-75, 312-45
Definition, von 15, 392
Fehler, als 15, 53
Flow, und 69-70
Identifikation des Wertschöpfungsstroms, und 21-23
in der Auftragsabwicklung 68-70
Pull, und 103-04
Typ I 46
Typ II 46, 52
Typ III 52
Zielkosten, und 43
Multi-machine working 392

Nacharbeit 63, 66, 132, 149, 200, 243-45, 186-87, 372
Nachorder 173
Nakamura, Kenya 296
Nakao, Chihiro 159, 212, 253, 278
Nakayama, Kiyotaka 380
NEC 361
Neill, John 317
Neues Produktionssystem (NPS) 279
Nippondenso 297, 308
Nissan 300ZX 248
Nissan Micra 271
Northern, Ed 220, 224, 326
Northwest Airlines 20
NUMMI 92, 291

Ohba, Hajime 379
Ohno, Taiichi 8, 15, 26, 45, 72, 137, 159, 276, 278, 280
Opel-Werk in Eisenach 274
Otis Elevator 215, 228

P&W 2037 Triebwerk 204-205
P&W 4084 Triebwerk 208
P&W J-57 201
P&W JT3 201
P&W JT8D 201-02, 205-206
P&W JT9D 410
Parkkarussell 284, 319

Patente 128, 135
Pentland, Bob 159
Perfektion 112-122
  Aktionsplan, für 316, 331, 344
  Definition, von 392
  Flow, und 82, 117
  inkrementaler Weg, siehe *kaizen*
  Pull, und 106, 117
  radikaler Weg, siehe *kaikaku*
  Streben, nach 9, 29-31, 43, 46, 60, 136, 167, 173, 282
  Träume, von 364-381
persönliche Mobilität 373-76
Plan-Do-Check-Act 305
Plattformen 300, 353
Point-of-Sale-System (POS) 55
poka-joke-Prozeß 7, 75, 256, 392, 415
Pontiac-Fabrik 214
Porsche 356 240
Porsche 911 245-46, 253, 266
Porsche 912 247
Porsche 914 240, 246
Porsche 924 240
Porsche 928 246
Porsche 944 240, 245-46
Porsche 959 246
Porsche 968 240
Porsche AG 250-75
  Abteilungen, von 242, 270
  Beschäftigung, bei 258-59
  Betriebsrat 250, 254
  Bewertungstabelle 268
  Change Agent, für 248-50, 269
  Familienunternehmen, von 241, 246
  Firmenname, bei 242
  Geschichte, von 238-45
  Gewerkschaften, bei 249, 254, 260-61
  Gewinn 241, 249, 268
  Gründung, von 239
  Handwerkskultur, bei 243, 253, 260
  Hierachie, bei 244, 250, 271
  Ingenieure 241, 254
  JIT, bei 261-65
  Kostensenkung bei 248, 250-51
  kreative Krise, bei 245-48
  Lagerbestand, bei 244, 250-53, 271
  Leistungsstandards, bei 241, 244, 265-66
  Management 241-45, 250, 265
  Maschineneinsatz, bei 243, 254-58
  Meister 244
  Motorenmontage, bei 253-58
  muda, bei 244, 260, 264
  POLE-Team, bei 262-64
  Produktentwicklung 240, 242, 266
  Produktivität 248, 268
  Qualitätskontrolle 238-61
  Reorganisation 250-53
  schlanke Produktion, bei 238, 248-49, 285, 289, 327, 379
  sensei 253-58
  Stapel und Wartezeiten, bei 242, 271
  Wettbewerbsfähigkeit 242, 270-75
  Zulieferer 242-43, 255-56, 261
Porsche Boxter 266, 413
Porsche Carrera 238, 253
Porsche Consulting 264
Porsche, Ferdinand 239, 241
Porsche-Verbesserungsprozeß (PVP), bei 252
Pratt & Whitney 189-198
  Abteilungen 205-27
  Auftragsabwicklung 198-219
  Change Agents 210-13, 214
  Continuous Improvement Office 232
  Downsizing-Plan 209
  Endmontage 205-27
  Entlassungen 203, 218, 227
  Ersatzteile 213, 236
  Flow 196-234
  Geschichte 191-204
  Gewerkschaften 198, 217
  Gewinn 214, 237
  Kostensenkung 190, 202, 220, 231, 236
  kreative Krise 209-10
  Massenproduktion 191-93
  Massenproduktion 191-93, 218-226
  Material Review Boards 228
  Mitarbeiter 198-215
  Product Center 217, 234
  Produktentwicklung 190-235
  Qualitätskontrolle 227-30
  Reorganisation 232-35
  Rolle des Projektingenieurs 195-198
  schlanke Produktion 189-212

Wettbewerbsfähigkeit 202, 204-05
Zellen 211, 225, 227
Zulieferer 209-31
Pratt W 4084 Triebwerk 190
Pratt, Francis 192
»Pratt-Gruß« 200
Preise
konstante 102
Kontrolle, der 18, 304
Senkung, der 43-44, 274
wettbewerbsfähige 205, 318
Ziel- 339-40
Procter & Gamble 359
Produkte
Definition 40
Durchlaufzeit 28, 32, 67, 75, 144, 151, 187, 264, 388
Einführung, von 28, 58-59, 79, 149-50, 163, 285-286
Entwicklung, von 7-8, 24-67, 127, 139-50, 175-88, 305-41
Gruppen, von 8-9, 118-184, 284-344
Konstruktion 17, 27, 36-37, 48, 65-73, 115-16, 133, 147, 197, 235, 299, 318, 329, 339, 341, 395
»Trefferquote« 67
Produktion, schlanke
Arbeitsplatzsicherheit, und 143, 166, 174, 327-28, 330
Auftragsabwicklung 28-29, 101, 312-340
deutsches Beispiel, für 238-275
egalitäre Natur 121, 342
einfacher Fall, für 127-54
japanische Beispiele 276-311
»Just do it«- Ansatz 12, 160, 254, 332
Kostensenkung 22-98, 135-145, 274, 308-357
Lärm, und 74, 78
Logistik, und 79-80
»Mean« Production, vs. 16, 328
Probe auf's Exempel 189-237
Qualitätskontrolle 7, 6378, 119-208, 305-356
Reengineering, der 66, 133-34, 149, 244-45, 272, 286
schwieriger Fall, für 155-188
Service, vs. 44, 62, 236, 329, 375
spezialgefertigte 130, 147, 272, 283-289
Teams, für 8, 21, 30, 39, 66, 68, 78, 119, 136, 139, 148, 168, 173, 175, 186, 234, 287-88, 332, 333, 344, 351, 395
Terminüberwachung 68, 72, 78, 88, 90, 104, 131-137, 175, 244
Time-to-market 31, 185, 208, 280, 300, 319, 341
Transparenz (visuelle Kontrolle) 23, 30, 69, 76, 146, 275,
Umwandlung, in 8-12, 125-311
Vertrieb 51, 68-69, 89-108
Vielfalt, der 31, 38, 50, 148, 154, 175, 271, 285, 341
Vorgabekosten, für 8, 43-44, 187, 298, 340, 351-52, 395
Vorlaufzeit, für 36, 47, 72, 106, 133, 136, 141, 151, 208,
zellulare Montage 139-162, 211-231
Ziele, für 120
Pull 83-111, 393
Abbildung, von 96, 97, 100
Aktionsplan, für 316, 320, 336
Definition, von 83, 393
Implementation, von 28, 83-111, 156-57, 167, 173, 274, 351, 363
Kunden als Quelle von 9, 28, 31, 83, 95, 102, 110, 117
muda, und 102, 108, 112
Perfektion, und 106, 115-16
Punktbeschleunigung 224

Q-Plus-Management 207
»Quadratköpfe« 139, 161-62, 342
Qualitätszirkel 305
Quality Function Deployment (QFD) 7, 67, 175-76, 315, 393

Rales, Mitchell 138, 162
Rales, Steve 138, 162
Rechnungswesen 75, 170, 333, 389, 394
Recycling 47, 52
Reengineering-Bewegung 27, 33, 68, 121, 315, 319
Regionale Distribution Center (RDCs) 55-56, 401-02

Reisen 40-43, 53, 364-68, 373-76, 418
Rentschler, Frederick 193
Reutter 240
Rich, Nick 45
Robotik 33, 293, 307
Rolls-Royce 190, 204
Rolls-Royce RB211-535 Triebwerk 204
Rückfluß 64, 66, 139, 148, 170, 185, 227, 230, 255, 356
Rückgaben 134-35, 149
Rückruf-Quote 229
Ruhestandsregelung 174
Ryerson 180

»Schatzsuche« 104, 227, 254-55
Schlankes Denken:
  Bottom-up-Ansatz 342
  Deutschland, in 17, 237
  Effizienz, und 15-23, 42, 61-62, 368-70
  Funktion, für 119, 172-73, 326
  Glossar, für 388-96
  hierarchische Organisation vs. 166-67
  in Japan 7, 18, 80, 11, 275, 290-305
  Intuition, und 27, 166, 293-94
  Leistungssprünge, und 32, 343-45
  Management, und 117-122, 163-66, 173
  Netzwerk, für
  ökonomische Auswirkung, von 33
  plötzliche Einsicht, im 34, 138, 158, 215
  Prinzipien, des 13-122
  Siehe auch schlankes Unternehmen, schlanke Produktion
  Trägheit vs. 121
  Wettbewerbsfähigkeit, und 60
  Zeitplan, für 118, 344
Schleifmaschinen 30, 74, 222, 411-12, 414
Schrempp, Jürgen 273
Schrumpfverpackung 127
Schweißen 21, 87, 130, 200, 286
Scott, Bob 83-85, 89
Senge, Peter 110, 406
sensei 86, 88, 159, 160, 162, 213, 253, 257, 316, 321, 326, 393, 416
»Servicegrad« 92
Sewell, Carl 35
Seyler, Judy 164-65
Sharma, Anand 143, 379
Shingjutsu 212, 229, 253, 279, 379
Shingo, Shigeo 26, 306, 315, 412
Showa Manufacturing Company 276-311
  Auftragsabwicklung 286-88
  Change Agents 278-79
  Endmontage 280
  Entlassungen 277, 294
  Fabrik in China 288-89
  Gewinn 282
  Kostensenkung 285
  kreative Krise 277-79
  Lagerbestand 277, 280, 282, 288
  Losfertigung 277, 280, 284
  Management 280-81
  Marktanteil 283, 288
  Maschinenanordnung 280-81
  Produktentwicklung 280, 284
  Produktionsanordnung 277, 281
  Produktivität 280-82
  Produktteams 284-85
  schlanke Produktion 279, 310
  Umsatz 282, 289
  Wertschöpfungsstrom 287
  Zulieferer 308
shusa-System 296-97, 299-300, 394
Singel Minute Exchange of Dies (SMED) 394
Snecma 205
Sonderrechten«, System von 217
Southwest Airlines 20, 367
Spaghetti-Chart 129, 394
»Sprünge« 101
Srock, Rainer 267
Stahl 73, 89, 106, 181, 243, 286, 304
Standardkostenrechnung 75, 170, 394
Stereolithographie 108
Streckverpackung 51, 127
Stückliste 131
Subunternehmer 30
Suzumura, Kikuo 307

Takenaka, Akira 159
Taktzeit 69, 141, 151, 173, 187, 287, 394
TBM 378
Technologie

angemessene 101
Entwicklung, der 32-33, 344, 377
Spitzen- 238
Tele-Power Poles 168, 170, 177
Tesco 45-60, 62, 117, 400-02
Titan 22, 69, 73
Total Productive Maintenance (TPM) 75, 186, 308, 395
Total Quality Control (TQC) 306
Total Quality Management (TQM) 35, 63, 136, 156, 167, 175, 207, 306
Toyoda, Eiji 295
Toyoda, Gosei 278, 279, 297
Toyoda, Kirchiro 291, 294, 296
Toyoda, Sakichi 291, 388
Toyota Corolla 300
Toyota Corona 300
Toyota Crown 299
Toyota Daily Ordering System (TDOS) 99, 100
Toyota Motor Corporation 290-311
Auftragsabwicklung 291-98
Automation, bei 291, 301-07
Entlassungen 294-95
Entwicklung der schlanken Produktion bei 7-8, 60, 76-103, 159, 276-311
Fabrik in Miayata 301
Fabrik in Motomachi 295
Flow 302-304
Gewerkschaften 294
Händler 83-108
JIT, bei 72, 293
Kostensenkung 298-305
kreative Krise 293-95
Kundenbeziehungen 296, 309
Lagerbestand 90-108, 298, 324
Leistungstabelle 302
Lokale Distribution Center (LDCs) 107
Management 291-93
Massenproduktion, bei 291-93
Operations Management Consulting Division (OMCD) 298, 342
Parts Redistributions Center (PRC) 92
Produktentwicklung 249, 291-300, 394
Produktivität 302
Pull 84, 291-93, 301, 379-80
Qualitätskontrolle 291-305
sensei 86-88, 159-62
shusa-System 296-300, 394
Supplier Support Center (TSSC) 379
Tahara-Fabrik 100, 301
Teilevertriebs Center (PDC) 90-92
Umsatz 293-304
Verbreitung des schlanken Denkens, bei 86, 159-163, 305-309
Wertschöpfungsstrom 293-304
Wertspezifikation 18
Wettbewerbsfähigkeit 270, 318
Zellen 293
Zulieferer 243-44, 279, 295-309
Toyota Motor Sales (TMS) 107, 296, 299, 379
Toyota Production System (TPS) 90, 159, 279, 291, 296, 298, 299, 306
Toyota Publica 300
Toyota RAV4 303
Toyota Supra 248
Transparenz 11, 23, 30, 69, 76, 121, 146, 152, 155, 187, 252, 274, 288, 320, 335, 344, 351, 395
Turbinenschaufeln 202-221
Twin Wasp Motor 195

Überproduktion 72, 324
Umweltprobleme 223, 225

Underwood, Bob 136, 142, 144
Unipart Group 317, 336, 380
Unipart University 336
United Technologies Corporation (UTC) 189, 212, 214, 229, 316

Varianzanalyse 171
Vehicle off Road (VOR)-System 91
Verchromen 84-85, 87
Verkauf
Abteilung, für 8
Aktionsplan, für 322-33
Auftragsabwicklung 68-70
Bonus 70, 72
Level Selling 101-02, 296, 389
-prognose / -planung 28, 320
Verkaufsprovision 35

Volumen 44
Verlagswesen 28
Virtuelle Unternehmen 23, 109
Visuelle Kontrolle 11, 23, 30, 69, 76, 121, 146, 152, 155, 187, 252, 274, 288, 320, 335, 344, 351, 395
»*Von Lean Production zum Lean Enterprise*« 349-63
VW 60, 240, 270-71, 352
VW Golf 271
VW Käfer 239-40

Wal-Mart 68, 359
Walzanlagen 48-49, 168
Ward, Carlton 206
Wartezeit 395
Wasp-Motor 194, 410
Weiner, Bob 219, 227
Werbekampagne, Serviceangebot 91, 101, 110
Werbung 59
Werkzeuge, *siehe* Maschinen
Wert 35-44
Kosten und 274-75
Schaffung von 16, 23, 27, 46, 52, 116, 164, 236, 320, 338, 350-51
Begriff von 395-96
Spezifikation von 9, 16-21, 29-44, 64-67, 111, 139-40, 273, 350-377
Kundendefinition von 17, 34, 35-44, 64, 66, 111, 117, 273, 352, 372-73
Wertschöpfungsstrom 45-60
Aktionsplan und 319-45
Anwendung des 59-60
Definition des 21, 395-96
funktionelle Anforderungen 67, 115
gemachte Nachfrage in 90
Identifikation, des 9-23, 44, 45-60, 111, 273-74
im schlanken Unternehmen 349-63
Kontrolle des 57-58, 168-69
Unternehmensbeziehungen 22
Westinghouse 199
Whitney, Amos 192
Wiedeking, Wendelin 238, 248, 253, 257, 265, 266, 269, 313
Wilson, Doyle 35-37, 63, 372
Wiremold Company 155-188
»Enthierarchisierung« 163-67
Abteilungen 163-67
Akquisitionen 156, 183
Auftragsabwicklung 163, 177-79
beseitigte *muda* 167-183
Change Agent 155, 158
Gewerkschaften 155, 174
JIT 156-57, 172-73, 181, 186
JIT Promotion Office (JPO) 172
Kostensenkung 158-81
Kundenzufriedenheit 156-71
Lagerbestand 171-72, 177-78, 180
Leistungstabelle 185-86
Lieferzeiten 171-184
Management 163-64, 184
Marktanteil 184
Massenproduktion 156-183
Produktentwicklung 38, 62, 163-188
Produktionsablauf 165
schlanke Produktion 158-188
Umsatz 155, 157, 163, 170, 183
Wachstumsstrategie 181-85
»wirtschaftliche Bestellgröße« 91
Wirtschaftliche Stagnation 32-33
Wirtschaftszyklus 110, 135, 211
Wright Aeronautical Corporation 193
Wright Whirlwind Motor 194

Yamamoto, Tetsuo 276
Yen 283, 307

Zabaneh, Jose 137, 143
Zero Setup 394
Ziergußteile 277, 284
Zulieferer
Aktionsplan, für 314, 319, 338-40
Anzahl, der 180
der dritten Stufe, 304
der ersten Stufe 30, 58, 244, 297, 304, 307, 340-41
der zweiten Stufe, 304, 340
im schlanken Unternehmen 352, 355, 359
Umsatz 16, 282
Zweiter Weltkrieg 198-95, 206
Zykluszeit 394, 396, 403